U0622096

北京驷源科技中心文化教育学术出版专项资助著作
北京交通大学马克思主义学院学术出版资助著作

悠久的文明 优秀的文化

颜吾芟/著

新 华 出 版 社

图书在版编目（CIP）数据

悠久的文明 优秀的文化 / 颜吾芟著 . -- 北京 ：新华出版社，2024. 12. -- ISBN 978-7-5166-7657-8

Ⅰ. K203

中国国家版本馆 CIP 数据核字第 2024ZP5290 号

悠久的文明　优秀的文化

作者：颜吾芟

出版发行：新华出版社有限责任公司

（北京市石景山区京原路 8 号　邮编：100040）

印刷：北京明恒达印务有限公司

成品尺寸：170mm × 240mm　1/16　　**印张：**29.5　**字数：**465 千字

版次：2025 年 7 月第 1 版　　**印次：**2025 年 7 月第 1 次印刷

书号：ISBN 978-7-5166-7657-8　　**定价：**88.00 元

内容提要

本书是一部以宏观视野从整体性上解读中华文明之基本特征的著述。具体而言，本书将“中华文明”当作一个独立、统一的“文明体”或“文化体”，从最宏观的层面阐释其所具有的独特的、与世界其他“文明体”或“文化体”不同的、令中国人深感自豪并能极大地增强文化自信心和激发爱国主义热情的基本文明特征。此为本书的特点和亮点。

本书还是一部以大宇宙观、大文化观、大历史观、大文明观、大疆域观、大民族观等视角解读、解析中国历史、中国文化、中华文明、中华民族以及人类文明的文化学著作。此亦为本书的特点和亮点。

本书分为上、下两编。“上编”用朴素的语言、通俗的列举，从最广义的范畴，较为全面、系统地解读了文化、文明和中华文明，并对人类社会与文明的归宿，作出独到的学术阐释。“下编”为本书的主体部分，通过对比其他古文明，以翔实的历史阐述，解读中华文明的基本特征，即早产早熟、最是永恒、一脉相承、团结统一、人文浓郁等，以阐明中国之所以为中国、中国人之所以为中国人、中国文化之所以为中国文化、中华文明之所以为中华文明的道理。

本书思维宏观，站位崇高，视野广阔，知识丰富，视角独到，有史有论，态度严谨，阐说有据，不出虚言；既有历史的阐述，又有文化的解读；既有文明的比对和互鉴，更有文化的总结与提炼。融历史性、文化性、科学性、政治性、学术性、理论性、知识性为一体，有助于读者更加理性地提高民族自豪感，理性地构建爱国主义思想和提高爱国主义情怀，坚定文化自信心和增强历史之自觉，并为参与实现文化强国战略目标的建设而积淀更加宽广深厚的人文底蕴。

写在前面的话

本书是一部雅俗共赏的文化学著作——有朴素的语言、通俗的阐述，但又不失学术性，并具有较高的政治和文化站位。

本书将中华文明在世界文明史中独一无二的五个最主要的杰出表现作为最基本的文明特征进行阐述和解读。因此，本书的重点不是介绍中国的诗歌、戏曲、小说、思想、发明等优秀成果。

另外，本书还运用大宇宙观、大文化观、大历史观、大文明史观、大疆域观、大民族观等视角解析、解读中国历史、中国文化、中华文明、中华民族以及人类文明。

所谓“大宇宙观”，即仰望天空，将视野伸展到浩瀚的太空，通过考察宇宙、银河系、太阳系的运行和“作为”，领悟它们所“创造”的诸多不可思议的巧合而促成生命在地球诞生、人类在地球产生的偶然性和必然性。此“大观”看似无稽之谈，实际上，一方面地球生命来自宇宙，生命的诞生是人类产生的前提，人类的产生又是文化、文明产生的前提，因此宇宙与人类的文化和文明不无关系；另一方面，我们是宇宙的一部分，宇宙与人类息息相关，宇宙影响着人类的过去、现在和未来，因此解读人类的文化和文明不可能不抬眼仰望太空，否则无法展望和看清人类文化和文明的未来。尤为重要的是，从生命在地球诞生、人类在地球产生的意义去深刻思考宇宙、银河系、太阳系产生和存在的意义，可以更加坚定我们关于中华文明和人类文明必然会有美好明天的信念和信心。

所谓“大文化观”，即以收回到地球的视野，从人类文化产生的“那一天”

或“那一刻”开始，从最原始、最简单的内涵开始，对文化进行最全面的考察。文化产生的“那一天”或“那一刻”，与人类产生的“那一天”或“那一刻”同步，但都是一个漫长的过程，不是具体的“哪一天”或“哪一刻”，这一过程历经了数百万年的时间。文化产生于人类原始社会，其与人类的产生相伴而生，有了人就有了文化，原始社会只有文化而没有文明——这些都是笔者的基本文化观。从源头上考察人类文化，可以更加全面地把握文化，并能得出更加接近其本来面貌的科学结论。

所谓“大历史观”（包含“大文明史观”），即以关照地球的视野，考察人类的历史。笔者认为此“大观”应分为若干层面：第一个层面的视野最为宏观，即站在“人类历史的天空”，从人类产生的“那一天”或“那一刻”起，“俯瞰”人类全部已知历史，总结其发展规律，并根据其发展规律以及现实状况，展望人类、人类社会的未来；第二个层面的视野有所收缩，即站在“人类文明史的天空”，“俯瞰”人类社会自进入文明时代以来的发展演变过程，总结其发展规律，并根据其发展规律以及现实状况，展望人类文明的未来——此也即“大文明史观”；第三个层面的视野再为收缩，即站在某一地区或国家如亚洲或中国的“历史的天空”，“俯瞰”其自人类产生以来全部历史的发展演变，总结发展规律，并根据发展规律以及现实状况展望其未来；第四个层面较第三个层面的视野再为收缩，即站在某一地区或国家如亚洲或中国的“文明史的天空”，“俯瞰”其发展演变过程，总结发展规律，并根据发展规律以及现实状况展望其文明前景——此亦属于“大文明史观”的第二个层面。以此类推，考察视野还可继续收缩。

需要说明的是，每一个层面的大历史观、大文明史观都不是绝对独立或孤立的，那样的话就会将考察的目光引入死胡同。一般而言，下级层面的考察视野要吸纳上级层面的考察、研究结论。另外，当大历史观和大文明史观的视野收缩到某一地区或国家时，还需要进行横向比较，即与其他地区或国家的历史、文明史进行比较，这样认识会更加全面，理解会更加深刻，结论也会更加科学。

以大历史观、大文明史观来考察、研究人类历史、人类文明史和中国历史、中华文明史，可以从宏观层面整体把握其发展规律，可以更加清晰地看到其发展轨迹，从而更加准确和科学地预测其发展前景，以坚定人类社会和中华文明的未来一定是美好之信念，并增强人们克服当下人类社会、中国社会发展所遭遇到的各种困难的决心。

所谓“大疆域观”，亦称“历史大疆域观”，在本书中是仅局限于中国历史研究的一种文化视野，即考察、研究历史上的中国，无论是原始社会时期还是进入文明时代的各个历史时期，其疆域均以中华人民共和国为基准，包括陆地、海洋和天空。大疆域观对于保持中华大地的历史完整性，以及对于促进和巩固民族团结，使各民族永远“像石榴籽那样紧紧抱在一起”，具有积极的历史和现实意义。

所谓“大民族观”，亦称“历史大民族观”，在本书中也为仅局限于中国历史研究的一种文化视野，并与“历史大疆域观”密切相连。其第一层意思是，在中国域内活动过的民族，都为中华文明的发展作出过贡献；其第二层意思是，中华民族史就是一部民族融合的历史，因此狭隘的“大汉族主义”思想意识没有立足的基础；其第三层意思是，中华各民族不仅自古就是“你中有我，我中有你”的关系，而且团结力十足，这一现象世所罕见，此乃今天中国境内各民族团结统一的坚实“基石”。

本书还用相当的篇幅解析、解读“文化”“文明”及“中华文化”等概念及相关理论知识。不少内容都是笔者几十年学习及研究文化之心得，具有独到性。

目录

上编 文化、文明与中华文化

上编

文化、文明与中华文化

欲了解中华文化，就应首先知晓何为文化，此乃最基本的认知逻辑。另外，由于文化的复杂性，也使得只有搞清楚什么是文化，才能更好更深入地理解、认识和把握中华文化。而欲解读中华文明特征，则还必须搞懂何为文明，以及文化与文明、中华文化与中华文明乃至与世界文明之间的关系……

第一章 文化解析（上）

本章导读

文化极其复杂，很难把握，尤其很难全面把握——这应该是初学文化者在学习之前必须首先确立起的一个基本观念。但同时，文化又十分有趣，极为生动，非常有意思，所以千万不要将文化视为古板、冷面、高不可及的东西。实际上，文化体现在每一个人身上。每一个单个的人，就是文化的一个鲜活的载体，包括你自己。

第一个给文化下定义的人是英国近代学者爱德华·伯内特·泰勒（1832—1917年），他与马克思（1818—1883年）、恩格斯（1820—1895年）是同时代的人——19世纪的西欧是大学者辈出的时代，是人类文明史上又一辉煌灿烂的时代，且由于马克思、恩格斯的出现而成为最辉煌灿烂的时代。泰勒就是这辉煌灿烂时代的一朵璀璨的“文化之花”。

可以看出，汉语“文化”一词最初是相对于“武力”“武功”或“武威”而言的，其内涵应指诗书礼乐、道德良俗等文明成就，因此“文化”也即“德化”。后来“文化”一般作为“自然”或“野蛮”的对称，如南朝齐王融《曲水诗序》：“设神理以景俗，敷文化以柔远。”

中华民族自古就不是恃强凌弱的民族，而是爱好和平的民族。中华文明的复兴，中国的发展强大，绝不会像当年和现在的西方列强那样恃强凌弱，侵略他国，掠夺殖民地，奴役、屠杀殖民地人民，甚至不惜挑起世界大战。

说老实话，其实很多外国人听不懂中国人说“中国强大起来不会搞军事扩张、战争输出”这句话的意思。尤其以美国为首的西方国家，由于没有中华文明这样的优良文化基因和文明传统，加之曾从侵略战争、殖民统治中获得过巨大的利益并至今仍享受着这些所谓的“红利”，以及它们国内总惦记着发战争财的资本家的大量存在，因而更加难以理解和明白中国人说这句话的内蕴，甚至揣着明白装糊涂。那么中国人只能继续讲、反复讲，并用实际行动证明自己的优良美德，当然必要的时候还必须展示一下自己古老且从未被溶解的“文明肌肉”。相信总有一天敌视中国的人会听懂、看懂的，或不得不听懂，不得不看明白，并不得不承认中华文明自古就没有那样丑陋、丑恶、极端利己主义的文化基因。

不过，话又说回来了，中国人就全都知道“凡武之兴，为不服也，文化不改，然后加诛”这句话并明白其中的文化内蕴吗？中国人都知道“中国强大起来不会搞军事扩张、战争输出”的历史表现和优良的文化、文明传统吗？事实是，有很多中国人对此甚至是毫无所知、毫不知情的。

拉撒也有文化成分，可称“拉撒文化”或“厕所文化”什么的。例如，厕所难建，随地大小便，既是印度的一大社会问题，也是印度拉撒文化或厕所文化的重要内涵。尽管印度号称是世界上数得着的“文明古国”“当代最大的民主国家”，但由于习惯传统、由于宗教意识、由于政府执行力不足等因素的左右，贫民如厕难这一不文明现象至今未能有效解决，并成为印度社会的一大难题。这也是许多人讨论印度的一大话题。

文化的四个基本属性，即是构成文化的四个最基本的性质、特点。一般而言，凡具备这四个属性的事物等，其基本上都可以纳入文化范畴——注意，是“基本上”，而不是“全部”或“必须”。因之，这四个属性也就成为文化的四个基本表征——事物显露在外的征象，并成为认识文化的四个基本思路。也许还可以不恰当地比喻为，它们是打开“文化之门”的 4 把“钥匙”。

以“大历史观”来看，不仅人类原始社会一直处于石器时代，甚至人类数百万年的全部历史也几乎全都处于石器时代，因为人类使用金属的历史不过才几千年而已，与数百万年的人类全部历史相比几乎可以忽略不计；不仅如此，人类在数百万年的生存历史中又几乎完全处于旧石器时代，因为从新石器时代至今也不过1万年左右的时间，与数百万年人类历史相比亦几乎可以忽略不计。由此可见，目前人类的生产力还是处在极低的水平之上。实际上今天的人类才刚刚脱离石器时代不久，甚至距离旧石器时代的时间也非常近——它们就像是发生在昨天的事情一样。试想，再过二三百万年或七百万年，我们子孙手里掌握的生产力水平将会达到怎样的高度，今天的人们谁能想象出来?

虽然在一个特定人群中存在某种或某些“共有”的文化标识，但每个单个个体的表现程度也是各不相同的：有的人表现得很典型，有的人则不典型或十分不典型，有的人甚至全无表现。例如，中国人以“孝”名闻天下，但古代也有不肖子孙；现而今有些人在这方面的作为能把全中国人感动得泪流不止，而有些人的作为则令人切齿痛恨。这是文化复杂性的又一体现。

文化是什么或什么是文化？看似是个简单的问题，但也许是世界上最难以回答的问题。为什么？

因为文化极其复杂，很难把握，尤其很难全面把握——这应该是初学文化者在学习之前必须首先确立起的一个基本观念。但同时，文化又十分有趣，极为生动，非常有意思，所以千万不要将文化视为古板、高不可及的东西。实际上，文化体现在每一个人身上。每一个单个的人，就是文化的一个个鲜活的载体，包括你自己。当然不懂事的婴儿、精神病患者和痴呆患者等应该属于文化的“被动载体”，即体现为别人对他们的认识、态度和行为等方面，从而形成某种或某些文化现象。例如，中国传统社会对精神病患者和痴呆患者很不友好，现在则文明多了，这前后两种社会化的态度都属于文化范畴——个人特立独行的思想意识、行为举止、性格情感等似应属于特殊的人文现象。

需要说明的是，本书所使用的文化概念是最为广义的。笔者认为，认识、理解文化应首先从最广义的层面上去把握，这样才不会迷失学习和研究的方向，也不会因认识、理解过于狭隘而在文化的使用上出现偏颇甚至错误。因之，本书所用中国文化和中华优秀传统文化诸概念也是最为广义的。

第一节　文化定义解读及批判

前称“文化极其复杂，很难把握，尤其很难全面把握”，那么，文化到底有多复杂呢？

简单来说，文化的复杂性超出一般人的想象，甚至令人无法想象。其复杂性仅由众说纷纭的定义即可感受到。

一、文化定义举例

前称文化的定义众说纷纭。那么，文化的定义到底有多少呢？

据粗略统计，从全世界范围看，像模像样的文化定义至少有二三百个之多[①]——有人甚至统计出达上千个[②]。

从头而论，第一个给“文化”下定义的人是英国近代学者爱德华·伯内特·泰勒（1832—1917 年），他与马克思（1818—1883 年）、恩格斯（1820—1895 年）是同时代的人——19 世纪的西欧是大学者辈出的时代，是人类文明史上又一辉煌灿烂的时代，且由于马克思、恩格斯的出现而成为最辉煌灿烂的时代。泰勒就是这辉煌灿烂时代的一朵璀璨的“文化之花”。他曾经给“文化”下过两个定义。

其一是在 1865 年发表的人类学著作《人类早期历史与文化发展之研究》中，称：

---

① 截止到 1988 年，全世界的相关学者从各门学科、各个角度给文化下的定义有 260 多种。见吴修艺：《中国文化热》，上海人民出版社 1988 年 1 月出版。

② 邵汉明主编：《中国文化研究二十年》（修订本），人民出版社 2006 年 1 月出版，第 413 页。

文化是一个复杂的总体，包括知识、艺术、宗教、神话、法律、风俗，以及其他社会现象。[①]

其二是在1871年发表的《原始文化》一书中，称：

文化……是包括全部的知识、信仰、艺术、道德、法律、风俗以及作为社会成员的人所掌握和接受的任何其他的才能和习惯的复合体。[②]

两个定义大同小异，一般以后者作为泰勒对文化的终极解读。

从泰勒开始，一直到今天，全世界的相关学者在一百五六十年的时间里，已经给“文化”总结出数百甚至上千个定义。是不是似乎没有哪个概念能有如此多的定义？

至于中国，在古代只有“文化”一词而无定义解读。近代学者对文化的关注始于1900年前后。随之，梁启超、蔡元培、梁漱溟、陈独秀、胡适等都曾提出自己的见解和解读，众说纷纭。

中国真正的“文化热”兴起，是“文化大革命”结束后的20世纪80年代。从那时起，文化研究在中国方兴未艾，文化的新定义层出不穷，直至今日。其中最具权威性、最有代表性的无疑是那些国家级辞书对文化的解读。而这些“国家级”的“权威”文化定义，其表述的也有简有繁、有同有异，显现出不同的认识和理解。如下所示。

①《现代汉语词典》“文化❶”条：

人类在社会历史发展过程中所创造的物质财富和精神财富的总和，特指精神财富，如文学、艺术、教育、科学等。[③]

②《汉语大词典》“文化❸”条：

人们在社会历史实践过程中所创造的物质财富和精神财富的总和。特指精

---

① 见张春胜：《试谈艺术是人文精神的表征》，《苏州职业大学学报》2001年第4期，第55页。

② （英）爱德华·泰勒著，连树声译：《原始文化》（重印本），广西师范大学出版社2005年1月出版，第1页。也有译为“文化是一个复杂的总体，包括知识、信仰、艺术、道德、法律、风俗以及人类在社会里所得到的一切能力与习惯”。

③ 中国社会科学院语言研究所词典编辑室：《现代汉语词典》（第6版），商务印书馆2015年12月出版，第1363页。

神财富，如教育、科学、文艺等。[①]

③《辞源》“文化”条：

……指人类社会历史发展过程中所创造的全部物质财富和精神财富，也特指社会意识形态。[②]

④《辞海》“文化❶”条：

广义指人类在社会实践过程中所获得的物质、精神的生产能力和创造的物质、精神财富的总和。狭义指精神生产能力和精神产品，包括一切社会意识形式：自然科学、技术科学、社会意识形态。有时又专指教育、科学、文学、艺术、卫生、体育等方面的知识与设施。作为一种历史现象，文化的发展有历史的继承性；在阶级社会中，又具有阶级性，同时也具有民族性、地域性。不同民族、不同地域的文化又形成了人类文化的多样性。作为社会意识形式的文化，是一定社会的政治和经济的反映，同时又给予一定社会的政治和经济以巨大的影响。[③]

⑤《中国大百科全书·哲学》“文化”条：

人类在社会实践过程中所获得的能力和创造的成果。“文化”一词在西方来源于拉丁文 cultua，原意为对土地的耕耘和对植物的栽培，以后引申为对人的身体和精神两方面的培养。在中国古籍中，文化的含义是文治与教化。广义的文化包括人类物质生产和精神生产的能力、物质的和精神的全部产品。狭义的文化指精神生产能力和精神产品，包括一切社会意识形式，有时又专指教育、科学、文学、艺术、卫生、体育等方面的知识和设施，以与世界观、政治思想、道德等意识形态相区别，文化中的积极成果作为人类进步和开化状态的标志，便是文明。

文化是具体的历史的现象。在人类社会的不同历史阶段，文化具有不同的

① 汉语大词典编辑委员会、汉语大词典编纂处：《汉语大词典》（第6册），1990年12月出版，第1515页“文化❸”条。

② 广东、广西、湖南、河南辞源修订组、商务印书馆编辑部：《辞源》（1983年12月修订，第1版），商务印书馆2002年1月出版，第1357页。

③ 辞海编辑委员会：《辞海》（1999年版彩图缩印本），上海辞书出版社2001年8月出版，第2218页。

特点。不同的民族赋予文化不同的民族特点。在阶级社会中，文化不同程度地打上了阶级的烙印。新旧文化之间存在着批判改造与继承发展的关系。不同民族的和不同阶级的文化之间也存在着相互影响、相互渗透的关系。社会主义文化是在批判地吸取世界历史上各民族文化的精粹并总结新的实践经验的基础上形成起来的，其性质与一切旧文化根本不同。人类文化发展的总趋势是不断推陈出新，新兴的、进步的文化克服腐朽反动的文化而不断向前发展。人类文明从来是以进步文化为基础，没有进步文化的发展，就不会有文明的发展。（郝侠君）①

为作对比和开阔视野，再引美国版《不列颠简明百科全书》②“文化”条：

人类知识、信仰与行为的统合形态，包括语文、意识形态、信仰、习俗、禁忌、法规、制度、工具、技术、艺术品、礼仪、仪式及符号，其发展依人类学习知识及向后代传授之能力而定。文化在人类进化中扮演着决定性的角色，它让人类可以依据自己的目的去适应环境，而不单只是依靠自然选择来完成其适应性。每一个人类社会，都有其特别的文化或社会文化体系。各文化间的差别与下列因素有关：生存环境及其资源；诸如语言、礼仪和社会组织所固有的可行性范围；以及与其他文化间的联系的发展等历史现象。个人的态度、价值、理想与信仰等，受其生活于其中的社会文化影响很大。各文化间的差异与生存环境及资源、语言、礼仪和风俗习惯等活动领域所固有的可行性范围，工具的制造和使用，以及社会发展程度等，都有很大的关系。文化常会因生态、社会经济、政治、宗教或其他足以影响一个社会的重大变革而发生变迁。③

① 中国大百科全书总编辑委员会《哲学》编辑委员会、中国大百科全书出版社编辑部：《中国大百科全书·哲学》（Ⅱ），中国大百科全书出版社 1987 年 10 月出版，第 924 页。

② 《不列颠简明百科全书》的条目内容主要来自《不列颠百科全书》（旧称《大英百科全书》）。《不列颠百科全书》第一版出版于 1768—1771 年，20 世纪初版权归美国人所有，由总部设在美国芝加哥的不列颠百科全书公司出版。

③ 中国大百科全书出版社编译：《不列颠简明百科全书》（下），中国大百科全书出版社 2005 年 10 月出版，第 1704 页。

最后，再看看《苏联大百科全书》对“文化”的释义：

文化是社会在教育、科学、艺术领域，以及在精神生活的其他领域所获得的成果的总合；是利用这些成果去征服自然力，去发展生产，去解决社会发展中迫切问题的本领。文化就其内容说，是随着社会发展的每一新时期而不断发生着变化的……在社会历史的各个不同时期所以出现各种不同的文化，这首先就是因为在社会发展的各个不同时期，社会物质生活的条件各不相同的缘故。没有一般的文化，而只有一定时代、一定社会、一定民族、一定阶级的文化。生产的发展，终归要引起整个社会包括社会文化在内的发展；社会成员的文化水平的提高，也必大大地影响社会生产的发展。①

二、对上述文化定义的“文化批判”

所谓“文化批判”，即对批判对象所进行的综合性的、全方位的、有深刻内涵的评说。根据对象不同，在方法和目的上有很大不同。在此即是在批判对象已有成就的基础上为弥补其不足、纠正其“错误”等而进行的评述。

因此，对于上述文化定义的文化批判，并不是苛求“古人”，更不是要否定其成就，而是为了使对文化的描述更加完善和科学。尤为重要的是，通过批判以让学习者对文化有更深入、更全面的认识、理解和把握。

笔者认为，英国学者泰勒的两个文化定义虽似乎都点明了文化是个复杂事物这个事实——前者称文化包括“其他社会现象”，后者称文化是个“复合体”。但它们都有偏狭，即还不够广义，同时也易给人造成文化似乎都是高雅之物的错觉。

《现代汉语词典》“文化❶”的解读，显然也是站在文化是高雅之物的立场上，将文化当成美好事物来描述的。不过，其“在社会历史发展过程中”的表述，则表达出“谈文化，离不开历史”这个非常正确的寓意。笔者认为，欲了解文化，须先熟读历史；离开了历史，文化空洞无物；不了解历史，不能正确地解读历

① 《文化·社会主义文化》（苏联大百科全书选译），人民出版社 1955 年 10 月出版，第 1 页。

史，提到文化时最好免开尊口。[①] 该定义后一句"特指精神财富，如文学、艺术、教育、科学等"，肯定是指狭义文化。笔者认为，对于狭义文化的理解可以"仁者见仁，智者见智"，可以狭而又狭，窄而又窄，甚至与文学、历史、哲学等并列使用也可接受。

《汉语大词典》"文化 ❸"解读得更为简略，"不足之处"与《现代汉语词典》之"文化 ❶"相同。其所称"物质财富"和"精神财富"，很难让人联想到"不良文化"或"文化糟粕"这两个概念。

笔者认为，如果站在文化是高雅之物的立场上，将文化当成美好事物来描述的话，不仅会大大压缩文化的内涵，而且会给学习者造成极大的错觉，致使他们误入认识文化的"歧途"。因为不良文化、文化糟粕也属文化，这是毫无疑问的，否则就不会有优秀文化与不良文化之分、文化精华与文化糟粕之别了，更不会有"弘扬文化精华，摒弃文化糟粕"之说了。忽视或完全漠视不良文化、文化糟粕的存在，往往造成对文化的误读或错误的使用。如在现实生活中经常会听到有人说"我们要弘扬中国传统文化"，就是因对文化概念偏狭理解所致。中国传统文化中有大量不良成分及糟粕，我们要弘扬的是其中的中华文化的精华——关于文化的成分划分将在下一章即第二章详述。

《辞源》"文化"条的解读简明、抽象，"不足之处"不用再提。其"抽象"的解读主要体现在后一句"也特指社会意识形态"上。毫无疑问这是狭义的文化，但即使是狭义的，其内容实际上也是包罗万象的，因为社会意识"指社会

① 关于历史，马克思和恩格斯本有一句经典的"论述"，即"我们仅仅知道一门唯一的科学，即历史科学"［马克思、恩格斯：《费尔巴哈——唯物主义观点和唯心主义观点的对立（〈德意志意识形态〉第一卷第一章）》，《马恩选集》第 1 卷，人民出版社 1972 年 5 月出版，第 21 页注①］。简而言之，"历史科学是唯一的科学"。但这句话是被马恩从手稿中删去的，同时删去的还有紧跟这句话后面的一段文字，即"历史可以从两方而来考察，可以把它划分为自然史和人类史。但这两方面是密切相连的；只要有人存在，自然史和人类史就彼此相互制约。自然史，即所谓自然科学，我们在这里不谈；我们所需要深入研究的是人类史，因为几乎整个意识形态不是曲解人类史，就是完全排除人类史。意识形态本身只不过是人类史的一个方面"。关于这段被删去的文字，研究者多有解读，甚至不少人直接作为马恩的原典依据而引用。但马恩为什么删去这段话，应该是除了马恩外其他人无从知晓的。笔者从自己所学的历史学专业出发，认为此话说得的确十分经典，并认为"历史科学"的含义是广义的，即所有学科和领域——如理、工、农、医、商、文、艺等，都有自己的历史发展过程，因此从这个角度看，"历史科学的确是唯一的科学"。

的精神生活的过程，指政治、法律、道德、哲学、艺术、宗教等观点”①，而社会意识形态（亦称“意识形态”“观念形态”）则“指政治、法律、道德、哲学、艺术、宗教等社会意识的各种形式”②，显然这是个很繁复的概念。另外，“一定的社会意识形态是一定的社会存在的反映……自从阶级产生以来，社会意识形态具有阶级性，并为一定的阶级服务”③，这样的解读不仅使这一概念更为繁复，而且也揭示出此定义虽未明说但却隐含着文化内涵中具有不良成分的意思。“不良文化”显然无法与任何“物质财富”和“精神财富”挂钩。

与前3个文化定义的简单明了相比，《辞海》“文化❶”的解读则比较全面些，不仅列举出文化的多方面内涵，而且阐明了文化的诸多表现。其中提到文化的“阶级性”，也隐含着文化包含有不良成分甚至反动成分的意思。不过，其最后若能在指出“作为社会意识形式的文化，是一定社会的政治和经济的反映，同时又给予一定社会的政治和经济以巨大的影响”之后，再明示政治、经济也属文化就更好了。实际上，除政治、经济以及该定义所列举的那些领域之外，文化还涵盖军事、法律、交通、宗教、建筑、哲学、思想、史学、语言、道德、仪礼、服饰、饮食、旅游、娱乐等所有领域。换句话说，它们均属于文化的内涵。

《中国大百科全书·哲学》“文化”条解读是最为详细的，不仅提到了东西方文化概念最初的不同指向，而且还提到了谈文化时无法回避的另外一个与之密切相关的概念——文明，所述文化的诸多表现也更为翔实些。另外，其所提到的“文化不同程度地打上了阶级的烙印”“旧文化”“腐朽反动的文化”等，都明示了文化中并非全是“善良之辈”的真相。

美国版《不列颠简明百科全书》“文化”条所列举的文化之内涵更为丰富，这对于理解和把握复杂的文化是很有裨益的。其中提到的造成“各文化间的差别”之“生存环境及其资源”因素，用中国有句老话简单明了地解读即是“一方水

① 辞海编辑委员会:《辞海》(1979年版缩印本)，上海辞书出版社1985年8月出版，第1580页。

② 辞海编辑委员会:《辞海》(1979年版缩印本)，上海辞书出版社1985年8月出版，第1579页。

③ 辞海编辑委员会:《辞海》(1979年版缩印本)，上海辞书出版社1985年8月出版，第1579页。

土养一方人”。在该定义中，“信仰”一词出现3次，“宗教”被列举1次，显示出宗教信仰在该辞典编纂国中的社会普遍性及影响力。中国学者一般不会一下子就想到宗教信仰层面，且即使想到大多数人也应该不会在文化的定义中特别提到，由此显示出中国社会与该辞典编纂国不一样的“非宗教”的文化特性——此话题将在第十章、第十一章提及。

《苏联大百科全书》对“文化”的释义，一是从积极、健康的角度进行的解读；二是明显带有政治属性。用政治眼光来看待“文化”，这虽然无大碍，但毕竟“狭隘”了许多，不能反映“文化”的全貌。

既然谈到“文化”的政治性，那么不妨再看看《苏联大百科全书》关于“社会主义文化”的释义——“社会主义文化”本身就应该属于政治术语：

社会主义文化是苏联伟大十月社会主义革命胜利后在建设社会主义的过程中首次形成的，它是文化的崭新的、最高的形式。

早在资本主义时期，社会主义文化的成分就已产生。在资本主义社会条件下，“每个民族文化里面，都有哪怕是不大发展的民主主义的和社会主义的文化成分，因为每个民族里面都有劳动的被剥削的群众，他们的生活条件必然地要产生民主主义的和社会主义的思想体系”（列宁：“民族问题简评”，载《列宁全集》，俄文第四版，第二十卷，第八页）。但只有在社会主义取得胜利条件下，这些成分才得以全面发展，并形成社会主义文化。

社会主义文化的基本特征就是：共产主义的思想性、人民性、苏维埃爱国主义和无产阶级国际主义的协调一致、继承各时代各民族优秀的进步的文化成果、以民族的形式表现社会主义的内容。社会主义文化充满无产阶级的社会主义人道主义。①

这一释义对我们阐述有中国特色社会主义的文化肯定是有帮助的——或者说它就是我们阐述社会主义文化概念的源泉。但可惜的是，苏联已经“倒闭”了，因此再看这段话，不能不让人唏嘘。事实再次证明，说得再好，还要干得好才行。尤其是文化建设，必须持之以恒，还得细致入微，在政治层面绝对不能出

① 《文化·社会主义文化》（《苏联大百科全书》选译），人民出版社1955年10月出版，第5页。

现严重问题。古时人们常说“殷鉴不远”，对今天的中国人而言则“苏鉴更近”——苏联社会主义红旗“落地”至今才不过30年出头。

上述定义各有侧重，各具特色。那么，哪个定义最为准确呢？这应该是没有答案的。在笔者看来，其实把上述诸定义——以及所能见到的其他文化定义，糅合在一起去理解，也许是最好的办法。

笔者认为，文化其实就是“几乎与人有关的一切事物等”——反正也说不清楚，不妨再简单点。事物“指客观存在的一切物体和现象”①。但文化包罗万象，不仅指各种相关事物，还有许多无法用语言描述的部分，所以在“事物”后用一个“等”字，表示无法一语概之。

再要注意的是“几乎”二字。文化绝对不是与人有关的一切事物等，或说与人有关的一切事物等不全都属于文化范畴。例如人体本身就不属于文化范畴，而是属于大自然的“杰作”；人的一些生理现象和生理表现等也不属于文化范畴。属于文化范畴的是人的所思所想、所作所为，以及由此而与人发生关系的客观物体等，还包括各种人际关系，等等，数不胜数，且说不清楚——文化就是一个说不清楚的概念。

第二节　古汉语“文化”一词的由来及其内涵

——兼谈中华文明追求和平之文明特质

古汉语“文化”一词最早出现在西汉末期的典籍中，至今已有2000多年时间。但其中所蕴涵的优秀文化基因则远在2000年时间之上，并至今深刻影响着中国人和中国文化、中华文明。

① 中国社会科学院语言研究所词典编辑室：《现代汉语词典》（1996年7月修订，第3版），商务印书馆1998年10月出版，第1153页。

一、从“人文”到“文化”

在汉语“文化”一词出现之前，将“文”与“化”两字置于一个句子里并表达出后世“文化”一词基本内涵的文句，最早出现在成书于战国末的《易经》[①] 中。

《易经·贲卦·彖传》[②] 有名句曰：“刚柔交错，天文也。文明以止，人文也。观乎天文，以察时变；观乎人文，以化成天下。”这段文句的意思是：阳刚与阴柔交错变化，是自然的天文现象；文治教化以礼为准，是正确的人伦道德。观察不断变换的天文现象，可以察觉到时序的更替变化；领会正确的人伦道德用以治理，可以使天下之人得到文明的教化。[③]

该文句中的“文”是“文治”之意，“化”则是“教化”之意。“文治教化”既是中国古代治国理政的最高理念之一，也是中华文明的重要政治内涵之一，并深刻影响着今天中国的政治文化。

在这段文句中，“文”与“化”两字虽然是分开使用的，但却有了“人”与“文”的合成词，即“文明以止，人文也”。这是“人文”一词首次在中国古代典籍出现。

在汉语系中，“文”最初为“纹络”之意，指线条交错的图形或花纹，如《左传·隐公元年》：“仲子生而有文在其手。”[④] 后来“文”指自然界或人类社会的某些复杂现象，如天文、水文、人文等。在古汉语中，“人文”最初指诗

---

① 《易经》亦称《周易》，是中华优秀传统文化的著名典籍之一，是一部融合自然科学和社会科学为一体的哲理性很强的著作。其内容博大精深，并蕴涵着朴素、深刻的自然法则和辩证思想，是中华先民智者的特殊智慧之结晶，在世界范围内得到广泛研究，不过迄今许多认识和解读难能统一，一般人对其中许多内容难以读懂。其成书时间，历代都有争论，难有定论，一般认为成书于战国时。

② 贲（bì），卦名，六十四卦之二十二卦。彖（tuàn），总论各卦基本观念的言辞。

③ 笔者认为，在此文句中，刚即阳刚，应指太阳、春夏、晴朗、温暖等；柔即阴柔，应指月亮、秋冬、阴暗、寒冷等。二者的关系是阳刚主导、统御着阴柔，阴柔衬托、文饰着阳刚。有学者把“刚柔”解读成男人和女人，但与“天文”明显不在一个层面上。

④ 仲子，孔子的著名弟子，姓仲，名由，字子路，又字季路。鲁国卞（今山东省济宁市泗水县泉林镇卞桥人）人。他小孔子 9 岁，是孔子弟子中年龄较大的一个，一生跟随孔子，是孔子的得意门生。

书礼乐以及君臣、父子、夫妻、兄弟、朋友等人伦关系，是文治教化的重要内涵。

“观乎人文，以化成天下”后来被简化为“人文化成”，从而使“文”与“化”两字更密切地发生接触，但二者仍不是一个词。

到西汉，在中国目录学鼻祖、文学家刘向的《说苑》[①]中，“文”与“化”终于合成为一个词。《说苑·指武》[②]有名句曰：“圣人之治天下也，先文德而后武力。凡武之兴，为不服也，文化不改，然后加诛。夫下愚不移，纯德之所不能化，而后武力加焉。”这段文句的意思是：圣人治理天下都是以实行文德为首要，不得已才使用武力征伐。凡是对周边蛮夷之族所发动的军事进攻，都是因为其不能接受华夏文化还经常侵扰华夏文明区。如果文德教化不能改变其野蛮的掠夺之俗，那么只有通过使用武力进行强力解决了。对于那些蛮荒至极而难以改化之族，都是在用最纯美的道德风俗不能感化后才进行武力征伐的。

这是“文化”一词在中国古代典籍中的最早出处。可以看出，汉语“文化”一词最初是相对于“武力”“武功”或“武威”而言的，其内涵应指诗书礼乐、道德良俗等文明成就，因此“文化”也即“德化”。[③]后来“文化”一般作为“自然”或“野蛮”的对称，如南朝齐王融《曲水诗序》：“设神理以景俗，敷文化以

---

① 刘向（前77—前6年），原名刘更生，字子政，沛郡丰邑（今江苏省徐州市）人，汉高祖刘邦异母弟楚元王刘交之玄孙，经学家刘歆之父。《说苑》又称《新苑》，是刘向编纂的一部按类别记述春秋战国至汉代遗闻轶事的杂史小说集，共20卷。每类之前列总说，事后加按语。其中以记述诸子言行为主，不少篇章中有关于治国安民、家国兴亡的哲理格言，主要体现了儒家的哲学思想、政治理想以及伦理观念。

②《指武》是《说苑》之第15卷，专述军事用兵之事。

③ 在西方民族语言系统中虽然也有与汉语“文化”一词相对应的词汇，但是在含义上却有很大差异。比如拉丁文表示“文化”的“Cultura”一词，原形为动词“Colere”，分别表示好几层意思，如居住、练习、留心（或注意）、敬神等。与拉丁文同属印欧语系的英文、法文中与汉语“文化”相对应的“Culture”一词最初表示的是栽培、种植的意思，另外还表示身体训练之义，并由此引申为对人性情的陶冶、品德的教养等。从这个引申义可以看出，与中国古代“文化”一词中“文治教化”的含义比较接近。所不同的是，中国古代“文化”一词从一开始就专注于精神领域，而“Culture”却是从人类的物质生产活动出发，继而引申到精神领域中的。从这层意义上分析，“Culture”的内蕴比中国古代“文化”一词的含义更为宽泛，似与中国语言系统中的另外一个词汇“文明”更加贴近。

柔远。”①

二、古汉语“文化”一词出处的中华文明基因解读

古汉语“文化”一词的出处，看似是一句普通的文句，实际上具有深刻的人文内涵，闪烁着中华优秀传统文化的灿烂之光，即追求和平的文明理念。

首先，“圣人之治天下也，先文德而后武力”表明，华夏文明的统治者自古即将周边“四夷”——所谓的东夷、西狄、北戎、南蛮各族，也纳入自己的统治视野之内，不仅对所谓的“四夷”并非采取完全的敌视态度，甚至关注其文明和文化的建设。

有学者认为，此文句的意思是指中原统治者对自己的“天下之民”也即华夏民众的态度和行为。笔者认为，这一解读似为不妥。此“天下”应指包括四夷在内的“全天下”，并非仅指华夏文明、中原政权的统治者即所谓的“圣人”所直接统治的华夏族居住区。因为中原统治者与其治下的华夏之民共处于一个“文化圈”中，所以并不存在后句所提到的“文化不改”问题。而周边“四夷”由于受制于地域环境而主要施行有别于中原农耕经济的游牧经济，因此其以游牧经济为基础的习惯习俗等也不可能轻易改变，于是才产生了“文化不改”的问题。

实际上，中原政权向来将周边“四夷”当成自己必须关照的地区，而非视为毫不关己的异国他乡。这一理念随着中原文明的发展而越发清晰。所以，历史上华夏之区与“四夷”之地并非是近现代国与国之间的关系，而是同一地理单元内核心文明区与周边文明相对落后地区的关系。随着时间的推移，前者逐渐包融后者，影响后者，后者则努力追随前者，最终二者合并为统一的政治经济共同体。此乃中华文明发展的特点——这一话题将在后面详述。

① 这段文句的意思是：用神圣的天理影响社会民风民俗，用深厚的文化怀柔远方的异族。王融，字元长，琅琊临沂（今山东省临沂市）人，南朝齐大臣、文学家，东晋宰相王导之六世孙。《曲水诗序》全名为《三月三日曲水诗序》，是王融为三月三曲水之会所作的序文，为其最负盛名的代表作。该文用典次序严密、手法繁复多变，构筑起一种富有建筑美感的极其复杂的多层文学形态，为南朝名作，亦是六朝贵族文学的代表作之一。

其次，“凡武之兴，为不服也，文化不改，然后加诛”表明，华夏政权对周边四夷用兵的原因是“为不服也”和“文化不改”。

“为不服也”的含义并非是说“四夷”不服从中原政权的领导，而是指其基于游牧经济的文化习俗，以及为弥补自己经济发展的不足，所采取的经常侵扰中原以掠夺财富和人口的行为——其实这也是“文化不改”的最主要表现。对于中原文明而言，被动应付这样的侵扰不仅不胜其烦，而且严重威胁自身的安全和影响自身的发展。而靠和亲、互市等“文化浸润”的和平方法，难以在短时间内以及从根本上彻底改变“四夷”的这些侵扰行为。这样，为保护中原文明的安全和发展，中原统治者最终不得不通过战争手段，或摧毁“四夷”政权，或使其实力大损，从而使其民众为继续生存而不得不“快捷地”接受中原文化，然后逐渐纳入华夏文明圈中，以从根本上消除民族冲突问题。

因此，“文化不改，然后加诛”的目的，并不是要抢占殖民地，奴役他族，抢夺他人生活资源，更不是要屠灭异族，从肉体上让他们从地球上消失，而是要用自己的先进文化改造所谓“蛮荒之族”，将他们纳入中原文明发展的轨道，共同发展。此乃中华文明有别于世界上所有古文明的突出特点之一，当然更与近现代殖民主义国家和帝国主义国家截然不同。

最后一句“夫下愚不移，纯德之所不能化，而后武力加焉”，乃前一句“凡武之兴，为不服也，文化不改，然后加诛”的再申明而已。

“先文德而后武力”，以及“凡武之兴，为不服也，文化不改，然后加诛”，既是西汉以前两三千年来中原文明与周边各族交往的主导思想和政治理念，同时也是对这种主导思想和政治理念恰如其分的总结。

“凡武之兴，为不服也，文化不改，然后加诛”还表明，中原文明对自己文化的先进性充满自豪与自信，以及对周边“四夷”所具有的压倒性的优越感，自认足以并必须成为被周边各族学习的“楷模”。事实上，向中原文明学习、聚拢，也是周边各族的心愿，此乃中华文明发展的又一大特点。

更重要的是，“凡武之兴，为不服也，文化不改，然后加诛”突出地表明中华文明的核心——中原文明自古就不是军事帝国的思路和作为。首先以文德服人，先用和平的方式示人，先礼而后无奈用兵，这种政治理念出现得如此之早世所罕见。对外穷兵黩武自古就不是中华文明的文化主流，此亦为世界文明史中少有、少见。这一政治理念无疑属于中华文化范畴，后来更成为新中国外交思想的重要基础和内涵。

第三节　文化外延和内涵的与众不同

笔者认为，文化之所以说不清楚，是因其外延与内涵与绝大多数概念不一样，存在含糊不清之处，存在用语言描述不清之处。

何为外延？“逻辑学上指一个概念所确指的对象的范围。”① 何为内涵？“逻辑学上指一个概念所反映的事物的本质属性的总和，也就是概念的内容。”②

逻辑即“思维的规律”“客观的规律性”。③ 逻辑学是研究思维的形式和规律的科学，旧称名学、辩学、论理学。④ 逻辑思维即“指人在认识过程中借助于概念、判断、推理反映现实的思维方式。它以抽象性为特征，撇开具体形象，揭示事物的本质属性。也叫抽象思维”⑤。在学习、理解、研究文化时，具备良好的逻辑思维也即抽象思维极为必要和重要。

---

① 中国社会科学院语言研究所词典编辑室：《现代汉语词典》（第6版），商务印书馆2015年12月出版，第1337页。

② 中国社会科学院语言研究所词典编辑室：《现代汉语词典》（第6版），商务印书馆2015年12月出版，第938—939页“内涵”条❶。

③ 中国社会科学院语言研究所词典编辑室：《现代汉语词典》（第6版），商务印书馆2015年12月出版，第856页“逻辑”条❶❷。

④ 中国逻辑史的开创者是春秋时期郑国的邓析（约前560—前501年）。他还被誉为是“中国第一位法学院院长”“中国第一位律师”，另外还是“中国第一位私人立法者”，最后其所制作的“竹刑”成为当权者杀害他的理由。以后位居战国诸子百家之列的名家，就是以思维的形式、规律和名实关系等为研究对象的学术派别，其开创了中国逻辑思想的探究，即名学。虽然这派成员并无共同的政治思想或经济主张，但这一学派的出现也许是战国时期生产力得到很大提高的最有力的人文显示。因为，在一般人看来，这帮人是“吃饱了撑的没事干了”。名家的代表人物是惠施、公孙龙等。流传下来的著名命题有公孙龙提出的“离坚白”“白马非马”等。彼时尚无“文化”一词，更无文化的理念，自然地名家思想家们便不会关注到这一问题。

⑤ 中国社会科学院语言研究所词典编辑室：《现代汉语词典》（第6版），商务印书馆2015年12月出版，第856页。

一、文化外延的特点

为了便于理解，我们可以把一个概念的外延形象地描述成一个严丝合缝、完全闭合的圆圈或方框等形状，在这个闭合形状里面的东西就是概念所指，外面的东西则与这个概念毫无关系，这样这个概念就具有完全的排他性，而不会与其他概念相混杂了。

例如，关于“人”这个概念，其外延即指“古今中外一切的人”①。如果将人的外延确定为“两条腿走路的动物”，显然这个圆圈或方框就未能闭合上，未能绝对地排他，因而使得人与大猩猩、黑猩猩等灵长类动物撇不清关系——它们有时是用两条腿走路的，甚至与鸡、鸭、鹅等禽类也区分不开。若两条腿行走的动物全都“挤进”入“人”的外延，那可就“人将不人”了。②

“人”的外延完全闭合了，则“人”的内涵即可以明确为“能制造工具并使用工具进行劳动的高等动物”③。不过笔者更愿意接受“人”的内涵是“文化的动物”这样的表述。

文化作为一个概念肯定是有外延与内涵的。按理说，如果依照逻辑学的规范描述出其外延与内涵，则文化这个概念不就能说清楚了吗？那为什么其定义会有这么多分歧？为什么文化说不清楚呢？这其中的问题到底在哪里呢？

笔者认为，问题就在于文化的外延几乎是无边无际的，因而难以用语言确

① 中国社会科学院语言研究所词典编辑室：《现代汉语词典》（第6版），商务印书馆2015年12月出版，第1337页。

② 古希腊哲学家柏拉图和近代英国著名博物学家、生物学家、教育家赫胥黎都曾在“人”的问题上进行过类似的解读。柏拉图提出，人是“没有羽毛的两脚直立的动物（走兽）”。据古罗马第欧根尼·拉尔修《名哲言行录·第欧根尼》：“柏拉图将人定义为无羽毛的两足动物，并因此受到赞扬；（第欧根尼）遂拔掉了一只公鸡的毛并将其带进教室，说道：‘这就是柏拉图的人。’于是前者的定义又被增补上了一条：‘拥有宽大指甲的。’”赫胥黎几乎重复了柏拉图的解读，在其名著《人在自然中的位置》（1863年）一书中称，人是“直立的无羽毛二足动物”。不过二人所说的“羽毛”应该不单指禽鸟类的羽毛，还应包括动物之皮毛。但不管他二人是为了调侃或是其他什么原因，总之这一关于人的解读是不严谨的，否则毛孩该怎样归属？

③ 中国社会科学院语言研究所词典编辑室：《现代汉语词典》（第6版），商务印书馆2015年12月出版，第939页“内涵”条❶。

指其边界。这既是文化外延有别于其他概念的特点之一，也是其“麻烦”之所在。而“麻烦”主要就出在“几乎”这二字上。因为“几乎”，所以使得人们无论发挥怎样的智慧、使用怎样的语言，都无法清晰描绘出文化的外延，更无法将其完全闭合。

文化外延几乎是无边无际的，说明它还是存在一定边界的。文化最清晰的边界应该是体现在“时间轴”上的，即文化是随着人类诞生而产生的“理论起点”，以及随人类消亡而消失的“客观终点”——此话题后面再详述；其最含糊不清之处的应该是那些只能意会而不能言传的地方。

文化研究之难、理解之难、解读之难由此又显露出来。

二、文化内涵的特点

由于“文化的外延几乎是无边无际的，因而难以用语言确指其边界”，因之其内涵也就“几乎是包罗万象的，因而难以用语言概括其总和”了。

又是“几乎”！“几乎”二字使得什么属于文化、什么不属于文化难以分清。若没有这“几乎”二字，即使文化的外延是无边无际的，其内涵是包罗万象的，或许还能更明确些。

以前“文化热”初起的时候，曾有人对文化学者张口“文化”，闭口“文化”不满，于是不无讽刺地说“文化是个‘筐’，什么都可以往里装”。但实际上，这也许还真就是文化的特性——只是需要改成“几乎什么都可以往里装”即可。

还是“几乎”！“几乎”能把人逼疯！

“几乎是包罗万象的”文化内涵中，既包含有优秀成分，又包括不良成分；既包含有文化精华，又包括文化糟粕。换言之，文化中既有“阳春、白雪”，也包含“下里、巴人”。具体而言，既有哲学、文学、历史、艺术、建筑、思想等高雅学术，也包括粗俗丑陋之习。实际上，在人们的衣食住行游、吃喝拉撒睡等所有生活方式、生存方式中，以及喜怒哀怨惧、爱恨恶欲愁等所有情感中，都存在着浓郁的文化问题。

这样的描述，本已使文化繁复不堪，甚至难以把握，而再要提到文化中还包括许多难以用优秀与不良、精华与糟粕进行归类的“无色”“中性”内涵，则又使其更加复杂，有“乱上添乱”的感觉。而这部分“无色”“中性”内容，其实是最容易被忽视和漠视的，因之也就成为本书最为强调的文化内涵。

另外，文化的复杂性还在于，人的某些行为既具有自然属性又具有文化属性。例如，人的吃喝拉撒睡，包括打喷嚏等，这些行为与许多动物的同样行为一样，都属于动物的生理本能，属于自然属性。而与动物不一样的是，人怎么吃、怎么喝、怎么拉、怎么撒、怎么睡、怎么打喷嚏就属于文化问题了。它们与人所处的地理位置、地域环境（包括地形、气候、物产等），以及习惯传统、文明发展程度，与其他地区交往的情况等，都有着直接的关联。

例如，吃有“食文化”。中国的“八大菜系”代表着不同地区的风味特色以及人们的口味偏好。中国各地的人们不仅喜食甜酸苦辣咸的口味各不相同，甚至对菜肴的颜色也各有偏好。至于喜好面食还是米食或其他，则是受当地的出产所决定的——其实是受气候、土壤、河流以及地理位置等所决定的，这就是所谓的“一方水土养一方口味”。

喝则有“酒文化”“茶文化”等。可口可乐、百事可乐、“北冰洋”、娃哈哈等饮品既共同形成“饮料文化”，同时又有各自的文化表现及内涵。中国人爱喝热水，出国住饭店，有些地方人家不得不提供烧水壶，这同样也是一种文化表现——即一地具有普遍性的人文现象，亦称文化现象或文化特征等。当然，中国人中也有不爱喝热水的，但并不影响“喝热水”成为中国人的一个文化特征或文化标识。

拉撒也有文化成分，可称“拉撒文化”或“厕所文化”。例如，厕所难建，随地大小便，既是印度的一大社会问题，也是印度拉撒文化或厕所文化的重要内涵。尽管印度号称是世界上数得着的“文明古国”“当代最大的民主国家”，但由于习惯传统、由于宗教意识、由于政府执行力不足等，贫民如厕难这一不文明现象至今未能有效解决，并成为印度社会的一大难题。这也是许多人讨论印度的一大话题。

其实，20 多年前，中国北京街头巷尾的公共厕所也是难觅其迹的。居民区里给人以脏乱差感觉的为数不多的公共厕所，使得附近居民使用起来极不方便——更不要说过往的行人了。于是胡同居民夜晚大多在家中用尿盆等容器解决拉撒问题，早上起来不少家庭即就近将排泄物倒在马路边的“马葫芦”里，不仅臭气熏天，而且大块的“固体物”就卡在雨篦子上。对此人们都已习以为常，见多不怪。而这一现象不管多脏多恶心，包括人们与之相关的行为、态度等，都属于文化范畴。现而今的北京城，不仅公共卫生间随处可见，而且大多干净整洁，两厢一对比就能深刻地感受到中国、北京文明进步多了，这是文化新气象。

笔者的老家浙江省温州市，在二十世纪八九十年代以前，城市居民几乎家家使用马桶“出恭”。马桶就放在床头，有时客人来访，主人被“堵”在马桶上，仍能谈笑风生地聊个不停，令外人深感震惊；每天早上，各家将马桶搬出户外，放在马路边等待专人、专车收走并清洗，远远望去，排成一线，成为一景。这些也都属于文化现象。

由于文化的外延与内涵具有上述特性，因此人类社会进入到近代以来，中外各学科的学者，如语言学的、历史学的、文学的、哲学的、民族学的、宗教学的，等等，给文化下了众多的定义，但依然都存在“不足之处”，更无法统一认识。

据说，在中国，第一个发现语言不能穷尽解读所有事物、有时显得“苍白无力”的人是老子。老子的思想、才华、智慧主要表现在《老子》中。《老子》所表达的许多思想、概念等，其实就是用语言描述不清或难以描述清楚的。如其开篇第一句“道可道，非常道；名可名，非常名”。意思是：能够用语言描述出的道，就不是真正意义的道；可以用语言命名的事物，就不是能够永恒的事物。[①] 其中隐含的寓意就应该是，真正的“道”和“名”是无法用语言描述清楚的。

文化，也许就是“不可道”“不可名”的，或者是“言有尽而意无穷”[②] 的。

---

① 关于“道可道，非常道；名可名，非常名”，学者们有着众多的解读。这本身即说明《老子》这句话的寓意是用语言难以讲述清楚的。

② “言有尽而意无穷”的含义之一指诗歌言语精练而意味无穷，这是中国古典诗歌美学的命题之一。南宋诗论家、诗人严羽《沧浪诗话·诗辨》：“盛唐诸人惟在兴趣，羚羊挂角，无迹可求。故其妙处，透彻玲珑，不可凑泊，如空中之音，相中之色，水中之月，镜中之象，言有尽而意无穷。”其对盛唐诗歌的“言有尽而意无穷”解读得最为贴切。在本书中则形容用尽语言难以描述清楚文化，以及文化在一定程度上所具有的只可意会而无法言传的特征。

第四节 文化的四个基本属性

下述文化的四个基本属性，是笔者根据自己的研究体会总结出的心得。

文化之所以说不清楚，除了前述其外延与内涵存在含糊不清之处以外，再一个原因就与这四个属性中的两个也有着含糊不清之处有关。

属性即“事物所具有的性质、特点”①。文化的四个基本属性，即是构成文化的四个最基本的性质、特点。一般而言，凡具备这四个属性的事物等，其基本上都可以纳入文化范畴。注意，是“基本上”，而不是“全部”或“必须”。因之，这四个属性也就成为文化的四个基本表征——事物显露在外的征象，并成为认识文化的四个基本思路。也许还可以不恰当地比喻为，它们是打开“文化之门”的四把“钥匙”。

一、文化的第一个基本属性——人性

所谓文化的人性，即必须是与人有关的事物等才称得上是文化，与人无关的事物等铁定不在文化范畴中。

应当注意，由于文化的极复杂性，因而在对文化的描述与研究中，一般应该禁绝使用“绝对”“必须”“铁定”“一定”等绝对肯定词，以免因思维不密、考虑不周、认识不到位而造成遗漏或失之偏颇，最终自己打了自己的脸。但文化的人性是绝对不能含糊的，文化只独属于人类，这是毫不客气的。人类的文化绝不能与其他生物“分享”——其他生物包括动物、植物和微生物。

文化的人性属性包含有4层含义。

① 中国社会科学院语言研究所词典编辑室：《现代汉语词典》（第6版），商务印书馆2015年12月出版，第1208页。

（一）文化人性属性的第一层含义：文化的产生与人类的诞生同步
——兼谈“大文化观”“大历史观”的基本理念

以“大文化观”来看，文化的产生与人类的诞生同步，其包含两层意思：一是什么时候有了人，什么时候就有了文化；二是哪个地方有了人，哪个地方就有了文化。

文化虽然从人类诞生的“那一天”就产生了，但“那一天”不是具体的“某一天”“某一周”“某一月”甚至“某一年”，而应该是以百万年为计数单位的漫长的历史过程，即前称的“理论起点”。而且，由于生产力极其低下，人类最初的原始文化内涵是极为简单的，甚至表现为若隐若现的状态，而且发展变化是极其缓慢的。原始文化这种极其缓慢的发展变化是以数万年、十几万年、数十万年甚至百万年、数百万年为计数单位的。

据最新的考古发现，最早的人类化石可能出土于非洲中部的乍得共和国，距今 700 万年。[①] 此结论若能被学术界普遍接受，则人类文化的历史也应有 700 万年了——目前比较公认的人类已知历史是二三百万年。据说中国最古老的人类化石发现于重庆市巫山县，距今 204 万年。[②] 该成果若能被学术界普遍认可，则中国文化的起点就在 200 万年前，且与世界“同步”了——但至今该说法仍存在较大争议。

需要明确指出的是，在人类漫长的原始社会时期，只有文化，没有文明。只是到了原始社会末期，也即距今数千年前，才产生了文明的萌芽。广义的“史前文明”其实就是原始文化，狭义的则指原始社会末期没有文字记载但已表现出文明迹象的原始人生产、生活和生存的方式，即文明的萌芽。文明的萌芽可以归属于文明的范畴，这种遗迹在中国已发现多处。

人类的原始文化中最显而易见的应该是石器文化，即原始人的石器选材、制造、使用以及制作石器技术的发展与传播等人文现象。

---

① 《世界上最古老的人类化石乍得撒海尔人》,《科学》（中文版）2006 年第 11 期，第 19 页。

② 陈永杰:《“中国最早古人类”遭院士质疑》,《今日科苑》2008 年第 5 期，第 56—59 页。

原始人制造和使用的工具除石器外，还应有木器、骨器、蚌器以及用动物的牙齿、角等做成的工具，只是因石器更易形成化石，更易保存下来，在考古发掘中出土得最多，因此便以石器作为原始社会文化的代表。

另外，石器也作为原始社会生产力发展水平的代表。在人类诞生之后的数百万年间，原始人一直制作和使用的都是打制石器（亦被称为“旧石器”），到距今 1 万年左右时才制作和使用工艺有了很大提高的磨制石器（亦被称为“新石器”）。新石器虽仍然是石器，但其表明原始生产力有了极大的提高。

人类的原始社会一直处于使用石器的时代。考古学将石器时代分为旧石器时代和新石器时代两个阶段。有学者在新石器时代初期又加入一个中石器时代，其石器仍主要通过打制的方法制作而成，但出现了局部磨制的痕迹。

以“大历史观”来看，不仅人类原始社会一直处于石器时代，甚至人类数百万年的全部历史也几乎全都处于石器时代，因为人类使用金属的历史不过才几千年而已，与数百万年的人类全部历史相比几乎可以忽略不计；不仅如此，人类在数百万年的生存历史中又几乎完全处于旧石器时代，因为从新石器时代至今也不过 1 万年左右的时间，与数百万年人类全部历史相比亦几乎可以忽略不计。由此可见，目前人类的生产力还是处在极低的水平之上。实际上，今天的人类才刚刚脱离石器时代不久，甚至距离旧石器时代的时间也非常近——它们就像是发生在昨天的事情一样。试想，再过二三百万年或七百万年，我们子孙手里掌握的生产力水平将会达到怎样的高度，今天的人们谁能想象出来？

就目前所知，中国境内得到学术界普遍认可的最古老的旧石器时代遗址，是位于山西省运城市芮城县的西侯度遗址，距今约 180 万年[①]，甚至更悠久。旧石器时代，我们的“先民”已遍及今日中国各地[②]。即使是被称为“世界屋脊”“地球第三极”、平均海拔在 4000 米以上、自然环境极其恶劣的青藏高原，也发现

① 贾兰坡：《中国的旧石器时代》，《贾兰坡旧石器时代考古论文选》，文物出版社 1984 年 8 月出版，第 1—13 页。

② 有一种说法认为，生活在十几万年以前属于旧石器时代早期和中期的中国原始人，都不是我们的“祖先”，他们是从非洲远道而来的。这派观点被称为“现代人非洲起源说”，即世界各地的现代人都是在距今十万年前后从非洲走出的原始人的后裔，而且科学研究在一定程度上亦证明此论断的正确性。中国不少学者则持“现代人多地起源说”，即中国人起源于中国，此说的证据也难以否定。

了不少旧石器时代遗址，其中最有名的是位于西藏北部那曲地区申扎县羌塘高原的尼阿木底遗址，距今至少3万年。进入新石器时代，原始人的文化遗址更遍布中国各地，而且形成具有共性的大范围的文化区域，其中最有名的是中原地区的仰韶文化、大汶口文化和龙山文化等。

以“大文化观”来看，原始社会时交通、交通文化也已产生。

交通、交通文化的产生亦与人类诞生同步。人类迈出的“第一步”，徒手搬运、托抱或肩扛的“第一件”物件，摸索出的“第一条”迁徙路线，在居住山洞周边踩踏出的“第一条”羊肠小道，等等，就是原始交通、交通文化的开端——“第一”之所以加上引号，是因为它们也只存在于理论之中，就像在历史中其实是找不到“第一个人”、确定不了人类诞生的“那一天”一样。

东汉末学者刘熙所著训解词义之书《释名》[①]称：“道者，蹈也；路者，露也。”表明最初的道路是由于人类的长期践踏行走而在草丛中裸露出的地面。这样的“道路”最初应出现在旧石器时代原始人居住洞穴的周边。由于原始人必须经常出洞进行采集、狩猎、收集石料，以及赴河边喝水、汲水和从事捕鱼等生产活动，于是经长期的“蹈也”，便在长满杂草的地面上形成一条条羊肠小道。这样的羊肠小道虽不是原始人有意而为的，但为什么经常从此经过，原始人应该是有选择的——或因较为平坦、或因易于穿行、或因抵达目的地的距离最近等。其中去河边的道路也许是被踩踏得最为清晰的，因为旧石器时代的原始人没有或缺少盛水的容器，所以不得不经常去河边饮水、取水。除此之外，据考古研究，人类大量捕鱼应是数万年以前的事情，因此原始人到河边去的次数应该多于从前[②]。另外，除因长期踩踏而形成的一条条羊肠小道，以及利用自然倒卧的树木跨河越沟外，原始人还一定会有披荆斩棘、倒木搭桥等主观、主动的行为。通过原始人这些有意和无意的行为，久而久之便形成了以其居住山洞为

① 《释名》，后世又称《逸雅》，训诂之书，中华优秀传统文化的著名典籍之一。其所收词条按内容分为释天、释地、释山、释水、释丘、释道等27篇，共1500条，分8卷，以声音近似或相同之词解释、推究事物所以命名的由来，是至今还有影响的我国早期语言学著作之一，对于探求词源，辩证古义，保存古音等具有很大的意义及参考价值。有称此书始于东汉另一学者刘珍（一名刘宝），成于刘熙。

② 同号文：《周口店田园洞与山顶洞遗址的比较研究》，《化石》2011年第4期，第48—52页。

中心呈网状分布的“生活区域交通网”。

据估计，原始人以居住山洞为中心的“生活区域交通网”，其半径应在数公里以内。因为，为安全起见，原始人外出活动的范围最远应在天黑之前能够返回居住山洞的距离。而通往河边的道路也许是其“生活区域交通网”中最短程的——位于北京市房山区周口店龙骨山的“北京人”居住洞穴距离河滩即仅几十米远①。

旧石器时代原始人以居住山洞为中心的“生活区域交通网”，看似极不起眼，且早已消失而不见任何踪迹，但在当时也许是原始交通、交通文化最显而易见的成果之一。尤其生活在今北京市房山区周口店龙骨山上的“北京人”，他们在此地断断续续生活了三四十万年。因之，“北京人”的“生活区域交通网”也一定断断续续且实实在在地存在过，而且其一个存在周期就有可能是数万年甚至十几万年，远远超过人类进入文明时代数千年的历史。需要说明的是，“北京人”是曾先后生活在此地的若干原始人群体的集合名词，并非仅指一个群体，因此这里的原始“生活区域交通网”也应先后分属于不同的主人。据考古发现，“北京人”居住的山洞还曾至少两度被鬣狗所占，鬣狗们在此居住生活的时间也以万年为计数单位。②在鬣狗“占领”期间，“北京人”不见踪迹了。

作为迄今北京地区发现最早的古人类，“北京人”既开创了北京交通史的“肇端”，同时也揭开了北京交通文化的“第一页”——“肇端”和“第一页”之所以都打引号，是因为也许将来还会发现更古老的“北京人”或他们更古老的活动遗迹。

据研究，世界范围内最早穿鞋的人也发现于北京市房山区周口店地区。在此地发现的距今约4.2万年属旧石器时代末期古人类的“田园洞人”，是截至目前已知最早穿鞋的人。③穿上鞋以后，原始人的行走、奔跑速度不仅大有提高，

---

① 贾兰坡：《关于周口店北京人遗址的若干问题——评宾福德等的新看法》，《考古》1988年第1期，第77—86、第62页。

② 贾兰坡：《周口店遗址》，《文物》1978年第11期，第89—91页。

③《源于中国的考古发现：人类4.2万年前已开始穿鞋》，《收藏·拍卖》2009年第1期，第14页。另，位于北京市房山区的周口店遗址博物馆之文字介绍辞称：“2007年，中国和美国科学家通过对田园洞人趾骨化石研究推断，当时的古人类已经懂得用穿鞋的方式保护自己的脚了，这也是目前最早的发现穿上鞋的古人类。此项研究被美国《考古》杂志评为‘2008年十大考古’之一。”

而且他们的活动范围、开辟出的道路也一定会增加。

制作鞋、穿鞋行走等既是旧石器时代末期原始交通、交通文化的新内涵，同事也丰富了北京交通史、交通文化的内涵。

根据考古发现，旧石器时代末期原始人开始离开山区到平原搭建房屋而居住了，因之建筑、建筑文化也随之产生。[①] 而到新石器时代，原始人主要居住于搭建的原始房屋中，因而在其居住区域周边同样会形成“生活区域交通网”。

原始人的迁徙路线也是原始交通、交通文化实实在在的内涵。原始人的迁徙范围其实是非常大的。例如，据考古研究，“北京人”来自今山西省大同市与今河北省张家口市交界的古泥河湾湖地区。几十万年后，至少有一支“北京人”又几乎沿原路再回到该地区。这条路线穿今北京市门头沟区永定河峡谷，单程有一两百公里。再如，研究表明日本人的祖先之一是距今两万年左右的时候，从亚洲大陆或更明确地讲是从中国大陆一路向东而“登岛”的。[②] 那时候海平面比今天下降 120 米左右，因此今亚洲大陆与今日本列岛之间几乎完全是陆地。[③] 其实原始人迁徙的距离甚至可以达到上万甚至数万公里，远超出现代人的想象。对于有着“大把时间”的原始人而言，这点距离其实“都不算事儿”！

有人认为，交通产生于文明时代或产生于原始社会末期人类即将进入“文明门槛”之时，原始社会不存在交通文化。这样的观点是不正确的。原始社会由于生产力极其低下，且长期发展缓慢，因此原始人的交通意识、交通行为、交通活动、交通工具以及开辟出的交通路线等成就的确都显得微不足道，甚至难以察觉，但它们是交通、交通文化实实在在的开端和重要的组成部分，它们曾存在数百万年，漠视甚至否定它们是万万不应该的。

原始文化中还有一个方面也往往容易被漠视或被忽视，即规矩文化——后来发展为法律文化。

以“大文化观”来看，规矩、规矩文化的产生也与人类诞生同步，即什么

① 发现于北京王府井的“王府井古人类遗址”即是旧石器时代末期原始人离开山区来到平原地区生活的证明。其遗址距今两万多年，是迄今在世界范围内极少有的发现于大都市内的古人类遗址。

② 左平：《日本民族起源新考》，《人文地理》1997 年第 3 期，第 59—61 页。还有人认为，日本人祖先是从朝鲜半岛迁徙而来的，另有人认为或来自东南亚。

③ 战庆：《地球“史官”有孔虫》，《中学科技》2020 年第 1 期，第 6—9 页。

时候有了人，什么时候就有了规矩；而什么时候有了规矩，规矩文化也就随之产生了。原始的规矩文化是广义的法律文化的重要组成部分，但这一点竟也为许多学者所忽视甚至否定。

规矩、规矩文化的产生之所以与人类的诞生同步，是因为人类是“群居性动物”。据科学家对今天野生动物的考察与研究表明，过群体生活的动物必须得有“纪律”、有“规矩”才行，否则根本无法在严酷的大自然中生存下来。在现代动物中，灵长类都是过群居生活的，如大猩猩、黑猩猩、长臂猿、狒狒、猴子等，另外狮子、大象、狼、鬣狗、猎狗、水獭、野猪等也都是过群居生活的，因而它们都是有“群规”的。当然，野生动物的“群规”是人观察到、研究出的，动物自身并没有这种意识，它们只是依靠本能“遵循”各自群体的“规矩”生活、生存而已。

那么，既然野生的群居动物都有“群规”，作为已经进入到高等动物——人的序列的原始人怎么可能会没有规矩呢？原始人虽然在一定程度上也必须依靠本能而生存，但他们已经有了意识，平均脑容量也比现代猿大许多，这表明他们的聪明程度远超现代猿，更别说与其他野生动物相比较了。所以，原始人的规矩意识应该是在很大程度上脱离本能而存在于他们头脑之中的。比如，对首领的服从、如何按照男女老幼平均分配食物、由谁主持分配食物，等等，都必须有一定之规并严格遵循才行；在男女交配上也从最初具有很大本能性的杂乱无章、毫无禁忌、不分长幼辈的群体交配，而“进化”到禁止不同辈分男女交配行为“规矩”的产生——前者允许不同辈分的男女交配，称“群婚”；后者只允许兄弟姐妹的交配，称“杂婚”，二者统称为“族内婚”。而后者“交配规矩”的产生，肯定无疑是道德和对生育认知水平提高的结果，当然最根本的是生产力提高的结果。生产力的提高使得老年人和年轻人出现了劳动分工，老年人经常与老年人在一起劳动，年轻人则经常与年轻人在一起工作，从而促使交配行为按照不同辈分的群体来划分。实际上，这也是只有人才能解决的社会性问题。而从原始群过渡到氏族公社更是规矩明确化的结果，因为氏族公社最基本的法则就是禁止内部通婚而实行“族外婚”。从此，人类逐渐摆脱了延续数百万年的近亲通婚习俗而进入到在体质上开始良性发展的新阶段（虽然人类进入文明时代以后，近亲结婚还存在了几千年时间）。实际上，如果没有这样一个必须遵守的“婚配”

基本法则的产生，原始人是永远无法过渡到现代人的，因此这一明确并必须严格遵守的基本法则怎能不被列入到广义的法律文化之中呢?

原始社会时期这些微不足道、以最原始习惯形式存在的“规矩”——有时也以“禁忌”等形式出现，这就是广义的法律文化的开端。只不过在很长的时间里，几乎感觉不到它们的发展变化。

本书之所以强调文化的产生与人类诞生同步，是因为文化学研究本身就是要追根溯源，找到事物发生、发源的“根”，这样才能真正了解事物的全貌，知晓其发展脉络，研判出其未来发展方向，从而明白其优秀成分与不良成分、精华与糟粕之所在，并更好地弘扬优秀文化与文化的精华，批判及摒弃不良文化和文化的糟粕。

其实，对于文化本身也一样，只有了解其起源，知晓其在原始社会数百万年的发展情况，才有助于从根子上读懂它，和有助于更加全面地把握它，而不致因思维狭隘或目光短视而造成对文化的认识、理解不足。

（二）文化人性属性的第二层含义：文化只独属于人类

关于文化只独属于人类，前面已经强调过。具体而言，文化只包括那些与人有关的事物等，其他任何生物都不存在拥有文化的问题。例如，一些人把家里的猫、狗等宠物宠养得都已拟人化——会哭、会撒娇、会委屈、会发脾气、会求拥抱、会传递眼神，等等，但无论多么拟人、无论养宠者如何将其当成自己的“孩子”，它们终究还是动物，它们产生不出文化。

不过文化的复杂性又再一次显示出来，即宠物本身产生不出文化，但养宠物的行为则是属于文化范畴的，可称为“养宠文化”。其内涵包括养宠者对所养宠物的心态、想法、意识与行为等。如不少宠养狗子者自称或互称狗妈、狗爹、狗姥姥、狗姥爷、狗奶奶、狗爷爷等并乐在其中的现象，以及丢弃宠物的心态、行为等；养宠管理制度的制定、实施与执行，以及管理者制定制度、实施与执法的心态、行为等；养宠者对管理制度的遵守程度及心态等；非养宠者甚至厌恶宠养动物之人对养宠者、宠物的态度、想法及行为等，如汽车轱辘侧面放置个板子以防狗子撒尿的无奈等；养宠所造成的社会矛盾、各种人际矛盾冲突甚至上升到法律层面的冲突及解决等。另外，开设宠物医院、送宠物就医、培养宠物医生以及宠物墓地、宠物葬礼等也应包含在养宠文化的范畴中。

中国有句老话叫“男不养猫，女不养狗”，显然这是带有鲜明中国传统文化色彩的俗语，其无疑是属于文化范畴的——尽管许多现代人，尤其那些猫狗宠养者非常不理解甚至反感这句话。

而更为复杂的是，虽然宠物和其他动物一样本身是不能产生文化的，但由于人类的养宠行为、养宠意识等而使得宠物因此被纳入文化范畴之中了。这层意思也许有些难懂，但倒过来想，即如果不把宠物本身作为养宠文化范畴中的一部分是不是会难以说通？那样的话，人类对宠物的宠养就被割裂了，即只剩下人而没有宠养对象了，这显然是不合适的。

当然宠物一旦被弃养，如成为流浪猫、狗等，其身上的文化属性即告消失。不过善待流浪猫、狗，对流浪猫、狗喂食等意识和行为，则又将相关猫、狗“拉回到”文化范畴中了。在中国，这样的意识和行为越来越成为一种文化现象了。

被人类宠养的动物还有狮子、老虎、大象、豹子、猴子、鬣狗、熊、狼、蛇、鹰等。给人们的通常感觉是，似乎俄罗斯人喜好宠养熊，好像还是体型巨大的棕熊，以及黑熊等；阿拉伯贵族喜好宠养狮子、老虎和豹子等，豹子则是花豹、黑豹以及猎豹等都有，还喜好宠养隼之类的猛禽等；泰国人、缅甸人养大象既当宠物又当劳动工具的比较多；非洲有一个部落或若干个部落敢把鬣狗当宠物——据说这家伙的咬合力超过狮子，而且还浑身臭烘烘的；中国人以前养猴杂耍以养家糊口的比较多；印度人则养蛇杂耍以养家糊口的比较多……人们之所以对上述各国有这样一种普遍的认识，与这些养宠行为已成为该国的文化标识有关。

宠物被纳入文化范畴中并不否认文化独属于人类的定论，因为它们是在与人产生关系后才被纳入文化范畴中的。因此，如果猫、狗等独立生活在自然界，甚至“浪迹”于城镇、乡村中，是不该被纳入文化范畴之中的。但人类保护野生动物的意识、政策和行为等似乎又有将它们拉入文化范畴的意思——文化的复杂性真的是随处可见。另外，人类残害野生动物的意识、行为等也属于文化范畴，但不属于文明范畴——关于文化与文明的关系将在第三章详述。

（三）文化人性属性的第三层含义：有些自然物因人类的活动而兼具人文性

自然物如山川丘陵、土壤土质、高原盆地、海洋海岛等，本属于自然界的一部分，绝大多数早在人类产生之前即已存在，但人类产生之后，由于人类的活动而使得有些自然物被赋予了人文色彩，那么这些自然物就成为兼具人文性和自然性的“人文自然物”。其人文属性属于文化范畴，自然属性仍是客观存在，仍属于自然范畴，但实际上在人们的观念中往往很难将它们区分开来。

以泰山为例。泰山初名“岱山”，亦名“岱宗”，主峰玉皇顶海拔 1545 米。最初，由于我们的先民——主要是中原之民认为，泰山是东边最高的山峰，于是出于对自然山峦的敬畏和崇拜，便赋予其许多自己的意识、理想、信仰等，如将其当成“天下第一山”，把它当成五岳，即东岳泰山、北岳恒山、中岳嵩山、西岳华山、南岳衡山之首，等等。于是历代文人骚客、帝王将相、僧伽道士、尼姑女冠等闻风而来，通过各种人文活动，如题诗、题词、题字刻于山石之上，修建庙宇道观明堂，从事各种宗教祭祀活动等，从而把泰山变成了一座充满人文味道的文化名山。距统计，泰山上有各种石刻 2200 余处，可以说几乎步步是人文景观。①

不仅如此，为了使泰山始终占据政治信仰的制高点，便人为制造出这样一种政治理念，即人间的帝王只有来东部最高的泰山祭拜过天帝，才算是受命于天，其统治才算是正统，并能长治久安。这一说法流传开来后，到泰山去行封禅之礼就成为古代有所作为的帝王的最高追求——“封禅”其实是两个行为，两套仪礼：一是在泰山上筑土为坛燔柴祭天，以报天之功，称封；二是在泰山南面的小山梁父（甫）辟场扫除，以报地之功，称禅。② 实际上，根据《史记·封禅书》，禅的地点最初并不局限在梁父（甫），也可在周边其他小山上行祭。另据《史记·封禅书》引《管子书·封禅篇》，远古及夏、商、周三代时期共有

① 1987 年，联合国教科文组织将泰山景区列入《世界遗产清单》。

② 《史记·封禅书》之《正义》。

72个君王封禅过泰山——此数字应该不可信。[①]

为防滥祭，为防滥竽充数，为了不使封禅失去神圣性，为了维护住这一古代最高大典的地位，同时还形成一些必须遵守的限制性规定，如只有改朝换代、致江山易新主的开国之君，或者在久乱之后能致天下重归太平的有功之帝，才可以去泰山封禅天地，才有资格向天地报告重整乾坤的伟大功业，同时表示接受天命而治理人世。由于有这种限制，因此据统计自秦朝以后史籍上有确切记载的曾去泰山正式行封禅之礼的只有秦始皇、汉武帝、汉光武帝、唐高宗（携武后则天）、唐玄宗、宋真宗6位帝王，其中汉武帝封禅了6次。

包括泰山在内的五岳后来都被佛教和中国土生土长的道教所神化，因此它们又被视为宗教名山——明朝以前，泰山的佛教兴盛，清朝开始成为道教天下。由于对山水寄予着深厚的人文情感，加之宗教介入后又将这些情感放大并规范化，于是在中国人脑海中便形成了“山不在高，有仙则名；水不在深，有龙则灵”[②]的观念。直到今天，中国人对自己境内名山胜岳的祭拜香火依旧不断，并使这些地方成为国内旅游胜地。

另外，被我们中国人推崇为“母亲河”的黄河、长江，也被纳入人文自然物范畴。不过在中国古人看来，“河”与“江”是有区别的。

“河”的含义是经常会发生改道现象的河流，所以在水边总得有人肩挑土石，手握各种工具筑堤防汛、整理河道、堵塞缺口等。在很长的时间里，“河”是今天被我们称为黄河的专属称呼。这是一条经常改道的大河，尤其在下游，大的改道就有5次。由于泥沙淤积严重，河床不断增高，迫使黄河下游两岸的河堤不断被筑高，因而还享有“天河”“悬河”的“美誉”。这些“美誉”都属于文化范畴。

“江”的含义为基本不改道的自然河道。由于中国南方地区气候湿润、植被丰茂，加之土壤是比黄河流域的黄土更为黏实的红土，因而河道固定，相对而言很少发生河流改道情况，所以南方河流基本都被命名为“江”。又由于长江是南方代表性河流，从不改道，所以在很长时间里都是以“江”作为其专名。

---

① 《史记·封禅书》引《管子书·封禅篇》：“管仲曰：‘古者封泰山禅梁父者七十二家。’”但后者已失传。另，《史记·封禅书》之《正义》：“案：管仲所记……其六十家无记录也。”

② 刘禹锡：《陋室铭》。

从“河”与“江”的含义可以看出，前者的人文性更突出一些，加之中原文明长期发达、领先，为中华文明作出过突出贡献，所以在很长时间里黄河曾被当成中华文明唯一的“母亲河”。

还有，在历史上被誉为“天府”[①]“天府之国”[②]“天府之土”[③]的关中盆地（含关中平原）、四川盆地（含成都平原）和汉中盆地（含汉中平原）等地，也同样被赋予了人文性而被纳入文化范畴中。

相比起汉族人而言，中国少数民族对自己生长地区的山水似乎寄予了更深厚的情感，寓意也更为神奇。以藏族为例。“喜马拉雅”在藏语中是“雪的故乡”的意思；“珠穆朗玛”是“大地之母”或“第三女神”的意思；“雅鲁藏布”在古代藏文中是“从最高顶峰上流下来的神水”的意思，其不同的河段还有“母河”“从好马的嘴里流出来的水”等意思。同时，这些山川还被藏族人民赋予神话传说，如称珠穆朗玛峰是“长寿五天女所居住的宫室”等。梅里雪山山脚下的藏族村民坚决阻挠登山队攀登他们心目中无比崇敬的这座神山。1991 年 1 月 3 日，中日联合登山队 17 名队员全部罹难于距离峰顶垂直距离仅 240 米处。迄今仍没有人能攀登上这座海拔“仅”6740 米被藏语称为“卡瓦格博”而位居藏

① “天府”一词最早出于《战国策》，指以关中平原为核心的秦国领地。《战国策·秦策一》载，苏秦游说秦惠文王曰：“大王之国，西有巴蜀、汉中之利，北有胡貉、代马之用，南有巫山、黔中之限，东有肴、函之固。田肥美，民殷富，战车万乘，奋击百万，沃野千里，蓄积饶多，地势形便，此所谓天府，天下之雄国也。”后指包括成都平原在内的蜀地。成书于东晋的《华阳国志》：“于是蜀沃野千里，号为‘陆海’，旱则引水浸润，雨则杜塞水门，故记曰水旱从人，不知饥馑，时无荒年，天下谓之‘天府’也。”

② “天府之国”一词最早出于《史记》，指关中平原。《史记·留侯世家》载，张良建议汉高祖刘邦立都于关中曰：“夫关中左崤函，右陇、蜀，沃野千里，南有巴、蜀之饶，北有胡苑之利，阻三面而守，独以一面东制诸侯，诸侯安定，河渭漕挽天下，西给京师；诸侯有变，顺流而下，足以委输。此所谓金城千里，天府之国也……”另外，“天府之国”亦指其他地区，如指今山西太原，《北齐史·唐邕传》：“显祖尝登童子佛寺，望并州城曰：‘此是何等城？’或曰：‘此是金城汤池，天府之国。’”还指今北京，《大明一统志》卷一：“京师古幽蓟之地，左环沧海，右拥太行，北枕居庸，南襟河济，形胜甲于天下，诚所谓天府之国也。”

③ “天府之土”一词最早出于《三国志》，指四川盆地和汉中盆地。《三国志·蜀志·诸葛亮传》载，诸葛亮于隆中语先帝刘备曰：“益州险塞，沃野千里，天府之土，高祖因之以成帝业。”当时益州不仅包含四川盆地和汉中盆地，还包括今重庆、贵州、云南、湖北等地。

区八大神山之首的雪山。[①]

虽然珠穆朗玛、卡瓦格博等山峰自然属性十足——高耸入云、险峻挺拔、寒冷缺氧，甚至令人望而生畏，但由于藏族人民对它们寄予朴素、深厚的人文情感，所以它们都不再是孤立于人类社会之外的纯自然山峰，而都被纳入文化范畴之中——被称为“世界屋脊”“地球第三极”的青藏高原其实也是这样。

一般而言，人类在哪里生存，哪里的山山水水等就都会被赋予人文色彩，而最基本的体现应该就是起名、命名，再深入一步的即是赋予神话传说等——也许二者是同时发生的。

（四）文化人性属性的第四层含义：人类灭亡后文化即告消失

由于文化只独属于人类，因此什么时候人类灭亡了，文化也就消失了。

关于人类已知历史的时间，前已述，目前比较公认的是二三百万年——最新观点认为是七百万年，而人类进入文明时代不过才几千年，所以从这一角度而言，人类还是非常非常“年轻”的。若用单个人的成长年龄进行衡量，人类目前所处的发展阶段应该连上幼儿园小班的年龄都不到。

人类社会未来会有多少万年的历史，应该是现在谁也说不好的。依据现有的知识，目前唯一知道的是，人类也会有遭遇灭顶之灾的那一天，人类也会像曾“统治”地球一亿几千万年的恐龙一样走向灭亡的。

人类消亡了，人类所创造的一切最终就都归于自然了。文明没有了，文化也不会再延续。即使在人类消失后再过几百万年或几千万年——或更短时间，或更长时间，地球上又产生出高级生命，甚至比人类还高级、还智慧，但他们的一切与我们无关，人类的历史与文化也与他们无关。我们的文化随我们的“离

① 梅里雪山位于西藏自治区林芝市察隅县与云南省迪庆藏族自治州德钦县交界处，是云南省第一高峰，也是全世界公认的最美雪山，据说被誉为“雪山之神”。卡瓦格博是梅里雪山的主峰。藏文经典中称梅里雪山为“绒赞卡瓦格博”，意为“河谷地带险峻雄伟的白雪山峰”。“绒赞”意为三江流域（金沙江、澜沧江、怒江）的王者，负责统领澜沧江流域的生灵。据说在藏族语意里，卡瓦格博其实不单指最高的山峰，而是统称这里耸立的数座雪峰。梅里雪山在藏族民间充满宗教意味是毫无疑问的，其位居藏区八大神山之首——八大神山分别是卡瓦格博、冈仁波齐、喜马拉雅、雅拉香波、阿尼玛卿、苯日神山、墨尔多神山和尕朵觉沃。一说卡瓦格博并不是梅里雪山的主峰，而是与梅里雪山相连的太子雪山的主峰。

去”而永远离去了。

二、文化的第二个基本属性——意识性

所谓文化的意识性，即文化必须是因人的意识而产生的事物等。

文化的意识性属性与文化的人性属性直接相关联，因为只有人才有意识。不过，需要说明的是，婴幼儿的意识尚未被唤醒，植物人的意识已经丧失，痴呆患者没有正常的意识，精神病患者犯病时意识不清，因此他们被排除在“只有人才有意识”所指之外。

据研究，有些动物可以达到人类几岁小孩的认知水平，如猩猩、大象、海豚、狗、猴子等。但“猴子”就是“猴子”，不是朝三暮四就是朝四暮三[①]，其所谓的“智力”仅此而已。最重要的是，动物没有自我意识，它们不知道自己为何物，更不知道自己为何生存于世，只有在人身上“自然界达到了自我意识”[②]。而高等意识如思维、联想、开放性思维、批判性思维等，更是只有人才具有的。

前述人类宠养动物之所以被纳入文化范畴，就是因为在这一行为中充满了人的意识：或赞成，或反对，或喜爱，或厌恶，或不置可否，等等。

需要说明的是，由人的无意识行为而产生的事物等似应不属于文化范畴。人的无意识行为，也可称为下意识行为或潜意识行为，在“心理学上指不知不觉，没有意识的心理活动。是机体对外界刺激的本能反应”[③]。人靠本能反应而作出的事情，似乎很难被认同是可以归并入文化范畴的——至少笔者很难认同。

另外，因精神病患者、痴呆患者等的非正常意识的行为而产生的事物等，

---

① “朝三暮四”和“朝四暮三”语出《庄子·内篇·齐物论》：“狙公赋芧曰：‘朝三而暮四。’众狙皆怒。曰：‘然则朝四而暮三。’众狙皆悦。”狙：猴子；狙公：养猴子的人；赋：给予；芧（xù）：橡子。

② 恩格斯：《自然辩证法·导言》，《马克思恩格斯选集》（第3卷），人民出版社1972年5月出版，第456页。

③ 中国社会科学院语言研究所词典编辑室：《现代汉语词典》（第6版），商务印书馆2015年12月出版，第1048页。

似也不应属于文化范畴。笔者小时候居住的北京大学中关园，邻居中有一个男性痴呆患者，三四十岁的样子，几乎每天用残疾的左臂挽着一个柳条编成的簸箕，右手拿一把小笤帚，把各处的垃圾扫起来送到垃圾堆放处。他的行为虽有利于社会，但应该与文化毫不沾边。

不过精神病患者在非发病期间的行为应该被视为属于正常人的行为，因其而产生的事物等，能够归属文化范畴的则应归属文化范畴。正如精神病患者在非发病期间的犯罪被视为正常人犯罪而要受到法律惩处一样。

因人的意识活动而产生的事物等中有一种特殊的情况，即因灵感而产生的事物等。灵感属于常见又不常见的意识活动，它是“在文学、艺术、科学、技术等活动中，由于艰苦学习，长期实践，不断积累经验和知识而突然产生的富有创造性的思路”①。显然，这无疑属于文化范畴。

至于思想则更是文化范畴中响当当的、当仁不让的重要内涵。思想是“客观存在反映在人的意识中经过思维活动而产生的结果。思想的内容为社会制度的性质和人们的物质生活条件所决定，在阶级社会中，思想具有明显的阶级性”②。

三、文化的第三个基本属性——历史性

文化的历史性属性——也可以叫“传承性”，即必须是经过一定时间、一定时期的发展、演变而积淀形成的“有形”或“无形”的事物等。

（一）文化事物的积淀“有形”与“无形”

所谓“有形”，指能够看得见、摸得着的事物等；所谓“无形”，指用眼睛看不到、用手摸不到但能够被感知、感悟及领会的事物等。笔者认为，后者在文化中所占的比重极大，而且也许是最具“文化味”的。

---

① 中国社会科学院语言研究所词典编辑室：《现代汉语词典》（第6版），商务印书馆2015年12月出版，第823页。

② 中国社会科学院语言研究所词典编辑室：《现代汉语词典》（第6版），商务印书馆2015年12月出版，第1230页“思想”条❶。

实际上，有很多时候，“有形”与“无形”都体现在同一文化事物上或文化现象中，如原始社会的石器文化即如此。对今人而言，石器是实实在在的化石，是有形的、成形的，能够被看到、摸到、感觉到，但其制造技术、用途、传播、影响等则是无形的、不成形的，看不到、摸不着，必须得通过分析、研究才能获知。

再如今人对原始宗教文化——也称“石器时代宗教文化”或称“史前宗教文化”的认知亦如此。原始宗教的迷信意识、行为等早已随着原始人的“离去”而消失了，但他们带有宗教迷信意识的实物、现象则在考古发掘中被发现。通过这些具体的、可触碰、看得见、摸得着的实物、现象等，专家分析出看不见、摸不到的已经随原始人的“离去”而“离去”的原始宗教迷信意识、行为的存在。

据考古发掘和研究，原始宗教、原始宗教文化的产生与人类的诞生不同步。原始宗教、原始宗教文化产生于原始社会末期。

在中国，最早的原始宗教遗迹发现于北京市房山区周口店龙骨山的山顶洞遗址中，距今 1.8 万年[①]（一说距今 3 万年[②]）——因位于已经坍塌的“北京人”曾居住洞穴的上方而得名。考古发现，山顶洞人将死者埋葬在“下室”（“上室”为生者居处。“下室”在洞中稍低处，深约 8 米）[③]；在下葬死者时先在尸骸周围撒上红色的赤铁矿的粉末——“有人认为尸体上及周围的赤铁矿粉象征血液，人死血枯，加上同色的物质，是希望死者在另外的世界中复活”[④]。这些行为被认为是“已具有明显的灵魂观念和一定形式的宗教性葬仪”[⑤]，是原始宗教的萌芽，因而无疑属于文化范畴。

---

① 中国大百科全书总编辑会《考古学》编辑委员会、中国大百科全书出版社编辑部：《中国大百科全书·考古学》，中国大百科全书出版社 1986 年 8 月出版，第 432 页。

② 马执斌：《我们为什么要修改山顶洞人的年代》，《小学语文》2006 年第 7 期，第 96 页。

③ 中国大百科全书总编辑会《考古学》编辑委员会、中国大百科全书出版社编辑部：《中国大百科全书·考古学》，中国大百科全书出版社 1986 年 8 月出版，第 432 页。

④ 中国大百科全书总编辑会《考古学》编辑委员会、中国大百科全书出版社编辑部：《中国大百科全书·考古学》，中国大百科全书出版社 1986 年 8 月出版，第 433 页。

⑤ 覃光广、冯利、陈朴主编：《文化学辞典》，中央民族大学出版社 1988 年 8 月出版，第 228 页。

西方最早的原始宗教迷信也是专家根据实物分析而判断出的。据称“法国西南部、西班牙西北部、西西里岛和乌拉尔山脉南段地区等原始社会遗址石洞深处，发现约公元前三万二千年至公元前一万七千年的著名的旧石器时代宗教遗迹，其中有动物和少量人形的绘画和雕刻。一些野牛、鹿身上带有箭矛的刺痕或画着投向它们的猎兽工具。考古学家判断，是为了保证猎获成功而行法术的作品。人形大都为女性，男性很少，且仅画出简单轮廓；女性的面部也多为轮廓，而突出其生殖形态（如乳部、腹部特大）。法国阿里埃（Arie-ge）地区的特鲁瓦·弗雷尔（Trois Frercs）洞中所发现的旧石器时代石雕像，带有瘦形面具作舞，有人认为是巫师作法的形象，名之曰：‘作神舞之驱邪者。’也有人认为是主宰众兽之神，称之为‘兽主’。还有人猜想为主持受孕之神。这些表明，初期宗教观念与当时的狩猎经济直接相关，反映人类求食、生殖两大事而寄望于法术和宗教”①。

理念、想法、意识、联系、关系等都应该是看不到、摸不着但能被感知、感悟及领会的无形文化现象。

（二）文化历史性属性的含糊不清之处

文化的历史性属性强调“必须是经过一定时间、一定时期的发展演变而积淀形成的‘有形’或‘无形’的事物等”，虽然有“必须”二字，但其实具有不确定性。这种不确定性体现在哪儿？体现在“一定时间”“一定时期”上，即事物等到底应该历经多长时间的发展、积淀，如一秒、一分、一小时、一天、一个月、一年、十年、五十年、一百年、一千年、一万年……才能归属于文化范畴？

显然时间跨度越长，越能被接受为文化；时间跨度越短，则争议恐怕就会多起来。尤其文化事物等未成形的“预产期”阶段是否算在“一定时间”“一定时期”之内，应该是最有分歧的——此“未成形”与前述“无形的事物”不是一回事。而正是这争议、分歧，造成了文化的不确定性，使其含糊不清起来。

以汽车文化为例。1885年德国人卡尔·佛里特立奇·本茨（1844—1929年）

① 覃光广、冯利、陈朴主编：《文化学辞典》，中央民族大学出版社1988年8月出版，第228页。

研制出世界上第一辆汽车（三轮），并于 1886 年 1 月 29 日获得发明专利，从而标志着汽车的诞生。那么，此时汽车文化产生了没有？

若认为第一辆汽车的研制成功仅是汽车时代计时的正式开始，因而尚不存在汽车文化形成的“一定时间”“一定时期”的话，那么从本茨想到要设计汽车，再到汽车的诞生，一定是需要时间的，而且同时期还有其他人也在研制各自的“第一辆汽车”，这样“一定时间”“一定时期”是不是已经产生了？为搞发明，本茨等人一定会注入大量的心血，其意识、想法绝不能“缺席”。那么，在第一辆汽车发明出来之前，在汽车的研制阶段——即汽车的“预产期”阶段，汽车文化有没有形成？①

中国大陆“第一辆汽车”出现于 20 世纪初的清朝末年，是从国外引进的，但存在两种说法。

其一几乎没有争议，即 1901 年年底匈牙利商人李思时从香港将两辆美国产轿车运到上海公共租界供自己使用。由于此为前所未有之事，于是公共租界的最高行政机构——工部局专门开会讨论，后于 1902 年 1 月 20 日发给临时牌照，允许上街行驶。②

其二则存在争议，有两说：一说是 1901 年（光绪二十七年）11 月 9 日慈

---

① 在最初时光，汽车文化的内涵一定是非常简单的。到今天，汽车文化可以说无比丰富，如人们在设计、制造、销售、购买和使用汽车的活动中所形成的思想意识、行为方式、习惯传统、价值观念、法律法规、管理机构、设备设施，等等。具体如设计初衷、造车理念、销售战略、购车想法、使用目的、驾驶习惯、道路建设、停车管理、机动车管理、驾驶员管理、驾驶员对交通法的遵守程度、交通警察的执法与作用，等等。以轿车为例，其设计初衷，如定位购车对象、人群以及购买者所在国家等的想法；造车理念，如制造新概念型（前卫型）、怀旧型（复古型）、豪华型、普通型、公务型、家庭型、经济型、赛车型等的想法，以及有关舒适程度、科技含量等的思考；销售战略，如推出新型车的时机和促销、推销手段等；购车想法，如家庭使用、公务使用、上下班使用、旅游使用等；使用目的，如作为代步工具或显示身份之用，追求驾驭速度的刺激等的想法，等等。以前都说美国是“汽车轮子上的国家”，今天的中国人早已实实在在感受到汽车文化的存在。无论在设计、生产、运输、销售等各个环节，还是购买、使用、管理等各个方面，无不产生了具有中国特色的自豪、骄傲、喜悦、怨怒、纠结、烦恼、矛盾等。其中有些是属于世界性的问题，如大都市的交通堵塞、空气污染、停车难等，还有总也祛除不掉的酒驾、醉驾以及“路怒症”，等等。

② 姜海程：《慈禧太后御用汽车“传入中国的第一辆汽车”？——纪念“汽车传入中国”105 周年》，《时代汽车》2007 年第 2 期，第 104—105 页。不过关于这两辆车的品牌至少存在两种说法，

禧太后 66 岁大寿时，时任直隶总督兼北洋大臣的袁世凯花 31 万两白银购买了一辆德国产的第二代奔驰轿车作为寿礼献给慈禧，以讨好老佛爷，因此这才是“中国第一辆汽车”。[①]另一说则是 1902 年（光绪二十八年）11 月 9 日，在慈禧太后 67 周岁的生日寿典上，袁世凯才呈献了“洋寿礼”——一辆美国制造的轿车，所以“袁车”乃“中国第二辆汽车”。因为 1900 年（光绪二十六年）8 月 15 日凌晨，在八国联军已经攻入北京城的形势逼迫下，慈禧太后、光绪皇帝仓皇逃出紫禁城，“西狩”西安，直到 1902 年（光绪二十八年）1 月 8 日才返京，因此 1901 年不可能举行生日寿典。[②]从史实看，后者似更符合当时的实际。

不过，无论哪种说法正确，反正汽车在德国“降生”15 年后，于 1901—1902 年间漂洋过海来到了古老的中国则是肯定的事实。那么，此时汽车文化在中国大陆产生了没有？

匈牙利商人李思时的行为让中国上海老百姓也包括官吏看到了汽车是个什么玩意儿，引发围观和引起议论一定是必然的；骄傲的表情洋溢在李思时们的脸上也是一定的；再加上工部局那帮外国人专门开会讨论并发给临时牌照允许其上街行驶等，这一切算不算是汽车文化的体现？而汽车“登陆”上海前，李思时的相关想法、行为等，算不算是中国大陆汽车文化的肇端？袁世凯的购车想法及行为，以及慈禧见到这辆汽车的反应和态度，包括让司机跪着给其开车等[③]，能否归入到汽车文化范畴中？在这两件事中，“一定时间”“一定时期”应该分别从什么时候开始算起？或者形成文化的“一定时间”“一定时期”是否已经具备？

本书之所以将“第一辆汽车”的地域限定在中国大陆，是因为据记载，香港地面上行驶的第一辆汽车虽也是在 1901 年，但比大陆稍早。[④]所以，上述两说有关“中国第一辆汽车”的争议也许都是不正确的。

香港的第一辆车本是一个富豪买来送到广州让其儿子驾驶的，但因道路交

① 扈力平：《中国第一辆“进口”汽车》，《汽车与安全》2002 年第 3 期，第 56—57 页。

② 姜海程：《慈禧太后御用汽车“传入中国的第一辆汽车”？——纪念“汽车传入中国”105 周年》，《时代汽车》2007 年第 2 期，第 104—105 页。

③ 扈力平：《中国第一辆“进口”汽车》，《汽车与安全》2002 年第 3 期，第 56—57 页。

④ 郑咸雅：《香港第一车》，《汽车运用》1997 年第 5 期，第 19 页。

通的问题，致使车进口后只能在香港地面上行驶了。1901 年，香港地面上行驶第一辆汽车后，管理部门很快作出规定：在市区车速最高为 10 英里（约 16 公里），郊区则不超过 15 英里（约 24 公里）。车速虽不快，汽车仅数辆，但交通事故却不少。1907 年，香港地面上只跑 6 辆汽车，却在半年内撞死了 4 个人。[①] 那么，香港的汽车文化产生于何时？到 1907 年，香港的汽车文化产生了没有？其“一定时间”“一定时期”始于何时？

再以网络文化为例。1969 年，美国出现了用于军事目的的互联网——阿帕网（ARPANet），以后拓展到学术研究领域。1991 年，“商用互联网协会”在美国成立，互联网（Internet，亦称国际网络）进入到商业发展阶段。1992 年，互联网在欧美国家的联机数量超过 100 万台。[②] 1995 年 4 月 30 日，美国互联网的商业化进程彻底完成，官方机构退出这一领域，互联网以迅猛的速度发展起来。那么，网络文化形成于互联网发展的哪个阶段、经历了多长时间呢？

中国的互联网萌芽于 1984 年 5—7 月，当时只是在中国科学院和水电科学院的两个科研单位之间形成了远程终端，但想法的提出始于 1983 年前后或者更早。1987 年 9 月 14—20 日，中国互联网的开拓者和探索者钱天白（1945—1998 年）成功发出中国第一封电子邮件，这不仅标志着中国终于叩开了互联网的大门，而且标志着中国互联网时代的到来。[③]1992 年，中国科学院、清华大学和北京大学各自建成自己的局域网，1993 年 12 月三家网络实现互联，建成“中关村教育与科研示范网络”（简称 NCFC）——中国科技网（简称 CSTNet）的前身。1994 年 4 月 20 日，经过艰难谈判和不懈努力，NCFC 终于与美国国家科学基金网（简称 NSFNet）直接互联，中国正式全功能联入国际互联网——美国国家科学基金会（简称 NSF）是 Internet 核心骨干网的控制者，由此我国最早的国际互联网络诞生。1994 年 5 月 21 日，第一台中国国家域名“.CN”根服务器从德国迁回中国——1990 年 11 月 28 日，钱天白教授代表中国正式在国际互

① 郑咸雅：《香港第一车》，《汽车运用》1997 年第 5 期，第 19 页。

② 刘佳：《中国互联网诞生地》，《互联网周刊》2009 年 10 月 20 日出版，第 34—41 页。

③ 关于中国第一封电子邮件发出时间存在争议。关于世界第一封电子邮件发出时间也存在争议，其一种说法是，1976 年英国女王伊丽莎白二世应邀参观皇家信号与雷达研究院，通过跨越两大洋的人造卫星，从英国向美国夏威夷发出了人类第一封电子邮件。

联网络信息中心（InterNIC）的前身 DDN-NIC 注册登记了我国的顶级域名“.CN”，并在德国建立了“.CN”域名服务器，从而为中国保住了在 Internet 上的一席之地。1995 年 12 月，中国科学院百所联网工程完成。1996 年 2 月，中国科学院决定正式将以 NCFC 为基础发展起来的中国科学院院网（简称 CASNet）命名为“中国科技网”（简称 CSTNet）——中国第一个互联网。到 1996 年年底，中国已拥有 15 万互联网用户。1997 年 4 月，第一届全国信息化工作会议在深圳召开，提出要按照国际惯例组建管理中国顶级域“.CN”的机构。于是，1997 年 6 月 3 日，中国互联网信息中心（简称 CNNIC）正式成立，此时“.CN”域名仅为 1000 多个。到 2009 年 6 月，“.CN”域名已发展为 1300 多万个，不仅位居世界国家顶级域名之首位，而且形成产值 40 多亿元、从业人数 10 多万的完整产业。1998 年，中国的网站数为 3700 家，到 2009 年 6 月已达到 306 万家……那么中国的网络文化形成于何时？从什么时候到什么时候算是中国网络文化的“预产期”阶段呢？[①]

与汽车文化、网络文化等现代文化事物或现象等相比，原始文化如石器文化、交通文化、规矩（法律）文化以及宗教文化、建筑文化等，都经历过漫长的“预产期”阶段，而且应是以百万年为计数单位的。

正是由于文化事物或现象等积淀成形或无形的“一定时间”“一定时期”无法确定，所以造成了文化的含糊不清和人们对文化认识的分歧与争议。

四、文化的第四个基本属性——群体性

文化的群体性属性，也可称为“社会性”，拥有两层含义。

---

① 网络文化发展到今天所包括的内涵实在太庞杂了。网络除了给人们的工作、学习、生活、娱乐、联系等带来极大便利的同时，更极大地改变了现代人的生活。绝大多数人，尤其是年轻人，早已经离不开网络放不下手机了，“网虫”“手机控”等更成为网络文化的重要现象。而纸质媒体、纸质图书等走向“没落”，以及相应的自媒体、社交媒体、电子图书迅速“走红”，都成为网络文化“当仁不让”的新内涵。另外，诸如人肉搜索、网络诈骗、网络赌博、色情直播、网络贩毒、网上传黄、网络“喷子”、网络汉奸等现象则成为网络文化中一时难以祛除的糟粕，令正直之人、有识之士既愤懑不满，又感到无可奈何。为打击网络犯罪而应运产生的“网络警察”在成为“新警种”并不断扩大队伍的同时，其执法依据、执法手段等也成为网络文化的重要组成部分。

（一）文化群体性的两层含义

文化群体性的两层含义中，第一个层面是宏观的，即从全人类角度而言的，因此仅一个群体而已；第二个层面则是在第一个层面之下，即从不同人群角度而言的，因而有无数个群体。

1. 文化群体性的第一层含义：人类即是一个文化共同体

将人类看成一个文化共同体，则文化指人类所共有的生存方式，包括思维模式、价值取向、行为表现，等等。

从宏观群体性角度看全人类，观察人类共有的文化表现，有利于我们正视人类历史上和现实中的美好、善良、正义，以及丑恶、罪孽、无道等文化特质，更便于我们把握人类社会发展的正确方向。

譬如对“人之初，性本善”[①] 的认定使我们认识到，世界上绝大多数人心都是善良的，都是追求正义的，都是追求真理的。即使在罪恶暴虐的战争年代和动乱时期，即使在物欲横流的社会里，爱、善良、正义等人类特有的美好品行也不曾被泯灭，不仅未曾泯灭，它们还以顽强的生命力傲然挺立在污浊、黑暗和罪恶之中，并最终战胜邪恶，赢来光明。

例如“二战”时，虽然纳粹德国及其帮凶惨绝人寰地屠杀了至少 600 万无辜的犹太人，写下人类历史上最为黑暗的一页（之一），但德国纳粹党员、工业家奥斯卡·辛德勒（1908—1974 年）却冒着生命危险，在自己开设于波兰的工厂中，凭一己之力，救下大约 1200 名犹太人的生命，这就是人类善良心灵在极黑暗时期的辉煌闪耀。这个故事后来被美国人拍成电影《辛德勒的名单》，曾打动全世界善良的心。

而在辛德勒拯救活动之前的 1938 年，中华民国驻维也纳领事馆总领事何凤山（1901—1097 年）也曾做过同样的事情。当时纳粹德国已吞并奥地利，并开始将奥地利犹太人送入集中营。不过纳粹当局最初承诺，犹太人只要拿到接收国的签证即可被允许离开奥地利。这是奥地利犹太人最后的一线生机，谁知几十个国家却都拒绝接收他们。只有何凤山不顾个人安危，违反上司的指令，

---

① 《三字经》。

给正在大祸临头的奥地利犹太人签发了几千份赴上海的签证，作为他们离开奥地利的凭证——获得签证的犹太人只是为了离开奥地利，并不真的前往中国上海。

尤其难能可贵的是，当纳粹当局以总领事馆原属犹太人房产为由将房屋没收之后，何凤山又自掏腰包租下一间小公寓作为新总领事馆，继续对犹太人伸出援手，让他们逃离“死地”。

何凤山生前很少提起此事，因此在很长时间里他的“壮举”鲜为人知。他曾在回忆录中表示：“富有同情心，愿意帮助别人是很自然的事。从人性的角度看，这也是应该做的。”何凤山与辛德勒一样，都是在那个极黑暗的时代展现出人类最美好、最闪亮、最光辉品质的人，尽管这样的品质当时已被许多人隐藏、遗忘甚至泯灭。

1997 年 9 月 28 日，何凤山在美国旧金山去世，寿享 96 岁。曾任《波士顿环球报》记者的其女何曼礼为父亲写了一个讣告，其中提到其父曾在任中国驻维也纳总领事期间为犹太人发过签证，此事才告公开。2018 年 3 月 15 日，“何凤山广场”在米兰正式揭牌，这是意大利第一次使用华人姓名作为城市中的地名。

类似的事情也曾在同时期的中国出现过，同样的人类心灵光辉也曾在同时期的中国南京闪耀过。1937 年 12 月，日军在南京施行大屠杀期间，参与救助中国难民的美国牧师约翰·马吉（1884—1953 年）、德国商人约翰·拉贝（1882—1950 年）同样是人类正义精神和力量的体现。其中拉贝虽为纳粹党员，但人类内心的善良与正义驱使作为“南京国际安全区”主席的他和其他国际友人一道，在不足 4 平方公里的“安全区”内拯救了超过 25 万中国人的生命——约翰·拉贝还以其作为南京大屠杀翔实证据的《拉贝日记》而著名。

另一方面，由于人类尚处于私有制仍在发育的时代，因贪欲、自私、无耻而造成的不良、罪恶、丑恶现象等在社会中也比比皆是——这些属于人类文明发展到现阶段尚无法克服、无法祛除的“毒瘤”，因此有时会使人类文明有短时间的局部性的倒退。但从整体而言，人类文明始终是在向前、向善、向好的方向发展的。所以，社会主义在发展，资本主义也有进步之处；中国在前进，美国也有改良之举。如歧视黑人、亚裔等的种族主义意识在当下的美国虽仍普遍存在，但与20世纪五六十年代以前三“K”党横行，无辜黑人经常暴尸街头，黑人被白人警察当街捆绑并施以鞭刑，黑人不得入白人学校上学，黑人乘坐公共汽车只能站在后部，包括华人在内的少数族裔无任何权利等反文明现象相比，美国的进步也是实际存在的。尤其2009—2017年奥巴马担任美国有史以来唯一的非洲裔总统的象征意义也是实实在在的。

最为重要的是，当那些居心不良、居心叵测、站在人类文明对立面的罪恶之人将世界文明破坏到惨痛不堪程度之后，人类的正义力量一定会将他们铲除出历史舞台，并不会允许同样的事情再次发生。正如第二次世界大战告诉人们，人类再不能经历这样的战事一样。

大屠杀的惨剧在纳粹实施的“犹太人之屠”，以及“兽类集团”日本“皇军”对南京军民的“南京大屠杀”之后还有发生。20世纪开始至于“二战”之前，发生在古代和近代历史上的大屠杀事件更是数不胜数。虽然善良的人们都不愿意看到这样一幕幕的人间惨剧再度上演，但世界各地目前仍不断爆发的局部战争，以及一贯喜好发战争财的以美国为首的西方国家和那些“大炮一响，黄金万两”的资本家的存在，大屠杀的“阴云”仍飘荡在人类文明的上空，至今挥之不去，吹之不散，但必须相信这样的悲剧早晚会被人类正义的力量所祛除。

把人类当成一个文化共同体来看待，有一个严峻的问题也是不得不说的，即随着人类文明的发展，人类的交往越来越频繁，相互之间的关系越来越密切，由此造成有些地区或民族的文化特点越来越不鲜明，甚至严重退化了。

以中国各地方言的“退化”为例。自从改革开放以来，以前出公差需单位出证明方能购买车票、机票，才能在旅馆住宿的情况没有了——当时即使因私出行也需要某一级及以上政府的介绍信才能“畅通无阻”，代之而起的是汽车的使用越来越普及，火车的速度越来越快，飞机航线的开通越来越多，人们的出行越来越方便、越来越频繁、越来越快捷，离开家乡外出“打工”谋生的人数竟高达两三亿甚至更多……由此造成以前政府花费很大力气仍难以推动的普通话推广问题竟被自然而然地化解开了。许多城市中由于前来“打工”、做生意、上学的“外地人”的比例不断加大，为了交流方便，许多本地人在日常生活中也以普通话为主了。即使在上海、广州、温州等这些方言比较难懂的城市街头，普通话的使用率已远高于20世纪八九十年代。甚至有些地方的小孩子已经不会说自己的家乡话了。[①]

那么，如何才能保护好方言呢？方言可以说是地域文化最鲜明的代表。一地的方言消失了，人们全说普通话了，那是该地区人们的悲哀还是喜讯呢？没有了乡音，游子们回到家乡还能有深厚的认同感、归属感吗？人们在其他地方生活又与在家乡生活有什么不同呢？当然方言消失所带来的问题一定远不止这些，有不少甚至是只能意会而不能言传的问题。

人们常说“越是民族的才越是世界的”，但有些民族似乎已“难以为继”了。比如满族，虽然人口达1000万多一点，是中国排名第二多的少数民族，但据说能保持本民族传统习俗的只有生活在辽宁省的两个满族自治县的满族人了。更为严重的是，满语已经没有多少人会讲了，几乎完全消失了。

另外，据说地球上“唯一还以狩猎、采集为生的部落”——非洲的哈扎部落也仅仅剩下1000人左右了，其中不少人已进入到文明社会中，接受了教育，不再回到部族继续过那种不种植粮食、不饲养牲畜、不建立永久栖身之所的日子了。同时，哈扎部落的栖息地也不断被挤压，生存空间越来越狭小。他们没有头领，人人平等，男子狩猎，女子采集，没有宗教信仰，没有钱币观念，没有……那么是加强保护这个人类社会的“活化石”，让哈扎人“不受打扰”地继续过着数万年甚至十余万年以来几乎未曾改变的生活方式，还是让他们最终自生自灭或全部融入文明社会当中呢？实际上，旅游者、研究者、纪录片拍摄者等外人已经打扰到他们的生活了。

就目前而言，虽然对于地区文化和民族文化的保护属于世界性难题，但还

---

① 2017年“十一”期间，笔者携全家赴温州旅游。这是笔者继1968年、1986年后第三次回温州老家。与前两次不一样之处在于，彼时都是随家父前往，家母亦健在，而此次赴温（温州亦简称“瓯”），家父母均已仙逝。此行的目的除携从未去过温州的妻、子旅游外，还要品尝温州名吃，以及听听温州话。家父母去世后，家里已不再有这样的语言环境。但遗憾的是，10天的旅游只听到了一句温州话，还是一个温州人对外地人说的，意思是“我说温州话你听不懂”。这样的结果虽然与此行住在新城区而未住在老城区有关，但在旅游景点、饭店饭馆、街头巷尾不会遇不到本地人。尽管并不是所有温州人都会说温州话——温州市下属地区有不少人是不会说和听不懂温州话的，但我们活动的主要场所毕竟还是在温州市区里。由此可以深深感受到由于人员流动的广泛和深入，普通话的普及率已经达到了怎样的程度。而且在温州新城区随处可见的竟都是重庆火锅、成都火锅之类的饭馆，号称“吃在温州”的本地饭馆则少之又少，令人感慨。

是希望能早点找到解决的办法，在保证各地区、各民族文化特点持续存在的前提下，全世界人民走上共同富裕之路。

最后要说的是，以“大文明史观”看待人类社会，其前景会是美好的，一切不良、罪恶等丑陋最终都会远离人类而去的，对此抱有信心才能更早地迎来人类文明的美好明天。

2. 文化群体性的第二层含义：不同人群形成各具特色的文化共同体

从这层含义而言，文化指某一特定人群，如亚洲人、非洲人、美洲人、欧洲人、大洋洲人等，或中国人、俄国人、巴基斯坦人、朝鲜人、沙特阿拉伯人、伊朗人、叙利亚人、柬埔寨人、埃及人、美国人、英国人、法国人、德国人、意大利人、印度人、日本人、韩国人等，或中国的北方人、东北人、南方人、西北人等，或北京人、上海人、天津人、重庆人、广东人、台湾人、香港人、澳门人等，或藏族人、蒙古族人、维吾尔族人、回族人、朝鲜族人、高山族人等，所共有的生存方式、价值理念、思想意识、习惯传统、饮食服饰、言谈举止，等等。

不同群体的文化特征在第二章再展开谈。

（二）文化群体性属性的含糊不清之处

文化群体性属性的含糊不清之处在于，无论是从全人类的层面说，还是从某一特定人群的层面讲，“共有”不是也不可能是人类或某一特定人群的全部一致。“共有”其实只是群体中部分人的“共有”，但是部分人的这种“共有”应该在全体成员中占有多大比例才算是这一群体的文化标识、文化特征呢？既然百分之百是不可能了，那么占有 90%、60%、50%、30%、10% 或者更低的比例，算不算是某个群体“共有”的文化标识、文化特征——亦可称“文化帽子”呢？

以中国人随地吐痰的不良习惯为例——中国人头顶上被结结实实扣着一顶“吐痰大国”的文化帽子。中国肯定不是所有人都有这种不文明行为的，那么在中国人中到底有多少人随地吐痰，中国人就该被扣上了这顶“文化帽子”呢？

虽然用现代观点看，农民在地里吐痰似乎也不文明，但几千年的传统习惯使得今人似乎也无法过多地对此进行指责，尤其在“城里人”尚不能完全杜绝这一不良习惯的前提下。

笔者认为，若一个外国人第一次来到中国，只要其一下飞机，在首都国际机场或附近地区看见有一个中国人肆无忌惮地随地吐痰而无人制止或谴责，他或她就可以把这顶“帽子”扣在所有中国人的头上。因为一个人的“肆无忌惮”行为，就意味着这里没有形成有效的“社会压力”“制度阻止”，表明这个社会对此因司空见惯而存在着容忍空间，甚至在一定程度上是可以被接受的，也即存在着这方面的不良文化氛围。

在头顶“吐痰大国”这顶“文化帽子”的同时，中国人头上还有一顶与现代文明行为不符的“文化帽子”——“吸烟大国”。

例如，据2021年3月31日《中国青年报》报道，一名女子在成都某火锅店就餐时，因制止邻桌的男性顾客抽烟而遭对方人身攻击与泼水，还致火锅油溅到该女子所穿着的衣物上。其间未见火锅店工作人员劝阻，在场消费者也多站在吸烟顾客一边。此事引发热议后，当地警方为双方做了调解工作，吸烟者向女子道歉并赔偿干洗费。

此报道的关键点在于“在场消费者也多站在吸烟顾客一边”。相信“在场的消费者”中肯定不是个个都吸烟的，但却“多站在吸烟顾客一边”，显然他们属于“吸烟大国”的“群众基础”。由此就不仅是到底有多少人吸烟中国才可以被称为“吸烟大国”的问题了，而是这些“多站在吸烟顾客一边”的人该不该计入其中的问题了。

笔者去新加坡旅游时，当地导游从一见面就反复提醒所有旅行团成员，几米空间以下的场所绝对不许吸烟。在旅游期间一见到旅行团中的烟民掏出烟，导游便立即上前复述一遍。见导游一遍一遍地提醒、不厌其烦的样子，大家都心生敬佩。甚至看到非自己旅行团的人在吸烟，只要觉得是非新加坡人，导游也会上前善意地提醒一两句。不仅如此，在新加坡大街上似乎也不可以随意吸烟，似乎未见边走边吸烟的人，似乎只有路边固定搁置的顶部带有烟灰缸的垃圾箱边上才可以抽烟——至少给游客的感觉是如此。这种带烟灰缸的垃圾箱每隔几个普通垃圾箱才会有一个，普通垃圾桶边上是不允许吸烟的。于是每一个这样的垃圾桶周边总是围着一群吞烟吐雾的烟民，这在笔者看来已成新加坡街头一景，并觉得甚是好笑。还经常看到有人才抽几口，就在烟灰缸里掐灭还剩大半截儿的香烟，然后脚步匆匆地离去，显然是有急事但又忍不住烟瘾的人。另外，还可以称为一景的是，围成一圈抽烟的人中女性往往占多数，这令笔者甚为惊异。

从导游一遍一遍地提醒和街头所见可知，新加坡在禁止公共场所吸烟方面的法律力度是相当大的，并已经形成了严格遵守的社会氛围。

“遵纪守法”似乎成为了新加坡人的文化标识或“文化帽子”之一。尤其鞭刑更是新加坡在当今世界的所谓文明国家中“鹤立鸡群”的一个文化标识。

据说新加坡鞭刑施刑时，一鞭子下去能让人养很长时间的伤。判抽 3 鞭子，可能得 1 个月甚至更长时间才能完成。施刑时，边上有个医生负责医学判断，观察被施刑者能不能再挨下一鞭子。这样的描述足以令人恐惧不安。

克林顿任美国总统期间的 1993 年，一个美国 18 岁大的男孩儿在新加坡向街边停放的汽车喷油漆“涂鸦”、砸车玻璃并涉嫌偷窃，结果被法院判处罚款和抽 12 鞭子之刑。消息传出，美国举国哗然。克林顿声称，这是一个极端且严重错误的刑罚，希望新加坡政府能从宽处理，否则将会继续施压。此外还有 20 多名美国参议员联名写信给新加坡政府，欲求从宽处理。该男孩儿在执行鞭刑期间，美国贸易代表说，他们将尽力阻止世界贸易组织的会议在新加坡举行。而新加坡政府则回应，美国应该多关注其自己国内的社会问题，而不是告诉其他国家该怎么做。最终在克林顿的一再请求下，新加坡总统王鼎昌将鞭刑由 12 下减为 4 下。于是，在挨了 4 鞭子之后，这个男孩儿终于脱离“苦海”，灰溜溜地回到美国，至于受刑时有多痛苦则只有他自己知道了。这件事让全世界都知道了“新加坡鞭刑”[①]，以及新加坡执法的“无情”。

这一事件还让人们感受到了美国人对美国人的“脉脉深情”。不过美国人对美国人的“脉脉深情”似乎更多的只是发生在白人之间。其国内严重的种族歧视使得这个所谓的“楷模级的民主国家”，头顶着“种族歧视大国”这一“文化帽子”。

① 在现代世界众多刑罚中，“新加坡鞭刑”具有显著特点。它不仅是当今世界少见的肉体刑罚，而且是目前世界上很少有国家使用的酷刑。新加坡的刑罚制度源自英国和英属印度。1948 年，新加坡监狱调查委员会记录了如下狱规：“对于严重违反狱规的犯人，可由监狱当局判处藤鞭最高 12 鞭，或由来狱的法官判处藤鞭最高 24 鞭；对于 15 岁以下未成年犯，只能由来狱法官判处最多细藤鞭 6 鞭。鞭刑的行刑部位是犯人的臀部。对成年犯使用的藤鞭直径不能超过半英寸，对未成年犯应使用细藤鞭。”说白了，鞭刑其实是殖民者遗留下的。

据媒体报道，2021 年 4 月 2 日，在美国加利福尼亚州一处公园里，一名出生于夏威夷即将代表美国参加东京奥运会的美籍日裔女空手道运动员正在训练。突然一名陌生男子朝她破口打骂：“你是一个失败者！滚回家吧，笨蛋……我要宰了你”“你是中国人”，等等。此时公园中有很多人，但都对此无动于衷。

这些在场人们的表现正说明，种族歧视在美国社会中是一种广泛存在着的现象。那些默不作声的人们恰是这种言论、行为甚至暴力之举的“文化底座”。美国人头上这顶“种族歧视大国”的“文化帽子”不仅一时半会儿摘不下来，而且即使能摘掉也得猴年马月了。当然美国人并不是个个都是种族歧视者，但到底有多少这种人的存在，美国就摘不掉这顶“文化帽子”呢?

需要进一步说明的是，虽然在一个特定人群中存在某种或某些“共有”的文化标识，但在每个单个个体的人身上的表现程度也是各不相同的：有的人表现得很典型，有的人则不典型或十分不典型，有的人甚至全无表现。例如，中国人以“孝”名闻天下，但古代也有不肖子孙；现而今有些人在这方面的作为能把全中国人感动得泪流不止，而有些人的作为则令人切齿痛恨。这是文化复杂性的又一体现。

正是由于“共有”在全体中所占比例无法确定，所以造成了文化的含糊不清，以及对文化认识和解读的分歧与争议。

最后，再强调一遍，如果一个事物或现象具备上述这四种属性，基本上就可以判断其属于文化范畴，但少一个似乎就成问题了。而“人性”和“意识性”是不可分割和不可或缺的。

第二章 文化解析（下）

本章导读

相信终究会有一天并从这一天开始，地球完全为人类所掌握而成为全人类平等共享的“一方环境”，成为养育全人类文化的“一方水土”，人类的文明高度发达。那个时候应该就是人类的理想社会。

实际上，根本用不了几千年的“堆积”，文化总量即可达到数不胜数的地步。例如，美国历史虽仅200多年，但无论其文化总量，还是文化精华、文化糟粕等，都已是无法数计的了。不过，因其历史短，因此时常会看不懂、听不懂文明史悠久的“文化长者”或“文化长人”的行为和语言，甚至有时对后者的一个眼神都琢磨不透。没办法，“文化儿童”或“文化矮子”在“文化长者”或“文化长人”面前肯定会“受欺负”，而且这点差距也许在人类有国家的时代“永远”都追不上。

中国的主要文化侧面之一是小农性，表现为真诚好客、勤劳勇敢，但有时则固陋执拗等，其“关键词”之一应该是“热情”。中国人是热情的——这句话及以下一番话是笔者在参与北师大天文系一党支部活动时说的，这一点凡接触过最朴素的中国人的人都清楚；中国人还是善良的，这一点那些遗留在中国被中国人养大的日本遗孤最清楚；中国人还是无私的，这一点当年的朝鲜、越南、阿尔巴尼亚人最清楚，现在共建“一带一路”的许多国家的人民最清楚；中国人还是仁慈的，这一点那些在战俘营中开运动会、过圣诞等各种节日的所谓“联合国军”的各国战俘们最清楚，那些在1962年对印自卫反击战中被俘后释放回去但迟迟不愿登车甚至声称“下次你们打来再当你们俘虏”的印度俘虏最清楚；中国人还是勇敢的，中国人的勇敢震惊世界，这一点那些在朝鲜曾与中国人民志愿军交手的所谓“联合国军”的各国军人最清楚，在抗美援朝战争结束之后对中国不好意思再称“支那”而悄悄改称“中国”的日本人心里最明白；中国人还是文明的，中国人的文明表现亘古未见，这一点参加“抗美援朝，保家卫国”的中国人民志愿军最具代表，其文明之师的形象让古今中外所有出国作战的军队相形见绌。

作为一个统一的“文化体”，中国人应该具有如下的共同文化特质：爱国爱家，自觉担责；勤劳善作，任劳任怨；热情好客，讲求礼仪；尊师敬长，矜老爱幼；兢兢业业，勤俭节约；不信神祇，炫祖耀宗；关爱熟人，冷对陌路；喜好面子，爱听颂扬；知恩图报，涌泉馈还；不拘小节，随性而为……当然这仅为笔者的文化总结。对此应该是“仁者见仁，智者见智”的，其他学者一定会有自己的见解。实际上，几乎每一个中国人都能多少总结出自己的相关见解和认识，毕竟文化是体现在每一个人身上的。

中国地大物博，人口众多，各地、各民族文化迥然各异，讲述起来几天几夜都说不完，但十几亿人和谐共处，此也为世界一绝，这都与中国共产党的正确领导分不开。

每个人群无论是按地域分还是按民族分，或按其他因素分，都有自己的“长处”和“短处”。“短处”的存在是客观实际，想回避也回避不了，这是“地域黑”存在的前提。没有哪个文化是不产生糟粕的。而且，前已述，文明史时间越长，文化糟粕积累得就越多，就越根深蒂固，就越难以改变。所以，每一方人士必须得有自知之明，不能有“短处”见不得人而藏着掖着甚至让别人说不得、碰不得的想法，否则会越藏越遮而越“黑”。

从某种意义上讲，文化就是人“骨子里”的东西，如脾气、秉性、精神、原则、性格、骨气、作风、做派，等等。有人的地方，就有文化。每个地方、每个国家、每个民族都有自己“骨子里”的文化基因，其特点是“江山易改，本性难移”，且“一方水土养一方文化”。

文化体现在每一个人身上，每一个人都是自己生活区域如村庄、街道、单位、区县、省市、国家的文化载体。当然，还可以继续往大范围说，每一个人是自己所在洲乃至地球的文化载体。某地或某群体的文化特质，往往通过几个有代表性的人物以及他们所做的典型事件即可体现出来。对某地或某群体的文化分析都是以点代面、以偏概全的，这乃是文化学研究的特点之一。

对于历史，似乎人人都会讲，不管是取自正史还是采于野史，无论是正说还是戏说，不分科学研究还是道听途说，不论正经发言还是歪理邪说……总之，有不少人都能对历史说三道四，甚至是几岁的孩子。实际上，历史是科学，是科学就得有科学的态度，进行科学的研究才行，不是张嘴就能口若悬河的——对历史胡言乱语是最常见的“历史虚无主义”。而文化则需要升华思想，必须站在“历史的天空”，自上而下审视人类的活动和历史的发展，因此一般人“干不了这活儿”。文化的结论往往靠研究者、思索者依据自己的学识、经验、智慧等而得出，非由计算或实验而产出，有时看似不可信，甚至有荒谬之感，但其实意味深长，寓意广大，放之四海而皆准。

研究文化还必须上知天文，不仅要知道地球的天象，还要知道太阳系、银河系和宇宙的构造、分布和运行等，这样才能“站”得高看得远，思得多想得广，不仅能从最广义、最顶级的层面最深刻地认清人类在地球诞生和生存的意义，而且能够科学预知人类社会、人类文化与文明的前景与未来。

文化不仅有高深的理论，而且具有强烈的实用性。用文化的眼光分析历史及现实问题，可以找到其内在的本质，得出抽象但实用的结论，然后或对症下药，采取正确的应对方法；或顺其自然，任其自生自灭。生活中有些事、有些“坎”是人力所无法解决或迈不过去的，但生活还得继续，因此有文化的人是不会让自己朝着极端或负面方向发展的。

真正有文化的人，思想是深邃的，行为是高雅的，情感是超凡的，谈吐是直白的，追求是“异类”的，人际关系是清淡的。至于人的没文化表现或体现，其实也就是一个字、一个词、一句话、一件事、一个动作、一个决定……甚至一个眼神而已。此处的“文化”是狭义的，指有知识、有修养。

总之，文化既是高雅的又是通俗的，甚至是庸俗和俗不可耐的；文化既是严肃的又是有趣的，以致妙趣横生，令人忍俊不禁；文化既是科学的又是常识性的，以致习以为常，不知不觉；文化既是严谨的又是松散的，而且松散得难以归拢成“一堆”。而高雅的、严肃的、科学的、严谨的文化思想则既呈现出高度又具有胸怀，既呈现出眼界又具有格局，既呈现出品位又具有境界，其占据着文化的“制高点”。

文化实在太过复杂了，因此不得不分为上、下两章来谈。

第一节　文化的层次结构

所谓文化的层次结构，即按类别而划分的文化之不同层面。笔者认为，文化的层次结构至少应有 5 个层面，即环境层面、物质层面、制度层面、行为层面和精神层面。[①] 其中，环境层面是最基本的。

一、文化层次结构的第一个层面——“环境五环”

文化层次结构的第一个也是最基本的层面是环境层面，包括地域环境、经济环境、政治环境、社会环境和历史环境 5 个方面。由于它们互相交错，相互影响，类似奥运五环，因此笔者将它们统称为“环境五环”。

---

① 有学者将文化划分为物态、制度、行为、心态 4 个层次；有的则划分为物质（表层）、制度（中层）、精神（深层）3 个层次；还有的划分为高级、大众和深层 3 个层次：高级文化指哲学、文学、艺术、宗教等，大众文化指人们衣食住行、人际交往的习俗、礼仪等，深层文化指人们的意识形态、价值观念等。另外，还有其他一些划分方法。

（一）“环境五环”及相互关系

“环境五环”中的地域环境指与人类文化的产生、发展、演变等相关的自然环境，亦可称为“水土环境”。其又分为广义的和狭义的两个层面。

对于人类、人类文化而言，地球是“最广义”的地域环境——“最广义”之所以打上引号，将在下一章谈及。没有地球就不会有人类的诞生，而没有人类也就不会有文化。地球是人类诞生、演化以及人类社会一切事物发生、发展的“根”，也是影响人类文化最最基本的要素。因此地域环境不仅理所当然地要被纳入人的文化视野之中，而且还必须成为研究、解读文化的第一个也是最最基本的考察对象——也可以称为是“逻辑起点”。

不过，人类文化的地域环境应该并不涵盖地球全部的自然地理环境。那些人迹罕至或人迹未至之地，从理论上讲应该在文化的地域环境之外。之所以说“从理论上讲”，是因为同在“地球村”中，那些人迹罕至或人迹未至的纯自然环境即使与人类文化没有发生直接的关系，但也可能存在间接的关系。例如，人类从未踏足的某处原始森林，其对气候气象、空气氧气、温度湿度等的影响，对各种野生动物的“养育”，以及自燃或雷电起火等现象，不能说与人类、人类社会毫无关系，而只要存在些许关系就一定会有文化问题的产生——或许“蝴蝶效应”① 理论也能运用在文化学研究上。当然，随着人类活动越发广泛，人类对地球探索越发深入，那些隔绝在人类社会之外的纯自然环境应该会越来越少。相信终究会有一天并从这一天开始，地球完全为人类所掌握而成为全人类平等共享的“一方环境”，成为养育全人类文化的“一方水土”，人类的文明高度发达。那个时候应该就是人类的理想社会。

而目前而言，探讨狭义的地域环境对文化的影响应该更具有现实意义。狭

① “蝴蝶效应”是美国气象学家爱德华·洛伦兹于20世纪六七十年代提出的一项气象理论。最初称“一只海鸥扇动翅膀足以永远改变天气变化”，以后他使用了更有诗意的蝴蝶，称“一只南美洲亚马孙河流域热带雨林中的蝴蝶，偶尔扇动几下翅膀，可以在两周以后引起美国得克萨斯州的一场龙卷风”。其立论是蝴蝶扇动翅膀的运动导致其身边的空气系统发生变化，并产生微弱的气流，而微弱的气流的产生又会引起四周空气或其他气象系统产生相应的变化，由此引起连锁反应，从而最终导致其他气象系统的极大变化。由于一个不起眼儿的小动作却能引起一连串的巨大反应，这一学说已经被应用于许多领域。

义的地域环境，即“一方水土养一方人”那些迥然各异的自然环境，包括地理位置、地域面积等，以及局部地区的地形地貌、土壤土质、山川湖泽、气候气象、动物植被、矿产物产、森林草场，等等；靠近海洋或海洋中的环境则还应包括岛屿或半岛的位置、面积、地形、地貌、植被、动物等，以及海产海况、水温洋流、台风飓风，等等。本书以下使用的地域环境概念都是属于这个层面的。

笔者认为，文化的地域环境与人文地理环境也不完全一样。后者是人类通过历史的和现实的各种活动，在原先的自然地理环境基础上所造就出的人为环境，如农田等。而文化的地域环境基本上指养育“一方人”的纯自然地理环境——之所以说“基本上”，是因文化的复杂性，以免考虑不周而“作茧自缚”。

地域环境对人类文化的影响有些是直截了当的，如原始人制造石器等工具的选材，剧烈的自然灾害或环境变化造成局部地区人类生产、生活方式的改变，等等；有些则是间接的影响，如农耕经济或游牧经济的形成，不同地区的人们对甜酸辣咸等味道偏好的形成，等等；有些则是间接的影响，如小农经济在中国的形成，“风调雨顺”成为中国人“永恒”的期盼[①]，等等；更有些则是更间接的影响，如中国封建时代专制主义中央集权制政体的形成，中国封建时代延续的时间久长，等等——上述内容有些将在后面详述。

还有许多文化事物，明知是受地域环境影响的，但却找不出或很难找出二者之间的联系。如方言的口音、语气、语调甚至用词、用语，等等。也许语言学家等专业人士能说明一点、两点它们与自然山水的关系，但全面地、全部地进行详尽地解读，并让人们心服口服，则应该是几乎做不到的。据说，温州话

① 1986年，英国伊丽莎白女王参观北京天坛公园时称，欧洲人只求雨不求风，对于中国人企盼风调雨顺感到很新奇。当然，第一次听到女王此言的中国人也一样会感到新奇。因为“风调雨顺”不仅是中国人耳熟能详的成语，而且是印刻在中国人“骨子里”的意识理念。这就是因地域环境、经济环境不同而导致的不同地区的思想意识、行为举止的文化差异。现代科学研究表明，中国传统农耕所种植的“五谷”，即黍（俗称黄米）、稷（亦称粟，俗称小米）、麦（俗称小麦）、菽（豆类的总称）、麻（俗称麻子），以及稻（俗称水稻、大米）、玉米、高粱等，都是禾本科农作物，其花均属风媒花，当抽穗开花时，需要风来帮助传播花粉，否则就会减产。中国自古农耕经济发达，中华先民很早时就认识到“风调”才能增产，所以企盼风调雨顺即成为中华文明的一种基本文化理念和重要内涵。

是中国最难懂的方言之一[①]，那么它与浙江省温州市的地域环境包括地理位置、地形、地貌、气候、气象、气温、气流、湿度等有什么直接或间接的关系呢？

前已述，地域环境是影响文化最基本的因素，所以老祖宗才会有“一方水土养一方人”之说。但令人奇怪的是，不少学者在论述文化问题时往往会忽略甚至无视这一影响文化最基本的因素，以至于其学术成就或难以自圆其说，或露出“软肋”，甚至步入“歧途”，难以自拔，闹出笑话。

比如，2020年年初，有学者在媒体上发表有关中华文明“韧”性特质的文章。从文章名称上看，这是一篇稳定人心、给全国人民鼓劲打气的好文章，而且发表得很及时，但不幸的是其开篇就存在严重的错误。其文曰：“纵观历史，在世界四大古文明中，只有中华文明不仅一脉相承地延续下来，而且不断创造辉煌。这并不是因为中华大地得天独厚……”

到“创造辉煌”为止之前的话都是千真万确、正确无疑的，但后面“这并不是因为中华大地得天独厚”就不对了。实际上，恰恰是中华大地这种“得天独厚”的地域环境，才造就了中华文明“一脉相承延续到今天，而且不断创造辉煌”的结果，怎能说“并不是因为……”呢？当然这只是客观因素。主观因素则是中华民族勤劳勇敢、奋勇拼搏、不屈不挠、敢于战天斗地、勇于抵御外来侵略的精神和行为等。而实际上，这些主观因素也与中国“得天独厚”的地域环境有着直接的或间接的关系——相关内容将在后面谈及。

“环境五环”中的经济环境指文化赖以产生、发展、演变的经济条件，包括地域的自然出产，人类的生产行为、生产力发展水平，各经济部门的发展状况，等等。在人类原始社会以采集、狩猎等为主的经济活动时期，以及在农耕、游

① 1986年春节，笔者随家父第二次回温州老家探亲时，温州人都非常自豪地传颂着一件事，即在不久前结束的中越边境上的一场战争中，两名温州籍通信兵用温州话在前后方之间传递命令而双双荣立一等功。据称越南人听得懂中国所有的方言，但就是听不懂温州话，所以这两名通信兵为战斗的胜利而立了大功，这让温州人感到异常兴奋。估计立功是真实的，但用温州话传递命令的方式和方法，以及越南人到底是不是真的听不懂温州话之说，也许没有这么简单。台湾著名导演李安执导的美国电影《风语者》中，印第安人通信兵虽然使用的是据说连其他印第安人也听不懂的纳瓦霍族语言，但在实战中前后方传递信息时实际使用的其实是经过改造的纳瓦霍族语言的暗语密码，并不是纳瓦霍族的日常用语，所以两名温州籍通信兵在战斗中用温州话的日常用语明码呼叫的可能性应该不大。不过，民众自我娱乐一下也未尝不可。

牧经济状态下，经济环境受到地域环境的直接影响。今天人类的许多经济行为，如金融业的活动等，一般不直接受地域环境的影响，或只在极端情况下才会受到影响，如自然灾害导致大面积、长时间的停电而使金融业不得不停止营业和运行等。

“环境五环”中的政治环境指文化赖以产生、发展、演变的政治条件，如政治、军事、法律的制度、体制、机构等。中国封建时代的基本政体是专制主义中央集权制，它造就出中国传统文化极为浓厚的皇权意识，并视皇帝所任命的各级官吏尤其是地方官员为“父母官”，这就是政治环境造就出的文化意识。这些封建意识至今还存在一些中国人的头脑之中，可见文化影响力之深远。

“环境五环”中的社会环境指文化赖以产生、发展、演变的社会条件，包括人际关系、风俗习惯、社会意识及行为，等等。例如，中国传统社会宗法制发达，因而中国人自古即格外重视以血缘关系为基础的一切人际关系，直至今日，并成为中华文化的一大特征。这就是社会环境造就出的文化现象和文化特征。

“环境五环”中的历史环境指文化赖以产生、发展、演变的历史条件，如历史背景、历史阶段、历史进程、历史的长短，等等。一般而言，一地或一国的历史越悠久，其文化精华就越数不胜数，同时文化糟粕也堆积如山。中华文明上下五千多年历史，世界第一，其文化底蕴之博大深厚、文化精华之浩如烟海，都令中国人无比自豪，但同时文化糟粕也随处可见，层出不穷，其总量也是触目惊心的。实际上根本用不了几千年的“堆积”，文化总量即可达到数不胜数的地步。例如，美国历史虽仅两百多年，但无论其文化总量，还是文化精华、文化糟粕等，都已是无法数计的。不过，因其历史短，因此时常会看不懂、听不懂文明史悠久的“文化长者”或“文化长人”① 的行为和语言，甚至有时对后者

① 据《史记·孔子世家》：“孔子长九尺有六寸，人皆谓之‘长人’而异之。”今人研究，孔子身高在 1.85 米左右，有人甚至称其身高达 1.96 米。时人“异之”，可见当时“山东出大汉”还不常见，“山东出大汉”之说当是后来才有的。可以想见，一名身材高大、彬彬有礼且身怀各艺的“大汉”行走在曲阜（鲁国都城，今济宁市曲阜市）或临淄（齐国都城，今山东省淄博市临淄区）或帝丘（春秋时卫国迁都于此，今河南省濮阳市）等城市的街头，时人会用怎样的异样眼光看待他？更何况其身边还跟随着一群年龄有差、相貌各异、从事各行各业但都身怀“六艺”的成年男子，时人又会用怎样的异样眼光看待这群人？不过，据孔子称，自从他当过鲁国大夫级的“公务员”后，出门上街就都只乘车而不再步行了，因此实际上孔子外出时应该是其学生簇拥着孔子的座车而行。

的一个眼神都琢磨不透。没办法，“文化儿童”或“文化矮子”在“文化长者”或“文化长人”面前肯定会“受欺负”，而且这点差距也许在人类有国家的时代“永远”都追不上。

“环境五环”是相互交错、环环相扣、互为影响的，其中地域环境是最为基础的。具体而言，首先，有怎样的地域环境，就有怎样的经济环境，即前者决定后者；其次，有怎样的经济环境，就有怎样的政治环境，仍是前者决定后者；第三，政治环境对地域环境、经济环境亦存在影响，即存在反作用——政治环境与经济环境的关系相当于经济基础决定上层建筑，上层建筑反过来对经济基础又有反作用一般；第四，地域环境、经济环境、政治环境共同造就出相应的社会环境和历史环境，即前三决定后二；第五，社会环境与历史环境在相互产生作用的同时又对地域环境、经济环境和政治环境产生着影响，即后二反作用于前三。

最后，再强调一遍，“环境五环”本身也属于文化范畴。

（二）“环境五环”对中华文明、中国文化的最主要影响

“环境五环”对中华文明、中国文化的最主要的影响体现在以下一些方面。

首先，中国，尤其是中华文明核心区——黄河中下游地区所处的地理位置使其远离其他古代文明，因而避免了中华文明与其他古文明发生激烈军事冲突的可能性，在客观上有利于中华文明的独立发展和长期延续。

其次，中国独特的地域环境也使得其他古文明的军事力量很难轻易进犯中华文明。而且，广袤的土地、复杂的地形、多样的气候等，使得在古代时期外敌即使攻入中国但更难全身而退。实际上，在中国古代历史上这种事情几乎未曾发生过。

第三，独特的地域环境使得生活在中国这个区域内的各族人民只有走向团结统一才能共荣共存，并走向辉煌。所以，中华民族、中华文明、中国文化有着强烈的“向心力”。

第四，黄河中下游地区独特的地域环境，使得中原文明承担起聚拢中华大地各处文明萌芽的重任，并在以后几千年的历史长河中始终保持强大和领先，从而使其成为团结统一中国境内各民族、各地区的核心力量。周边各民族、各

地区则因仰慕中原地区文明发达、文化昌盛、经济富足、政治领先而诚心乐意地愿意与其团结统一在一起。

第五，黄河中下游地区独特的地域环境，使得这里的农耕经济很早就十分发达，进而造就出发达的小农经济。在两千多年的封建时代，小农经济始终是居绝对优势地位的经济地位，其他经济形态如畜牧业、手工业和商业等则处于可有可无的状态，因而中国文化被打上了深深的农耕文化、小农文化的印记。

第六，小农经济因其自身的特殊性，坚决要求政治统一和国家一统，于是专制主义中央集权制就成为中国封建时代中原文明建立政权的唯一选择。同时，专制政府采取重农抑商、修筑长城、闭关锁国等政策措施，保护小农经济的生存与发展。而那些曾入主中原建立政权的各少数民族上层也必须施行这一政治制度才能使自己的统治能够生存下去——至少能生存一阵子。

第七，农耕经济发达，小农经济发达，使得人们长久地居住在一地而一起生活和从事农耕劳作，因而血缘关系难以化解、难以疏远、难以被忽视，再加上政治统治需要的推动，于是宗法制在中国得到久长的发展，并高度发达。同时，宗法制又反过来加强了统治者的专制统治，成为中国封建专制制度长期延续的重要原因之一。

第八，为了维护宗法体制，以礼仪约束民众便成为政治统治的重中之重。推行以“三纲五常”为核心的“孝父忠君”“尊贤敬长”“兄友弟恭”“夫唱妻随”等理念和行为以维护统治，更成为历代封建政府责无旁贷的事情。于是，在很早的时候，中国就以“礼仪之邦”的面目示人。中国人讲究在家孝顺父母长辈，在外则忠君敬长，提倡“忠孝不能两全”“忠臣必出孝子之门”，见到“外宾”更强调彬彬有礼，热情似火。

第九，悠久的历史，使得中国封建时代的专制制度有充足的时间发展到登峰造极的地步，使得宗法制度发展成为历史悠久、制度完备、内容细密、影响深远的人类文明史上的奇观，使得小农经济有充足的时间发展到全国各地并给中华文明与文化打上深深的小农的印记。另外，在悠久的历史长河中，中华古代文明创造了曾领先世界至少上千年的奇迹。

第十，独特的地域环境、富足的经济实力、众多的人口生民、强力的政治制度、深厚的文化底蕴、罕见的民族“向心力”、勤劳勇敢的中华民族，不仅造就了繁荣无比的中华古代文明，而且使得中华文明成为世界文明史中唯一自古至今一脉相承、未曾间断、拥有最长历史的文明。

最后，独特的地域环境、悠久的文明历史、深厚的人文底蕴、优秀的文化传统，不仅造就出最为勤劳、最为善良、最为勇敢、最为团结、最有奉献精神的中华儿女，而且造就出当今世界最为先进、最有组织、最具权威、最有效率、最负责任、最为正确、最具胸怀、最敢担当、最善于学习、最有领导力、最能干大事、最具战略眼光、最能改正错误、最能自我革命、最为伟大光荣正确、最关心自己的国家和人民、最能作出自我牺牲和奉献的优秀组织——中国共产党。在她的领导下，古老的中国迎来了中华文明复兴的新时代，从而成为世界文明史中独一无二的在“上下五千多年”之后还能焕发出“第二春”的国度。不仅如此，中国共产党一系列高瞻远瞩的英明决策和措施，还将引导着人类文明走向光明的未来。

二、文化层次结构的其他层面——物质、制度、行为和精神

文化的第二个层次是物质层面，包括人文制造物和人文自然物两个方面。人文制造物，亦称“人文创造物”，即指人类通过实践活动而制造、创造出的各种文明成果，如农业、城镇、道路、建筑、车船、服饰、饮食、文字、图书，等等。人文自然物前已有述，指由于人类的活动而被赋予程度不同的人文属性的各种自然物，如五岳名山、黄河、长江、尼罗河——古埃及文明和现代埃及的“母亲河”，等等，甚至还包括被人类寄予深情的太阳、月亮以及银河系等。

文化的第三个层次是制度层面，指人们在生产与生活等社会实践中形成的各种社会规范以及相关机构等，包括约定俗成的规矩、规则、禁忌，以及明文制定、明确规定的政策、法律、制度、体制和设立的机构，等等，实际上就是广义的法律文化。

文化的第四个层次是行为层面，指人们在社会实践、社会生活中的各种行为表现。如小农经济的男耕女织，法律从业者的司法活动，教师的教书育人，

商人、资本家的追求利润最大化，犯罪分子的违法乱纪，等等。

文化的第五个层次是精神层面，指人们在社会实践中孕育出的社会意识、精神气质等，包括思想、意识、观念、性格、精神、语言，等等。

需要说明的是，第一，上述这 4 个文化层面都是建筑在第一层面即环境层面基础之上的，受后者的决定和深刻影响；在所有的文化层面中，精神层面是最深层次的，是文化的核心。第二，上述文化的 5 个层次结构似乎并没有将文化的各个层面全都涵盖进来，似乎至少还存在一个用语言描述不出来的文化层面，否则文化就不会有那么复杂了，所以前称“文化的层次结构至少应具有 5 个层面”就是这个意思。另外，后 4 个层面似乎也未能将可以用语言描述出的所有文化事物等都囊括进来。

连续 3 个“似乎”，是不是觉得文化太“烧脑”了？

第二节　文化的成分结构

所谓文化的成分结构，即按优劣属性而划分的文化之不同部分。笔者认为，文化的成分结构应该分为三大部分：第一大成分为文化的优秀部分，其中最重要、最好的部分属于文化精华；第二大成分为文化的不良部分，即粗劣的、没有价值的部分，其中具有腐朽、反动性质的属于文化糟粕；第三大成分为文化的中性部分，即不具有优劣性质的部分。

一、优秀文化与不良文化

包含文化精华在内的文化的优秀部分，应该为符合人类文明发展方向、顺应人类历史发展潮流和规律、有利于和有助于人类文明发展的事物等。其呈现出的应该是积极的、健康的、阳刚的、阳光的、活泼的、美好的等样式。

包含文化糟粕在内的文化的不良部分，与优秀文化正好相反，应为不符合、不利于、无助于人类文明的发展以及逆历史潮流而动的反动事物等。其呈现的是消极的、丑恶的、腐朽的、黑暗的、阴郁的、狰狞的、凶残的等样式。

一般而言，原始社会由于不存在私有制，没有私有观念，没有贫富差别，更无阶级，因而其文化应该不存在优秀与不良之分。文化的优秀与不良之分的开始应该是原始社会末期文明萌芽产生之时，也即人类将要跨入“文明门槛”之时。在中国，这一时间放大些说应该是距今七八千年前的时候，保守些说应该是距今五六千年的时候。

有人声称，世界上所有的民族在原始社会都是土匪，我们是土匪的后代！其意思是原始人已干上“打家劫舍”“拦路抢劫”“奸淫妇女”的勾当。那样的话，原始文化中即已具有了不良或糟粕的内涵。但是，这怎么可能呢？

说这话的人还引用了恩格斯《家庭、私有制和国家起源》中的经典论说，即“他们是野蛮人，对于他们来说，从事掠夺是比从事创造性劳动更体面，而且收入更高的事情”。许多人闻此“如梦初醒”，似乎“重新发现了新大陆”一般。

殊不知，实际上恩格斯所说只是原始社会末期的情况。这时期在学术上有一个专有名词，叫“军事民主制”时期。“军事民主制”这个概念，是美国学者路易斯·亨利·摩尔根（1818—1881 年）最先提出来的[①]。

军事民主制是世界上许多民族从原始社会向阶级社会过渡时期存在过的一种社会组织形式。从全世界范围看，古希腊的荷马时代[②]、古罗马的王政时代[③]是最典型的军事民主制时期。

在这一历史时期，原始的氏族制度正在解体，人类正从“野蛮”向文明过渡，

① 摩尔根也是与马克思、恩格斯同时代的人，他的学术成就受到马、恩的赞誉。恩格斯《家庭、私有制和国家的起源》即引用了其在《古代社会》一书中的许多论述。

② 荷马时代是古希腊历史上一个著名的时期，时间为公元前 12—前 9 世纪。但除著名的《荷马史诗》外，这个时期几乎无任何文字典籍流传下来，只是因为《荷马史诗》大约定型于这段时间，故称之为“荷马时代”；又因《荷马史诗》中多记录古代英雄的光荣事迹，故又称“英雄时代”；还因假设中的多立斯人入侵造成迈锡尼文明的灭亡，使得希腊半岛又回复到氏族公社时期而称为“黑暗时代”。此时中国中原处于商朝后期到西周前期。

③ 王政时代是古罗马历史上的一个著名的时期，时间为公元前 753—前 509 年，传有 7 个“王”相继执政而得名，是古罗马氏族解体的时代。这时期父权制家庭确立，铁器广泛使用，私有制开始产生，从第六个“王”开始阶级社会形成。公元前 509 年，第七个“王”被驱逐，古罗马进入共和国时期。此时中国中原处于春秋时期。

氏族公社既保留着原始民主制的元素，又具有军事集团的特点，因此显得特别“好战”。这种情况的出现是由于生产力的提高，使得一个人的劳动可以养活其他人，同时剩余产品增多使得人们有了财富的观念。以前即使所有氏族成员都参加劳动还经常处在半饥半饱的状态，所以不存在剥削、奴役奴隶的可能，也不存在出现剩余产品的问题。而现在，以前的那些“不存在”都已出现了，于是抢夺他族人口为奴，令其为本族效力劳作，掠夺他族财产归为本族所有的战争逐渐多了起来。那些在掠夺战争中为本族抢夺战利品最多的人，尤其是军事首领，都会被当成“英雄”而受到后世历代崇拜，甚至被封神，成为世代传颂的“神话级”的英雄人物，故这一时期也被称为“英雄时代”。

中国神话传说中的黄帝、炎帝、蚩尤、尧、舜、禹等就是这样的“英雄”。他们的思想意识和行为是由于生产力的提高而导致生产关系发生变化的必然结果，是人类社会发展必须经历的历史过程，是人类文明进步的产物。

从人类诞生到“英雄时代”，人类社会已经至少经历了二三百万年的原始社会时期。在这至少二三百万年的时间里，原始人可能连饥一顿饱一顿的日子都过不上。他们没有财富、没有财富观念、没有私有观念，也没有爱情观、恋爱观等，终日为生存下去和繁衍后代而忙碌。

当然，从这个时期开始，文化有了优秀与不良（或精华与糟粕）之分则应该是铁定无疑的，毕竟剥夺他人自由，剥削、奴役和残害奴隶，抢劫他人财物，绝不是什么好的行为。

文化的优秀部分与不良部分之分，有些是泾渭分明的：优秀的、精华的，干干净净、白璧无瑕，如孟子“富贵不能淫，贫贱不能移，威武不能屈，此之谓大丈夫”[①]的豪言壮语，还有爱国主义、天下为公的思想境界和精神，等等；不良的、糟粕的，则腐朽丑陋、臭气熏天，如西欧中世纪盛行的“初夜权”，中国从古代到近代曾流行的逼迫妇女裹小脚的陋习，等等。

文化的优秀部分与不良部分之分，有些则是界线混沌、难以清晰区分的，尤其当它们共处于同一个事物之中的时候就更难以把握界线了。如中国孝文化提倡的尊重父母、孝敬公婆、父义母慈、兄友弟恭等，由于在古代和近代被封

① 《孟子·滕文公下》。

建政府和社会过度提倡以为专制统治服务，因而充满了封建糟粕，但其中的确存在着优良美德，而且具有相当的“永恒性”，因此在今天通过不断增添与时俱进的新的积极的健康的内涵，并批判和摒弃其中的糟粕，它们就仍可以服务于我们社会主义的道德文明建设。

不过，问题并没有这么简单。在遇到具体情况时如何把握好认识和行为的“度”可以说是一大难题。如果过度了，它们又成了糟粕；如果有欠缺，则美中不足，也难称为美德。这又凸显了文化的复杂性。

以“常回家看看”这个现代孝文化的倡议为例。到底一年之中或在某一单位时间里，在外忙碌的“游子”回家看望几次父母才算是“孝”呢？如果像完成任务一样，人虽然回到家中，但“人在曹营心在汉”，见到父母缺少热情或根本没有热情，回家一次就惹父母厌烦或伤心一次，那样的话即使子女天天往父母家跑又怎能算是“孝”呢？如果真的非常忙碌，难以“常回家看看”，甚至父母病重也无法抽身回家探望，这样的子女又岂能算作“不孝”呢？显然“常回家看看”无法将“孝”与“不孝”精确地划分界线——实际上文化行为的好与坏之间在很多时候本身就不存在一条泾渭分明的“楚汉之界”。

还有，让中国人颇为自豪的《水浒传》《三国演义》《西游记》《红楼梦》以及《金瓶梅》《聊斋志异》等几大古典文学名著，也都是文化的优秀成分与不良成分兼而有之的，而且这一现象还往往体现在同一个人物身上。如受到历代“追捧”的打虎英雄武松，一个顶天立地的大英雄形象，却在鸳鸯楼滥杀无辜者——至少厨房里忙到深夜的那两个丫鬟不该被杀，她俩不仅与武松一样都是“受苦受难”的“劳苦民众”，而且并未参与迫害武松的阴谋。[①] 因此，从这一点而言，

---

① 施耐庵、罗贯中著《水浒传》第三十一回《张都监血溅鸳鸯楼 武行者夜走蜈蚣岭》：“月却明亮，照耀如同白日。武松从墙头上一跳，却跳在墙里，便先来开了角门。掇过了门扇，复翻身入来，虚掩上角门，闩都提过了。武松却望灯明处来看时，正是厨房里。只见两个丫鬟正在那汤罐边埋怨，说道：‘伏侍了一日，兀自不肯去睡，只是要茶吃！那两个客人也不识羞耻，噇得这等醉了，也兀自不肯下楼去歇息，只说个不了。’那两个女使正口里喃喃讷讷地怨怅，武松却倚了朴刀，掣出腰里那口带血刀来，把门一推，呀地推开门，抢入来，先把一个女使髽角儿揪住，一刀杀了。那一个却待要走，两只脚一似钉住了的，再要叫时，口里又似哑了的，端的是惊得呆了。休道是两个丫鬟，便是说话的见了，也惊得口里半舌不展。武松手起一刀，也杀了，却把这两个尸首拖放灶前，去了厨下灯火，趁着那窗外月光，一步步挨入堂里来。”（人民文学出版社 1997 年 4 月出版，第 2 版，第 399—400 页。）

武松实在是难称“英雄好汉”。是不是这样呢?

再如，被我们中国人当成“智慧化身”的诸葛亮，无论作为文学人物还是历史上的真实人物，其“出山”辅佐刘备，实际上阻碍了曹操的统一，陡然增加了许多战争，拖累了社会经济的发展，加剧了人民的痛苦。这样说对不对呢?当我们肯定曹操统一北方的历史功绩时，是不是应该对他未能统一全国而深感遗憾呢?虽然仅凭诸葛亮一人之力是阻止不了曹操的统一的，且统一也是需要历史条件成熟的，不是谁想统一就能实现统一的，但诸葛亮的确起到了阻碍曹操统一的作用，这应该是事实。而仅就中国历史而言，如果把统一视作历史的进步，那么可不可以从这方面对诸葛亮提出“批评”呢?另外，又该怎样看待诸葛亮的《隆中对》《出师表》和《后出师表》呢?其中精准的战略形势分析、全面的治国理政策略、知人善用的各种举措等，尤其“鞠躬尽瘁，死而后已”①的精神，肯定无疑属于中华文明之列。但其“六出祁山”②的北伐，以最弱小的刘蜀之力进攻最强大的曹魏政权，明知是以卵击石，却还固执地要去完成“不可能完成的任务”，结果劳民伤财、损兵折将，不仅造成自己的早逝，而且还造成刘蜀政权的早夭，是不是也难称是智慧的体现呢? ③

不仅如此，文化的优秀属性与不良属性还会随着时间的推移、社会的进步而发生改变。以燃放烟花爆竹为例：以前燃放烟花爆竹是中国人逢年过节表达喜悦和感激先人等的庆祝行为，是文明之举，是受到提倡的，甚至是天经地义的。笔者曾经为此而感到自豪，觉得中国人年三十晚上热闹非凡的欢乐，震耳欲聋的鞭炮轰鸣，一定会让外国人羡慕死。但现而今这种行为不仅不再被提倡，而且不少地方政府都加以限制。如今在城里不受限制地燃放烟花爆竹有着种种的弊端，如造成环境污染——包括空气污染、噪声污染、垃圾污染等，引发火

---

① 此话出自《后出师表》，原话是“鞠躬尽力，死而后已”。不过有不少学者认为《后出师表》系他人伪作。

② “六出祁山”为《三国演义》之说，历史上诸葛亮曾7次北征曹魏，其中两出祁山。祁山位于今甘肃省陇南市礼县境内。

③ 虽然中国民间将诸葛亮当成智慧的化身，但同时还有民谚“三个臭（丑）皮匠（裨将）——顶个（胜过）诸葛亮”之说，显示的应该是中国人对“神封”之人的理性认识，即既信神又不信神。

灾事故，造成人员伤亡，等等，因此属于不文明行为。笔者的儿子是12月出生，来年春节时不到3个月大，为防受到爆竹惊吓和震坏耳膜，年三十晚上笔者只好将其抱到家里唯一四面无窗的封闭空间——卫生间，一直到凌晨1点才敢将他送回到床上睡觉。笔者的姐姐是口腔医生，有一年年三十值班，一晚上治疗了十几位面部被爆竹炸坏炸烂的患者，最小的才7岁。

所以“弘扬文化精华，摒弃文化糟粕”作为口号很容易喊出口，但在实际操作时会遇到种种的困难，因此必须慎之又慎。否则，一方面将文化糟粕、不良文化当成文化精华、优秀文化弘扬了，是要闹大笑话的。而另一方面将文化精华、优秀文化当成文化糟粕、不良文化抛弃、批判了，再要找回来即使不是难上加难的事情，也一定会留下严重“后遗症”的。实际上，有些损失根本无法弥补。例如“文革”时“破四旧”“批孔”，否定孝文化和师道尊严等，不仅将传统美德、优秀思想一并批判，甚至将许多古代文明成果、文物一并毁坏，造成恶劣的影响和不可挽回的损失。

正是由于在许多情况下优秀文化、文化精华与不良文化、文化糟粕难以严格区分开来，因此中华文化有些内涵的界定其实是很难的，甚至无法界定。文化之复杂、之“烧脑”又可见一斑!

二、文化的中性部分

文化的中性部分即既非优秀又非不良、既非精华又非糟粕的部分，如亲属关系、师生关系、上下级关系、同学关系、同事关系等在不添加任何情感等人文内涵的情况下，都只是客观的社会存在、社会现象而已，无所谓优秀与不良、精华与糟粕——只有在添加入人文内涵之后，这些关系才会显现出优秀与不良、精华与糟粕之分。如中国古代和近代时期子女在父母面前绝对无权，父母对子女有无限惩戒权甚至有权杀死“不肖子孙”的不良孝道；师生关系中不受限制的“师道尊严”；上下级关系中的唯上不唯实、唯官不唯民、溜须拍马屁等；朋友关系中的过度的“为朋友两肋插刀”等，显然都属于不良文化或文化糟粕。而具有正常人文情感和原则的人际关系则应该属于优秀文化或文化精华范畴，如上下级关系中的坚持原则，实事求是，不唯上、不畏权等；朋友之间的“君子之交淡如水”，等等。

不过，有些人际关系虽然也是客观存在，但称其“无色无味”则似乎难以说通。如君臣关系，其从一产生就应该是“有怪味”的，且古今中外应该都是如此。无论古代中国最初如何强调“君君、臣臣”①“君之视臣如手足”②等，但其中的不良或糟粕味道是挥之不去的。

另外，像各地的方言，不同地区人们喜吃酸甜辣咸的口味，还有左行或右行的走路和驾驶习惯，以及各地人们的性格特征，等等，似乎也应该属于“无色无味”的中性文化现象。我们总不能说上海人的精明就是优秀的，山西人的精明就是文化糟粕；总不能说广东人的精明就是优秀的，福建人、浙江人的精明就是文化糟粕。显然没有这样认识和说话的道理！不过，任何事物都不能过分。精明过度了也许就属于不良文化或文化糟粕范畴了，这个道理也应该是成立的。

还有，如家庭事务中“男主外，女主内”的理念和认识，看似是古代重男轻女的不良文化或文化糟粕，但其中蕴含着男女双方生理、心理、体力、思维、认知等差异的客观存在。因此，即使在今天，女性越来越独立，女性对男女平等的追求越来越强烈，女性在家庭事务中的发言权越来越大，不少妻子的经济收入高于丈夫，甚至在中国大陆有许多家庭都是由妻子“说了算”的，但这一现象还是在社会中广泛地、习惯成自然地存在着的，所以将其视为文化的“中性”事物是否可以呢?

与浩如烟海的优秀文化和不良文化一样，文化的中性部分也是数不胜数的。当然，涉及具体事物很有可能会存在分歧、争论，这属于正常，因为但凡涉及文化的事情几乎就没有不存在分歧、争论的。

---

① 《论语・颜渊》。

② 《孟子・离娄下》。

第三节 文化的分类

了解文化的分类，对进一步认识、理解和把握文化、中国文化以及中华优秀传统文化是很有帮助的。

一、文化的基本分类——按地域划分（兼谈一些国家的文化特质）

文化的最基本分类是按地域划分，即前面多次提到的老祖宗说的“一方水土养一方人”。

（一）按洲划分的地域文化

如果不把人类看成一个整体，则最大的文化地域就应该是洲。亚洲、非洲、欧洲、美洲、大洋洲等有人居住的各洲，由于地域环境不同，因而造就出不同的历史、传统、习惯、脾气、秉性、性格、精神、饮食、服饰、思维、作风、做派，以及政治、经济、军事、思想、法律、教育、体育、建筑，等等，形成各具特色的文化风貌——还“造就”出不同的肤色。各洲的不同文化从各异的足球风格就可以明显地感觉出来——虽然各洲足球文化也有交融的一面，但自己的风格仍是主流。①

各洲内部按地域还形成若干文化区域。如亚洲分为东亚、西亚、中亚、南亚、东南亚、北亚几个文化区域。

---

① 似乎中国男足是全球“独树一帜”的另类风格。虽然早在20世纪七八十年代，邓小平同志就明确提出：“足球不从娃娃搞起，是上不去的”“我们中国足球运动要搞上去，要从娃娃、从少年抓起”。但半个世纪过去了……实际上中国男子足球的“逆生长”，其根本上是文化原因造成的，包括理念、观念、思想、意识、体制、方式、方法、腐败，等等。尤其国家队男足主教练、“金牌”裁判甚至是足球主管领导参与腐败，匪夷所思。而且中国男足的现状不仅仅是由于足球界自身的不利因素所造成的，还是中国体育界的不利环境以及中国社会的不利环境所致。

东亚主要是中华文化区，包括中国、朝鲜、韩国、日本和蒙古等 5 个国家。

其中蒙古国由于曾受苏联政治、经济、军事等深刻影响，因此后者的文化印记至今犹存至深。蒙古国的资源还可以，但人口少，经济不发达，尤其没有出海口，完全是一个内陆国家，还处在中国和俄罗斯“两强”的“包围”中，当年的荣光已难以找回。

朝鲜半岛曾受到中华文化的强烈影响。朝鲜、韩国两国保留的许多古代典籍都是用中文书写的——古代朝鲜人以会说汉语、会书写汉字为荣，且一般只有贵族官员才会写汉字，是有身份的象征——因此当现代年轻人不识汉字后，其与汉字书写的传统文化之间就形成了“隔膜”，说白了就是看不懂古籍、古文、古诗了。[①]

就目前来说，在曾受中华文化影响深刻的东亚国家中，日本的中华文化印记应该最深。不少日本人对此也深以为荣。据说是因为他们认为自己在保留中华古文化的同时还有所创新，故而倍感自豪。

西亚主要是伊斯兰文化区，包括伊朗、伊拉克、阿塞拜疆、格鲁吉亚、亚美尼亚、土耳其、叙利亚、约旦、以色列、阿富汗、巴勒斯坦、沙特阿拉伯、巴林、卡塔尔、也门、阿曼、阿拉伯联合酋长国、科威特、黎巴嫩、塞浦路斯等 20 个国家。由于伊斯兰教主要分为逊尼派和什叶派，因而造成信仰民众呈现出不同的文化表现。而以色列的犹太教在全世界都属独具特色的宗教文化。这样，在这里又形成三个主要文化亚区（圈），即伊斯兰逊尼派文化亚区（圈）、伊斯兰什叶派文化亚区（圈）——亦可称“波斯文化亚区（圈）”和基督—犹太文化亚区（圈）——黎巴嫩长枪党是信仰基督教的，并与以色列亲近。依国别而论，三个文化亚区（圈）有重叠的现象。如以色列的绝大多数民众信仰犹太教，而占人口 1/6 多的穆斯林是信仰伊斯兰教的，还有少量人口信仰其他宗教或未分

① 笔者的同事曾去韩国任教两年，当被问及在韩国的生活是否枯燥时，他兴奋地回答：不枯燥！因为韩国图书馆中供读者随意借阅、翻阅的中国古代典籍有许多是在中国图书馆中都因“视若珍宝”而根本借阅不到的，更不要说是朝鲜古籍（汉字书籍）了。北师大中文系毕业的他——笔者呼为“大师兄”，因此在韩国“泡”了两年的图书馆，读了大量中、韩古籍，这令笔者羡慕不已。笔者携全家在韩国旅游参观各种博物馆时——本家旅游的“规则”，每到一地必先参观其博物馆——虽展品的韩语解说卡上的字一个都不认识，但涉及中国的文物，尤其是古籍却是“一目了然”的。

类；伊朗的绝大多数民众信仰国教——伊斯兰教什叶派，但伊斯兰教逊尼派和犹太教的存在也是被法律所承认的，另外还有一些其他信仰人群。需要知道的是，黎巴嫩长枪党与信仰伊斯兰教的黎巴嫩穆斯林“势同水火”，双方曾爆发内战，致使黎巴嫩损失惨重。

中亚主要是突厥斯坦文化区[①]，居民多为突厥语民族。狭义的中亚国家只包括 5 个国家，即土库曼斯坦、吉尔吉斯斯坦、乌兹别克斯坦、塔吉克斯坦和哈萨克斯坦，都是苏联的加盟共和国。它们的主要宗教是伊斯兰教，另外还有其他一些宗教。一般人不知道的是，这里还生活有几十万朝鲜族人，主要都是 1937 年斯大林下令从苏联远东和东部滨海边疆区强行迁移来此的几十万朝鲜族人的后代。据说当时是为了防止朝鲜人成为日本的间谍，窃取苏联情报——实际上确有不少朝鲜人已经替日本人干上间谍之事了。在 1939 年日军遭致诺门坎战役失败前，所谓的“大日本帝国”一直想从东面进攻苏联，所以苏联政府便采取强行迁移朝鲜人赴中亚作为预防措施。毕竟当时朝鲜受日本统治，且朝鲜人与日本人长得又很像。诺门坎位于中蒙边界，那时蒙古国军队早已纳入苏军系统，因此也是此战役的参与者。在朱可夫的指挥下，苏蒙联军获得诺门坎战役的胜利，并凸显了苏联国家的绝对优势。所谓的“大日本帝国”从此永远放弃了进攻苏联的打算。强行迁移朝鲜族人时，苏联当局没有让他们集中居住，而是分散于各地。现在这些朝鲜族人在一定程度上仍保留着自己的文化传统，因而成为中亚文化的“一景”。

南亚主要是次大陆文化区，包括印度、巴基斯坦、尼泊尔、不丹、孟加拉、斯里兰卡、马尔代夫等 7 个国家，分别呈现出印度教文化、伊斯兰文化、佛教文化和西方文化等特征。其中印度是世界上受宗教影响最深刻的国家之一，除绝大多数国民信仰印度教外，还有伊斯兰教、基督教、祆教、锡克教、佛教、耆那教、犹太教等信众，生活在边缘地区的一些部落民众则信仰自己的部落宗教，种类更多，因而印度被称为“宗教博物馆”。印度宗教的影响深入社会与文化的每一角落、每一层面，在国家及绝大多数民众生活中扮演着中心和决定性的角色。印度的宗教种类繁多，教派更多，各教派对信众的要求各不一样。以

① 关于“中亚”这一地理概念在学者中认识并不统一。

饮食为例，在印度教徒眼中，牛是神灵，是为“神牛”，是繁殖、兴旺的象征，绝不能伤害，更不能被端上餐桌，故而印度教的上层都是不能沾染任何肉类的素食主义者；锡克教徒则是戒酒主义者，伊斯兰教、印度教徒中也有许多人信奉戒酒主义；耆那教徒不仅绝对戒酒，绝对不许杀牛和食牛肉，而且有不少教徒终身拒穿丝绸和皮革，甚至不食萝卜、胡萝卜。印度人在其他方面比较普遍的宗教迷信禁忌还有：睡觉不能头朝北，脚朝南——因为据说阎罗王居住在南方；节日里或喜庆的日子忌讳烙饼；视 3 和 13 为忌数——因为湿婆神是 3 只眼，其第三只眼是用于毁灭的，而 13 则是因为人死后的丧期为 13 天；忌吹口哨，尤其忌讳妇女吹口哨，对人吹口哨被视为是冒犯他人人格的失礼行为；头是身体最神圣的部位，忌讳他人随意触碰，拍打、抚摩孩子的头部被认为是伤害孩子的行为；忌讳他人赞扬自己的孩子——因为会引起恶人的注意；进入寺庙须脱掉鞋子，不能踩踏门槛，光脚进入寺庙则须先洗脚；忌用浴盆给孩子洗澡——因为浴盆中的水不流动，被认为是不吉利的；忌讳给婴儿照镜子——因为认为会使婴儿变成哑巴；父亲在世时，儿子忌自缠头巾、剃头，等等。

东南亚主要是热带文化区，包括越南、老挝、柬埔寨、泰国、缅甸、马来西亚、新加坡、印度尼西亚、文莱、菲律宾、东帝汶等 11 个国家。除土著文化外，中华文化、印度文化、伊斯兰文化、佛教文化、西方文化等分别影响着不同的人群。其中，越南受中华文化影响最深。

北亚指俄罗斯的亚洲部分，这里地广人稀，气候寒冷，尤其生活在西伯利亚地区的人们需有粗犷刚毅的性格和更加吃苦耐劳的精神才行。不过，在人们的观念里，一般很少将这里列为亚洲的一个独立区域。

非洲分成北非、东非、南非、西非、中非几个文化区域，文化表现各有差别：有些地方土著文化占优，有些地方伊斯兰文化占优，有些地方西方文化占优。非洲总的文化形象是：虽整体仍呈落后状态，甚至还保留了不少原始性，但“黑色的非洲”正在“雄起”，一些地方的落后状况已经得到极大改善。尤其与中国共建“一带一路”的国家或地区发展速度飞快，同时中华文化也在这些国家留下美好“影像”。非洲最为重要的特色形象是其“原生态”的自然面貌，这一形象应该成为未来人类社会与自然和谐相处的经典范式。

欧洲分成西欧、中欧、北欧、南欧、东欧、东南欧几个文化区域——因认识不统一，有些区域所属国家重叠。其中西欧、北欧是世界上最富庶的地区之一，科技文化、经济文化、教育文化等十分发达，影响力强劲。东欧则一度都是社会主义国家，后大部分国家都投入到了西方的怀抱，从苏联的“跟班”又沦为欧美的“小弟”甚至“小小弟”。俄罗斯的存在，则为欧洲文化添进了一些骨气。[①] 另外，地跨欧亚的土耳其也以另类的形象存在着。

美洲主要分为北美洲和南美洲两个大的区域，另外又有中美洲、拉丁美洲之划分。其中，北美洲是世界上最富庶的地区之一，尤其美国的科技文化、经济文化、教育文化、电影文化等最为发达，军事实力世界第一，对世界的各方面影响巨大，因之霸权主义思想便成为其挥之不去的习惯意识，喜欢到处指手画脚干涉他国内政，享有“世界警察”之“誉”。至于拉丁美洲，无论是中美洲，还是南美洲，其文化“天生”热情、奔放、浪漫、外向，因而造就出“光辉灿烂”的“足球文化”，但社会乱象也引人瞩目，经常“奔放”过头。

大洋洲是世界上最小的洲，也是除南极洲外世界上人口最少的洲。澳大利亚和新西兰是其中最重要的两个国家，同处世界发达国家之列。但作为大英帝

① 俄罗斯文化很独特。俄罗斯在几百年的时间里能迅速扩张为世界第一大领土国家，除了“赶上好时候”，如周边其他古老文明都在走向衰落等原因外，与其自身的文化性格不无关系。俄罗斯人粗犷、热情、豪放、勇敢、好斗、坚毅、不屈…… 19 世纪俄国著名思想家陀思妥耶夫斯基曾说：“真正伟大的民族永远不屑于在人类当中扮演一个次要角色，甚至不屑于扮演头等角色，而一定要扮演独一无二的角色。”（《群魔》1871—1872 年）20 世纪俄国最著名哲学家别尔嘉耶夫则说：“俄罗斯有着特殊的使命，俄罗斯民族是特殊的民族。”（《俄罗斯思想——19—20 世纪初俄国思想的主要问题》1946 年）这样的思想、这样的言语，在世界文明中都是罕见的。它们产生于长期与其他民族的对立、对抗甚至厮杀当中，显示出的是俄罗斯民族的自命不凡的文化心理。实际上，在俄罗斯最早的史书之一、最早成书于 1113 年的《往年纪事》中，作者基辅佩切尔修道院道士涅斯托尔就以“言说”而非“纪实”的笔法，竭力将俄罗斯民族塑造成一个优异的民族，如上帝的子孙；处于全世界民族圈中最核心的位置等。将其所信仰的基督教（东正教）塑造为最文明的宗教，并期望建立一个强大的乃至能够支配整个世界的罗斯国家。同时将围绕在俄罗斯周边的其他民族按照地域远近视为不同等级的劣等民族，等等。其实该书叙述的不过是古罗斯民族（俄罗斯人、白俄罗斯人和乌克兰人的前身），从起源即公元 9 世纪时，到公元 1117 年间的历史。这一时期，中国处于唐末（859—907 年）、五代（907—960 年）和北宋（960—1127 年）时期，政治、文化已经达于成熟，“四大发明”的科技成就已在社会中得到自如的运用，而俄罗斯人还要在经历被蒙古金帐汗国（1243—1502 年）的征服、统治及摆脱依附关系的 200 年左右的时间后，才能真正迎来“自己的世界”。

国曾经的殖民地，至今仍将英国国王作为自己名义上的国家元首的这两个国家，怎么看都感觉像是欧洲国家。而土著文化——远比欧洲人来此时间久长得多的土著人的文化，却似乎只有在重大活动的典礼上进行短暂表演时才会呈现在世人面前，才能勾起人们的记忆。

中国有两句老话，一句叫“入境问俗”，另一句叫“入乡随俗”。到一地去，需先了解其历史文化、风俗习惯、法律法规等，才不会使自己临事而陷于尴尬甚至置自己于危险之中。

（二）按国家划分的地域文化——兼谈朝鲜半岛、日本文化的矛盾性表现

洲以下的地域单元应该就是国家了。国家有大小，但基本上每个国家都有自己的文化风格——包括文化特征和文化性格，都有自己的主要文化侧面，且往往表现为多个侧面。如中国的主要文化侧面之一是小农性，表现为真诚好客、勤劳勇敢，但有时则固陋执拗等，其“关键词”之一应该是“热情”。中国人是热情的——这句话及以下一番话是笔者在参与北师大天文系一党支部活动时说的，这一点凡接触过最朴素的中国人的人都清楚；中国人还是善良的，这一点那些遗留在中国被中国人养大的日本遗孤最清楚；中国人还是无私的，这一点当年的朝鲜、越南、阿尔巴尼亚人最清楚，现在共建“一带一路”的许多国家的人民最清楚；中国人还是仁慈的，这一点那些在战俘营中开运动会、过圣诞等各种节日的所谓“联合国军”的各国战俘们最清楚，那些在 1962 年对印自卫反击战中被俘后释放回去但迟迟不愿登车甚至声称“下次你们打来再当你们俘虏”的印度俘虏最清楚；中国人还是勇敢的，中国人的勇敢震惊世界，这一点那些在朝鲜曾与中国人民志愿军交手的所谓“联合国军”的各国军人最清楚，在抗美援朝战争结束之后对中国不好意思再称“支那”而悄悄改称“中国”的日本人心里最明白；中国人还是文明的，中国人的文明表现亘古未见，这一点参加“抗美援朝，保家卫国”的中国人民志愿军最具代表，其文明之师的形象让古今中外所有出国作战的军队相形见绌。

其他国家，如美国的主要文化侧面之一是牛仔性，表现为勇于冒险、重视自我、目无师长等，其“关键词”之一应该是“自大”；法国的主要文化侧面

之一是浪漫性，表现为追求时尚、自由散漫、桀骜不驯等，其“关键词”之一应该是“罗曼蒂克”；英国的主要文化侧面之一是绅士性，表现为举止文雅、规矩刻板、自傲自大等，其“关键词”之一应该是“保守”。德国的主要文化侧面之一是纪律性，其表现为严谨实在、循规蹈矩、一丝不苟等，其“关键词”之一应该是“机械”，等等。

另外，中国还有大一统、非宗教、宗法性等主要文化侧面，历史上还有早熟性、封闭性等主要文化侧面。

主要文化侧面是使该国之所以成为该国的主要体现或特质。有时主要文化侧面甚至表现出对立性或矛盾性，这就是所谓的“文化两面性”——对个人而言也如此。这种对立性或矛盾性的形成与地域环境、历史传统等密切相关。例如朝鲜半岛文化和日本文化即体现出比较典型的“文化两面性”。

先说朝鲜半岛文化。朝鲜半岛虽为半岛，三面环海，一面与亚洲大陆相接，但位于中国和朝鲜边界自东北向西南流淌的鸭绿江[①]和位于中国与朝鲜、俄罗斯边界自西南向东北流淌的图们江[②]，由于源头距离很近，有将朝鲜半岛与亚洲大陆“切割”开之势，因此朝鲜半岛又具有些许岛国的样子。岛国文化突出的特征有排外、自大等表现——“自大”如“大韩民国”“大日本帝国”之称等。

作为弱小国家的古代朝鲜不仅在地理上紧挨着“体型”巨大、文明领先的中华王朝，而且其东面隔着海还有一帮子时时想以其作为“跳板”登陆东亚大陆的日本人。从古代到近现代，日本人经常侵略朝鲜半岛，使得朝鲜民族深感受尽耻辱。夹在“两强”之间，自己的国家又因弱小而鲜有大的作为，故而造就出朝鲜民族截然对立的文化特质，即自卑且倔强。其表现为，一方面事大成习，服从强权，屈膝忍辱；另一方面则悲情浓厚，性刚气硬，以小逞大。其“关键词”之一应是“刚硬”。因此，朝鲜半岛之民难得有平和心态，一有风吹草动，或哭哭啼啼，或暴跳如雷。在日常生活中自己人对自己人下手也往往冷酷无情，在对外交往中则非理性之举频现，在战争中更是残暴血腥，“在俘虏脑袋后面补

---

① 鸭绿江发源于吉林省长白山南麓，历史上曾是中国内河，现为中国和朝鲜之间的界河。

② 图们江发源于中国、朝鲜边境上的长白山东麓，原本在历史上也为中国内河，后成为中、朝界河。

上一颗子弹”[①]其实都算是轻的。据说，参加“越战”的韩国军人，其残暴性甚至远超美国大兵——而美国大兵在越南犯下的战争罪行已罄竹难书。

中国人对韩国人总是热衷于争夺中国古代各种文化遗产甚至历史领土表示不解。其实，这就是朝鲜半岛文化“以小逞大”特征的具体体现。“刷刷历史存在感”，以求得现实的满足感、成就感，这样的精神追求是生活在地大物博、历史悠久环境中的中国人想也想不到的，当然也是难以理解的。遇到这种事，在网络上“打嘴架”其实没什么用。凡事只要找到起源、根源，搞清楚谁先谁后，一切就迎刃而解了。一时找不到，弄不清，还有文化推理。因为再不动脑子的人也知道，一个相对独立文明史才一千三四百年的地区，一个今日面积才22万多平方公里、人口不到8000万的地区，其在古代发明的文明、文化成果却每每让其历史更悠久、“体型”巨大、人口众多的紧邻感到汗颜，这怎么可能呢?

朝鲜半岛文化还有一个特点，即北、南两方至今仍保留着较为丰富的歌舞民族的基因，唱歌跳舞一直为其所长。只是由于北、南制度不同，经济发展有差，因此表现各异。对当代中国年轻人而言，南方的韩歌、韩舞更具现代感，因而更有冲击力些，一度在中国形成“韩流”“韩潮”。北方的朝歌、朝舞则更像中国20世纪八九十年代的歌舞。在历史上，朝鲜半岛的歌舞很早就进入了中国的宫廷，并备受欣赏。

再说说日本文化。日本文化的矛盾对立性似乎是我们这个星球最为独特、最为显眼的。因为日本文化总的特征是“多重双面”，也可称为“多重对立面”，即每个文化侧面都是以完全对立或矛盾的面目而存在着的，所以有学者将其当作世界范围内最为“另类”的文化。

按照美国人的研究，日本文化表现为“侵略好斗而又爱好和平，追求武力而又崇尚美感，倨傲自大而又谦逊有礼，冥顽不化而又与时俱进，温雅驯良而又心怀怨恨，诚实忠诚而又背信弃义，坚强勇敢而又怯懦胆小，墨守成规而又追赶时髦”[②]。

---

① （美）李奇微：《朝鲜战争》之第四章“鸭绿江边险遭惨败 中国人参战 第1陆战师且战且退”。

② （美）鲁斯·本尼迪克特著，黄学益译：《菊花与刀》，中国社会科学出版社2008年5月出版，第2页。原书名为《*The Chrysanthemum and Sword Patterns of Japanese Culture*》。

上述论断出自美国女学者鲁斯·本尼迪克特于1946年出版的《菊与刀》（或名《菊花与刀》《菊花与剑》）一书中。这本书实际上是“二战”时，本尼迪克特承接的美国军方的一项课题，即从文化层面解读这帮宁愿战死也不投降、视投降为奇耻大辱、对天皇盲目信从、无视公法残酷虐待战俘的小个子亚洲人到底是何种“动物”。从一般美国人的角度看，实在是看不懂这帮东方岛国之民的种种“不可思议”“不可理喻”的表现。

《菊与刀》是迄今为止对于日本文化描述得最为深刻、最为经典的学术著述。有意思的是，日本学者也极为推崇此书，称其为“现代日本学鼻祖”“文化人类学研究日本之经典型著作”。书中所揭示的日本人多重双面的文化特质，既令人感到新奇怪异，不可思议，又深感好奇而欲一探究竟。实际上，日本人、日本文化就是以这样“分裂且共存”的方式而生于世间、存在于世的。

不过作为在这个世界上曾对日本施恩但最终受日本侵害的中国人，更能以自己亲身的经历而更加深刻地揭示出日本文化的真面目。古代日本人在中国人身上学到的东西最多，甚至可以说没有中华文明就没有像模像样的日本古代文明。正是在接触了中国的大唐文明之后，日本文明才有了“断崖式上升”——其崖的高度应该比美国电影《血战钢锯岭》中美国大兵攀爬的那面悬崖要高出无数倍。而日本国自1894年甲午战争开始一直到1945年抗日战争结束长达半个世纪之久的对中国的侵略，用罄竹难书来形容都属于轻描淡写——实际上，这也是日本人、日本文化多重双面特质的又一体现。

相比起美国人来说，对于这个“一衣带水”的邻邦，对于这个自秦汉起就赐其名曰“倭国”的邻邦，对于这个自公元7世纪起就向中国全面学习的邻邦，对于这个在19世纪末到20世纪上半叶给中国造成巨大灾难、死亡、痛苦、损失的邻邦，对于这个曾痴心妄想企图征服朝鲜、征服“满洲”、征服中国、征服亚洲进而征服世界的邻邦，对于这个一直到今天都不肯发自内心向中国人诚恳认罪致歉的邻邦，中国人给其归纳总结出的文化论断会更加全面，且更加入骨三分。

不过，以个人而论，有些日本人是善良的、温和的、彬彬有礼的。到过日本的中国人中很多都很喜欢日本的环境、人和物。如喜欢购买日本的电饭锅、电子马桶盖等，再以前是喜欢日本的电视机、电冰箱、洗衣机、汽车等。日本人在生活中温文尔雅、轻声细语、体贴入微、考虑周到、礼貌有加。遇到外国人问路，若指道让对方仍不明白，日本人会亲自带着人家前往目的地，有时甚至要走很远的路，然后再返回自己的原路，临别还向对方深深地鞠一躬，令人感动。笔者一家第一次赴日本旅游时，乘坐出租车返回游轮时遭遇信号灯失灵，车速缓慢，司机见时间紧张，便将车停在路中间，带领我们步行到下一条街，然后帮助叫上一辆出租车才离开。而他的车就停在路中央，甚至驾驶员位置的车门都一直敞开着，且已经与前车之间拉开了很大一段距离，但紧跟在后面的车都稳稳当当地静静等待着，无人并线改道，更没有喇叭长鸣，令人不得不佩服日本人的热心、善良、友好、耐心、守法——事后才想起来，出租车司机没有收我们的乘车费。

但日本人从文化层面说又是“恶”的。日本人的“恶”在古代日本对朝鲜的侵略，近代对中国、朝鲜的侵略，以及现代发动的攻占中国东三省、全面侵华和太平洋等战争中，被放大到无以复加的地步。无论是“大日本皇军”在别国的烧杀劫奸虐等暴行，还是强迫各国妇女包括日本妇女“慰安”的罪孽，以及其本国的“军国母兽”中“军国之母”送子、“军国之妻”送夫参加侵略军，或“军国之女”自主献身“慰安”士兵兄弟们，等等，都是这种“恶”的极端表现。其实在侵略战争期间，“战无不胜”而最终皇衰军丧的“大日本皇军”，无论在国内还是在国外，对自己的民众也一样兽行累累。日本人的“恶”甚至在德国记者的眼中将其所组建的侵略别国的军队视为“兽类集团”。[①]要知道，同时期该记者的母国——纳粹德国的军队正在肆虐欧洲，其暴行并不逊色于日本的所谓“皇军”。

实际上，日本人骨子里是“傲”的，甚至是“极傲”的。但“二战”已结束快 80 年了，21 世纪也已经过去 20 多年了，日本至今直不起腰“重新做人”。这样的国家怎能骄傲地“入常”？怎会骄傲地有成为联合国安理会常任理事国的想法？最重要的是，既知如此，又何必当初！？把自己的“傲”搞成了“贱”，又是谁之过呢？

---

① 彭玉龙：《人类史上最残暴的“兽类集团”》，《环球军事》2010 年第 17 期，第 8—10 页。

用日本人自己创造的词汇对其文化作最精确解读的应该是“物哀”两字——最初这是个文学理念，由江户时代（1603—1867 年）的日本国学家本居宣长（1730—1801 年）提出。

所谓“物哀”，即触景生情、感物生情、心随物动、情不自禁有感而发的心境，但所生之情是细腻、细微、朦胧、含蓄、悠长、混杂、模糊、深邃的，从中难以分别出单一的情感，也难以言说清楚到底都有哪些情感。其“哀”，并非单纯是汉语悲哀的意思，还具有感慨、感叹等多重情感。实际上“物哀”是用语言根本描述不清楚的一个概念，当然这也是其无穷魅力之所在。但“物哀”能解释清日本文化的许多与众不同之处，如诗歌多是短歌，音乐旋律单调——被中国人戏称为“鬼子调”，舞蹈动作缓慢，绘画很少追求浓艳的色彩，国旗以白色为底——国际上不多见的国旗底色，国歌中带有哀调，摇篮曲竟很悲怜，将死看作最高的艺术并追求生命逝去时的“瞬间美”，等等。它们都是在“物哀”这种复杂情感的影响下形成的，同时这些文化现象也使得“物哀”极具艺术的感染力——这一“有趣”现象是许多中国人难以理解的。

日本人“物哀”情感浓郁，与日本特殊的岛国地理环境有很大关系。首先，日本列岛经常为雾霭所笼罩，自然风光留给人们的即是朦朦胧胧、变幻莫测的深刻印象，长期的耳濡目染使这一外在现象深深地影响了日本人的内心世界。其次，日本的山水还呈现出一种好似刻意雕琢而成的幽雅精致——有人说像个大盆景，如此明媚的风光时时美育着日本国民，造就出日本人较高审美意识和具有艺术美的情感。第三，岛国狭小的空间，火山、地震、海啸等自然灾害频发，且国土为太平洋的惊涛骇浪所“围困”，又使得日本人的生存危机感极为强烈，从而形成以伤感的态度格外珍惜自己生命所处的这一环境并热衷追求美的瞬间的复杂情感，如喜爱易融化的白雪。日本人喜爱白色，就因为白色像雪，雪代表着纯洁，同时雪容易消融又蕴含着一种无常的哀感，这与日本人的感伤性格非常契合。另外，日本人还格外喜爱残月、初绽的蓓蕾和散落的花瓣儿……

由于用极其细腻的情感去体味外界事物给自己内心所带来的哪怕是最微小的触动，这样的心境虽然具有强烈的艺术感染力，但过于细腻的情感既造就了日本人细腻的性格，使日本人工作认真细致、井井有条、兢兢业业，同时也造就了日本人性格小气的格局，容易产生不切合实际的狂想、妄想，以及爱钻牛角尖的特点。美国学者与笔者给日本文化总结出的“多重对立面”，有不少都与“物哀”有着直接的关系。

（三）中国的地域文化与“地域黑”

作为一个统一的“文化体”，中国人应该具有如下的共同文化特质：爱国爱家，自觉担责；勤劳善作，任劳任怨；热情好客，讲求礼仪；尊师敬长，矜老爱幼；兢兢业业，勤俭节约；不信神祇，炫祖耀宗；关爱熟人，冷对陌路；喜好面子，爱听颂扬；知恩图报，涌泉馈还；不拘小节，随性而为……当然这仅为笔者的文化总结。对此应该是“仁者见仁，智者见智”的，其他学者一定会有自己的见解。实际上，几乎每一个中国人都能多少总结出自己的相关见解和认识，毕竟文化是体现在每一个人身上的。

中国按地域划分有华北、东北、西北、西南、华中、华南等区域——还有黄河中下游、长江中下游、珠江三角洲、四川盆地、大西南、大西北等区域的划分。但最常见的文化区域的划分，还是按照省、直辖市、自治区进行的划分。一般来说，所谓的“地域黑”也基本是以此为单元“互黑”的——似乎只有东北人是三省“绑定”在一起“示人”的。

从文化上来解读，北京人似乎以“京油子”形象示人较多，表现为幽默、健谈、热情、贫嘴、大气、高傲、敞亮、见多识广、能说会道、不思进取、得过且过、容易满足、喜欢炫耀、啥话都敢说、看不起外地人、关心国家大事、政治觉悟较高，等等。由于长期生活在“天子”脚下，因而无论贫贱，北京人内心都充满了自豪感。旧言称“北京人看外地人，都是自己的部下”就是这种心理和现象的真实写照。

笔者在北京出生、长大——自称“京一代”，因此对北京文化还是有一定发言权的。最为奇特的是，一些刚来北京没多长时间的所谓“外地人”也具有了所谓“老北京人”的一些特点，可见文化的传染力有多么强劲，尤其在这么短的时间之内，实在令人惊奇！

旧言还称“上海人看外地人，都是乡巴佬”“广东人看外地人，都是北佬”。但现而今，随着人口的大规模流动，北京、上海、广东的外来人口数量激增，尤其大量精英人士进驻到这些城市里工作和生活，使得这些地方原有的文化特征已经没有以前那样鲜明了，同时包容性大大提升，因此以前“高人一等”的形象淡化了许多。

旧言称湖北人是“天上九头鸟，地上湖北佬”“十个湖北佬抵不过一个宝庆佬”——宝庆是今湖南省邵阳市的古称，称湖南人则是“无湘不成军”，等等。新言称“东北人都是活雷锋”，应该肯定的是东北人豪爽大气、乐于助人的一面。这些都从一个侧面把握住了这些地区的人们的文化特质。

但“文化总是两面说”的。东北人的豪爽大气也体现在他们自己常说的“能动手就尽量别吵吵”上，追求干净利落地解决问题的简单形式，而不愿拖泥带水——东北人还经常以此话讥讽那些吵架很长时间但仍只动嘴不动手的“外地人”。另外，从东北人称夫妻打架为“打仗”，也可以感受出他们的“豪爽大气”。

东北人还是幽默的。这应与过去每年要“猫冬”半年或小半年时间有关。一大家子人白天黑夜聚在一个屋子里，没有收音机、没有电视机、没有手机、没有网络……说话再不幽默点，不是烦闷死，就得“憋屈”死。

从文化形象上说，赵本山代表了东北人的幽默特征，郭德纲则代表了天津人平民性格突出、敢于蔑视权贵的特点……据说，去天津千万别提自己的官有多大。

中国地大物博，人口众多，各地、各民族文化迥然各异，讲述起来几天几夜都说不完，但十几亿人和谐共处，此也为世界一绝，这都与中国共产党的正确领导分不开。

关于“地域黑”，有些人说应该批判，但该怎么批判则很少有人提到——甚至有人否认“地域黑”的存在。其实“地域黑”不仅真实存在，而且有着很深刻的文化内涵。

首先，每个人群无论是按地域分还是按民族分，或按其他因素分，都有自己的“长处”和“短处”。“短处”的存在是客观实际，想回避也回避不了，这是“地域黑”存在的前提。没有哪个文化是不产生糟粕的。而且，前已述，文明史时间越长，文化糟粕积累得就越多，就越根深蒂固，就越难以改变。所以，每一方人士必须得有自知之明，不能有“短处”见不得人而藏着掖着甚至让别人说不得、碰不得的想法言行。

其次，每个人群的文化中所谓“长处”和“短处”的分别一般不是由其自身来认定的，而是与其他人群文化相碰撞、相比较的结果。没有碰撞就没有比较，没有比较就没有差别，没有差别就无所谓长短——当然没有人口流动、文化交流，其实也就没有了文化冲突和文化比较，中国改革开放前就是这个样子。“地域黑”往往是用己之“长”攻彼之“短”，属于“田忌赛马”，是“不公平竞争”，而且往往忘记了自己的“短黑”。当然，开善意玩笑也未尝不可，只是别太认真、太较真儿，言辞不要过重。在实际生活中，不同文化背景的人走到一起应该注意扬长避短，夫妻之间更应如此。但很多时候，“短”与“短”也能相容，“长”与“长”相处却剑拔弩张，这体现了文化复杂性，必须得因人而定，有时还得因事而定，甚至因时而定。一个人要想拥有一个和谐的人际关系，了解他人的文化背景，自知自己的文化“短处”，并灵活运用“长处”和“短处”，是必不可少的。这也是防止因“地域黑”而发生矛盾冲突的关键。

第三，不能简单地用“好”和“坏”来评论不同人群的文化，因为无论是所谓的“长处”还是所谓的“短处”，都具有“地域合理性”，都是人家的习惯，是人家的传统。所以，首先不要用“地域黑”去“黑”人家的全部，因为“黑”别人的人自身肯定未必“全白”；其次不要试图去改变他人的文化特征、文化性格、文化习惯和文化传统。只有在互相碰撞中有意识地彼此回避容易引起冲突之处，并怀着相互谅解之心，才能共同拥有一片和谐的“祥云”。

第四，不同人群的“文化”应该有“文明”和“落后”之别。但是，如果“落后方”意识不到差异，则这种“文明”与“落后”的评判就毫无意义。如果非要将自己的所谓“文明”强加在人家身上，轻者“强扭的瓜不甜”，费力不讨好；重者则一定会伤及自身，碰得头破血流。当年西方殖民主义者、帝国主义者就曾干过这种事，而且现在还不汲取教训，仍在继续干。实际上这样做本身就是极其不文明、不道德的，不仅与“文明”二字毫不相干，而且是极其野蛮的。文明的进步是需要条件的，与当地的历史、传统、习惯、意识、思想、生产力水平等甚至与地域环境有关。但“落后方”若已经意识到自己的不足，且条件已经成熟，仍不愿改变，那就属于不思进取了。

在中国，地域文化再向下分就是省、直辖市、自治区内部不同地区的文化了。如山西省，一般而言，晋北地区以大同市、朔州市为主的地域文化呈强悍、豪爽的特质，晋中地区以太原市、晋中市为主的区域文化呈倔强、开放的特质，晋南地区以临汾市、运城市为主的区域文化则呈精明、保守的特质。令人感到奇怪的是，古时候山西省的文明发达程度则是自南向北逐渐递减的。

北京市的不同地区，其文化表现也是各异的。如在以前，城里与城外因文明发展程度存在差距，文化表现自然各不相同——据说 20 世纪 50 年代，北京大学中关园一带还经常有狼出没；笔者于 20 世纪 70 年代上北大附小时，蓝旗营一带仍是一片农村景象，附近地里经常能挖出民国时期的坟墓；20 世纪 80 年代初，笔者就读于北京师范大学历史系时，西北三环路两边全是东升公社大钟寺大队的田地。再如，由于解放后著名大学基本都建在海淀区，因此一直到今天这里的教育水平明显优于城里的教育文化，尤其众多高校营造出的学术文化氛围对高校附属小学、中学的孩子们的潜移默化影响也许是终身的。而中关村地区更成为高科技产业园区的核心地带——清华大学南面的五道口一带甚至被戏称为“宇宙中心”。还如，解放以后，为了北京市建设的需要，将周边原属河北省（清朝称直隶）的一些地方划入北京市的行政范围，如平谷、顺义、延庆、怀柔、密云、房山、大兴、通州等——现在都称区，至今无论在口音上，还是在生活习惯上，生活在北京市与河北省交界处的人们仍更像是河北人。

关于北京文化需要再“啰唆一句”的是，随着改革开放，社会主义市场经济的发展，北京的城市面貌发生了巨大变化，但是在文化上“丢失”的东西太多了。如北京城内除了胡同保留区还有胡同文化“原始”内涵的部分保留外，其他许多具有鲜明特点的“京味文化”都随着街道的拓宽、楼宇的建造、商业中心或所谓“广场”的拔地而起，基本荡然无存了——有许多胡同由于人口密度大、房屋建筑密集而显得狭窄、拥挤、憋屈，全无大气、敞亮的格局；由于把高速公路引入城中，平安大道、两广路等街市的商业文化风貌不仅也几乎荡然无存，甚至连横穿马路都是一件十分不易之事。

笔者不是老北京人，只是作为文化学者深知，文化的东西一旦“丢失”，也许就和物种灭亡一样，永远也回不来了。笔者幼子在 2021 年独自旅居英国，10 个月以后回来过暑假，小小年纪的他对北京四环路以内过度呈现出的现代化的豪华、喧闹、夸张、浮华而几乎全无宁静、雅致、温和、深厚历史底蕴的城市风貌多有不满。他说的基本上是实情。

地域文化最小的单元恐怕就是村庄了。有些距离很近的村庄其文化表现也各不相同，这种情况似乎南方多一些。

二、文化的其他主要分类——按民族、宗教划分

文化除了最基本的按地域划分外，其他最主要的应该是按民族、按宗教的划分了。

（一）民族文化的划分

民族文化的划分超越了地域的制约，其划分只按人的文化表现进行区别、识别和甄别。同一个民族无论生活在何处，只要文化表现尤其最主要的特征基本一致，便被认为是一族之人。

甄别民族文化需要考察历史、语言、文字、习俗、习惯、传统、饮食、服饰、建筑、生产、生活等许多方面。

据查，缅甸 5000 多万人口，竟有 135 个民族；俄罗斯 1.4 亿多人口，有民族 190 多个；印度人口 14 亿多，有民族 100 多个；新中国成立之初，人口 5.4 亿，民族竟达数百个……

新中国的民族甄别开始于 1953 年，持续了 30 多年时间，到 1979 年正式确认为 56 个民族，其中 55 个是少数民族。

截至目前，中国尚有六七十万待识别民族人口，其中很多分布在贵州省。另外，生活在云南省西北部与四川省交界的丽江市泸沽湖畔的摩梭人，虽被归属于纳西族，但其民族自我意识也比较强烈。摩梭人约有 5 万人口，有自己的本民族语言，但没有文字；生活中保留有浓厚的母系残余，如走婚习俗，女子在外劳作，男子不养家，孩子长在母家由舅舅们抚养……但子女知道自己的亲生父亲为谁。笔者曾去泸沽湖旅游，司机、导游都是摩梭人，在他们的身份证上标的民族好像是“摩梭人”。

民族文化受地域环境的影响很大。同一个民族由于各种原因而改变了居住地域，其文化也会发生变化，或有很大不同，或者略有不同，但基本上不会是一模一样了。如主要生活在湖南省常德市桃源县枫树维吾尔回族乡的湖南维吾尔族人，祖上在明朝时自新疆来此，现在虽仍与生活在新疆的维吾尔族人一样

保留着“清真”的饮食传统，但他们的生产方式、生活习惯、语言口音等都与新疆维吾尔族存在不同之处。而且，由于长期与汉族通婚，使得他们的长相与新疆维吾尔族人也已有很大不同——著名历史学家、教育家、曾任北京大学副校长的翦伯赞先生即是从这里走出来的现代学术名人。

（二）宗教文化的划分

世界公认的具有世界意义的宗教是基督教、伊斯兰教和佛教，这应该是最顶层的宗教文化分类。这三大宗教的信众分别为基督教 20 多亿、伊斯兰教十几亿、佛教 5 亿左右——尽管印度教的信众有 12 亿甚至更多，人数多于佛教，但由于只流行于印度国内，因而不属于世界性的宗教。三大宗教分别被一些国家定为国教，如基督教在欧美、大洋洲一些国家为国教，伊斯兰教在中亚、西亚、北非一些国家为国教，佛教在东南亚一些国家为国教。

三大宗教中，佛教起源最早，诞生于公元前 6—前 5 世纪；其次是基督教，诞生于公元 1 世纪；最晚是伊斯兰教，诞生于公元 7 世纪。

任何宗教都会有派别，此乃宗教的人文性的鲜明体现之一。基督教有三大派别，分别为天主教、新教和东正教。其中，天主教与新教信徒较多，东正教信徒相对较少。新教有路德宗、加尔文宗、安立甘宗等派别，主要分布在英国、德国、瑞士、北欧五国和美国、加拿大、澳大利亚和新西兰等国。东正教有希腊正教会和俄罗斯正教会两大派别：希腊正教会主要在希腊，其特点是举行宗教仪式时使用希腊语；俄罗斯正教会主要在俄罗斯，宗教语言使用斯拉夫语。不同派别、宗支的信仰存在差异，组织架构也不完全一样，甚至划十字的方式也有不同，领导、首脑也是各认各的。如英国的新教教会属安立甘宗，以英国国王为最高元首，在传统仪式上也与别的基督教会不同。

伊斯兰教主要分为逊尼派和什叶派两大派别。逊尼派以正统自居，信仰民众最多。什叶派则有允许教徒在受到宗教迫害时可以隐瞒自己内心的信仰、放弃履行仪式并否认真实身份的教义，称“塔基亚”——逊尼派中也有派别不同程度地奉行此教义；还有允许临时婚姻存在的教义，称“穆塔尔”，即穆斯林男子与无配偶女子双方自愿结合的临时婚姻制度，男方交给女方一定的聘礼就可在共同商定的时间内同居——逊尼派则认为此属于非法。伊斯兰教还有哈瓦利吉派，其内部还有若干小派别。

佛教则有南传佛教、北传佛教两大派系。

南传佛教，亦称“南传上座部”，指斯里兰卡、缅甸、泰国、柬埔寨、老挝等国家的佛教，因由印度向南传入，故名。其教义比较接近原始佛教，注重教义的字面解释，保持着早期的某些戒律，如托钵化缘、过午不食、雨季安居等。

北传佛教指传入中国、朝鲜、日本、越南等国家的佛教。因从印度北传，故名。北传佛教又分为两支，传入中国内地广大地区的称汉传佛教，后传入越南、朝鲜、日本；传入西藏地区的称藏传佛教，亦称喇嘛教，后又传播到蒙古、西伯利亚等地。北传佛教的基本特点是以大乘佛教为主。大乘，即乘大车度无量众生到彼岸之意。大乘佛教称原始佛教和部派佛教为“小乘”——部派佛教为原始佛教分裂出来的各个教团派别的总称。小乘，只承认释迦佛，着重于自己的解脱——但南传佛教拒绝接受“小乘”之称。

不同宗教，给当地文化带来不同的表现特征；即使是同一派系，在不同国家或地区的表现亦存在差异。这都是“一方水土养一方人”“一方水土养一方宗教”的体现。

至于文化的更细划分，有按专业分的，如文学、历史、哲学、艺术、建筑、科学、法律、交通等；还有按衣、食、住、行、游分的，如饮食文化包括茶文化、酒文化、菜系文化、餐桌文化、快餐文化以及现在中国正盛行的外卖送餐文化等。

实际上，文化的复杂性决定了文化的分类也是极其复杂的，甚至也是数不胜数的。

第四节　文化的“文化总结”

关于文化，讲了许多，也举了很多例子，由于太过复杂，因此为了清晰一下思路，有必要最后再进行一下宏观的总结，即“文化总结”。

首先，文化的定义，一言难述；其概念，一语难括。而且，似乎穷尽一切言语也无法说清什么叫文化。

在文化定义的措辞上，在其概念的解读上，似乎尽显语言的苍白与无力，正好似南宋人严羽在《沧浪诗话·诗辨》中所云之“言有尽而意无穷”一般。

文化的定义多达数百甚至上千，众说纷纭，尽显文化的复杂性，而这些定义来自世界各种语言，因之文化又是用各种语言都描述不清的概念。大千世界似乎再无哪个定义能有如此多的分歧。截至目前，相关学者仍“乐此不疲”，而学习者则“叫苦不迭”。

其次，文化有广义与狭义之分。广义的文化包括几乎与人有关的一切事物等。狭义的文化则随人们的认识不同显现出多种“格局”：有指社会的意识形态，以及与之相适应的制度和组织机构；有指诗书礼乐、道德风俗、政治体制等；有时甚至与文学、历史、哲学等概念并列，含义狭之又狭。

广义的文化之所以说不清楚，是因为其外延“几乎是无边无际的，难以用语言确指其边界”，因之其内涵则“几乎是包罗万象的，难以用语言概括其总和”了。有人云：文化是个“筐”，什么东西都可以往里装。话里透着嘲讽之意，但事实是，若再加上“几乎”二字，即“几乎什么东西都可以往里装”，这话说得应该就千真万确了。

第三，文化与每个人直接关联。从某种意义讲，文化就是人“骨子里”的东西，如脾气、秉性、精神、原则、性格、骨气、作风、做派，等等。有人的地方，就有文化。每个地方、每个国家、每个民族都有自己“骨子里”的文化基因，其特点是“江山易改，本性难移”，且“一方水土养一方文化”。

当然，按最广泛的意义来说，文化涉及的是几乎与人有关的一切事物等。但并不是所有与人有关的事物都属于文化范畴，两者之间的界限有时难以清晰分别。

实际上，在人们的吃喝拉撒睡、衣食住行游、喜怒哀怨惧、爱恨恶欲愁等一切行为和情感中，都存在着浓郁的文化问题。但吃喝拉撒睡本身不属于文化范畴，它们是人作为动物界中的一员的自然属性。猫、狗等动物也会吃喝拉撒睡，甚至还有喜怒哀怨惧等情感，但其中没有文化问题的存在。吃喝拉撒睡中的文化问题体现在于不同地区、不同民族、不同宗教信仰的人们怎么吃、怎么喝、怎么拉、怎么撒、怎么睡，其他还有怎么打喷嚏、怎样吐痰，等等。由此也可知，文化并非都是高雅之事物。

文化独属于人类，动物的行为与情感不存在文化问题。但养宠物属于文化范畴，因之作为宠物的猫、狗等由于与人类发生关系而被纳入文化视界中。受宠的猫、狗常常被宠养者当成自己的“亲人”，并寄予深厚的情感，这无疑就是文化。

文化体现在每一个人身上，每一个人都是自己生活区域如村庄、街道、单位、区县、省市、国家的文化载体。当然，还可以继续往大范围说，每一个人是自己所在洲乃至地球的文化载体。某地或某群体的文化特质，往往通过几个有代表性的人物以及他们所做的典型事件即可体现出来。对某地或某群体的文化分析都是以点代面、以偏概全的，这乃是文化学研究的特点之一。

第四，文化复杂多样，有实有虚。实的，看得见、摸得着、嗅得到；虚的，感觉得到、感受得到、体会得到，但看不见、摸不着、嗅不到。而后者，也许更具文化味道。

文化有优秀与不良之别，更有精华与糟粕之分。优秀的、精华的，要继承并弘扬；不良的、糟粕的，则须批判和摒弃。但对文化事物的评判又是随历史的发展、时代的进步而变化着的，对优秀文化与不良文化、文化精华与文化糟粕所进行的甄别需要与时俱进，需要随着文明的进步不断进行新的判断才行，而且评判者的心态必须平和。轻易对文化事物进行取舍，用激进的态度批判文化，一旦隔断现实与传统的联系，有可能会“国将不国”。韩国、越南的所谓“去中国化”而造成的与传统文化的隔绝，其教训不可不汲取。

另外，文化既是客观存在的事物，又是人能认识到的东西，但并不是所有人都能认识得到。认识不到，就会有异议，有争端，甚至“文人相轻”，乃至互相倾轧，脸红脖子粗也许都是轻的。其实这些均属正常。

第五，对于“一方文化”难以用好与坏来评定。老话云：“一方水土养一方人。”“新话”则有“一方水土养一方风情”“一方水土养一方口味”“一方水土养一方宗教”等。每一方文化都有自己的传统和习惯，你可以看不惯，你也可以说人家不如你，但你最好不要有指评一切、批评他人的优越感。

一方文化既有优秀的、美好的、积极的、健康的、阳光的表现，也有丑恶的、丑陋的、扭曲的、消极的、阴暗的一面，这就是所谓的“文化两面说”。最丑陋的事物也许是一方文化最具特色的部分。同时，一方文化还包括不好不坏甚至难以评判是好还是坏的隐晦的东西，文化的这部分最容易被忽视或无视，千万要注意。

“地域黑”既是主观认识，也是客观存在。每方文化都有令他方之人不习惯之处，每方文化都有不良成分，都会产生糟粕。因此面对被“黑”，该方人士最好“有则改之，无则加勉”，或者一笑了之，不予理睬。另外，由于“每方文化都有不良成分，都会产生糟粕”，因此“黑”别人的人最好说话时给自己留有后路。

第六，研究文化必从地域环境着手。有怎样的地域环境，就有怎样的经济环境；有怎样的经济环境，就有怎样的政治环境。另外，研究文化还得关注社会环境和历史环境。“环境五环”相互关联、相互作用、相互影响。其中，地域环境是基础，是根本。忽视、轻视甚至无视地域环境的文化研究是肤浅的，或许不该算是文化研究。

第七，研究文化离不开历史。文化是历史的“天上彩云”，历史是文化的“大地之母”。文化是经过历史发展而积淀下来的有形的或无形的事物等，狭义的则指思想、意识、习俗、传统以及言谈举止，等等。

对于历史，似乎人人都会讲，不管是取自正史还是采于野史，无论是正说还是戏说，不分科学研究还是道听途说，不论正经发言还是歪理邪说……总之，有不少人都能对历史说三道四，甚至是几岁的孩子。实际上，历史是科学，是科学就得有科学的态度，进行科学的研究才行，不是张嘴就能口若悬河的——对历史胡言乱语是最常见的“历史虚无主义”。而文化则需要升华思想，必须站在“历史的天空”，自上而下审视人类的活动和历史的发展，因此一般人“干不了这活儿”。文化的结论往往靠研究者、思索者依据自己的学识、经验、智慧等而得出，非由计算或实验而产出，有时看似不可信，甚至有荒谬之感，但其实意味深长，寓意广大，放之四海而皆准。

第八，研究文化还必须上知天文，不仅要知道地球的天象，还要知道太阳系、银河系和宇宙的构造、分布和运行等，这样才能“站”得高看得远，思得多想得广，不仅能从最广义、最顶级的层面最深刻地认清人类在地球诞生和生存的意义，而且能够科学预知人类社会、人类文化与文明的前景与未来。

第九，文化不仅有高深的理论，而且具有强烈的实用性。用文化的眼光分析历史及现实问题，可以找到其内在的本质，得出抽象但实用的结论，然后或对症下药，采取正确的应对方法；或顺其自然，任其自生自灭。生活中有些事、有些“坎”是人力所无法解决或迈不过去的，但生活还得继续，因此有文化的人是不会让自己朝着极端或负面方向发展的。

第十，真正有文化的人，思想是深邃的，胸怀是广大的，视野是开阔的，境界是高雅的，格局是无边的，情感是超凡的，谈吐是直白的，行为是有矩的，追求是“异类”的，人际关系是清淡和脱俗的。至于人的没文化表现或体现，其实也就是一个字、一个词、一句话、一件事、一个动作、一个决定……甚至一个眼神而已。此处的“文化”是狭义的，指有知识、有修养。

……

总之，文化既是高雅的，又是通俗的，甚至是庸俗和俗不可耐的；文化既是严肃的，又是有趣的，以致妙趣横生，令人忍俊不禁；文化既是科学的，又是常识性的，以致习以为常，不知不觉；文化既是严谨的，又是松散的，而且松散得难以归拢成“一堆”。而高雅的、严肃的、科学的、严谨的文化思想则既呈现出高度又具有胸怀，既呈现出眼界又具有格局，既呈现出品位又具有境界，其占据着文化的“制高点”。

最后想说的是，对于文化的理解，谁想得多、想得广、想得深、想得远、想得靠前、想得复杂……对文化的把握就越能深入浅出，运用起来也就越能得心应手。

第三章 文明及人类文明的归宿

本章导读

文明与文化一样，都是人类所特有的，二者存在共性，又有很大的区别。了解文明不仅可以更好地认识文化，以及更好地把握中华文明，尤为重要的是，可以明确人类文明发展的归宿，增强人之为人的自信以及对人类社会美好前景的认知和信心。

宇宙是无意识的，它不可能支配人类社会的发展，但人类是有情感的，但凡人类不喜欢的东西、厌恶的事物最终都必须退出历史舞台，此乃铁定的真理。私有制给人类带来了太多的不祥、不快和灾难，制造了太多的悲剧甚至死亡，因此私有制早晚会退出历史舞台。而且，在漫长的人类历史长河中，私有制时代只是短暂的一瞬，也许比白驹过隙还快。

据科学家研究，宇宙形成于130多亿年前——按“大爆炸理论”，宇宙的生成来自一次大爆炸，至今宇宙仍以超光速的速度膨胀发展着。那么，宇宙产生和存在的意义是什么？如果没有生命的诞生、人类的产生，宇宙自始至终都处于无任何生命迹象、更无高级生命存在的“永恒”运动中，其意义到底何在呢？从人类角度看，在地球上诞生生命和产生人类应该是宇宙产生和存在的“最”伟大意义之所在。当然，这是我们人类从自己的角度进行的解读。但问题是，仅就我们目前所知，在宇宙之中除了人类还有谁会发出这样的疑问和进行这样的解读呢？这样的疑问和解读难道不是宇宙间最为嘹亮的声音吗？既然宇宙无法“回答”和“解读”，那么只有让至今我们所知的宇宙间唯一的高等智慧生命——人类来替它回答和解读了。

有人说，宇宙是为了毁灭生命而存在的。这话看来是对的，因为从目前看最终生命和人类的确会毁于宇宙之“手”。而且，据研究，宇宙也有“寿限”的。有人说，生命的诞生、人类的产生本不是宇宙的“初衷”，而是个“意外”。若真是这样，那么生命的诞生、人类的产生就更具难以言说的伟大意义了。毕竟连强大无比、无所不能的宇宙都阻止不住生命诞生和人类产生的话，那生命的强大、人类的“倔强”可就真的难以用语言来描述了。从这个角度说，生命、人类才应该是宇宙中的“最强者”。不过，最好还是从“感恩”宇宙的角度来理解生命的诞生和人类的产生，因为这更符合人之常情，尤其符合重感情的中国人的心理。

宇宙是无意识的，无所谓“创造”还是“毁灭”，但生命的的确确在宇宙诞生100亿年多一点的时候诞生了——人类则还需要再过二三十亿年后才产生。而且生命的诞生和人类的产生是在一个恰如其分、再好不过、再合适不过的宇宙一隅，即“郊区”的位置——宇宙的“城里”至今仍“空无一人”。实际上，从目前的科学观测和研究来看，生命只在宇宙的这一隅诞生，那也就同时说明它只能在这一隅诞生，宇宙“郊区”的其他地方和“城里”是不可能诞生生命的，更不可能产生人类。因此，这不是冥冥之中的事情又能是什么呢？这是偶然吗？是巧合吗？那其必然性体现在哪里呢？

据科学研究，人类所处的太阳系具有“教科书般”的完美架构。这种完美是偶然的呈现还是必然的结果，虽然现在还解释不清楚，但太阳系的这种完美竟完美得“分毫不差”、完美得恰到好处、完美得令人瞠目结舌。

宇宙、银河系、太阳系对生命在地球诞生、人类在地球产生看似是“不情愿”的，甚至动用强大无比的宇宙洪荒之力竭力“阻止”其发生和“扼杀”生命的成长——其实从某种意义上说地球也是为了遏制生命的诞生和人类的产生而存在，但是无数神奇的“偶然”最终导致在地球诞生了生命和产生了人类。这样最重要的是要看结果了，脆弱的生命和“柔弱”的人类完成了“不可能完成的任务”，不仅抓住了机遇，利用宇宙、银河系、太阳系的一系列“失误”终于在地球诞生和产生，而且生机盎然、欣欣向荣，甚至人类还养成一派舍我其谁的“宇宙主人翁”作风。

在宇宙间最不起眼儿的这个“角落”里将人类、人类文明最完美、最精彩、最辉煌灿烂地呈现出来，以作为对这种“重托”充满敬意的回报，这才是人类产生和生存在天地之间的最伟大的意义，也是地球、太阳系、银河系和宇宙产生和存在的最伟大意义之所在，还是造就出人类的宇宙间无数“偶然”的“终极期盼”。

据说宇宙之外还有宇宙，若真是这样，则不仅人类是渺小的、地球是渺小的、太阳系是渺小的——据说人类几乎“走”不出太阳系，银河系是渺小的，宇宙也是渺小的。但只有人类才懂它们，只有人类才能解读它们，只有人类才知道它们的未来。从这层意义上说，人类又是最伟大的，而未来掌握无限科学技术的人类更为伟大。

文明与文化一样，都是人类所特有的，二者存在共性，又有很大的区别。了解文明不仅可以更好地认识文化，以及更好地把握中华文明，尤为重要的是，可以明确人类文明发展的归宿，增强人之为人的自信以及对人类社会美好前景的认知和信心。

第一节　文明解读及文化与文明的区别

与文化相比较，文明似乎能说得明白些了。但其实，对文明的解读也是“百花齐放”的，有不少地方也同样是难以说清和难以把握的。当然，与文化一样，这也应是“文明”的魅力之所在。

一、“文明”的定义及解读

与前谈论“文化”一样，还是先看看中国顶级辞书关于“文明”的定义都是怎么解读的吧。

①《中国大百科全书 · 哲学Ⅱ》“文明”条

人类改造世界的物质和精神成果的总和；社会进步和人类开化状态的标志。中国古代典籍中有“天下文明”（《周易 · 乾 · 文言》），“睿哲文明”（《尚书 · 舜典》）之说，表示国家和社会面貌的开化、光明，富有文采。“文明”一词在西方来源于拉丁文“civilis”，意思是公民的、国家的、社会的，用以表示国家、社会的进步状态。文明包括精神文明和物质文明。

人类脱离动物界，就是文明的发端。随着社会生产力的发展，人类社会文明经历了由低级到高级的发展过程。原始社会的蒙昧时代和野蛮时代，主要依靠采集现成的天然物产和经营原始畜牧业、农业，以增加天然产物。这个时期人类没有专门的精神生产，精神生产包含在原始的物质生产活动中，文明处于萌芽状态。随着生产力的发展，人们学会了天然产物进行加工，产生了手工业和商业，推进了社会的分工、脑力劳动和体力劳动的分离，精神生产开始独立地起着越来越突出的作用，出现了政治法律思想、道德、哲学、宗教、文学艺术、科学等社会意识形式。

人类文明从原始社会的萌芽状态跨入“文明时代”后，依次地由奴隶制文明发展到封建制文明，再发展到资本主义文明。这一阶级社会的多种文明的发展是一个历史的进步过程，但是它一直是建立在剥削阶级对广大劳动人民实行野蛮统治和残酷剥削的基础上的。只有在社会主义制度下，文明才摆脱了剥削阶级的支配和垄断，文明的果实归属于创造它的劳动人民，社会及其成员的全面发展才成为可能，人类历史从此进入真正的高度文明的时代。①

该定义将文明的发端、文明的萌芽确定在“人类脱离动物界”时，虽然从广义而言似也能说通，但笔者难以苟同。这一说法将文明产生时间提前到与文

① 中国大百科全书总编辑委员会《哲学》编辑委员会、中国大百科全书出版社编辑部：《中国大百科全书 · 哲学Ⅱ》，中国大百科全书出版社 1987 年 10 月出版，第 924 页。

化产生时间相同，即人类文化具有至少二三百万年发展历史，文明也有至少二三百万年发展历史，那么世界公认的“四大文明古国”之说就被否定掉了，这恐怕不合适吧？所以，笔者坚持认为的文明萌芽产生于原始社会末期，应该是符合客观实际的说法。

不过这一解读也说明人们对文明产生时间和形成时代的认识差异是非常大的。而各种说法的存在和争议其实是好事，这有利于把问题说得更清楚。

②《辞源》“文明”条

一文采光明，文德辉耀。《易·大有》：“其德刚健而文明，应乎天而时行，是以元亨。”《书·舜典》：“浚哲文明，温恭永塞。”《疏》：“经纬天地曰文，照临四方曰明。”……三有文化的状态。与“野蛮”相对。[①]

“其德刚健而文明，应乎天而时行，是以元亨”的意思是：能秉持刚健而又文明的美德，顺应自然的规律而按照时序来办事，这样的前景一定是至为亨通的。但其“浚哲文明”与前引《中国大百科全书·哲学Ⅱ》的“睿哲文明”不同，后者或许是在将“濬”字简化时理解谬误了。因为“濬”的简化字为“浚”，而不是“睿”。“浚”乃深邃、深厚之意；“哲”为智慧、聪颖之意。“浚哲文明”的意思为：舜有着深不可测的智慧，可以管理好天下所有的事情，其智慧之光可以临照人间的各个角落。

③《汉语大词典》“文明”条

❶文采光明。《易·乾》：“见龙在田，天下文明。”孔颖达疏：“天下文明者，阳气在田，始生万物，故天下有文章而光明也。”……亦指文采。与“质朴”相对……❷谓文德辉耀。《书·舜典》：“浚哲文明，温恭允塞。”孔颖达疏：“经天纬地曰文，照临四方曰明。”……❸谓文治教化……❹文教昌明……❻社会发展水平较高，有文化的状态……❽合于人道……[②]

其“温恭允塞”与前引《辞源》之“温恭永塞”不同，也许是古人抄书失误所致，但也能解释通。“允”为确实、真正之意，也有长期之意；“永”为总是、

① 何九盈、王宁、董琨主编，商务印书馆编辑部：《辞源》（第三版，上册），商务印书馆2015年10月出版，第1784页。

② 汉语大词典编辑委员会、汉语大词典编纂处：《汉语大词典》（第六册），汉语大词典出版社1990年12月出版，第1522页。

一直之意；“塞”为充满之意。“温恭允塞”的意思是：舜的内心真正充满着谦和、诚实的美德。“温恭永塞”的意思为：舜的内心总是充满着谦和、诚实的美德。

④《辞海》“文明”条

❶ 犹言文化。如：物质文明、精神文明。❷ 指人类社会进步状态，与“野蛮”相对……❸ 光明，有文采。《易·乾·文言》：“见龙在田，天下文明。”孔颖达疏：“天下文明者，阳气在田，始生万物，故天下有文章而光明也。”《书·舜典》：“睿哲文明。”……[①]

该定义与②③所引大同小异，而“睿哲文明”同于②。

从上述各定义可以看出，“文明”也不是“一盏省油的灯”，也是很复杂的。

“文明”一词在中国古代典籍中最早出于《易经·乾卦》的“见龙在田，天下文明”——③④定义中已引用。“见”（音 xiàn），与“现”同义，为显现之意，还包含有“春回大地，阳气上升”之意。这句话可今译为：阳光普照在广袤的大地上，万物生长呈现一派锦绣明媚之色。由此句可知，“文明”最初的词义是草木生发、大地似织锦般有文采而显得风光明媚，指的是自然现象。用于指人文现象，则是“文明”一词后来的引申义。

为深入解读“文明”的语义，下面特选取一个比较通俗而含义全面的“文明”定义进行拆分解析——需要说明的是，此定义为其他学者的归纳总结，笔者仅进行了些许“加工”而已。

该定义如下：

文明既可泛指人类社会从民智初开之时迄今一切文化成就的总和，也可特指一个区域、一个社会、一个时代或一个民族等所具有的精神生活、物质生活及生产方式等局部性的整体。[②]

从所指的区域或范围而言，此“文明”定义分为两个层面：一是指全人类，再一是指“局部性的整体”。前者即“泛指人类社会从民智初开之时迄今一切文化成就的总和”，后者即“特指一个一个区域、一个社会、一个时代或一个民族

① 辞海编辑委员会：《辞海》（1979 年版，缩印本），上海辞书出版社 1980 年 8 月出版，第 1534 页。

② 谭光广、冯利、陈朴主编：《文化学辞典》，中央民族学院出版社 1988 年 8 月出版，第 206 页。

等”。显然，此定义考虑是全面的。

下面逐句进行解读。

所谓“民智初开之时”，即指人类进入文明时代之初时的奴隶社会。

笔者坚持“原始社会只有文化没有文明”的观点。事实是，在人类历史中只有“四大文明古国”而没有“四大文化古国”之说。若按“人类脱离动物界，就是文明的发端”之说，则“四大文明古国”不仅不复存在，而且会陷于荒谬。

前已述，截至目前，世界范围内最早的人类发现于非洲乍得共和国——在此之前发现的最早人类则是1972年发现于东非肯尼亚共和国的古人类化石，在肯尼亚国家博物馆古人类化石登记号为1470，故称“1470号人”。“1470号人约生活于三百万年前。现已发现1470号人的一些头骨碎片（合起来成为一个头骨）、腿骨、牙齿和一块下颌。还在发现遗骨的相近地层发现一些砾石打制的石器。经研究和测定，1470号人能直立行走，脑容量为700毫升左右，可以断定其已属于人类。”①

但由此断定人类文明最早产生于非洲，并由此将乍得和肯尼亚称为“文明古国”，那怎么能成立呢？

所谓“一切文化成就的总和”，似应指文化的全部优秀成分，以及文化的中性部分，似乎不应包含文化的不良成分。但“但凡涉及文化必复杂”，若能如此地“一刀切”，文化也许就不是文化了。笔者认为，至少在文明产生的最初时期是应该包含一定的“不良文化”的。因为：其一，最初的“不良文化成分”都是随着文明的产生而产生的——有些则是随着文明的产生而最终成形的，如私有观念和私有制等，甚至奴隶制亦如此，都是人类社会进步的产物，它们虽然按照现在的标准都是不文明现象，但又标志着文明的产生，所以将它们完全排除在“文明”视野之外，是不是难以说通？其二，有些文化的“不良成分”在最初产生时并没有那么糟糕，如殷商的宗教迷信，包括商纣王宣称的“我生不有命再天”②的思想意识等，虽然造成殷商的统治极为残暴冷酷，但它们都是人类文明社会之初的自然反应，也即正常的文化表现——此时若人类不迷信那才

---

① 刘明翰、海恩忠主编：《世界史简编》，山东教育出版社1983年3月出版，第3页。一说“1470号人”可能为距今200万年，脑容量超过750毫升。

② 《史记·殷本纪》。

是个大问题！不过，随着文明的发展，那些越来越成为社会文明阻碍或完全不具文明色彩的不良文化和文化糟粕，就应该不算作“一切文化成就的总和”中的内涵了。例如，西欧中世纪基督教的“宗教裁判所”“宗教审判”，还有前面提到过的西欧中世纪盛行的“初夜权”和中国古代、近代强迫妇女“裹小脚”的陋习等。另外，德国法西斯主义、日本军国主义，以及美国帝国主义自以为是的“世界警察”形象，等等，肯定不能算作“文化成就”。总之，对于“一切文化成就的总和”的理解，既不能机械，亦不能一成不变，必须与时俱进，且要进行全方位、全历史过程的思考才行。

由此句也可以看出“文明”与“文化”两概念之间脱不开的“干系”，即“文明”的定义中有“文化”，“文化”的定义中有“文明”。另外也显示出二者的内涵一定存在着重叠部分。

③所谓“一个区域”，可以按洲来分，如亚洲文明、美洲文明、非洲文明、欧洲文明、大洋洲文明等；还可以按洲的局部来分，如东亚文明、西亚文明、中美洲文明、西欧文明或欧美文明等——西欧与美国，再加上加拿大以及澳洲的澳大利亚、新西兰，虽跨洲但从历史角度看基本可归并为一个“文明体”。另外，还可以按宗教区域来分，如伊斯兰（穆斯林）文明、基督教文明、犹太教文明、佛教文明等；还可以按国家来分，如中华文明、古埃及文明、俄罗斯文明、美国文明等；还可以再向下分，如中原文明、恒河文明，等等。

④所谓“一个社会”，应该是指人类社会进入到文明时代以后的各个阶段，奴隶社会、封建社会、资本主义社会、社会主义社会等。

⑤所谓“一个时代”，应该是指一个历史时期，如先秦文明、古希腊罗马文明、隋唐文明、21世纪文明等。

⑥所谓“一个民族”，应该指能“单立”出来的民族，如汉族、藏族、维吾尔族、蒙古族、满族、苗族、壮族、高山族等，而不该是笼统的如“中华民族”这样的“国族”概念，因为会与前面的“一个区域”相重叠。

二、文化与文明的区别

由于文化与文明有着很大的“重叠区域”，因此如何区别这两个概念就显得极为必要。尤其论述中华文明的基本特征，就更需要先将文化与文明的关系讲清楚。另外，谈论文化与文明的关系还可进一步加深对此二概念的理解。

笔者认为，文化与文明的基本区别体现在五个层次。

（一）文化与文明的第一层次区别——在产生时间上有先与后之别

文化产生于人类诞生时，即与人类诞生同步；在至少二三百万年的原始社会时期只有文化没有文明，如石器文化、交通文化、婚配文化、规则文化（广义的法律文化）等；文化的历史至少有二三百万年。这些认识在前面已经多次表述过。

文明则产生于人类社会发展到较高阶段的奴隶制时代。在世界范围内，中国、古代埃及、古代巴比伦、古代巴基斯坦是最先进入文明时代的地区，是公认的“四大文明古国”——注意，“中国”前面是不加“古代”二字的。还注意，本书将传统的“古代印度为四大文明古国之一”说法改为“古代巴基斯坦为四大文明古国之一”——详见后文有关“印度河流域古文明”的阐述。

截至目前，人类进入文明时代不过才五六千年时间，往多了说也不过七八千年而已。从时间上看，文化史与文明史是完全不成比例的。

在数百万年的时间里，由于原始文化处于极低的发展水平，许多人文现象甚至还具有一定人类生存本能的自然属性，因此很难或不易被察觉到，而且内涵有限。进入文明时代以后，随着生产力的提高，文化的内涵开始有模有样、丰富多彩起来，并有了优秀、精华与不良、糟粕之分。

这是按文化、文明产生的时间先后而进行的区分，也是二者最简单、最直接、最明了的区分。

（二）文化与文明的第二层次区别——在表现民族差异上有强化与减弱之别

文化是使民族之间表现出差异性的东西，它时时表现着一个民族的自我和特色，如中国“五十六个民族五十六朵花”，56个民族各具自己的特质；文明则是使各个民族差异性逐渐减少的东西，表现着人类的普遍的行为和成就，如汽车、火车、飞机、高速公路、计算机、人工智能技术等在全世界的普及，普通话在中国越来越广泛地应用等。

什么叫“民族”？前面均未给予解释，在此简单说明一下。

斯大林说：民族是“人们在历史上形成的一个有共同语言、共同地域、共同经济生活以及表现于共同文化上的共同心理素质的稳定的共同体”[①]。《辞海》称：民族“是社会发展到资本主义时代的必然产物，其要素则在资本主义以前的时期已逐渐形成”[②]。

据此可知，民族的概念是到近代才明确下来的。历史上形成的、处于不同社会发展阶段的各种“民族共同体”，如农耕民族、游牧民族、狩猎民族等均为泛称。

但是关于民族的“共同地域”问题，应该指民族形成的最初状态，后来由于历史的变迁，一些民族不再居住于同一地区，因而“共同地域”亦无从谈起。在今天，一个国家或地区可以有不同的民族在一起生活，而一个民族亦可以生活在不同的国家或地区。如中国的朝鲜族、俄罗斯族、哈萨克族、蒙古族等，他们与相关国家的相应民族虽同宗同源，但因为已不在同一个人文地域中居住，所以风俗习惯、价值观念等都不太一样了。还有，前面提到过的湖南的维吾尔族与新疆的维吾尔族也生活在两个不同地区了，而苏联时代强迫迁居中亚的朝鲜族人更远离了自己民族的传统聚集地。因之，关于民族的“共同地域”要件不应狭义地去理解。

在现代社会中，一些民族成员更已经脱离开自己民族的聚集地而单个地与其他民族杂居、混居在一起了。如宁夏回族自治区的回民在北京生活和工作，安家立业，其周围同事、邻居等基本上都是汉族人，对其而言更不存在与本民族在“共同地域”一起生活的问题了，而且他们的后代也可能不会回到家乡居住了。

另外，现代的“民族”概念既可以指族群，如汉族、藏族、维吾尔族、壮族、彝族、蒙古族、朝鲜族、满族、高山族等；也可指“国族”，即以一个国家

---

① 斯大林：《马克思主义和民族问题》，《斯大林全集》（第2卷），人民出版社1953年12月出版，第294页。

② 辞海编辑委员会：《辞海》（1999年版彩色缩印本），上海辞书出版社1999年9月出版，第1480页。

为单元的全部民众的集合体，如中华民族、俄罗斯民族、美利坚民族、印度民族、日本民族[①]等。从“国族”角度而论，民族的“共同地域”就不再是个问题了。

“文化……时时表现着一个民族的自我和特色”中的“一个民族”，应包含有族群和国族两层意思。

（三）文化与文明的第三层次区别——在获得感上有被动与主动之别

文化是不必特意传授，由于耳濡目染[②]即可获得的生活习惯和精神气质等；文明则是需要学习才能获得，因此时常与“有教养”“有知识”等寓意相连。

耳濡目染，即是耳朵经常听到，眼睛经常看到，不知不觉受到影响的意思。教育界常说“父母是子女的第一老师”，就是因为“耳濡目染”这个道理。父母身上的好习惯会潜移默化转移到下一代身上，坏习惯也一样，父母总当着子女的面骂脏字，则子女“口吐芬芳”就一定会在不远的将来；父母对社会总有“阴暗”的认识，则子女的内心也很难“阳光灿烂”。

当人们对考上大学的学生说，你们将来一定会成为“文化人”时，年轻人的内心也许会美滋滋的；但若对他们说，你们将来一定会成为“文明人”时，大多数人也许就会立即“翻脸”。在这情绪的波动中，“文化”与“文明”的差别就体现出来了。

（四）文化与文明的第四层次区别——在本性上有“静”与“动”之别

文化往往是固守的、不变的，表现出一种对外来文化的抗拒，如中国、印度、伊斯兰国家等对西方一些认识理念、价值观念及生活方式的抵御等；文明则是始终是在运动的、前进的，表现着“殖民”和扩张的倾向，如微软、芯片、GPS等高科技成果在全球的推广及应用等。

现在有不少中国人喜欢吃西餐，尤其不少中国孩子喜欢麦当劳、肯德基的快餐食品——这两家店也经常搞一些小活动来吸引孩子们。还有不少中国人喜

---

① 日本民族除其主体民族大和族外，还有北海道的土著阿依努人，以及琉球群岛上的琉球人——有不少琉球人现已生活在日本本土。琉球人曾是中国明清王朝的藩属国琉球国之民，清末由于日本对琉球的非法吞并和占领，因而造成延续至今的“琉球问题未定论”。

② 语出（唐）韩愈《清河郡公房公墓碣铭》：“耳擩（濡）目染，不学以能。”

欢西方的生活方式，不仅穿西服、打领带、过圣诞节、举办西式婚礼、爱看好莱坞电影，等等，还喜欢西方的“民主”“选举制度”“言论自由”，等等，由此造成对中国传统文化的冲击——有时一些非理性的“西化”言行甚至影响中国社会的稳定。

改革开放之初，邓小平曾指出：“开放政策是有风险的，会带来一些资本主义的腐朽东西。但是……事情并不可怕。”① 事实也的确如此。只要我们自己坚定信念，外来不良文化就一定站不住脚。到今天，改革开放已经40多年了，但中国还是中国，中华文化还是中华文化——虽然确实存在一些隐患。另一方面，中华文化在国际上的影响越来越大，中华文明的魅力“人见人爱”，这些也都是事实。实际上，有不少年轻时喜欢西方文化、羡慕西方文明的人，在结婚生子之后基本上都回到了中国传统文化的本位上，按照老一辈流传下来的方式生活和思想理念，教育自己的子女，而且随着年龄的增长，其身上中国传统文化的味道就会越浓厚。所以，一些社会学家大可不必过度担忧，每方文化都有自己的“定力”，更何况中国有着“上下五千多年”的文明史，有着浩若烟海、博大精深的文化传统。在目前情形下，外来文明、文化若想彻底取代中华传统文化是根本不可能的事情。当然，对此我们也不能盲目自信，不能持消极态度和不作为，还应该主动地、自觉地抵御西方不良文化的侵蚀和影响，同时吸收外国文化的优良成分、异域文明的优秀成果，为我所用，壮大自己，提升自己，升华自己。

（五）文化与文明的第五层次区别——在三个层面上还有复杂之别

首先，文化有优秀与不良、精华与糟粕之分，但文明没有优秀文明与不良文明、文明精华与文明糟粕之别。

不良的、糟粕的东西上升不到文明的高度，而只能属于不良文化和文化糟粕范畴。例如，《金瓶梅》中过度的性描写肯定无疑属于文化糟粕；以美国为首的西方政客动辄用自己的标准对其他国家横加指责、发难、刁难甚至干涉人家内政的思想意识和行为做派等显然也与文明无关；2022年卡塔尔世界杯足球比赛的赛前、赛后及场内、场外，一些政客与运动员将自己所谓政治理念、生活

① 邓小平：《改革是中国发展生产力的必由之路》，《邓小平文选》（第3卷），人民出版社1993年10月出版，第139页。

信条等带入体育赛事的言行举止等同样将文明远远抛在了九霄云外。

不过，优秀文化、文化精华属于文明中最重要、最好的部分则是确有其实的。例如，中国美丽的汉语和汉字、源远流长的文学艺术、人文精神浓厚的哲学理论、格外重视记史和修史的史学传统、辉煌的“四大发明”等古代科技创新成就、技艺精湛的先秦秦汉时期的青铜制作、“先天下之忧而忧，后天下之乐而乐”的伟大思想、永恒不改的爱国主义精神，等等。

其次，文化有先进文化与落后文化之分，文明亦有先进文明与落后文明之别，但标准各异，内涵更差之千万里。

先进文化与落后文化之分，是以是否适应和推动社会生产力发展为根本标准的。其他还有是否具有科学性和实践性的特征、是否具有鲜明的时代性和前瞻性特征、是否具有与广大人民群众利益紧密联系的特征、是否具有海纳百川、博大胸怀的包容性特征等要件。

先进文化均属于优秀文化范畴。但落后文化则不全都属于文化糟粕范畴，尤其那些以传统习俗形式而存在的事物等须仔细甄别后才能确定归属，例如宗教迷信文化中有关与人为善、劝人为善、积德行善的教义、信条等，有些不能算作文化糟粕。但落后文化中的腐朽、反动内涵完全属于文化糟粕当没有什么异议。

先进文明和落后文明之别，是以社会发展的阶段和所具有的文化表现为标准的。社会发展阶段高的文明属于先进文明，文化表现具有进步性的属于先进文明，反之则属于落后文明。例如，奴隶社会与封建社会相比较，前者是落后文明，后者是先进文明；封建社会与资本主义社会相比较，前者是落后文明，后者是先进文明。这是纵向的比较，即按社会发展阶段进行的判定。也可以横向比较，即对比同时期或同时代的不同地区文明——亦可称“文明体”。例如，与中国封建社会相比，西欧中世纪在很长时间里落后很多，因此前者是先进文明（体），后者属于落后文明（体）。尤其公元前 221 年秦始皇在全国确立的专制主义中央集权制，乃当时世界最先进的文明政体。但 1640 年以后随着西欧资本主义政体的出现，中国的封建专制主义政体就成为落后的文明现象，其包含的文化糟粕内涵已经发展到不可救药的地步，前者则成为先进文明的代表。

文明体，亦可称文化体，前已多次提到，在此简单做一解释。所谓“文明体”（或“文化体”），即按地域、国家、民族、时代、内涵等为单元而形成的独立的文明系统（或称文化系统）。例如，中华文明、古埃及文明、古西亚文明、古印度次大陆文明、古希腊罗马文明等，都应该是独立的文明体或文化体。本书的下编即将中华优秀传统文化从中华传统文化中分离出来而当成一个独立的统一的文明体或文化体，从宏观层面解读其基本特征。

在此层面的分别中，无论先进文明（体）还是落后文明（体），其中都包含着文化糟粕和不文明事物等。如奴隶社会野蛮残酷的奴隶制度以及封建社会、资本主义社会非人道的、贪婪的甚至是“吃人”的剥削制度等，它们虽是文明时代的产物，但显然不能属于文明事物，更不能代表人类文明的发展方向。

第三，文化有“有文化”和“没文化”之分，文明也有“文明”与“不文明”之别，但“没文化”属于文化范畴，而“不文明”不属于文明范畴。

在这一层面的分别中，“文化”和“文明”都是狭义的概念。“有文化”主要指有内涵、有内蕴的文明修养、举止以及深厚的学识等；“没文化”则反之，表现为举止粗鲁、谈吐粗俗、行事失礼、没有眼界、缺少胸怀的样子等，甚至一些识文断字并读过不少书的人也会有此表现。

此处的“文明”则指与时俱进、具有先进性、符合时代发展潮流的事物等，具有优秀文化、文化精华的属性；“不文明”则指那些不良的事物及行为，如在城镇随地吐痰、乱扔纸屑、高空抛物、不按分类乱扔垃圾、新冠疫情期间在公共场所不按规定佩戴口罩，等等，这些都在文明的范畴之外。而不健康的思想、腐朽反动的思想等更是远离文明范畴的。不文明的东西是需要批判、摒弃和踢出历史舞台的。人类文明进步的过程，就是不断摒弃不文明事物和现象的过程，直至其彻底消失。在文明高速发展的背景下，如何保护、保持各民族、各地区的文化特色虽是世界性难题，但也必须提到日程上来并及早动手才行，以免被动，造成不可挽回的局面。前已述，文化的东西一旦失去也许会像物种灭绝一样永不复还了。

最后需要说明的是，上述文化与文明第二、第三、第四层次的区别，参考了德国学者诺贝特·埃里亚斯（1898—1990年）《文明的进程》中的见解。[①]

① （德）诺贝特·埃利亚斯著，王佩莉译：《文明的进程——文明的社会起源和心理起源的研究》之第一卷《西方国家世俗上层行为的变化》，生活·读书·新知三联书店 1998 年 4 月出版。

第二节 人类历史发展的文化必然

马克思历史唯物主义认为，随着生产力的提高，生产关系一定会发生变化和进步；人类社会历经原始社会而进入文明时代，再经奴隶社会、封建社会、资本主义社会、社会主义社会，最终走向人类文明的最高级阶段共产主义社会，这是人类历史发展的客观规律，是不以人的意识为转移的。

一、“文化必然”解读

从狭义说，文化必然是对“一方水土养一方人”的深刻解读；从广义说，文化必然是对人类文明归宿的深刻解读。二者都具有历史、现实及未来的积极意义。

（一）“文化必然”及中国历史发展的文化必然

依笔者的理解，文化必然指人类社会，或某国家、某地区、某族群等的历史发展，因环境——其中最基本、最重要的是地域环境的影响，并最终在人的参与下，而必然发生的结果，亦称“文化归宿”。

再强调一次，研究文化必从环境着手。“因环境的影响与决定”，指的是地域、经济、政治、社会、历史等“环境五环”共同的作用。

从全人类的角度而言，人类社会发展到共产主义是人类历史发展的文化必然；从局部地区人群的角度而言，生活在不同地区的人们，其生活习惯、行为方式、语言文字、思想意识、价值取向，以及政治、经济、军事、法律、宗教迷信等活动，都必然会受到“环境五环”——最根本的是地域环境的强烈影响。尤为重要的是，“环境五环”决定了“一方人群”历史发展的文化必然。

以中国为例，其历史发展的文化必然主要有：

“四大文明古国”中只有中华文明一脉相承发展至今，是人类文明史发展与中国历史发展的文化必然；西周时期开始“弃神”重人，使中原文明逐渐摆脱神的束缚，并在春秋战国时期最终完成从神本到“人本”的文化转型，是中国历史发展的文化必然；小农经济成为封建社会居绝对优势地位的经济形式，是中国历史发展的文化必然；封建专制主义中央集权制度的确立是中国历史发展的文化必然；专制制度在封建时代不断强化，并最终达到登峰造极的地步，是中国历史发展的文化必然；封建时代专制政府实行重农抑商、闭关锁国政策以及修筑长城，是中国历史发展的文化必然；近代中国的落后挨打是中国历史和世界历史发展无可避免的结果，也即文化必然；新中国建立后的曲折发展是中国历史和世界历史发展的文化必然；今日中国的重新崛起、中华文明的复兴是中国历史和世界历史发展的文化必然。

需要说明的是，除了“今日中国”这个“文化必然”外，其他“必然”都是已然发生的事情，都已经有了历史结果。而实际上，今日中国的重新崛起、中华文明的复兴也已经“在路上”了。

（二）对“地理环境决定论”及“地理环境无用论”的批判

本书强调研究文化应该且必须首先从地域环境着手，并不是要夸大地理环境的作用。文化必然结局的产生，其发挥主要作用的最终还是人，毕竟历史是由人来“书写”的，人才是历史的主人，地域环境只是起客观的辅助作用，它不是人类历史的主角，这一点是毋庸怀疑和必须坚持的。因此，有必要批判“地理环境决定论”和“地理环境无用论”这两种不正确的观点。

“地理环境决定论”认为，地理环境绝对支配人类社会的一切人文现象，如社会性质、政治制度、民族特性、宗教信仰，等等。这一思想产生于古希腊，盛行于十八、十九世纪的西方思想界。主要代表人物有法国的孟德斯鸠、英国的巴克尔、德国的拉采尔、美国的森普尔等。该论调甚至提出北纬多少度以北的民族天生就是统治族，北纬多少度以南的民族天生就是被统治族的谬论。而结合当时的世界历史即可以明显看出，“决定论”是为西方殖民主义侵略、奴役亚洲、非洲和拉丁美洲人民提供理论依据的。所以，它并不是什么纯粹的学术、理论，而是具有十足的腐朽性、反人类性的思想，是殖民统治的工具。

“地理环境无用论”则认为，人类社会的发展与地理环境毫无关系，人类可以不受限制地“自由自在”地生活在天地之间，可以任意改变自然界。

人类历史发展到今天，人们已经越来越清楚地认识到：一方面人类对自然界的改造是不能随心所欲的；另一方面也是不能自欺欺人的，否则必将受到严厉惩罚。如中国特殊年代时一些人提出的“人有多大胆，地有多大产”最终造成了较为普遍的饥荒，其荒谬程度令今天的中国人深感匪夷所思。

二、以“大宇宙观”看人类文明

（一）宇宙乃人类产生与生存、文化和文明产生与发展的最大“环境”

前已述，文化研究的逻辑起点是地域环境，“对于人类、人类文化而言，地球是最广义的地域环境”。其实这话既对又不对。若是仅将视野局限在地球，则这话是没有错的，但当我们抬头将目光伸展到太阳系、银河系乃至整个宇宙时，我们最终会发现，生命、人类不仅诞生在地球上，诞生在太阳系中，而且诞生于银河系中，诞生于宇宙中——这是“大宇宙观”的基本观点之一。

对于人类而言，最大的“地域环境”其实是浩瀚的宇宙。虽然人类至今还未“走”出太阳系，甚至仅“登陆”过距离我们最近的天体——月球几次，几十年前发射的航天器已距离太阳200多亿公里并仍在太阳系中飞行着，人类对宇宙的了解仅仅是能观测到的空域，但这并不影响我们视宇宙为“家园”的情感。

截至目前，人类尚没有找到宇宙、银河系与生命诞生、人类产生的直接关系，但作为太阳系的“上级单位”，没有宇宙、银河系也就没有了太阳系——这是显而易见的。而若没有了太阳系，也就不会有生命的诞生和人类的产生。

上述话题进一步延伸则是，若没有人类的产生，就没有了文化与文明，也无所谓文化与文明、优秀文化与不良文化、文化精华与文化糟粕的区别，更不会有共产主义实现的问题。

以“大宇宙观”来看，地球诞生生命、产生人类看似是偶然的，但又让人感到绝非是偶然的。生命在宇宙中的诞生是一件非常非常难能不易的事情，需要宇宙间的诸多无比宏观的要件与许多极其微观的要件之完美结合，以及许多偶然性与必然性的结合才行，否则就会失之毫厘，差之千万亿里，生命永远不可能诞生，人类更无法产生。最初的生命——微生物，需要用显微镜放大许多倍才能看到，而其所在的宇宙却有着几百亿光年甚至更大的直径。生命的微小、有限与宇宙的宏大、“无限”看似极不成比例，但却是宇宙中的真实存在。与宇宙相比，人类同样是以“小而又小”的形象存在着的。

那么，宇宙、银河系、太阳系为在地球上诞生生命、产生人类都作出了哪些“贡献”呢？

（二）宇宙、银河系为地球诞生生命、产生人类所作的“贡献”

宇宙的形成与存在，宇宙将银河系、太阳系“安排”在太空中的位置，似乎对地球诞生生命、产生人类有着“冥冥之中”的意味。

据科学家研究，宇宙形成于130多亿年前——按“大爆炸理论”，宇宙的生成来自一次大爆炸，至今宇宙仍以超光速的速度膨胀发展着。那么，宇宙产生和存在的意义是什么？如果没有生命的诞生、人类的产生，宇宙自始至终都处于无任何生命迹象、更无高级生命存在的“永恒”运动中，其意义到底何在呢？从人类角度看，在地球上诞生生命和产生人类应该是宇宙产生和存在的“最”伟大意义之所在。当然，这是我们人类从自己的角度进行的解读。但问题是，仅就我们目前所知，在宇宙中除了人类还有谁会发出这样的疑问和进行这样的解读呢？这样的疑问和解读难道不是宇宙间最为嘹亮的声音吗？既然宇宙无法“回答”和“解读”，那么只有让至今我们所知的宇宙间唯一的高等智慧生命——人类来替它回答和解读了。

有人说，宇宙是为了毁灭生命而存在的。这话看来是对的，因为从目前看最终生命和人类的确会毁于宇宙之“手”。而且，据研究，宇宙也有“寿限”的。有人说，生命的诞生、人类的产生本不是宇宙的“初衷”，而是个“意外”。若真是这样，那么生命的诞生、人类的产生就更具难以言说的伟大意义了。毕竟连强大无比、无所不能的宇宙都阻止不住生命诞生和人类产生的话，那生命的强大、人类的“倔强”可就真的难以用语言来描述了。从这个角度说，生命、人类才应该是宇宙中的“最强者”。不过，最好还是从“感恩”宇宙的角度来理解生命的诞生和人类的产生，因为这更符合人之常情，尤其符合重感情的中国人的心理。

宇宙是无意识的，无所谓“创造”还是“毁灭”，但生命的的确确在宇宙诞生 100 亿年多一点的时候诞生了——人类则还需要再过二三十亿年后才产生。而且生命的诞生和人类的产生是在一个恰如其分、再好不过、再合适不过的宇宙一隅，即“郊区”的位置——宇宙的“城里”至今仍“空无一人”。实际上，从目前的科学观测和研究来看，生命只在宇宙的这一隅诞生，那也就同时说明它只能在这一隅诞生，宇宙“郊区”的其他地方和“城里”是不可能诞生生命的，更不可能产生人类。因此，这不是冥冥之中的事情又能是什么呢？这是偶然吗？是巧合吗？那其必然性体现在哪里呢？

科学研究表明，宇宙中有无数星系，人类所在银河系只是其中之一，其“岁数”为 100 亿年左右，由 1000 亿—4000 亿个恒星组成——还包括其他天体和所谓的明、暗物质等。实际上，银河系与宇宙之间还差着好几个级差，宇宙不是银河系的“直接领导”，二者中间还隔着星系群、星系团、超星系团等若干银河系的“上级单位”——即使同级别的其他星系比银河系大多少倍的也“大有人在”。银河系位于宇宙中比较偏僻的地方，也即宇宙的“郊区”位置，这本无任何意义，但生命诞生在这里、人类产生在这里以后，这样的位置“安排”以及银河系的规模等就有了别样的、不同寻常的意义了，是既偶然又不是偶然的。同时，银河系也从一个极其普通、毫不起眼儿的星系，一跃而成为宇宙中最为灿烂的星系。但银河系处于宇宙的“郊区”位置与生命的诞生和人类的产生又有何关系呢？至少不能说没有关系吧？应该也是偶然中的必然吧？

太阳系在银河系中也是普通得不能再普通的一个天体系统——大约形成于近 50 亿年前。太阳系在银河系中的位置，相当于银河系在宇宙中的位置，即位于银河系的边缘地区，也即银河系的“郊区”。这样的“安排”应该是偶然的，但其对生命的诞生和人类的产生到底有何意义，同样是谁人也不能说清楚的——至少目前说不清楚。而正是这种偶然，才使得生命诞生在这里、人类产生在这里，并使得太阳系一跃而成为银河系中最为璀璨的一隅。

宇宙将银河系“安排”在“郊区”的位置是偶然的，银河系将太阳系“安排”在“郊区”也是偶然的，太阳系中诞生生命、产生人类是偶然的——应该还有我们人类尚未发现的更多“偶然”，但从生命诞生和人类产生这样的结果来看，这些似乎又都不是偶然的。生命的诞生和人类的产生是一系列“偶然”、巧合的结果，看似不可能但实际却真实发生了。如果真是偶然的，那么这种“偶然”

真的就具有了难以言说的伟大意义了。

（三）太阳系为地球诞生生命、产生人类所作的“贡献”

太阳系的架构似乎就是为在地球诞生生命和产生人类而特殊“设计”的。

据科学研究，人类所处的太阳系具有“教科书般”的完美架构。这种完美是偶然的呈现还是必然的结果，虽然现在还解释不清楚，但太阳系的这种完美竟完美得“分毫不差”、完美得恰到好处、完美得令人瞠目结舌。

太阳系完美的架构至少体现在两个方面：

第一，太阳系中的“老大”及核心——太阳的“个头”不大也不小。

太阳是宇宙中一颗极其普通的恒星，像太阳这样的恒星在宇宙中数不胜数。从“个头”上说，目前人类能够观测到的最大的恒星是太阳的 50 亿倍甚至 100 亿倍以上，在它面前，比地球大 130 万倍的太阳连一颗沙粒都不如。但太阳傲然遨游于宇宙中，并不是以“个子”大小取胜，而是以恰如其分而“过人”的。如果太阳体量过大或再小一点，太阳系就不是现在这个样子了，而不是现在这个样子，生命就不可能在这里诞生，人类更不可能在这里产生。从这一点上说，太阳不仅绝对不是一个普通的恒星，而且是一颗神奇无比、匪夷所思的恒星。太阳的不大不小是生命诞生、人类产生于太阳系必不可少且决不能变化的要件。但实际上它也是具有偶然性的，这种偶然性的伟大意义也是因地球生命诞生和人类产生而体现出来的。

第二，太阳系八大行星的排列组合，居然也是为地球生命诞生和人类产生而“设计”的，同样是看似偶然又绝非偶然的。

这八大行星从里向外分别为水星、金星、地球、火星、木星、土星、天王星、海王星。其巧妙“设计”表现为：4 颗非常小的岩石行星（亦称实体行星）——水星、金星、地球、火星在里，即靠近太阳的位置，称“内圈行星”，而且各相距 5000 万公里左右，其中地球的“个头”最大，水星只相当于地球的 5.6% 大（质量为地球的 5.5%），火星只相当于地球的 15% 大（质量为地球的 11%），金星则相当于地球 86% 大（质量为地球的 82%）；4 颗巨大的气体行星——木星、土星、天王星、海王星在外，称“外圈行星”，其中木星的“个头”最大，是地球的 1300 多倍，土星是地球的 700 多倍，天王星是地球的 60 多倍，海王星是地球的 50 多倍，它们的间距也是有规律的。如此的排列对地球诞生生命和产生人类有何意义，仍是谁人也说不清楚的。但可以明确知道的是，若八大行星的组合发生任何变化，如四大气体行星在里而四小岩石行星在外、或八大行星的位置顺序发生任意改变、或八大行星的间距发生变化等，地球诞生生命和产生人类将铁定无从谈起。生命的诞生和人类的产生是太阳系八大行星相互配合，并与太阳一起合并努力才实现的。这看似不可思议，但却真实发生了。

（四）地球为诞生生命、产生人类所作的“贡献”

地球为诞生生命、产生人类所作的“贡献”，其实也是太阳系“教科书”般完美架构的体现。

其一，地球的位置距离太阳不远也不近。地球若距离太阳稍微远一点或稍微近一点，温度就会过冷或过热，生命就不会诞生，更不会产生人类。实际上，地球在现在这个位置上仅仅是将地轴倾斜 23.5° ，南北半球温差就能达 100℃左右甚至更高。这样的温差再大些，许多地球生命将不复存在，人类的生存也会痛苦不堪。

其二，地球刚好位于巨大的木星以里。木星的质量是太阳系另外七大行星质量总和的 2.5 倍，是地球的 318 倍，直径是地球的 11 倍，体积是地球的 1321 倍，引力是地球的 2.5 倍，而且其自转是太阳系所有行星中最快的……所有这一切都浓缩为木星的一大“功能”，即成为地球的“保护神”“准贴身保镖”。有木星挡在地球的外圈，使许多原本能够撞击地球的小行星、彗星之类天体或被它撞开，或被它“收纳”，或被其撕碎，或改变飞行线路，从而使地球避免了无数次的撞击，否则即使生命在地球诞生也不可能长久地存在。而且，由于生命的发育、发展总被打断的话也会使得人类无法产生，那么地球生命诞生的意义不仅将会大打折扣，而且太阳系、银河系和宇宙所做的一切“努力”也将无法升华到更灿烂、更璀璨、更辉煌的程度。

其三，地球在太阳系八大行星中的位置是“左右逢源”的。若地球里面的金星和外面的火星互换位置，或换成其他行星，不要说生命不会诞生、人类不会产生，甚至连地球是否能“生存”下去都是个未知数了。作为地球“保护神”“准贴身保镖”的木星，若与火星位置互换，变成地球的“贴身保镖”，那它很可能就成了地球的“灾星”“杀手”；若木星转移到土星、天王星的位置，或“跑到”八大行星的最外圈海王星的位置，则其对于地球而言也许就毫无意义了。地球夹在金星与火星之间，距离太阳不远不近，距离木星不远不近，似乎也是太阳系为地球诞生生命和产生人类而有意甚至特意“安排”的——但实际上也应该是偶然的。

其四，地球唯一的卫星——月球，中国更爱称其为“月亮”，其形成又是具有十足的偶然性的，而它对地球诞生生命和产生人类有着不可替代的作用。据科学研究，月球曾是地球的一部分，45 亿年前一颗如火星般大小的星球——“忒伊亚”① 撞击了地球，那些因撞击而被抛到太空的物质冷却之后形成月球②。月球目前距离地球平均 38 万多公里，而从其每年远离地球 3—4 厘米来判断，它曾经距离地球很近——据研究，最近距离仅 3 万多公里。月球的引力造成地球海洋潮汐的涨落，造成大陆板块的漂移。科学研究表明，正是大陆板块的漂移——地球是太阳系 4 个岩石行星中唯一存在这一现象的星球，才造成了人类的产生。月球对人类而言其存在的意义还在于：月球表面诸多的撞击圈表明，它也为地球挡了不少“子弹”，因此没有月球，即使人类在地球产生，但能生存下去的概率有多高就不得而知了；月球的外表在几十亿年间几乎全无变化，因而是人类研究几十亿年前地球面貌的“甲骨文”；月球上存在大量的人类社会今后向更高级阶段发展所需的矿物等，其中有些还是地球上所没有的……

其五，可能是由于“忒伊亚”的撞击，地球才开始快速旋转起来。③ 在宇宙中，尤其在宇宙形成的早期，这种撞击是比较常见的，但对于地球的这次撞

① 忒伊亚（Theia），又译提亚，是希腊神话中月亮女神塞勒涅（Selene）之母亲，故当代天文学界将撞击地球而“创造”出月球的这颗行星命名为“忒伊亚”。此为月球起源假说中之“撞击说”。

② 实际上，关于月球的起源还另有三种假说，即“俘获说”，认为月球在绕太阳公转中被地球俘获而成，或星子走近地球时被地球潮力瓦解后部分物质聚集而成；“分裂说”，认为月球是从早期自转很快的地球分裂而成；“双星说”，认为月球与地球相伴形成。但这三种假说存在问题较多。而“撞击说”则较为满意地说明月球轨道特征和地、月物质成分的差异。

③ 据科学家研究，地球最初的自转是 6 小时一圈，后来在月球引力的作用下转速逐渐下降，直到今天约 24 小时一圈。地球“高速”旋转，显然也不利于生命的诞生以及人类的产生与生存，直到减慢了速度才会诞生生命，进一步减慢速度才会促生人类。从这个角度看，月球对生命的诞生、人类的产生又多了一份“情谊”，多了一层意义，是人类绝对不能离开的“大恩人”。

击却存在太多神奇的“偶然”了。这些神奇的“偶然”体现为“忒伊亚”的大小、撞击的角度、撞击的力度、撞击的时间等，都是地球“梦寐以求”的。若“忒伊亚”再大一些或再小一些，撞击的角度再大一些或再小一些，撞击的力度再大一些或再小一些，撞击的时间再晚多少亿年，地球应该就不是现在这个样子了，月球有没有或是个什么样子也不得而知了，生命的诞生和人类的产生就得另外“选择”其他的星球了。而正是“忒伊亚”这“恰如其分”“天衣无缝”“心想事成”般的一撞，使得地球内部温度很高的带电荷的等离子体开始了发电过程——地球的结构其实就是个大发电机，由此吹响了生命诞生的“号角”，奏响了人类产生的“序曲”。因为地球是否能保存住水，就取决于这个发电的功能，而水是生命诞生的要件之一。地球发电后便在其外部形成一个电磁场——地球磁场。地球磁场位于距大气层顶 600—1000 公里处，磁层的外边界叫“磁层顶”，离地面 5 万—7 万公里。地球磁场能屏蔽太阳风——从太阳日冕层向星际空间抛射出的高温高速低密度的带电粒子流，从而保护地球的水资源。太阳风对水分子有分解、摧毁的作用，从而使水消失。而地球磁场的“完美”形成又与地球的大小以及内部压力、温度的“恰如其分”相关联——地球内部的温度约 6000℃，若有变化则地球磁场的保护作用将大打折扣。

与金星和火星作对比，就可知道地球的这些“偶然”是多么令人赞叹不已，甚至令人背后发凉了。

金星与地球的大小、资源、条件等都非常接近，又“紧挨着”地球，其内部也有温度很高的带电荷的等离子体，243 天才自转一圈，这样就无法发电，电磁场的形成便无从谈起，最终其水资源全部被太阳风破坏掉而消失殆尽，永远也不可能产生生命了，成为宇宙中最常见到的一颗无任何生命迹象的“死行星”——科学考察证实，金星上曾存在过大量的水资源。

而位于地球外圈的火星，虽曾有过类似地球 45 亿年前的那一撞，也开始发电，但由于“个头”太小，内部压力、温度远低于地球，因而发电不足，造成电磁场未能覆盖全星球，最终珍贵的水资源也因太阳风的破坏而几乎消失殆尽了——科学考察证实，火星上也曾存在过大量的水资源。又，据说火星的两极至今被冰层所覆盖。

在生机勃勃的地球两边却有着两颗因水资源的消失或大量消失而毫无生命

迹象的“死行星”，这是不是也是地球生命诞生的“要件”呢？

另外，从金星与火星的“境遇”来看，其实太阳也是为了摧毁生命诞生和人类产生的条件而存在的，生命和人类其实是不受太阳系“欢迎”的，这就令人细思极恐了！“令人背后发凉”也包括这层意思。

（五）古代中国人的“太空情结”

对恢宏的宇宙、银河系进行观察与遐想，应该是人类产生以后的“必修课”之一。在这方面，古代的中国人是走在人类前列的。

古汉语中有“宇宙”一词，但无今人所说的“宇宙”之意。在古汉语中，“宇宙”或指屋檐和栋梁，或指天地、天下、国家，或指时代，与今日宏阔的“宇宙”之意相比不可同日而语，但这并不妨碍中国人对宇宙进行观察和认识。实际上，早在2000多年前的西汉后期，中国人就提出了“宣夜说”[①]，朴素地认识到宇宙是无限的。

古代中国人对银河系不仅有着更加深厚的情感，而且认识也多一些。古汉语中的“银河”一词含义与今差不多。如唐代大诗人李白《望庐山瀑布》诗：“飞流直下三千尺，疑是银河落九天。”

实际上，太阳系也早已被中国人融入自己的文化中。如将日月天象与政治、军事等人间之事相联系，认为“日为太阳之精，主生养之恩，人君之像也”“日月行有道之国则光明，人君吉昌，百姓安宁”，等等。[②]至于西汉董仲舒的“天人感应”理论更赋予“天”以人的情感，将“天”进一步拉向人间，密切了天

---

① “宣夜说”乃中国古代的一种宇宙学说，即主张天没有形质，抬头看高远无止境等。《晋书·天文志上》：“宣夜之书亡，唯汉秘书郎郗萌记先师相传云：‘天了无质，仰而瞻之，高远无极，眼瞀精绝，故苍苍然也。譬之旁望远道之黄山而皆青，俯察千仞之深谷而窈黑，夫青非真色，而黑非有体也。日月众星，自然浮生虚空之中，其行其止皆须气焉。是以七曜或逝或住、或顺或逆，伏见无常，进退不同，由乎无所根系，故各异也。故辰极常居其所，而北斗不与众星西没也。摄提、填星皆东行，日行一度，月行十三度，迟疾任情，其无所系著可知矣。若缀附天体，不得尔也。’”英国著名科技史学家李约瑟在其天文学巨著《中国科学技术史》第三卷《数学、天文和地学》第二十章《天文学》中专门设立“宣夜说”一节，认为这种宇宙观的开明进步同希腊的任何说法相比都毫不逊色。

② 均见《晋书·天文志上》。

与人之间的关系。[①]

不仅是中国人，其实地球上的所有民族都有将自身与浩瀚的宇宙、璀璨的星空相联系的思考，并形成自己独特的文化。比如，起源于西方的“黄道十二星座占星学”，将天上的星座与人的天赋、性格、行为甚至婚配等“挂钩”。这套“学说”现在也流行于中国社会，看似无稽之谈，但家长每每看到自己孩子的种种“不争气”的表现，女子每每看到自己男友的“渣男”作为，男友每每看到自己女友的“坑夫”举动，朋友每每看到自己“哥们儿”“闺密”的“损友”行为，在捶胸顿足或暴躁愤怒甚至暴跳如雷的同时，又会连连赞同“星座说”的“准确性”。若将这一“学说”与故去的伟人、名人相联系，似乎可信度又增加几分，让人不得不信，不得不信服。实际上，不管这一“学说”是无稽之谈还是荒谬绝伦，但其反映出的人与宇宙的冥冥关联却是真实的。从这个角度论，“占星学”的根基似乎也无法被彻底铲除。

可以说，人类自产生以来就一直在关心、关注着“天”——包含宇宙、银河系、太阳系这三层天象。当然，据目前所知，也只有人类才会关心它们、关注它们。

据说宇宙之外还有宇宙，若真是这样，则不仅人类是渺小的，地球是渺小的，太阳系是渺小的——据说人类几乎“走”不出太阳系，银河系是渺小的，宇宙也是渺小的。但只有人类才懂它们，只有人类才能解读它们，只有人类才知道它们的未来。从这层意义上说，人类又是最伟大的，而未来掌握无限科学技术的人类更为伟大。

① “天人感应”之说认为天和人相类相通，天能干预人事，人的行为也能感应上天。自然界的灾异和所谓祥瑞表示天对人的谴责和嘉奖，等等。董仲舒认为：“天亦有喜怒之气、哀乐之心，与人相副。以类合之，天人一也。”（《春秋繁露・阴阳义》）还认为：“国家将有失道之败，而天乃先出灾害以遣告之；不知自省，又出怪异以警惧之；尚不知变，而伤败乃至。”（《汉书・董仲舒传》之“举贤良对策一”）。同时人君的某些行政措施，人们用某些宗教仪式，也能感动天，促使天改变其原来的安排。其学说虽荒诞不经，但将人的情感以及所思所想、所欲所求等赋予在“天”身上，乃儒家学说的无奈之举。因为儒家“尊君抑臣”的结果使得君权至高无上而无人能管君，故而不得不请出“天”来“骑”在君主的头上——另外还利用“孝”限制君主的妄为，以图使君主走在儒家规划好的“康庄大道”上。用这套神学理论对迷信的古代君主进行“恐吓”，在一定程度上也能起到有利于社会发展的积极作用。

三、以“大历史观”看人类文明

宇宙是神奇的，银河系是神奇的，太阳系是神奇的，地球更是神奇的，甚至可以说是宇宙中最为神奇的一个星球。地球的神奇之处也都是客观必然的并带有强烈偶然性的，正是这些神奇的“偶然”才使得生命在地球诞生，人类在地球产生。这些“偶然”不仅令人不得不叹为观止、惊叹不已，而且也令人细思极恐。

地球最神奇之处在于，它不仅孕育了生命的诞生，而且孕育了人类的产生。但这并不是它所“希望”的终极目的。

（一）地球决定人类的产生和生存

地球形成于46亿年前，30多亿年前生命在地球艰难地诞生。在生命诞生以后，历经多次生物的大、中、小规模灭绝后，在数百万年前人类终于在地球产生。

生命在地球的诞生是十分艰难的，发展亦是十分艰难，而人类这种高级生命的产生更为艰难。可以说，宇宙的生成，宇宙将银河系“安排”在“郊区”的位置，银河系将太阳系亦“安排”在“郊区”的位置，太阳系“教科书般”的完美架构等，应该都是为了人类产生的这一瞬间而所做的“精心准备”。只有在人类产生后，宇宙、银河系、太阳系才真正体现出它们存在的目的和伟大意义，才真正闪烁出灿烂的光芒。虽然这仍是我们人类自己的看法和解读。

有人计算，如果将地球的历史浓缩为1年，即12个月、365天，则人类是在12月31日23点59分59秒之后才产生的。从这个角度说，人类经历的历史实在是太短暂了。那么，人类到底能在地球上生存多少年呢？科学研究表明，恐龙曾“统治”地球约一亿六千万年——从距今两亿三千万年前到距今六千五百万年前，那么作为高级生命、高等动物的人类，“统治”地球的时间总不会不如恐龙吧？

从人类在地球产生的艰难性而言，从无数“偶然”才在地球最终造就出高级生命的不可思议的结果而言，人类应该在地球继续生存数亿年才行，否则对不起地球、太阳系、银河系和宇宙的这份儿“恩情”，甚至对不起金星、火星的荒凉；另外，也对不起那些曾输送大量水资源到地球的彗星——科学研究表明，太阳系形成之初，无数由巨大的冰坨形成的彗星曾从太阳系边缘的“冰库”将水资源输送到各个行星——包括金星与火星，但只有地球化开了冰并留住了水，从而产生了生命；还有，对不起替我们“挡子弹”的木星和月球。

尽管科学家们推测，宇宙中类似地球这样能产生高级智慧生命的星球有数百万颗，但时至今日人类一颗也未曾发现，地球仍是我们已知的唯一产生高级智慧生命的星球。从这一点而言，地球在宇宙中极其珍贵，无比宝贵。

地球不仅孕育出了人类，而且在人类产生后，地球还以其丰富的资源养育了人类，让人类在生产力极其低级的状态下几乎依靠徒手即可获得食物，从而得以生存下去。在地球“母亲”的“呵护”下，原始人可以获得各种有滋有味的植物及其果实，可以吃食到自己身体发育所需要的最基本的物质，而这一切都是地球在人类产生之前历经几十亿年的时间打造出的物质基础。

生命在地球诞生的意义不仅仅是使地球成为宇宙、银河系、太阳系中“唯一”生机勃勃、绿意盎然的星球，最重要的是使人类产生，并使人类能够找到食物，能够充饥，能够生存下去。人类在地球上生存下去的意义绝不亚于人类在地球上产生的意义。

（二）地球为人类体质的进化提供了保障

丰富的地球资源不仅使人类在产生之后可以生存下来，而且还在人的主观能动性的参与下，不断促进着人类体质的进步。

地球促进人类体质进步的最重要表现是“教会”了原始人使用火和吃熟食熟肉。

正是自然界中自然火的存在——自然界的自燃起火、雷电起火或火山起火等现象，才使得原始人认识了火；被自然火烧死烧熟烤熟的动植物，使原始人知道了火的“厉害”和用处，以及体会到吃熟食熟肉的“快乐”。如果地球上没有自然火的存在，那么原始人再比野生动物有意识有智慧也不会认识火，更不会吃熟食熟肉。那样的话，他们将永远停留在原始状态，永远无法向现代人过渡，而人类在地球产生的意义其实也就没什么意义了。

目前学术界比较一致的认识是，人类是从腊玛古猿逐渐演化而来的。腊玛古猿生活在距今1400万到800万年前，1932年首先发现于印度、巴基斯坦交界的西瓦立克山区——中国云南省楚雄彝族自治州禄丰市、红河哈尼族彝族自治州开远市亦有发现。

从腊玛古猿到现代人不是“嫡系单传”的，而是繁衍下来许多支，最后只剩下了人类、大猩猩、黑猩猩、长臂猿等。因此，大猩猩、黑猩猩、长臂猿等这些灵长类动物是人类的“表亲”。科学研究表明，人类和黑猩猩的基因组相似度高达98.8%，只相差1.2%。看似微小的差距却是天壤之别，真能把人吓出一身冷汗——其实大猩猩与人类基因组的相似度也高达98%。

人类学者根据古人类体质的进步，将其划分为四个发展阶段，即早期猿人（亦称“能人”）、晚期猿人（亦称“直立人”）、早期智人和晚期智人。中国学者则根据中国考古的实际情况，将古人类划分为三个阶段：猿人——生活在距今170万年到20万年前，亦称“直立人”，著名的有云南的元谋人、陕西的蓝田人和北京的北京人，他们被称为“中国三大古人类”；古人——生活在距今20万到5万年前，即早期智人，著名的有广东的马坝人、湖北的长阳人、山西的丁村人等；新人——生活在距今5万到一两万年前，即晚期智人，著名的有广西的柳江人、四川的资阳人、北京的山顶洞人等。

古人与新人相比较，小脑发达，大脑欠发达；新人则倒过来，大脑发达，小脑欠发达，与现代人一样。所以，古人的奔跑、攀爬、跳跃等运动能力高于新人，但智力上比新人要“傻”许多。

中国不仅是世界上唯一从腊玛古猿到猿人、古人、新人各个阶段古人类都有发现的国家，而且每一阶段的古人类都不止发现了一处，这是令中国人深感自豪的事情——对比下文所述日本人对造假的考古“成就”都举国欢庆，则中国人的自豪感就更应该油然而生了。

元谋人发现于云南省楚雄彝族自治州元谋县，距今170万年，是迄今所知中国境内年代最早的直立人，在世界范围也是数得着的早期古人类。另外，发现于山西省运城市芮城县西侯度村的西侯度文化遗址，也发现了原始人用火的证据——该文化遗址距今180万年甚至更早，是目前世界范围内最早发现古人类用火遗迹的遗址，所以有“人类圣火点燃地”之誉，并被认为是人类文明的起点。而距今 69 万年到 23 万年的北京市房山区周口店龙骨山北京人遗址，则发现了好几米厚的人工用火痕迹，这一发现足以证明北京人是世界上迄今所知最早会管理火的人。

原始人使用火的意义非常重大，是人与动物相揖别的标志。恩格斯说："就世界性解放作用而言，摩擦生火还是超过了蒸汽机，因为摩擦生火第一次使人支配了一种自然力，从而最终把人同动物界分开。"[①] 恩格斯还说："甚至可以把这种发现看作人类历史的开端。"[②]

恩格斯为什么会说火的使用"最终把人同动物界分开""甚至可以把这种发现看作人类历史的开端"呢？是因为原始人在认知火之后，不仅开始越来越多地吃熟食熟肉，从而摆脱了茹毛饮血的野生动物的习性，与动物界彻底分开，而且最重要的是，吃熟肉促进了人类体质的进化，使原始人逐渐向现代人过渡，意义非凡。这就是希腊神话以及后世的人们对于将天火"偷盗"到人间的普罗米修斯持以永恒敬意的原因所在——希腊神话中最高主神宙斯对火的"吝惜"以及普罗米修斯"盗火"之后所遭受的惩罚，都昭示出人类认识火、使用火的漫长而艰难的过程，并且是付出过生命代价的——迄今全世界每年因火灾而死亡的人无数，似乎也昭示了火对人类"毁誉参半"的意义。

人类体质的进化主要分成三个部分，即下肢、上肢和大脑。进化最快的是下肢，因为它所承担的"任务"相对简单，只负责行走、奔跑、站立和蹲坐等；其次是上肢——灵巧的人手是劳动的结果；进化最慢的是大脑，因为它最为复杂，而且其进化要长久地、持续不断地摄入蛋白质才行。

肉类中的蛋白质可以促进脑细胞的发育，若原始人只食生肉，不仅其中的蛋白质无法被吸收，而且也难以祛除其身上所保留的动物野性。只有吃熟肉，蛋白质才能被原始人的肠胃所更多吸收，才能让他们从体质上到精神上逐渐走出原始状态而向现代人进化。这就是恩格斯所说的"甚至可以把这种发现看作

---

① 恩格斯：《反杜林论》,《马克思恩格斯选集》(第 3 卷)，人民出版社 1972 年 5 月出版，第 154 页。

② 恩格斯：《自然辩证法・热》,《马克思恩格斯全集》(第 20 卷)，人民出版社 1971 年 3 月出版，第 449—450 页。恩格斯完整的原话为"在实践上发现机械运动可以转化为热是很古的事情，甚至可以把这种发现看作人类历史的开端。即使是工具和动物驯养的发明在先，但是人们只是在学会了摩擦取火以后，才第一次迫使某种无生命的自然力替自己服务"。

人类历史的开端”的含义所在。

吃熟食熟肉对于原始人进化的意义还在于：使脑容量增大、脑细胞增多；减少疾病，促进身体健康，延长寿命；牙齿变得细小——尤其犬齿和臼齿变小才能摆脱动物野性，牙齿的分布得以改进而更有利于咀嚼和发音；缩短消化系统，收起腹部以便于直立行走和奔跑——据说人类直立行走给自身也带来了一些危害，如心脏负担加重、骨骼受损、容易便秘、易患痔疮、难产率偏高，等等，这些属于进化所带来的“次生灾害”。实际上，在其他生物的进化中亦能看到别样的“次生灾害”。

原始人使用火的其他意义还有：改善了居住环境；扩大了活动范围，可以到更寒冷的地区生活；更好地给自身提供保护——因为几乎所有野生动物都怕火；增加了狩猎手段，提高了狩猎成功率，等等。而狩猎成功率的提高，可以使原始人食用更多的肉类，摄入更多的蛋白质，从而加快脑细胞的发育。这样一个良性循环的形成，终于使原始人“义无反顾”地踏上了向现代人进化的“康庄大道”。

（三）地球为人类社会的发展奠定了丰富的物质基础

地球对人类的“恩情”不仅体现在使人类产生，让人类得以生存，客观上“促进”了人类体质的进步等方面，还体现在为人类社会的发展、进步奠定坚实的物质基础方面。

首先，地球的相对稳定性使人类社会得以稳步发展至今——这是最为重要的。

地球是动态的，时常发生剧烈变化，但在人类产生以来，地球基本上呈相对稳定状态，因此才会使人类社会不断发展、演进，直到今天。

人类产生之后，最初的社会是以“狭小”的原始群为单元的，不过原始人群的社会组织状况至今尚无资料可考。中国学者一般认为，猿人阶段的古人类原始群人数应该在 15—25 人之间——人口过少，繁衍会成为问题；人口过多，由于生产力低下，养活不起。国外有学者认为一个原始群人数在 80—100 人之间，这应该是食物极大丰富的地区，或是智人阶段的原始群。原始群之后，人类过渡到母系氏族公社、父系氏族公社，再以后进入到阶级社会。

截止到目前，无论人类社会发展到哪个阶段，面对地球的剧烈活动，人类始终都是“弱者”，而原始社会时代的古人类更是“弱不禁风”。相信，无数原始群甚至氏族公社，都因自然灾害而消亡了——或人口死绝，或余众与其他原始群、氏族公社合并。即使到了当下，地球的剧烈活动，如火山、地震、海啸、洪水、雪崩、飓风、台风、龙卷风、山体滑坡等所造成的灾害，人类也鲜有能阻止的，而且所造成的财产、人员、文明、文化的综合损失要远大于从前。即便如此，在人类已知的二三百万年的历史中，从总体上说地球还是保持着相对稳定性的，因此人类社会“自始至终”都是在向前、向上发展的。

其次，地球所拥有的极其丰富的资源为人类社会的发展奠定了坚实的物质基础。

人类社会发展、前进的每一步都需要相应的物质资料作为基础，而事实上地球从没有让人类失望过。如在原始社会时期，原始人通过不同时期对自然界中存在的石头以及铜、锡、铅和铁等金属元素的发现、认识和利用，从而使生产力不断得到提高，最终走出了原始状态。直到今天，人类所使用的各种材料，无论是金属还是非金属元素，仍取之于地球。能源的取用也一样，人类使用木柴、煤炭、石油、天然气、可燃冰、页岩气等作为燃料的过程，就是人类社会不断进步的过程。今天，人类仍在想尽办法继续从地球寻找新的能源。

对人类而言，到目前为止，地球资源似乎还是取之不尽，用之不竭的——这也应该是地球的又一神奇之处。没有丰富的物质基础，即使人类能在地球产生，但人类社会不能进步，那么对人类、对地球而言其实也没有太多意义了。

据科学家预估，人类社会未来向更高级阶段发展就该需要地球以外的资源了，而最有可能被人类所利用的就是月球上的资源。科学研究表明，月球上有丰富的矿藏，其稀有金属的储藏量比地球还多。月球岩石中含有地球的全部元素和 60 种左右的矿物，其中有 6 种矿物是地球上所没有的——这似乎是否定月球曾是地球一部分的证据。实际上，科学界对月球的产生一直存在争议。从目前人类的科技水平看，到月球上采集矿产再运回地球供人类使用应该是早晚会实现的事情。

丰富的地球资源为人类所利用，促进了生产力的发展及提高，使得人类社会不断进步。从广义而论，当人类使用金属材料制作工具的时候，人类社会即进入到奴隶制时代——一般来说，“四大文明古国”都是在进入到青铜时代时产生了文明，古希腊罗马则是进入到铁器时代时产生了文明——此内容将在第五章详述。实际上，人类社会进入到铁器时代至今才不过3000年左右的时间，但人类利用各种冶炼金属——包括其他材料，所创造出的文明成就，已经将人类社会自奴隶社会推进到封建社会，进而推进到资本主义社会，及至社会主义社会。

现在人类社会又进入到计算机时代、人工智能时代，所使用的各种高科技材料仍然取之于地球。在地球“母亲”温情的关注下，在地球“母亲”大方的馈赠下，今天的人类科技发展早已不是日新月异了，而是每分每秒都在进步、提高了，由此推动人类社会的发展速度也越来越快。这预示着人类社会的生产关系必须有所改变，才能适应快速发展的生产力水平，才能充分解放生产力。所以，人类社会的美好前景其实是不言而喻的。

四、人类、人类文明最终结局预想

宇宙是有寿限的，银河系是有寿限的，太阳系是有寿限的，地球是有寿限的，人类也是有寿限的，但人类最终的结局是什么呢?

（一）目前看人类、人类文明可能的不良结局——自我毁灭

根据人类社会目前存在的各种不良来看，人类、人类社会存在着自我毁灭的危险。这种危险尽管只是一种可能性，而且发生的概率似乎很低，但在一定程度上、在一定时期内是的的确确存在着的。

人类自我毁灭的主要原因，一是对地球环境的破坏还未收手；二是威力巨大的核武器的存在。

尽管目前人类已经充分认识到地球环境破坏给人类、人类社会所带来的灾难性的后果，如海洋污染、土地沙化、森林被毁、水土流失、温室效应、物种减少、冰川融化、臭氧层破洞、沙尘暴频繁、资源过度消耗、南北极冰山融化，等等，都在严重威胁着人类、人类社会的生存——其中一个问题解决不好，还会形成连锁反应，就有可能造成人类自我毁灭的后果。如果人类丢弃不下自私

自利的心思，眼看着地球环境继续恶化下去而不能从根本上进行拯救，那么待有一天地球环境恶化到无法挽回的地步，人类的前途和命运只能是岌岌可危甚至无法回避灭顶之灾了。

核武器是高悬在人类、人类社会头顶上方的另一把“达摩克利斯之剑”。当核武器的生产技能或成品武器被极端主义势力或极度仇视人类社会者所获得，那人类的命运就太危险了，人类自我毁灭的可能性就会大大增加。

就目前而言，无论在社会主义国家还是在资本主义国家，有理性的人们、有正义感的人们、有历史责任感的人们都在积极努力，严控核武器的使用。人类的正义力量至今还能压制住核武器的使用，但人类社会要能将核武器永远封闭在仓库中而不使用在人类自己身上，其难度系数之大是可想而知的。从中国曾遭遇过的“核讹诈”即可知，人类对核武器滥用的担忧并非是空穴来风。

相信地球上的绝大多数人都不会允许我们赖以生存的地球“母亲”毁在人类自己手里；相信人类一定会找到拯救自己的解决办法。

（二）目前看人类、人类文明可能的归宿——彻底灭绝

当地球因外力或自身发生剧烈变化，甚至地球完全毁灭，使人类完全失去了生存基础时，人类只能如同恐龙的命运一样而彻底灭绝，这是以人类目前的科学技术水平所能预测出的人类、人类文明很有可能发生的结局——这个归宿从目前看似乎是不可避免的。

科学研究表明，地球历史上曾出现过的数次“生物大灭绝”，似与太阳系在银河系中的运动位置有关，似与宇宙中巨大恒星发生变化有关——所以地球生命的诞生与宇宙、银河系存在某种或某些联系之说并非是空穴来风。

实际上，应该在地球毁灭之前很长时间的时候，它就已经不再适合任何生物生存了。据科学家推测，20 亿—30 亿年后，由于太阳亮度增加，地球海洋被全部蒸发光，地表温度将达 100℃左右；40 亿年后，地球空气全部逸散到太空，地球变成一颗焦黑的星球；50 亿年后，太阳体积膨胀，变成红巨星，将水星、金星、地球、火星吞噬，然后再塌陷成一颗大小如地球般的白矮星——低光度、高密度、高温度的小恒星；然后再经几万亿年后，太阳最终成为停止发光发热的黑矮星。

因此，若人类在二三十亿年之后——或更短的时间之内，仍不能离开地球，那只能随着太阳的变化、太阳系的变化、地球的毁灭而消亡了。

（三）人类、人类文明可能的另一种归宿预想——继续生存与发展

当地球、太阳系不再适合人类生存时或在此之前，已经掌握极高级科技水平的人类只有自救才能继续生存。依照想象，到时人类社会也许应有以下 3 种继续生存的方式：

第一，“原地不动”。人类掌握了改造地球、掌控太阳系的能力，继续在经改造过的太阳系内和地球上生活——当然这需要我们子孙所掌握的科技水平必须达到能完成“不可能完成的任务”的水平才行。

第二，“驾驶地球”。人类掌握了改造地球、掌控宇宙的能力，“驾驶”着地球“穿梭遨游”于适合地球生存的宇宙空间。同时，人类还掌握了改造自身体质的能力，如改变体貌体质、呼吸系统、消化系统甚至大脑细胞等——对于宇宙间“最伟大”的高级智慧生命——人类来说，一切皆有可能！

第三，“飞离地球”。人类的科技水平发达到可以使人类大规模移居到另外一个或多个适合人类生存的星球，在那里继续繁衍生息和创造文明。或者是宇宙其他类人的高级生命接收到地球人类发出的求救信息后，派来宇宙飞船接走人类，到他们的星球或安排到别的适宜星球让人类继续生存。

人类肯定还会有其他继续生存的方式，但不论人类采用哪种继续生存方式，人类都必须团结起来才行。因为面对超出地球的来自宇宙的巨大“不对等”的挑战，面对人类、人类社会生死存亡的重大抉择，人类要想自救，只有全体成员通力合作且不能有任何私心杂念才行。美国电影《2012》在一定程度上展现了人类的这种“通力合作”精神。不过，最有意思的是，该电影导演把拯救最后仅存人类和各种动物的“挪亚方舟”的建造任务交给了中国人，并坚信只有中国人才能完成这一艰巨的任务。这一情节不仅是对中国人擅长做大事情能力的承认，更是对世界拥有中国这样一个令人放心的大国的认可。

当然，光有全人类的通力合作还是远远不够的，更重要的是人类的生产力水平、科技水平需要得到“无限”的发展和提高，才能达到应付地球、太阳系、银河系乃至宇宙所带来的巨大灾难的水平。

（四）对美国一些科幻电影的文化批判

早从20世纪90年代开始，美国好莱坞就掀起了一个以未来、外星人、外太空为主题的科幻电影热潮——这一热潮现在也影响到正在迎头赶上的中国电影界。

在这些科幻电影中，所谓的“外星人”经常被描绘成贪婪、恐怖、无情、不怀好意的各种“恶贯满盈”的形象，他们“不远亿万万里”前来地球建立殖民地、奴役地球人、掠夺地球资源等，坏事做绝——也有外星人被描绘成友善、可爱、可亲形象的，不过给人印象深刻的还应是前者。

但实际上，只要我们稍微冥想一下就会知道，但凡有一丝一毫私心杂念的存在，外星人是“走”不出其生存的星球的，更不要说“不远亿万万里”前来地球建立殖民地、奴役地球人、掠夺地球资源了。因为，只要有一丝一毫私心杂念存在，能“不远亿万万里”前来地球甚至令今天的地球人都难以想象的高科技，就一定会被这种私心杂念所利用，就一定会使外星人陷于内战、内斗而无暇“外战”，并因自相残杀而导致其自我灭绝。因此，一帮掌握着极高科技而内心却充满了私欲的外星人，是根本不可能团结一心去其他星球“捣乱”的——实际上，这一现象是根本不可能出现的。能“走”出自己的星球，能“不远亿万万里”前来地球的外星人，一定是早已进入无私心、无私欲、无私求的高级智慧生命。而且，只有这样，他们的科技水平才能达到在宇宙间“随心所欲”航行的超高级程度。

还有一些这类电影则把未来掌握极高科技水平的地球人中的一些人，也描述成自私自利、自大疯狂、与人类为敌、以“外星人”为敌的各种不良形象。同样的道理，人类的道德水平如果处于这种状态，甚至哪怕几十亿上百亿人中只有一个人是自私自利的，或其只有一个人有一丝一毫的私心杂念，那么人类不仅不可能成规模地自由出入地球或太阳系，而且也一定会自我毁灭。因为，高度发达的科技必须有高尚无私的道德相伴，否则它将成为高科技发明者自我毁灭的有力武器——极高水平的高科技会将哪怕仅仅是一个人的一丝一毫的私心杂念放大到足以毁灭人类、地球甚至太阳系的程度。中国科幻小说《三体》告诉我们的应该就是这样的故事——但它其实是根本不可能发生的。

实际上，人类的道德水平如果总处在今天这种状态，人类的生产力水平、科技水平就不可能发展到科幻电影中的那种程度。美国政府在当今现实中种种的阻碍别国科技发展、处处维护所谓“美国第一”的自私自利行为，怎么可能会使人类的科技文明无障碍地自由发展，怎么可能会使人类团结起来以应付来自宇宙的有着无法想象的巨大差距的极度“不对等”挑战？

所以美国电影《星球大战》《独立日》《变形金刚》《环太平洋》《洛杉矶之战》《钢铁侠》《超级战舰》等科幻故事，以及《阿凡达》中“地球人”大肆“拆迁”别人家园的事情等，都是不可能发生的。这些电影都是将人类今天的道德状况与未来的高科技“绑定”在一起，以适应今天观众的认知水平、欣赏水平，并增强戏剧冲突效果，抓取观众“眼球”，来达到提高票房的目的。

必须看到的是，这些电影的结局几乎毫无例外地都是闪耀着道德光辉的一方战胜了邪恶的一方——有的则以剧中主要人物的自我牺牲或自我救赎而结束，令人观后有赏心悦目之感，甚至有震撼、振奋、热泪盈眶之情。表面上看，这样的“大团圆”结局是为了满足观众的欣赏要求而设计的——或善有善报，恶有恶报；或英雄救地球拯救人类等，实际上这是人类精神文明之光的闪耀，是人类的良知和追求高尚道德的体现。这种对高尚道德的追求——包括观众对此的认可和被感动，其实就是人类文明向前发展的可贵的内在动力，它存在于每一个善良之人的心中。其实，仅就精神世界而言，没有情感、没有道德，人类社会也发展不到今天。前已述，人类历史表明，即使在最野蛮、最黑暗的时代，即使在宗教迫害最盛行的时期，即使在残酷战争大肆涂炭生灵的岁月里，人类的情感与道德也没有被完全泯灭，不仅没有被完全泯灭，反而在污秽、肮脏、黑暗、残酷的环境中显现得越发真挚、光明、灿烂，并在黑暗时代结束后继续发扬光大。

千万不要小看人类内心善良、正义和道德的力量，只要存在一点，它们最终就能呈星火燎原之势，更何况全世界几十亿人中的绝大多数都是善良之辈。

第四章 中华优秀传统文化

本章导读

中华优秀传统文化的复杂性体现在无数方面和层面，以及细节、细微之处，但其主要体现之一则来自笔者将“中国史前文化的优良表现”纳入中华优秀传统文化的范畴中，因而进一步造成对其定义、外延、内涵解读的复杂性。而笔者认为，中华优秀传统文化应该且必须包含中国史前文化的优良表现，否则中华优秀传统文化将缺失很大的一块内涵，而且由于这些“优良表现”正处于中国文化、中华优秀传统文化的源头位置上，因而无视、排斥或轻视它们，其不良后果是不言而喻的。

我们有什么理由不将自己真实存在的、货真价实的“原始文化成就”置于中华优秀传统文化之中并加以宣扬，而让它们深入到每一个中国人的心中让人们牢牢记住呢？实际上考察中华传统文化自原始社会既显现出的优良表现，也是“大文化观”“大历史观”的基本任务。

由于本书不嫌“麻烦”地加入了史前时代的“原始文化成就”，因此中华优秀传统文化的特点也得按时间先后分为两个层次：第一个层次即史前时代“原始文化成就”的主要特点为内容丰富、代表性强、年代久远、分布广泛、之最众多、硕果累累等；第二个层次即文明时代优秀文化的主要特点为站位崇高、格调雅洁、胸怀广大、用意深邃、成就斐然、拥有永恒生命力等。

浩如烟海的中华优秀传统文化保存在中国的政治、经济、军事、法律、思想、文学、史学、哲学、教育、艺术、医学、体育、习俗、建筑、科技、道德、宗教等各个领域中，以及考古学中，其内涵数不胜数。其实这才是中华优秀传统文化复杂性的最突出表现。

中华优秀传统文化中有许多内容与马克思主义的基本思想存在契合点，甚至完全契合。如“天下大同”①“天下为公”②等对人类理想社会的憧憬与描绘即包含着一定共产主义理念；“协和万邦”③“和衷共济”④“己欲立则立人，己欲达则达人”⑤等思想与马克思主义具有世界历史视野、尊重人类整体利益、强调平等交往的外交思想相一致。还有《老子》朴素的辩证法思想，孔子“故远人不服，则修文德以来之”⑥的“以德服人”思想，王充《论衡》的唯物主义思想，等等，都可以在一定程度上与马克思主义进行对接。实际上在中华优秀传统文化中这样的内涵数不胜数。

中华优秀传统文化不独属于中华民族，而是与全人类共有、共享的物质和精神财富。与马克思主义完美结合的中华优秀传统文化，不仅一定会具有更加强劲的世界影响力，而且一定会助力中国在国际事务中更好地发挥积极作用，促进世界文明健康有序发展，从而成为世界人民团结进步的重要文化基石。

第一节　中华优秀传统文化复杂性的主要体现

从表面上看，对于中华优秀传统文化的解读要比对文化的解读甚至对文明的解读都要简单些，但是作为一个文明系统（文明体）或文化系统（文化体），其实中华优秀传统文化也是极其复杂的，同样既存在大量模糊、含糊甚至难以分别之处，也存在不少分歧、争议之处。这一点在第二章已有所谈。

---

① 语出《礼运·大同篇》。
② 语出《礼记·礼运》。
③ 语出《尚书·虞夏书·尧典》。
④ 语出《尚书·虞夏书·皋陶谟》。
⑤ 语出《论语·雍也》。
⑥ 语出《论语·季氏》。

中华优秀传统文化的复杂性体现在无数方面和层面，以及细节、细微之处，但其主要体现之一则来自笔者将“中国史前文化的优良表现”纳入中华优秀传统文化的范畴中，因而进一步造成对其定义、外延、内涵解读的复杂性。而笔者认为，中华优秀传统文化应该且必须包含中国史前文化的优良表现，否则中华优秀传统文化将缺失很大的一块内涵，而且由于这些“优良表现”正处于中国文化、中华优秀传统文化的源头位置上，因而无视、排斥或轻视它们，其不良后果是不言而喻的。

一、中华优秀传统文化应包含中国史前文化的优良表现

前曾述，优秀文化应该是人类进入到文明时代以后才产生的，是文化中与不良成分和糟粕相区别的具有优良、积极、阳刚、进步、美好等属性，以及具有长远生命力甚至永恒生命力的部分，是使其“所有者”深感骄傲、自豪以及能够光明磊落地和盘托出以示人的部分——后面这句话前面未曾讲过。原始社会史前文化不存在优秀、精华与不良、糟粕的分别，都是人类历经至少数百万年而取得的来之不易的生产和生活方式之各种表现，都是值得后人尊重和满怀敬意的。

但是，仅就中国原始社会史前文化而言，似乎具有与上述相悖之处。因为史前时代，我们的原始“先民们”就曾“创造”出许多令今日中国人深感骄傲和自豪的“文化成就”。例如，中国是毫无争议的人类发源地之一；截至目前中国是世界上唯一从人类“祖先”腊玛古猿到猿人、古人、新人各阶段古人类均有发现的国家或地区；旧石器时代的古人类遗迹几乎遍及今日中国东西南北各个地区，包括今新疆和西藏等边疆地区，此乃世界少有；在世界范围内，截至目前，北京周口店龙骨山北京人遗址的古人类遗存仍是最为丰富的，仍然保留着“古人类研究的‘圣殿’”之“桂冠”；截至目前，最早穿鞋的人，最早饲养的家鸡，最早制作的笛子，最早的种桑养蚕，最早种植的水稻、核桃、粟……都是在中国发现的。

上述这些“原始文化成就”肯定无疑都是今日中国人增强民族自豪感、坚定文化自信心和增进爱国主义精神与思想的坚实基础之一部分。因而笔者认为，它们不仅不该被排斥在中华优秀传统文化之外，而且还必须纳入中华优秀传统文化的范畴之中。

对于这个问题的分歧应该是，史前时代中国原始人“创造”的“文化成就”实际上是现代考古学的学术成果，因此这些“成就”是应该归功于原始人还是归属于现代考古学呢？若是后者，则中华优秀传统文化的内涵还应是不少学者所认为的，“进入文明时代以来中华各族人民所创造的体现中华文明之高度的所有优良的文化表现”。这样也可以降低中华优秀传统文化的复杂性，表述和理解起来也简单些。另外也符合优秀文化与不良文化的分离发生在文明时代——实应在原始社会末期的“英雄时代”——的论断。但是，那样的话是不是会对不起中华原始“先民们”呢？而且现代人有必要去抢夺原始人历经至少数百万年而“创造”出的这些“原始文化成就”的荣誉吗？

最重要的是，现代考古学只是“发现”而非“创造”出这些“原始文化成就”，否则就是造假。中华原始“先民们”的“创造”两字之所以被打上引号，是因为这些“文化成就”并不是他们的主观意识所为——“文化成就”被打引号亦同理，而是他们客观经历的积累，有些生产、生活的经历用时数百万年甚至更长时间，由此这些“文化成就”的“取得”就显得更加难能可贵，现代人就更不该伸手“抢夺”。实际上将经考古发现的中国原始社会时期的“文化成就”归于现代人本身应很难自圆其说，“归功”于原始“先民们”应该是最合适不过的。

为说明这个问题，我们看一看曾发生在日本考古界的丑闻，即应有所理解了。这一丑闻的主角藤村新一曾于 1999 年在日本“发掘”出比中国“北京人”的石器还古老的 70 万年前的旧石器而闻名。他的“成就”证明“日本人就是日本人”，而不是来自亚洲大陆或其他地区。这一“了不起”的“新发现”致使日本举国沸腾，无比自豪。日本政府更是急不可待地下令，立即将这一重大考古发现写入历史教科书中，以让每一个日本孩童都知道日本“悠久的”历史……但仅仅过了 1 年就被藤村新一结结实实地“打了脸”。

2000 年 10 月 22 日凌晨，日本《每日新闻》记者秘密架设在一处“考古现场”可以不间断拍摄的摄像机拍下这样一段视频：已任日本东北旧石器文化研究所副理事长多年的“考古神爪”藤村新一，独自一人偷偷摸摸来到挖掘坑，小心翼翼地左右查看确定无人后，便从兜里掏出一个塑料袋，从里面拿出 6 块石器分别埋在土里，最后用脚仔细踩平后悄然离去。天亮后，在“考古挖掘”中，藤村新一很快“发现”6 块石器，并宣布自己“又”有“新发现”……但最终面对电视采访镜头，藤村新一不仅不得不承认了自己的造假行为，而且承认考古造假不止这一起。这一下子就“捅了马蜂窝”，日本考古学界乃至整个日本社会瞠目结舌，无言以对。在震惊之余，日本考古学会经过两年多的调查，最终发现藤村新一参与挖掘的178处考古遗址中，至少有159处涉嫌造假。尤其让藤村新一不断有重大发现的“上高森考古遗址”——即摄像机拍下其造假的所谓“遗址”，被确认为毫无学术价值。后来有着“严谨学术精神”的日本考古学会将这一“遗址”从历史遗址名录中删除。

藤村新一只是一个高中毕业生，并没有经过专业的考古训练，不过是出于对考古的热爱而经常混迹于考古界，也参与过实地挖掘，于是成为一个业余的考古人员。但从1981年开始，他的“神爪”不断地“创造”出新的历史。这一年，他发现了4万年前的旧石器，改写了在此之前日本只发现3万年前旧石器时代晚期文物的历史。

长期以来，即使在最疯狂的军国主义时代，日本人始终有一根“软肋”使其自愧不如人，也让他们“抬不起头来”，即对比周围国家，尤其和拥有几十万年甚至上百万年旧石器时代早期遗址的中国相比，日本历史显得太过短暂了。对此日本学者、日本国人充满了不满和疑惑，他们实在想不通，作为“神之民族”的大和民族怎会只有区区3万年左右的历史。于是心有不甘的日本考古学者都铆足了劲，希望能够通过发奋工作来证明日本历史的长度并不比别人短。从20世纪六七十年代开始，历经20多年，日本考古学界终于等来了藤村新一的“伟大发现”。这一“新发现”强有力地证明，早在4万年前日本列岛就已经有人居住，这不仅让日本考古学界兴奋不已，而且给持续多年的“日本是否存在旧石器时代”的争论画上了句号。另外当时的日本经济正在腾飞，日本民族的自信心正在“爆棚”。这一时期日本游客遍及天下，以致在外国的中国人经常被当地人询问是不是日本人，这令当时的中国人深感沮丧。在这种背景下，日本全国上下都希望自己国家的历史“短板”能有所“加长”。也正是这种狂热的氛围才促使藤村新一大胆造假，并成为其敢于造假的“群众基础”和时代背景。

一夜成名的藤村新一并未收手，而是利用国民盲目高涨的热情“乘胜追击”，决心让日本民众“惊喜连连”。于是，1984年他“挖掘”出了17万年前的旧石器；1994年他在“上高森遗址”又“挖掘”出了50万年前的旧石器——“上高森遗址”

就像是“聚宝盆”一样让藤村新一几乎每年在这里都有“新发现”；1995 年他“挖掘”出了 60 万年前的旧石器。直到 1999 年他终于“挖掘”出了 70 万年前的旧石器。仅凭藤村新一这个“业余高手”一人之力，就让日本远古史实现了疯狂的“三级跳”——日本考古界把旧石器时代分为后期（1 万—3 万年前）、中期（3 万—13 万年前）和前期（13 万年以前）。藤村新一甚至宣称还能挖掘出 100 万年前的旧石器，还要在日本找到旧石器时代中前期原始人的化石……

其实藤村新一的造假手段并不高明，甚至破绽百出：一是与摄像机拍到的情景一样，都是先偷偷摸摸地将事先准备好的石器埋在已经测定出年代的地层里，然后在随后的“考古发掘”中再“挖掘”出这些石器，但问题是其“挖掘”出的石器都埋藏在同一个水平的地层里，而且都很浅，几乎都在土壤的表面，这怎么可能呢？好像日本的地层具有千万年的稳定性一样？二是 20 年来每一次考古发掘时，其他人都没有什么像样的发现，唯独藤村新一总有“惊人”的“发现”，而且从距今 4 万年前到距今 70 万年前的旧石器全都是藤村新一一个人“发现”的，这也不该是正常现象吧？无论如何他只不过是一个业余考古爱好者而已吧？三是在“发掘”方面硕果累累的藤村新一却连一篇像样的考古学术报告也没有发表过，这也肯定不是正常现象吧？“考古神爪”总不该与考古现场雇请帮忙的“农民工”一个水平吧？

实际上日本考古学界不可能全都是“瞎子”，但绝大多数人宁可自我蒙蔽双眼也不愿意质疑藤村新一，宁愿自欺欺人也不愿让自己的“热望”和国民的“需求”成为泡沫，这才使得藤村新一在以严谨而著称的日本考古学界得以上下其手，翻手为云，覆手为雨，最终严重损毁了日本考古学界的声誉。

一度引以为傲的“悠久历史”突然变得一文不值；一度对自己“悠久历史”充满豪情的日本国民被劈头盖脸地从头到脚浇了一大水缸冰凉的冷水后还无地自容；已被写入教科书上的“悠久历史”不得不大段大段地再删除掉……

日本考古学界这次几乎前所未有、闻所未闻的世界级丑闻，以及日本考古学界和日本政府、日本国民急不可待的“夸张”表现，一方面显示出日本“岛国文化”的狭隘、焦躁、好高骛远、野心勃勃等特质；另一方面也显示出“原始文化成就”的“荣誉”只能属于古人类，而现代考古学只能享有发现之誉的道理，以及“原始文化成就”应当归属于一个国家优秀传统文化范畴的意义。

对比于此，我们有什么理由不将自己真实存在的、货真价实的“原始文化成就”置于中华优秀传统文化之中并加以宣扬，而让它们深入到每一个中国人的心中，让人们牢牢记住呢？实际上考察中华传统文化自原始社会即显现出的优良表现，也是“大文化观”“大历史观”的基本任务。

需要说明的是，我们的原始“先民们”中的绝大多数与现代中国人没有血缘关系——与我们有明确血缘关系的是柳江人、山顶洞人等新人[①]。不过这并不妨碍我们对他们的“原始文化成就”继续充满自豪感。实际上这种情况几乎存在于所有发现古人类的国家或地区。

二、中华优秀传统文化复杂的定义、外延和内涵

中华优秀传统文化的复杂性与文化一样，如定义众多，外延的“边界”存在含糊之处，内涵庞杂且有些事物具有不确定性，等等。这也符合“沾文化即复杂”的文化学研究定律。

中华优秀传统文化复杂性的体现前已有述，如中国传统文化中哪些属于优秀文化，哪些不属于，有时难以定性，至少会存在分歧；经常在同一事物中或人物身上既有优秀文化的表现又有不良文化甚至文化糟粕的存在，如何分别，有时也是个难题；随着时间的推移一些非优秀的文化事物有可能会发生性质变化而成为优秀文化事物，甚至在一些看似糟粕的事物、思想、理念中也包含着优秀文化的成分或基因，等等。

不仅如此，原本已十分复杂化的中华优秀传统文化，若再包含经考古发现的中国原始社会时期的“史前文化成就”则又平添了新的复杂性。这样中华优秀传统文化按照时间先后就应分为两部分：第一部分指史前时代原始人的“优良文化表现”，第二部分指在中华民族“上下五千多年”文明发展史中所传承下来的所有优良文化。从体量上说，后者远大于前者。但再强调一遍，前者不仅不该被忽视，而且还必须得到重视。

由此笔者认为，中华优秀传统文化的定义应该为，“从主体而言，指中华各

① 吴新智：《山顶洞人的种族问题》，《古脊椎动物与古人类》1960年第2期，第141—149页。

族人民在历史实践过程中所创造的物质文明和精神文明的总和。另外还包括通过考古研究而获知的中国原始‘先民们’的‘优良文化表现’”。

这样其外延可以确定为“史前时代原始文化中被今人认可的具有优良表现而能够让今日中国人深感骄傲和自豪的部分，以及进入文明时代以来中华传统文化中历经沧桑而积淀传承下来的优良部分”；其内涵则可以确定为“中华原始‘先民们’所‘创造’出的令今日中国人深感骄傲和自豪的那些‘文化成就’，以及中华各族人民所创造的体现中华文明之高度的所有优良文化成果”。

如此定义、外延和内涵都有些啰唆，但作为他们的子孙，我们必须一个不落地总结出他们取得的所有优秀文化和文明成就，并加以继承、发展和弘扬，这样才不愧为他们的子孙。

由于本书不嫌“麻烦”地加入了史前时代的“原始文化成就”，因此中华优秀传统文化的特点也得按时间先后分为两个层次：第一个层次即史前时代“原始文化成就”的主要特点为内容丰富、代表性强、年代久远、分布广泛、之最众多、硕果累累等；第二个层次即文明时代优秀文化的主要特点为站位崇高、格调雅洁、胸怀广大、用意深邃、成就斐然、拥有永恒生命力等。

浩如烟海的中华优秀传统文化保存在中国的政治、经济、军事、法律、思想、文学、史学、哲学、教育、艺术、医学、体育、习俗、建筑、科技、道德、宗教等各个领域中，以及考古学中，其内涵数不胜数。其实这才是中华优秀传统文化复杂性的最突出表现。

另外，中华优秀传统文化也受“一方水土养一方人”所决定。中国的地域环境对中华优秀传统文化一样具有深刻的客观影响作用。

第二节　纳入中华优秀传统文化的事物和人物的六个要件

中华优秀传统文化是复杂的，但什么属于中华优秀传统文化，什么不属于，还是应该有基本的标准才行，这样才能更好地继承和弘扬中华优秀传统文化。

结合其他学者的观点，笔者赞同归于中华优秀传统文化范畴的事物、人物等，应符合以下六个要件中的任何一个：

一、能够促进国人增强民族自豪感、坚定文化自信心和增进爱国主义精神与思想

除前述史前时代“原始文化成就”外，在“上下五千多年”的文明史中具备这一要件的优秀文化事物和人物随处可见，数不胜数，有不少已在前两章中提到，后续内容中也会谈及，故不在此赘述。

二、在很大程度上具有超越时代局限的表现

所谓“超越时代局限”，即思想、言行摆脱了当事人生存时代生产关系的束缚而具有超前性、前瞻性。能做到这一点的应该都是思想深邃者。如《管子》的“一年之计，莫如树谷；十年之计，莫如树木；终身之计，莫如树人”①思想；《老子》的“我无为，而民自化；我好静，而民自正；我无事，而民自富；我无欲，而民自朴”②的“无为而治”③思想以及“兵者不祥之器，非君子之器，不得已而用之，恬淡为上”④的战争观等；孔子的“己所不欲，勿施于人”⑤的思想境界以及“有教无类”⑥和因材施教的教育思想与实践等；墨子的“兼爱”⑦“非攻”⑧

① 语出《管子·权修》。

② 语出《老子·五十七章》。

③ 语出《老子·四十八章》：“为学日益，为道日损，损之又损，以至于无为。无为而无不为。”另外，这一思想也为儒家治国理政的思想之一，出于《论语·卫灵公》：“无为而治者，其舜也与？夫何为哉？恭己正南面而已矣。”

④ 语出《老子·三十一章》。

⑤ 语出《论语·颜渊》。

⑥ 语出《论语·卫灵公》。

⑦ 语出《墨子·兼爱》。

⑧ 语出《墨子·非攻》。

等思想以及实践；庄子的“天人合一”[①]等思想；荀子的“制天命而用之”[②]等思想；儒家把道德教育与个人修养放在首位的教育理念；司马迁《史记》为农民起义者陈胜（涉）立传并列入“世家”的历史观——世家主要是王侯的传记（含孔子世家）；东汉王充《论衡》的无神论思想；东晋鲍敬言《无君论》对专制皇权的批判与否定；王阳明强调个性化发展、尊重个人意愿以及调动个体创造力的思想，还有其“知行合一”[③]理论；黄宗羲站在“民本”立场上对君主专制的批判；王夫之对程朱理学“存天理，灭人欲”的批判；顾炎武“天下兴亡，匹夫有责”[④]“利国富民”的思想以及怀疑君权而提出的“众治”思想理论；蒲松龄在《聊斋志异》中对男女自由恋爱的讴歌；曹雪芹《红楼梦》对封建社会末期不可调和的内在矛盾的深刻揭露，等等。

三、反映出中华文明永恒价值的特征

中华优秀传统文化中有无数“放之四海而皆准、置于未来不过时”的成果成就、人物事迹等。如传说中赋予在“三皇五帝”等传说人物身上的创造精神，敢为天下先精神，为民造福理念；老子的“上善若水”[⑤]道德理念以及相关思想；孔子“有朋自远方来，不亦乐乎”[⑥]的思想境界以及“三人行，必有我师焉！择其善者而从之，其不善者而改之”[⑦]的学习和做人的理念；屈原、李白等诗人的诗歌以及《岳飞传》等文学作品中体现出的浓郁爱国主义情怀；流传千年以上的“水则载舟，亦能覆舟”“民以食为天”“农为天下之本”等政治理念；苏武、岳飞、文天祥、郑成功、林则徐、邓世昌、左宗棠等民族英雄展现出的爱国主义精神；康熙帝平三藩、收复台湾、三征新疆准噶尔，乾隆帝自封的“十全武

① 语出《庄子·齐物论》：“天地与我并生，而万物与我为一。”是“天人合一”思想的源头。

② 语出《荀子·天论》。

③ 语出王守仁《传习录》（上卷）。

④ 语出顾炎武《日知录·正始》：“保天下者，匹夫之贱，与有责焉耳矣。”

⑤ 语出《老子·八章》。

⑥ 语出《论语·学而》。

⑦ 语出《论语·述而》。

功”中两平四川大小金川、两平准噶尔、一定新疆回部、二次出兵西藏反击廓尔喀（尼泊尔）侵略等维护国家统一的思想理念和作为，等等。

四、与社会历史发展方向相贴近

“与社会历史发展方向相贴近”的提法，是不想苛求古人。古人的思想、言行等若能“基本与社会历史发展方向相贴近”就已经很了不起了，毕竟他们尚不可能用科学的世界观和方法论去观察和解读世界。

这一要件也可称“与社会历史发展方向相一致”或“有利于社会历史的发展”。如儒家的“以德治国”“民本主义”等思想理论、法家的“依法治国”思想理论等，还有孟子的“民贵君轻”思想理论等。

五、与民族共同体的利益和福祉相契合

中华民族自古即展现出其他国家或地区少见的向心力、团结性。在中国历史上虽也经常出现民族之间兵戎相见、剥削压迫等不幸之事，但总的情况、总的趋势是各民族能够和平友好地相处在一起的，各民族都企盼共存共荣。如张骞通西域，使西域诸国与西汉王朝建立起行政隶属关系并开始走向繁荣；细君公主远嫁乌孙，并带动整个西域与西汉王朝政治、经济、文化的交往；昭君出塞，稳定住西汉与匈奴关系，并给匈奴带去和平、安宁和兴旺；解忧公主再嫁乌孙，维护住西汉与乌孙的联盟，并在一定程度上保证了西域的安全；班超“只身”在西域经营30年，在稳定住西域与东汉行政隶属关系的同时也给当地民众带来福祉；唐太宗李世民被回纥等族拥戴为“天可汗”以作为各民族的共主和最高首领，并成为民族团结的象征；唐初时松赞干布、唐后期时尺带丹珠请求与唐朝通婚，文成公主、金城公主入藏和亲，既促动唐与吐蕃“和同为一家”，又推动了西藏地区文化和文明的发展；金朝海陵王完颜亮一把火烧光金上京，将首都从今黑龙江省哈尔滨市阿城区迁徙到今北京市——时称燕京，将“熟女真”彻底变为农耕民族，“全盘汉化”，最终融入汉族等民族中；藏人萨迦班智达、八思巴主动邀约蒙古势力和平入藏，从此西藏与中原结成稳固的行政隶

属关系——八思巴还享有元朝统治者极高的尊崇，体现出蒙藏民族的精诚团结；乾隆时，蒙古族土尔扈特部自伏尔加河下游的沙皇俄国境内“万里东归”，回到祖国怀抱，成为享誉世界的伟大壮举，等等。

经过历史上各个民族的努力，以及有今天中国共产党的正确领导，“像石榴籽那样紧紧抱在一起”的民族团结已成为社会主义中国的一面耀眼的光辉旗帜。

六、与马克思主义中国化的基本精神相呼应

中华优秀传统文化中有许多内容与马克思主义的基本思想存在契合点，甚至完全契合。如“天下大同”[①]“天下为公”[②]等对人类理想社会的憧憬与描绘即包含着一定共产主义理念；“协和万邦”[③]“和衷共济”[④]“己欲立则立人，己欲达则达人”[⑤]等思想与马克思主义具有世界历史视野、尊重人类整体利益、强调平等交往的外交思想相一致。还有《老子》朴素的辩证法思想，孔子“故远人不服，则修文德以来之”[⑥]的“以德服人”思想，王充《论衡》的唯物主义思想，等等，都可以在一定程度上与马克思主义进行对接。实际上在中华优秀传统文化中这样的内涵数不胜数。

总之，具备上述六个要件中任何一个的事物或人物等，就基本上能被认定属于中华优秀传统文化范畴。这也有利于认识和把握中华优秀传统文化。

最后要说的是，中华优秀传统文化不独属于中华民族，而是与全人类共有、共享的物质和精神财富。与马克思主义完美结合的中华优秀传统文化，不仅一定会具有更加强劲的世界影响力，而且一定会助力中国在国际事务中更好地发挥积极作用，促进世界文明健康有序发展，从而成为世界人民团结进步的重要文化基石。

---

① 语出《礼运·大同篇》。
② 语出《礼记·礼运》。
③ 语出《尚书·虞夏书·尧典》。
④ 语出《尚书·虞夏书·皋陶谟》。
⑤ 语出《论语·雍也》。
⑥ 语出《论语·季氏》。

下编

中华文明的基本宏观特征

中华文明的基本宏观特征，不仅是中国之所以为中国的优秀文化表现，而且是中国人增强民族自豪感，提高文化自信心和增进爱国主义思想的基本出发点。它们在世界文明发展史中独一无二……

第五章 中华文明特征之一
——早产早熟（上）

本章导读

关于中华文明“早产早熟”这个话题，应该起源于马克思关于“人类童年时代”的“三种儿童”论说。“人类童年时代”指人类刚刚进入文明时代的奴隶社会。马克思说：“有粗野的儿童，有早熟的儿童。古代民族中有许多是属于这一类的。希腊人是正常的儿童。”

尽管“早产”，但中华文明并不是“病恹恹”的样子，也不是“七活八不活”的样子，而是生来即生命力强劲、活泼好动、充满激情、发育迅猛而达于“早熟”。这些都属于能归入中华优秀传统文化范畴的良好表现。

笔者认为，“粗野的儿童”似应该指灭亡其他古文明并在人家的“废墟”上建立起自己文明的民族。因之，“早熟的儿童”应该属于独立地在自己“出生地”创造出文明的那些“老老实实”的民族，他们没有“粗野的儿童”的那些“粗野”或被称之为“残暴”的行为。因此，创造“四大文明古国”的先民们都应该属于“早熟的儿童”，即除创造中华文明的中华先民外，还有创造古埃及文明的古埃及人，以及古代两河流域文明的苏美尔人和印度河流域古文明的达罗毗荼人。

“另三大文明古国”不仅文明很早产生，且基本上都处于青铜时代和铁器早期时代，因而它们与中华文明共享“早产早熟”之“誉”。所不一样的是，中华文明“早产早熟”之“誉”要更加夺目些。而最大的不同则是，它们的最终结局与中华文明大相径庭，即与古希腊罗马文明一样，都只有“童年时代”，而都未能进入到“青年时代”就灭亡了。

据最新研究成果，中华文明起源于5000多年前或更早，从时间上说与“另三大文明古国”不相上下——印度河流域古文明稍晚一些。但中华文明产生后长期处于金石并用时代，时间至少达1000年以上，是为“早产的早产”。从世界范围看，中华文明进入青铜时代的时间比较晚，但却后来居上，以致发展成为“人类童年时代”青铜冶铸的“天花板”；中华文明进入铁器时代的时间也比较晚，但又后来居上，再发展成为“人类童年时代”钢铁冶铸的“天花板”，是为“早熟的早熟”。

与古希腊人相比，中华先民不仅是在“手无寸铁”的情况下进入到文明时代的，而且中华文明产生时中华先民手里几乎连像模像样的青铜器都没有。实际上中华先民是手持石器工具进入到文明时代的，并将石器的使用一直延续到自己“童年时代”的末期。

反观中国中原战国时期的小手工业者，人数较少，尚构不成阶级，因此其思想意识的代表墨家总是遭遇电影《墨攻》那样的尴尬——当权者大难临头时即对墨家“言听计从”，危急一过便“我行我素”，弃墨家于不顾，任凭墨家“心急如焚”“指天赌地”地痛陈得失及严重后果也无动于衷。而墨家所结成的那样的团体，甚至制作和施行着严于国法的内部“纪律”，其实反映的恰恰是当时私营手工业不发达和处于弱势群体的状况。实际上，在中国中原历史上，私营手工业最活跃的时候仅仅是战国到西汉前期这点时间，而且中间还“夹”着一个严格控制手工业的秦朝。

古希腊文明，最终还是夭亡在“童年时代”而“永不复返”了；“早产早熟”而“不甚完美”的中华文明，却走出了“童年时代”，不仅持续发展，一脉相承走到今天，而且生命力仍十分强健，丝毫不逊色那些“儿辈”“孙辈”“重孙辈”甚至“辈分”更低的其他文明（或国家），展示出更为广义、内涵更加丰富的“永恒的魅力”。

引 言

中华文明“早产早熟”是说，中华文明不仅是世界上最早产生的古文明之一——“早产”，而且“早熟”，即在较低生产力水平之上取得了其他古文明在较高生产力水平之上才能取得的成就，有些方面甚至有过之而无不及。因之，“早产早熟”理所应该成为中华文明特征之一，成为中国人的民族自豪感、文化自信心和爱国主义思想的基本出发点之一。

关于中华文明“早产早熟”这个话题，应该起源于马克思关于“人类童年时代”的“三种儿童”论说。“人类童年时代”指人类刚刚进入文明时代的奴隶社会。马克思说：“有粗野的儿童，有早熟的儿童。古代民族中有许多是属于这一类的。希腊人是正常的儿童。”①

马克思之所以称“希腊人是正常的儿童”，在很大程度上是因为古希腊的艺术如史诗、诗歌、戏剧等所呈现出的崇高成就。马克思称它们是“仍然能够给我们以艺术享受，而且就某方面说还是一种规范和高不可及的范本”②。正因为“高不可及”，所以马克思把古希腊当成“人类童年时代……发展得最完美的地方”③。

与古希腊艺术成就相比，中华文明“童年时代”的艺术性虽也有不少可圈可点之处，但作为具有世界意义的“高不可及的范本”则实难达到。其最主要的客观原因是，古希腊人一系列优秀艺术成就的取得，是基于生产力水平已经

① 马克思：《〈政治经济学批判〉导言》，《马克思恩格斯选集》（第 2 卷），人民出版社 1972 年 5 月出版，第 114 页。

② 马克思：《〈政治经济学批判〉导言》，《马克思恩格斯选集》（第 2 卷），人民出版社 1972 年 5 月出版，第 114 页。

③ 马克思：《〈政治经济学批判〉导言》，《马克思恩格斯选集》（第 2 卷），人民出版社 1972 年 5 月出版，第 114 页。

处在考古学上的铁器时代[①]，而且是在相对来说非常成熟的时期，因而文明呈“繁荣昌盛”状。而中华文明的“童年时代”尚处在考古学上的青铜时代[②]，甚至在文明发生后的很长时间里还处在考古学上的金石并用时代的早期[③]，因而“生产力低下”，以致造成文明发展得不够“完美”。

“童年时代”的中华文明之所以“生产力低下”，是因为中华文明过早产生。较之古希腊文明，中华文明产生的时间要比其早两三千年。

中华文明产生时，古希腊人尚不知身在何处。据传统说法，希腊半岛的最初居民是皮拉斯吉人，海岛上的最初居民是勒勒吉人或卡里亚人。[④]他们大概就是当地新石器文化和铜器文化的创造者。公元前 1900 年前后，第一批古希腊人才移入希腊半岛，但他们来自何方，至今尚未有最后的结论。[⑤]此时中国中原已处于夏朝前期。

由于文明“过早”产生，所以从时间上说中华文明属于“早产”的文明。而就生产力而言，从世界范围看，“早期铁器时代从公元前第 2000 年末开始，

① 铁器时代为考古学上继青铜时代之后的一个时代，亦称早期铁器时代或铁器早期时代，是生产工具和武器主要以铁为原料的人类物质文化发展阶段。一般而言，世界历史发展中的奴隶社会后期和封建社会阶段皆属铁器时代。但铁器晚期时代（或称晚期铁器时代），各国多已进入有文字记载的文明时代，故原则上不在考古学的主要研究范畴之内。铁器的出现，最终排除了石器，促进了生产力的发展。古希腊文明是在铁器早期时代诞生的，荷马时代（前 12—前 8 世纪或前 11—前 9 世纪），是古希腊铁器时代的开始，因而古希腊文明的发达是建筑在铁器时代成就的基础之上的。古罗马文明也是在铁器早期时代诞生的。而中国、古埃及、古西亚和印度河流域古文明的诞生都是在铁器时代之前。因而古希腊罗马文明成为人类“童年时代”的“楷模”不是偶然的。

② 青铜时代是考古学上继红铜时代之后的一个时代，位于铁器时代之前，是以青铜作为制造工具、用具和武器的重要原料的人类物质文化发展阶段。青铜是红铜和锡的合金，有时还添加铅等，其较红铜的熔点低、硬度高，便于铸造。世界上最早进入青铜时代的是古西亚的两河流域和古埃及等地，开始于公元前 3000 年。在此时代，尚不能排除石器的使用，有的地区处在原始社会后期或末期——尤其游牧和畜牧业发达的地区；有的地区则已进入奴隶社会，如古西亚的两河流域、古埃及和古印度河流域。

③ 金石并用时代，亦称铜石并用时代、红铜时代，是考古学上介于新石器时代与青铜时代之间的过渡时期。当此时代，人们已经会熔炼红铜即天然铜。但红铜质地柔软，不适合制造工具。当时石器的使用仍占绝对优势。

④ 近代学者对皮拉斯吉人有不同的解释。后来皮拉斯吉人和勒勒吉人都被古希腊人所同化。

⑤ 刘家和主编：《世界上古史》，吉林人民出版社 1980 年 12 月出版，第 202—203 页。

至公元前 1000 年中期逐渐普及于欧亚大陆"[1]。但中华文明的铁器时代几乎比所有早期文明国家或地区都要晚，到公元前第 1000 年的中期才开始，即开始于春秋中期到晚期时。因此几乎在整个"童年时代"，中华文明的生产力水平都处于"前铁器时代"的低级阶段，相比古希腊明显"低下"。尽管如此，当时的中华文明却处于与古希腊文明一样的社会发展阶段，因而又是属于"早熟"的文明。这样"早产早熟"即成为中华文明的显著特征之一——实际上中华文明的"早产早熟"还是与"另三大文明古国"即古埃及、古西亚和印度河流域古文明相比较出来的。

尽管"早产"，但中华文明并不是"病恹恹"的样子，也不是"七活八不活"[2]的样子，而是生来即生命力强劲，活泼好动，充满激情，发育迅猛而达于"早熟"。这些都属于能归入中华文化范畴的良好表现。

需要说明的是，为叙事简单，本章关于中华文明"早产早熟"话题止于战国时期，即包括中华文明的"童年时代"和"青年时代"之初——"青年时代"为笔者据"童年时代"之顺势而称，即指封建社会。

第一节　古埃及、古西亚和印度河流域古文明的"早产早熟"

其实关于"早熟的儿童"，马克思并没有给出明确的说法。他只是说"古代民族中有许多是属于这一类的"。至于"早熟的儿童"都有谁，却没有明示。后世学者是依据"希腊人是正常的儿童"而分析出"早熟的儿童"以及"粗野的儿童"含义——马克思也没有给出"粗野的儿童"的解读。

笔者认为，"粗野的儿童"似应该指灭亡其他古文明并在人家的"废墟"上建立起自己文明的民族。因之，"早熟的儿童"应该属于独立地在自己"出生地"

① 中国大百科全书总编辑会《考古学》编辑委员会、中国大百科全书出版社编辑部：《中国大百科全书·考古学》，中国大百科全书出版社 1986 年 8 月出版，第 638 页"早期铁器时代"条。

② 中国民间认为 7 个月的早产儿生存率较大，而 8 个月的早产儿成活率较低，故有此说法。

创造出文明的那些“老老实实”的民族，他们没有“粗野的儿童”的那些“粗野”或被称之为“残暴”的行为。因此，创造“四大文明古国”的先民们都应该属于“早熟的儿童”，即除创造中华文明的中华先民外，还有创造古埃及文明的古埃及人，以及古代两河流域文明的苏美尔人和印度河流域古文明的达罗毗荼人。

创造“另三大文明古国”的人们，由于进入文明时代的时间远早于古希腊人，进入文明时代时的生产力水平低于古希腊文明，但他们所取得的成就令人称奇，因之他们所创造的古文明也属于“早产早熟”的范畴。

一、古埃及文明的“早产早熟”

创造“早产早熟”的古埃及文明的古埃及人，是由北非土著和由西亚阿拉伯半岛来此的塞姆人混合而成的。

古埃及于约公元前 4500 年过渡到铜石并用时代。到约公元前 3600 年至约前 3100 年，这里的原始社会逐渐解体，在这一阶段的后期开始向阶级社会和国家过渡，逐渐进入文明时代。此时古埃及仍处在铜石并用时代。①

约公元前3000年前后，古埃及进入青铜时代。②此时中国中原为五帝时代初。

约公元前 8 世纪后半叶，古埃及进入铁器时代③——一说“直到公元前 620 年，埃及才开始有自己的铸铁生产”。④但此时的古埃及文明已经进入“穷途末路”阶段，已经不是“原汁原味”的古埃及人自己的文明了。由于接连不断地被外族侵略和统治，古埃及文明即将陨落。此时中国中原为春秋初期或中期。

由此古埃及文明经历了铜石并用时代、青铜时代和铁器早期时代——由于缺少矿山、缺少木材，技术不够发达，加之土地优良，不需要铁制农具即能开

---

① 一说约公元前 5000 年至约前 3100 年为古埃及的铜石并用时代。

② 一说古埃及大约在公元前 5000 年时开始进入青铜时代。此说见于阴法鲁、许树安主编：《中国古代文化史》(3)，北京大学出版社 1991 年 11 月出版，第 231 页。实际上，关于古埃及何时进入青铜时代存在多种说法。

③ 一说古埃及于公元前 1000 年左右开始进入铁器时代。此说见于阴法鲁、许树安主编：《中国古代文化史》(3)，北京大学出版社 1991 年 11 月出版，第 231 页。实际上，关于古埃及何时进入铁器时代存在多种说法。

④ 孔令平、冯国正：《铁器的起源问题》，《考古》1988 年第 6 期，第 542 页。

垦出来且收获颇丰等原因，因而古埃及的铁器铸造并无多少成就，铁器基本上都是通过贸易活动从外界获得的，因而属于马马虎虎的铁器早期时代。[①]

二、古西亚文明的“早产早熟”

古西亚文明始于两河流域。两河流域又称“美索不达米亚”（来自希腊文，意思是“两河之间的土地”），主要包括今伊拉克境内幼发拉底和底格里斯两河中下游地区。两河流域分为南、北两部，大体以今伊拉克首都巴格达为中心，北部称“亚述”（得名于亚述城），南部称“巴比伦尼亚”（得名于巴比伦城）。巴比伦尼亚又分为南、北两部，尼普尔（今称“努法尔”）以北称“阿卡德”，以南称“苏美尔”。这里最早的文明产生于苏美尔地区，是苏美尔人“打造”了古西亚文明的“早产早熟”。

一般认为，苏美尔人于公元前4500年左右来自两河流域南部。约公元前4300年，苏美尔地区进入铜石并用时代。公元前四千年代后半叶，苏美尔人原始社会逐渐解体，铜器的使用逐渐增多，开始向文明时代过渡。尤其重要的是，在这一时期的后半叶，文字产生了。截至目前，苏美尔人创造的文字是世界上最早的。公元前三千年代初，苏美尔和阿卡德地区进入青铜时代[②]，形成数以十计的奴隶制城邦。此时中国中原地区正当五帝时代初期。

阿卡德地区因阿卡德人而得名。阿卡德人于约公元前三千年代初来到苏美尔以北的地区，他们与苏美尔人语言完全不同。后来他们在这里建立了阿卡德国家，所以被称为阿卡德人。

公元前1200年左右（一说为前1300年前后），美索不达美亚地区开始进入铁器时代。此时中国中原处于商朝后期。

公元前8—前7世纪，铁器在两河流域已普遍使用，亚述帝国就是凭借先进的铁制武器而扩张的。此时中国中原处在春秋初期。

---

① 李晓东：《从创造力看古埃及文明兴衰》，《历史研究》2022年第6期，第41—57页。

② 一说美索不达米亚地区在公元前4000年时开始进入青铜时代。此说见于阴法鲁、许树安主编：《中国古代文化史》（3），北京大学出版社1991年11月出版，第231页。实际上，关于美索不达米亚地区何时进入青铜时代存在多种说法。

但古西亚最早进入铁器时代的地区应早于公元前1200年左右。据考古发掘，世界上最早锻炼铁器的是同属古西亚文明的赫梯王国，时间约在公元前1400年，所用铁为天然陨铁。赫梯王国兴起于今土耳其境内，位于小亚细亚中部，黑海南岸，为古代西亚文明的发生地之一。这里进入文明时代的时间约为公元前17世纪。此时中国中原为商朝建立前后。

古西亚文明是以两河流域南部地区为中心，在东起伊朗高原、西至地中海东岸的广大区域内产生的，包括今伊朗、伊拉克、叙利亚、黎巴嫩、巴勒斯坦、以色列和土耳其等国的全部或部分。古西亚各地文明发生和发展并不平衡，最晚产生的文明是地中海东岸的巴勒斯坦，时间为公元前2000年代，因此古西亚各地进入铁器时代的时间也是各不相同的。

由于古西亚历史发展复杂，经常地并不断地出现后兴起的民族灭亡前一文明而建立自己文明的现象，所以除苏美尔人外，其他族群似都很难称得上是“早熟的儿童”。但若称他们为“粗野的儿童”则又似乎也难以自圆其说，很难定义——也许这是马克思不明确指出哪个民族是“粗野的儿童”的原因。

三、印度河流域古文明的“早产早熟”

印度河流域古文明产生于印度次大陆（简称次大陆）的印度河流域，亦称“印度河古文明”。印度河流域位于次大陆西北部，其古文明主要产生于印度河盆地。

创造印度河流域古文明的是达罗毗荼人。但其“来路”至今存在争议，有认为他们是这里的土著，还有认为他们可能来自西亚。一般认为印度河流域的古城市文明就是他们创造的。

需要说明的是，印度次大陆上曾产生过两个古文明，即印度河流域古文明和恒河流域古文明。但二者不仅发生、产生的地域不同，而且在时间上也有先后。最重要的是，两个古文明的创建者是完全不同的两拨人——后者是入侵者雅利安人创建的。有据于此，也许雅利安人应该属于“粗野的儿童”——对其“粗野”的定性，还应该包括他们在文明创建过程中而建立起的种姓制度。另外，两个古文明在时间上并不是直接相衔接的，而是中间存在一个“空档期”，即印度河流域古文明灭亡以后次大陆又回到了原始社会，然后在经过了几百年之久的“空档期”后，恒河流域古文明才产生，从而使次大陆再次进入到文明时代。

因此，严格说来，印度河流域古文明才属于“四大文明古国”之一，恒河流域古文明不应算在其中。虽然雅利安人在毁灭前者的基础上建立起自己的恒河流域古文明时，对前者的文明、文化也许有所吸收和借鉴而不会百分之百地“白手起家”，因而其文明、文化中也许会保留一些前者的文明、文化元素，仅就这一点而言或许是存在一定继承性的。但毕竟二者之间的“空档期”有几百年时间，且后者并不是在前者原址上“创建”的，因而前者的文明、文化元素能“原汁原味”地在后者身上保留下来多少就很难说了。故而，从总体而言，后者还应是属于另外一个古文明。今日印度国是直接来自这个后起的恒河流域古文明，其与前一个古文明几乎毫无关系。

另外，很多人还未能深入了解的是，印度河流域古文明的主要区域其实是在今天的巴基斯坦境内。巴基斯坦伊斯兰共和国才是名副其实的“四大文明古国”之一。

大约公元前四千年代末至前三千年代，达罗毗荼人所在的次大陆西北部的印度河盆地已经由金石并用时代进入到青铜时代[①]。从出土情况看，铜器和青铜器已经在这里大量出现，其中有镐、斧、镰、锯、凿、小刀、鱼钩和许多家庭用具，也有匕首、矛头、箭镞等武器。手工业者已经掌握金、银、铜、青铜、锡、铅等多种金属的冶炼、锻铸和焊接的技术。此时中国中原为五帝时代。

但未及进入铁器时代，到公元前 18 世纪左右，印度河流域古文明便被外来的雅利安人毁灭掉了，达罗毗荼人后来也消失不见了。[②] 此时中国中原为夏朝后期。

由上可见，“另三大文明古国”不仅文明很早产生，且基本上都处于青铜时代和铁器早期时代，因而它们与中华文明共享“早产早熟”之“誉”。所不一样的是，中华文明“早产早熟”之“誉”要更加夺目些。而最大的不同则是，它们的最终结局与中华文明大相径庭[③]，即与古希腊罗马文明一样，都只有“童年时代”，而都未能进入到“青年时代”就灭亡了。

---

① 一说古印度大约在公元前 2500 年时开始进入青铜时代。此说见于阴法鲁、许树安主编：《中国古代文化史》(3)，北京大学出版社 1991 年 11 月出版，第 231 页。实际上，关于古印度何时进入青铜时代存在多种说法。

② 多数学者认为毁灭印度河流域古文明的是雅利安人，本书采取此说，但至今此仍为假说。

③ 语出《庄子·逍遥游》之“大有径庭，不近人情焉”。大相径庭还表示矛盾很大之意。

第二节　中华文明“早产早熟”的根本体现

所谓“根本体现”，一是指时间早；二是指生产力水平低下。中华文明产生于距今 5000 多年前或更早，即公元前 3000 多年或更早，其时生产力水平尚处于金石并用时代的早期，也即刚刚进入红铜时代。甚至，中华文明“童年时代”的鼎盛时期也不过是处在青铜时代，在考古学上较古希腊文明还是低了一个时代。

据最新研究成果，中华文明起源于 5000 多年前或更早，从时间上说与“另三大文明古国”不相上下——印度河流域古文明稍晚一些。但中华文明产生后长期处于金石并用时代，时间至少达 1000 年以上，是为“早产的早产”。从世界范围看，中华文明进入青铜时代的时间比较晚，但却后来居上，以致发展成为“人类童年时代”青铜冶铸的“天花板”；中华文明进入铁器时代的时间也比较晚，但又后来居上，再发展成为“人类童年时代”钢铁冶铸的“天花板”，是为“早熟的早熟”。

因此中华文明不仅与古希腊文明相比“早产早熟”，与“另三大文明古国”相比仍属“早产早熟”。这样作为中华文明特征之一的“早产早熟”，就又多了一层令中国人深感自豪的意义。

一、中华文明起源的“早产早熟”

2018 年 5 月 28 日，国务院新闻办举行新闻发布会，介绍《中华文明起源与早期发展综合研究》项目（2001—2016 年）研究成果。这个研究项目——简称为“中华文明探源工程”，是由国家文物局牵头，组织考古学、历史学以及自然科学等诸多专家参与完成的。

该“工程”的研究成果表明，“距今 5800 年前后，黄河、长江中下游以及西辽河等区域出现了文明起源迹象；距今 5300 年以来，中华大地各地区陆续进入文明阶段”①。

据此，中华文明至少有5300年历史，所以“上下五千年”之说有了科学的依据——本书使用“上下五千多年”之说。教育部表示历史教科书将依此进行修改。在此之前曾喧嚣一时的中华文明只有3700年等说法随即烟消云散。

该“工程”还确认，在距今5000年前后，在黄河流域、长江流域这个大范围里面，一些地方率先有了自己的国家，一直到距今3800年左右。这1000多年时段被称为“古国时代”。②其与传说中的五帝时代基本上是重合的。

距今5800年到5300年时（即前3800—前3300年），甚至到距今5000年（即前3000年）时，中华文明所处的生产力水平还是处在新石器时代的后期，几乎没有发现金属器的使用，只是可以勉勉强强说是处于金石并用时代的早期——一说中国金石并用时代始于公元前47世纪，以公元前30世纪为界，分为前期和后期两个阶段，至公元前21世纪结束。③在如此低的生产力水平上，中华先民就创造出了文明，这不能说不是个奇迹。而且在此后1000多年的时间中，中华文明一直处于金石并用时代，其“早产早熟”的特征格外显著。

二、中华文明青铜时代的“早产早熟”

一般认为，中华文明是在公元前21世纪开始进入青铜时代的④。这一时间较之“另三大文明古国”而言是比较晚的，看似是“晚熟”的，但一方面从世

① 《重大科研项目“探源工程”成果发布——考古证实：中华文明五千年》，《人民日报》2018年5月29日，第6版“要闻”。

② 《“中华文明起源与早期发展综合研究”项目发布最新成果，历史教科书将据此修改——5000年前中国已进入“古国时代”》，《北京日报》2018年5月29日，第9版“今日关注”。

③ 路启民：《论中国铜石并用时代和青铜时代的分期》，《西安建筑科技大学学报》1999年第1期，第47—51页。

④ 此说见中国大百科全书总编辑会《考古学》编辑委员会、中国大百科全书出版社编辑部：《中国大百科全书·考古学》，中国大百科全书出版社1986年8月出版，第400页。一说中国是在公元前1500年左右开始进入青铜时代的——此说见于阴法鲁、许树安：《中国古代文化史》（3），北京大学出版社1991年11月出版，第231页。再一说认为中国青铜时代开始于公元前3000年左右——此说见于陈戈、贾梅仙：《齐家文化应属青铜器的起源——兼谈我国青铜时代的开始及其相关的一些问题》，《考古与文物》1990年第3期。实际上，关于中国何时进入青铜时代存在多种说法。

界范围看，尤其与古希腊罗马文明相比较，青铜时代的中华文明即已处于“人类童年时代”，这毫无疑问是“早产早熟”的；另一方面与“另三大文明古国”相比较，中华文明进入青铜时代仅仅数百年时间，即将青铜冶铸推向再无人能超越的世界顶峰，成为世界青铜冶铸的“天花板”，这样的发展速度与崇高成就无疑是“早产早熟”的又一突出体现。

中华文明青铜时代最初源于黄河流域，从公元前 21 世纪开始，直到公元前 5 世纪止，经历了 1500 多年的历史。① 大体相当于文献记载的夏、商、周以至春秋时期，与中原的奴隶制国家产生、发展和衰亡相始终。该时代的早期在公元前 2080 年至前 1580 年之间，正好在历史上记载的夏朝的纪年范围之内。在这一时期，分布在今河南、河北、山西、山东、江苏、辽宁、甘肃、陕西、新疆等省、自治区的遗址中发现了品类繁多的青铜制品，礼器有爵，乐器有铃，武器有刀、戈、戚（斧）、镞、矛、匕首，工具有锛、凿、斧、鱼钩、镰、镬（大锄）、锥、针，装饰品有泡、圆片、管、指环、鼻环和耳环，等等。

中华文明青铜时代的鼎盛时期是在商朝。而早在商朝前期，青铜铸造技术就已经具有相当的水平了。河南省郑州市杜岭街出土的这一时期（约前 17—约前 14 世纪）的两个青铜方鼎即能证明。此二鼎分别重 86.4 公斤（一说重 82.25 公斤）和 64.25 公斤；前者通高 100 厘米，口径 62.5 厘米 ×61 厘米；后者通高 87 厘米，口径 61 厘米 ×61 厘米。前者是目前已发现的商朝前期青铜器中体积最大的②。这种体量的青铜器，加之精湛的技术和精美的纹饰，无论拿到古代世界的哪个国家或地区，都无疑属于耀眼的“明星”。

盘庚迁殷后，商朝后期的青铜冶铸技术达到鼎盛。在河南省安阳市殷墟发掘出的商朝青铜冶炼作坊，有的占地面积达 12 万平方米，相当于近 17 个标准足球场大小③，规模惊人。这里出土和传世的商朝青铜器达几万件，可见产量之大。在殷墟发现的唯一没有被盗掘的商朝高级贵族的墓葬——妇好墓中，出土

① 中国大百科全书总编辑会《考古学》编辑委员会、中国大百科全书出版社编辑部：《中国大百科全书·考古学》，中国大百科全书出版社 1986 年 8 月出版，第 399—401 页。

② 一说此二鼎为商朝中期青铜器。大者现存中国国家博物馆，小者现被河南博物院收藏。

③ 根据国际足球联合会规定，世界杯决赛阶段的比赛场地，长 105 米，宽 68 米，面积为 7140 平方米。本书以此数字为据。

的青铜器总重量竟达 1600 公斤。①

最能代表商朝后期和中华文明“童年时代”青铜冶铸技术高超的是司母戊鼎（又称后母戊鼎）。该鼎出土于安阳市西北郊洹水北岸的侯家庄与武官村北的高地——西北岗的商朝王陵遗址中，高 133 厘米，长 118 厘米，宽 75 厘米，重 875 公斤（一说重 832.84 公斤）。司母戊鼎不仅是迄今发现的中国古代最大最重的青铜器，也是目前世界上出土的古代最大最重的青铜器，其学术价值、艺术价值和技术水平之高是世所公认的。

经检测，司母戊鼎含铜 84.77%、锡 11.64%、铅 2.79%，比例适中。据现代科学研究，此鼎工艺复杂：鼎身与四足为整体铸造；鼎耳则是在鼎身铸成之后再装范浇铸而成（一说鼎耳预先铸好，后接铸在鼎身）；鼎身由 8 块外范构成，鼎底用 4 块外范拼成，每条鼎足由 3 块外范组成；鼎耳、鼎足中空。据测算，铸造此鼎所需金属原料超过 1000 公斤，并需要至少 120 个工匠的通力合作，充分显示出商朝青铜铸造业庞大的生产规模和杰出的技术成就。

商朝的青铜冶铸高居在世界青铜冶铸史的顶峰，不仅世界上没有任何一个国家或地区的青铜冶铸能超过商朝，甚至中国西周以后历朝历代的青铜冶铸也没有超过商朝的——尽管后世在技术上有新的突破，成就更有可圈可点之处。清朝前期修建圆明园时，监造海晏堂前“大水法”12 生肖青铜兽首的西洋人郎世宁的一席话就道出了这一事实。他说：“铸造这些青铜雕像十分困难，我不明白，（中国的）工匠们好像忘记了这一古老的手艺——据说郎世宁们最初设计的是西洋裸体女人的雕像，至少是裸露肌肤的西洋女子，这个方案毫无疑问会被乾隆帝断然否决。”②

中国中原的青铜时代虽结束于春秋时期，但青铜器的使用，尤其在武器制

① 一说妇好为商王武丁的王后，一说她是与商朝关系密切的其他部族的女首领。但妇好是擅长指挥作战的女将军则无争议。她是中国有文字记载的第一位女将军。其墓葬还是截至目前唯一知道墓主人身份的殷商大贵族墓葬。

② 引自北京科学教育电影制片厂出品，华夏电影发行有限责任公司发行的纪录片《圆明园》解说词。

造方面，一直到三国初期青铜兵器才退出中国的历史舞台。[①] 中原地区在进入铁器时代之后的六七百年间，竟还在生产和使用大量的青铜武器用于战争，这种情况在世界范围应该是不多见的。这些战争包括秦统一战争、秦末农民起义战争、楚汉战争、西汉与匈奴的战争、西汉末农民起义战争、东汉建朝战争、东汉末农民起义战争和军阀混战等，无论哪场战争、战役的规模、激烈程度等都是惊天动地、波澜壮阔的，但在使用的铁制兵器中还夹杂着大量的青铜兵器，这说明中国古代青铜冶铸技术的确高超。

三、中华文明钢铁冶铸的“早产早熟”

一般认为，中华文明进入铁器时代是在公元前6世纪前后的春秋中期[②]，即“童年时代”的末期，从绝对时间上说在世界范围也是比较晚的。[③] 但铁器时代中华文明“早产早熟”的特征更加鲜明。其主要表现为：首先，当此时代初期（含战国时期），古希腊原始氏族制正在解体并向文明时代过渡，而中国中原已处在奴隶制时代开始解体并向封建社会过渡时期，比古希腊至少早了一个社会发展

① 中国中原地区铁制工具替代青铜器大约在战国时期即已完成，但青铜器的制作与使用仍在延续，且更加精良。如东汉时期（25—220年）著名的青铜制品“铜奔马”（亦称“马踏飞燕”或“马超龙雀”，还有称“马踏飞鹰”等），出土于甘肃省武威市雷台汉墓，现藏甘肃省博物馆。马高34.5厘米，长44.5厘米，宽10厘米，重7.15公斤。其铸造工艺为范铸马身，然后再与马尾、马腿、蹄下飞鸟等部件分别铸合制作而成，铜腿内夹有铁芯以增强支撑力和强度。该品不仅铸造工艺在当时非常先进，而且其造型之美、平衡之美、对比之妙，堪称美轮美奂，一直被视为中国古代青铜铸造业技术高超的象征。1983年10月被国家旅游局确定为中国旅游标志，1986年被定为国宝级文物，2002年被国家文物局列入首批禁止出国（境）展览文物目录。

② 中国最早的锻炼铁器出现在商朝。河北省石家庄市藁城区和北京市平谷区南独乐河镇出土过两件商朝中期的铁刃铜钺。河南省鹤壁市浚县曾出土年代相当于商末西周初的铁刃铜钺和铁援铜戈——刃之直而上达曰援。但这几件兵器所用的铁都是利用天然陨铁锻造而成。据考古研究，中国用矿石冶铁的时间当不晚于春秋中期，春秋末年中国许多地区已使用铁器，因而中国的铁器时代应开始于春秋中期，即公元前6世纪前后。一说中国的铁器时代为战国至汉代。

③ 一说中国铁器时代起源于西周晚期，即公元前9—前8世纪。此说见张宏明：《中国铁器时代应起源于西周晚期》，《安徽史学》1989年第2期，第13、第14—17页。

阶段，同时也为“另三大文明古国”和古罗马文明所不及[①]；其次，铁器时代之初（即春秋战国时期）中华文明在冶铁方面所取得的成就又是世界第一，无人能比。

一般而言，世界各地冶炼铁器都是从锻造块炼铁开始的，即用木炭做燃料，在摄氏800—1000度的温度下还原铁矿石而成，其方法称“块炼法”。用“块炼法”炼出的铁是含非金属夹杂物较多的海绵状固体块，不仅含碳量很低，坚硬度不够，而且只能锻打，不能铸造，难以制作成形状较复杂的器物。另外，由于炼完一炉后，把铁块取出时，炉膛会受到破坏，因而不能连续生产，生产效率低，而且炉子矮小，产量也很小。[②]

在块炼铁技术层面上，中华文明与世界其他古文明一样，没有太多可圈可点之处。[③]中华文明在冶铁术上拉开与其他古文明的距离，是从下一个技术开始的，而且一下子拉开到惊人的距离。

冶铁技术的第二个阶段是锻铸铸铁（亦称生铁），即在摄氏1150—1300度的温度下冶炼出铁水，然后浇铸在模子里，待冷却后就可得到成形的铁器，这种方法称“熔炼法”。铸铁较之块炼铁的优点在于，非金属夹杂物较少，含碳量一般超过2%（一说在1.7%—4.5%；一说为2%—6.67%），质地比较坚硬。铸铁不仅避免了块炼铁的诸不足，还使冶炼和成形效率以及产品的产量和质量都大为提高。也许在当时的中国人眼里，这项技术没有什么了不起的，但当我们这些后人去进行比较时会发现，不比不知道，一比才知在这方面整个世界与中国的差距有多大。

从块炼铁到铸铁，是冶铁技术上的一次飞跃，需要一个发展过程。从世界

---

① 古罗马文明指罗马共和国（前6世纪末—前30年）和西罗马帝国（亦称罗马帝国。前30年—公元476年）时期的奴隶制时代。西罗马帝国末期发生的“隶农”制度和“保护农”制度，是大庄园经济衰落后所产生的封建农奴制的萌芽，但未及进入封建时代，西罗马帝国即告灭亡，古罗马文明随之陨落。

② 据《中国文物报》1990年1月26日头版，中国中原地区发现的年代最早的人工冶铁制品是河南省三门峡市虢国大墓出土的铜柄铁剑，被断定为西周晚期块炼铁制品，并得到学术界公认。另据《考古学报》1989年第3期，新疆维吾尔自治区文化厅文物处等撰《新疆哈密焉不拉克墓地》文，新疆地区开始使用块炼铁制品在商朝后期，时间为公元前14世纪至前12世纪，比中原地区还早。

③ 一说两河流域早在公元前2000多年就开始冶铸块炼铁，古希腊则是在公元前16至前12世纪。

范围看，这个过程需要 2000 年左右。以西方为例，从古希腊人于荷马时代锻造块炼铁开始，一直到 13 世纪欧洲人才开始应用铸铁。此时中国已经到了元朝和明朝之交。从块炼铁到铸铁，西方用时超过 2000 年。而中华先民冶炼铸铁最晚是春秋末期，即公元前 5 世纪，不仅比西方早一千八九百年（有说提早 2000 年），而且中原地区从冶炼块炼铁到锻铸铸铁用时仅一两百年。

迄今中国出土的并经过分析的最早的铸铁实物，是江苏省南京市六合区城桥街道春秋晚期墓葬群 1 号墓出土的一件铁块，经科学分析，是白口铸铁。这也是世界上最早的铸铁实物。另外，湖南省长沙市一春秋晚期墓葬亦出土一白口铸铁鼎。到战国早期，锻铸铸铁技术已经完全成熟并推广很快。这一时期出土的铁器多数是铸铁的，块炼铁已处于辅助地位。

中华文明之所以在铁器时代初期就能冶炼出铸铁，是与商朝和西周时期高超青铜冶铸技术分不开的。高超的青铜冶铸技术使中国早期冶铁业得以有多方面的技术借鉴，如竖炉的使用，竖炉可以提高炉温。商朝时利用竖炉可以将铜炉的温度提高到 1200 度，西周时期可以将铜炉温度提高到 1300 度。炼铜的竖炉后来发展为冶铁的高炉。中国是世界上最早采用高炉冶铁的国家或地区——不过春秋末战国初的冶铁高炉遗址至今尚未发现。

与竖炉、高炉同时使用的冶炼技术是鼓风系统的加强。中华先民在战国时期已采用人力压动的皮风囊鼓风，以提高铁炉的温度。

中华文明不仅很早就发明了锻铸铸铁技术，而且还很快发展起来一套热处理技术来改造铸铁。通过热处理的铸铁，可以改变性脆、韧性较差的不足。具体做法是，将铸铁件长时间加热，经高温退火，使铁中的化合碳发生变化，这样就可以改变其材质和性能。其中有一种方法叫作铸铁柔化（可锻化）处理，经过这样处理过的铸铁叫“可锻铸铁”（又叫“展性铸铁”），其性能介乎钢和铸铁之间，具有较高的强度。由于热处理的温度和方法不同，可锻铸铁又分成白心和黑心两种，前者以脱碳为主，所以又叫“脱碳可锻铸铁”，具有较高的硬度和强度；后者以石墨化为主，所以又叫“石墨化可锻铸铁”，具有较好的耐冲击性。前者在湖北省大冶市、河北省保定市易县有出土，分别为战国时代的六角锄，以及铁镢、铁镈等；后者在河南省洛阳市有出土，为战国初期的铁铲，是迄今中国发现的最早的可锻铸铁。战国中期以后，中原地区在农业、手工业和日常生活中，铁器得到广泛的使用，可锻铸铁的发明和发展起了重要的作用。

在中国古代白心可锻铸铁和黑心可锻铸铁发现之前，世界冶金史认为白心可锻铸铁是法国人于1722年发明的，所以称“欧洲式可锻铸铁”；黑心可锻铸铁则被认为是1826年由美国人试制成功的，所以称之为“美国式可锻铸铁”。实际上，早在2000多年以前，中国就已广泛应用这两种可锻铸铁了。毫无疑问，中国是可锻铸铁的“故乡”。

然而，还不仅如此，中华先民在冶金史上取得的又一项惊人成就是春秋末期即已经能够冶钢了，从而使中华文明的古代冶铁史更远远领先于世界，更加“早熟”。

钢和铁其实都是纯铁和碳的合金，只是含碳量不同。含碳量在0.5%—2%之间的叫钢，含碳量小于0.5%（一说为0.15%）的叫锻铁（亦称熟铁）——锻铁用铸铁精炼而成，将温度提到了1500多度，使铁矿熔化，再使用工具搅拌，以使碳氧化而排出。锻铁较之铸铁更有韧性和延性，容易锻造和焊接，但强度较低，且不能淬火。中华先民在冶炼出铸铁后不久，也是在春秋战国时期就已掌握冶炼锻铁的方法。

炼钢是冶铁史上又一次技术突破。湖南省长沙市一座春秋晚期墓葬中出土了一把中碳钢制成的剑（含碳0.5%左右），从其断面可以看出反复锻打的层次，这种钢被称为块炼钢。块炼钢是最原始的钢。其冶铸方法是反复加热块炼铁，并不断折叠锻打，将非金属夹杂物挤出，同时在与炭火的频繁接触中使之增碳而变硬，最终得到块炼渗碳钢（简称块炼钢）。长沙市这把钢剑的出土表明，春秋末期到战国初期，中国人已经学会冶钢。另外，河北省保定市易县战国晚期墓葬也出土一把块炼钢剑，长100.4厘米，比当时一般的青铜剑长一半左右，并且还经过淬火，应该是当时世界上相当先进的武器了。这种钢在战国文献中已有记载，称为“钜”。《荀子·议兵》：“宛钜铁釶，惨如蠭虿。”意思是宛地（今河南省南阳市）所造的钢铁长矛，像黄蜂一般狠，像蝎子一样凶。可见钢制武器出现初期在战争中对人造成的伤害有多恐怖。

战国早期，中华先民还发明了一种铸铁脱碳钢工艺，即先制取白口生铁铸件，然后在氧化性气氛中脱碳退火，使其含碳量降低到钢的成分范围而不析出或很少析出石墨（成分为碳的矿物）。这种钢的金相组织和近代的钢已很相似。

铸铁脱碳钢的发明具有十分重要的意义。古代世界一般没有铸钢，而锻钢的冶炼和加工效率都低，并且一般含杂质都比较多。中国古代利用生铁容易成形、含非金属夹杂物极少的优点，通过脱碳退火的方法，得到一种在成分上、性能上和近代铸钢件近似的铸件，这是中华文明的一项重大发明。[①]

从块炼铁到铸铁和钢，还包括锻铁，几乎同时出现在中华冶铁史最前面的篇页上，这在全世界都找不到哪怕是多少接近一些的例子，因而既是世界冶金史上的奇迹，更是中华文明的骄傲。

第三节 “童年时代”的古希腊文明与中华文明之比较

既然中华文明“早产早熟”的话题缘起于古希腊文明的“成熟”，那么将两个文明再做一些具体对比，既可以看到“早产早熟”给中华文明“童年时代”带来的一些“弱性发展”，即发展得不够充分的一面，也可以更加感受“童年时代”中华文明“早产早熟”的特点和特征。

“正常的儿童”古希腊人创建文明的时间是公元前 12 世纪到前 8 世纪。此时中国中原地区处于商朝后期到西周时期。

---

① 战国以后的中国炼钢技术不断提高。至晚在西汉中期，出现“百炼钢”，即在制造块炼钢过程中增加反复加热锻打的次数，使非金属夹杂物进一步减少、变小，这样的钢其成分均匀、组织致密、强度增高、质量更高。西汉后期，又出现生铁炒炼成钢的新方法，即将生铁加热成液态或半液态状态，加以不断搅拌，好似炒菜一样，利用空气中的氧使之脱碳，以获得不同含碳量的钢，这种钢被称为“炒钢”。用炒钢做原料来锻制百炼钢件，不仅消除了由块炼铁做原料时所带来的大块非金属夹杂物，而且简化工序，提高质量。由于炒钢的生产过程分两步走，先炼生铁，后炼钢，因而是两步炼钢的开始，具有划时代的意义。类似的技术在西方直到 18 世纪中叶方由英国人发明，并在产业革命中发挥了很大作用。马克思曾怀着极大的热情给予了很高的评价，称不管怎样赞许也不会夸大了这一革新的重要意义。另外，创始于魏晋南北朝时期的灌钢技术，是中国古代钢铁冶铸史上的又一项独创性发明。其工艺过程大致为：将熔化的生铁和熟铁合炼，这样生铁中的碳分会向熟铁中扩散，并趋于均匀分布，且可除去部分非金属夹杂物，而获得优质钢材。在 1740 年（一说 1742 年）英国人发明坩埚炼钢以前，灌钢法一直是世界上最先进的炼钢技术。

但在此之前，即公元前2000年左右，在希腊半岛东部爱琴海中的克里特岛上曾产生过一个文明，并已发明文字，后来传播到希腊半岛，其生产力水平已处于青铜时代。克里特岛文明衰落后，文明中心转移到希腊半岛南部靠海边的迈锡尼，仍是处在青铜时代。约公元前1200年，迈锡尼文明被毁灭掉——灭亡原因存在很大争议。这个“前古希腊文明”被称为“爱琴文明”或“克里特-迈锡尼文明”，亦可以被看作“早产早熟”的文明，当然它也只有“童年时代”便“早夭”了。爱琴文明灭亡后，这一地区又回到了原始社会。爱琴文明存在时间相当于中国中原的夏朝前期到商朝后期。

古希腊文明是以希腊半岛为中心发展起来的文明。希腊半岛分为北希腊、中希腊和南希腊三大部分。著名的马其顿王国位于北希腊，最著名的城邦雅典和斯巴达分别位于中希腊和南希腊。后来，古希腊文明的范围远超出希腊半岛，具有某种“世界级”的影响意义。

一、不一样的生产力水平“打造”出一样的社会发展阶段

“正常的儿童”古希腊人在公元前10世纪以后已普遍使用铁器，从而社会进步很快——此时中国中原处于西周前期。恩格斯说：“铁剑时代，但同时也是铁犁和铁斧的时代。铁已在为人类服务，它是在历史上起过革命作用的各种原料中最后的和最重要的一种原料。所谓最后的，是指直到马铃薯的出现为止。铁使更大面积的农田耕作，开垦广阔的森林地区成为可能；它给手工业工人提供了一种其坚固和锐利非石头或当时所知道的其他金属所能抵挡的工具。”①

从世界范围看，铁的这种伟大作用在古希腊表现得最为显著。由于铁器的普遍使用，使得生产力提高，从而引起生产关系发生变化，最终古希腊人的原始氏族公社解体，奴隶制生成，进入到文明时代。

---

① 恩格斯：《家庭、私有制和国家起源》，《马克思恩格斯全集》（第21卷），人民出版社1965年9月出版，第186页。另，马铃薯原产南美洲安第斯山，迄今已有7000年的栽培史。印第安人为它的驯化、人工栽培、耕作模式、育种、储藏、加工、食用等作出了决定性的贡献。16世纪30年代，西班牙殖民者“发现”了马铃薯，50年代他们将薯块传入西欧，70年代初开始在西欧零星种植。马铃薯的块茎作为食品出现在人类历史上可以称为是一件划时代的大事，因此恩格斯把马铃薯的出现和使用铁器并重。

公元前 8 世纪开始，古希腊各地建立了奴隶制的城邦国家，古典文明逐渐形成——此时中国中原处于西周和春秋之交。更重要的是，铁器时代这一历史条件使得古希腊人在文明和文化创造上取得了“在人类发展史上为其他任何民族所不能企求的地位”。①

与古希腊人相比，中华先民不仅是在“手无寸铁”的情况下进入到文明时代的，而且中华文明产生时中华先民手里几乎连像模像样的青铜器都没有。实际上，中华先民是手持石器工具进入到文明时代的，并将石器的使用一直延续到“童年时代”的末期。

一般认为，文明的萌芽是在原始社会父系氏族公社末期发生的——中国中原地区著名的父系氏族公社文化是龙山文化，其因首先发现于今山东省济南市所辖章丘市之龙山街道办事处（原称龙山镇）而得名。在此之前，由于生产力水平低下，人们生产出的产品，如种植的农作物、猎捕的动物、磨制出的各种工具、手工制造的陶器、纺织品等，仅够氏族公众食用、使用，而不会有所剩余。但随着生产力的提高，农耕经济的进步，以及在此基础上畜牧业、手工业、商业等经济部门相继产生和独立，于是氏族公社生产的产品开始有了剩余，而且越来越多，但“麻烦”也随之而来。这个“麻烦”就是由谁来看护看管这些剩余产品？按照氏族制的“本能”，剩余产品理所当然应该由具备“高尚道德情操”的首领来看护看管。

再以后，随着生产力的继续提高，剩余产品越来越多，于是大首领看护看管不过来的部分便由二级首领负责看护看管，再多则由三级首领看护看管……久而久之这些“德高望重”的各级首领们便利用“职权”将这些原本属于全体氏族公社民众共有的剩余产品先是小部分地，而后是大部分地，再后是越来越多地，逐渐据为己有。与此同时，私有观念、财富观念产生，贫富分化形成。

私有观念、财富观念产生以及贫富分化形成的这一发展过程，既为考古发掘所证实，也为民族学研究所证明。从考古发掘来看，这一时期的墓葬有的墓穴中除了遗骸，空无一物；有的则随葬有猪骨头、牛骨头、羊骨头等，还有玉

① 恩格斯：《自然辩证法》，《马克思恩格斯选集》（第 3 卷），人民出版社 1972 年 5 月出版，第 468 页。

石制作的钺、璧什么的，明显出现了贫富分化，产生了私有观念、财富观念。随葬品的多寡不仅显示出等级意识的出现，而且钺还有象征权力的含义，因此权力的意识也已产生。这些迹象表明，氏族制的“丧钟”已经敲响，新的、高级的社会形态正在“扑面而来”。至于民族学研究，如新中国成立之初，一些学者曾对西南边远地区有些尚保留此阶段一些残迹的少数民族进行研究，亦发现上述现象的存在。

氏族公社的解体是分成“两条线路”齐头并进发展的：一条是私有观念产生，最终导致私有制出现；另一条是贫富差别形成，各级首领逐渐转化为富有的氏族贵族，广大公社民众则沦为贫困的平民，与此同时剥削奴隶劳动越来越多地出现，最终导致阶级产生。随着私有制的出现，阶级的产生，历经数百万年甚至更长时间的原始社会终于结束，人类社会终于摆脱了野蛮蒙昧状态而进入到文明时代的奴隶社会。彼时距今只有几千年时间。

古希腊人和中华先民拥有不一样的生产力水平，却取得一样的效果，即产生剩余产品，引出私有观念产生，推动私有制形成；造成贫富分化，导致阶级产生。为什么中华先民用石头、青铜做工具就能取得的“成就”，古希腊人非得要“等到”使用铁制工具时才能达到同样的效果呢？

回答这一问题还是得从地域环境上去寻找最根本原因。中华先民用石头、青铜做工具就能取得古希腊人必须使用铁制工具才能取得的效果的根本原因，是“一方水土养一方人”造成的。

虽然古希腊人在进入文明时代之初时与中华先民一样，也是以从事农耕为主的——古希腊的粮食生产以大、小麦及豆类为主，但古希腊人经营农耕经济的自然条件要差很多。首先，希腊半岛多山，平原很少，“除了帖撒利亚盆地之外，希腊简直没有重要的平原或草原”①。平原面积不超过整个半岛面积的 20%。希腊半岛不仅土地狭小，而且还不肥沃，土质贫瘠，有三分之一的土地不宜耕种，其余的或因雨量不足，或因土壤侵蚀，条件也不好，因而出产量有限，一些地区所产粮食甚至不能自给。以古希腊著名城邦雅典所在的阿提卡半岛为例，

① （苏联）B.C. 塞尔格叶夫著，缪灵珠译：《古希腊史》，高等教育出版社 1955 年 5 月出版，第 4 页。

这里出产的谷物只够本地四分之一人口的粮食消费。其次，希腊半岛的气候条件也很不好。这里是典型的地中海式气候，降雨多在 8 月至转年的 3 月，而以冬季最为集中，能占到三分之二。但在整个夏季里，地中海沿岸的大部分地区经常几个月不下雨，来自欧洲大陆的干热北风频频吹向南面的地中海，因而天气晴朗而炎热。雨热不同季，十分不利于农作物的生长——不过有利之处是夏季日照时间长，保证了农作物的成熟和果木如葡萄和橄榄树的生长。第三，希腊半岛上无大河，河流都很短，而且上下游落差很大，因而贮水能力有限。加之夏季天气炎热，降雨少而蒸发快，河流往往是涓涓细流，或完全干涸，这又给农业的人工灌溉造成很大困难。

在这样的土壤、气候和水资源条件下，古希腊人以及最初的土著皮拉斯吉人和勒勒吉人等，在使用石制、铜制工具的生产力水平上，难以提高粮食产量，难以促动社会经济的发展，无法推动社会的进步。因而必须要到进入铁器时代，借助大量坚硬、锋利的铁制工具，并实行多种经营，古希腊人才能产生出剩余产品，从而推动社会向文明时代迈进。其实，即使进入到铁器时代，古希腊农夫的劳作仍是十分艰辛而难得富足的。古希腊著名诗人希西阿德在其史诗《田功农时》中提到，“一个希腊农民必须在一年四季里不停地劳作，既从事谷物生产，又兼营园艺种植和畜牧，才能勉强维持生计，若有半点怠惰，则将受贫困煎熬”。[①] 这说明在使用非铁制生产工具的条件下，无论古希腊人怎样艰辛劳作，都只能忍受贫困的煎熬，而不可能使社会跃升到文明时代——类似中国农民祖祖辈辈埋头在地里辛勤劳作，但永远也富足不起来一样。

另外，无论希腊半岛，还是爱琴海诸岛（后来成为古希腊文明中心的一部分），地域空间狭小，回旋余地十分有限——这也应该是古希腊人在铁器时代之前无法像中华先民以及“另三大文明古国”的创造者那样创造出文明的一个重要原因。而人口少则是铁器时代之前古希腊人无法创造出文明的一个重要的人文因素。生产力水平低，人口少，劳动力不足，也很难有富裕的产出。

---

① 希西阿德（约前 750—前 700 年），又译赫西俄德，出生于中希腊的彼奥提亚，生活时代稍晚于荷马。《田功农时》是一部教谕诗，也被认为属于史诗，但描写的是农时节令和当时社会的情况，如描写古希腊人的生活艰苦、歌颂辛勤劳动的农夫、谴责贵族的骄横等，几乎没有什么神话的成分。它是古希腊流传下来的第一首以现实生活为题材的诗作，且风格清新自然。

与希腊半岛相比，中国最先发达起来的中原地区，土地辽阔，耕地面积广大，黄土的肥力尚可；河流众多，尤其黄河流经此地，水源充足；温度适宜，雨量适中，雨热同季。加之，人口众多。最重要的是土质疏松，易于耕种，不仅使用石头、木头、骨头、蚌壳等制成的工具就能开垦出来，而且到新石器时代的末期即能达到产生出剩余产品的效果，致使中华文明过早产生。因此，虽然与古希腊铁器时代的生产力水平相差很大，但取得的效果却一样，并使中华文明"早产早熟"。这一点应该令中国人深感自豪。当然最该感谢的是我们脚下和头顶被称为"中国"的大地和天空。

二、不一样的生产力水平产生不一样的奴隶制度

由于生产力水平不一样，因而"童年时代"的古希腊和中华文明实行的是不一样水平的奴隶制度：前者发达，后者不发达。

古希腊奴隶制发达的主要表现为：其一以奴役单个奴隶为特征；其二有着发达的买卖奴隶贸易和债务奴隶制；其三战争频仍，战俘奴隶众多①，因而古希腊奴隶的人数远超自由民。以雅典为例，奴隶与自由民的比例最高达 12 比 1②，

---

① 据记载，希波战争期间，约公元前 467 年（这个年代不太确定），雅典率盟军于小亚细亚南岸攸里密顿河口大败波斯军，所获俘虏在两万以上，全部卖为奴隶（见刘家和主编：《世界上古史》，吉林人民出版社 1980 年 12 月出版，第 234—234 页）。另据记载，公元前 427 年，斯巴达攻陷普拉提亚，200 余人被杀，妇女沦为奴隶；公元前 425 年，克基拉的民主派战胜贵族，把所俘妇女卖为奴隶；公元前 422 年，雅典攻占托伦，将其妇女、儿童卖为奴隶；公元前 421 年，雅典攻陷斯奇翁，杀其丁壮，卖其妇女、儿童为奴隶；公元前 416 年，弥罗斯陷于雅典，丁壮被杀，妇女、儿童被卖为奴隶；公元前 363 年，底比斯攻占奥昆门，杀其男子，卖其妇女、儿童为奴隶；公元前 353 年，雅典攻占塞斯托斯，杀其丁壮，而以其余俘虏为奴隶；公元前 346—前 345 年，埃里斯和阿卡地亚联合镇压了一支为埃里斯流亡者作战的雇佣军，瓜分了约 4000 名俘虏，阿卡地亚将其所分俘虏作为战利品卖了（见刘家和主编：《世界上古史》，吉林人民出版社 1980 年 12 月出版，第 243 页注）。可见古希腊城邦制下的频繁战争，使得自由民与奴隶之间往往"无缝对接"，自由民"瞬间"沦为奴隶是司空见惯的事情，甚至连贵族也不能幸免，古希腊奴隶制之发达可见一斑。

② 据记载，公元前 308 年，雅典有奴隶 40 万，公民 2.1 万，定居的外邦人 1 万（见刘家和主编：《世界上古史》，吉林人民出版社 1980 年 12 月出版，第 243—244 页）。其他说法还有：雅典人 6.7 万，外邦人 4 万，奴隶 20.6 万；雅典人 15 万—17 万，外邦人 3.5 万—4 万，奴隶 8 万—10 万，至多不超过 12 万；雅典奴隶不超过总人口的 1/3 或 1/4，数量为 6 万—8 万；雅典人 16.8 万，外邦人 3.2 万，奴隶 20 万（见刘家和主编：《世界上古史》，吉林人民出版社 1980 年 12 月出版，第 239 页注）。

有的奴隶主拥有上千的奴隶[①]，甚至农夫也有占有一两个奴隶的[②]。

发达的奴隶制度不仅解决了古希腊劳动力不足的缺憾，活跃了古希腊的城邦经济，而且提高了古希腊城邦的生命力。因此恩格斯说："没有奴隶制，就没有希腊国家。"[③]

相比之下，中国中原地区奴隶制是不发达的，奴隶制经济也是不活跃的 。

西周建立后，周族人对失去政权的"商遗民"（亦称"殷遗民"），以及其他被统治族，也同样都是按部族、家族分封给各诸侯国统御，没有打破其部族、家族内部的结构。如西周初实行分封时，鲁国分得"商遗民"六族，即条氏、徐氏、萧氏、索氏、长勺氏、尾勺氏；卫国分得七族，即陶氏、施氏、繁氏、锜氏、樊氏、饥氏、终葵氏；晋国（最初称唐国），分得殷商怀姓九宗。[④]

西周时各诸侯国按家族、宗族统御"商遗民"的情况，在考古发掘中也得到认定。如出土于北京市房山区琉璃河镇黄土坡村及附近地区的西周燕国早期贵族墓葬群中的"克盉""克罍"两青铜器，其铭文即记载了成王命燕国第一代国君克来此统御"商遗民"等六族之事。铭文的大意是："成王命令：'太保，你用盟誓和清酒来供奉你的君主，我非常满意你的供享，命克做燕地的君侯，管理和使用羌族、叡（zhā）族、微族等六族。'"太保即是克的父亲召公。燕国是召公的封国，但召公要留在天子身边辅政，故没有赴燕，而是派长子克来燕代他统治。燕侯克统御的六族人中，除了土著部族外，有在商朝后期逐渐从中原地区迁徙而来的商族人的疏远家族，还有随克自中原地区迁徙而来的商朝王族或亲族等。

为了统治的便利，分得"商遗民"的各诸侯国都要求其首领继续统御其族。如鲁国规定："殷民六族……使率其宗氏，辑其分族，将其类丑，以法则周公，用即命于周。"[⑤] 即要求各"商遗民"首领率领本宗各氏族，集合其余的小宗族，统御自己的奴隶，服从周公的法制，归附周朝，听取命令。

① 见刘家和主编：《世界上古史》，吉林人民出版社 1980 年 12 月出版，第 244 页。

② 见刘家和主编：《世界上古史》，吉林人民出版社 1980 年 12 月出版，第 235 页。

③ 恩格斯：《反杜林论》，《马克思恩格斯选集》（第 3 卷），人民出版社 1972 年 5 月出版，第 220 页。

④ 见《左传・定公四年》。

⑤ 见《左传・定公四年》。

不仅如此，各诸侯国对“商遗民”首领均采取拉拢的政策，仍将其纳入统治阶层中，以佐助西周贵族的统治——实际上从商朝末年商纣王曾任命西伯昌（后来被追谥为周文王）、九侯和鄂侯3个其他部族的首领为所谓“三公”亦可看出，商朝统治者对各族首领既有打压的一面，也有拉拢的一面。只是商纣王已不能很好地执行这一政策，而且更由于其本人的荒淫残暴而使得这一本有“良效”的政策最终走向了反面，造成九侯和鄂侯被杀，西伯昌被囚羑里的悲剧，并推进了周族等族灭亡商朝的决心和步伐。①

西周时期各诸侯国将“商遗民”首领纳入统治阶层的策略，在北京市房山区琉璃河镇黄土坡村及附近地区的西周燕国早期贵族墓葬群中发现的“商遗民”家族“举族”的墓葬群得到证实。

目前房山区琉璃河镇黄土坡村及附近地区已发掘出的“举族”墓葬分别编号为50、51、52、53和54。其中53号墓主人名为“攸”，其葬制为一棺两椁（椁，亦作槨，为古代套在棺材外面的大棺材。等级越高，外椁越多），出土的陪葬品有陶器18尊、青铜器礼器5件、玉器1件、青铜兵器和石器若干、贝币数十枚、牛腿骨1只。按照西周丧制，他应属于中等级别的贵族。有专家推测，攸可能是中等级别的将军。不过令人不解的是，其陪葬车马坑中竟出土一辆疑似“天子”才能乘坐的6匹马拉驾的马车，即“天子驾六”的遗迹。由于车身已失，且只出土少量金属车件，因此至今难以确定是否真的是“天子驾六”形制，至于其在此作为随葬品的原因则更难以说清，但它能证明攸在燕国所受待遇不低的事实。在此葬坑及陪葬车马坑中还发现分别为9岁、13岁和十几岁（身高为1.5米）的3名殉葬男孩遗骸，另外还有殉狗2只，这些都显示出其身份一定是商朝后裔。在确定墓主人名攸的“攸簋”之17字铭文中记载，攸曾获得燕侯赏赐的30枚贝币，然后熔化这些贝币——当然还得再添加一些，为自己已故的父亲制作成此宝器。显然作为“商遗民”贵族的攸是受到西周燕国贵族的优待和怀柔的，他也是统治集团中的一员。

而52号墓名为“复”的“商遗民”贵族地位更高。其葬制虽也是一棺二椁，

---

① 《史记·殷本纪》：“百姓怨望而诸侯有畔者，于是纣乃重刑辟，有炮格之法。以西伯昌、九侯、鄂侯为三公。九侯有好女，入之纣。九侯女不憙淫，纣怒，杀之，而醢九侯。鄂侯争之彊，辨之疾，并脯鄂侯。西伯昌闻之，窃叹。崇侯虎知之，以告纣，纣囚西伯羑里。”

并只殉葬了一名12岁左右的男孩[①]，但墓中出土了象征权力和高等级地位的铜鼎“复鼎”。该鼎与另一青铜器“复尊”的铭文显示，燕侯曾赏赐给复若干华丽的服饰、男女奴仆和大量的贝币。不仅如此，带“匽侯”（即“燕侯”）字样的盾牌状饰物在此墓中的出土，更说明复很有可能是经常伴随燕侯左右的近臣。因为这种“盾饰”一般是用于祭祀、朝贺及宴享等大典上举行“武舞”的道具——武舞是一种手执斧、盾而舞的舞蹈，始于西周，用以歌颂统治者的武功。另外，复拥有两个陪葬车马坑，其一陪葬有1辆一马驾车，另一则陪葬了1辆四马驾车——此为迄今北京地区出土最早的四驾马车遗迹。从整车随葬、马头朝南等可以看出，该墓仍保留着与中原地区几乎完全一样的商朝贵族的丧葬传统。而这一切都显示出，作为“商遗民”首领的复不仅是燕国统治阶层中的一员，而且还是受到很高礼遇的高级贵族。

另据考古发掘，除今北京市房山区外，举族还可能分布在今河南省安阳市、山东省济南市长清区和临沂市费县等地。有专家推测，举族可能与商王同姓，属于王族的一支；来到今北京市房山区的举族，应是随第一代燕侯克自中原地区北迁到此的。

西周末年，周幽王时，郑桓公（前806—前771年在位）[②]眼见关中地区将成祸乱之地，为避战火，他采取举国东迁举措，把财产、部族、家属连同作为奴隶的“商遗民”后裔迁出今陕西省，前往位于今河南省的东虢和郐两国之间的地区安置。到其子郑武公（前770—前744年在位）时，先后攻灭郐和东虢，定都新郑（今河南省郑州市所辖新郑市）。由于在此过程中，“商遗民”后裔与郑国统治者同甘共苦、患难与共，于是在安定下来之后，郑国统治者废除了他们的奴隶身份，并让他们继承祖先的传统，到各地去经商——商族人本身就是擅长商业贸易的部族，据说做买卖的人被称为“商人”就是来自西周时对商族人的简称。春秋时期郑国的商人一度曾遍及天下，为郑国积攒了很大的人气和人脉。当时郑国最有名的商人应该是弦高，他曾假扮国君使臣主动“慰劳”前

① “只殉葬”之“只”，是说与“攸”墓相比，“复”墓所用殉葬者少而已，并非替“复”感到委屈，更非赞赏此制。用活人为死去的贵族殉葬，是中国古代野蛮无道、残酷不仁的制度之一，到明英宗下令废止为止，在中国古代盛行数千年，是必须受到严厉批判的极不文明行为。

② 郑桓公，名友，周宣王之弟，公元前806年被封于郑（今陕西省渭南市华县东）。

来攻打郑国的秦军，并秘密遣人回去报信，让郑国做好战斗准备，最终迫使秦人不得不放弃了最初的军事意图。弦高也因此成为中国历史上商人爱国的典范之一。①

在郑国的带动下，以及生产力的提高、井田制的废除，各国相继解除了对“商遗民”后裔的限制。

由于奴隶制不发达，因而“童年时代”的中华文明就缺少了古希腊文明那样的“完美”表现。甚至，由于相比起古希腊——包括与古罗马相比，中国中原地区的奴隶制不发达、不典型，因此有学者认为中国中原历史上不曾出现过奴隶制社会②。这样的争论恰是中华文明“早产早熟”所带来的结果，即奴隶制发育不良。

三、不一样的生产力水平决定不一样的文明形态

此“文明形态”指外向型或内向型。古希腊文明呈外向型，中华文明则呈内向型；古希腊外向型文明具有开拓和扩张的特质，后来发展为军事帝国模式，而中华文明自始至终也没有军事帝国的思维和行为。中国历史上“秦帝国”“汉帝国”“唐帝国”“宋帝国”“元帝国”“明帝国”“清帝国”等称，一是表达中国封建时代是以皇帝为首的专制王朝；二是表达中国封建王朝的疆域广大和文明强盛。

古希腊文明和中华文明不一样的形态，其根本原因还是地域环境不同所致。古希腊文明的中心希腊半岛及爱琴海诸岛，地域狭小，人们可轻易出国，出进方便；中华文明则处于辽阔的大陆，无论向哪个方向走，都是旅途遥远，行路艰难，出行不便。因此，前者是海洋文明的模式，活泼好动，背井离乡亦无牵

---

① 公元前 627 年，秦军偷袭郑国，“及滑，郑商人弦高将市（做买卖）于周，遇之。以乘韦（四张熟牛皮）先、牛十二犒师，曰：‘寡君闻吾子将步师出于敝邑，敢犒从者，不腆敝邑，为从者之淹，居则具一日之积，行则备一夕之卫。’且使遽告于郑。”秦军无奈，遂灭滑国而归，但在崤山（今河南三门峡市东南）遭晋军伏击，全军覆没。（见《左传·僖公三十三年》）

② 沈长云：《中国古代没有奴隶社会——对中国古代史分期讨论的反思》，《天津社会科学》1989 年第 4 期，第 86—91 页。

无挂，甚至乐此不疲；后者则带有浓郁的农耕文明色彩，喜静不喜动，尤其亲情难舍，盛行“儿行千里母担忧”之情，中华先贤孔老夫子①更强调“父母在，不远游，游必有方”②。

另外，铁器时代的大背景也是造就古希腊文明外向型特征的重要原因。借助领先于当时周边广大地区的铁制兵器优势，古希腊人曾征服广大地区，掠夺了巨额财富，并从捕获和贩卖奴隶贸易中获取巨大利益，从而促进其奴隶制社会的发展，所以从其进入文明时代伊始就始终是外向型的。

古希腊文明呈外向型特征，还与其商业发达、海外贸易兴盛有关。希腊的地域环境虽不利于谷物的生产，但有利于葡萄、橄榄树的生长。葡萄、橄榄树满山遍野地生长在山丘之上，不仅不需要与谷物争夺本来就狭小的平原耕地，而且由于不利于谷物却有利于葡萄、橄榄树生长的气候等原因，长势良好，产量很大。古希腊的葡萄酒、橄榄油很早就输出国外，成为重要的出口产品。

不仅如此，早在公元前 7 世纪时，“以葡萄及橄榄种植为主要内容的园艺业逐渐取代谷物种植业成为希腊农业的主要生产形式，这一转变对于促成手工业与农业的分离及希腊经济的商品化意义十分重大”③。因为园艺业不是单纯的种植业，除了种植葡萄、橄榄等农事工作外，还有榨取葡萄汁、橄榄油，酿造葡萄酒，以及成品的封存、包装、运输、出售等多道手工业、商业工序，其本身就是多种经营的模式。而且，前已述，古希腊的农夫为了养家糊口还需要兼营畜牧业如养羊等，致使其又增添一种经营方式。同时，城邦制下的以城市经济为核心的模式，也促使手工业与农业的较早较快分离。随着城邦制的发展，为满足居住在城内居民生活需求的各种手工行业蓬勃发展起来，如制陶、制革、制铁、制鞋、建筑、家具制造，等等，这使得手工业从业者的规模非常庞大，

---

① 孔子（前 551—前 479 年）生活的时代，正是古希腊“古风时代”（前 8—前 6 世纪）和“古典时代”（前 5—前 4 世纪）交接之时，也即古希腊各奴隶制城邦形成并达到鼎盛时期。而“古风时代”，亦称殖民时期，是大量古希腊人远离故土，背井离乡，在地中海周边和岛屿以及在小亚细亚等地广泛建立殖民地的时代。

② 见《论语·里仁》。

③ 林忠泽：《析古希腊奴隶制经济的外向型特征》，《华南师范大学学报》（社会科学版）1997 年第 2 期，第 101—106、第 114 页。

以致雅典手工业者甚至被称为是与贵族和农民并称的“三大阶级”之一。[①] 反观中国战国时期的小手工业者，人数较少，尚构不成阶级，因此其思想意识的代表墨家总是遭遇电影《墨攻》那样的尴尬——当权者大难临头时即对墨家“言听计从”，危急一过便“我行我素”，弃墨家于不顾，任凭墨家“心急如焚”“指天赌地”地痛陈得失及严重后果也“无动于衷”。而墨家所结成的那样的团体，甚至制作和施行着严于国法的内部“纪律”，其实反映的恰恰是当时私营手工业不发达和处于弱势群体的状况。实际上，在中国中原历史上，私营手工业最活跃的时候仅仅是战国到西汉前期这点时间，而且中间还“夹”着一个严格控制手工业的秦朝。

再以后，随着古希腊城邦制的进一步发展，人口的增长，从公元前 6 世纪开始，手工业各部门的专业化程度越发提高，内部分工日益扩大。在一些城市中，甚至出现专门制作男鞋或女鞋的工匠。有鉴于此，作为思想家的柏拉图也关注到这一社会现象，曾出言劝告人们不要既做铁匠又做木匠，以免业务不精。[②]

手工业各部门专业化程度的提高，不仅使各生产者之间的相互依存关系更加突出，而且推动了商品交换，促成商业经济的繁荣，从而为古希腊文明的外向型发展提供了坚实的物质基础。

不过，由于多山，希腊半岛各地区间的交通不甚便利，因而尽管各城邦商业经济一片繁荣，但城邦与城邦之间的商业往来并不密切，更未形成统一的市场，因而缺少政治统一的经济基础以及要求统一的人文意识及强烈呼声。另一方面，由于海湾深、港口多，爱琴海上岛屿星罗棋布，因而古希腊人航海和对外贸易的条件非常好。在很早的时候，古希腊人就用本土生产的陶器（希腊拥有优质的陶土）、金属器物（希腊有许多金属矿藏）、葡萄酒、橄榄油等，与埃及、西亚和黑海地区等地换取奴隶、谷物、木材、贵金属和其他生活用具等。由于严重依赖外贸，如粮食需要大量进口才能维持消费平衡，因而发达的对外贸易不仅是古希腊经济生活不可或缺的补充，更是维持各城邦政治和社会正常运转的必备前提。这样维护对外贸易的正常开展就成为各城邦的基本职能，这

---

① （古希腊）亚里士多德著，日知、力野译:《雅典政制》，三联书店 1957 年 5 月出版，第 8—9 页。

② （法）J. 杜丹著，志扬译:《古代世界经济生活》，商务印书馆 1963 年 1 月出版，第 51 页。

也是古希腊外向型文明形成的政治基础和政治保证，同时也进一步消除了各城邦政治统一的意识理念。

古希腊文明外向型特征最早是通过向海外大殖民体现出来的。早在古风时期，即各城邦形成时期，古希腊就进行了广泛的殖民活动，开展起轰轰烈烈的去别人的土地上抢夺别人的土地和利益，奴役别人，建立新的城邦国家的运动。①

古希腊大殖民运动的人文背景是，随着生产力的提高，社会经济的发展，人口快速增长，但可耕地严重不足，加之希腊人实行诸子均分的继承制度，因而越来越多的人难以维持生计，造成债务奴隶制盛行，各城邦失去公民权的人越来越多。于是，为获得公民权，以及免除债务奴役和保有小块土地得以生存，这些人的出路往往就是海外殖民。另外，当时各城邦普遍存在的平民与贵族的复杂斗争，也是殖民运动产生的重要原因。

古希腊人的殖民活动是对有关地区居民的侵略行为。殖民者所到之处，首先要占地、筑城，并霸占当地人的土地分给殖民者，使之成为新建殖民城邦的公民。殖民者还掠夺当地人的财富以及掠夺当地人为奴隶，是赤裸裸的野蛮侵略行径。

当时古希腊人大殖民的范围，较近处包括爱琴海北岸和希腊西北部的一些地区——这些地区大都在今希腊境内；较远处包括：东方的赫勒斯滂（今达达尼尔海峡）、博斯普鲁斯海峡和黑海沿岸许多地区，西面的意大利半岛、西西里岛等许多地区以至高卢（今法国）南部和西班牙东南部，南面到地中海的非洲北岸。若无先进的铁制武器，古希腊人在如此辽阔的地区从事殖民侵略活动是不可能成功的。

由于古希腊人的殖民活动是在小国寡民的城邦体制条件下进行的②，因而大

---

① 实际上，公元前 8 世纪以前，古希腊人已开始向外移民。商人外出经商，破产者去海外谋生，占据某些殖民点定居下来。公元前 8 世纪开始的大殖民，促进了古希腊的阶级分化与奴隶制城邦的建立和发展，是古希腊文明的重要内涵。

② 斯巴达是古希腊诸城邦中最大的，领土约 8400 平方公里，约相当于今北京市面积的一半。其次大的是雅典，领土约 2550 平方公里。有些城邦小的令人称奇，如攸卑亚岛虽为爱琴海中仅次于克里特岛的第二大岛，但只有 3770 平方公里的面积却有 6 个城邦；中希腊的弗西斯面积约 1650 平方公里，竟有城邦 22 个之多，每个城邦平均领土面积只有 70—75 平方公里。见刘家和主编：《世界上古史》，吉林人民出版社 1980 年 12 月出版，第 217 页注。

殖民的结果，不仅未能建立起统一的国家，反而使城邦政体在本土得以巩固和发展，并在海外建立起更多的殖民城邦。

古希腊人所建的每一个殖民地，都是依照本土“母邦”形式组成的新的城邦。新建的“子邦”一般带来“母邦”的风俗习惯和传统，但不受“母邦”的控制，一般享有政治上的独立地位。有些殖民“子邦”又有人外出建立新的殖民城邦，成为本土“母邦”的“孙邦”。显示出古希腊人难以抑制的渴望“离家出走”的习惯和传统。

古希腊文明的这种外向型特征，在希腊化时代更加显著地表现出来。希腊化时代的始作俑者是马其顿国王亚历山大（前356—前323年。前336—前323年在位）——后来称为亚历山大大帝（马其顿历史上的亚历山大三世），但其实应始于其父腓力二世（前382—前336年。前359—前336年在位）。公元前338年，腓力二世征服了古希腊诸城邦，获得了对全希腊的领导权，随后就着手准备组织联军进攻波斯。

组织联军进攻波斯的决定是在公元前338年（或前337年）腓力二世召集的全希腊会议——科林斯会议上作出的[①]，是与会者共同决定的，这就令人不得不产生兴趣了。

因为进攻波斯是为了复仇，以报复波斯曾经对古希腊的侵略，但希波战争时（前500—前449年），马其顿虽一度落入波斯统治之下，可当时马其顿尚处于原始社会解体时期，还未进入文明时代，因而所受损失不会很大。而且恰是这场战争，才使得马其顿得以投入古希腊文明的“怀抱”。当时的马其顿“王”亚历山大一世自称是古希腊人苗裔，曾把波斯军事情报暗暗告诉给古希腊人，这使得马其顿同古希腊的文化联系从此有了开端。所以，从某种角度说，马其顿还是希波战争的“受益者”，它与波斯没有深仇大恨。

在这次会议上，虽然组织联军进攻波斯是与会者共同决定的，但马其顿的态度才是此决定能否通过和最后得以施行的关键。马其顿愿意“挑”这个头，除了“老大”也得遂“小弟们”的愿才能获得支持与尊重外，与古希腊文明深

① 除斯巴达等少数城邦外，古希腊各城邦均有代表参加科林斯会议，会议正式确认马其顿对全希腊的领导权。

厚的外向型文化的浸润不无关系。尽管马其顿刚加入古希腊文明“没几天”，但也深受这一文化传统的影响。

当然，早在希波战争时，古希腊人就已经看到了波斯的“软肋”，如内部不团结、军队战斗力不强等[①]，也使得其报复之心“蠢蠢欲动”。另外，平时频繁的商业往来，也能随时让古希腊人得到波斯统治不佳的各种情报。更重要的是，马其顿战无不胜的“马其顿方阵”，极大地提高了古希腊人战胜波斯的信心。这也是马其顿有恃无恐地“挑头”发动对外战争的强大心理基础和军事底气。

马其顿方阵是腓力二世在学习古希腊著名城邦底比斯的方阵基础上创造的[②]。简单来说，就是作战时排列出多至16行的纵深、密集的重装步兵队形，每名士兵手持长矛，矛头全部向前，犹如一堵布满长矛的墙，几乎无法能够被从正面攻破。两翼则配有轻装步兵和重装骑兵，以配合和掩护方阵。重装步兵主要由农民组成，重装骑兵则由“王之战友”组成。腓力二世凭借这样的武装力量，曾在对古希腊各城邦的战争中所向披靡，现在集中全希腊的力量，打造更强大的军队进行远征，其必胜信念只能更加强烈。

但是腓力二世未及东征就被刺杀。其子 20 岁的亚历山大即位后，先用两年左右时间镇压各城邦的新反马其顿运动，并平定内部反叛势力，随后便迫不及待地于公元前 334 年开始大举侵略东方。历史上将这一年到公元前 30 年古罗马灭亡古埃及（政权由古希腊人执掌）之间的这一时期称为“希腊化时代”。[③]

公元前 334 年，亚历山大率领由步兵约 3 万人、骑兵约 5000 人组成的远征

---

① 希波战争期间，波斯军队曾三次大规模入侵希腊，均遭致失败：公元前 492 年，水军遭遇风暴，受挫，中途撤退；公元前 490 年，陆军在马拉松战役中失败；公元前 480 年，水军在萨拉米海战中大败。此后，古希腊人转入反攻，于公元前 479 年将波斯军队逐出巴尔干半岛。又经过长期战争，古希腊人取得最后胜利。公元前 449 年，双方签订和约，波斯舰队退出爱琴海，小亚细亚各古希腊城邦重获独立。

② 真正意义上的方阵是古希腊人仿效西亚人的战争军阵而创造出的。斯巴达方阵一般为 8 行，底比斯曾使用 12 行方阵。在方阵中，一般荣誉地位最高者站在第一排，荣誉地位最低者站在最后一排。据说一个古希腊方阵可拥有 8000 人，全体士兵在笛声中齐步前进，攻击力甚强，但缺少灵活性，且必须在地势平坦的战场才可使用。

③ “希腊化时代”一词为德国历史学家德罗依森（1808—1884 年）首先使用，含有夸大古希腊历史作用之意。一般认为是奴隶制度在地中海东部和亚洲西部进一步发展的时代，也是古希腊与其他地区经济、文化广泛交流的时代。

军开始东侵。[①] 出发前，他几乎尽其所有赏赐给自己的部下。他的一个大将问他给自己留下了什么，他回答说："希望。"亚历山大是满怀着征服和掠夺的"希望"开始东侵的。他的"希望"其实也是当时古希腊各城邦民众的心愿，即企图通过东侵挽救已经表现不出任何生命力的奴隶制城邦制，用掠夺来的东方财富、奴隶等为行将灭亡的古希腊文明"充血""打气"。

公元前 334 年，亚历山大率军渡过赫勒斯滂海峡进入小亚细亚，波斯军迎击失败，随后亚历山大向叙利亚推进。公元前 333 年，远征军败波斯王大流士三世于伊苏城（一称伊苏斯城），然后南进腓尼基，围攻推罗。公元前 332 年，推罗在遭围攻 7 个月后陷落，城市被毁，很多人被杀，约 3 万人被卖为奴隶。同年，远征军进入埃及，未遭抵抗，然后在尼罗河三角洲建起一座新城——亚历山大城。公元前 331 年，远征军离开埃及前往西亚，经巴勒斯坦、腓尼基，进至两河流域，在古尼尼微附近的高加米拉（一译高加美拉）战胜波斯军，然后直入波斯本土（今伊朗高原）。公元前 330 年，波斯帝国灭亡，亚历山大取代了波斯帝国阿契美尼德王朝的统治。随后从公元前 330 年到前 328 年，在将近 3 年的时间里，亚历山大一直在中亚细亚忙于镇压土著居民反抗和拉拢当地贵族，并镇压了远征军中反对继续东进的持异议者。公元前 327 年（或前 326 年），远征军南下印度，侵入印度河上游地区（今巴基斯坦），但因气候不适，士兵厌战，以及当地人民抵抗，前进受阻，亚历山大被迫下令退兵。公元前 326 年（一说前 325 年），远征军沿印度河南下，抵希发西斯河（今印度比阿斯河），至于海口，然后分兵两路：一路走海路，乘舰船经印度洋撤退；亚历山大自率陆军经盖德罗西亚沙漠撤退，于公元前 325 年（一说前 324 年）抵巴比伦。

亚历山大的东征，在东起印度河，西至尼罗河与巴尔干半岛的广大领域内，建立起亚历山大帝国（首都巴比伦）。东侵虽对东西方经济和文化的进一步交流起了一些作用，但也给各地带来很大的破坏。远征军一路屠杀东方各族居民，掳夺奴隶，奴役土著，抢劫财物，毁坏城市，罪恶累累，激起所经各地人民的英勇抗击。

---

① 关于亚历山大所率远征军规模，还一说步兵 3 万人、骑兵 4000 人；又一说步兵 4.3 万人、骑兵 5000 人；另一说步兵 3 万余人、骑兵 5000 余人。见刘家和主编：《世界上古史》，吉林人民出版社 1980 年 12 月出版，第 254 页注。

虽然亚历山大的东征“功勋卓著”，但依靠军事征服建立起来的亚历山大帝国缺少统一的经济基础，只是一个极不牢固的军事和行政的联合体，因而在公元前 323 年亚历山大病死后迅即瓦解。之后，在帝国土地上相继产生若干“希腊化”国家，主要有托勒密王国（位于埃及）、塞琉古王国（位于叙利亚）、马其顿王国和希腊（位于巴尔干半岛）、拍加马王国（位于小亚细亚西北部）等。

在“希腊化”国家统治时期，外向型的古希腊文明终于萎缩——受益于战争者，最终毁于战争，亡于战争。公元前 168 年，古罗马灭亡马其顿。公元前 146 年，希腊半岛落入古罗马统治之下。公元前 133 年，拍加马王国并入古罗马版图。公元前 64 年，塞琉古王国（一译塞琉西王国，又名叙利亚王国）亡于古罗马。公元前 30 年，托勒密王国亡于古罗马。至此，古希腊作为一个文明体终于在历史舞台上“落幕下场”——后来，同样外向型的古罗马文明也止于“童年时代”而“落幕下场”。

“张扬外向”的古希腊人终于退出了历史舞台，而“低调内敛”的中华先民将文明继续传承了下来，这是托中华文明“早产早熟”的福吗？问题肯定没那么简单。

四、不一样的生产力水平形成不一样的艺术氛围

将古希腊文明与“儿童时代”的中华文明相比较，话题最终还是得回到受到马克思格外赞誉的古希腊艺术成就上，因为这是古希腊人作为“正常的儿童”的突出表现甚至是标志。针对古希腊的艺术对后人所产生的魅力，马克思甚至发出令其他古文明羡慕不已的充满赞赏之情的疑问：“为什么历史上的人类童年时代，在它发展的最完美的地方，不该作为永不复返的阶段而显示出永恒的魅力呢？”①

与古希腊相比，“四大文明古国”之所以在艺术成就上显示不出“永恒的魅力”，还因为它们的神话不及希腊神话②。马克思说：“大家知道，希腊神话不只

① 马克思：《〈政治经济学批判〉导言》，《马克思恩格斯选集》（第 2 卷），人民出版社 1972 年 5 月出版，第 114 页。

② 据说“神话”一词最早出现在古希腊，清末民国初才传入中国。

是希腊艺术的武库，而且是它的土壤……希腊艺术的前提是希腊神话，也就是已经通过人民的幻想用一种不自觉的艺术方式加工过的自然和社会形式本身。这是希腊艺术的素材。”①

希腊神话是古希腊关于神和英雄的传说和故事。古希腊人以想象中的奥林匹斯山（位于北希腊）上的宙斯大神及其周围的男女诸神为主要谱系，并认为诸神具有人的形体和人的性格（所谓“神人同形同性”），从而编制了错综虚幻、丰富多彩的神话，反映了他们对自然界和人类社会森罗万象的朦胧的认识。

与其他一切民族的神话一样，希腊神话也是起源于人类与自然做斗争时，“用想象和借助想象以征服自然力，支配自然力，把自然力加以形象化”②，是从对自然的崇拜而发展起来的。但与某些古代民族的神话受祭司阶层的影响而成为统一的宗教意识形态不一样，希腊神话是古希腊人在氏族公社阶段创造出来的，“其发展本身，实质上也是由氏族及胞族所制约并在它们内部进行的”③。由于是在氏族内部发展起来的，因而希腊神话带有古希腊氏族社会各个发展阶段的深深烙印。

希腊神话最重要的特点，就是它以艺术和哲理的方式反映了古希腊氏族生活最本质的面貌，并以数以千计的人物形象表现了当时的社会风貌和人类对自尊、公正、刚强、勇敢精神的追求——也包括对情爱、情欲的追求，从而使希腊神话充满生动活泼、朝气蓬勃的生活气息，具有不朽的魅力。同时这一古希腊人创造的丰富多彩而完整的民间口头文学宝藏，就自然而然地成为古希腊文艺作品的重要题材。

古希腊崇高艺术成就的取得，与铁器时代的古希腊社会手工业活跃、商业和对外贸易繁荣，以及奴隶制度发达不无关系，它们是古希腊艺术发展的雄厚物质基础。而城邦制下公民政治的兴盛，更对古希腊优秀艺术成就的取得影响巨大。以雅典为例，在经济繁荣、富足和奴隶制民主制发展的前提下，雅典公

① 马克思：《〈政治经济学批判〉导言》，《马克思恩格斯选集》（第2卷），人民出版社1972年5月出版，第112—113页。

② 马克思：《〈政治经济学批判〉导言》，《马克思恩格斯选集》（第2卷），人民出版社1972年5月出版，第113页。

③ 恩格斯：《家庭、私有制和国家的起源》，《马克思恩格斯选集》（第4卷），人民出版社1972年5月出版，第100页。

民对群众性文艺生活的需求越来越强烈，于是由节日歌舞发展而来的戏剧应运而生。为适应这一需求，雅典城邦政府建筑起大型露天剧场，不仅组织戏剧演出，甚至给观剧的公民发放津贴。在这一背景下，雅典能够涌现出一批杰出的戏剧作家就绝非偶然了。其中最著名的有被称为“三大悲剧家”的爱斯奇里斯（前524—前456年）、索福克里斯（约前496—前406年）和幼里披底斯（约前585—前406年），以及大喜剧家阿里斯托芬（约前450—前385年）。他们活跃的时期正是雅典奴隶制城邦最兴盛之时。

古希腊的艺术成就还包括建筑和雕塑，都达到了很高的水平。另外，古希腊的哲学、科学等也都取得了很高的成就，在人类文明发展史上作出了重大的贡献。

不过，必须看到的是，距离希腊并不遥远的古埃及和古西亚文明长时期积累的文化遗产，也为古希腊艺术的发展提供了必要的资料和借鉴。许多古希腊学者包括艺术家等都曾到过埃及和西亚，而且他们往往是抱着学习和考察的态度去游历的。这也是古希腊艺术成就超过其他古文明的一个重要的且不能被忽视的原因。

而仍必须明确认知的是，古希腊文明一切成就的取得，除了铁器时代这个背景外，还是建立在剥削、奴役奴隶的基础上的。① 恩格斯说：“只有奴隶制才使农业和手工业之间更大规模的分工成为可能，从而为古代文化的繁荣，即为希腊文化创造了条件。没有奴隶制，就没有希腊国家，就没有希腊的艺术和科学。”② 这是千真万确的事实，更是无可置疑的真理。

反观“童年时代”的中华文明，农耕经济始终“一支独大”，其他经济成分如畜牧业、手工业和商业都欠发达，对外贸易几乎没有。

“一支独大”的农耕经济，即使受到统治者的极大重视，但由于生产力低下，

---

① 据雅典学者称，雅典有3个奴隶主分别占有奴隶1000个、600个、300个，都出租给银矿使用；在一个奴隶主的制盾作坊里有120个以上的奴隶在劳作；在一个奴隶主制造武器的作坊里有32—33个奴隶在劳作。见刘家和主编：《世界上古史》，吉林人民出版社1980年12月出版，第244页。

② 恩格斯：《反杜林论》，《马克思恩格斯选集》（第3卷），人民出版社1972年5月出版，第220页。

其产出无法令社会整体达到富足的程度。[①] 此“整体”主要指在自由民中占绝大多数的平民阶层。实际上奴隶主贵族过着骄奢淫逸的生活，而人数众多的平民只能勉强温饱。“童年时代”中国社会的平民，无论政治地位还是经济地位，与古希腊城邦制下的公民不可同日而语。

尤为重要的是，进入文明时代以后，中华先民的农耕工具仍然是石制品。即使到青铜时代鼎盛时期的商朝，绝大多数农具仍然是石制品。甚至到西周时期，石制农具的使用仍占绝对优势。这就使得这一时期的中华先民必须几乎将全部劳力和身心都投入到农业生产中才能维持生计。据考古研究，即使到西周时期迎来了中国历史上第一个经济高峰，但人们仍普遍营养不良，平均寿命也不长。从甲骨文和文献记载可知，商周时期的奴隶主贵族可一日三餐，而平民只能一日两餐。至于餐食品种差距巨大，奴隶主贵族可以吃到各种肉食，甚至是早上刚屠宰的新鲜肉食，以及食用各种谷物，而广大平民则几乎吃不到肉。

由于生产力低下，要维持“童年时代”中华文明农耕经济的基本产出，就需要投入大量的人力。好在中国自古就是大国，人口众多，才在一定程度上弥补了生产力水平低下的不足——这也是中华文明在很低的生产力水平上即能进入到文明时代的重要原因之一。据专家估计，商周时期人口应在数百万到一千万的样子。[②]

由于生产力低下，“童年时代”的中华文明还不得不采取大规模的集体劳动形式，即在一块土地上往往集中成百上千的人进行劳作。这种情形在《诗经》中就有反映。如《诗经·周颂·载芟》：“载芟载柞，其耕泽泽。千耦其耘，徂隰徂畛。”意思是：铲除掉野草和杂树，嘭哧嘭哧地耕着地。一千对耦耕的农夫在除草，分布在新耕地及田间小路。从字面上看，有 2000 人采用两个人共同合作的耦耕方式在一起劳作，可见生产规模之大——采用耦耕方式劳作也是因

① 由于地域环境的优势等原因，中华文明可以在很低生产力水平上产生，但进入文明时代后，由于生产力水平低，以及经济活动单一，加之其他人文因素，因而使得社会经济很难达到像古希腊大多数公民那样“富足”的生活水平。

② 庞卓恒：《关于西周的劳动生产方式、生产率和人口估测》，《天津师大学报》1998 年第 5 期，第 41—50 页。

为石制农具必须两个人一起使用才行[①]。但这并不是人数最多的，还有一两万人同时劳作的大场面。如《诗经·周颂·噫嘻》："骏发尔私，终三十里。亦服尔耕，十千维耦。"意思是：赶快将你们的私田开垦出来，一定要开发到三十里以远。你们要服从命令好好耕地，一万个农夫两两成对地进行耦耕。虽然"千耦其耘""十千维耦"肯定不是实际人数，应该有所夸大，但当时农事劳作场面宏大当是确定无疑的。不过采取这样的劳作形式，其产出一定不会很高，所以维持大量的劳力于农耕经济是为必须。

"童年时代"的中华文明之所以高度重视农耕经济，一方面与优越的地域环境有关，再一方面与政治统治的需要密切相关。中国自古就是人口大国，因而深知"民以食为天"的道理。能否让老百姓吃饱饭，关系到国家政权的安危存亡。至少让老百姓半饥半饱而不出现大面积饿死人的情况，国家政权也能保持相对稳定，所以"国以农为本"或"农为天下之本"就成为历朝历代最基本的统治理念——实际上在中华文明"上下五千多年"的历史中，中国老百姓尤其是农民真正吃饱肚子的时候并不多。

与古希腊小国寡民的城邦可以依赖粮食进口，甚至有些城邦的大部分粮食都依赖进口不一样，古代中国的粮食必须全部靠自己生产。因为一方面古代中国附近没有比中国自己更大的粮食生产国，不像古希腊距离盛产小麦的埃及不远，而埃及得天独厚的优越地域环境使其年均粮食产量非常稳定，因而成为地中海地区重要的"粮仓"。另一方面即使古代中国能进口粮食，但一是旅途遥远，行程艰难，性价比不高；二是杯水车薪，解决不了大问题。更何况比起古希腊，中国古代商业和对外贸易并不发达，有限的商业贸易主要还是为统治者服务的，因此粮食问题的解决只能靠中国自己。至今中国政府都强调粮食问题的主动权必须紧紧掌握在自己手里，这是人口大国且人均耕地占有面积并不十分广大的国家必须施行的基本国策。

由于地域条件优越，人口众多，因此中国自古就是非常重视农耕的国家，尤其是中原地区。这种对农耕经济的重视，到西周时期甚至达到"无以复加"

① 一说耦耕为两个劳作者一前一后的耕作方式。也可能是以后铁器时代铁制农具普及后的耦耕方式。

的程度。之所以如此，其一是因为周族人自古就是非常重视农业生产的部族。相传其始祖弃曾在尧舜时代做农官，善于种植各种粮食作物，并教民耕种。周族人认为弃是最先种植稷和麦的人，故祀之为农神后稷。其二是因为周族人崛起、强大和最终灭亡商朝，都与他们将政治道德与农耕经济紧密结合有关，如将周族的团结建立在农耕经济基础之上，通过实行限制手工业、畜牧业和商业的发展，将民众牢牢地束缚在土地之上，此举既减缓人们之间血缘关系的化解，又通过德和礼的建设让人们格外重视血缘亲缘关系，严格遵守等级秩序，严格依礼而行事，排斥唯利是图的商业意识，甚至禁止饮酒，以免造成人少势弱的周族因内部分裂不团结而遭受灭顶之灾。其三是因为灭亡商朝的胜利，使得周族人对自己重视农耕的传统更加自豪与自信，从而进一步赋予农业生产以更深刻的政治内涵，以致上至周天子的各级贵族都必须带头象征性地参加农业劳动才行。如每年春耕前天子、诸侯都要行“藉田之礼”，即躬耕藉田，以示对农业的重视，然后再由征用的民力来完成一年的劳作。“藉”，通“籍”，乃“借”之意。“藉田”即借民之力以耕种的田地。这一制度应起源于商朝君主经常亲自巡视农田耕作的做法。商朝甲骨卜辞中有商王“观耤”的记录。[①] 这一传统为以后历代封建王朝所继承——北京的先农坛就是明清两朝皇帝每年一次的行亲耕、亲祭大礼的场所。亲耕，即皇帝扶犁亲耕耤田，以做重农表率，然后皇帝登上观耕台观看百官犁耕，让百官也做表率——先农坛皇帝亲耕耤田的面积为一亩三分地（约 866.671 平方米），以后“一亩三分地”被引申为“自己的小地盘”之意。亲祭，即皇帝祭祀山川、农神等诸神。

西周时期周族人在格外重视农耕经济的同时，贱视具有商业传统但已失去政权而沦为被统治者的“商遗民”——实际上商朝时期畜牧业、手工业和商业在经济领域中所占成分比较大，远超过西周以后的各个历史时期，显得经济生活比较活跃。

商朝畜牧业的发达，从其每次祭祀时的杀牲量成百上千即可知之。而且，由于商王几乎事事祭祀，祭祀对象众多，因而几乎天天祭祀，一天几祭，每次

① 何洪源、李晶：《济南市发现的青铜犁铧再探》，《农业考古》2001 年第 1 期，第 156—157 页。

祭祀都要杀牲——还经常杀人，所以商朝畜牧业的养牲量是很大的。但祭祀过后，祭肉只分配给贵族享用①，平民无法享用，因而畜牧业的发达在社会层面的意义并不大。商朝时期商业比较发达——也许当时还有海外贸易的存在，但与古希腊相比不可同日而语，甚至还不如西周时期。至于手工业则主要为贵族服务，如生产的青铜器只由奴隶主贵族享用。其他行业也一样，都是官营。因而商朝畜牧业、商业和手工业所谓的“发达”和活跃其实是畸形的，对社会经济的发展作用有限。商朝时期农耕经济仍是最主要的经济形态。

西周建立以后，面对政治失败的“商遗民”，更加排斥商业经济，认为唯利是图造成商族人内部的不团结，商业经济的发达败坏了商朝的政治道德，以致政权被弱小但团结一心的周族人推翻；同时进一步限制私营手工业。西周时期施行的工商业制度称“工商食官”②，即官营手工业、商业，将它们控制在统治者许可的范围之内，并主要为统治者服务。这样就使得农耕经济在各种经济成分中占有绝对的优势地位。但另一方面，经济的活跃、社会生活的富足则无从谈起了，广大忍饥挨饿、营养不良的民众哪还有心思关注艺术和参与艺术创作？

另外，“童年时代”的中华文明严格按照等级制的要求而施行的礼制，也严重影响了艺术的发展和艺术氛围的形成。礼制要求只有贵族才有权利按照等级享受不同规模的乐舞等艺术形式——或欣赏或参与其中，带有强烈的政治属性。如西周乐舞之礼规定天子八佾、诸侯六佾、大夫四佾、士二佾，绝不能有任何僭越。③这种政治属性远超过艺术体验，政治荣誉感远大于艺术欣赏力的礼仪制度，不仅限制了艺术的发展，而且由于广大平民无权享受，从而使有资格观

① 《史记·孔子世家》：“（齐国）陈女乐文马（身上有花纹的马。或身披文采布帛的马）于鲁城南高门外，季桓子（鲁国权臣）微服往观再三，将受，乃语鲁君为周道游，往观终日，怠于政事。子路曰：‘夫子，可以行矣。’孔子曰：‘鲁今且郊（郊祭，为天子或国君在都城南郊主持的祭天仪式。有说包含在北郊进行的祭地仪式），如致膰（祭肉）乎大夫，则吾犹可以止。’桓子卒受齐女乐，三日不听政；郊，又不致膰俎（用俎盛装的祭肉）于大夫。孔子遂行，宿乎屯。”由上可知，古代祭祀完毕后，祭肉是要分给公卿大夫们享用的。

② 《国语·晋语四·文公修内政纳襄王》。

③ 《论语·八佾》：“孔子谓季氏，八佾舞于庭，是可忍也，孰不可忍也！”《朱熹集注》：“佾，舞列也；天子八，诸侯六，大夫四，士二。”但后世解读古代乐舞之礼有两说：一说天子欣赏的乐舞规模是 64 人，诸侯为 36 人，大夫为 16 人，士为 4 人；另一说天子欣赏的乐舞规模是 64 人，诸侯为 48 人，大夫为 24 人，士为 16 人。

摩艺术的人数十分有限，这不仅必然严重限制艺术的发展规模和更高成就的取得，尤其造成艺术的失传。如《诗经》虽然传承下来了，但与之配套的歌、舞、乐等艺术形式却早早失传了。

再有，由于农耕经济的务实性，如必须严格按照节气安排农事，农忙时农夫农妇们每天须起早贪黑劳作，农时丝毫不能耽误，以及格外需要政治稳定等，也使得中国神话与古希腊神话相比更加务实，更贴近生活，更接近现实。其实，与其他古文明的神话传说相比，中国神话传说的务实性也是最为突出的，但同时中国神话自然就缺少了一定的想象力、感染力和艺术魅力。正如马克思所言，由于神话不发达，也使得艺术的发展失去了“土壤”。因此“童年时代”的中华文明在艺术发展方面的成就只能远远逊色于古希腊，同时中华文明的产生地也就无法成为“人类儿童时代”的“最完美的地方”了，而这一切与中华文明的“早产早熟”不无关系。

总之，从生产力角度看，中华文明的“早产早熟”有值得中国人深感自豪的一面，也有令中国人感到遗憾的一面——应该主要是在艺术方面。但历史不受人为支配，各国、各地区文明史的发展有其自身的“节奏”和特点。而且，最重要的是看结果。古希腊文明最终还是夭亡在“童年时代”而“永不复返”了；“早产早熟”而“不甚完美”的中华文明却走出了“童年时代”，不仅持续发展，一脉相承走到今天，而且生命力仍十分强健，丝毫不逊色那些“儿辈”“孙辈”“重孙辈”甚至“辈分”更低的其他文明（或国家），展示出外延更为广义、内涵更加丰富的“永恒的魅力”。

第六章 中华文明特征之一——早产早熟（下）

本章导读

考古发掘和研究表明，中华文明的产生具有自己独特的表现，与国内有些学者认同的西方关于文明诞生的两三个或若干个标准并不相同，甚至大不相同，有些表现还为中华文明所独有，同时它们都显示出中华文明“早产早熟”的特征。

中华文明“早产早熟”的文明体现中，最“硬件”的成就应该就是大规模建筑工程的营缮，如城池、祭坛群和水利工程等。因为，一是这些建筑工程本身就是响当当、硬朗朗的文明形象，看得见，摸得着，实实在在；二是从事这些工程营缮必须突破氏族制，必须跨氏族、跨部落、跨地区调动大量的人力、物力和财力等，并通过有效的组织机构甚至强权力的使用才能完成，因而营建工程的过程更具文明内涵。

2019年7月6日，联合国教科文组织世界遗产委员会审议通过，将良渚古城遗址列入《世界遗产名录》。这是让中国人深感振奋的事情。对于良渚人所取得的突出文明成就，国际古迹遗址理事会出具的文件称：“良渚古城遗址代表了五千多年前史前稻作文化的伟大成就，也是早期城市文明的杰出典范。”这是来自国际上的最高评定，也是对中华文明产生时期所取得成就的重要肯定。

从良渚水利工程可见良渚人的文明智慧和工程技术手段已经达到相当高的水准。它不仅是中国迄今发现最早的古代水利工程遗址，而且也是目前所知世界上最早的水利工程系统，还是同时期世界上规模最大的水利工程系统，所以称之为“超大型水利工程系统”。即使在今天，这样的工程系统也是非常值得称道的。

实际上古西亚文明的产生也与苏美尔人因地制宜地建造水利工程系统有着直接的关系，他们兴建的各种渠道也是为了排洪、灌溉和解决生活用水等问题，以抗拒该地区经常发生的洪水和干旱，在此过程中文明“不知不觉”地产生出来。但由于苏美尔人小国寡民的城邦制，因此他们的水利工程系统在规模上与良渚文明相比只能是“小巫见大巫”了。

文字的产生是西方学界认定文明产生的标志之一，但若将文字的产生看成一个漫长的发展过程，则自然就不会拘泥于非得等到它基本成形时才认定文明产生，更不会顽固地将中华文明的产生“绑定”在甲骨文“身上”，而一口咬定甲骨文之前中国没有文字产生，也无文明朝代出现，显然这不是科学的态度。

想象一下，8000 年前的“贾湖人”或在劳动的时候，或在劳动之余，或在举行各种典礼的时候，有一支由几十个人所组成的乐队，给人们吹奏着美妙的音乐，那该是多惬意的事情。尤其在夜晚时分，在明亮的月光下，悠扬的笛声带给人们的绝对应该是文明的遐想。

实际上，即使有王权的领导，有行之有效的国家机构的组织，但在自然面前人类仍然是渺小的。良渚文明即在延续 1000 年左右之后，最终还是毁于水灾，良渚人不得不离开了自己的家园，其文明遗迹直到 4000 多年以后才被后人发现。同样命运的还有红山文化（明）、三星堆文明等其他古文明。它们的结局更说明人类摆脱原始氏族制的必要性。

生在中国，身为中国人，有一件事应该知晓，即中华先民们——我们的老祖宗们，他们所取得的成就是卓越的。经常地每当我们希望他们能在某方面有我们所企盼的“成就”的时候，通过考古发掘，他们就真的能展示给我们。所以当我们在谈论到他们的一些尚未得到确定答案的“成就”的时候应该要慎言少语。

我们绝对有理由相信，在中华大地之下老祖宗们一定还给我们保留着无数的好东西，即使再出土几个或更多的所谓“世界第几大奇观”也不应是意外之事。这就是中华文明的特点，也是我们除了对它深爱无比之外，还必须心怀无限敬意的原因。

第一节 中华文明“早产早熟”的标志性成就

考古发掘和研究表明，中华文明的产生具有自己独特的表现，与国内有些学者认同的西方关于文明诞生的两三个或若干个标准并不相同①，甚至大不相同，有些表现还为中华文明所独有，同时它们都显示出中华文明“早产早熟”的特征。

中华文明产生的特点是：文明产生和早期发展阶段尚处于金石并用时代——此话题前已谈及；文明产生和早期发展阶段并无文字发明；文明几乎同时于多地产生，但多元一体，最后聚拢于中原——此话题将在后一章谈及；不同地区文明的产生各具特色，各有表现特征，汇总起来即成为中华文明产生的标志。

一、“早产早熟”的大规模工程营缮

中华文明“早产早熟”的文明体现中，最“硬件”的成就应该就是大规模

① 据说荷兰学者鲁克荷恩关于文明产生的标准是目前比较公认的，其观点是：第一，在一定区域的聚落中已经有好几个互相联系的、人口至少在5000人以上的城镇、集镇或城市；第二，已有独立创造的文字体系或借用部分外族文字而形成的自己的文字；第三，已有纪念性的建筑遗迹和进行仪典活动的中心广场。他认为只要具备其中两个便可称为文明。这是西方学术界比较推崇的判断方法。西方学者关于文明产生的标志总和起来有文字、城市、国家政治权力、纳税或税收、阶级、巨大的建筑、艺术和科学、青铜器等的产生。但因地域环境不同，必然导致各文明产生的时间、途径、表现以及生产力水平等，既具有相似性、一致性，又具有各自独特性，不能一概而论。中国主流学术界有自己的判断，只把西方的观点作为参考，认为中华文明的产生具有自己的特点。

建筑工程的营缮，如城池、祭坛群和水利工程等。因为，一是这些建筑工程本身就是响当当、硬朗朗的文明形象，看得见，摸得着，实实在在；二是从事这些工程营缮必须突破氏族制，必须跨氏族、跨部落、跨地区调动大量的人力、物力和财力等，并通过有效的组织机构甚至强权力的使用才能完成，因而营建工程的过程更具文明内涵。

（一）大型城池的营筑

营筑城池是文明的标志之一。西周时称住在国都城中的人为“国人”，住在郊野从事农耕者为“野人”。

西周时期的城池营筑已经发展到比较发达的阶段了。如国都分内城与外城两个部分，外城称郭（或城郭），内城才称城。“国人”中的平民居住在城郭，他们大多数也是受压迫和剥削的劳动者，公元前 841 年举行“国人暴动”推翻周厉王统治的主要就是他们；统治者则居住内城，显然受到了更好的保护。再如城中有了用于交换的市场，以方便城中居民的生活，因此才有了“城市”之称。①

城池的前身应该是原始社会末期氏族制时代的所谓固定“居民点”——按西方的说法。为防范他族侵袭或野兽伤害，氏族公社时代以从事农耕为主的人们会在居住地周围挖掘壕沟——平时出入则靠类似吊桥的装置。如位于陕西省西安市浐河东岸的半坡遗址，面积达 5 万多平方米，周围即挖有一条深、宽均

① 据《周礼 · 地官 · 司市》“大市，日昃而市，百族为主；朝市，朝时为市，商贾为主；夕市，夕时而市，贩夫贩妇为主”可知，尽管西周时期未必有如此完备的市场制度，但雏形已经具备应该是没有问题的，因之城中已设立市场也应该是没有问题的，所以西周时期肯定已经出现名副其实的城市。大市，又称日昃市，为午后专门允许“百族”即贵族入市进行交易的时段；朝市，即早市，为早晨专门允许行商坐贾入市进行交易的时段——行商向市场输入商品，坐贾收购后出售给消费者；夕市，即晚市，为黄昏时专门允许普通人即平民入市进行交易的时段。另外，据《周礼 · 考工记 · 匠人》“匠人营国，方九里，旁三门。国中九经九纬，经涂九轨，左祖右社，面朝后市，市朝一夫”，以及《礼制 · 王制》“圭璧金璋，不粥（买卖）于市；命服命车，不粥于市；宗庙之器，不粥于市；牺牲不粥于市；戎器不粥于市。用器不中度，不粥于市。兵车不中度，不粥于市。布帛精粗不中数、幅广狭不中量，不粥于市。奸色乱正色，不粥于市。锦文珠玉成器，不粥于市。衣服饮食，不粥于市。五谷不时，果实未熟，不粥于市。木不中伐，不粥于市。禽兽鱼鳖不中杀，不粥于市”，还有《周礼 · 地官 · 司市》的其他制度规定，等等，都可以证明西周时期市场已在城中设立。

为五六米的壕沟。据测算，挖这条壕沟需 500 个人劳动 1 年才能完成。再如位于陕西省西安市临潼区的姜寨聚落遗址，面积为 5 万平方米，其居住区三面都有壕沟围绕——另一面为断崖。

据说世界范围内发现最早的“居民点”是巴勒斯坦的杰里科，距今 1.1 万年。其他还有距今 7000 年的黎巴嫩比布鲁斯，距今 6300 年的叙利亚阿勤波和大马士革（也有认为大马士革距今 1.2 万年），距今 6200 年的伊朗苏萨，距今 6000 年的埃及法尤姆、黎巴嫩西顿、保加利亚普罗夫迪夫，距今 5670 年的土耳其加齐安泰普，距今 5000 年的黎巴嫩贝鲁特等。由此我们可以看出一个“轮廓”，即从距今 1 万年左右到距今 5000 年时，主要在西亚地区，还有与之临近的非洲东北和东南欧，人类社会在此辽阔区域内准备向文明时代过渡了——当然这些“居民点”要发展成为一定规模的城池，时间肯定还要向后推移许多年。

迄今中国发现的最古老城池是位于湖南省常德市澧县的城头山古城遗址，距今 6000 年（一说距今 5000—4800 年）。

该古城遗址位于湖南省西北部的澧阳平原上，建造有城墙和拥有护城河，是名副其实的城池，而不再是所谓的“居民点”。该城平面呈圆形，城墙上开 3 座门（一说有 4 座城门）：南门为陆路通道，东门走船，北门取水，各有分工。城墙遗迹，底宽二三十米，现高 2—4 米。

不包括护城河，该古城遗址占地 7.6 万多平方米，合 114 亩多（一说占地 8.8 万平方米，合 132 亩多）；加上护城河，则面积达 15 万平方米。若按 8 万多平方米计，相当于约 11 个标准足球场；若按 15 万平方米计，则相当于约 21 个标准足球场。

从城头山古城的设计理念、建造水平及规模看，它应该不是中国最早的城。也就是说，仅就城池的建造而言，中华大地文明进程的开始应该早于距今 6000 年时。而作为“居民点”，其出现的时间可能还要提前。

进入“古国时代”，在中华大地上建造的城池更多。如位于浙江省杭州市余杭区西部的良渚古城遗址，距今约 5300—4300 年，占地 290 多万平方米，合 4300 多亩（一说内城占地约 300 万平方米、外城占地约 630 万平方米），可供 5 万人居住（一说可供 2.8 万人居住）。

良渚遗址的发现人是施昕更（1911—1939 年）。1936 年冬季，在西湖博物馆任职的他发现并一个人主持发掘了良渚遗址，后来出版了考古报告《良渚》。他在其短短28年的有限生命中，却在不经意间为中华文明“上下五千年”乃至“上下五千多年”之说找到了最坚实的科学依据之一。

2019年7月6日，联合国教科文组织世界遗产委员会审议通过，将良渚古城遗址列入《世界遗产名录》。这是让中国人深感振奋的事情。对于良渚人所取得的突出文明成就，国际古迹遗址理事会出具的文件称：“良渚古城遗址代表了五千多年前史前稻作文化的伟大成就，也是早期城市文明的杰出典范。”这是来自国际上的最高评定，也是对中华文明产生时期所取得成就的重要肯定。实际上，良渚古城仅仅是良渚人创造的全部文明成就中的一部分而已。

与良渚古城遗址的发现相比较，渴望中原地区成为“上下五千年”中华文明“最正宗”发源地的人们，最希望的还是在中原地区发现时间在距今5000年左右或更早的古城遗址。

这一希望随着20世纪90年代中，郑州西山古城遗址的发掘而实现了。该古城遗址位于河南省郑州市北郊约20公里的邙岭余脉上，具体位置在惠济区古荥镇孙庄村西，北距黄河约4公里。其绝对年代为距今5300—4800年。①

西山古城遗址平面与城头山古城一样，也是略近于圆形，但面积稍大，直径大约300米，面积近10万平方米（一说面积约3.1万平方米）。从该城背靠断崖判断，其选址是经过一番考察的：南面和东南均为断崖，既保证背后的安全，还减少了工程量。西北和北面为夯土建筑的城墙，现存高约3米、宽约5—6米；城墙拐角加宽至8米左右，基底宽11米。墙外的壕堑为人工挖成，宽5—5.7米，深约4米。②城墙采用先进的方块版筑法，分段逐层逐块夯打而成。局部地段可能采用中间立柱固定夹板，四面同时逐块夯筑的方法。③该古城的“建筑方法、形制结构，显示了巨大的进步和创造力”④，具有十足的

---

① 陈隆文、张灿：《地理环境与中国最早城址的选择——以郑州仰韶西山古城为例》，《黄河科技大学学报》2014年第1期，第17—18页。

② 陈隆文、张灿：《地理环境与中国最早城址的选择——以郑州仰韶西山古城为例》，《黄河科技大学学报》2014年第1期，第17页。

③ 许顺湛：《郑州西山发现黄帝时代古城》，《中原文物》1996年第1期，第1页。

④ 陈隆文、张灿：《地理环境与中国最早城址的选择——以郑州仰韶西山古城为例》，《黄河科技大学学报》2014年第1期，第17页。

文明特质。

西山古城遗址曾享有“迄今中原地区发现的年代最早、建筑技术最为先进的古城”[①]之誉，并号称“中原第一城”，甚至被称为“迄今我国年代最早的古城遗址”[②]或“迄今我国年代最早、建筑技术最先进的古城遗址”[③]。但到2020年，随着巩义河洛古国都邑遗址考古发掘成果的公布，西山古城遗址“迄今中原地区发现的年代最早”的荣誉就变成为“最早之一”，因为河洛古国都邑遗址的最早时间也是距今5300年。在时间上二者同享有了“中原第一城”的荣誉。

河洛古国都邑遗址位于河南省巩义市河洛镇双槐树村南，故亦称“双槐树遗址”。因其位于河洛中心区域，伊河、洛河汇流后的伊洛河在这里汇入黄河，故将此文明区域命名为河洛古国。

双槐树遗址是河洛古国的中心遗址，其所处黄河以南2公里、伊洛河东4公里之地是经过精心选址的。该遗址东西长约1500米、南北宽约780米，残存面积达117万平方米。与其他古城遗址不一样之处是，其外围竟挖有三重大型环壕：内壕周长约1000米，壕沟上口宽约7.5米，深6.15米，发现有疑似吊桥的出口遗迹；中壕周长约1500余米，壕沟上口宽30.5米，深9米，北部发现有宽达10米的道路出口；外壕残存周长约1600余米，壕沟上口宽17.2米，深10.5米，东南、西南分别发现出入道路各一条。双槐树遗址宏大的建筑规模、严谨有序的布局、严密的防御设施，加上具有瓮城结构的围墙——该遗址围墙所具有的瓮城结构是目前发现最早的，使之呈现出古国时代的王都气象。另外，从建筑遗迹及分布所反映出的可能已有较为成熟的“天地之中”的宇宙观，可能具有承天之命的意识，等等，均表明这一史前遗址具有早期中原文明的胚胎性质。

除上述古城以外，发现于陕西省榆林市下辖神木市的石峁古城遗址[④]以及

---

① 刘海旺：《中原史前灿烂文化孕育夏王朝文明基础》，《中国文物报》2002年3月29日第4版“文旅中国”。

② 陈隆文、张灿：《地理环境与中国最早城址的选择——以郑州仰韶西山古城为例》，《黄河科技大学学报》2014年第1期，第17页。

③ 许顺湛：《郑州西山发现黄帝时代古城》，《中原文物》1996年第1期，第1页。

④ 石峁古城遗址位于高家堡镇石峁村秃尾河北侧的山峁上，是同时期中国规模最大的城址。

发现于山西省临汾市襄汾县的陶寺古城遗址[①]也很有名。两古城虽年代不到距今5000年——前者绝对年代距今4300年到4000年（一说距今4400—3900年），后者绝对年代为距今4300年到3900年，但仅从规模上看，肯定是具有相当长的前期发展过程才形成的。石茆古城总面积425万平方米，合6300多亩；陶寺古城总面积280万平方米，合4200多亩。这样规模的古城一定不会是“生来”即如此的。

有学者认为石峁古城是黄帝部族建造和居住的，陶寺古城则是尧部族建造和居住的；还有认为二者均是前夏朝和夏朝早期遗存，因为两遗址的时间下限已经在夏朝的时间范围内。当然，都存在争论，尚没有定论。

据已公布的考古资料而知，我国迄今发现的“史前古城址”共40余处，主要分布在黄河和长江两流域。

众多古城的建筑，远超氏族社会“居民点”的规模，充满智慧的选址、设计、建造等，充分显示出中华文明“早产早熟”的特征。

（二）规模祭祀建筑群的修筑

前已述，从世界范围看，原始的宗教产生于旧石器时代的末期，距今四五万年的时候——中国最早的宗教遗迹发现于距今二三万年前的山顶洞遗址。

人类最初的宗教是自然崇拜（或称自然神崇拜），源于原始社会时人们对天地、日月、星辰、山川、风雨、雷电、动物等顶礼膜拜的信仰。由于他们对一切自然现象，包括对人类自身的生老病死、妇女怀孕及经期等，都无法作出科学的解释，于是出于敬畏、恐惧、感激等心理，以及本能的探索精神——当然最根本的原因是出于无知，人们便很自然而然地认为是有着某种或某些超自然的力量在支配着这一切。在原始宗教的发展过程中，似乎全世界的人们都像商量好了一样，最终将最高主神的位置都“送给”了“天”或“太阳”，即使是人形的最高主神也是高高在上而必须仰视的。好像所有的宗教都是“天老大，地

① 陶寺古城遗址东西长约2000米、南北宽约1500米。有专家认为，此遗址乃帝尧都城，是最早的“中国”。

老二”的，或“天为父，地为母”的，很少有反过来的。这应该反映出人们普遍的“向上崇拜”以及“虚无崇拜”的心理。天的广大、虚无、莫测与威力强大、高不可及等，给了人们的宗教信仰以无限的想象空间。而太阳的光明、温度、力量以及驱除令人恐惧不安的黑暗等，更赢得了人们的无限崇拜。当然过于炎热，太阳也会令人不适，所以中国神话传说中后羿必须得把多余的太阳射下来。这一神话故事应该是中华先民敢于战天斗地的勇武精神的体现，更应该是中国人骨子里的人力大于神力的思想意识的体现，当然也是对太阳的大爱的体现——令其适应人类的需求，永远保持造福人类的优良形象，而获得永恒的崇拜。

到了父系氏族公社时期，随着婚配制度向一夫一妻制转化，子女可以认知自己有确定血缘关系的父亲，后辈可以认知自己一脉的父系先祖，于是在感激、感恩及炫耀等心理支配下又产生了祖先崇拜（亦称祖先神崇拜）。如中国神话传说中的黄帝、炎帝、蚩尤、尧、舜、禹、后羿、后稷、契、皋陶①、伯益②等，其实都是受到人们顶礼膜拜的父系祖先神。

最开始人们对祭祀的场所应该是没有特殊要求的，但随着人们对宗教越来越重视，人们对宗教的一切越来越虔诚，于是宗教活动需要专职的人员如祭司等来主持、操作，以及需要专业的场所如祭坛等举行仪式就成为必然。宗教的仪式感也越来越浓厚、越来越庄重，甚至越来越恐怖，并越来越脱离人们的日常生活。

据说世界上最早的远古祭坛在中国，发现于浙江省嘉兴市大桥镇的南河浜遗址，距今 5800 年。③ 良渚文明遗址也发现了祭坛，距今 5000 年左右。另外，石峁遗址、陶寺遗址也都有祭坛遗迹发现。但最能表现出文明特征的是发现于

---

① 皋陶，一作咎繇。偃姓。传说中东夷族首领。传其曾被舜任为掌刑法的官，后被禹选为继承人，但因早死，未继位。

② 伯益，亦作伯翳，亦称大费。传说中嬴姓各族的祖先。传其善于畜牧和狩猎，被舜任为虞。后为禹所重用，助禹治水有功，被选为继承人。禹去世后，禹子启继位为王，其与启发生争夺，被杀。一说由于他退让，启才得以继位。

③ 据浙江省文物考古研究所：《浙江嘉兴南河浜遗址发掘简报》，南河浜遗址的年代上限为距今 6000—5900 年，下限应在距今 5100 年左右。载《文物》2005 年第 6 期，第 14 页。

辽宁省朝阳市下辖凌源市与建平县交界处的红山文化（明）[①] 牛河梁大规模宗教祭祀遗址群，其绝对年代距今 5500 年到 5000 年。

牛河梁大规模祭祀遗址群以中国最早的神殿——女神庙 [②] 为中心，分布在东西长约 1 万米、南北宽约 5000 米连绵起伏的山岗上。在这方圆约 50 平方公里范围内，有着多达二十几处的积石冢墓群和祭坛，都是经过精心选址、规划、布局和设计的，形成“庙、坛、冢”三位一体的有组合、成布局的有机整体。而且该遗址远离居住区，是单纯的供人们朝拜、祭祀的“圣地”。如此规模的祭祀遗址群，如此完备、有序、规范和精心设计的整体布局，显然早已超出一个甚至几个氏族的需要和能力，其文明特征显露无遗。

（三）超大型水利工程系统的建造

文明产生阶段中国超大型水利工程系统的修筑，是良渚人为排涝、灌溉和解决生活用水以及水路交通而营缮的工程，距今至少 5000 年。前称“实际上良渚古城仅仅是良渚人创造的全部文明成就中的一部分而已”，就是为介绍这个超大型水利工程系统而埋下的“伏笔”。该工程系统是良渚古城建设的重要组成，也是良渚文明中最让人惊叹的部分，比传说中的大禹治水还要早 1000 多年，是我国迄今发现的最早的古代水利工程系统遗址。

良渚古城遗址处于一个约 1000 平方公里的 C 形盆地中，南、北、西三面环山。西面的天目山是今天浙江省最大的暴雨中心，其降水的季节性特征非常明显，汛期时短短几天之内即可能降下年降水量的 1/3 而形成洪灾；冬秋季节则几乎无雨，造成旱灾。于是，为趋利避害，良渚人在建城前，先在西北面的山上（今称大遮山）兴修了规模巨大的水利系统工程。

良渚水利工程系统包括 11 条坝体，构成错落有致、功能齐全的完整实用的工程系统。其中，6 条坝体位于城址西北部山体的谷口处，由于所处位置相对

① 红山文化（明）是距今五六千年间在燕山以北的大凌河与西辽河上游流域活动的部落集团创造的农业文化（明），因最早发现于内蒙古赤峰市郊的红山而得名。分布面积达 20 万平方公里，已发现遗址上千处，延续时间达一两千年之久。其中心为北起西辽河北源支流西拉沐伦河，向南经西辽河南源支流老哈河而到大凌河的地区，即今内蒙古赤峰市到辽宁省朝阳市一带。据考古研究，红山文化（明）的居民除主要从事农业外，还饲养猪、牛、羊等家畜，兼事渔猎。

② 孙文跃：《女神庙　中国最早的神殿》，《今日辽宁》2009 年第 3 期，第 38—42 页。

较高，故被今人称之为“高坝”（或称“谷口高坝”）；4条坝体位于城址西侧平原弧丘之间（位于高坝南部），由于所处高程相对较低，故被今人称之为“低坝”（或称“平原低坝”）；1条坝体位于城址北部山体坡脚地带中部（位于低坝东部。在今北大遮山山脚前100—200米处），总体呈曲尺形，中段还是双层坝体结构，被今人称之为“山前长堤”（或称“塘山”），是为保护城址的防洪堤。

从良渚水利工程可见良渚人的文明智慧和工程技术手段已经达到相当高的水准。它不仅是中国迄今发现最早的古代水利工程遗址，而且也是目前所知世界上最早的水利工程系统，还是同时期世界上规模最大的水利工程系统，所以称之为“超大型水利工程系统”。即使在今天，这样的工程系统也是非常值得称道的。

多难兴邦，多灾生智。正是独特的生存环境才造就了良渚人“早产早熟”的文明智慧和建造技能，也体现出中华文明“早产早熟”的鲜明特征。实际上古西亚文明的产生也与苏美尔人因地制宜地建造水利工程系统有着直接的关系，他们兴建的各种渠道也是为了排洪、灌溉和解决生活用水等问题，以抗拒该地区经常发生的洪水和干旱，在此过程中文明“不知不觉”地产生出来。但由于苏美尔人小国寡民的城邦制，因此他们的水利工程系统在规模上与良渚文明相比只能是“小巫见大巫”了。

不过居住于良渚古城遗址的良渚人在此生活了上千年左右之后，还是因洪水泛滥而离开了。他们的结局或者为后世建城“非于大山之下，必于广川之上，高勿近旱而水用足，下勿近水而沟防省，因天材、就地利”[①]原则的形成提供了有力的依据。

二、“早产早熟”的战争智慧

战争的发动以及战争中杀戮、劫掠、奸淫等残暴行为，都是与文明背道而驰的。同时战争又在一定程度上检验着文明的发展程度，从这方面讲战争也是文明产生的标志之一。

---

① 《管子·乘马》。

人类的战争源于原始社会原始群落或氏族之间为争夺生存空间、争夺食物甚至婚配对象而发生的“打架”现象。此时的人们只为生存而斗，不存有私心，甚至更多的是出于生存本能，因此虽也有残暴的一面，但目的非常单纯。后来“打架”的目的中逐渐增加了掠夺他人的生产和生活资料、生活地盘甚至他人的人身等内涵。不仅如此，原来为提高狩猎效率而发明的弓箭、投枪、抛石、抛石器等也逐渐被人们用于打斗中，而且规模越来越大，于是“打架”上升为战争——据说人类是同类打架或发生战争时唯一使用制造武器互相伤害的动物。

据《史记・五帝本纪》，五帝之首的黄帝在位初期（约公元前30世纪初），中国中原地区发生过两次大的战争。由于中原地域广大、农耕经济发达、人口众多，以及文明发展已经达到相当的水平等因素，使得这两次战争的规模、激烈程度和持续时间堪称中国古代战争之滥觞。①另外，无论从战前准备的充分程度、对战场气候气象的把握上看，还是从驾驭瞬息万变的战场形势的能力以及从武器装备上看，这两次大战也都堪称是“早产早熟”的。

黄帝之时发生的这两次大规模战争分别为阪泉大战和涿鹿大战。阪泉大战发生在黄帝族与炎帝族之间，战争地点至今未有定论，大致有三种说法：其一发生在今山西省太原市阳曲县东北，相传旧名“汉山”的地方；其二发生在今河北省张家口市涿鹿县东南；其三发生在今山西省运城市盐湖区南。涿鹿大战发生在黄帝族与九黎族（首领为蚩尤）之间，战争地点至今也未有定论，主要有四种说法：其一发生于今河北省保定市；其二发生于今河北省邢台市巨鹿县；其三发生于今河北省张家口市涿鹿县与北京市延庆区交界处；其四发生于今江苏省徐州市。

另外，这两场大战哪个先发生哪个后发生也存在很大争议。据《史记・五帝本纪》，阪泉大战在前，而涿鹿大战在后。

关于这两场战争，《史记・五帝本纪》记载说：

轩辕之时，神农氏世衰。诸侯相侵伐，暴虐百姓，而神农氏弗能征。于是

① 石朝江：《蚩尤与炎黄逐鹿中原考》，《贵州师范大学学报（社会科学版）》2010年第1期，第25—31页。

轩辕乃习用干戈，以征不享，诸侯咸来宾从。而蚩尤最为暴，莫能伐。炎帝欲侵陵诸侯，诸侯咸归轩辕。轩辕乃修德振兵，治五气，蓺五种，抚万民，度四方，教熊罴貔貅貙虎，以与炎帝战于阪泉之野。三战，然后得其志。蚩尤作乱，不用帝命。于是黄帝乃征师诸侯，与蚩尤战于涿鹿之野，遂禽杀蚩尤。而诸侯咸尊轩辕为天子，代神农氏，是为黄帝。天下有不顺者，黄帝从而征之，平者去之，披山通道，未尝宁居。

从中可以看出，神农氏之时，氏族部落之间的“打架”事件频发。面对这一前所未有的现象，人们不知所措，神农氏心中也一样茫然一片。这是大多数人在面对时代变迁所带来的新状况、新形势时的必然反应。为了生存，人们强烈呼吁能有一种新的办法来结束这一混乱局面，同时也本能地企盼能有一个领袖人物来改变这一切，于是轩辕氏黄帝便应运而生。黄帝总结了以往历史的经验，决定采取以暴制暴的手段来改变各氏族部族互相混战的局面。这实际上也是当时唯一可行的办法，因为私有观念已经产生，私有制的出现已经不可逆转，人心也已经不古，一切都回不到从前，只能与时俱进，随世而变了。

就在黄帝征伐四方之时，两个最大的竞争对手——炎帝和蚩尤出现了。他们同样是经过了长期战争的洗礼，同样拥有着已积累比较深厚并在实践中经过反复检验过的战争智慧，同样都想使中原文明按照自己部族的“节奏”发展，于是大战不可避免。据说“蚩尤九黎部族和炎帝神农部族，是当时两个文明程度最高的大部落联盟”，而“黄帝族直到向东迁徙，都过着‘迁徙往来无常处’的游牧生活”[①]，似乎在文明发展程度上居于“弱势”，但其战争经验，或战争文明的发展水平，并不逊色于炎帝和蚩尤这两个对手。

因此，在与炎帝族战于阪泉之野之前，已经有着丰富战争经验的黄帝族做好了充分的战前准备，主要有七个方面：

第一，“修德”，即提高军事统帅的服众形象，明确本方进行战争的正义性。

“德”的最初含义仅是指首领领导能力的体现，包括率领部众选择合适的居住地点，组织合宜的生产和生活行为，让部众获得较为充裕的食物，以及指挥

① 石朝江：《蚩尤与炎黄逐鹿中原考》，《贵州师范大学学报（社会科学版）》2010 年第 1 期，第 25—31 页。

对外族作战且经常获得胜利，等等，都是实实在在的能力。“德”的这些原始内涵都是当时民众生存的第一需求。后世“道德”中许多有关领袖人物在精神层面的高尚要求，对于原始部民而言根本用不上，也不需要，而且他们的认识也达不到这样的高度。从战争角度看，无论何时，民众对首领军事领导能力的认可是极为必要的，尤其在这一时期即战争产生的初级阶段，这方面的重要性更加突出。因此黄帝必须让部民对自己充分信任才行，这是他在大战爆发前进行“修德”的最主要内容。

向民众说明战争的意义也是“修德”的重要内涵，只有这样全体民众才能团结一致、同仇敌忾，这是获得战争胜利的基本保障。

第二，“振兵”，即提高参战人员的军事技能与士气。

这一时期，参战人员都是平时为民、战时才上战场的“民兵”，并非脱离生产而集中训练的常备兵——中国常备军队的出现是在战国时期，因此战前训练是必不可少的，这也是提高士气的一种重要的手段。

第三，“治五气”，即了解战场环境及预测气候变化。

关于“五气”，一说指金、木、水、火、土之气，也就是自然界的各种现象，包括各种气候状况；一说指寒、暑、燥、湿、风五气，直接指气候的各种状况。《史记索隐》称“春甲乙木气，夏丙丁火气之属，是五气也”，虽意思深奥，但气象变化之义显而易见。

凡战争，天时、地利、人和三要素最为基本，缺一不可。尤其这一时期的战争，更需要天时助力，或者说最需要天时助力。

第四，“蓺五种”，即种植五谷，积储粮食。

“五种”指黍、稷、菽、麦、稻五谷。“蓺”，种植之义。自古打仗，军马未动，粮草先行。经过多年的战争实践，到黄帝之世时这一文明智慧早已成为基本的军事常识。

当然还需留有口粮给后方妇幼、老者、羸弱，不能全都充当军粮，否则参战者也无法全身心作战。尤其这一时期的战争更需要着重考虑这方面因素，毕竟专制制度尚未确立起来，民众的人心向背对首领地位的稳固或“去职”仍发挥着很大作用。

第五，“抚万民”，即安抚百姓，稳定人心。

凡战争，都会令民众不安，也会有不解之情，如征粮征兵会“扰民”，战争结局胜负难料会令民众牵挂，战争中死伤亲人更会造成民众情绪波动，因此安抚住后方，如对出兵之家进行补偿、向民众说明战争的意义等，就显得尤为必要。“后院”不起火，是保证战争胜利的一个最基本的前提。

第六，“度四方”，即向周边其他部族说明情况，瓦解战争对手可能的同盟军，也避免战争期间发生节外生枝的突发事件造成对本方不利的局面。

毕竟战事一发，不可料想之事会层出不穷。尤其不是本方直接控制的其他地区民众，他们的行动、态度也许会在最关键时刻成为“压死骆驼的最后一根稻草”，使得战争胜利的“天平”或倒向己方，或倒向敌方，因此这方面工作在战前必须做到位，或对人家有所承诺，或干脆将其“王子”之类的人物押在本方做人质，等等。

第七，“教熊罴貔貅貙虎”，即训练出具有各种像猛兽捕食般的特殊作战技能的战斗人员。

这样的士兵应该就是今日特种兵的前身，他们是军中的核心，是全军的“定心丸”，是能给敌方致命一击的“锐器”，是赢得战争的保障。能训练出这样的士兵，不仅反映出黄帝族是“游牧族”的特点，而且尤能反映出中华文明在战争文明上的“早产早熟”。

由上可见，黄帝族的战前准备基本上是面面俱到了。相比起后世的战争，其战前准备工作丝毫不逊色。当然上述内涵应有后人加工的成分，但即使是仅为雏形，在那个时期也是非常不得了和难能可贵的智慧和文明体现，这是毫无疑问的。

黄帝族与蚩尤九黎族逐鹿大战期间所使用的各种手段，也同样是“早产早熟”的，而且战前准备工作中还增添了一项新内容，显得更加成熟，这就是指南车的制造和使用。

蚩尤九黎族发祥于南方，后逐渐北移，在今山东、河北、河南三省交界一带强大起来。其后继续向北发展，当抵达涿鹿地区后，终于与黄帝族发生了冲突，爆发了大战。

据称“蚩尤兄弟八十一人，并兽身人语，铜头铁额，食沙石子，造立兵仗刀戟大弩，威振天下，诛杀无道，不慈仁”[①]。可见蚩尤率领的九黎族不仅人口众多，而且外貌长相、服饰打扮、性格食性等都与黄帝之族的民众完全不一样。最为重要的是，他们已经发明出了金属武器，战斗力强劲。

不仅如此，蚩尤还能呼风唤雨、制作大雾，令黄帝族士兵不能辨别方向。[②]可见蚩尤在战前也充分解了气象的变化，并利用它使黄帝族在战争中一度陷于被动。但黄帝族技高一筹，战前准备更为充足，早已制作好指南车，利用它在雾中辨明方向，终于重新夺得战场主动权，并赢得最后胜利，抓住了蚩尤。[③]

据《山海经》[④]所记“蚩尤请风伯、雨师以从，大风雨。黄帝乃下天女曰‘魃’，以止雨。雨止，遂杀蚩尤”可知，双方大战时的确遇到了严重的气象问题，双方都力图利用气候变化以利于己方。另外从典籍记载来看，在战争期间，双方都举行过隆重的祭祀仪式，祈求神灵的佐助，显示出对天时重要性的认识和重视程度。

还有，从典籍中关于“黄帝以仁义不能禁止蚩尤，乃仰天而叹。天遣玄女下授黄帝兵信神符，制伏蚩尤”[⑤]的记载来看，黄帝在战前和战争期间确曾想过很多办法，这些都是为了赢得战争所必需的。

至于蚩尤的结局，还一说是被杀；又一说则是黄帝“因使之主兵，以制八方。蚩尤没后，天下复扰乱，黄帝遂画蚩尤形象以威天下，天下咸谓蚩尤不死，八方万邦皆为弭服”[⑥]，即黄帝没有杀死蚩尤，而是利用他的威名以加强自己统治，甚至在蚩尤死后仍能让其形象震慑天下，统治手段可谓高明。

经过两次大战，黄帝将炎帝族和蚩尤的九黎族之大部聚拢在自己的“麾下”，扩大了部落联盟的力量，为中原文明成为中华文明的中坚力量奠定了基础。而

---

① 《史记正义》引《龙鱼河图》。

② （晋）崔豹《古今注·舆服》：“黄帝与蚩尤战于涿鹿之野。蚩尤作大雾，兵士皆迷。”

③ （晋）崔豹《古今注·舆服》：“（黄帝）于是做指南车，以示四方，遂擒蚩尤，而即帝位。”

④ 《山海经》，中华优秀传统文化的著名典籍之一，成书于春秋战国时期至汉代初期，是一部记录上古社会生活的百科全书，包含有地理、历史、神话、天文、动物、植物、矿产、医学、宗教以及人类学、民族学、海洋学和科技史等方面的诸多内容，为后世提供了许多有用的信息。

⑤ 《史记正义》引《龙鱼河图》。

⑥ 《史记正义》引《龙鱼河图》。

炎帝族、蚩尤九黎族的其余民众则退出了中原地区，迁移到长江流域或者更远的地方去了——这从那些地区有关炎帝、蚩尤的传说即能得到证明。

三、“早产早熟”的信史记载

从世界范围看，中国“史学的辉煌成就，是举世闻名的”[①]，不仅有文字记载的历史已有四千余年，而且这些历史记载的可信度非常大。尤其有关早期历史的记载，与其他国家或地区同时期历史记载相比，或有“一览众山小”的感觉，或有“越俎代庖”之行为——经常将周边国家或地区甚至更远地方的历史代为记载下来，以致这些国家的学者在研究本国早期历史时不得不翻阅中国的相关典籍。

（一）信史解读

所谓信史，即记载正确的历史。笔者认为应有 4 种：

其一为有当时的文字证明真实存在的历史。如甲骨文所记述的商朝一些真实历史。正因如此，有学者认为中国的信史时代开始于商朝[②]。

其二为后世典籍追记的无文字时代的历史，而后经历史学、考古学、民族学等学科的研究成果证明是真实存在的历史。

其三为有籍可查、记载确实的历史。不过，虽然“白纸黑字”，但有些也必须借助考古学、民族学等学科的研究成果进行旁证才行。如下文将谈及的司马迁《史记》的前四篇——《五帝本纪》《夏本纪》《殷本纪》和《周本纪》。

其四为完全由考古学、民族学等学科的研究成果证明真实存在的历史。如原始社会的历史等。

本书所探讨的中华文明“早产早熟”的信史记录主要指前 3 种。

---

① 葛懋春主编，谢本书副主编：《历史科学概论》，山东教育出版社 1983 年 3 月出版，第 10 页。

② 还有学者认为中国中原真正的信史时代开始于西周共和元年，即公元前 841 年。这一年，国人暴动（或称国人起义），周厉王出逃，由共和伯摄行王事，号“共和元年”；一说由召公、周公共同行政，号为“共和行政”。这是在 2000 年“夏商周断代工程”结题前学术界认定的中国历史上有正确纪年的开始。

（二）中原文明早期历史的“最完整”记述——司马迁《史记》

关于中原文明早期历史的记述有许多典籍可供参考，但最重要一部的则非司马迁的《史记》莫属。

司马迁（前 145—前 90 年左右）虽然生活在公元前 2—前 1 世纪的西汉中期，与中华文明产生时代相距 3000 年左右，但其深厚的家学基础、广泛的考察经历、勤奋的个人努力、难忘的先辈重托、朴素的唯物史观、科学的甄别方法、严谨的治史精神、激昂的自我鞭策，以及拥有先世流传下来的大量唯真唯实的历史资料，最终使得司马迁将中华文明“童年时代”的历史，以及“青年时代”的早期历史，即从文明产生到西汉中期的历史，以最接近其真实的面目而描述出来。《史记》所记述的历史真实程度，是其他文明古国望尘莫及的。

司马迁的《史记》除了利用其长期游历各地而搜集的大量第一手资料外，还主要利用了当时社会上流传的《世本》[①]《国语》[②]《秦记》[③] 等典籍，以及诸子百家的著作和国家的文书档案等，经过认真选摘，确定真实的内容，去掉没有根

---

① 《世本》又称《作世》《世系》《世纪》《世牒》《牒记》《谱牒》等。“世”是指世系；本则表示起源。据说是由先秦时期（一说是汉代）史官修撰的，记载了从黄帝到春秋时期的“帝王”“诸侯”“卿大夫”的世系和氏姓，以及帝王的都邑、制作、谥法等。全书分为《帝系》《王侯世》《卿大夫世》《氏族》《作篇》《居篇》及《谥法》等共 15 篇。南朝时《谥法》已缺，到唐朝又有更多篇目散佚，直至南宋末年全部失传。后世的学者根据其他书籍所引内容进行辑补，共分为八种不同辑本。

② 《国语》，中华优秀传统文化的著名典籍之一，又名《春秋外传》或《左氏外传》，相传为春秋时左丘明所撰。其以国分类，以语为主，故名“国语”。它是中国最早的一部诸侯国别体史书，凡 21 卷（篇），分周、鲁、齐、晋、郑、楚、吴、越 8 国记事。记事时间上起西周中期周穆王西征犬戎，下迄春秋战国之交晋国智伯被灭（前 453 年），前后约 500 年历史。关于《国语》的作者，自古存在争议，迄今尚未有定论。最早提出《国语》作者为左丘明的是司马迁，其《报任安书》称：“左丘失明，厥有《国语》。”

③ 《秦记》为先秦时期秦国和后来秦朝的历史档案。秦始皇采纳李斯建议下令焚书时，曾明令不得焚毁《秦记》，因此得以保存下来。根据《史记》判断，《秦记》一书的记事当起于非子（秦的始祖，周孝王时被封于秦）受封为周附庸，终于子婴车裂赵高或时间稍后些。其中秦文公以前的史事当为秦国史官的追记。《史记》以后的正史对于《秦记》一书已不见著录，故可认为该书大约传到西汉后期以后即散佚了。

据的传言，对无法证实的但又非常重要的事情则附上多种说法。以这种务实、科学的态度，呕心沥血 14 年，司马迁终于完成这部史学巨著，给后世留下了一份十分珍贵的无价瑰宝。

《史记》是中国第一部纪传体体裁史学著作，共 130 篇（卷），其中本纪 12 篇、表 10 篇、书 8 篇、世家 30 篇、列传 70 篇（包括《太史公自序》）。以后从《汉书》到《明史》，尽管其他名目有改变[①]，但都有“纪”有“传”，绝无例外地沿袭了《史记》的体例。《史记》是中国第一部通史。在《史记》之前，有以年代为次的“编年史”如《春秋》[②]，有以地域为限的“诸侯国别史”如《国语》《战国策》[③]，有以文告档卷形式保存下来的“政治史”如《尚书》[④]，但没有上下几千年，包罗各方面，而又融会贯通，脉络分明的通史。《史记》记述了上至五帝时代，下至汉武帝太初四年（前 101 年）间，共 3000 年左右的历史，不仅是中国第一部通史，也是第一部最完全记述中华文明早期历史的史学著作。《史记》还是一部优秀的文学巨著，有很高的文学价值，在中国文学史上占有重要地位，被鲁迅誉为“史家之绝唱，无韵之《离骚》”[⑤]。

《史记》的成就在中国古代无与伦比，是中华优秀传统文化中最为著名的典籍之一。作为一部历史著作，其文学成就超过绝大多数近现代历史学家的历史著述。

（三）司马迁《史记》关于中原文明早期历史的真实记述

自从《史记》诞生以来，两千多年中一直有人怀疑司马迁的历史记述存在

---

① 《汉书》改“书”为“志”，《晋书》改“世家”为“载记”。另外，《汉书》无“世家”，《后汉书》《三国志》等无“表”“志”及“世家”。

② 《春秋》，中华优秀传统文化的著名典籍之一，是中国传世最早的一部按年、月、日顺序记录的编年体史书，原是鲁国的国史，全书 1.8 万余字，出自鲁国史官之手，后经过孔子的整理。

③ 《战国策》，中华优秀传统文化的著名典籍之一，又称《国策》，西汉刘向编订，原作者不明，一般认为非一人所作。其记载了西周、东周及秦、齐、楚、赵、魏、韩、燕、宋、卫、中山各国之事，记事年代起于战国初年，止于秦灭六国，约 240 年的历史。

④ 《尚书》，中华优秀传统文化的著名典籍之一，最初称《书》。“尚”即“上”，《尚书》就是上古时代的书。它是中国第一部上古历史文献和部分追述古代事迹著作的汇编。

⑤ 鲁迅：《汉文学史纲要》之第十篇《司马相如与司马迁》，《鲁迅全集》（第 8 卷），人民文学出版社 1957 年 12 月出版，第 309 页。

许多谬误，尤其是关于五帝时代和夏朝的记述——国内外有些学者至今还在否认夏朝的真实存在。甚至《史记》关于商朝的记述，乃至公元前 841 年以前西周的记述，都受到许多人的质疑。

《史记》关于中原文明早期历史主线的记述，主要就是前四篇，即《五帝本纪》《夏本纪》《殷本纪》和《周本纪》。是否为信史则必须依据考古发掘和研究的成就，以及其他一些研究成果来证明了。

以下，从后往前，即从西周开始，然后按殷商、夏朝、五帝时代的“逆顺序”，论述司马迁记载历史之不误，同时展示其本人与《史记》之伟大。

1.《周本纪》关于西周王位世系的记载较为准确

一般而言，时间越靠近后世，信史成分越大，所以先谈论《周本纪》。史学界对于《周本纪》的质疑到 2003 年戛然而止。

2003 年 1 月 19 日，在陕西省宝鸡市眉县常兴镇杨家村一西周地下窖藏中出土一属于名为“逨”的贵族的青铜盘，后来被命名为“逨盘”。该盘内底铸有铭文 21 行，约 370 字，记载了西周时期与姬姓王室关系非常密切的“逨”所属的单氏家族 8 代首领辅佐从周文王至周宣王 12 位君主的征战、理政、管治林泽的功绩。

西周天子世系共历 12 王，即武王、成王、康王、昭王、穆王、共（gōng）王、懿王、孝王、夷王、厉王、宣王、幽王。其中厉王和宣王之间有“共和 14 年”的“空缺”。逨盘铭文对西周王室变迁及年代世系有着明确的记载，除最后一代天子幽王未提到外，另 11 个王，再加上周文王，与《周本纪》的记述完全一样。这是《史记》问世近 2100 年后，第一次由西周的文物印证《周本纪》所记西周诸王名号和王位世系是完全正确的。这不得不令人佩服司马迁治史的严谨以及对真实历史的惊人判别力。

据估计，单氏家族由于与西周王室关系密切，因而判断出周幽王统治下的西周王朝将会大乱，于是单氏家族首领单逨便下令，将家中最贵重的青铜器一共 27 件埋于地下窖室内，然后举家迁离以避祸。但西周竟然在周幽王手里真的灭亡了，因此单氏家族再也没能回来此地。于是这 27 件青铜器便在地下静静“等待”了 2700 多年，才终于迎来了重见天日的时候。

在此之前，1976 年 12 月 15 日，出土于今陕西省宝鸡市扶风县当时称为法门公社庄白大队的西周青铜器“墙盘”，其底部 284 字的铭文已经证明《周本纪》自文王至共王记述的正确性了。“墙”为人名，因其在周朝做史官，故该盘又被称作“史墙盘”。

西周是公元前 771 年灭亡的。当司马迁动笔写《史记》时，西周在历史上已经消失 650 年左右，距离周文王、周武王建立西周王朝更有 950 年左右——前一个时间的间距相当于明朝初年到今天，后一个时间的间距则相当于北宋中后期到今天的样子。直到今天，明朝第二位皇帝明惠帝（即建文帝朱允炆）的下落仍不明了；明末农民起义军首领“大顺皇帝”李自成的下落也争论不休……司马迁虽然没有将西周所有事情都告诉后人，但在 2000 多年以前仅凭其一己之力即能做到正确记述历史的发展主脉，可见司马迁作为大历史学家绝非徒有虚名。

2.《殷本纪》关于商朝王位世系的记载基本正确

与甲骨文对照，《殷本纪》商王世系虽然存在个别“小错误”或“小失误”，但有些与司马迁无关，有些则属于尚不能证明的对与错，其绝大多数都是正确的。

据《殷本纪》，商王朝君主世系一共为 30 王，分别为：（1）太乙；（2）外丙；（3）中壬（仲壬）；（4）太甲；（5）沃丁；（6）太康；（7）小甲；（8）雍己；（9）太戊；（10）中丁（仲丁）；（11）外壬；（12）河亶甲；（13）祖乙；（14）祖辛；（15）沃甲；（16）祖丁；（17）南庚；（18）阳甲；（19）盘庚；（20）小辛；（21）小乙；（22）武丁；（23）祖庚；（24）祖甲；（25）廪辛；（26）庚丁；（27）武乙；（28）太丁；（29）帝乙；（30）帝辛（纣）。

与甲骨文相对照。首先，《殷本纪》称“汤崩，太子太丁未立而卒，于是乃立太丁之弟外丙，是为帝外丙”。而在甲骨文中不仅把太丁列在商王中，是继商汤之后的第二任国君，而且是隆重祭祀的。这或许算是司马迁的一个“错误”。

其次，（3）中壬（仲壬）、（5）沃丁、（25）廪辛这 3 位商王至今在甲骨文中未发现，所以无法验证《殷本纪》的对与错——太丁列入商王后，他之后的商王排位都应该后移一位才对，即应为（4）中壬（仲壬）、（6）沃丁、（26）廪辛。至于这 3 位商王之所以未被发现的原因，一是可能在甲骨文的历史文化价值被发现之前，从安阳地下发掘出的这些带字甲骨不少被当成中药方剂中的“龙骨”用于镇惊安神、除烦去热和治疗心悸、失眠等病症而被大量毁灭掉了；二是可能至今尚未释读出来，因为在迄今已发现的四五千个甲骨文单字中，能释读出并得到公认的仅 1000 多个；三是可能尚未出土，还埋在地下，等待着被发掘。

第三，（15）沃甲（应为 16），甲骨文作“羌甲”；（26）庚丁（应为 27），甲骨文作“康丁”；（28）太丁（应为 29），甲骨文作“文丁”。《殷本纪》与甲骨文所记之所以不同，一是有可能两种写法都是正确的，因为甲骨文毕竟是尚不成熟的文字，书写“不规范”是正常现象——也许“不规范”只是今人的看法，在商朝巫师看来“那都不是事”，反正他们都能看懂；二是《殷本纪》写错了，那就肯定属于司马迁的“错误”；三是印刷术出现之前，《史记》在辗转手抄过程中把这些字抄错了，这样的“错误”显然与司马迁无关。

综上，《殷本纪》与甲骨文的不同一共是 7 个王，占全部 31 个商王的 22.5% 多一点儿，且除了（2）太丁未列入商王世袭算是司马迁的“错误”外，其他 6 个王的不同还不一定都是司马迁的“错误”。所以，《殷本纪》的正确率当在 80% 以上，应该是没有问题的，这也是不得了的成就。

3.《夏本纪》关于夏朝的记载

由上，《周本纪》周王世系全部正确，《殷本纪》商王世系略存疑问，那么以此类推，《夏本纪》夏王世系当会有多少个错误？

这个问题应该是无法回答的。但是从司马迁治史态度的严谨精神来判断，《夏本纪》有关夏王世系自禹到桀的 17 个王不大可能是司马迁杜撰的。

目前从考古发掘情况来看，具有疑似夏文化特征的遗址已经发现了上百个之多了，其中最著名的是河南省洛阳市偃师区的二里头遗址。该遗址虽然至今还存在很大争议，但其上限的绝对年代为公元前一千八九百年的认定是不存在争议的，而这个时间超越了商朝的时间上限，而进入到夏朝的统治时间段内。

截至目前，最大的遗憾是尚没有发现夏朝的文字，更没有发现夏朝文字记载的夏朝历史。迄今有关夏朝的文字记述，都出现在后世的典籍中，有些是不正确的，有些甚至相互抵牾。当然，相信司马迁，不是迷信司马迁。随着考古发掘的新成果不断涌现，夏朝的信史内容想必将越来越丰富。

实际上，从孔子关于“夏礼吾能言之，杞不足徵也；殷礼吾能言之，宋不足徵也。文献不足故也。足，则吾能徵之矣”[①] 的言论，就可以知道夏朝的确在中国历史上曾经真实存在过。孔子之语至少可以作为夏朝曾经真实存在的一个佐证，而不能认为孔子是空穴来风、信口雌黄，把神话传说当成信史而空发议论。在当时的现实中，杞国人被认为是夏人的后裔——杞国后来于公元前 445 年被楚国灭亡。而且孔子的学风和教风都是非常严谨的，否则他也不可能开一代私人办学之新风气，更不可能受到他的学生们以及后世的“追捧”。尤其孔子生存的时代，较之司马迁又向历史的纵深“推进”了 400 年左右，比司马迁更靠近夏朝存在的时间，其讲话的可信度也应该更高一些。

另外，从春秋晋国太史董狐（亦称史狐）以“赵盾弑其君”之语载入史册，“书法不隐”令权臣赵盾不快而又无可奈何之事[②]；从齐国太史秉笔直书“崔杼弑其君”而被杀，其两弟不改其书又被杀，至其后弟仍不改其书而使崔杼不得不停止杀史官之事[③]；以及南史氏听闻齐太史兄弟 3 人被杀，立即执简以往，准备当着崔杼的面将其弑君之事载入史册，行至半途获知已有结果乃止之事[④]，等等，可以知道历代“良史”为保证记史的真实性是不惜牺牲自己生命的。这种精神与传统肯定不是始于春秋时期，而应该与信史时代同时产生。1936 年，在河南省安阳市殷墟出土的多达 17096 片甲骨的 YH127 坑[⑤] 中，夹杂着一具蜷曲侧置的人骨架。这具尸骨是与龟甲同时埋入的，很可能就是当时管理甲骨的人员，应该属于史官的身份。对于非常迷信的商族人来说，用于占卜的甲骨是极其珍贵和神圣的，因此能“有幸”与甲骨埋在一起的人的身份肯定不会太低。

---

① 《论语·八佾》。

② 《左传·宣公二年》：“乙丑，赵穿（赵盾堂弟。一说赵盾堂侄）攻（晋）灵公于桃园。宣子（赵盾谥号为“宣”，故称赵宣子）未出山（山界）而复（返回）。大史（晋国史官董狐）书曰：‘赵盾弑其君。’以示于朝（朝廷）。宣子曰：‘不然。’对曰：‘子（指赵盾）为正卿，亡不越竟（国境），反（返回）不讨贼，非子而谁？’宣子曰：‘乌呼，我之怀（眷恋祖国）矣，自诒（找）伊戚（苦恼），其我之谓矣！’孔子曰：‘董孤，古之良史也，书法不隐。赵宣子，古之良大夫也，为法受恶（弑君恶名）。惜也，越竟乃免。’”

③ 《左传·襄公二十五年》：“大史书曰：‘崔杼弑其君。’崔子杀之。其弟嗣书而死者二人。其弟又书，乃舍之。”

④ 《左传·襄公二十五年》：“南史氏闻大史尽死，执简以往。闻既书矣，乃还。”

⑤ “YH127 坑”之“Y”与“H”分别是“殷墟”和“灰坑”的汉语拼音的首个字母，数字 127 则是灰坑的编号。从该坑中出土的甲骨是殷墟历次科学发掘中出土最多的。

至死都要与这些被后世誉为“中国最早的文字档案库”“殷人保存典册的府库”，甚至被称为是“中国最早的图书馆”的众多甲骨埋在一起，表现出的或许就是史官的敬业精神和职业神圣感。在中原文明早期，良史精神还是贵族精神的一种体现。因为史官自一产生即兼有治史和治政的双重任务，并非是单纯的记史之官，由此他们具有强烈的政治责任感和自豪感。即使到了专制时代，古代良史的这种精神、传统和责任感仍在司马迁身上有着非常浓郁的表现。这属于中华文明的重要内涵，值得当代史学家继承和发扬。正因为有大量秉笔直书的史官存在，中原文明早期历史中大量真实的史料才能为司马迁所用，并成就了司马迁升华到更高的层级而成为中国古代最伟大的史学家——司马迁这样的古代大史学家在世界上也是屈指可数的。

4.《五帝本纪》的历史记载

《五帝本纪》中的“五帝”是黄帝、颛顼、帝喾、帝尧和帝舜，他们是否是真实历史人物，应该是无法认定的。但一方面，由于数千年来华夏族（汉族）和一些少数民族都将他们当成自己的祖先，世代怀念和纪念他们，因此他们实际上已经“走入”历史而无法被否定了。甚至，他们已经成为历史研究的“参照物”，如“五帝时代”的命名。“五帝”应该不是具体的某个人，他们应该是被中华先民口耳相传不断加工而“打造”出的“集合型的个体形象”，即无数人的集体形象浓缩为一人。

除《五帝本纪》外，中国古代关于“五帝”还有另外3种说法：即太皞、炎帝、黄帝、少皞、颛顼之说（《礼记·月令》）；少昊（皞）、颛顼、高辛（帝喾）、唐尧、虞舜之说（《帝王世系》）；黄帝、少皞、帝喾、帝挚、帝尧之说（《道藏·洞神部·谱录类·混元圣纪》引梁武帝说）。

其中炎帝前已提到，号神农氏，其父亦为少典。其他：太皞，一作大皞，又作太昊，号伏羲氏，为风姓，居于陈地（今河南省周口市淮阳区），是炎帝和黄帝的共同祖先；少皞，亦称少昊，黄帝长子；帝挚，姬姓，名挚，帝喾长子。他们与黄帝所形成血缘关系，客观上也应该是历史的真实。如黄帝族与炎帝族本为一个部落或兄弟部族，都起源于今甘陕地区的泾渭流域一带。[①]传二人同

① 石朝江：《蚩尤与炎黄逐鹿中原考》，《贵州师范大学学报（社会科学版）》2010年第1期，第25—31页。

父，也未必是空穴来风。

司马迁在《史记》最后对五帝时代评论说："维昔黄帝，法天则地，四圣遵序，各成法度；唐尧逊位，虞舜不台（悦）；厥美帝功，万世载之。"[①]可见他不仅对这个时代深信不疑，而且赞美有加。

目前通过考古发掘，五帝时代的历史真实正逐渐被揭开。如前述陕西省石峁古城被认为是可能黄帝部族建造和居住，山西省陶寺古城被认为是尧部族建造和居住等，虽存在争议，但通过争议而达成共识，其本身就是历史研究必经的过程。

（四）"三皇"传说中的历史真实

相比起"五帝"，"三皇"更具神话传说色彩。但只要拨开《史记》等古代典籍记述他们的历史时不可避免的迷信的"轻纱"，历史立刻就浮现在眼前——这实际上也是中国神话传说的一个特点。

古代关于"三皇"有7种说法，其中有些与"五帝"相重：（1）天皇、地皇、泰皇[②]；（2）天皇、地皇、人皇[③]；（3）伏羲、女娲、神农[④]；（4）伏羲、神农、祝融[⑤]；（5）伏羲、神农、共工[⑥]；（6）伏羲、神农、黄帝[⑦]；（7）燧人、伏羲、神农[⑧]。其中，（1）天皇、地皇、泰皇这一说曾被秦始皇的大臣们以为依据，请秦始皇称"泰皇"，结果被秦始皇否决了。[⑨]

被神话传说赋予在"三皇"身上的一些成就，可能来源于历史真实。如（7）

---

① 司马迁：《报任安书》。

② 《史记·秦始皇本纪》。

③ 《史记·补三皇本纪》引《河图》《三五历记》。

④ 《风俗通义·皇霸篇》引《春秋纬·运斗枢》。

⑤ 《白虎通》。

⑥ 《通鉴外纪》。

⑦ 《帝王世系》。

⑧ 《风俗通义·皇霸篇》引《礼纬·含文嘉》。

⑨ 《史记·秦始皇本纪》："丞相绾、御史大夫劫、廷尉斯等皆曰：'昔者五帝地方千里，其外侯服夷服诸侯或朝或否，天子不能制。今陛下兴义兵，诛残贼，平定天下，海内为郡县，法令由一统，自上古以来未尝有，五帝所不及。臣等谨与博士议曰：古有天皇、有地皇、有泰皇，泰皇最贵。臣等昧死上尊号，王为泰皇。命为制，令为诏，天子自称曰朕。'王曰：'去泰，著皇，采上古帝位号，号曰皇帝。他如议。'"

燧人、伏羲、神农这一说，可能反映了原始社会经济生活的实际发展情况。

甚至不在“三皇”之列的有巢氏发明巢居的传说，可能反映的也恰是先民走出洞穴，居于平原，搭建房屋居住的历史。前面提到的北京王府井古人类文化遗址就是今北京地区最初一批离开山前高地的原始人来到平原居住的生活遗址。他们在今王府井地区搭盖房屋，居住有上千年时间——当时的地面在今 20 多米深的地下。

有巢氏虽不在“三皇”之列，但其与“三皇”之间被传说是有血缘世系的。传他是燧人氏之父，伏羲、女娲的祖父——一门仨“三皇”，这“家人”可真是厉害！据说有巢氏是今安徽省合肥市代管之巢湖市人，后来迁徙到今山西省吕梁市。但是否属于信史，肯定无法确定。

关于燧人氏钻木取火、教人熟食等传说，反映的是我们的先民使用火和吃熟食熟肉的历史。不过，从考古发掘来看，人类使用火应该在搭建房屋之前。前述“北京人”住在山洞中时即已会使用火和管理火；中国发现的世界上最早的古人类用火遗迹、被称为“人类圣火的点燃地”的山西省运城市芮城县风陵渡镇西侯度遗址也肯定是山洞遗址——位于西侯度村后的“人疙瘩”北坡，为山西南端向黄河倾斜的丘陵地带，高出黄河河面约 170 余米。所以，从时间上说，实际上燧人氏应该是有巢氏的“老爸”才对。据说，燧人氏是河南商丘人，风姓；商丘有燧皇陵。

至于伏羲教人制网罟，捕鸟打猎，还教人渔猎方法等传说，反映的则是母系氏族公社时期的经济生活状况。所以有人认为伏羲是母系氏族公社的首领。另外还传说伏羲和其妹女娲相婚生儿育女，成为人类祖先，这样他又成为“开辟之神”“创造之神”——一人“身兼二职”这种情况在神话传说中也是很正常的现象。一说伏羲即太皞。而伏羲、女娲兄妹相婚，反映的又是古人类曾真实经历过的婚姻史的发展阶段。

伏羲故里有甘肃省天水市之说、甘肃省平凉市之说、河南省周口市之说和山东省菏泽市之说等，其陵寝地在河南省周口市；女娲故里甘肃省天水市之说、河南省周口市之说等。关于女娲，还传她用黄土和泥捏人创造了人类。

中国神话传说的领袖人物的各种道德有许多都是中华传统美德的根源所在，这些美德不仅是中华先民经过长期实践而总结出的和谐社会及人际关系的良好品质，而且体现着中华文明对领袖人物的政治要求和殷殷期待。从它们丰富的内涵看，完善于春秋战国时期是最可信的。春秋战国时期，政权林立、兼并频仍、君位更替频繁、君臣相煎甚众等丰富的社会实践，不仅造就出中华文明的第一个思想高峰期，还使中华政治道德和人伦理论升华，并为中华文明的人本性特征确定下了基本“音调”。

正因为中国信史记录可以追溯数千年前，所以成为中华文明“早产早熟”特征的一个表现方面。

从世界范围看，中华民族还是最为重视记载历史的。中华文明修史之风早在先秦时期就已非常兴盛。除了前面提到的中华文明的著名典籍外，还有《左传》① 等。

在司马迁之后，修史之盛更蔚为大观。尤其自南北朝开始，官修史书成为历朝历代政府责无旁贷的“必修课”。最终修成的“二十四史”如下：

1.《史记》（130 卷。原名《太史公书》，东汉以后始称《史记》），西汉司马迁撰。

2.《汉书》（100 卷），东汉班固撰。

3.《后汉书》（120 卷），南朝宋范晔撰（其中的志 30 卷为西晋司马彪撰）。

4.《三国志》（65 卷），西晋陈寿撰。

5.《晋书》（130 卷），唐朝房玄龄等撰。

6.《宋书》（100 卷），南朝梁沈约撰。

7.《南齐书》（59 卷。原名《齐书》，北宋时始加“南”字），南朝梁萧子显撰。

8.《梁书》（56 卷），唐朝姚思廉撰。

9.《陈书》（36 卷），唐朝姚思廉撰。

10.《魏书》（130 卷），北齐魏收撰。

11.《北齐书》（50 卷。原名《齐书》，北宋时加“北”字），唐朝李百药撰。

12.《周书》（50 卷），唐朝令狐德棻等撰。

13.《隋书》（85 卷），唐朝魏徵等撰。

---

① 《左传》，中华优秀传统文化的著名典籍之一。旧传为春秋时期左丘明著，近人认为是战国时人所编，是中国古代一部叙事完备的编年体史书。

14.《南史》(80卷)，唐朝李延寿撰。

15.《北史》(100卷)，唐朝李延寿撰。

16.《旧唐书》(原名《唐书》，200卷)，后晋刘昫撰(实际赵莹、张昭远、贾纬、赵熙等用力最多。成书时刘昫正以宰相监修国史，由他进呈，故题刘昫撰)。

17.《新唐书》(225卷)，北宋欧阳修、宋祁等撰。

18.《旧五代史》(150卷。原名《梁唐晋汉周书》，总称《五代史》)，北宋薛居正等撰。

19.《新五代史》(74卷。原名《五代史记》，又名《五代新史》)，北宋欧阳修撰。

20.《宋史》(496卷)，元朝脱脱等撰。

21.《辽史》(116卷)，元朝脱脱等撰。

22.《金史》(135卷)，元朝脱脱等撰。

23.《元史》(210卷)，明朝宋濂等撰。

24.《明史》(332卷)，清朝张廷玉等撰。

据中华书局点校本统计，“二十四史”共计3300卷，约4700万字。

1921年，民国时，又以《新元史》(257卷，民国柯劭忞撰)列为“正史”，与旧有“二十四史”合称“二十五史”。

另有民国时期清史馆修撰、赵尔巽主编的《清史稿》(529卷)，故又有“二十六史”之说。

上述“二十六史”，再加上北宋司马光所撰《资治通鉴》(295卷)等众多史书，使中国、中华民族成为世界上唯一拥有“上下五千年”连贯、完整历史记载的国家和民族。它们是中华民族引以为荣的宝贵文化遗产。

四、“早产早熟”的王权与国家组织机构

无论是王权还是国家组织机构的产生，都是社会的发展必须依靠“强权力”才能有效地运转之后“应运而生”的，其中战争是一味强烈的“催化剂”。打仗是那个时代最有效组织全体成员——当然主要是成年男子，服从命令和按规矩

行事的手段和方法。因为打仗会死人，会有大量伤亡发生，不服从指挥者的命令，不按规矩行动，不仅会造成重大伤亡，甚至造成本群体自由权利的消失，全体成员沦为别族的财产和奴隶。当然战争规则除了在战争实践中不断积累外，在平时的狩猎活动中积累"战争游戏规则"也是必不可少的实践环节——其实"战争游戏规则"中有许多就产生于长期的狩猎活动中。

最初的战争指挥权都是临时设置的，指挥者或由首领亲自担任，或指派能征善战者临时担任。战争规则也都是临战制定或重新强调提出。但战争结束，指挥者权力即告消失，战争法令也随即消除，一切都回到氏族制日常生活状态，大家继续过着"其乐融融"的生活。

但逐渐地，随着生产力的提高，氏族人口的增加，私有制的逐渐成形，以及战争的频繁，战争规模的不断扩大，战争的后果越来越突出、越来越严重，于是以前用于战争的指挥权力和法令，也开始运用于氏族制日常生活中了，如首领拥有了对不服从命令者生杀夺与的权力，这样强权力和国家组织机构的雏形就产生了。

《国语》载："昔禹致群神于会稽之山，防风氏后至，禹杀而戮之，其骨节专车。"① 防风氏传为古汪芒国的首领。"后至"，一说为迟到；一说为未出席。因为开会迟到或未出席即将一方首领杀掉，可见禹手中的权力已经"王权化"了。

与此同时，将"居民点"扩建成城池也成为必要。而庞大的建筑工程，使得氏族制的管理模式已不能跟上形势的需要，这也催生了强权力和国家组织机构的形成。

据考古发掘，良渚水利工程系统的高坝和低坝之坝体长 35—360 米不等，宽约 100 米，堆筑高 10—15 米；山前长堤全长 5 公里，现存 3—7 米高，20—50 米宽。据测算，总土方量为 288 万立方米（其中山前长堤的总土方量约为 198 万立方米，是整个水利系统工程中最大规模的单体工程），共需 1 万人利用农闲时间工作 9 年以上，若连续不断工作也需两年多。

至于良渚古城的总工程量更高达 1200 万立方米（一说总工程量超过 700 万

① 《国语・鲁语下・孔丘论大骨》。

立方米）——城墙墙基竟宽达40—60米，据测算需1万劳动力连续劳作至少10年时间。[①] 仅仅是城中心的莫角山土台——目前发现的中国最早的宫城，其土方量即达200多万立方米，不仅是中国史前时期规模最大的人工土台，也是目前所知世界上同时期规模最大的土木工程——除西边一部分利用了自然高地外，土台其余部分都是先用取自湿地沼泽的青色淤泥填高洼地，然后再统一堆筑黄土而成。填土堆筑的厚度最高超过10米，少的也有2—6米厚。土台东西长约600米，南北宽约450米，总面积近30万平方米，相当于40个国际标准足球场的面积。[②] 显然，完成这一浩大的工程，必须要有强权力的运用和较高水平的管理机构的运行才行。

另外，从良渚人尊奉的唯一神祇——“神人兽面”神，也可证明王权已经产生。因为有能力消除多神崇拜的人，一定是具有超高政治地位和神权地位的。

最初的原始宗教迷信都是多神崇拜、万物有灵的。而犹太教、基督教、伊斯兰教成为一神教都是经历过很长时间的酝酿过程的。从这一点而言，良渚人的“一神教”也体现了中华文明的“早产早熟”。

再从红山文化牛河梁遗址祭祀群的构筑来看，有的祭坛、积石冢围绕的一座完全由人工夯筑起来的大土堆，直径近40米，高16米，总土方量在数十万立方米以上。而一些祭坛、积石冢所用石块最远需从十几公里以外搬运而来。若无强权力的使用和国家组织机构的运行，仅仅依靠氏族部落民众的“志愿劳作”或“义务劳动”来完成如此繁重的工作显然是不可能的。

同样，澧县城头山、郑州西山、登封双槐树、神木石峁、襄汾陶寺等古城的建筑，也一样不会是氏族部落民众“志愿劳作”或“义务劳动”的结果。

中华文明王权和国家组织机构的产生在距今5300年以前，其“早产早熟”既让人感到不可思议，同时又在情理之中。实际上，中华文明的独特性让许多人难以理解。

① 史一棋：《重大科研项目“探源工程”成果发布——考古证实：中华文明五千年》，《人民日版》2018年5月29日，第6版“要闻”。

② 秦岭：《良渚的故事（上）》，《光明日报》2019年7月7日，第12版“文化记忆”。

五、中华文明“早产早熟”的其他表现

所谓“其他表现”，是指那些疑似标志着中华文明很早产生的文明或文化“成就”。这些“成就”或者表明文明萌芽的产生，或者表明文明已经产生。

（一）迄今中国发现的最早原始刻画符号距今超过 8000 年

迄今中国发现最早的原始刻画符号是贾湖龟甲刻画符号，出土于河南省漯河市舞阳县贾湖裴李岗文化（距今约 9000—7500 年）遗址——贾湖遗址。这些刻画符号出现的意义在于，它们有可能是中国汉字的起源。

从直观来判断，这些刻画符号中似乎有眼睛与太阳的图像——当然这是今人依自己的经验而作出的判断，至于原始人的真实意图显然是不得而知的。虽然目前尚不能认定这些刻画符号就是中国汉字的起源，因为无法找出它们与迄今所知中国最早的汉字——殷商甲骨文之间的联系。但倒过来说，是不是也不能说它们就一定不是中国汉字的起源？

其实甲骨文中的绝大部分只是殷商后期的文字，这样在殷商前期、夏朝甚至五帝时代应该有不如甲骨文成熟以及远不如甲骨文成熟的“青涩”文字。一个王朝若没有公文上传下达、大规模战争没有书面命令传递等都是不可想象的。

另外，文字的产生与发展有着自己与众不同的独特性。首先，由于文字是属于“太文化”的文明成就，因此从产生到成形需要的时间一定会非常长久，应该比其他文明成果的发展成形需要的时间更为久长。其次，文字的产生虽然是社会发展的客观要求使然，但是必须得有抽象思维极其发达，且认识到文字发明的重要意义，以及愿意投入自己全部精力的人出现才行，而这样的“超级人才”肯定是很不容易出现，需要漫长的“等待”时间。再次，由于文字的发明是一个漫长的过程，因此这样的特殊人才还必须一代一代地连续出现才行，且前代人与后代人还必须有生存交叉才行——因为没有文字，必须口耳相传，才能将文字的发明持之以恒地进行下去，否则中间出现“断档”，后人没有及时跟进前人的工作，一切就会回归到原点，还得重新起步，或者有可能文字就发明不出来了。第四，仅以汉字而言，文字的发明是极其艰难的漫长过程，不仅

字形要从简单到复杂的一笔一画地创造出来，而且还要不断赋予其相应的内涵，并要牢牢记住才行，所以最初的文字一字多义或一义多字是普遍现象，这种情况到甲骨文时仍然频现。最后，文字的使用也有一个从简单“随意”到规范化的过程，这个过程也必定是极其漫长的，甚至要到人类进入文明时代很长时间之后才能基本定型——汉字从甲骨文到秦汉的篆书（篆体、篆字）和隶书（隶体、汉隶），从比较成熟到完全成熟，并受到文明政府的人为推动，还用时在 1000 年以上，更何况是汉字发展的不成熟或极不成熟阶段了，尤其还处于原始社会的状态下，肯定需要若干个 1000 年甚至更长时间才行。

综上，人类从结绳记事的原始状态逐渐摆脱出来，再到规范地使用文字，没有几千年的时间是不可能的。

从有关仓颉造字的传说就可知道文字的发明必须要有专门、专业的“超级人才”才行——虽然传说中将无数人从事的工作都“交给”了仓颉一个人。相传仓颉在造字之初捕捉了许多甲壳类昆虫，并将昆虫沾了黑水让其在草叶上爬行，以昆虫爬行时所留下的印记来造字。这虽然不可信，但也很难说最初的灵感不是来自自然界，不是出于动物遗留的某些痕迹。由于初期造字不多，不够使用，仓颉焦急至极，竟然又急出了一双眼睛，即“重瞳”。因此仓颉的形象是长有四只眼的“文字发明家”，这其实显示出的是后世对其超常才能的敬仰和对其不可思议地发明出文字的崇拜。后来仓颉终于依象形、会意、形声等方法创造出了汉字。

实际上，将目前中国出土的原始刻画符号归纳在一起，是可以看到文字逐渐成形的发展脉络的。

比贾湖龟甲刻画符号再晚的有仰韶文化著名遗址、距今六七千年的陕西省西安市半坡遗址出土陶器上的刻画符号，共有 20—30 种。不过这些刻画符号中大多都是单一“笔画”的刻画，显得比贾湖刻画符号还要简单。

以后有距今约 6500 年到约 4500 年的大汶口文化陶器刻画符号。[①] 大汶口文化陶器刻画符号较之半坡刻画符号明显复杂多，其中明显能看出今人所认为的

① 大汶口文化因最早发现于山东省泰安市大汶口镇而得名，其前期处于母系氏族公社时期，晚期进入到父权制阶段。

太阳、云雾、山峦的造型，以及疑似生产工具的样子。在原始刻画符号中，大汶口文化陶器刻画符号中的某些符号似乎最像文字的样子，但可惜的是，至今无法认定它们就是汉字的起源，对其含义的“认定”都只能算作猜测。

随后，有距今约 6400 年到约 4000 年的石家河文化陶器刻画符号。[①] 其陶器刻画符号也较之半坡刻画符号复杂些。

最令人兴奋的发现来自良渚文明（距今 5300—4300 年）一块石钺上的 6 个文字。虽然无法释读，但由于 6 个字排成一行，连在一起，因此有专家认为它们或许更接近于文字。

另外，被认为没有文字的三星堆文明其实也有刻画符号。[②] 这些符号虽也无法释读，但“书写”得更为规整、规范，一看即知“书写者”是“用心”的。

上述这些刻画符号，应该说肯定孕育着原始人随着时间推移而必然会表达的“书面含义”，只是我们目前尚无法认定而已。

据说全世界只有两个民族创造出了“方框字”：一个是中华民族的汉族人创造出的汉字，再一就是玛雅人创造出的玛雅文字。而玛雅文字已经成为“死文字”，不仅早已不再使用，甚至能被释读出来的也极为少量。当然这主要是当年入侵中美洲的西班牙殖民主义者造成的，他们将玛雅人的宗教当成异教、邪教，将掌握文字的僧侣大量杀害，将大量写有玛雅文字的文本毁坏殆尽。

现在世界上唯一还在使用的方框字只有汉字一家。方框字的发明，反映出汉族人与玛雅人崇尚直观的思维定式——其实也应该是热爱艺术的表现，因为方框字来自“图画”。

“四大文明古国”中的“另三大文明古国”的文字也都变成了“死文字”，

---

① 石家河文化因最初发现于湖北省天门市石河镇而得名，属新石器末期金石并用时代文化，晚期进入文明时代。

② 三星堆文明发现于四川省广汉市西北的鸭子河南岸，分布面积 12 平方公里，距今约 5000 年到约 3000 年（一说距今约 4800 年到约 2600 年），是迄今中国西南地区发现的范围最大、延续时间最长、文化内涵最丰富的具有文明萌芽性质的史前遗址。其年代不仅早于中原的夏朝，而且已经具有极高的青铜冶铸技术（青铜冶铸的年代几乎与商朝同时），被誉为“长江文明之源”，是昭示长江流域与黄河流域共同创造出中华早期文明的又一重要文明遗址。但为何没有文字发现、为何青铜冶铸技术如此高超、为何青铜面具的双目会有如此大的凸起、为何突然消亡以及与中原文明存在何种关系等，都是未解之谜。

早已不再使用。

古西亚的楔形文字被认为是世界上最早使用的文字，古埃及象形文字也很丰富，不过幸运的是这两种文字现在都能释读。但古印度的“哈拉巴文字”至今不能释读。

哈拉巴文字基本上也属于象形文字，出土发现的文字大多刻在石头或陶土制成的印章上。全部文字符号有 417 个。后来文字中的图形符号消失，简化成 22 个基本符号，有的符号加上了短画线，也有两个符号连写的，说明其文字抽象化的程度已经相当高级，这也是其文明发达的主要体现之一。很可惜的就是现在还不能解读这些文字，这应该与雅利安人打断其文明的正常发展有着直接的关系。

文字的产生是西方学界认定文明产生的标志之一。但若将文字的产生看成一个漫长的发展过程，则自然就不会拘泥于非得等到它基本成形时才认定文明产生，更不会顽固地将中华文明的产生“绑定”在甲骨文“身上”，而一口咬定甲骨文之前中国没有文字产生，也无文明朝代出现，显然这不是科学的态度。

（二）迄今中国发现的最早青铜器距今超过 5000 年

截至目前，中国发现最早的青铜器，是出土于甘肃省临夏回族自治州东乡族自治县东源乡林家村林家遗址的“中华第一刀”——一把通长 12.5 厘米、宽 2.4 厘米的青铜刀。林家遗址的绝对年代为距今约 5300 年到约 4700 年。前述中华文明产生时的生产力水平是勉勉强强进入金（铜）并用时代的论断，就是因为它的缘故。

实际上，无论是西辽河流域的红山文化（明）各个遗址，还是黄河流域的双槐树遗址、西山古城遗址，以及钱塘江、太湖流域的良渚文明遗址等，都没有青铜器出土。只有在陕西神木石峁遗址的回填土中，发现了制作青铜武器用的石范，由此可知 4000 多年前后中原文明已具备生产和铸造简单青铜器的能力。

据说世界上最早的青铜器出土于土耳其，距今 8000 年。而“另三大文明古国”其实也都是勉勉强强进入青铜时代的。古埃及和古西亚由于缺少矿产资源，所以生产的青铜器数量有限，且多为小型工具、兵器、饰件和器皿等，考古发现的也少。如完整发掘的古埃及法老图坦卡蒙的墓中几乎没有青铜器。古西亚帝王墓葬的出土情况也如此，都是出土了大量的金银器，却极少有青铜器，而且青铜器都是小件的，没有大型的。

古埃及、古西亚青铜器出土情况，与偃师二里头遗址出土的情况很相似，即只出土了小件青铜器，如青铜爵、青铜铃等——二里头遗址出土青铜爵是目前中国最早的青铜容器。不过在二里头遗址发现了铸铜作坊，所以认定夏王朝进入青铜时代是没有问题的。

留给后人的疑问是，埃及人建造金字塔、神庙等巨型建筑物，从山体中撬凿出几吨、十几吨、几十吨的石料，甚至制作出上千吨的方尖碑等，这些都需要将石料表面敲击平整。而没有金属工具，他们到底是怎么完成的呢？

“四大文明古国”中只有中华文明的青铜冶铸后来居上，在商朝时期和“三星堆文明时代”达到高潮。商朝时期的青铜矿在今江西省境内已被发现，其矿井设施可以说堪称先进。

制作青铜器也是西方学界认定文明产生的标志之一。西方考古学的起源是对古埃及、古西亚的考古发掘。据说，没有修过“埃及学”课程，就不能算是考古专业毕业生。而古埃及、古西亚只能冶铸小件青铜器的事实，使得一些学者后来不得不提出，是不是不该将青铜器作为文明产生的标志。这还真是一件很有意思的事情。

（三）迄今中国发现的最早古笛距今超过 8000 年

中国发现的最早的古笛出土于贾湖遗址，一共出土了 30 余支多音阶骨笛。这也是迄今为止世界上发现最早、保存最完整的可吹奏的管乐器。

经鉴定这些骨笛的材质主要是丹顶鹤尺骨，即翅膀前臂部分，长度大约都在 17.3—24.6 厘米间，直径在 0.9—1.72 厘米间，有二孔、五孔、六孔、七孔和八孔笛，已具备七声、八声音阶，能完整地吹奏出现代乐曲。

虽然此时中华文明尚未产生，但这 30 余支多音阶骨笛所取得的成就绝对应该与文明“挂钩”。因为它们所表现出的不只是物质文明的高度，更是精神文明的超常高度，而后者所具备的有些内涵是难以言表的。没有超常的艺术和匠师的才能，又有谁能制作出它们来呢？制作出来又有何用呢？

想象一下，8000 年前的“贾湖人”或在劳动的时候，或在劳动之余，或在举行各种典礼的时候，有一支由几十个人所组成的乐队，给人们吹奏着美妙的音乐，那该是多惬意的事情。尤其在夜晚时分，在明亮的月光下，悠扬的笛声带给人们的绝对应该是文明的遐想。

第二节　中华文明“早产早熟”的原因

中华文明之所以“早产早熟”，主要是因为两方面的原因：一是中华文明所处的地域环境十分优越；再一是中华先民的人文表现实在太过出众。

一、地域环境优越

地域环境十分优越，是中华文明“早产早熟”的客观原因。当然，前已述，其优越是相对而言的。

首先，土地辽阔。

红山文化（明）所处的西辽河平原，按照今天的数据，面积为 5.2 万平方公里。

良渚文明的主要区域包括钱塘江以北、钱塘江以南和太湖流域三个部分。

钱塘江以北是浙北平原，即富庶的杭嘉湖平原，位于良渚古城遗址的东部，太湖以南。杭嘉湖平原地跨今浙江省杭州、湖州、嘉兴 3 市，属长江三角洲平原的一部分，面积 7620 平方公里，是浙江省第一大平原。这里地势低平、河网密布、湖泊密布、物产丰富，具有典型的“江南水乡”特征——河网密度平均 12.7 公里 / 平方公里，为中国之冠。

钱塘江以南（包括杭州湾以南）是绍兴市、宁波市一带，自古即是“鱼米之乡”。

太湖北距良渚古城遗址 60 多公里，流域面积 3.69 万平方公里，其中 2/3 是平原。这里同样自古便是“鱼米之乡”。

而良渚文明的影响区域更十分广大，不仅环太湖的今江苏省常州市、无锡市、苏州市等地都发现了良渚文明的文物，上海市也在良渚文明影响范围之内，而且其扩张区甚至西到今安徽、江西两省，往北一直到江苏省北部，接近山东省，这样实际上良渚文明的范围已延伸到中原地区。

中原文明发生的华北平原，面积达 31 万多平方公里，为中国第二大平原。具体而言，双槐树遗址所在的河南省登封地区，虽平地面积只有 200 多平方公里，但今日的耕地面积有 300 多平方公里；西山古城遗址所在的郑州市惠济地区，处于豫西丘陵向豫东平原的过渡地带，黄河冲积扇的顶端，今日农业用地有八九十平方公里；石峁遗址所在的陕西省神木地区，虽位于陕西北部的黄土高原（陕北高原），少平原，多沟壑，但今日可耕地也达 1000 多平方公里；陶寺古城遗址所在的陕西省襄汾地区则基本属于平川地区，平地面积有 1000 多平方公里，尤其汾河两岸地形平坦，至今仍是重要的农业垦区。

上述地区今日人口最少的是郑州市惠济区，但也有 50 多万人。登封市人口则为 70 万左右。几千年前，上述地区的人口肯定不会有这么多，因此也肯定不用开发出这么多耕地即可维持其文明的发展。

另外，三星堆文明所处的成都平原东北部的今广汉市（德阳市代管的县级市），为沱江冲积平原地带，面积也有 500 多平方公里。

其次，气候温和。

今日的西辽河平原属于中温带；今日的华北平原属于暖温带；今日钱塘江—太湖流域属于亚热带；今日的广汉市属四川盆地中亚热带湿润气候区。

今日的登封市、惠济区、襄汾县均属暖温带；今日的神木市虽属中温带，但该地区的光热资源可观，是中国日照高值区之一，年平均日照 2716 小时。

上述气温几千年前应该会略有变化，但不会太大。如当时黄河中下游地区的年平均气温要比现在高 2℃左右，气候温暖湿润，降雨量充沛，因而是东亚大陆最适宜人类生存的地方。[①]

第三，土壤肥沃。

① 见葛剑雄：《何以中国》，《光明日报》2023 年 9 月 20 日第 11 版“理论”；竺可桢：《中国近五千年来气候变迁的初步研究》，《考古学报》1972 年第 1 期，第 15—38 页。

西辽河平原至今仍是内蒙古自治区粮食生产基地，被誉为“内蒙古粮仓”，显然土壤肥沃。

华北平原在几千年前的时候森林密布[①]，到处是草场，水土流失并不严重。其黄土虽比不上东北的黑土地肥沃，但肥力还可以。尤为重要的是，黄土土质疏松，使得中华原始先民使用石头做工具即能开垦出来，并能取得很好的收成。这就是前述为什么中华先民使用石器即可堪比古希腊人使用铁器效果的原因。至今，黄土覆盖的河北、河南、山东、山西、陕西等省，甚至甘肃、宁夏两省、区的黄河两岸等地，都是农业高产区。

钱塘江南北、太湖流域则自古就是“鱼米之乡”，土地肥沃自不必说。而广汉市位于“天府之国”腹心地带核心区，其土地肯定贫瘠不了。

第四，水源充足。

几千年以前，中华大地上植被覆盖面积一定比今天广大，因而降雨肯定也比现在充足。而滋养中华早期文明的辽河、黄河、长江、钱塘江等几条大河的水流量也会比现在充足。

按照今天的数据，辽河全长 1345 公里，西辽河为辽河的最大支流，全长 449 公里；黄河全长 5464 公里；长江全长 6300 多公里；钱塘江全长 588 多公里；沱江全长 712 公里。无论几千年前这些河流有怎样的变化，就养育中华早期文明而言，这些河流都足够大了。

江河中丰富的渔业资源，同样滋养了创造中华早期文明的先民。如双槐树古城遗址所在的伊洛河与黄河交汇处，水流到此放缓，适合鱼类繁殖生存，先民们在此渔猎，不仅使文明很早产生，而且还得到相当的发展。

二、人文表现出众

人文表现十分出众，是中华文明“早产早熟”的主观原因。

由于上述优越的自然条件，必然促成农耕经济的发达。实际上，早在

① 见王金霞、王万进、白月华：《黄河中下游地区自然环境变迁及原因分析》，《江西农业学报》2007 年第 2 期，第 106—107 页，第 110 页。

六七千年前母系氏族公社繁荣时期的半坡公社、河姆渡公社的农业经济即已十分发达。

据考古发现，红山文化（明）的经济生活是以农耕经济为主，以畜牧、渔猎经济为辅的模式：河洛古国则是农桑一体的经济模式，在这里发现了迄今最早的养蚕缫丝遗址——双槐树遗址周边同时期遗址则出土了迄今最早的丝绸实物，这样两相结合，将中华农桑文明推进到距今5300年前，良渚文明地处钱塘江南北和太湖地区，农耕经济更发达，应该能一年三熟，而水产资源也更丰富。

农耕经济的发达必然带来人口生殖率的提高和人口数量的众多。反过来，众多的人口又弥补了生产力不够发达的不足，进一步提高了农业生产水平。据估计，良渚古城遗址一带的人口多至数万甚至十数万人。

农耕经济发达，人口数量众多，又反映出创造中华早期文明的先民们的一大优良品德，即人民勤劳。

前已述，从事农耕经济来不得半点马虎，所有的农活、农时都无法糊弄行事，都必须严格按照自然规律来确定农事活动。即使自然条件再优越，人的主观意识也不能有任何放松，务农者必须勤勤恳恳，早出晚归，终日劳作才行。况且中国还是自然灾害多发地区——这一因素则给自然条件优越增添加进了相对优越的内涵。古代农耕经济完全“靠天吃饭”，一有风吹草动便会影响产量，也给务农者增添了“额外”的劳累。依照一般规律，中国北方的务农者只有冬藏之后才能获得一定时间的休整，而南方一年三熟地区的务农者则基本上一年无休。因此自古务农者最为辛苦、最为劳累。从文明初创到近代以前，中华文明的发展、辉煌都是建立在务农者辛劳、勤劳的基础之上的，所以自古务农者也最伟大。

由于农耕经济发达，人口众多，因而推动国家的形成。因为只有依靠强大的王权和前所未有的、行之有效的新型国家组织机构，才能领导众多的人口，完成浩大的土木工程，战胜强大的军事对手，有效保护广阔的农耕土地，以及抵御严重的水旱灾害等。这些“工作”都是松散、低级的氏族组织“机构”所无法胜任的。

因此国家的产生、王权的形成，是文明进步的结果，是具有历史进步意义的。在中国，国家、王权如此早地产生，无疑也是中华早期文明人文表现出众的一个体现。

从《史记·五帝本纪》来看，最初的“王者”也是十分辛苦、劳累的。其文曰：

天下有不顺者，黄帝从而征之，平者去之，披山通道，未尝宁居。东至于海，登丸山，及岱宗。西至于空桐，登鸡头。南至于江，登熊、湘。北逐荤粥，合符釜山，而邑于涿鹿之阿。迁徙往来无常处，以师兵为营卫。官名皆以云命，为云师。置左右大监，监于万国。万国和，而鬼神山川封禅与为多焉。获宝鼎，迎日推策。举风后、力牧、常先、大鸿以治民。顺天地之纪，幽明之占，死生之说，存亡之难。时播百穀草木，淳化鸟兽虫蛾，旁罗日月星辰水波土石金玉，劳勤心力耳目，节用水火材物。有土德之瑞，故号黄帝。

今译大意为：天下有不归顺的部族，黄帝就亲自前去征讨，平定一个地方之后就离去。他奔走四方，一路都要劈山开道，从来没有在哪儿安宁地居住过。黄帝往东到过东海，登上过丸（音 fán）山和岱宗泰山；往西到过空桐，登上过鸡头山；往南到过长江，登上过熊山（今神农架林区，古时常有熊，故名）、湘山；往北驱逐了荤粥（音 xūnyù，即匈奴）部族，来到釜山（今河北省张家口市涿鹿县东南）与诸侯合验了符契，在涿鹿山下的有利位置建筑了都邑。黄帝四处迁徙，没有固定的住处，带兵走到哪里，就在哪里设置军营以自卫。黄帝所封官职都用云来命名，军队号称“云师”。他设置了左右大监，由他们督察各诸侯国。万国安定都是因为自古以来要数黄帝祭祀的鬼神山川最多。黄帝获得上天赐给的宝鼎，于是观测太阳的运行，用占卜用的蓍（音 shī）草推算历法，预知节气日辰。他任用风后、力牧、常先、大鸿等治理民众；顺应天地四时的规律，推测阴阳的变化，讲解生死的道理，论述存亡的原因；按照季节播种百谷草木、驯养鸟兽蚕虫以发展畜牧业。其德之广播，使得日月放光，星辰交错，海水不波，山不藏珍，天不异灾，土无别害。长久的奔波，使其身心耳目饱受辛劳。他还教给民众要有节度地使用水、火、木材及各种财物。他所做的一切都体现出土的祥瑞征兆，土的颜色为黄，所以他号称“黄帝”。

由上可以看出，黄帝的工作范围几乎无所不包，涉及军事、交通、巡幸、行政、农耕、畜牧、节用、环保、天文、历法、宗教等各个方面，十分辛劳。其实黄帝的所作所为也是“人民勤劳”的具体表现，因为这些“工作”不可能都是他一个人做的，后世将先辈们的“集体美德”和“集体劳作”都赋予在了黄帝一个人身上。而“黄帝”所做的这一切，都是社会进入到文明阶段所必需的行为，是保障社会发展、文明进步所必需的措施，并是后来中原文明“一枝独秀”发展、发达的文化基础。

另外，《史记·五帝本纪》中的颛顼、尧、舜等“五帝”，《史记·夏本纪》中的禹，也都是在“任职期间”奔走四方，经常“下基层”考察民风民情，不辞劳苦，兢兢业业的。《史记》中关于他们的记述，一方面讴歌了体现在他们身上的“领袖美德”；另一方面也表现出王权的形成过程。

实际上，即使有王权的领导，有行之有效的国家机构的组织，但在自然面前人类仍然是渺小的。良渚文明即在延续1000年左右之后，最终还是毁于水灾，良渚人不得不离开了自己的家园，其文明遗迹直到4000多年以后才被后人发现。同样命运的还有红山文化（明）、三星堆文明等其他古文明。它们的结局更说明人类摆脱原始氏族制的必要性。

最后想说的是，关于文明的产生，中外学者各有自己的看法和认定，这是一件好事。学术需要争鸣，需要相互借鉴，需要相互取长补短，这样才能把学术研究推向更科学的境地。但生在中国，身为中国人，有一件事应该明白，即中华先民们——我们的老祖宗们，他们所取得的成就是卓越的。经常地，每当我们希望他们能在某方面有我们所企盼的“成就”的时候，通过考古发掘，他们就真的能展示给我们。所以当我们在谈论到他们的一些尚未得到确定答案的“成就”的时候应该慎言少语。

我们绝对有理由相信，在中华大地之下老祖宗们一定还给我们保留着无数的好东西，即使再出土几个或更多的所谓“世界第几大奇观”也不应是意外之事。这就是中华文明的特点，也是我们除了对她深爱无比之外，还必须心怀无限敬意的原因。

第七章 中华文明特征之二——最是永恒

本章导读

中华文明“最是永恒”是指在人类文明发展史中，只有中华文明的历史最为悠久，不仅自古“上下五千多年”发展至今，而且在中国共产党的正确领导之下至今仍然具有强大的生命力，继续显现出永恒发展的势头。这既是本书所谈及的中华文明的第二个基本的宏观特征，也是中国人的民族自豪感、文化自信心和爱国主义思想的再一个基本出发点。

需要说明的是，称中华文明“最是永恒”，并不是笔者对自己国家文明历史与发展的自我夸耀，而是促成1972年美国第37任总统理查德·米尔豪斯·尼克松访华、后任美国国务卿的亨利·艾尔弗雷德·基辛格说的。

人类最古老的文明“四大文明古国”都发生在亚洲和非洲，其中亚洲有三个，即古西亚、印度河流域古文明和中华文明；非洲一个，即古埃及文明。其他洲，美洲最古老的文明是玛雅文明（化），欧洲则是古希腊罗马文明。大洋洲几乎没有古文明——16世纪欧洲人“发现”大洋洲的时候，许多地方还处在新石器时代。即使欧洲人给起名的“复活节岛”上巨型石雕像算是文明成果的话，那也是从公元700年前后开始雕刻的。但“另三大文明古国”，以及玛雅文明、古希腊罗马文明等都夭亡了，只有中华文明得以“永恒”发展至今。

“团结的精神”不仅指中华各民族“像石榴一样紧紧地抱在一起”，还指团结世界各国人民。世界文明发展的现实告诉我们，今天以及未来的世界已经离不开中国——当然中国也离不开世界。即使今天的中国人只想“门前三包”“自扫门前雪”，世界也不会答应了。所以中华文明未来的辉煌必须与世界人民携手共同创造，同时也创造出人类文明的新辉煌。

作为世界古文明中仅剩的“独苗”，将中华文明继续发展下去并赢得永恒的辉煌，不单是中国人自己的责任，不单是为了中华民族自身的荣耀，更是对世界文明发展的负责，更是为了人类文明的荣耀，是为了将人类文明自古至未来一脉相承下去，是为了将人类文明史更完整地书写下去，是为了给人类文明赢得更多的骄傲。站在这样的认识“制高点”上，我们的信心与决心就会“更上一层楼”，就会更加持之以恒，我们的眼前也会更加光明。

与中华文明在历史上的永恒发展相比较，其他古文明虽然都取得过耀眼的辉煌，但又都毫无例外地过早地消亡了。甚至在中华文明的光辉尚未完全夺目地闪耀出来之前，那些曾与中华文明比肩的最古老文明就令人非常遗憾地退出了历史舞台。每每面对它们所取得的令人不可思议的文明成就以及未能永恒的命运，总会让我们唏嘘不已。

“早夭”的结局使“另三大文明古国”所获得的“早产早熟”之“誉”，不仅永远留在了历史长河中，甚至没有直接的后裔来为它们感到自豪。它们所获得称颂都是来自其他族群，如古希腊人，但主要还是18世纪以后来自世界各地的人们——1798年欧洲人开启了古埃及文明的考古，1842年又开启了古代两河流域文明的考古，1922年印度河流域古文明考古开启。对它们的称颂和赞美也来自中国人。由于在至少1000多年前，甚至3000多年前，“另三大文明古国”就消亡了，创造者也“消失不见”了，因而“祖坟不再冒青烟”，这在格外重视祖先血脉传承的中国人看来是遗憾的事情。

中华文明永恒发展是具有世界级的伟大意义的事业。只有鼠目寸光，心怀不可告人之目的的人才会总想着遏制中国，阻碍中华文明的发展。而且，无论从历史的角度看，还是从现实或未来的角度看，这种反文明的想法及作为都只能是昙花一现，自不量力。

青藏高原还有一个对中原文明、中华文明无比重要的地理要素，就是黄河、长江均发源于此。所以青藏高原对于中原文明乃至中华文明而言，就不仅仅是藩屏西部、西南部的问题了，而是滋养、哺乳了中原文明和中华文明。正是黄河、长江之水均从“天上来”，所以才会有中原文明的发展与强大，

中国建成文化强国具有得天独厚的主客观优越条件。首先，幅员辽阔、地大物博的陆海天疆，以及众多的人口，是建成文化强国的雄厚物质基础和人力资源；其次，5000 年以上不曾间断的文明史是建成文化强国的深厚历史底蕴及民族自豪感产生的重要源泉；再次，浩若烟海、博大精深的中华文化，是建成文化强国的深厚文明底蕴和文化自信的重要基础；第四，不断发展，迅速提高的生产力、科学技术和国防力量是建成文化强国的强有力保障；第五，社会主义的制度优势为文化强国提供了制度保障。第六，也是最为重要的，即中国共产党是建成文化强国的强有力领导力量和坚强核心。

文化强国是一条无止境的发展之路，它不仅是中国共产党为中华民族、中华文明的复兴而提出的更高的发展目标，而且将使中国的综合实力，尤其是人文思想、意识、精神等，都会提高到一个新的前所未有的高度，为中华文明的永恒发展打造出更加持久的动力之源。而且，即使在这一战略目标实现之后，这项工作是不会停顿的，它将会向更细化、更深化、更完善化、更个体化的方向发展。文化强国战略的实施以及具体工作的开展，将会与中华文明的发展一样永恒地进行下去，并惠及全世界，推动人类文明的发展。

笔者之所以多次强调“人文实力强大”是文化强国战略实现的最主要的目的或目标，是因为自然科学等所有学科的研究结论、成果等如果不能注入人文的内涵、不能融入人文的理念、不能进行人文的解读、不能进行人文的总结和提炼，那么就不能上升到文化思想的高度，其意义当会大打折扣，甚至毫无意

义。马克思、恩格斯就是融汇各学科而创立马克思主义学说的。马克思主义产生后，人类文明与文化思想立即被升华到前所未有的高度。

中国人开辟出的古代世界最长、最著名、最具有世界级影响意义的陆路商路——“丝绸之路”——张骞通西域后，司马迁总结为“凿空”，虽很经典，但一是并不具有世界影响力，二是甚至许多中国人都难懂其意。其实人文学科的成果也需要进行人文的总结和提炼，如《三国演义》开篇所言“话说天下大势，分久必合，合久必分”即是对中国历史精准的总结和提炼。伟大的事业、杰出的成就、悠久的历史，最终一定需要恰如其分的人文提炼和总结，且提炼、总结的越经典，其影响就越大，其流传就越远，其意义就更加非凡。

引　言

中华文明“最是永恒”是指在人类文明发展史中，只有中华文明的历史最为悠久，不仅自古“上下五千多年”发展至今，而且在中国共产党的正确领导之下至今仍然具有强大的生命力，继续显现出永恒发展的势头。这既是本书所谈及的中华文明的第二个基本的宏观特征，也是中国人的民族自豪感、文化自信心和爱国主义思想的再一个基本出发点。

需要说明的是，称中华文明“最是永恒”，并不是笔者对自己国家文明历史与发展的自我夸耀，而是促成 1972 年美国第 37 任总统理查德·米尔豪斯·尼克松访华、后任美国国务卿的亨利·艾尔弗雷德·基辛格说的。据说基辛格对中国的感情不浅，90 多岁了还经常来中国——2023 年 8 月，100 岁的基辛格又一次“飞”来中国，受到习近平总书记等中国国家领导人的接见。2023 年 11 月 29 日，这位曾百余次访华的“中国人民的老朋友、好朋友”去世。

当然，中国人对自己的文明发展始终是充满信心与自豪的，外国人的赞誉只能使我们更加为之自豪和更加坚定永恒发展中华文明的信心。不过基辛格关于中华文明的“永恒说”似乎未指明是未来的永恒，而是仅指历史上的永恒。

第一节　中华文明最是永恒及其他古文明的早夭

人类最古老的文明“四大文明古国”都发生在亚洲和非洲，其中亚洲有三个，即古西亚、印度河流域古文明和中华文明；非洲一个，即古埃及文明。其他洲，美洲最古老的文明是玛雅文明（化），欧洲则是古希腊罗马文明。大洋洲几乎没有古文明——16 世纪欧洲人“发现”大洋洲的时候，许多地方还处在新石器时代。即使欧洲人给起名的“复活节岛”上巨型石雕像算是文明成果的话，那也是从公元 700 年前后开始雕刻的。但“另三大文明古国”，以及玛雅文明、古希腊罗马文明等都夭亡了，只有中华文明得以“永恒”发展至今。

一、中华文明最是永恒乃是全人类的骄傲

基辛格在其《论中国》一书的第一章《中国的独特性》中称：“中华文明的一个特点是，它似乎没有起点。中华文明不是作为一个传统意义上的民族国家，而是作为一种永恒的自然现象在历史上出现。”①

我们知道，宇宙间的一切都不是永恒的，宇宙、银河系、太阳系不是永恒的，地球不是永恒的，自然现象也不是永恒的。不过，相对于目前的人类、人类社会而言，地球等自然现象的确具有“永恒性”。基辛格将中华文明比作太阳的东升西落、月亮的阴晴圆缺、四季的依次更替、气候的冷暖交错、昼夜的轮流更迭等“永恒”的自然现象，的确是很高的评价。然而，必须要看出来的是，基辛格所言的真实意思是说，中华文明的永恒是“在历史上出现”的，也即中华文明只是比较起其他早夭的古文明而言最为悠久，至今犹存，所具有的仅是“过去时”的永恒性。至于未来中华文明是否还能永恒存在，从基辛格的话语中是看不出来的，这就得靠我们自己来回答了。

① （美）亨利·基辛格：《论中国》，中信出版社 2012 年 10 月出版，第 1 页。

对于“中华文明是否能继续保持永恒发展”的回答，仅用语言给予肯定的答复是无意义的，光有充满自信的语言答复显然也是不够的，必须用实际行动来回答才行，需要靠我们——以及未来的中华子孙，用勤奋的双手、智慧的头脑、无畏的勇气、团结的精神和永恒的信心，继续创造中华文明的未来辉煌来回答。

“团结的精神”不仅指中华各民族“像石榴一样紧紧地抱在一起”，还指团结世界各国人民。世界文明发展的现实告诉我们，今天以及未来的世界已经离不开中国——当然中国也离不开世界。即使今天的中国人只想“门前三包”“自扫门前雪”，世界也不会答应了。所以中华文明未来的辉煌必须与世界人民携手共同创造，同时也创造出人类文明的新辉煌。

实际上，中华文明绵延至今不仅已拥有比“上下五千年”更悠久的历史，而且仍然具有强大的生命力，生机盎然，奇迹频现，同样举世无双。我们只需继续不懈地努力，继续保持这股势头即可——当然还必须用充满智慧的实际行动来推动。对于中华文明的永恒发展，中国人是信心十足的。

作为世界古文明中仅剩的“独苗”，将中华文明继续发展下去并赢得永恒的辉煌，不单是中国人自己的责任，不单是为了中华民族自身的荣耀，更是对世界文明发展的负责，更是为了人类文明的荣耀，是为了将人类文明自古至未来一脉相承下去，是为了将人类文明史更完整地书写下去，是为了给人类文明赢得更多的骄傲。站在这样的认识“制高点”上，我们的信心与决心就会“更上一层楼”，就会更加持之以恒，我们的眼前也会更加光明。

相信中华文明受到赞美的不仅是过去和现在，其未来一定会更加光彩夺目。

与中华文明在历史上的永恒发展相比较，其他古文明虽然都取得过耀眼的辉煌，但又都毫无例外地过早地消亡了。甚至在中华文明的光辉尚未完全夺目地闪耀出来之前，那些曾与中华文明比肩的最古老文明就令人非常遗憾地退出了历史舞台。每每面对它们所取得的令人不可思议的文明成就以及未能永恒的命运，总会让我们唏嘘不已。

二、“彻底消亡”于1400年前的古埃及文明

称古埃及文明彻底消亡于1400年前——具体时间为公元7世纪时，是“放

大”了时间的说法，是指其文明被彻底阿拉伯化（或称伊斯兰化）而终于画上了“休止符”时。而实际上早在公元前 4 世纪末时，古埃及文明的文化内涵就已经大大“走样”了。

其实“习惯上古埃及文明一般指前 3100—前 332 年这段时期”[①]。这样古埃及文明共历时不到 3000 年——而按“放大”的说法则历时不到 4000 年。

古埃及文明，亦称尼罗河流域古文明，指发生、发展、衰落于尼罗河第一瀑布至尼罗河三角洲这一狭长地区的古文明——都在今埃及境内。埃及尼罗河两岸河谷的绿洲带今长 1350 公里，宽 3—16 公里，三角洲面积为 2.4 万平方公里。这里的农耕经济自古非常发达，盛产小麦。

古埃及农夫可以说是世界上最不辛苦而收获最为丰富的农耕者。他们只要每年“以逸待劳”地等待着尼罗河洪水泛滥退去后，在被淹没过的富含丰富有机物肥料的两岸土地上进行耕种就能获得丰收——尼罗河每年在 6—10 月定期泛滥几乎是一成不变的。正是发达的农耕经济才造就了古埃及文明的发达——据说建造金字塔的奴隶都能喝上解暑、解渴的啤酒。

古埃及文明的特点之一是广泛用石头建筑、雕刻出文明杰作，故也可称为“石头的文明”。因此以金字塔为代表的大量几千年前的古埃及文物，包括石像、石碑、石棺、神庙，等等，仍能呈现在今人面前。而且最让各国考古工作者羡慕不已的是，它们中有许多是地上建筑、地上文物。如现存最早的金字塔——乔赛尔阶梯金字塔，距今已 4600 年左右，但仍然高高矗立在今埃及孟菲斯西北的沙卡拉地区，配套建筑亦矗立在其周边——虽多有损坏，但仍令人感到震惊和敬佩。与之相比较，中华古文明的文物基本上都是出土于地下，地上古建筑则由于多为土木结构，不宜长久保存，加之人为的破坏，因而明清以前较为完整的土木古建筑都已很少见到了。[②]

古埃及石头文明中最具有现实意义的文物应该是带有古希腊文字和古埃及

① 中国大百科全书总编辑会《考古学》编辑委员会、中国大百科全书出版社编辑部：《中国大百科全书 · 考古学》，中国大百科全书出版社 1986 年 8 月出版，第 11 页。

② 中国现存最古老的土木建筑是位于山西省忻州市五台县五台山南禅寺的大佛殿，重修于唐德宗建中三年（782 年），距今 1241 多年。排在第二的是五台山佛光寺东大殿，重修于唐宣宗大中十一年（857 年）。

文字的石碑——罗塞塔碑。它使得古埃及文字在停止使用约1400年后终于被释读了出来。

罗塞塔石碑，也译作罗塞达石碑，高1.12米，宽0.757米，制作于公元前196年——此时中华文明的核心区域处在西汉初年。石碑上分别用古希腊的文字、古埃及的象形文字和草书，镌刻着孟菲斯城①僧侣献给法老托勒密五世的一篇颂德文告。3种文字的内容完全相同，这样就为后来释读古埃及文字提供了便利条件。

但是代表古埃及文明、文化成就的石碑上怎么会有古希腊文字呢？托勒密五世之称为什么也不像古埃及法老的头衔呢？这就是从公元前332年开始，随着马其顿亚历山大的征服，古埃及文明的文化内涵开始“走样”的体现。托勒密五世是希腊人，他能在古埃及当法老，说明古埃及文明与文化不可能再保持“原汁原味”了。

不过这块石碑上既有古希腊文字又有古埃及文字表明，外来的统治者在一定程度上接受了土著文明，在一定程度上尊重了土著文明，因此从公元前332年起一直到后来的很长时间里，古埃及文明仍然存在，文化仍然在延续。这也是本书将古埃及文明的续存时间“放大”到公元7世纪的原因。

罗塞塔石碑最上面是14行古埃及象形文字，又称为“圣体书”，代表献给神明的文字——句首和句尾已缺失；中间是32行古埃及草书，又称为“通俗体”或“世俗体”，是当时埃及平民使用的文字，一般书写在纸莎草上；最下面是54行古希腊文，代表外来统治者的语言，其中一半行尾残缺——希腊统治者要求领地内所有的此类文书都必须添加希腊文的译版。对于后人而言，幸好有此规定！

古埃及文明彻底灭亡后，其象形文字再无人认识。1798—1801年拿破仑率法国远征军入侵埃及期间，1799年其手下一个军官在港湾城市罗塞塔发现了这块石碑。以后在英、法两国的战争中，罗塞塔石碑又落到了英国人手中，自

---

① 孟菲斯城，也叫“白城”，位于尼罗河三角洲南端，今开罗附近的米特·拉辛村。传约公元前3000年为古埃及第一个法老米那（古希腊人称之为美尼斯）所建，后来作为古王国时期的都城。公元前2000年以后其地位被底比斯（跨尼罗河中游两岸的古埃及中王国和新王国时期都城）所取代，但仍为古埃及宗教、文化名城。该城最终毁于公元7世纪。

1802年起保存于伦敦不列颠博物馆（亦称大英博物馆）中公开展示。这使得考古学家得以有机会对照各语言版本的内容，解读出已经失传千余年的古埃及文字的意思与结构，从而成为今日研究古埃及历史的重要里程碑。在这项工作中，作出突出贡献的是法国学者商博良。

古埃及文明曾辉煌得令后人百思不得其解。如有关金字塔的建造至今还争论不休，甚至有人提出它们是“外星人”的杰作。但随着古埃及文明在公元7世纪时被彻底阿拉伯化（或伊斯兰化），作为文明现象的古埃及文明从此完全消失在历史长河之中，并且逐渐被遗忘，不被人知，甚至还遭排斥。如位于开罗西南吉萨大金字塔近旁、雕凿于距今四千五六百年前的古埃及法老哈夫拉的人面狮身像——大斯芬克斯，其鼻部的损缺传言是中世纪时被阿拉伯人砸掉的。

公元7世纪时，中华文明的核心区域正处于唐朝前期，大唐王朝的鼎盛时期尚未到来，被“放大”了时间的古埃及文明的最后“余晖”却已经飘散了。

三、“彻底消亡”于1400年前的古西亚文明

称古西亚文明彻底消亡于1400年前，也是“放大”了时间的说法。

古西亚文明发生于约公元前5000年代后期，具体为公元前4300年，其彻底结束时间也“放大”到公元7世纪，历时近5000年——实际上古西亚文明是由诸多古文明政权（奴隶制政权）集合而成的，不是由同一族人一以贯之地建设到底的，甚至经常受到外来其他古文明的侵犯、打扰和毁灭。所以其历史发展类似中国的魏晋南北朝时期：战争频仍，政权更替频繁，多个民族入主文明核心区域。不一样之处在于，中国魏晋南北朝时期的各个政权无论怎样更替，都是中华民族自己的“家务事”，而建立古西亚各文明政权的各族之间几乎从未有过相互认同感。

前已述，创建古西亚最早文明的是居住在美索不达米亚南端的苏美尔人①。

① 一说美索不达米亚北部山区的文明起源与南部平原地区同步，只是后来发展落后于南部平原地区。

但一直到公元前 24 世纪之前，苏美尔人一直处在城邦国家阶段，始终没有统一起来。这一阶段竟长达近 2000 年之久，充分说明苏美尔文明早期生产力水平进步之缓慢，人口生长速度之缓慢。

苏美尔文明早期发展极为缓慢的原因，首先，是不能集中力量干大事，因而影响生产力的发展。

底格里斯河和幼发拉底河之间的土地虽然肥沃，但这里是干旱地区，饮用水和农业灌溉基本上全靠两河之水。而两河的水流过于湍急，不能直接利用，必须通过人工开渠（亦称运河），建立起复杂的水利系统才行。这也是苏美尔文明最早诞生的原因和体现。

依据中华文明的经验，修筑引水工程这种大事必须团结统一才行，但苏美尔各城邦都是独立单干的，因此这些工程的功效和规模就可想而知了。小型水利工程造就不出繁荣的农业，所以生产力发展不起来，人口增长缓慢。

其次，苏美尔诸城邦长期的战乱影响了经济的发展、生产力的提高以及人口的增长。

苏美尔地区的面积并不大，只有四五万平方公里。① 在这相对狭小的区域内却有着十几个城邦国家。② 这些城邦国家的大小、实力、人口、经济发展水平等都相差不多，相互之间距离又过于密集，因此经常由于各种生存问题而大打出手。同时，各城邦内部的矛盾也经常尖锐到不可调和而时不时地发生内讧。这种状况既消耗了彼此的经济实力和人口——甚至还发生过屠城事件，也拉拽着生产力得不到较快发展。而生产力不够发达，文明智慧不高，不仅导致统一的呼声不强烈，而且尤其无法产生能完成统一的杰出人物，所以苏美尔进入文明时代之后的发展速度并不快。

美国学者斯塔夫里阿诺斯认为，苏美尔人的语言“与汉语相似，这说明他

① 陈明辉：《苏美尔地区与环太湖地区的社会复杂化之路——兼谈苏美尔文明与良渚文明的初步对比》，《南方文物》2018 年第 1 期，第 78 页。

② “到公元前 3000 年时，苏美尔地区已出现 12 个独立的城市国家，如其中的乌鲁克，占地 1100 英亩，人口达五万。”见（美）斯塔夫里阿诺斯著，吴象婴、梁赤民译：《全球通史——1500 年以前的世界》，上海社会科学出版社 1988 年 11 月出版，第 119 页。1100 英亩，相当于 4.45 平方公里多。当然，这应是其城市的面积，加上城外的大片农田等，其面积还应更大些，而加上居住在乡间的人数，其人口也会再多些，但应该也多不了多少。

们的原籍可能是东方某地”。[1] 他似乎是在暗示，苏美尔人曾是中国人。即使我们是中国人，但对此说法似乎也不敢全盘接受，所以在中国这一说法至今未能流行起来。另外，据说苏美尔人的长相是黄皮肤、黑头发，相貌与当地其他族群相差很大，有着明显的人种差异；苏美尔人热衷于烧制砖块搭配木头来建造房屋，而不是中东地区常见的石头建筑，这点也和华夏民族非常相似；苏美尔人发明的楔形文字和华夏民族的象形文字非常接近，甚至有些字符基本一致；苏美尔语中有许多词汇的发音也和汉语非常接近，而且两者都是单音节语言，等等。不过，为稳妥起见，我们还是让这种说法“再飞一会儿”吧。

公元前 3000 年前后，苏美人发明出进入文明时代的重要标志——文字。开始是象形文字，后来发展为楔形文字。目前发现的最早的苏美尔刻画符号，是约公元前 3500 年的一块石板上的图画符号和线形符号。

楔形文字是苏美尔人用当地盛产的芦苇和黏土作为书写材料，以削尖的芦苇秆在泥板上压写而形成的字符。由于压写出的笔画呈楔形，因此后世名之为“楔形文字”。将写好字的泥板晒干或烤干后即成为今天所说的泥板文书。苏美尔文字后来为西亚各古代民族所采用。

苏美尔人发明的楔形文字是世界上已知最早的文字之一，常用的约 600 多个，一直使用到公元 1 世纪，然后再无人认识，直到 19 世纪中叶以后才被西方学者释读出来。

苏美尔人的天文观测和计算所达到的高度令人咋舌。出土的石版画上记录了苏美尔人观测到太阳系中的五大行星，并发现了所有行星都是围绕太阳公转的；对月球轨迹以及五大行星交汇的测算数据基本和现代一致，远远精确于后来的古希腊人。

自苏美尔人创建文明之后，在古西亚这个“文明大舞台”上，不同民族、种族的人们纷纷“登台”，或先后或分别地建立起几十个政权。最后，在公元 7 世纪时彻底消失在历史长河之中——彼时中国的唐朝尚未发展到顶峰。

① （美）斯塔夫里阿诺斯著，吴象婴、梁赤民译：《全球通史——1500 年以前的世界》，上海社会科学出版社 1988 年 11 月出版，第 119 页。

四、“彻底消亡”于3000多年前的印度河流域古文明

印度河流域古文明——还因其主要城市为哈拉帕而被称为“哈拉帕文化”，存在年代约为公元前2350—前1750年，仅为600年左右——也有认为其存在年代约为公元前2500—约前2000年之间，时间更短。

约公元前1750年，中国中原处在夏王朝的后期。约前2000年则相当于夏王朝前期。

印度河流域古文明曾发展到很高的水平，其两座大规模的城市哈拉帕和摩亨佐·达罗——前者位于巴基斯坦旁遮普邦拉维河左岸，后者位于今巴基斯坦信德省拉尔卡纳县，面积均为2.5平方公里，人口估计各为3万—4万，有非常完善的排水设施，可能是两个独立国家的都城或城邦联盟的中心。据考古发现，印度河流域古文明各城市、各地区的交通联系非常密切，另外还与中亚、伊朗、两河流域、埃及等地有海、陆交通往来——交通的发达亦是文明发达的标志之一。当然对外交通便利最终也促成了印度河流域古文明的早夭。

印度河流域古文明遗址出土有文字符号约500个，其中许多是两个以上的符号合成的字符，说明其文字已经很发达了。可惜的是，印度河流域古文明的文字至今尚未释读出来。

关于印度河流域古文明的创造者，除一般认为是达罗毗荼人外，还有学者推测为苏美尔人，甚至认为是雅利安人。关于其早夭的原因，除认为是雅利安人侵入所致外，还有自然灾害说，如洪水泛滥、河流改道、沙漠侵害等。

对于印度河流域古文明创造与消失的诸多推测与争论，除其文字尚未释读出及考古发掘成果有限等因素外，还与其过早退出历史舞台有关。

“早夭”的结局使“另三大文明古国”所获得的“早产早熟”之“誉”，不仅永远留在了历史长河中，甚至没有直接的后裔来为它们感到自豪。它们所获得的称颂都是来自其他族群，如古希腊人，但主要还是18世纪以后来自世界各地的人们——1798年欧洲人开启了古埃及文明的考古，1842年又开启了古代两河流域文明的考古，1922年印度河流域古文明考古开启。对它们的称颂和赞美也来自中国人。由于在至少1000多年前甚至3000多年前“另三大文明古国”

就消亡了，创造者也“消失不见”了，这在格外重视祖先血脉传承的中国人看来是遗憾的事情。

由于文明消亡了，几乎成为了人类文明的“化石”，因而“另三大文明古国”的文化和文明对后世人类文明的影响相对较小。

五、早夭的玛雅文明

玛雅文明虽不在“四大文明古国”之列，但其为美洲大陆古文明的杰出代表——发生于中美洲，且存在时间最长也可能达3000年以上，甚至与中华文明存在某种关系。可惜的是，由于外来者的毁灭及其他原因，使其也未能“永恒”发展至今。

（一）玛雅文明的发展历程

玛雅文明遗址主要分布在墨西哥南部、危地马拉和伯利兹，以及洪都拉斯和萨尔瓦多西部地区。一般认为玛雅文明的发展经历三个阶段。但令人费解的是，玛雅文明每一阶段末期都会突然衰落，由此引发了诸多猜想。

玛雅文明的第一个阶段被称为“前古典期”，从约公元前2500年（或前1500年）到公元3世纪，是玛雅文明开始形成到早期奴隶制国家建立时期。到公元前第一个1000年代中叶，国家萌芽产生，象形文字发明，文明正式形成。但在平稳发展1000多年后不知道何故，到公元3世纪时许多重要城市突然被遗弃——此时中国中原地区处于三国时期。

玛雅文明的第二个阶段被称为“古典时期”，从公元3—10世纪，是玛雅文明的黄金时代，为繁盛时期——此时中华文明核心区处于两晋到北宋初期。此时期，玛雅各地较大规模的城市和居民点数以百计，但尚未形成统一的国家，都是据地自立的城邦小国，各邦使用共同的象形文字和历法——未能形成统一国家似与该地属热带雨林地区有关，各邦之间交通不便。约八九世纪时，这一阶段的玛雅文明达于极盛。但是不知何故，在此之后又一次急剧衰落，到10世纪前后时又突然消失在热带丛林之中。如位于今危地马拉的玛雅文明最大城市之一的蒂卡尔古城，创建于公元3世纪，但于公元800—900年之间突然被遗弃。一些城市中的巨大建筑工程也莫名其妙地突然停工。凡此种种令人费解。

玛雅文明的第三个阶段被称为“后古典期”，从公元10—17世纪——此时中国处于北宋到明末清初时期。这一阶段的前期，玛雅文明仍承古典末期衰败之余绪而艰难地发展，直到13世纪时才开始复兴，并再度繁荣。但到15世纪时，由于处于长期分裂和战乱之中，于是又开始衰落——这次衰落终于能被“人文”地解释清楚了。从1520年起，玛雅文明的最后厄运到来了，心持天主教信仰的西班牙人征服了墨西哥，对“异教徒”的玛雅人施行残酷的统治和镇压。到1697年，随着最后一个玛雅城邦被西班牙人所摧毁，玛雅文明遭彻底毁灭。

（二）玛雅文明与中华文明的“关系”

玛雅文明得名于其创造者——印第安族玛雅人。但国外许多学者将玛雅文明的创建“归功于”中国人，认为玛雅文明与中华文明有着某种关系——赞同这一观点的国内学者人数倒不多。

持玛雅文明与中华文明存在某种关系的学者认为，美洲土著印第安人的祖先是两万年前由亚洲东部的中国华北地区，经由内蒙古高原、东北亚和大陆架平原、陆桥、相互比连的岛屿而跨过白令海峡，分批迁到美洲的。白令海峡位于亚洲大陆的东北端，另一端就是美洲的西北端。现今白令海峡的平均宽度为65公里，最窄处只有35公里，其间有两个小岛，两个小岛相距只有4公里。白令海峡平均深度为42米，最深处也只有52米。由地质学的研究可知，在远古的一段时间，海平面比现代低100多米。当时第四季冰川的势力仍未减退，白令海峡由于海平面下降，或裸露出陆地，或海水结冰，而成为海上陆桥，因此很有可能成为亚洲人步行到美洲的通道。

认为玛雅文明与中国有关的一些学者甚至将该文明的创建直接与中国的商族人“挂钩”。如美国哈佛大学学者艾克荷姆称：“美洲文明可能起源于青铜时代的商朝，因为太平洋两岸同时期拥有类似的艺术风格和宗教意识。”①

还有不少国外学者认为，位于墨西哥中南部、著名的中美洲奥尔梅克文明

① 苏晓编著：《玛雅人来自中国？》，《书摘》2010年第6期，第102—107页——该文摘自《玛雅预言》，中央编译出版社2010年1月出版。

的勃然兴起与外来影响有关，因为迄今仍未发现当地形成这种文明的任何演变过程。他们指出，该文明与殷商有着某种联系，其形成的时间相当于殷商灭亡的年代，即公元前第二个 1000 年间。①

奥尔梅克文明是已知美洲最古老文明，出现于公元前 1200 年，对玛雅文明发生过重大影响，但约公元前 400 年时莫名其妙地突然消失了。有学者认为，公元前 1046 年周武王克商后，部分殷人——约 25 万人，在统帅攸侯喜的率领下，联合部分方国，如今淮河一带的诸侯国徐国之民，逃入海中，漂泊沧溟，最终到达中美洲的今墨西哥拉文塔②——约公元前 400 年奥尔梅克文明就是于此地突然消亡的。

国外许多学者之所以认为玛雅文明与中华文明乃至与殷商文明存在关系，是因为玛雅文明与中华文明、殷商文明存在许多相似之处。如玛雅人与商族人一样，都有用活人祭祀鬼神的文化传统；玛雅文明有与中国太极图一样的“阴阳鱼”图案；玛雅文明与中华文明都有“树碑立传”的文化行为；玛雅文明的羽蛇神传说很像中华文明的龙的传说，其羽蛇神也掌雨水、丰收及最高权力等；玛雅人与中国人一样具有高超的玉雕技术，并都把玉与生命联系在一起，如在葬礼上给死者戴上涂着朱砂的玉面罩——朱砂在中国文化中有辟邪之意；玛雅历法以 20 天为一月、18 个月零 5 天为一年的“十八月太阳历法”，酷似彝族的 36 天为一月、10 个月零 5 天为一年的“十月太阳历法”；玛雅文明建筑遗迹中往往可以看到出自中华文明的一些演绎的形象，如龙、四大金刚、阎王、判官等。最后，玛雅文字与汉字外貌不同，但实质却如出一辙，如表意与表音结合、字形呈方框状，等等。③

① 云中天编著:《中国历史上的大航海》，中国三峡出版社 2007 年 8 月出版，第 4—8 页。

② 苏晓编著:《玛雅人来自中国？》,《书摘》2010 年第 6 期，第 102—107 页——该文摘自《玛雅预言》，中央编译出版社 2010 年 1 月出版；范毓周:《殷人东渡美洲新证》,《寻根》2011 年第 2 期，第 22—30 页。

③ 房仲甫:《殷人航渡美洲再探》,《世界历史》1983 年第 3 期，第 47—57、第 26 页；许辉:《商周文化与中美洲文明——试论史前泛太平洋文化的传播》,《上海社会科学学院季刊》1999 年第 3 期，第 181—190 页；刘尧汉、刘小幸、朱聪元、李世康:《中国彝族和墨西哥玛雅人的十八月太阳历法》,《云南社会科学》1994 年第 4 期，第 62—66、第 61 页；苏晓编著:《玛雅人来自中国？》,《书摘》2010 年第 6 期，第 102—107 页——该文摘自《玛雅预言》，中央编译出版社 2010 年 1 月出版。

尽管存在诸多的“相似”之处，有些“相似”甚至相似得令人瞠目结舌，但由于没有直接的证据能证明这两种文明同根同源，所以二者的“关系”还只能是一种假说。不过，玛雅文明为中国商族人所创建、为“外星人”所创建等说法至今仍存在于学术界。

玛雅文明虽然被西班牙人摧毁，但玛雅人还在，玛雅文化的影响还在。如今日墨西哥人的许多传统节日、传统宗教等都受玛雅文化的影响。而最后要提一句的是，玛雅人是世界上最早发明数字“0”概念的民族。

其实，古埃及、古西亚的文化也不会随其文明的消亡而彻底消失。如古埃及宗教的死后复活、末日审判、陪审制度等，在后世其他文明中仍能看到它们的影子……古埃及人还是世界上最早制作面包的民族；古西亚史诗中的大洪水故事，后来演变成《圣经》中著名的“挪亚方舟”故事，等等——唯印度河流域古文明的文化似乎没有什么遗留下来，对后世几乎没有影响。

第二节　中华文明在历史上永恒发展的原因

中华文明之所以能在历史上永恒发展，客观原因即是所处的地理位置和地域环境具有其他古文明所不具备的特点或者优势，因而使其他古文明无力灭亡甚至难以威胁到中华古文明；主观原因则是中华古文明长期发展强大，甚至至少领先世界达上千年以上，以及中华民族反抗外来侵略的不屈不挠的斗争。这种不屈不挠的斗争精神到近现代时随着中华文明的短暂衰落而更加凸显出来，从而使人类历史上唯一的自古而今发展的这颗“古文明独苗”才顽强地生存下来。

实际上，中华文明永恒发展是全人类共同的重任，是具有世界级的伟大意义的事业。只有鼠目寸光、心怀不可告人之目的的人才会总想着遏制中国，阻碍中华文明的发展。而且，无论从历史的角度看，还是从现实或未来的角度看，这种反文明的想法及作为都只能是昙花一现，自不量力。

一、地域环境客观上保护中华古文明永恒发展

古代冷兵器时代，打仗讲求天时、地利、人和，而天与地都是地域环境因素，排在“人和”之前，它们对战争胜负的重要意义与一方文化必定受到一方水土的深刻影响同理。

其实，现代战争一样讲求天时、地利、人和，否则阿富汗这么小的一个国家怎么会成为所谓的“帝国坟场”，让英国、苏联、美国先后折戟沉沙？

地域环境对中华古文明永恒发展所提供的保护是“另三个文明古国”以及其他古文明所不具备的，这是中华文明的“福分”。

（一）中华文明与其他古文明相距绝远

中国位于亚欧大陆最东端，除印度次大陆文明外，与其他古文明，如古埃及、古西亚、古希腊、古罗马等都距离遥远，因而它们无法威胁到中华文明的生存。

印度次大陆文明虽然与中华文明“近在咫尺”，但无论是最早创建印度河流域古文明的“印度人”，还是后来创建恒河流域古文明的“印度人”，都从未威胁到中华文明。这首先与高耸入云的喜马拉雅山脉的隔绝有关。不仅如此，青藏高原是“世界屋脊”，平均海拔 4000 米以上，而次大陆北部的平原平均海拔不过二三百米而已，中华文明占据着居高临下的有利战略形势。另外，与次大陆相接的占今中国国土总面积八分之一的广袤、荒凉、缺氧的西藏地区和占今中国国土总面积六分之一的更加辽阔的新疆地区，都是隔绝次大陆文明与中华文明核心区域的天然“军事缓冲区”。因此，无论是“古代印度人”还是现代印度人，都无法威胁到中华文明的生存，更不要说给中华文明致命一击了。

其实，古代印度人从未威胁过中华文明的最主要原因还是由于其自身的“羸弱”。历史上，次大陆从未出现过统一的政权，绝大多数时间都处在政治分裂状态，因此既没有“统一国家”的政治理念，也没有“民族统一”的政治意识——据说今天印度边疆地区部落酋长的法令仍远高于中央政府的总理，村里财主说话要比省长好使很多。尤其种姓制度充斥在各个领域中，严重消耗着现代印度

国家的实力。

在前述几个亚非欧古文明中，只有号称“将‘四大文明古国’灭亡了仨或两个半”的马其顿亚历山大曾率领古希腊远征军抵达过中华文明的“西门”外附近，但也仅此而已。

古代世界虽然没有哪个古文明能威胁到中华文明，但中华文明却能影响到它们的存亡。比如西罗马帝国的灭亡，即与东汉王朝有着间接的关系。东汉前期打败了强悍不服的北匈奴，迫使部分匈奴人向西迁徙而去。这部分匈奴人在西迁过程中又将土著的日耳曼人向西赶，迫使他们进入到西罗马帝国境内。结果，进入西罗马帝国的东哥特人、西哥特人、勃艮第人、汪达尔人等日耳曼“蛮族”，最终于公元476年推翻了西罗马帝国的统治，同时也终结了西欧的古代历史——此时中国黄河中下游地区处于北魏统治之下（公元476年为北魏孝文帝元宏承明元年）；长江流域一带则处于南朝宋统治之下（公元476年为后废帝、苍梧王刘昱元徽五年）。

（二）中华文明核心区域周边的地理态势隔绝了其他古文明可能的入侵

中华文明核心区域，即中原文明，其周边地理态势的总的特点是：四周都有难以逾越的地理阻隔。

1. 中华文明核心区域的东面有大海屏藩

大海对于古人来说在很长的时间里就是一道天然屏障，所以在近代以前无人能从海上威胁中华文明。

在古代历史中，只有到明朝前期和中期时，倭寇自海上来到中国沿海地区；明朝中期以后，葡萄牙人、荷兰人、西班牙人[①]等殖民主义者自西方来到中国沿海岛屿，他们曾祸害中国边境，但最终都以失败告终——唯葡萄牙人在嘉靖年间（1522—1566年）先于广东、福建、浙江海面吃了败仗后，通过行贿手段经明朝地方官吏允许在香山县的濠镜海面停泊船只，之后再通过行贿手段而被允许在濠镜登岸晾晒被海涛打湿的货物并筑茅舍居住。再以后葡萄牙人汹涌而

① 荷兰人自明朝万历三十二年（1604年）始骚扰中国东南沿海，天启四年（1624年）侵占台湾南部。随后西班牙人于天启六年（1626年）始占领台湾北部。崇祯十五年（1642年），荷兰人驱逐西班牙人而独占台湾。清顺治十八年（1661年），郑成功收复台湾，将荷兰人驱逐出台湾。

至，不到 10 年竟达万人，所盖房屋鳞次栉比，相连成片。最后葡萄牙人竟将明朝官吏驱逐，在此建造炮台，设置行政机构，任命官员，俨然以主人自居，将此地变成自己的殖民地。濠镜即今澳门。明朝沿袭阿拉伯人的译名，时称葡萄牙为“佛朗机”。澳门被占与主权的丧失，反映出的不仅是明朝政府的腐败及无知，而且是中国封建制度的腐朽和无能。到 1999 年 12 月 20 日澳门主权被中华人民共和国收回时，葡萄牙人在此殖民已有 450 年以上。

当然古代中国也不能自海上威胁他国。元世祖忽必烈 1275 年、1281 年两次进攻日本国失败即是证明。

2. 中华文明核心区域的北面有蒙古高原屏藩

蒙古高原东起大兴安岭，西至阿尔泰山脉，北抵西伯利亚的泰加林带（一说北抵萨彦岭、雅布洛诺夫山脉），南逾阴山山脉，包括蒙古国全境、俄罗斯部分地区和中国内蒙古北部、新疆东部，面积 274 多万平方公里。其西北部为山地，东南部为广阔的大戈壁（又称“大漠”[①]），中部和东部为大片丘陵，总的地势呈一望无垠、坦荡开阔状。这里气候恶劣，冬季寒冷漫长（11 月到次年 4 月），最低温度能达 -40℃，且经常伴有大风雪；春季（5—6 月）、秋季（9—10 月）短促，并时常发生突发性天气变化，刚刚还是云高气爽，霎时便狂风大作、飞沙走石，秋季还会突降大雪；夏季（7—8 月）虽光照充足，但昼夜温差大，紫外线强烈。宋人彭大雅在其《黑鞑事略》称，这里“气候寒冽，无四时八节，四月八常雪。其产野草，四月始青，六月始茂，八月又枯，草之外咸无矣”。因此，自古多是中国北方的游牧族在此居住生活。在古代历史中，从没有异国外族跨越此高原而威胁中原文明的事情发生。

蒙古高原的东南部即内蒙古高原，属蒙古高原的一部分，为中国的四大高原之一。其东起大兴安岭和苏克斜鲁山，西至马鬃山，北接蒙古国，南接阴山山脉，海拔 1000—1400 米，面积约 34 万平方公里——广义的内蒙古高原还包括阴山以南的鄂尔多斯高原和贺兰山以西的阿拉善高原。这里的生态环境同样比较

---

① 大漠位于内蒙古高原与蒙古国之间，面积为约 130 万平方公里。大漠以北，即今蒙古国，自汉代以后常称为“漠北”，亦作“幕北”——清朝通称外蒙古为漠北，即以此故；大漠以南，即今内蒙古自治区西南部，自汉代以后常称之为“漠南”，亦作“幕南”——清朝通称内蒙古为漠南，即以此故。

恶劣，气候干燥，草原辽阔，同样也只适合游牧经济。历史上中国北方强大的少数民族政权基本上都兴起于此，他们或长期与中原汉族政权对峙，威胁中原文明，或灭亡中原汉族政权建立自己的统治，但这些都属于中华民族的“家务事”。

3. 中华文明核心区域的西面有新疆和青藏高原屏藩

新疆和青藏高原不仅距离中原“绝远”，而且“宽厚”的地理环境成为中原文明最有安全感的屏障。

新疆位于中国最西北，距离中原一两千公里远——从新疆东出，即进入今甘肃省。甘肃省东西长 1600 公里，其东部基本与中华文明核心区域相接或囊括在中华文明核心区域之中。新疆自己的东西距离也有 1950 公里，其南北相距 1550 公里，面积 160 多万平方公里，约占今中华人民共和国面积的六分之一。

新疆以天山山脉为界，分为南北两大区域。天山山脉以北是准噶尔盆地，形状呈不等边三角形，东西长 700 公里，南北最宽处约 450 公里，面积约 38 万平方公里，是中国第二大内陆盆地——其东北即是阿尔泰山脉。盆地中部为广阔的草原和沙漠——古尔班通古特沙漠。古尔班通古特沙漠占盆地面积的 30%，是仅次于塔克拉玛干沙漠的中国第二大沙漠，也是第二大流动沙漠。这里冬季寒冷，盆地东部为寒潮通道，为中国同纬度最寒冷地区，风灾频繁，时常发生冻害，在古代经常造成人畜伤亡。

天山山脉以南是塔里木盆地，东西最长 1400 公里，南北最宽 550 公里，面积约 53 万平方公里，是中国面积最大的内陆盆地。塔里木盆地中心地带是中国最大的沙漠——塔克拉玛干沙漠（一称塔里木沙漠），东西长约 1000 公里，南北宽约 400 公里，面积为 33 万多平方公里，是世界第十大沙漠和仅次于非洲撒哈拉大沙漠的世界第二大流动沙漠，气候极其干燥，年降水量不到 50 毫米。

塔里木盆地的南面是昆仑山山脉和阿尔金山。昆仑山山脉西起帕米尔高原东部，横贯于新疆、西藏之间，伸延至青海境内，全长约 2500 公里，海拔 5000—7000 米，宽 130—200 公里，西窄东宽，总面积 50 多万平方公里。阿尔金山从新疆东南部绵延至青海、甘肃两省边界，位于柴达木和塔里木两盆地之间，全长 720 公里，海拔 3500—4000 米。

在古代，东西向穿越今新疆（时称“西域”），或走天山山脉的南麓山脚下——北支线（张骞通西域西去时走的就是这条线路），或走昆仑山山脉和阿尔金山的北麓山脚下——南支线（张骞通西域东归时走的就是这条线路），也可冒更大的危险穿塔克拉玛干沙漠——中支线，沙漠中间或有绿洲分布。沿山麓边缘的北、南支线均为砾石戈壁，气候恶劣，夏季炎热，冬季寒冷异常。这 3 条线路就是“丝绸之路”在新疆的 3 条支线。当时只有肩负政治使命的使者，奉命执行军事任务的军人，追求高额利润的商人，还有亡命天涯的贼人、罪人等，才敢穿越此地，普通人大规模地在此迁徙游走几乎没有。

塔里木盆地西面，位于今中国边界上的是帕米尔高原，古代“葱岭”的一部分，面积 10 万平方公里，平均海拔 4000 米，是天山山脉、昆仑山山脉、喀喇昆仑山和兴都库什山（主要位于今阿富汗境内）等交汇而成的大山节，气候寒冷，山峰终年积雪，冰川广布。这里也是“丝绸之路”在今新疆域内 3 条支线的汇集点，继续向西即走出了今中国国界。

在新疆的南面就是号称的“世界屋脊”青藏高原，位于中国的西部和西南部，为中国四大高原之首，东西长 2800 公里，南北最宽 1500 公里，面积约 250 万平方公里，占中国面积的四分之一多，平均海拔 4000 米以上。其西边、新疆的西南是喀喇昆仑山，也属古代“葱岭”的一部分，长约 400 公里，平均海拔 6000 米以上，是世界第二高山脉；西南则是喜马拉雅山脉，平均海拔 6000 米以上，为世界最高的山脉。青藏高原“高耸入云”的海拔高度令人望而生畏。一般人来此，百分之八九十都会有程度不同的高原反应，其中 10% 左右的人也许立即就得“下山”，否则会有生命危险——海拔在 3000 米以下的地区会好很多，尤其林芝地区最低海拔仅为 900 米，十分宜人。

另外，青藏高原还有一个对中原文明、中华文明无比重要的地理要素，就是黄河、长江均发源于此。所以青藏高原对于中原文明乃至中华文明而言，就不仅仅是藩屏西部、西南部的问题了，而是滋养、哺乳了中原文明和中华文明。正是黄河、长江之水均从“天上来”，所以才会有中原文明的发展与强大。

新疆和青藏高原不仅隔绝了中华文明以西其他强大古文明军事力量可能的东进，而且成为西面保护中华文明核心区域的最理想的屏障。

4. 中华文明核心区域的南面有云贵高原屏藩

云贵高原位于中国的西南部，西与青藏高原相接，为中国四大高原之一。其东西长约 1000 公里，南北最宽约 800 公里，总面积约 50 万平方公里，海拔

1000—2000 米。分为云南高原（亦称滇东高原）和贵州高原两部分。西部云南高原地形较为完整，东部贵州高原则地形崎岖，多山地峡谷。云贵高原向东延伸到基本上与中华文明核心区域相接——其最东段已经进入今湖南省境内。

云贵高原虽海拔不高，但由于受金沙江、元江、南盘江、北盘江及柳江等河流切割，地形较破碎；加之石灰岩分布广泛，是世界典型的喀斯特地区，交通不便，穿行困难，因而成为中华文明核心区域南面的“军事缓冲区”。

中华文明所处这种地理态势，在世界古代文明国家或地区中几乎是绝无仅有的。

中华文明所在地域环境还有一大特点需要再次点出，即疆域广大。正因为疆域广大，所以蒙古高原、新疆、青藏高原和云贵高原等“军事缓冲区”的存在，以及东部海洋的藩屏，才有意义。这一思考看似画蛇添足，因为蒙古高原、新疆、青藏高原和云贵高原等本身都是十分辽阔的，它们是中华文明辽阔疆域的重要组成部分，但着重强调一次并非毫无意义。

笔者去新加坡旅游乘坐“摩天轮”时，还没升到最高处，导游就指着这边说，那几个岛是马来西亚的；又指着那边说，这几个岛是属于印度尼西亚的。这令笔者感慨万千，并由此想到，北京的香山“鬼见愁”海拔 500 多米——比任何一个“摩天轮”都要高多了，若登到山顶，向这边望，能看到韩国；往那边瞧，能瞧到日本，对中国人而言那将会是什么心情？

老祖宗留下的是足以让中华文明永恒发展的辽阔的疆域，是能让我们这些后代子孙产生无比自豪感的地大物博的国土，是让中华民族“上下五千多年”世世代代居住于此的“永业田”[①]。中华民族“上下五千多年”的历史文化底蕴和历史责任感就来源于这一脉相承的底气。

二、中华古文明长期保持强大致数千年来无外来威胁

地理位置和地域环境因素只是为中华古文明的永恒发展提供了客观的保

① 北魏到隋唐时期实行的均田制中的一种土地，也叫桑田、世业田，由政府分给，可以传给后代。政府分给的其他土地则要死后归还。均田制乃唐朝前期文明昌盛、军事强大的经济基础之一。但由于存在过于理想化的内容，尤其难以抑制地主的土地兼并，于是公元 780 年被废。

护，但客观因素必须通过主观的努力才能发挥出作用，所以中华文明的主观努力——即长期保持强大，才是其在历史上永恒发展的主要因素。

中华古文明的强大主要体现在辽阔的疆域上农耕经济发达、人口众多、政治体制先进、军事力量强悍、科技发达领先、人文内涵丰满、文化自信十足等各个方面。而仅从军事角度而言，近代以前没有任何外来势力能侵入中国，威胁中华古文明，反倒是中国军队多有出境作战以保护国家利益的经历，而且往往胜多负少。

古代中国军队出境作战中比较著名的战争有唐朝的“孤使败天竺”、白江村之战、怛罗斯之战以及明朝的“万历朝鲜之役”等。

“孤使败天竺”战争发生于唐太宗时。贞观二十一年（647 年），唐朝使臣王玄策奉命出使印度（时称“天竺”）时，被中天竺（时为次大陆东北的割据政权）国王阿罗那顺打劫，使团财物被抢，随员被杀，王玄策被俘。后王玄策设法逃出，退到吐蕃，恶气难忍，遂向吐蕃借兵 1200 人，并向泥婆罗（今尼泊尔）借到 7000 多骑兵，杀回中天竺。王玄策率军与中天竺连战 3 日，大破之，斩首 3000 余级，致赴水溺死者上万人，俘阿罗那顺以下男女 1.2 万人、各种牲畜 3 万头，震惊天竺。次年，王玄策将阿罗那顺押回长安。又次年，阿罗那顺被唐太宗放还回国。为了纪念这次胜利，阿罗那顺的形象被雕刻成石人像置于唐太宗昭陵神道旁守陵石像人中——阿罗那顺被唐太宗放还回国的第二年，即贞观二十三年（649 年），唐太宗驾崩。[①]

白江村之战，亦称白江口之战，发生于唐高宗龙朔三年（663 年）。白江口为今韩国忠清南道牙山湾的白江入海口，白江村位于河口西岸，时为唐军驻地。当时唐朝、新罗联军进攻与日本（时称“倭国”）关系密切的朝鲜半岛南部割据政权——百济，日本遂倾全国精锐之兵前来援救。于是在白江口以唐军为主的唐、新联军水军，与以日军为主的日、百联军水军展开大战。此战唐、新联军舰少兵少，舰仅 170 艘，兵 1.3 万人，而日、百联军舰多兵多，舟舰千余艘，士兵四五万人。但唐舰高大坚固、设计精良、武器先进，军队则是国家派出的远征军；日本舟舰则矮小轻薄，虽机动灵巧，但不耐撞击。双方互为火攻时，

① 见《旧唐书·西戎列传》。

日方占不到任何便宜。另外日军都是临时拼凑起来的各地军阀之兵，互不统属，令出多门。日兵虽作战勇猛，但打仗蜂拥而上，各自为战，只想斗狠，不讲阵型，又是逆流而上，结果在战术运用得当且顺流而下的唐军面前被打得落花流水，舟舰被焚毁 400 艘，死伤士兵万余人，其余狼狈逃回日本。

此战是中、日两国在历史上的第一次交战。其一战即奠定了此后近 1000 年东北亚地区政治、经济、军事与文化的格局，也使唐朝赢得了极大的荣誉。

白江村之战的失败令日本上下极为惊恐，也使日本人真正看到了与唐文明之间巨大的差异，因而极大地激发了他们向唐朝学习的热情。几年以后，他们便以极其谦卑的姿态再派来遣唐使而开始向中国全面地学习。

怛罗斯之战发生于唐玄宗天宝十年（751 年）。当时唐朝正处于鼎盛时期——其实疲相已显露无遗，为了给西域（今新疆）争取战略空间，遂积极地向中亚用兵，并连战连捷，在中亚的影响力迅速扩大。而同时期，阿拉伯帝国的势力也在积极东扩，越来越严重地威胁到中国在中亚的传统影响，双方小规模的冲突已经爆发过几次。公元 750 年，尚黑旗的“黑衣大食”（即阿拔斯王朝）取代了尚白旗的“白衣大食”（即倭马亚王朝），并以更加积极的姿态寻求向东发展。这样两大文明迎头相撞便不可避免，从而引发了这场战争。

怛罗斯城在今哈萨克斯坦南部江布尔——具体地点尚存在争议。彼时唐军统帅为名将高仙芝（高句丽人），他率领 3 万唐军——主要是西域各族番兵，突入阿拉伯人控制的地盘，向怛罗斯城发起进攻。而阿拉伯人早已准备进攻中国西域地区，因而得以迅速集结 10 余万大军前来增援（一说 20 余万）。

唐军人数虽少，但骁勇善战、武器先进，尤其步兵的强弓劲弩令阿拉伯骑兵损失惨重。人数较少的唐军骑兵不仅不输于人数更多的阿拉伯骑兵，甚至一度呈完全压倒的优势。不过由于阿拉伯军队人数众多，唐军一时也难以取胜。双方激战 5 昼夜，未分胜负。但在紧要关头，唐军中的番兵葛逻禄人却勾结阿拉伯人，在阵后发动偷袭，致使唐军猝不及防，阵脚大乱，阿拉伯骑兵乘机猛攻，唐军腹背受敌，终于不支，溃不成军，不得不向东败退而回。3 万唐军中 1 万多人被杀、1 万多人被俘，返回的仅数千人。

此战虽然唐军战败，但唐军强悍的战斗力让阿拉伯帝国东进中国的信心受到严重打击，而且唐朝仍然牢牢地控制着西域地区。于是阿拔斯王朝很快即派来使者与唐朝讲和，双方迅速恢复了和平关系。以后唐朝与阿拉伯帝国之间的关系也并未见受到此战的显著影响，阿拔斯王朝在对华关系方面上与前朝也没有什么改变。最重要的是，此后双方再未发生军事冲突。

王仙芝所率唐军在此战中的失败，与其战前及战败溃退中对西域番兵的暴行不无关系，所以在战斗到最紧要关头时突然遭遇“背叛”也是顺理成章的事情。堡垒最容易从内部攻破。军心不齐，各怀鬼胎，何以战胜强敌?

需要提一句的是，在被阿拉伯人俘虏的唐人中有一名叫杜环（又名杜还）的人。他被阿拉伯人带回西亚，但未受拘禁，而是自由生活了10年。这10年间，杜环游历了阿拉伯帝国的全境，到过今伊朗、伊拉克、土耳其、埃及等国。

宝应（762—763年）初，离家十一二年的杜环终于乘商船回到唐朝。他著有《经行记》一书，记述了游历过程，可惜已失传。所幸的是，其族叔杜佑在编撰《通典》时，引用了《经行记》的部分内容，因而有1500余字保留至今。[①]杜环所撰《经行记》，是中国最早记载伊斯兰教教义的古籍。该书还记载了中国工匠在大食传播生产技术的情形，以及亚、非若干国家的历史、地理、物产和风俗人情。杜环是第一个到过非洲并留有著作的中国人[②]，因而被冠以“唐代旅行家”名衔应是实至名归的。

怛罗斯之战不仅造就出一位中国的旅行家，最重要的是给人类文明发展造就出极大的福祉。在唐军被俘的人员中有造纸匠，他们在巴格达给阿拉伯人造

① 《通典·边防七·西戎三·西戎总序》：“族子环随镇西节度使高仙芝西征。天宝十载，至西海。宝应初，因贾商船舶自广州而回，著《经行记》。”《通典·边防八·西戎四·疏勒》：“杜环《经行记》云：‘拔汗那国在怛罗斯南千里，东隔山，去疏勒二千余里，西去石国千余里。城有数十，兵有数万。大唐天宝十年，嫁和义公主于此。国主有波罗林，林下有球场。又有野鼠，遍于山谷。偏宜蒲陶、䤻（音谙）罗果、香枣、桃、李。从此国至西海，尽居土室，衣羊皮、叠布，男子妇人皆著靴。妇人不饰铅粉，以青黛涂眼而已。’”（拔汗那国，在今乌兹别克斯坦费尔干纳盆地）《通典》引《经行记》多如上文。

② 《通典·边防九·西戎五·大秦》：“杜环《经行记》……又云：‘摩邻国，在勃萨罗国西南，渡大碛行二千里至其国。其人黑，其俗犷，少米麦，无草木，马食干鱼，人餐鹘莽。鹘莽，即波斯枣也。瘴疠特甚。诸国陆行之所经也，胡则一种，法有数般。有大食法，有大秦法，有寻寻法。其寻寻蒸报，于诸夷狄中最甚，当食不语。其大食法者，以弟子亲戚而做判典，纵有微过，不至相累。不食猪、狗、驴、马等肉，不拜国王、父母之尊，不信鬼神，祀天而已。其俗每七日一假，不买卖，不出纳，唯饮酒谑浪终日。其大秦善医眼及痢，或未病先见，或开脑出虫。’”摩邻国，一说为今非洲之摩洛哥。

纸，然后经阿拉伯人之手将已经在中国流行五六百年之久的造纸术传入欧洲，后来传到了更多的地方。这才是怛罗斯之战的永恒意义。面对人类文明的这一福祉，这场战争的胜负，双方最高指挥者的姓名，战术运用的得失，战争的惨烈状况，以及忠诚、背叛、杀戮、无情、委屈、怨恨、自相残杀等，都已不再重要，且都已随时间的流逝而早已飘散，唯文明的传播影响久远。

另外，阿拉伯帝国军队之所以没有东进，与吐蕃王朝的兴起有关。虽然唐朝因安史之乱（755—763 年）致国力大减，但吐蕃隔绝了双方，所以以后中、阿双方都是友好往来关系。

除上述 3 场对外作战外，唐朝还打胜了一场“灭亡高句丽之战”，解决了对中原政权三四百年的威胁。

高句丽建国于公元前 1 世纪，其民主要是生活在中国东北的少数族濊貊和扶余人，后来又吸收一部分靺鞨人、古朝鲜遗民及三韩人（即生活在今韩国南部的马韩、辰韩和弁韩）。高句丽极盛时的疆域东濒日本海，南达朝鲜半岛汉江流域，西北跨辽水，北抵辉发河、第二松花江流域。公元6世纪末到7世纪初时，高句丽达到鼎盛，曾数次大破隋军和唐军的进剿。唐高宗总章元年（668 年），唐军分水、路两路进击，并在新罗的配合下，终于攻灭高句丽。

高句丽也简称为“高丽”，但与公元 918 年建立的朝鲜王氏高丽没有任何关系。高句丽灭亡以后，唐朝支持新罗统一了朝鲜半岛，从此朝鲜半岛才开始了自己独立和相对独立的历史。所谓“相对独立”，是因为建立在朝鲜半岛的政权长期作为古代中国政权的附属，要定期朝拜、进贡、献女、听诏等。成龙的电影《神话》的故事背景就反映出了这一历史真实——其故事讲的是秦朝的事。明初为明成祖殉葬的 30 多个宫女嫔妃中有两个即是朝鲜刚进献的女孩儿。清末，袁世凯的姨太太中有 3 位是朝鲜人，分别是二姨太李氏、三姨太金氏、四姨太吴氏——其中李氏还是王族女，都是袁世凯任驻朝商务代表时娶的。

明朝的“万历朝鲜之役”发生在万历年间（1573—1620 年），明军出兵朝鲜，两次打败入侵的日军。

第一次“万历朝鲜之役”发生于 1592—1593 年。明军主将是李如松，朝军主将是李舜臣，在他俩的率领之下，中、朝联军击败了侵朝的 20 万日军，但没有把日军彻底赶出朝鲜。

第二次“万历朝鲜之役”发生于1597—1598年。中、朝联军彻底将日军赶出朝鲜。这次战争中有一场以少胜多的海战——鸣（鹭）梁海战，是朝鲜人自己打胜的。其指挥者李舜臣的塑像至今矗立在韩国首尔的光化门广场中央。

这两次战争的发动者是日本狂人丰臣秀吉（1537—1598年）。他打算以朝鲜为跳板，灭亡明朝，进而征服印度。最后，不仅侵略战争失败，他本人也随后身死。后来的日本军国主义者仍不接受这一教训，虽终于1895年占领了梦寐以求的朝鲜半岛，但仅过了50年，即被“打回原形”。

永乐初年，明朝在境外还打过一次“不对等”的海战。之所以称之为“不对等”，一是因为作战对象不是某个国家，而是海盗集团；二是双方实力太过悬殊。这次海战即“郑和平盗之战”，时间是永乐五年（1407年），地点是马六甲海峡。

这次海战发生在郑和第一次下西洋的回程途中——此次下西洋郑和船队是永乐三年（1405年）出发的。当郑和船队返回到苏门答腊重要的港口城市旧港（时称“三佛齐”）时，盘踞于当地为害多年的海盗集团垂涎于郑和船队满载的宝物，企图抢劫。

该海盗集团的头目是祖籍中国广东潮州的陈祖义，其手下成员最多时超过万人，战船百艘；曾劫掠过往船只达万艘，攻打过50多座沿海城镇。明成祖曾悬赏50万两白银捉拿陈祖义，后又提高至750万两。

陈祖义假称愿意归顺，企图麻痹郑和。但郑和早已获知内情，于是将计就计，将海盗船引诱至自己船队的包围圈内，突然发动火攻。经激战，海盗5000余人被杀，10艘船被烧，7艘被缴获。后郑和又设法将陈祖义生擒，押解回京后处斩。

据史载，郑和下西洋船队船只最多时达240多艘，士兵两万人，最大的船有三四层楼高，最大的锚需用150人才能拉起——1492年，哥伦布第一次向西航行“发现”美洲时，率领的是3条船，87名船员，比明宣宗宣德八年（1433年）郑和最后一次下西洋晚了59年不说，就这87名船员若参与郑和下西洋，连郑和船上最大的锚都拉拽不起来。

在古代，中国军队与域外之敌作战还有几次，如明朝初年和明朝中期嘉靖（1522—1566年）时的抗倭之战，最终获胜；清朝初年的顺治十八年（1661年），郑成功从荷兰人手中收复台湾——此时康熙已即位；康熙二十四年（1685 年）和二十五年（1686 年）在黑龙江雅克萨两败沙皇俄国侵略军等。

三、近代中国人民强烈反抗殖民侵略保住中华文明未遭灭亡

曾与中华文明并肩的“另三大文明古国”最终都是因外敌入侵而导致灭亡，遭致早夭的命运，玛雅文明和“欧洲文明的先驱”古希腊罗马也如此，而中华文明一直相安无事。但是到了近代，这种凶险终于降临到中华文明身上。

自 1840 年以后，所有西方列强以及刚刚崛起的东洋日本，都先后入侵中国，使古老的中华文明受尽耻辱和侮辱，曾经拥有的炫目光泽几乎完全褪去。国家危机、民族危机、中华文明危机曾是中华有识之士心中挥之不去的“阴霾”。但由于中华民族对外来侵略的强烈反抗和英勇斗争，最终国家未亡，民族未亡，中华文明未亡。

近代中国人民对西方侵略者的反抗开始于 1840 年以前。1833 年，今广东省珠海市所属淇澳岛民众面对英国侵略者——鸦片商人等的武装骚扰和杀戮，自发地组织起来反抗，并获得胜利。据说最终迫使英国商人赔款 3000 两白银，岛民们用这笔钱修筑了一条白石街以示纪念。[①]

1841 年，今广东省广州市三元里（旧属番禺县）民众奋起反抗入侵英军（含印度雇佣军）则是中国进入近代以来人民自发反抗外国侵略者获得的第一次胜利；1860 年以后，太平天国多次取胜由外国人领导的“洋枪队”——“常胜军”，其第一任首领华尔即丧命于太平军之手；曾于明朝时抗击倭寇侵扰，以及反抗荷兰和西班牙殖民统治的台湾高山族，先于 1867 年挫败了美国的侵略阴谋，再于 1874 年击退日寇的进攻，而于 1895—1945 年被日军占领期间，高山族虽遭受重大损失，但从未停止过反抗日本殖民统治的斗争；1899—1900 年，义和团抗击由英、俄、日、美、法、德、意、奥匈所组成的所谓“八国联军”，更是让列强明白了中国是不可分割的，中国人民是不会屈服的；1888 年和 1903—1904

---

① 刘圣宜：《珠海市淇澳岛白石街抗英斗争史实考证座谈会综述》，《学术研究》2001 年第 1 期，第 107—108、第 127 页。

年，西藏人民两次抗击入侵的英国侵略军，虽都遭到失败（尤以 1904 年日喀则江孜宗山保卫战最为壮烈，抗击到最后的数百名藏军全部跳崖牺牲，宁死不屈），但迫于中国人民的反对和世界舆论的压力，1906 年 4 月 27 日中英在北京重新签订《中英续订藏印条约》（即《北京条约》）时，英国承认西藏是中国不可分割的一部分，被迫放弃变西藏为其殖民地的阴谋。

站在人类文明的高度，近代中国各族人民为捍卫中华文明的永恒发展而付出的流血牺牲，具有了超出中华地域范围的世界意义——这实际上也是中华文明胸怀宽广的体现。

第八章 中华文明特征之三——一脉相承

本章导读

中原文明“上下五千多年”无缝衔接的历史发展，既是中华文明自古而今发展的主脉络，也是中华文明的重要体现之一。

前已述，中华文明最初的特点是在多地发生，然后向中原聚拢。再以后，则是中原文明带动中华各区域文明发展，中原文明成就不断向周边扩展，同时吸纳周边各族、各地区文明成就，最终汇聚成不间断发展、生命力强大的中华文明。因之，中华各族共同创建的中原文明就成为中华文明的主体形象代表。

就目前所知，“中国”之称的最早出现是在西周初一个名叫“何”的宗室贵族所铸祭器——“何尊”之铭文中。该尊为“何”在聆听成王的诰辞和受到赏赐之后，为纪念这一荣宠而铸造。在120余字的铭文中，除记述“何”之家族因追随西周王室而受到成王的肯定外，还记载了武王灭商和成王营建成周洛邑之事。由于该铭文与《尚书·周书》中的《洛诰》和《召诰》等文献形成互证，起到了重要的补史作用，为西周历史的研究提供了重要的实物资料，因此何尊仅此即已身价百倍。而铭文中的“宅兹中国”——意思是“以此国之中心为都”，更因为是目前所见“中国”最早的文字表示，而更使何尊成为无价之宝——中国首批禁止出国（境）展览文物之一，并因此成为中华文明最为重要的文明器物之一。

“中国”或“中原”不仅将中华各族从心理到行为都紧紧地凝结在一起，具有强大的凝聚力，而且还展现出其“人见人爱”的无穷魅力，这是中华文明持之以恒、不间断发展的重要原因之一。尤其入主中原的各族所表现出的强烈“主人翁”意识，乃是中华文明的核心理念之一。

自公元前 22 世纪末至前 21 世纪末，一直到 1911 年，如此清晰明了、一脉相袭 4000 多年的中国古代历史大系，为世界文明史所仅见。毫无疑问，它既是中华文明史的“时间坐标”，亦可成为世界文明发展史的时间参照。

英国学者马丁·雅克（Martin Jacques）说：“中国其实是一个文明，但是他却‘伪装’成了一个国家的存在……文明没有出现断层，国家兴衰只不过是一个摔倒再站起来的动作而已。”其实，马丁·雅克搞错了。古代中国从来没有“摔倒”过，兴衰的只是一个个王朝而已——包括少数民族贵族建于少数民族地区的政权。作为国家，古代中国始终是站立着的，并不存在“摔倒再站起来的动作”，也无“兴衰”问题。在古代历史上，中国内部各地区、各民族的纷争，中原朝代或少数民族政权的更迭，不仅没有使中华文明出现断层和“摔倒”，反而一次次注入新鲜的“血液”，一次次得到升华和提高，变得越来越强大、越来越文明，这才是历史事实。

所幸的是，虽然遭到以西方列强为首的殖民主义者、帝国主义者野蛮无道、残酷无耻的侵略、蹂躏，但“上下五千多年”的文明底蕴，博大精深的文化内涵，促使中国人民掀起了波澜壮阔的不屈不挠的反抗斗争。当然，最最重要的是，有中国共产党的正确领导，不仅终使中国、中华民族摆脱了亡国灭种的命运，使中华文明不曾断裂，为世界文明史保留下唯一的古老“骄傲”，而且还使中华民族重新站立起来，使古老的中国重新屹立于世界东方，使中华文明重又焕发了青春，并以前所未有的力量越来越深刻地影响着整个世界。这既是中华文明的自豪，世界文明史上的奇迹，更是对中华文明的续写。

关于中华文明的“上下五千多年”一脉相承的表现方面其实还有很多。如

“中国龙”崇拜一脉相承“上下五千多年”——迄今发现最早的龙距今 8000 多年，理念则会更早；“天圆地方”理念一脉相承“上下五千多年”——迄今发现最早的原始“天圆地方”遗迹距今 5000 多年，同样的道理，理念的出现当会更早；玉璧祭天、玉琮祭地之礼一脉相承“上下五千多年”——迄今出土的最早玉璧、玉琮距今 5000 多年，理念同样会早些；姓氏根系，蔓延生长“上下五千多年”——中国是世界上最早使用姓的国家，最早的姓可以追溯到距今五六千年前，见之文献的姓达五六千个，等等。在这个星球上，应该只有中国人可以张口“上下五千年”，闭口“上下五千年”，且习以为常。

与一脉相承的中华文明相比，“另三大文明古国”都属于“断续文明”，即其发展历程不是经常被外来文明“打断”，就是经常受到外来文明的“干扰”。总的看，似乎“土著”文明在被“打断”或“干扰”后仍能衔接，甚至还能有所“壮大”，但一方面“土著”文化内涵发生了变化，不再是“原汁原味”的自己的文明；另一方面外来文化基因的加入，并未让“土著”文明“壮大”到不被灭亡的程度，最终都“早夭”于历史长河之中。

引　言

中华文明不仅早产早熟、最是永恒，而且自古至今未曾间断，一脉相承地发展到今天。其他文明古国则发展艰难，在发展过程中不断被“打扰”或“打断”而成为“断续文明”，直至早夭，彻底退出历史舞台。因之，一脉相承即成为本书所谈及的中华文化的第三个宏观特征，并成为中国人的民族自豪感、文化自信心和爱国主义思想的又一个基本出发点。

中华文明这个世界文明史中唯一自古而今一脉相承发展下来的“独苗”，其所承载的不独是我们中国人自己的荣耀、自豪与自信，还承载着人类的荣耀、自豪与自信。

第一节　中华文明“上下五千多年”历史发展无缝衔接

中原文明“上下五千多年”无缝衔接的历史发展，既是中华文明自古而今发展的主脉络，也是中华文明特征的重要体现。

前已述，中华文明最初的特点是在多地发生，然后向中原聚拢。再以后，则是中原文明带动中华各区域文明发展，中原文明成就不断向周边扩展，同时吸纳周边各族、各地区文明成就，最终汇聚成不间断发展、生命力强大的中华文明。因之，中华各族共同创建的中原文明就成为中华文明的主体形象代表。

一、中华文明的核心区——“中原”与“中国”

中华文明的核心区是中原地区，但最初“中原”与“中国”是同义的，即中原就是中国，中国也是中原，因此有必要首先说明二者的关系。

就目前所知，“中国”之称的最早出现是在西周初一个名叫“何”的宗室贵族所铸祭器——“何尊”[①]之铭文中。该尊为“何”在聆听成王的诰辞和受到赏赐之后，为纪念这一荣宠而铸造。在120余字的铭文中，除记述“何”之家族因追随西周王室而受到成王的肯定外，还记载了武王灭商和成王营建成周洛邑之事。由于该铭文与《尚书·周书》中的《洛诰》和《召诰》等文献形成互证，

① 何尊，1963年出土于陕西省宝鸡市宝鸡县（今陈仓区）贾村镇，后被宝鸡市博物馆（今宝鸡青铜器博物院之前身）收藏。1975年，上海博物馆馆长马承源发现其铭文，并命名为“何尊”。其高38.8厘米，口径28.8厘米，重14.6千克；圆口棱方体，长颈，腹微鼓，高圈足；腹足有精美的高浮雕兽面纹，角端突出于器表；体侧并有四道扉棱；造型浑厚、工艺精美，为国家一级文物。现藏中国宝鸡青铜器博物馆。2002年，何尊与铜奔马等共64件（组）国家一级文物一起成为中国第一批禁止出国（境）展览文物。

起到了重要的补史作用，为西周历史的研究提供了重要的实物资料，因此何尊仅此即已身价百倍。而铭文中的“宅兹中国”①——意思是“以此国之中心为都”，更因为是目前所见“中国”最早的文字表示，而更使何尊成为无价之宝——中国首批禁止出国（境）展览文物之一，并因此成为中华文明最为重要的文明器物之一。②

何尊铭文中这个最早的“中国”，指的是今河南省洛阳市洛河以北瀍河两岸及附近地区③，范围不大——这里也应该是最早、最狭隘的“中原”。以后，中国、中原所指地域越来越大。

不过，在中国古代，从来没有一个王朝或政权以“中国”作为正式国名的。古典文献上的“中国”只是历史上中国的一部分，或指京师（首都），如《诗经·大雅·民劳》：“惠此中国，以绥（安抚）四方”；或指天子直接统治的国土，即王畿，如《诗经·大雅·荡》：“女（你）炰烋（páoxiāo，咆哮）于中国，敛怨以为德”“内奰（bì，激怒）于中国，覃（延及）及鬼方（异族他境）”；或指国内、内地，如《史记·武帝本纪》：“天下有名山八，而三在蛮夷，五在中国”；或指诸夏居住的地区，如《论语集解》：“诸夏，中国也”；或指诸夏、汉族建立的国家，如《春秋谷梁传·僖公二年》：“中国称齐、宋，远国称江、黄”，等等。从辛亥革命以后建立的中华民国开始，“中国”才作为正式国名的简称而指中国全境，一直到今天。

中原，还称“中土”“中州”等，其所指范围从最初的以今河南省洛阳市洛河以北的瀍河两岸一带为中心逐渐向外扩展：先扩展至今河南省大部；再扩展至以今洛阳市和山东省菏泽市定陶区一带为中心的更大范围——先秦时有以这

① 一说为“守兹中国”。另，对于何尊铭文“中国”二字是否应组合为一个词，亦存在争议。

② 2002年1月18日，国家文物局依据《中华人民共和国文物保护法实施条例》，印发《首批禁止出国（境）展览文物目录》，规定64件（组）一级文物为首批禁止出国（境）展览文物，以保护国家一级文物中的孤品和易损品，让中华优秀传统文化的文明器物更长久地传承下去。截至目前，已经有三批、共195件（组）列入禁止出国（境）展览文物目录——2012年第二批37件（组）、2013年第三批94件（组）。

③ 据考古发掘，今洛河以北的瀍河两岸很有可能是西周洛邑（后改称“成周”）的所在地，这里应该是最早的“中原”。参见叶万松、张剑、李德方：《西周洛邑城址考》，《华夏考古》1991年第2期，第70—76页；张剑：《西周洛邑成周城址的探索》，《河洛史志》2001年第3期，第6—8页。

一带地区为天下之中的说法[①]；继而指今河南省黄河以南到湖北省襄阳市南漳县荆山以北地区——即古“九州”中的豫州之境；还指黄河中下游地区——包括今河南省大部、山东省西部和河北省、陕西省的南部。最广义的中原则指整个黄河流域，主要包括今甘肃、宁夏、内蒙古、山西、陕西、河南、河北、山东、江苏、安徽等省、自治区的全部或一部。

有意思且更有意义的是，自汉代始中华各族不仅往往把汉族建立的中原王朝称为“中国”，而且当少数民族入主中原后，也“当仁不让”地以“中国人”自居；甚至汉族建立的王朝已经迁离了中原地区，但仍“毫不羞愧”地继续自称为“中国”。于是南北朝时期，南朝自称“中国”，而把北朝叫作“索虏”[②]“魏虏”[③]；北朝则也自称为“中国”，而把南朝叫作“岛夷”。同样，辽与北宋都自称“中国”，金与南宋也都自称“中国”，但互不承认对方亦为“中国”。而清王朝的满族（洲）统治者则更是对自己被汉族视为“夷狄”而大动肝火，其树立和维护自身中国人正统形象的心态和手段几乎达到前所未有、无以复加的程度。

由此可见，“中国”或“中原”不仅将中华各族从心理到行为都紧紧地凝结在一起，具有强大的凝聚力，而且还展现出其“人见人爱”的无穷魅力，这是中华文明持之永恒、不间断发展的重要原因之一。

二、中华文明一脉相承“上下五千多年”

中华文明以中原文明为核心，并以中原文明历史发展为时间参照或“历史坐标”。中原文明则不负此托，不仅紧密衔接，一脉相承“上下五千多年”，而且从局部文明发展成为覆盖全国的中华文明。

---

① 《史记·货殖列传》：“（范蠡）乃乘扁舟，浮于江湖，变名易姓，适齐为鸱夷子皮，之陶为硃公。硃公以为陶天下之中，诸侯四通，货物所交易也。”“陶”，定陶；“硃公”，亦称陶朱公，后被尊为商业的行业神。

② 《资治通鉴·魏文帝黄初二年论》：“宋魏以降，南北分治，各有国史，互相排黜，南谓北为‘索虏’，北谓南为‘岛夷’。”胡三省注：“索虏者，以北人辫发，谓之索头也。”另，《宋书》有《索虏传》。

③ 《南齐书·魏虏》：“魏虏，匈奴种也，姓拓跋氏。”

（一）古国时代与五帝时代的中原文明

前已述，依最新的考古成就，中原文明始自距今5000多年前的古国时代，以目前发现最早的登封双槐树遗址（约前3300—约前3000年）和郑州西山古城遗址（约前3300—约前2800年）为代表。另外，还有稍晚的神木石峁古城遗址（约前2300—约前2000年，一说约前2400—约前1900年）和襄汾陶寺古城遗址（约前2300—约前1900年）——关于前者，有认为可能是黄帝的都城"昆仑城"，有人认为应该是夏朝都城遗址之一，还有人认为可能是夏朝早期北方的文明中心；关于后者，有人提出应为帝尧都城所在，是最早的"中国"，等等。另外，红山文化（明）和良渚文明都曾为中原文明的形成与发展提供过"养分"。

古国时代早于五帝时代，又与五帝时代甚至与夏王朝前期相重合。依2000年发表的《夏商周年表》[①]，五帝时代为约公元前30世纪初到约前21世纪初。

（二）衔尾相接的中华各古代王朝

古国时代与五帝时代之后，中原文明成形，夏王朝建立。此后一直到清朝，中华各古代王朝终始相衔，其疆域亦从局部而扩展至整个中国。其历史可分为七个大历史时期。

1.夏商周三代时期

夏——从约公元前22世纪末至约前21世纪末，到前17世纪初（《夏商周年表》：约前2070—前1600年），自禹至履癸（桀）[②]，凡14代，历17王（古籍中称夏君主为后、夏后、夏后氏、帝），统治四百余年[③]。

商——亦称"殷""商殷"或"殷商"。从约公元前17世纪初到前11世纪（《夏商周年表》：前1600—前1046年），自汤至辛（纣王），凡17代，历31王，统治629年[④]，先后建都于亳（今河南省商丘市北。一说今山东省菏泽市曹县南）、

---

① 《夏商周年表》，世界图书出版公司2000年11月出版。

② 不少学者认为禹之子启为夏王朝开国之君，则至履癸（桀），凡13代，历16王。

③ 《史记·夏本纪》《集解》徐广曰："从禹至桀十七君，十四世。"骃案：汲冢纪年曰"有王与无王，用岁四百七十一年矣"。《索隐》徐广曰："从禹至桀，十七君，十四世。"案：汲冢纪年曰"有王与无王，用岁四百七十一年"。一说统治432年。

④ 一说汤之子太丁未即位，则殷商凡17代、30传，历629年；一说，凡29王，历496年。

嚣（亦作“隞”，今河南省郑州市荥阳市北）、相（今河南省安阳市内黄县东南）、邢（今河北省邢台市）、庇（今山东省菏泽市郓城县北）、奄（今山东省济宁市曲阜市旧城东）、殷（今河南省安阳市北）等地[①]。后为西周所灭。

西周——国号“周”，史称“西周”。从约公元前 11 世纪到前 771 年（《夏商周年表》：前 1046—前 771 年），自武王发至幽王宫涅，凡 11 代，历 12 王，统治 257 年[②]，建都镐（今陕西省西安市沣河东）。后为申侯（国）与犬戎所灭。

2. 春秋战国时期

春秋时代——公元前 770 年到前 476 年。齐、晋、楚等大国争霸，100 余中小诸侯国相继被吞并。

战国时代——公元前 475 年到前 221 年。主要有秦、魏、韩、赵、楚、燕、齐等国争雄。

此时期的历史纪年，依周王室东迁所建“东周”（国号“周”，史称“东周”）而计则为公元前 770 年到前 256 年，自平王宜臼至赧王延，历 25 位君主，延续 515 年[③]，建都洛邑（今河南省洛阳市城区）。但东周并不与春秋战国时期相始终，其于公元前 256 年亡于秦国，与秦始皇统一即战国时代结束之间相差 30 多年。

自公元前 255 年到前 222 年若以秦王纪年计，则为秦昭襄王五十二年到秦王政二十五年。

3. 秦汉时期

秦——从公元前 221 年到前 206 年，自始皇帝政至二世皇帝胡亥，凡 2 代，历 2 帝，统治 15 年，建都咸阳（今陕西省咸阳市）。后亡于秦末大起义。

西汉——国号“汉”，史称“西汉”或“前汉”。从公元前 206 年到公元 25 年，自高帝刘邦至更始帝刘玄，历 15 帝（后），统治 231 年，建都长安（今陕西省西安市）。后亡于西汉末大起义。

其中：从公元前 187 年到前 180 年，为吕后专权执政时期；从公元 5—8 年，为王莽立刘婴（号“孺子”）而自行摄政时期；从公元 9—23 年，为王莽建新

① 除殷以外，在殷以前的殷商王朝都城，有些地点和迁徙顺序存在争议。

② 西周积年还有三说：352 年；386 年；400 余年。

③ 周平王东迁后，东周天子不再掌天下，其领地还不断被蚕食，很快沦落为中小诸侯的地位，故称“延续”。

朝而自为帝时期（都仍为长安）——后亡于绿林农民起义军；从公元 23—25 年，为绿林军所建更始政权（刘玄为帝）统治时期——后亡于赤眉军；从公元 24—27 年，为赤眉军所建之建世政权（刘盆子为帝）统治时期——后亡于东汉。

东汉——国号“汉”，史称“东汉”或“后汉”。从公元 25—220 年，自光武帝刘秀到献帝刘协[①]，历 13 帝，统治 196 年，建都洛阳（今河南省洛阳市）。后亡于曹魏。

4. 三国两晋南北朝时期

三国——公元 220—280 年，历 61 年。其中：魏（史亦称“曹魏”）——从公元 220—265 年，自文帝曹丕至元帝曹奂（后被西晋废为陈留王），历 5 帝，统治 46 年，建都洛阳（今河南省洛阳市），后亡于西晋；汉（史称“蜀”或“蜀汉”）——从公元 221—263 年，自昭烈帝刘备至后主刘禅（后被西晋封为安乐公），历 2 帝，统治 43 年，建都成都（今四川省成都市），后亡于魏；吴（史亦称“孙吴”或“东吴”）——从公元 222—280 年，自大帝孙权至孙皓（后被西晋封为归命侯），历 4 帝，统治 59 年，建都建业（今江苏省南京市），后亡于西晋。

西晋——国号“晋”，史称“西晋”。从公元 265—316 年，自武帝司马炎至愍帝司马邺，历 4 帝，统治 52 年，建都洛阳（今河南省洛阳市）。后亡于匈奴贵族建立的“十六国”之一的汉国（前赵）。

东晋——国号“晋”，史称“东晋”。从公元 317—420 年，自元帝司马睿至恭帝司马德文，历 11 帝，统治 104 年[②]，建都建康（今江苏省南京市）。后亡于南朝宋——东晋的统治虽退出了中原地区，但在文化上仍与中原是为一体。

十六国[③]——从公元 304—439 年，历 136 年，几乎与南方东晋同时期。各少数族与疑似汉人者在北方和巴蜀共建立 16 个割据政权，分别是：

匈奴人所建的“汉”（后改称“赵”，史称“前赵”）——存亡时间为公元 304—329 年。统治今陕西省渭水流域和今山西、河南、甘肃等省各一部。后亡于后赵。

---

① 实际上，从公元 190 年汉献帝即位起，东汉已经名存实亡。

② 东晋时，世家大族力量强大，权力掌握在王（王导、王敦）、谢（谢安）、庾（庾亮）、桓（桓温、桓玄）四大族手中，司马氏皇族几乎未掌权。

③ “十六国”之称，因北魏崔鸿等撰《十六国春秋》而得名。一般不将汉人（疑似）建的冉魏、鲜卑人建的西燕和代包括在“十六国”中。

巴氐人所建的“成”（史称“成汉”）——存亡时间为公元304—347年。统治今四川省东部和今云南、贵州两省的各一部。后亡于东晋。

汉人所建的“凉”（史称“前凉”）——存亡时间为公元317—376年。统治今甘肃省西部、新疆东部、宁夏西部等地。后亡于前秦。

羯人所建的“赵”（史称“后赵”）——存亡时间为公元319—351年。极盛时统治今河北、山西、河南、山东、陕西等省和今江苏、安徽、甘肃、辽宁等省各一部。后亡于冉魏。

鲜卑人所建的“燕”（史称“前燕”）——存亡时间为公元337—370年。统治今河北、山东、山西、河南、安徽、江苏、辽宁等省的全部或一部。后亡于前秦。

氐人所建的“秦”（史称“前秦”）——存亡时间为公元350—394年。曾统一北方，极盛时统治今河北、山西、山东、陕西、甘肃、河南、四川、贵州、辽宁、江苏、安徽、湖北等省的全部或一部。后亡于后秦。

羌人所建的“秦”（史称“后秦”）——存亡时间为公元384—417年。统治今陕西、甘肃、宁夏等省（自治区）和今山西省之一部。后亡于东晋。

鲜卑人所建的“燕”（史称“后燕”）——存亡时间为公元384—407年。统治今河北、山东、山西等省和今河南、辽宁两省之一部。后亡于北燕。

鲜卑人所建的“秦”（史称“西秦”）——存亡时间为公元385—431年。统治今甘肃省西南部。后亡于夏。

氐人所建的“凉”（史称“后凉”）——存亡时间为公元386—403年。统治今甘肃省西部、新疆东部、宁夏西部和今青海省一部。后亡于后秦。

鲜卑人所建的“凉”（史称“南凉”）——存亡时间为公元397—414年。统治今甘肃省西部和今青海省一部。后亡于西秦。

鲜卑人所建的“燕”（史称“南燕”）——存亡时间为公元398—410年。统治今山东、河南两省之一部。后亡于东晋。

汉人所建的“凉”（史称“西凉”）——存亡时间为公元400—421年。统治今甘肃省西部一隅（或称今甘肃省极西部）。后亡于北凉。

匈奴人所建的“夏”——存亡时间为公元407—431年。统治今陕西省北部和今内蒙古一部。后亡于吐谷浑。

汉人所建的“燕”（史称“北燕”）——存亡时间为公元407—436年。统治今河北省东北部和今辽宁省西南部。后亡于北魏。

匈奴人所建的“凉”（史称“北凉”）——存亡时间为公元401—439年。统治今甘肃省西部。后亡于北魏。

十六国中，建都于一般意义的中原之地的有8个政权，分别是：前赵，初建都左国城（今山西省吕梁市离石区北），后徙都平阳（今山西省临汾市西北），最后定都长安（今陕西省西安市西北）；后赵，初建都襄国（今河北省邢台市），后迁都邺（今河北省邯郸市临漳县西南）；前燕，初建都龙城（今辽宁省朝阳市），后迁都蓟（今北京市西南），再后又迁都邺（今河北省邯郸市临漳县西南）；前秦，建都长安（今陕西省西安市西北）；后秦，建都长安（今陕西省西安市西北）；后燕，建都中山（今河北省定州市）；西燕，初建都长安（今陕西省西安市西北），后迁都长子（今山西省长治市南）；南燕，初建都滑台（今河南省安阳市滑县），后迁都广固（今山东省青州市西北）。

南朝——公元420—589年，历170年。其中：宋（史亦称“刘宋”）——从公元420—479年，自武帝刘裕至顺帝刘準，历8帝，统治60年，建都建康（今江苏省南京市），后亡于南朝齐；齐（史称“南齐”或“萧齐”）——从公元479—502年，自高帝萧道成至和帝萧宝融，历7帝，统治24年，建都建康（今江苏省南京市），后亡于南朝梁；梁（史亦称“萧梁”）——从公元502—557年，自武帝萧衍至敬帝萧方智，历4帝，统治56年，建都建康（今江苏省南京市），后亡于南朝陈；陈——从公元557—589年，自武帝陈霸先至后主陈叔宝，历5帝，统治33年，建都建康（今江苏省南京市），后亡于隋。[①]

南朝四政权虽立都江南，但在文化上仍与中原是为一体，并与三国的吴和东晋合称“六朝”——吴和东晋也都建都于今江苏省南京市。

北朝——公元439—581年，历143年。其中：北魏（初称“代”，后改称“魏”，史称“北魏”，亦称“后魏”）——从公元386—534年[②]，自道武帝拓

---

① 因三国吴、东晋和南朝的宋、齐、梁、陈，都以今江苏省南京市为首都（吴称建业，其余各朝均称建康），故历史上将它们合称为“六朝”。“六朝”也是公元3—6世纪末前后300余年历史时期的泛称。

② 公元439年，北魏统一北方，与南朝对峙。

跋珪至孝武帝拓拔脩，历 14 帝，统治 149 年，先后建都于平城（今山西省大同市）、洛阳（今河南省洛阳市），后分裂为东魏、西魏；东魏（国号“魏”，史称“东魏”）——从公元 534—550 年，仅历孝静帝元善见 1 帝，统治 17 年，建都邺（今河北省邯郸市临漳县西南），后亡于北齐；西魏（国号“魏”，史称“西魏”）——从公元 534—557 年，自文帝元宝炬至恭帝元廓，历 3 帝，统治 24 年，建都长安（今陕西省西安市），后亡于北周；北齐（国号“齐”，史称“北齐”）——从公元 550—577 年，自文宣帝高洋至幼主高恒，历 6 帝，统治 28 年，建都邺（今河北省邯郸市临漳县西南），后亡于北周；北周（国号“周”，史称“北周”）——从公元 557—581 年，自孝闵帝宇文觉至静帝宇文阐，历 5 帝，统治 25 年，建都长安（今陕西省西安市），后亡于隋。

5. 隋唐五代十国时期

隋——从公元 581—618 年，自文帝杨坚到恭帝杨侑，历 3 帝，统治 38 年，建都大兴（今陕西省西安市）。后亡于唐。

唐——从公元 618—907 年，自高祖李渊至哀帝李柷，历 21 帝（后），统治 290 年，建都于长安（今陕西省西安市）。后亡于后梁。

五代——公元 907—960 年，历 54 年。北方先后由 5 个政权统治，分别为梁、唐、晋、汉、周，史称后梁、后唐、后晋、后汉、后周。其中：后梁——从公元 907—923 年，自太祖朱晃（又名温、全忠）至末帝朱瑱，历 3 帝，统治 17 年，建都汴（今河南省开封市），后亡于后唐；后唐——从公元 923—936 年，自庄宗李存勖至末帝李从珂，历 4 帝，统治 14 年，建都洛阳（今河南省洛阳市），后亡于后晋；后晋——从公元 936—946 年，自高祖石敬瑭至出帝石重贵，历 2 帝，统治 11 年，建都汴（今河南省开封市），后亡于契丹；后汉——从公元 947—950 年，自高祖刘暠（本名知远）至隐帝刘承佑，历 2 帝，统治 4 年，建都汴（今河南省开封市），后亡于后周；后周——从公元 951—960 年，自太祖郭威至恭帝郭宗训，历 3 帝，建统治 10 年，建都汴（今河南省开封市），后亡于北宋。

十国——从公元 902—979 年，历 78 年，几乎与五代同时期，南方和山西地区先后出现 10 个割据政权，分别为：

吴——存亡时间为公元 902—937 年。统治今江苏、安徽、江西、湖北 4 省间地。后亡于南唐。

南唐（国号“唐”，史称“前唐”）——存亡时间为公元 937—975 年。统治今江苏省、安徽省淮河以南和福建省、江西省、湖南省、湖北省东部。后亡于北宋。

吴越——存亡时间为公元 907—978 年，统治今浙江全省及江苏省一部分。后亡于北宋。

楚——存亡时间为公元 907—951 年。统治今湖南省及广西东北部。后亡于南唐。

闽（后曾改国号为“殷”，旋又复国号“闽”）——存亡时间为公元 909—945 年。统治今福建省。后亡于南唐。

南汉（初国号“越”，后改为“汉”，史称“南汉”）——存亡时间为公元 917—971 年。统治今广东省和广西。后亡于北宋。

前蜀（国号“蜀”，史称“前蜀”）——存亡时间为公元 903—925 年。统治今四川省和甘肃省东南部、陕西省南部、湖北省西部。后亡于后唐。

后蜀（国号“蜀”，史称“后蜀”）——存亡时间为公元 933—965 年。统治今四川省和甘肃省东南部、陕西省南部、湖北省西部。后亡于北宋。

荆南（其首任君主原为后梁荆南节度使，后被后唐封为南平王，故史称“荆南”或“南平”）——存亡时间为公元 924—963 年。统治今湖北省江陵市及荆州市公安县一带。后亡于北宋。

北汉（国号“汉”，史称“北汉”）——存亡时间为公元 951—979 年。统治今山西省北部和陕西省、河北省一部分地区。后亡于北宋。

在十国中，9 个在南方，唯北汉在北方，看似大多远离中原，但在文化上都是衣钵相承的。

6. 辽宋夏金元时期

辽——初国号“契丹”，后改称“辽”，后又复称“契丹”，再后又改为“辽”。[①]从公元 916—1125 年，自太祖耶律阿保机至天祚帝耶律延禧，历 9 帝，统治

① 公元 916 年国号契丹，公元 938 年（一说 947 年）改国号为辽，公元 983 年复称契丹，1066 年仍称辽。

210 年，建都上京（今内蒙古赤峰市巴林左旗波罗城），并以今北京市为南京、山西省大同市为西京。后亡于金。

北宋——国号“宋”，史称“北宋”。从公元 960—1126 年，自太祖赵匡胤至钦宗赵桓，历 9 帝，统治 167 年，建都开封（今河南省开封市）。后亡于金。

西夏——国号“大夏”，宋人称“西夏”。从 1038—1227 年，自景宗李元昊至末帝李睍，历 10 主，统治 190 年，建都兴庆府（今宁夏回族自治区银川市东南）。后亡于蒙古国（元）[①]。

金——从 1115—1234 年，自太祖完颜旻（本名阿骨打）至哀宗完颜守绪，历 9 帝，统治 120 年，先后建都于会宁（今黑龙江省哈尔滨市阿城南）、中都（今北京市）、开封（今河南省开封市）等地。后亡于蒙古国（元）和南宋的联合进攻。

南宋——国号“宋”，史称“南宋”。从 1127—1279 年，自高宗赵构至帝昺，历 9 帝，统治 153 年，建都临安（今浙江省杭州市）。后亡于元。

元——从 1206—1368 年，自太祖孛儿只斤·铁木真（成吉思汗）至顺帝（惠宗）孛儿只斤·妥懽帖睦尔，共历 16 帝（后），统治 163 年——自始祖忽必烈定国号为“元”起，则历 11 帝，统治 98 年。初建都哈喇和林城（今蒙古人民共和国额尔德尼桑图附近），称“元”后建都大都（今北京市）。后亡于明——1402 年（明惠帝建文四年），鬼力赤杀坤帖木儿汗，始去“元”国号。[②]

7. 明清时期

明——从 1368—1644 年，自太祖朱元璋至思宗朱由检，历 16 帝，统治 277 年，初都应天（今江苏省南京市），后迁都北京（今北京市）。终于李自成起义及清朝。

清——从 1616—1911 年，自太祖爱新觉罗·努尔哈赤建后金至宣统帝爱新觉罗·溥仪退位，历 12 帝，统治 296 年——自 1636 年太宗皇太极改国号为“清”起算，则历 11 帝，统治 276 年；自 1644 年清朝入关起算，则历 10 帝，统治 268 年。入关前建都盛京（今辽宁省沈阳市），入关后定都北京（今北京市）。后亡于辛亥革命。

---

① 明初官修《元史》，自成吉思汗建国迄元顺帝出亡（1206—1368 年），通称元朝。

② 1368 年（元顺帝至正二十八年），大都被明军攻破，顺帝北走塞外，仍称元朝，史称“北元”。

自公元前 22 世纪末至前 21 世纪末，一直到 1911 年，如此清晰明了、一脉相袭 4000 多年的中国古代历史大系，为世界文明史所仅见。毫无疑问，它既是中华文明史的“时间坐标”，亦可成为世界文明发展史的时间参照。

三、中华古代王朝的兴衰与近代中国的“摔倒”

英国学者马丁·雅克（Martin Jacques）说：“中国其实是一个文明，但是他却‘伪装’成了一个国家的存在……文明没有出现断层，国家兴衰只不过是一个摔倒再站起来的动作而已。”[①] 其实，马丁·雅克搞错了。古代中国从来没有“摔倒”过，兴衰的只是一个个王朝而已——包括少数民族贵族建于少数民族地区的政权。作为国家，古代中国始终是站立着的，并不存在“摔倒再站起来的动作”，也无“兴衰”问题。在古代历史上，中国内部各地区、各民族的纷争，中原朝代或少数民族政权的更迭，不仅没有使中华文明出现断层和“摔倒”，反而一次次注入新鲜的“血液”，一次次得到升华和提高，变得越来越强大、越来越文明，这才是历史事实。

究其原因，首先是因为中华古文明与其他古代文明相距绝远，数千年来从未有过其他古文明威胁到中华文明，所以它很难被外来文明征服、毁灭而引发的“断层”或“兴衰”问题；其次是因为中国四周相对封闭的地理环境，客观上保护了中华古文明，因此即使其他古文明能够扩张至中华文明边缘，但也无法威胁中华文明或对中华文明造成“致命伤害”；第三是因为中华古文明长期保持强大——至少曾领先世界达上千年之久，所以它只会因内部纷乱造成一定时间的“起伏”，而不会衰亡。不仅不会衰亡，还每每在“起伏”之后迈向新的辉煌。这也是中华古文明发展的特点之一。

不过，上述情况止于1840年。自1840年开始，中国终于出现了“兴衰”问题。在已经超越中华文明的西方文明面前，中国不仅衰落了，而且终于“摔倒”了，甚至还在西方殖民主义者野蛮的侵略、掠夺、剥削和压迫中产生了“亡国”的

① （英）马丁·雅克著，张莉、刘曲译：《当中国统治世界：中国的崛起和西方世界的衰落》，中信出版社 2010 年 1 月出版。

危机——这是中华文明“上下五千多年”历史中仅有的一次。

其实，早在清朝前期——甚至更早的时候，西方文明就已经有超越中华文明的势头了，中华文明则是有了衰落的颓势。这其中，中国自身的文化原因是专制制度过于强大，顽固坚持封建专制统治，竭力保护小农经济，致使到明清王朝统治时期故步自封，并用长达500多年之久的闭关锁国将中华文明领先世界的优势几乎完全主动丧失殆尽。西方则在“蓄势”两千多年后——从所谓“文艺复兴”起算也有四五百年时间，逐渐否定封建制度，消除教会的恶劣影响，并随着思想解放，科技的发展，使生产力获得前所未有的发展动力，推动其社会发生转型，率先进入到资本主义时代，终于超越仍建立在小农经济基础上的中国封建社会。

不仅如此，西方率先进入的资本主义社会，是一个侵略扩张性远超以前各个历史时期的社会形态——尽管它是人类社会必经的历史阶段。因此，所有落后于西方的国家，无论大小，包括中国，都曾遭到它们的疯狂蹂躏。对于中国而言，西方列强首先从海上发动侵略战争，这也是几千年来从未有过的。中华古文明所依仗的地域环境优势，在进入资本主义时代的西方列强的船坚炮利面前几乎全部丧失。

当然，堡垒最容易从内部被攻破。中国这个巨大的“堡垒”自己内部出现自残、致命的问题——最重要的是自己不思进取，就怨不得别人了。落后只能挨打，这是近现代中国近百年屈辱历史所验证出的资本主义时代的所谓“真理”，也是造成中国出现“兴衰”问题的关键之所在。

所幸的是，虽然遭到以西方列强为首的殖民主义者、帝国主义者野蛮无道、残酷无耻的侵略、蹂躏，但“上下五千多年”的文明底蕴、博大精深的文化内涵，促使中国人民掀起了波澜壮阔的不屈不挠的反抗斗争。当然，最重要的是，有中国共产党的正确领导，不仅终使中国、中华民族摆脱了亡国灭种的命运，使中华文明不曾断裂，为世界文明史保留下唯一的古老“骄傲”，而且还使中华民族重新站立起来，使古老的中国重新屹立于世界东方，使中华文明重又焕发了青春，并以前所未有的力量越来越深刻地影响着整个世界。这既是中华文明的自豪，世界文明史上的奇迹，更是对中华文明的续写。

关于中华文明的“上下五千多年”一脉相承的表现方面其实还有很多。如“中国龙”崇拜一脉相承“上下五千多年”[①]；“天圆地方”理念一脉相承“上下五千多年”——迄今发现最早的原始“天圆地方”遗迹距今5000多年，同样的道理，理念的出现当会更早[②]；玉璧祭天、玉琮祭地之礼一脉相承“上下五千多年”——迄今出土的最早玉璧、玉琮距今5000多年，理念同样会早些[③]；姓氏根系，蔓延生长“上下五千多年”——中国是世界上最早使用姓的国家，最早的姓可以追溯到距今五六千年前，见之文献的姓达五六千个，等等。在这个星球上，应该只有中国人可以张口“上下五千年”，闭口“上下五千年”，且习以为常。

第二节　古埃及、古西亚及古次大陆文明的“断续”发展

为凸显中华文明的发展特点，本节简单介绍“另三大文明古国”的“断续”发展历程，以作为对比。

与一脉相承的中华文明相比，“另三大文明古国”都属于“断续文明”，即其发展历程不是经常被外来文明“打断”，就是经常受到外来文明的“干扰”。总的看，似乎“土著”文明在被“打断”或“干扰”后仍能衔接，甚至还能有所“壮大”，但一方面“土著”文化内涵发生了变化，不再是“原汁原味”的自己的文明；另一方面外来文化基因的加入，并未让“土著”文明“壮大”到不被灭亡的程度，最终都“早夭”于历史长河之中——这一结论仅指古埃及文明和古西亚文明。

在这一话题下，古次大陆文明不再局限于印度河流域古文明，而是包括恒河流域古文明，以及次大陆南方和越出次大陆西北的中亚古文明，甚至不限于古文明时代，而是一直谈论到近现代，以完整地对其进行解读。

---

① 周崇发：《论中国龙的起源》，《江汉考古》2000年第4期，第62—76页。
② 王胜利：《“天圆地方”观探源》，《江汉论坛》2003年第11期，第75—79页。
③ 王巍：《良渚文化玉琮刍议》，《考古》1986年第11期，第1009—1016页。

一、古埃及文明的“断续”发展

古埃及文明是由北非土著居民和来自西亚阿拉伯半岛的塞姆人融合而成的古埃及人创建的。

一般认为约公元前3600年到约前3100年，古埃及原始社会逐渐解体。在这一阶段的后期，古埃及开始进入到文明时代。

根据公元前3世纪古埃及史学家曼涅托的记载，从约公元前3100年古埃及国家形成到公元前332年马其顿亚历山大征服古埃及为止，共计两千七八百年的时间，分别被划分为古王国、中王国、新王国三个历史时期，共历30—31个王朝①。本书则在此基础上，将古埃及自约公元前3100年至公元642年阿拉伯帝国征服为止的3700多年历史，再细分为八个时期，其划分如下：

第一个时期称前王国时期（约前32—约前27世纪②），亦称早王朝时代，包含第1王朝（约前3100—约前2890年）和第2王朝（约前2890—约前2686年）两个王朝——此时中国良渚文明、河洛古国等已形成，成都平原以“三星堆”为中心出现城址群。

约公元前3100年，来自南方“上埃及”的国王美尼斯（亦称米那）征服北方“下埃及”，统一埃及，建立第1王朝，这是古埃及第一个统一政权③——上埃及指尼罗河河谷地带，下埃及指尼罗河三角洲地区。在整个前王国时期，古埃及都在致力于国家统一的巩固和官僚机构的建立。

第二个时期称古王国时期（约前27—约前22世纪④），包含第3王朝（约

---

① 曼涅托为古埃及历史学家、祭司。他用希腊文著《埃及史》三卷，原书已佚，只保留残片，现仅有辑佚本。据残篇2，称有30个王朝，而残篇75却叙述了第31王朝，故称“历30—31个王朝”。

② 也有认为前王国时期为约公元前30世纪到约前28世纪。

③ 但据纳尔迈调色板，第一个统一上下埃及的国王叫纳尔迈。纳尔迈调色板是一块盾形石板，出土于埃及的赫拉康波里斯，高63厘米，两面雕刻着纪念国王纳尔迈统一上下埃及的画面——正面纳尔迈头戴代表上埃及的白王冠，背面纳尔迈头戴代表下埃及的红王冠。该调色板现藏埃及博物馆。

④ 一说古王国时期为约公元前28世纪到约前23世纪。

前 2686—约前 2613 年）、第 4 王朝（约前 2613—约前 2498 年）、第 5 王朝（约前 2498—约前 2345 年）和第 6 王朝（约前 2345—约前 2181 年）四个王朝。这时期，古埃及国家统一局面得到巩固，最高统治者“法老”（原意“宫殿”）权力强大——此时中国中原地区处于五帝时代（或称虞朝[①]）。

古埃及法老的陵墓——著名的金字塔就是从古王国时期开始兴建的。建于公元前 27 世纪中叶的第 3 王朝法老左赛尔（亦称乔赛尔）陵墓是古埃及第一座金字塔，被称为“层级金字塔”（又称“阶梯金字塔”）；位于今开罗市郊吉萨高原上的“三大金字塔”是第 4 王朝法老胡夫（亦称齐奥普斯）及其儿哈佛拉、其孙孟卡拉 3 人的陵墓——胡夫、哈佛拉、孟卡拉三人的血缘关系还存在其他说法。其中，胡夫金字塔高达 146.5 米，边宽 230 多米，是古埃及最大金字塔。附近高 20 多米、长 50 多米的狮身人面像（大斯芬克司）则属于哈佛拉。古埃及金字塔的建造在历时 1100 多年后至中王国时期结束。

第三个时期称第一中间期（约前 22—约前 21 世纪[②]），包含第 7 王朝（约前 2181—约前 2173 年）、第 8 王朝（约前 2173—约前 2160 年）、第 9 王朝（约前 2160—约前 2130 年）和第 10 王朝（约前 2130—约前 2040 年）四个王朝。这时期，古埃及地方势力增大，王国分裂，社会动荡——此时中国夏王朝在中原建立。

第四个时期称中王国时期（约前 21—约前 18 世纪），包含第 11 王朝（约前 2133—约前 1991 年）和第 12 王朝（约前 1991—约前 1786 年）两个王朝——此时中国中原处于夏王朝统治的前期。

此时期初，第 11 王朝与第 10 王朝有一段时间是重合的。直至约公元前 2040 年，古埃及才再度统一。但到这时期末，由于贫富分化加剧，约公元前 1750 年爆发农民、奴隶大起义。这次起义虽终于被镇压下去，但动摇了古埃及奴隶主政权，并造成喜克索斯人乘机入侵。这是古埃及文明第一次被外族“染指”。

第五个时期称第二中间期（约前 18—约前 16 世纪），又是一个分裂的时期，

---

① 王树民：《夏、商、周之前还有个虞朝》，《河北学刊》2002 年第 1 期，第 146—147 页。

② 一说第一中间期为约公元前 23 世纪到约前 21 世纪。

由古埃及人所建的第 13 王朝（约前 1786—约前 1633 年）[①] 和第 14 王朝（约前 1786—约前 1603 年）[②]，入侵者喜克索斯人所建的第 15 王朝（约前 1674—约前 1567 年）[③] 和第 16 王朝（约前 1684—约前 1567 年）[④]，以及古埃及人所建的第 17 王朝（约前 1650—约前 1567 年）五个王朝组成，都不是统一的王朝——此时中国中原处在夏王朝统治的后期。

喜克索斯人是来自西亚的游牧族。据称他们于约公元前 1710 年（一称约前 1720 年）越过西奈半岛而渗透进尼罗河三角洲一带，经过几十年的经营，在站稳脚跟后便脱离古埃及人的统治，自约公元前 1674 年开始建立起自己的统治，并趁乱占领埃及北部大部分土地达百余年之久。

喜克索斯人的入侵是古埃及历史上第一次遭受外敌入侵，他们所建立的“牧人王朝”[⑤] 是古埃及历史上第一个外族政权，其统治者乃是古埃及第一批外族法老。喜克索斯人给古埃及带来了马与战车等外来文明成果，使古埃及文明注入新的内涵，由此必然带动其生活、生产、战争等方面的文化改变。但在喜克索斯人统治区域内，古埃及神庙被夷平，古埃及人被强迫放弃自己信仰的神而改为崇拜喜克索斯人所信奉的神——喜克索斯王朝君主甚至派出使者明确要求建于上埃及的古埃及王朝亦改变宗教信仰。这些涉及文化层面的改变，对古埃及文明而言应该是“伤筋动骨”的。

到第 17 王朝末期，喜克索斯人被驱走，古埃及重新走向统一，开始新的历史时期。[⑥]

---

① 第 13 王朝建于上埃及，其结束后，第 17 王朝兴起。一说第 16 王朝代替第 13 王朝。还一说第 13 王朝龟缩于尼罗河三角洲一隅，后亡于喜克索斯人建的第 15 王朝。

② 第 14 王朝建于三角洲西部，后亡于第 15 王朝的兴起。一说第 14 王朝在南方（上埃及）苟延残喘。

③ 第 15 王朝是喜克索斯人的核心王朝，亦称喜克索斯王朝，曾控制着下埃及的全部以及上埃及的北部地区。

④ 第 16 王朝是喜克索斯人建立的地方性政权（或称附属王朝），建于上埃及北部，与第 15 王朝同时存在。一说第 16 王朝结束于第 15 王朝的扩张。

⑤ 由于喜克索斯人是游牧民族，故有此称。另外，“喜克索斯”的本意或为“牧人王”之意。一说喜克索斯人建立的“牧人王朝”相当于古埃及第 15—17 王朝。

⑥ 一说约公元前 1580 年喜克索斯人被驱离出古埃及。一说第 17 王朝击败第 15 王朝是在约公元前 1550 年（或约前 1552 年）。

第六个时期称新王国时期（约前 16—约前 11 世纪），包含第 18 王朝（约前 1570—约前 1320 年）、第 19 王朝（约前 1320—约前 1200 年）和第 20 王朝（约前 1200—约前 1085 年）三个王朝——此时期与中国中原的商王朝基本“同步”。

新王国时期，古埃及步入帝国时代，不断对外发动侵略战争，曾确立对西亚巴勒斯坦和叙利亚的统治，向南则征服了努比亚（今属苏丹）。

新王国时期最著名的法老是第 19 王朝的拉美西斯二世（约前 1317—约前 1251 年在位[①]）。他发动了对努比亚的征服战争，还与位于小亚细亚中部、黑海南岸的赫梯王国长期争夺叙利亚地区的统治权，但最终打了个平手。于是约公元前 1296 年（一说约前 1280 年），他与赫梯缔订合约，并结成军事同盟。合约的全文在埃及神庙的墙壁上和赫梯的档案库里被现代考古学者发现，这是世界上保留至今的最早条约文献。据说拉美西斯二世统治了 67 年之久，他在位期间相当于中国中原商王朝盘庚、小辛（盘庚弟）、小乙（小辛弟）、武丁（小乙子）[②]统治时期。

新王国时期的法老们不再建金字塔，而是葬于帝王谷（亦称国王谷）。据说是怕被盗掘，但实际上还是基本上都被盗掘了。目前唯一经考古发掘而保存完整的是第 18 王朝法老图坦卡蒙的陵墓——1922 年，英国人 H. 卡特发掘出图坦卡蒙墓，是埃及考古最惊人的发现。

新王国时期是古埃及人最后的“美好”时光。这时期结束后，古埃及文明的“苦日子”终于到来了，从此古埃及人基本丧失了自己的政权。

第七个时期称后王国时期（约前 11 世纪至前 332 年），亦称后王朝时期，分为利比亚舍易斯时期（约前 11 世纪—前 525 年）和波斯帝国统治时期（前 525—前 332 年）两个阶段——相当于中国中原的西周王朝前期到战国中期。

利比亚舍易斯时期包含古埃及人建在北方的第 21 王朝（约前 1085—约前 945 年），利比亚雇佣兵领袖建在北方的第 22 王朝（约前 945—约前 730 年）、第 23 王朝（约前 817？—约前 730 年）和第 24 王朝（约前 730—约前 715 年。

① 一说拉美西斯二世从约公元前 1279 年到约前 1213 年在位。

② 据称武丁从约公元前 1250 年到约前 1192 年在位，统治 59 年，是殷商诸王中统治时间最长的。殷商王朝在武丁统治时期最为强盛。

建都舍易斯）[1]，努比亚人建在南方的第25王朝（约前730—约前656年）[2]。它们也都不是统一王朝。

第25王朝晚期，兴起于西亚两河流域北部的亚述帝国侵入古埃及，与努比亚人展开领地争夺战。后来利比亚人建的第26王朝（前664—前525年。建都舍易斯）曾一度统一埃及，但公元前525年古埃及被波斯帝国吞并，利比亚舍易斯时期至此结束。

在波斯帝国统治时期，先是波斯人建第27王朝（前525—前404年），而后公元前404年古埃及人争得独立，经历了第28王朝（前404—前399年）、第29王朝（前399—前380年）和第30王朝（前380—343年）三个王朝。公元前343年，波斯人再度征服埃及，建第31王朝（前343—前332年）。从此，波斯人把埃及作为帝国的一个行省，大量波斯贵族涌入埃及，占据大批肥沃的土地，古埃及人则生活在水深火热之中。

但最令人惋惜的是，由于不断被外族侵入，古埃及文明、文化不断被外来文明、文化所渗透和改造，尤其在波斯帝国统治下获得短暂的独立结束后，延续3000年左右的古埃及人自己的"法老时代"就此终结了。从此，外来者成为埃及的新主人，埃及彻底沦为外族统治下的土地，古埃及人永远失去了政治自主性。这种状况延续至整个第八个时期，直至阿拉伯人的到来。

第八个时期为古希腊罗马人统治时期（前332—642年），分为古希腊人统治时期（前332—前30年）和古罗马人统治时期（前30—642年）两个阶段——相当于中国中原西汉末期到唐朝初期。

公元前332年，马其顿亚历山大驱走波斯人，占领埃及。公元前323年，亚历山大死，其部将展开争夺统治权的斗争。经过20多年混战，公元前305年，从亚历山大帝国分裂出的托勒密王朝（王国）统治了埃及，史称托勒密埃及——其鼎盛时的疆域包括埃及本土、地中海一些岛屿、小亚细亚一些地区以及叙利亚、巴勒斯坦等一些地方。

---

① 利比亚人生活在古埃及西面，虽隔利比亚沙漠，但两地有道路相通。新王国时期由于对外战争的需要，大量移居古埃及的利比亚人被征发为雇佣军，从而为他们在古埃及建立自己的政权埋下了伏笔。

② 努比亚人来自古埃及南面尼罗河上游地区（今属苏丹）。

为了获得本地民众的支持，亚历山大和托勒密朝诸王都宣布保护埃及的神庙和宗教信仰，埃及神庙的祭司们则宣布希腊统治者是神在地上的化身[①]；希腊统治者不仅仍称“法老”，而且继承了古埃及法老近亲结婚的传统——托勒密王朝末代女王克娄巴特拉七世即嫁给了其弟托勒密六世。加上前面提到的罗塞塔石碑……可以看出古埃及文明、文化仍在延伸。这时期，埃及成为地中海东部重要的经济、文化中心。[②]

公元前 30 年，统治古罗马的屋大维迫使克娄巴特拉七世自杀，灭亡托勒密王朝，吞并了埃及。实际上，在此之前，古罗马势力已经“染指”埃及。如公元前 48 年，古罗马统帅恺撒率军进驻埃及，帮助克娄巴特拉七世独踞王位，两人还生有一子。恺撒死后，公元前 37 年，克娄巴特拉七世又与恺撒部将安东尼结婚。安东尼被爱情冲昏了头脑，竟宣称要把古罗马东方的一部分领土赐予克娄巴特拉七世的儿子。古罗马元老院和屋大维乘机兴兵，于公元前 31 年打败安东尼和克娄巴特拉七世的联军[③]。安东尼和克娄巴特拉七世二人逃回埃及，于公元前 30 年相继自杀。

公元前 27 年，屋大维成为罗马帝国元首后，把埃及划为其私人领地。此后，埃及的全部收入都入元首私人囊中，全部土地都归元首所有，元首派总督在此行使一切大权。于是，已与古希腊文明、文化“杂交”的古埃及文明、文化又被进行了罗马化的改造，古埃及文化传统再被罗马文化传统所“洗礼”，古埃及文明、文化进一步衰落。[④]公元 395 年，罗马帝国分裂为东、西罗马帝国，埃

① 公元前 2 世纪，托勒密王朝历时 100 多年建成希腊风格的库姆翁布神庙。该神庙保存至今的墙壁雕画中即有古埃及人信仰的诸神为托勒密王加冕的场面。这幅壁画再好不过地表明了托勒密王朝的统治者们利用本土宗教，维护、巩固自己统治的现实，这也使得非常迷信的古埃及民众“由衷”地接受了外族统治。库姆翁布神庙与菲莱神庙、艾德芙神庙成为如今埃及保存最好的托勒密王朝时期的 3 个神庙，它们都是古埃及与古希腊文明、文化元素结合的产物。

② 著名的亚历山大图书馆即建于托勒密一世（前 305—前 282 年在位）统治埃及时期。后毁于公元 3 世纪古罗马人统治时期。

③ 公元前 31 年，屋大维率军与安东尼交战于中希腊阿卡那尼亚西北隅的亚克兴海角。屋大维先在陆战获胜，继而又打败安东尼与克娄巴特拉七世的联合舰队，迫二人逃遁后自杀，从而确立起其在古罗马的统治。这次战役史称“亚克兴战役”。

④ 位于今埃及亚历山大港的城标“庞贝柱”即为古罗马遗迹——公元 297 年，罗马帝国埃及执政官在赛拉比斯神庙（建于托勒密时代）广场中央为罗马皇帝戴克里先而立。

及归东罗马帝国（又称拜占庭帝国）统辖。

公元642年，埃及被阿拉伯帝国占领，早已“面目全非”“所剩无几”的古埃及文明迅速被阿拉伯化（或称穆斯林化），古埃及神庙被清真寺所替代，本地宗教为伊斯兰教所“剿灭”；大量的阿拉伯人涌入埃及，已经经历多次融合的古埃及人又融化在阿拉伯人之中——此时中国中原处于唐朝初期。

古埃及文明、文化终于几乎彻底消失不见——除了今天尚能见到的大量石质建筑如金字塔、雕像、神庙等，以及帝王谷古墓、壁画、木乃伊和出土的无数文物之外。①

在古埃及文明发展历史中，至少6次被外族征服。征服者有来自亚洲的喜克索斯人、亚述人、波斯人，有来自非洲本地的利比亚人、努比亚人，有来自欧洲的古希腊人和古罗马人等，被外族统治时间累计竟达一千五六百年。而从公元前10世纪开始，古埃及人实际上已基本丧失了对国家的控制力。从公元前4世纪中叶开始，“地地道道”的古埃及文明其实就已经结束了。古埃及人独享自己文明的时间，即使从公元前3500年左右开始计，也不过二千五六百年。这样的文明发展历史实在令人感慨万千。

二、古西亚文明的“断续”发展

与古埃及文明发展史相比较，古西亚文明的发展更为“艰难”和复杂。

古西亚文明发生于东起伊朗高原，西至地中海东岸的并不十分辽阔的地区——大于古埃及文明区，但远小于中华文明区。其主要分为中部的幼发拉底和底格里斯两河流域地区，西部的地中海东岸和小亚细亚地区，以及东部的伊朗高原3个区域。主要包括今伊拉克（44.4万多平方公里）——两河流域地区；叙利亚（18.5万平方公里）、土耳其（78万多平方公里，其中亚洲部分占96.9%）、黎巴嫩、巴勒斯坦、以色列——西部地区；伊朗（164.5万平方公里）——东部地区等。

① 据说古埃及人的血脉流传下来了。传今天生活在埃及的科普特人，与古埃及人有一定血缘关系。科普特人占今埃及人口不到20%，属少数族，其宗教科普特教的信仰源于基督教。

由于民族众多——有些民族如古希腊人、古罗马人甚至来自西亚以外的地中海地区，因而越发显得这里地域相对狭小。而且，由于交通便利，各族迁徙往来频繁，交流广泛，战争频仍，加之各地、各民族发展进度不同，尤其缺少能统一本地区的力量——几个地跨欧、亚、非的大帝国都仅是昙花一现，因此古代西亚历史十分错综复杂，“你方唱罢我登场”现象频繁发生，“历史的过客”很多，发展尤为“艰难”。

（一）“断续”发展的两河流域古文明

古代西亚文明最初发生于两河流域的南部地区——巴比伦尼亚（位于今伊拉克境内）。

公元前 3000 年代初，苏美尔人（亦译成苏末人或苏马连人）相继在巴比伦尼亚南部的苏美尔地区建立若干奴隶制城邦，率先进入到文明时代。与此同时，阿卡德人来到苏美尔以北的阿卡德地区（即巴比伦尼亚北部）定居。约公元前 24 世纪中叶，苏美尔诸城邦的大部分被乌玛城邦所统一——此时中华文明也正走向成熟，并向中原地区聚拢。

公元前 24 世纪中叶，苏美尔人尚未完成统一之时，阿卡德人兴起，统一苏美尔和阿卡德地区（即巴比伦尼亚），建阿卡德王国。但约公元前 2200 年，阿卡德王国即被来自两河流域东面、伊朗高原西南部的古提人（亦称库提人或古丁人）所灭——阿卡德王国统治时期，中国中原神木石峁、襄汾陶寺两史前文明正处在鼎盛时期。

阿卡德王国灭亡后，古提人统治了巴比伦尼亚。在与古提人进行的几十年斗争中，苏美尔人又逐渐复兴起来。公元前 22 世纪末，苏美尔人建的乌尔第三王朝（约前 2113—约前 2006 年）统一苏美尔和阿卡德地区[①]——此时中国中原夏朝建立。

乌尔第三王朝是苏美尔人最辉煌的时刻，同时也是“回光返照”之时。公元前 21 世纪末，乌尔第三王朝遭到来自伊朗高原西南部的埃兰人和来自叙利亚

---

① 在乌尔第三王朝之前曾有过两个王朝，即乌尔第一王朝（约前 26 世纪早期—约前 25 世纪中期）和乌尔第二王朝（约前 25 世纪中期—约前 24 世纪晚期），都是城邦政权。

草原的阿摩利人东西两面夹击而灭亡。此后，苏美尔人逐渐与其他民族融合而消失在历史长河之中——此时中国中原文明才刚刚开始步入成熟期，实际上还很“青涩”。

乌尔第三王朝灭亡后不久，埃兰人被当地新出现的其他政权所击败，不得不退回到东方山地，而阿摩利人则在巴比伦尼亚留居下来。在此后长达两个多世纪的时间里，这里分裂为众多大小不一的城邦国家，不断发生征战和斗争——此时中国中原处在夏朝统治时期。

约公元前 1894 年，阿摩利人的一支以巴比伦①为都城，建立城邦国家。到第六代国王汉穆拉比（约前 1792—约前 1750 年在位）时，统一两河流域中下游地区，建成王国，史称古巴比伦王国（又称古巴比伦第一王朝）。

汉穆拉比还以颁布《汉穆拉比法典》而著名。该法典颁布于约公元前 1776 年，镌刻在一磨光的黑色玄武岩石柱上——形状近似圆锥体，高 2.25 米。石柱上端是汉穆拉比王站在太阳和正义之神沙马什面前接受象征王权的权标之浮雕——高 71 厘米，以显示君权神授，以及王权与该法典内容神圣不可侵犯；下端是用阿卡德楔形文字刻写的法典铭文，共 3500 行，282 条。1901 年，法国考古队发掘苏萨城址时发现该石柱，现存巴黎罗浮宫博物馆亚洲展览馆。《汉穆拉比法典》是迄今世界上保存最完整、时间最早的古代法典。

约公元前 1595 年，古巴比伦王国被赫梯王国所灭。古巴比伦王国时期相当于中国中原夏朝末期和商朝初期。

灭亡古巴比伦王国之后不久，赫梯人的势力退出两河流域地区。来自伊朗高原西部的加喜特人（亦称喀喜特人）占据巴比伦，建加喜特王朝（亦称巴比伦第三王朝②）。加喜特人在这里的统治从公元前 16 世纪一直延续到公元前 12 世纪中叶，达 400 年之久，是古代两河流域地区寿命最长的政权。加喜特王朝

① 巴比伦位于今伊拉克首都巴格达之南 85 公里处，在阿卡德语中意为“神之门”。据说城很大，有 100 座铜制城门，每座门宽 2 米、高 4 米，古希腊人荷马称之为“百门之都”。据古希腊学者希罗多德《历史》记载，巴比伦还有座“通天塔”，高 90 米左右。“巴比伦尼亚”即因巴比伦而得名。

② “巴比伦第二王朝”（约前 1372—约前 1460 年）系从巴比伦第一王朝分裂出的政权，曾占据两河流域南部地区，后被加喜特王朝所灭。

时期相当于中国中原的商朝时期。

公元前 16 世纪末，胡里特人建立的米坦尼（一译米丹尼）王国征服两河流域西北部地区。公元前 15 世纪末，米坦尼王国转衰，沦为赫梯王国的属国。公元前 13 世纪，米坦尼王国并入亚述版图。米坦尼王国时期相当于中国中原商朝统治中期。

约公元前 1157 年，加喜特王朝亡于埃兰王国——埃兰人重新崛起后的又一个强大政权。灭亡加喜特王朝后，埃兰王国占领两河流域东南部地区。埃兰国王将《汉穆拉比法典》石柱作为战利品从巴比伦城运回其首都苏萨（在今伊朗胡泽斯坦省），本打算在这个巨大的圆柱石碑正面刻上自己的丰功伟绩，但不知何故，在磨去一些文字之后，空白处并没刻上新字。

埃兰人攻占巴比伦后也没有滞留过久即退出。此后两河流域地区又一次陷于混乱之中，接连产生巴比伦第四到第九王朝。这种情况一直延续到公元前 8 世纪初。这时期相当于中国中原的商朝末期到西周末期。

公元前 8 世纪初，兴起于底格里斯河中游的亚述帝国占有了两河流域大部分地区，结束了这里长达 400 多年的混乱局面。

亚述起源于公元前 3000 年代末的亚述尔城邦国家，公元前 15 世纪后成为两河流域北部地区的强国，公元前 8 世纪后半叶建成东起伊朗高原、西临地中海沿岸的军事帝国，其首都在尼尼微（今伊拉克摩苏尔附近）①。

公元前 612 年，迦勒底人所建新巴比伦王国（亦称迦勒底王朝）和米提亚人所建米提亚王国联合攻陷尼尼微，亚述帝国瓦解，并于公元前 605 年彻底灭亡。亚述帝国时期相当于中国中原的西周末期到春秋中期。

新巴比伦王国建立于公元前 626 年，首都巴比伦，在尼布甲尼撒二世②（前

---

① 亚述首都尼尼微有一座著名的“巴尼拔图书馆”，号称“世界上第一个图书馆”——巴尼拔为亚述最后一位强有力的国王（约前 668—前 627 年在位。一说到约前 631 年）。19 世纪中叶，该图书馆自尼尼微王宫废墟中被发现，发掘出大量楔形文字泥版，据说有 3 万“册”图书。其中有《汉穆拉比法典》的全文，从而在一定程度上弥补了《汉穆拉比法典》石柱刻字被磨掉的遗憾，并使之成为迄今世界上保存最完整、时间最早的古代法典。

② 尼布甲尼撒二世还以为其娶自米提亚王国的爱妃安美依迪丝建造“空中花园”而著名。古希腊人认为该“空中花园”为当时所谓的“世界七大奇迹”之一。

604—前562年在位）统治时期最为强大，不仅占有两河流域南部地区，版图还扩张至叙利亚和巴勒斯坦。公元前538年，波斯帝国灭亡新巴比伦王国。新巴比伦王国时期相当于中国中原的春秋中期。

灭亡亚述后，米提亚王国占有两河流域北部地区。公元前550年，米提亚王国亡于波斯帝国。此时中国中原处于春秋后期。

波斯帝国灭亡新巴比伦王国和米提亚王国后，占有两河流域地区。波斯文化受两河流域文化影响很大，楔形文字一直使用到波斯人，并在长期使用中已经由象形、表意演进为表音，但这已经是两河流域文明最后的“余辉”。

波斯帝国是历史上第一个地跨欧、亚、非的大帝国。公元前331年，波斯势力被马其顿亚历山大驱逐出两河流域地区，从此古希腊罗马文明、文化越来越多地渗入两河流域文明、文化中。亚历山大帝国是第二个地跨欧、亚、非的大帝国。此时中国中原处于战国后期。

公元前323年，亚历山大死后帝国分裂。经过激烈争夺，公元前312年，亚历山大部将塞琉古一世所建的塞琉古王国（亦称塞琉西王国）统有两河流域地区。公元前190年，古罗马大败塞琉古王国的军队，塞琉古王国从此一蹶不振。此时中国中原处于战国后期到西汉初期。

公元前2世纪中叶，塞琉古王国失去对两河流域地区的控制后，这里出现了一些独立的国家，直到公元前2世纪后半叶安息帝国占据两河流域地区为止。公元前64年，古罗马灭塞琉古王国，逐渐进占两河流域西部地区，与安息展开争夺战，双方基本上势均力敌。古罗马是第三个地跨欧、亚、非的大帝国。此时中国中原处于西汉时期。

公元226年，萨珊波斯灭亡安息，占有两河流域东部地区——此时中国中原处于三国初期。

公元395年，罗马帝国分裂，东罗马帝国继续统治两河流域西部地区。东罗马帝国是第四个地跨欧、亚、非的大帝国。此时中国中原处于十六国时期。

公元7世纪初，阿拉伯帝国崛起于阿拉伯半岛，随即开始迅速对外扩张，很快将东罗马帝国和萨珊波斯势力逐出两河流域地区，并将此地迅速阿拉伯化（伊斯兰化）。阿拉伯帝国是第五个地跨欧、亚、非的大帝国，它彻底终结了两河流域古文明发展历史。此时中国中原处于唐朝初期。

（二）“断续”发展的地中海东岸和小亚细亚古文明

这一地区文明最早产生于公元前3000年代末，发生于地中海东岸的腓尼基[①]。

腓尼基是黎巴嫩山和地中海之间的一个狭长地带，约当今黎巴嫩和叙利亚的沿海地带。这里东连叙利亚，西临地中海，南邻巴勒斯坦，北接小亚细亚，战略位置极为重要，自古乃兵家必争之地。

公元前3000年代末，腓尼基出现一些城邦国家，文明产生。但令人奇怪的是，在此后的1000多年中，它们始终未能形成统一的政权，因而经常受到外部强大势力的侵扰和征服。如公元前2000年代中期，古埃及新王国势力扩展至此，控制了这些城邦；公元前15世纪末至前13世纪初，古埃及与赫梯王国争霸期间，它们又成为双方争夺的对象；公元前1200年左右，这些城邦再遭到“海上民族”腓力斯丁人[②]的入侵。之后，它们终于过上了一段稳定生活。但公元前8世纪以后，“苦日子”又来了，亚述帝国、新巴比伦王国的势力先后扩展至此。公元前6世纪，腓尼基终于被纳入波斯帝国版图。再以后，这里又附属于马其顿亚历山大帝国，直至“土著”文明彻底消亡。腓尼基文明时期相当于中国中原夏朝到战国中后期。

公元前2000年代，小亚细亚东部的赫梯和地中海东岸南部的巴勒斯坦也开始出现城邦国家。

赫梯兴起于今土耳其境内的卡帕多西亚高原。约公元前1840年，这里逐渐形成一些城邦，公元前17世纪建成统一的国家。公元前16世纪初，赫梯王国扩张至幼发拉底河上游地区。公元前15世纪末至前13世纪初，是赫梯王国最强盛时期，曾扩张至叙利亚、巴勒斯坦等地，并在这一带与古埃及新王国发生长期的激烈争夺。公元前13世纪末，赫梯王国遭到“海上民族”腓力斯丁人的入侵而分裂。公元前8世纪，残存的赫梯小国并入亚述帝国。赫梯时期相当于中国中原夏朝后期到商朝末期或西周初期。

---

① 一说腓尼基诸城邦出现于公元前2000年代初。

② 腓力斯丁人，又译“非利士人”或“菲力斯人”。地中海东南沿岸的古代居民，古埃及文献称之为“海上民族”。

目前所知，巴勒斯坦的最早土著居民是迦南人，他们在公元前3000年代即定居于此。公元前2000年代，迦南人进入文明时代。公元前16世纪后期，巴勒斯坦诸城邦被古埃及新王国所征服。在此后的200多年中，它们一直居于向古埃及纳贡的从属地位。约在同时期，游牧的哈卑路人（希伯来人的祖先）进入巴勒斯坦，并在长期的斗争中战胜迦南人，将此地据为己有。

希伯来人分为两大部落联盟，其中人数较多的以色列部落联盟住在巴勒斯坦北方，人数较少的犹太部落联盟住在巴勒斯坦南方。公元前1200年前后，“海上民族”腓力斯丁人侵入巴勒斯坦沿海地区——“巴勒斯坦”在希腊语中意即“腓力斯丁人之地”。在与腓力斯丁人的长期斗争中，希伯来人逐渐跨进文明时代，并于公元前10世纪初建立统一的以色列—犹太王国[①]。但以色列和犹太的统一并不巩固，约公元前935年以色列率先独立，于是巴勒斯坦分裂为北部的以色列王国（首都撒马利亚）和南部的犹太王国（首都耶路撒冷）。

公元前722年，亚述灭亡以色列王国。公元前586年，新巴比伦王国国王尼布甲尼撒二世攻陷耶路撒冷，灭亡犹太王国，他将俘虏的大批犹太人贵族、富人押回巴比伦。这些犹太人被称为“巴比伦之囚”，受到残酷的奴役，于是信奉一神耶和华和犹太国家将在耶和华神权下复兴的犹太教即在这一时期萌芽了。

公元前538年，波斯帝国灭亡新巴比伦王国后，将“巴比伦之囚”释放回巴勒斯坦。犹太人重建耶路撒冷，同时犹太教逐渐形成。

犹太人虽“复国”成功，但政治上永远失去了独立性。重建的犹太王国先附属于波斯帝国，公元前4世纪后半叶始又先后附属于马其顿亚历山大帝国、托勒密王国和塞琉西王国，公元前63年再并入古罗马。公元66年，犹太人民举行起义，反对古罗马人剥削压迫和本国统治者，遭到罗马帝国镇压。公元70年，耶路撒冷被古罗马军队攻陷，遭受严重破坏，大批犹太人被屠杀或卖为奴隶。[②]公元131年，犹太人民再次起义。公元135年，古罗马军队又攻陷耶路

---

① 以色列—犹太王国首任国王是大卫（约前1000—约前960年在位），在他率领下，希伯来人最终打败了腓力斯丁人。其子所罗门（约前960—约前930年在位）统治时期，王国臻于极盛。一说以色列—犹太王国建于约公元前1020年，分裂于所罗门死后不久。

② 公元73年，驻守在马萨达城堡已被罗马军队包围3年左右的近千名犹太人男女老幼，在城堡被罗马军队攻破前几乎全部自尽，留下永恒的“马萨达精神”（或称“永不陷落的马萨达精神”）。马萨达城堡遗址位于今以色列死海东岸一座陡峭的岩石山顶，已被列入世界文化遗产。

撒冷，并将耶路撒冷彻底毁坏，几十万犹太人被杀，幸存者多流徙异域。从此犹太人“彻底”失去自己的国家①，巴勒斯坦的“土著”古文明也“寿终正寝”。古希伯来文明时期相当于中国中原的西周中前期到东汉中后期。

罗马帝国分裂后，巴勒斯坦一直被东罗马帝国所统治。公元7世纪初，阿拉伯帝国兴起后，阿拉伯人开始不断移入此地，于是当地土著居民逐渐阿拉伯化（伊斯兰化），最终形成现代巴勒斯坦阿拉伯人。

（三）“断续”发展的伊朗高原古文明

伊朗高原最早的文明产生于公元前3000年代，最先发生于西南部的扎格罗斯山区（位于今伊朗胡泽斯坦省）。约在公元前2600年到约前2550年间，这里兴起埃兰政权。埃兰与两河流域苏美尔、阿卡德地区接触频繁，一度摧毁乌尔城邦。公元前21世纪末，埃兰人又与阿摩利人共同灭亡了乌尔第三王朝。公元前13世纪到前12世纪时，埃兰王国势力最盛，又灭亡了加喜特王朝。而在其他时间，埃兰王国则往往被两河流域强大政权所侵略或征服。所以埃兰人的势力总是在两河流域东南部与伊朗高原西南部之间来回伸缩。公元前7世纪中叶，埃兰王国终于被亚述帝国所灭亡。埃兰王国时期相当于中国中原的五帝时代中期到春秋前期。

继埃兰王国之后，伊朗高原西北部又兴起米提亚王国（约前8世纪建国）。公元前612年，米提亚王国与新巴比伦王国结成联盟，攻陷亚述首都尼尼微，并于公元前605年共同灭亡亚述帝国的残余力量。米提亚王国除占有两河流域北部地区外，还征服乌拉尔图（亚美尼亚），侵入小亚细亚，一度成为强大的国家。但时间不长，公元前550年，米提亚王国被波斯帝国灭亡。米提亚王国时期相当于中国中原的西周末年或春秋初期到春秋后期。

波斯帝国兴起于伊朗高原西部。公元前550年，国王居鲁士（亦称居鲁士

① 由于犹太人无论流落到哪里，无论在哪个国家生活，都基本上保持着对犹太教的信仰，因此其族群识别标志比较鲜明，一直到现代。1948年，以色列国根据极富争议的联合国决议在巴勒斯坦原“迦南”之一部建立，于是犹太人在1800多年后又有了自己的国家。但由于此地早已成为阿拉伯人生活的居地，因此自此阿拉伯人与犹太人的冲突不断。2023年10月始，巴勒斯坦阿拉伯人与以色列又一次陷于战火之中。至今，巴以冲突仍看不到和平的前景。

大帝，前 558—前 529 年在位）合并米提亚王国而建帝国，随后开始扩张：公元前 546 年侵入小亚细亚，灭亡吕底亚（今土耳其境内）；公元前 538 年攻陷巴比伦城，灭亡新巴比伦王国。居鲁士之子冈比西（前 529—前 522 年在位）则于公元前 525 年灭亡古埃及。随后大流士一世（前 522—前 486 年在位）夺取政权，统一全国，波斯帝国达到极盛。波斯帝国疆域最大时，东达印度河，西接爱琴海。

公元前 500 年，大流士一世发动希波战争，但次年以失败告终，受到很大打击。公元前 4 世纪以降，波斯帝国日趋衰落。公元前 330 年，波斯帝国被亚历山大灭亡。波斯帝国时期相当于中国中原春秋后期到战国后期。

亚历山大帝国分裂后，塞琉古王国占有小亚细亚大部分、叙利亚、巴勒斯坦、两河流域、伊朗高原大部分和中亚细亚一部分。但到公元前 2 世纪中叶，塞琉古王国领土仅能保留叙利亚一带，因此又被称为“叙利亚王国”——叙利亚王国通常被认为是中国史书中所称的“条支”。最终，叙利亚王国亡于古罗马。叙利亚王国时期相当于中国中原战国后期到西汉前期。

公元前 3 世纪中叶，位于伊朗高原东北部的安息（亦音译成帕提亚），从塞琉古王国统治下独立——安息原是波斯帝国的一个行省，后隶属于亚历山大帝国和塞琉古王国。独立后，安息迅速强大起来，曾打败过古罗马远征军。公元226年，安息为萨珊波斯所取代。安息存在时间相当于中国中原西汉到三国前期。[①]

萨珊波斯（226—651 年），亦称萨桑波斯、新波斯帝国。由于它辖有条支旧壤，所以在《魏书·西域传》中被称为“古条支国”。萨珊波斯存在的 400 多年时间，相当于中国中原从三国到唐朝初期。

公元 651 年，萨珊波斯亡于阿拉伯帝国，伊朗高原古文明历史至此结束，同时古西亚文明也彻底告终——公元 651 年为唐高宗永徽二年。

随着阿拉伯帝国的兴起，整个西亚被纳入阿拉伯帝国版图而被迅速阿拉伯化（伊斯兰化），这里的许多民族也融化在阿拉伯人之中。而有些民族甚至与阿拉伯人未曾谋面便早被其他族所同化。如古西亚文明最早的创造者苏美尔人早

① 公元 97 年，东汉西域都护班超遣甘英使古罗马（大秦），最终抵安息西边的条支而返，未能完成使命。一说条支即指安息。

在公元前两千年前后即已消失在历史长河之中了。

三、古次大陆文明及其近现代的“断续”发展

次大陆，亦称南亚次大陆，或印度次大陆、印度半岛。

古次大陆文明的早期历史是极其不清楚的，甚至到公元后几个世纪时，其一些历史仍难以搞清。据说，研究次大陆早期文明历史需要参考中国唐代高僧玄奘的《大唐西域记》[①]，而该书成书于唐太宗贞观二十年（646年），此时次大陆古文明史早已结束，已经进入到“中世纪”了。

次大陆早期文明历史之所以甚是不清，与其发展“艰难”，如从未出现统一政权且经常遭受外族入侵；宗教氛围过于浓厚，人们只热衷“编纂”神的事迹而忽视记载人的历史等因素密切相关。

最早记载次大陆历史的史学家是古希腊的希罗多德。希罗多德在其著名史学著作《历史》中，将印度河以东的广大地域称为“印度”，后来西方人沿用了这一名称。在中国史籍中，“二十四史”之首的《史记》称印度为“身毒”，《汉书》则称之为“天竺”等，以后《后汉书》《晋书》《魏书》《新唐书》《宋史》均沿称“天竺”，从玄奘《大唐西域记》始改译为“印度”。

“印度”也是一个地理名词，泛指以印度河流域为代表的整个次大陆地区。实际上，在古代，这块大陆上的各个国家、王朝或部落，没有一个自称为“印度”的。现而今的“印度共和国”虽沿袭了“印度”这一名称，但其只是次大陆上的一个国家而已，其印地语的本国名称则为“婆罗多”——取名于古代婆罗多族。

关于次大陆的最早居民，其人种至今还不能确断。一般认为，从公元前3000年代起，达罗毗荼人在次大陆占据重要地位。但关于达罗毗荼人的人种和

① 《大唐西域记》，又称《西域记》，分12卷，共10余万字，是由玄奘（602—664年）口述，其弟子辩机编撰的一部古代地理史籍。该书记载了唐初玄奘从都城长安（今陕西省西安市）出发西行游历西域的所见所闻，包括有两百多个国家和城邦，还有许多不同的民族。书中对西域各国、各民族的建筑、婚姻、丧葬、沐浴、生活方式、宗教信仰、治疗疾病和音乐舞蹈等方面都有较为详细的记载，是研究今印度、尼泊尔、巴基斯坦、孟加拉国、斯里兰卡等国古代历史地理的重要文献，极其珍贵。

来源等问题还未解决：有认为他们可能是次大陆的土著，有认为他们可能来自西亚。一般认为印度河流域的古城市文明就是达罗毗荼人创造的。

次大陆古文明“艰难”发展的历史可分为如下几个时期：

第一个时期即前已提到过的“哈拉巴文化”时期（约前 2300—约前 1750 年）——相当于中国中原五帝时代末期到夏朝时期。

约公元前 2300 年，达罗毗荼人在次大陆西北部印度河流域创造“哈拉巴文化”，由此次大陆进入到文明时代。但哈拉巴文化仅仅存在了五六百年，至约公元前 1750 年后就逐渐消失。[①] 更科学的说法则为：哈拉巴文化中心地区约为公元前 2300 年至约前 2000 年，在周边地区约为公元前 2200 年至约前 1700 年。

现代考古学者在印度河流域发现有百数十处城市和村落遗址，其中以哈拉巴（在今巴基斯坦旁遮普邦）和摩亨佐·达罗（在今巴基斯坦信德邦）两城市的规模最大，它们应是哈拉巴文化的文明中心。

第二个时期为“早期吠陀时代”（约前 1500—约前 900 年）[②]——相当于中国中原殷商朝前期到西周中期。

公元前 2000 年代中叶以后，来自中亚的雅利安人游牧部落一批一批地从西北部穿过兴都库什山脉而侵入次大陆，这个过程大约经历了几个世纪。[③] “雅利安”是这些入侵者的自称，在其圣书“吠陀”中的原意是“高贵者”，本不是民族名称——目前虽学术界有不少人认为是雅利安人灭亡了印度河流域古文明，但严格来说由于雅利安人进入次大陆北部与哈拉巴文化的灭亡之间存在一个至少两百年左右的间隔，因此灭亡哈拉巴文化的“凶手”到底是谁其实是目前难以说清的话题。

雅利安人入侵次大陆后，其活动范围最初主要在印度河上中游与恒河上游一带，即次大陆西北部地区（今巴基斯坦以及印度的西北部地区），在这里他

---

① 据《英国大百科全书》（1974 年版），Macropaedia，第 9 卷，第 339 页。

② 吠陀（原意为知识、学问）本为祭司们在祭神时所用的颂歌、经文和咒语的汇编，后成为雅利安人的“圣书”之名。作为圣书，共有 4 部。最古老的一部是《梨俱吠陀》，反映的是约公元前 1500 年到约前 900 年的时代，史称“早期吠陀时代”。另 3 部《沙摩吠陀》《耶柔吠陀》《阿闼婆吠陀》所反映的是约公元前 900 年到约前 600 年的时代，史称“后期吠陀时代”。

③ 雅利安人自中亚侵入次大陆也是一种假说，但为大多数学者所认可。也有认为雅利安人亦是次大陆土著。

们与土著居民展开激烈的斗争。雅利安人称一切土著居民为“达萨”，意即敌人。在雅利安人侵入的过程中，土著“达萨”或遭杀害，或被赶走，或被奴役。而雅利安人作为胜利者则占据了“达萨”的土地，同时摧毁了印度河流域古文明——本书认同和采纳这一说法，这样次大陆又重新回到了原始社会。

第三个时期为“后期吠陀时代”（约前900—约前600年）——相当于中国中原西周前期到春秋中期。

这时期，雅利安人由西向东、南两方面扩展，到达恒河下游和纳巴达河流域①，并进入铁器时代。与此同时，战争更加频繁，规模更大。战争不仅在雅利安人与土著人之间进行，而且也在雅利安人各部之间发生。因此，这时期的“达萨”中既有土著人也有雅利安人，这一称呼已不再像早期吠陀时代那样具有种族的意义了。频繁的战争，推动了奴隶制的成长，加速了国家的形成，并促动种姓制度的完全成形，于是雅利安人社会逐渐向城邦国家过渡，次大陆再进入到文明时代。同时，雅利安人也逐渐成为土著居民。

第四个时期为“列国时代”（约前6世纪—前4世纪）。由于佛教产生于此时期，故在史学上亦称为“早期佛教时代”——相当于中国中原春秋后期到战国后期。

在这时期初，即公元前517年，次大陆西北部印度河流域的犍陀罗（位于今巴基斯坦的白沙瓦及其毗连的阿富汗东部一带）被波斯帝国所占，当地居民受到外族统治。这是雅利安人成为土著后，次大陆第一次遭受外族入侵。此后，次大陆历史发展的重心转移到恒河流域。雅利安人在恒河流域地区建立了16个大国和迦毗罗卫等许多小国。

“佛祖”乔达摩·悉达多（一说约公元前624年生，一说公元前564年生）即出生于迦毗罗卫国（亦称释迦国）的蓝毗尼（位于今尼泊尔境内）。后来他被尊称为“释迦牟尼”，意即“释迦族的圣者”。

列国时代，各国之间不断发生战争，后来“十六国”中的摩揭陀（兴起于今印度东北部的比哈尔邦之南部）成为霸主，并在其难陀王朝统治时期（约前

---

① 纳巴达河，一译讷尔默达河，位于今印度中部，是恒河流域与次大陆西海岸间的要道，也是次大陆注入阿拉伯湾的最大河流。印度教徒认为它源自湿婆神的体内，是仅次于恒河的又一条“圣河”。

364—约前 324 年）逐渐统一次大陆北部（包括今巴基斯坦和印度北部等地）。

公元前 327 年，马其顿亚历山大率领希腊远征军侵入印度河流域，并很快征服了“五河流域”（位于今巴基斯坦中东部的旁遮普省，印度河的 5 条支流皆流经此地，故称）。亚历山大还想东进，但由于士兵厌战和难陀王朝的强大①，不得不于公元前 325 年撤回巴比伦。他撤离后，将被征服地区交还给两个傀儡管辖，另设总督和驻军监管。这是雅利安人成为土著后次大陆第二次遭受外族入侵。

第五个时期为孔雀帝国时代（约公元前 321—约公元前 187 年）——相当于中国中原战国后期到西汉前期。

亚历山大撤离后，次大陆北部到处发生反抗古希腊人统治的起义。其中最重要的领导者是旃陀罗笈多（约公元前 324—约公元前 300 年在位）②，最后他终于成功地驱逐了侵略者，并在推翻摩揭陀难陀王朝后，完全统一了次大陆北部。

据说旃陀罗笈多出身于一个养孔雀的家族，故史称其所建立的王朝为孔雀王朝，其帝国为孔雀帝国。③孔雀帝国建都华氏城（今印度比哈尔邦巴特那）。公元前 305 年，旃陀罗笈多还成功地抵御了塞琉古王国的入侵，这是次大陆古代历史中并不多见的“壮举”。塞琉古王国的入侵是古希腊人的第二次入侵，也是自雅利安人成为土著后次大陆遭到的第三次入侵。

孔雀王朝至旃陀罗笈多之孙阿育王在位时（约公元前 273—约公元前 236 年④），基本统一次大陆（除次大陆南端），占有北起喜马拉雅山南麓，南至迈索尔，东抵阿萨姆西界，西括兴都库什山的广大区域，含今阿富汗、巴基斯坦、印度等国，形成空前庞大的帝国，这也是次大陆历史上最强盛的政权。该王朝是次大陆历史上第一个将统治范围扩展至南部的政权，但仍未统一次大陆。

第六个时期为分裂和频遭入侵时期（约公元前 187 年—3 世纪）——相当于中国中原的西汉前期到西晋前期。

阿育王死后不久，孔雀帝国即开始分裂。公元前 3 世纪末，南方的羯陵伽、

① 据说亚历山大得到的消息说，难陀王朝有骑兵 2 万、步兵 20 万、战车 0.2 万、战象 0.3 万。

② 一说旃陀罗笈多于约公元前 321 年至约前 297 年在位。

③ 一说“孔雀”是从旃陀罗笈多的氏族名称演化来的。还一说“孔雀”为从其母名。

④ 一说阿育王于约公元前 268 年至约前 232 年在位。

安度罗从摩揭陀孔雀王朝统治下获得独立。约公元前 187 年，巽加王朝（约公元前 187—约公元前 75 年）灭亡孔雀帝国，但其领土缩至恒河中下游。约公元前 75 年，甘婆王朝（约公元前 75—公元前 30 年）灭亡巽加王朝，其辖境更小。约公元前30年，甘婆王朝为安度罗所灭。此后，次大陆东部的历史进入“盲区”，一直到 4 世纪。这样，有约 300 年的历史目前仍不清楚。

2 世纪中叶，羯陵伽国势强盛，曾远征摩揭陀、安度罗等国，后转衰——至 7 世纪初玄奘旅居印度时，羯陵伽人烟稀少，已呈荒凉景象。

约公元前 30 年，安度罗征服摩揭陀，取代甘婆王朝。1 世纪，其抵抗北方塞种人[①]入侵，又与贵霜帝国相争衡。2 世纪后半叶，安度罗最为强盛，成为德干高原[②]北部强国，但 3 世纪后国土分裂，逐渐衰落下去。

与此同时，一直到下一个时期和下下个时期，外族入侵次大陆至难以计数：先是公元前 3 世纪末至公元前 2 世纪初，立国于今阿富汗北部的大夏[③]侵入印度河流域，占据犍陀罗等地；继之，又有安息人入侵；另外，还有其他部族如塞种人的侵入等。1 世纪中叶，贵霜帝国占领次大陆北部大部分地区，直至恒河流域中游，并将首都迁至印度河流域的富楼沙（今巴基斯坦白沙瓦）。[④]好在到 2 世纪初时，贵霜帝国走向衰落。3 世纪时，贵霜帝国仅保有大夏、喀布尔河流域和次大陆西北部，并很快分裂为若干个小国。

---

① 塞种人，简称塞人，原是住在中国新疆伊犁河流域的游牧民族。约公元前 160 年前后，塞种人受大月氏人的驱赶，向南迁徙。他们通过兴都库什山脉开伯尔山口进入南亚次大陆，消灭了几个印度—希腊人王朝，建立了自己的统治。塞种人所建王朝除了占据北印度大部以外，还曾向西南到达今马哈拉施特拉邦西部地区。

② 德干高原位于印度半岛内陆，印度的南部，为印度半岛的主体，平均海拔 600 米，地势西高东低，北宽南窄，呈倒三角形从亚洲大陆向南伸入印度洋。

③ 大夏，一称巴克特里亚，也叫希腊 · 巴克特里亚王国。最初建于兴都库什山与阿姆河上游之间（今阿富汗北部）。本为波斯帝国的一个行省，后隶属于亚历山大帝国及塞琉古王国，公元前 3 世纪中叶独立。公元前 3 世纪末至公元 2 世纪初时国势最强盛，领有北起阿姆河上游，南达印度河流域的广大地区。约公元前 130 年，大月氏人据其国。继而又归附嚈哒（白匈奴）、突厥诸族。公元 8 世纪为阿拉伯人所并。

④ 贵霜帝国为中国古代史籍中的被匈奴和乌孙击败的大月氏所建立。大月氏西迁至阿姆河流域，征服了大夏。后南渡阿姆河，直接占据了大夏。约公元 1 世纪后半叶至约 2 世纪初叶，成为西起伊朗高原东部，东至恒河中游，北起花剌子模，南达温迪亚山、纳巴达河，横跨中亚细亚和次大陆西北部的大帝国。帝国中心从中亚转移到次大陆北部。曾是与罗马帝国、安息帝国、中国东汉王朝并驾齐驱的四大帝国之一。

第七个时期为次大陆古文明结束时期（4—6 世纪）——相当于中国中原十六国、东晋至南北朝前期。

公元 4 世纪，摩揭陀国笈多王朝（约 320 年—6 世纪中）兴起，很快占据次大陆大部，并降伏印度河流域的贵霜小王国，成为继孔雀王朝后次大陆第二个强盛王朝。该王朝是次大陆历史上第二个将统治范围扩展至南部的政权，但依旧未能统一次大陆南部。

在笈多王朝统治时期，次大陆奴隶制趋于解体，封建关系开始形成——中国东晋僧人法显曾在这时期旅居于此。

5 世纪中叶，中亚的嚈哒人（白匈奴人）占领大夏，并于 5 世纪末侵入印度河流域，彻底消灭了贵霜的残余势力，并压迫笈多王朝，致其分裂。567 年，嚈哒人政权亡于萨珊波斯。与此同时，笈多王朝至 6 世纪中叶也逐渐消亡。至此，次大陆古代文明时代终于结束。

以后，次大陆历史进入“中世纪史”。但为更深理解次大陆历史发展的“断续”，有必要了解其一直到现代的全部发展过程。

嚈哒人的统治结束后，次大陆北部地区再一次陷于诸政权分裂割据状态。7 世纪初，其中的曷利沙王国兴起，不仅基本统一次大陆北部，还扩张至中部，称为“曷利沙帝国”。其建立者“戒日王”曷利沙 · 伐弹那（也译喜增）与中国友好，玄奘旅居印度时曾和他晤见，唐太宗曾遣使赴曷利沙帝国。至 7 世纪中，曷利沙帝国逐渐解体，次大陆北部再度回到分裂状态。

8 世纪初，外族又一次入侵次大陆。这次来的是阿拉伯人，他们将伊斯兰文化带到了印度河流域，并将这里变成阿拉伯帝国（7—11 世纪）版图的一部分。①

阿拉伯帝国灭亡后，伊斯兰势力持续影响着次大陆印度河流域，有时甚至深入到恒河流域乃至次大陆南部：先是波斯人建立的萨法尔王朝（867—1002 年）② 趁阿拉伯帝国灭亡之机向南扩张，将印度河流域据为己有；10 世纪上半

① 阿拉伯伊斯兰文化对次大陆的影响是巨大的。现今巴基斯坦的 95%、孟加拉国的近 90%、印度的 12% 左右的居民信仰伊斯兰教。

② 萨伐尔王朝是阿拉伯帝国阿拔斯王朝（750—1055 年）时，波斯东部建立的伊斯兰割据王朝。

叶，又有来自阿拉伯半岛的卡尔马特人侵入此地，建立割据王国；从 10 世纪下半叶开始，信仰伊斯兰教的突厥人在中亚建立的加兹尼王朝（962—1186 年，建都于今阿富汗东部的加兹尼）多次出兵次大陆，造成严重破坏，并占领印度河中上游地区；12 世纪中叶，同样为突厥人建立的古尔王朝（1148—1215 年）[①]兴起，1186 年灭亡加兹尼王朝，并占据印度河流域；12 世纪末 13 世纪初，古尔王朝将势力扩展至恒河流域，占领了比哈尔和孟加拉地区，将整个次大陆北部置于自己的统治之下，但很快即分裂。随即，次大陆北部进入德里苏丹时期（1206—1526 年）。

德里苏丹是当时均建都于德里的 5 个伊斯兰王朝的统称，其统治者有突厥人，也有阿富汗人，均号苏丹。[②]其中第二个王朝卡尔奇王朝是 5 个王朝中最强盛的，曾几乎统治次大陆全部，是次大陆历史上第三个将统治范围扩展至南部的政权。另外，在第一个王朝马穆鲁克王朝统治期间，1221 年蒙古军队入侵，后虽因不适应气候而于 1224 年退出，但 1279 年蒙古人又卷土重来并致该王朝灭亡。第三个王朝图格拉克王朝末期，1398 年蒙古帖木儿帝国（1370 年—16 世纪初）攻入印度河流域，并一度占据德里，致图格拉克王朝统治崩溃，趋于衰亡。

与此同时，1336 年印度教徒在南印度所建立的维查耶纳伽尔政权也比较重要——16 世纪后半叶，其亡于伊斯兰教徒的进攻。

1526 年，帖木儿后裔建立莫卧儿帝国（1526—1857 年）。这仍是一个伊斯兰政权，最强盛时其疆域包括次大陆北部以及今阿富汗东隅。在莫卧儿帝国统治期间，比哈尔一度出现一个小割据政权——苏尔王朝（1538—1555 年）。

1600 年，给整个次大陆未来历史带来深刻影响和改变的英国殖民主义者乘船到来，并建立东印度公司。1757 年开始，次大陆逐渐沦为英国殖民地。1857 年，莫卧儿帝国末代君主被英国殖民当局放逐。随着英国殖民主义者统治的加

① 古尔王朝，中国史籍称郭耳国，亦译廓尔王朝，又称古尔苏丹国。突厥人在今阿富汗斯坦和次大陆北部所建立的伊斯兰王朝。初属加兹尼王朝，后推翻加兹尼王朝统治。

② 德里苏丹包括马穆鲁克王朝（1206—1290 年，由于其统治者均系奴隶出身，故亦称“奴隶王朝”）、卡尔奇王朝（1290—1321 年）、图格拉克王朝（1321—1414 年）、赛义德王朝（1414—1451 年）和巴赫马尼王朝（1347—1526 年，亦称巴曼王朝）。

深，英语逐渐地在次大陆流行起来，以致成为当今巴基斯坦、印度共和国、孟加拉国、尼泊尔、不丹的官方语言之一。

进入现代，1907 年、1918 年，不丹、锡金实现了某种程度的相对独立。1923 年，尼泊尔独立。1947 年，印度、巴基斯坦分治。1950 年，印度共和国成立。1956 年，巴基斯坦伊斯兰共和国成立。1971 年，孟加拉国脱离巴基斯坦独立。1975 年，印度吞并锡金。目前次大陆上有 5 个国家。

据称现代达罗毗荼人主要分布在印度南部，以及巴基斯坦和斯里兰卡，人口超过两亿，占印度人口的 25%——也有人认为他们不是古达罗毗荼人的直接后裔。

相比较起“早夭”的古埃及、古西亚、印度河流域古文明，雅利安人等次大陆居民创造的文明虽流传至今，甚至取得很高成就，如表达数字的 1、2、3、4、5、6、7、8、9、0 十个符号和定位计数的进位法等即是他们在人类数学史上的伟大贡献，但其西北部乃至北部不断遭到外族入侵的历史——入侵者有波斯人、希腊人、大夏人、安息人、塞种人、大月氏人、嚈哒人（白匈奴人）、阿拉伯人、卡尔马特人、突厥人、阿富汗人、蒙古人等，及至英国人占领次大陆全境，无疑会使其文明的发展在经历诸多苦难的同时被掺杂进大量外来因素——至今人们通常把十个数字符号说成“阿拉伯数字”，应该就是次大陆文明曾历经的苦难在现实中的体现之一。

第三节　古埃及、古西亚及古次大陆文明“断续”发展和早夭的原因

古埃及、古西亚和以印度河流域古文明为首的古次大陆文明这“三大文明古国”，之所以“断续”发展，甚至早夭，其共同的最主要的客观原因为：一是它们所处的地理环境无法对其文明提供强有力的保护——尽管它们的产生和在一定时期内的发展均得益于这块土地；二是在它们周边不时兴起强大的敌对文明，致使它们经历一次又一次的强敌入侵，并最终遭致灭亡；三是此“三大文

明古国”相距较近，甚至可以说是几乎完全连接在一起的，且相互之间的交通没有太大阻碍，有些地方还甚为便利，因而相互“伤害”起来也更加容易，直至“同归于尽”；四是相对于中华文明而言，它们的地理空间狭小，致使其古文明发展的终极实力有限，即使通过扩张战争而产生出的一个又一个帝国能延长一定时间的“寿命”，但一方面军事扩张本就是一把“双面刃”，最终伤害的其实还是“舞剑者”自身；另一方面军事征服难以达成政治上的统一共识，因此所有的帝国都只能是昙花一现，最终一个接着一个地走向了覆灭；五是后起的地中海古希腊罗马文明的“搅局”——古希腊远征军甚至侵入印度河下游地区，古罗马远征军也抵达今叙利亚，因此推动了此“三大文明古国”的早夭。而最主要的主观原因则是，此“三大文明古国”自身无法保持“永恒”的强大——实际上诸多地域环境的不利因素决定了此“三大文明古国”，甚至包括古希腊罗马文明，不大可能保持“永恒”的强大。

古埃及、古西亚及古次大陆文明之所以发展艰难甚至早夭的各自原因分述于下。

一、古埃及文明不断遭受外族入侵及其早夭的原因

其实，古埃及文明所处的地域环境，在最初的一千多年时间里不仅保护了其文明的发展与强大，甚至让古埃及人引以为傲，充满了自豪感。

因为，沿尼罗河而兴起的古埃及文明，最初是在一个相对封闭的地域环境中起源、发展、强大的。其东边是直达红海边的阿拉伯沙漠，亦称东部沙漠，间或有若干绿洲，但人烟稀少；西边是利比亚沙漠，位于世界上最大沙漠——撒哈拉沙漠东北部的一自南向北倾斜的高原上，包括今埃及中、西部和利比亚东部，在其西北自古生活着利比亚人——有些则生活在沙漠绿洲上；南面是努比亚沙漠、大瀑布和高原，这里生活着努比亚人；北面是尼罗河三角洲大面积的沼泽地，一直延伸到地中海边。这样，沙漠、沼泽、高原、海洋等地理限隔，阻碍了外族、外来文明的入侵或干扰，使得古埃及人在这一范围内“自娱自乐”地生活了 1000 多年。除了这一“优越”的地域环境外，再一“良好的”客观因素则是，在这 1000 多年中，古埃及文明周边一直没有其他强族兴起，因此即使

古埃及文明处于分裂的第一中间期时也能“平安无事”。当然尼罗河丰厚的“恩赐”——自然界对古埃及人超乎寻常的“厚待”，更是最不该忘却的。

古埃及人在其文明发展的最初1000多年间，之所以能过上“甜美”的“平静生活”的最主要的主观原因，则是古埃及人在这一区域率先进入文明时代，并保持了1000多年的发展强大。不仅如此，在此期间古埃及人并未安心于此地“富庶”的生活，他们还拥有一颗扩张的“心”，曾突破这一范围，远征南方的努比亚，甚至侵犯过东北面属于西亚的西奈半岛、巴勒斯坦、叙利亚等地——自埃及通过西奈半岛可直达两河流域。

这样的主客观原因不仅使得古埃及文明自美尼斯（或纳尔迈）统一以后，一直在这一相对封闭的环境中自我发展和自行政权更替，而且还能“欺负”别人，以展示自己的文明领先性。尤为重要的是，文明的领先与辉煌的成就让古埃及人天生即具有高人一等的优越感。如在古埃及语中，“人类”仅指古埃及人自己，而用“卑鄙的努比亚人”和“可耻的亚洲人”等称呼其他民族。同时，古埃及人还普遍形成一种乐观自信的安全感，认为自己的国家是神圣而不可能被侵犯的。

殊不知，埃及所处的恰在欧、亚、非三洲连接点上的地理位置，本就是所谓的“四战之地”，很容易遭到四面进攻。更要命的是，古埃及文明安全所依仗的地域环境其实几乎是“开放式”的：全境大都是海拔100—700米的低高原；沙漠中虽然有一些低矮的石头山，但大多只有二三百米高，而且方圆面积不大，相互之间并不相连，更不绵延，因而形不成天然阻碍；西奈半岛虽有丘陵山地，但海拔不高，可以轻易通行，这里的河流在枯水期时更形不成交通阻碍，因而这里成为从西亚通到北非——尤其通到紧挨西亚、位于非洲东北角的埃及之通途；北面的地中海不仅不是那种让人“望洋兴叹”的恐怖大洋，而且在很早的时候就成为地中海周边民族——尤其地中海中、东部沿海和海岛居民前来埃及的捷径；西边的利比亚沙漠虽然最为广大，但不仅间或出现的绿洲之间有可达埃及的道路相通，而且沿地中海南缘海滨更有平坦的道路沟通利比亚和尼罗河三角洲……所以，古埃及文明所处的地域环境可以用“几乎一马平川，无险可守”来形容。加之，古埃及文明生存、发展的区域只是沿尼罗河谷的一个狭长地带——从第一瀑布到三角洲南北长七八百公里、宽度一般仅15—25公里的区域，因而缺少战略纵深和军事回旋余地，一旦遇有强敌入侵，根本无处可遁，很容易遭到灭顶之灾——或老老实实地归顺投降。

史实也的确如此，除东面濒临红海的阿拉伯沙漠由于几乎没有人烟而从未有外族由此入侵外，古埃及文明区域的其他几面都曾遭到进攻，并屡屡失守。因此古埃及人最初的优越感和安全感仅仅持续了一千五六百年，其“美梦”便在公元前 17 世纪上半叶随着喜克索斯人统治的建立而破灭了。古埃及人虽因拒绝接受和十分厌恶喜克索斯人的残暴统治而继续保持了心理上的优越感，但喜克索斯人的入侵却实实在在地摧毁了古埃及人古老的安全感——这是无法通过主观努力即能消除的心理阴影。有鉴于此，驱赶走喜克索斯人之后，新王国时期的古埃及人便开始了长期的大规模的扩张战争，企图以空间的扩展而获得更好的安全感。但问题是，时代变了，当古埃及王朝通过扩张战争而“成长”为军事帝国时，周边其他强大文明亦已兴起。于是，扩张战争成为一把“双刃剑”，既能伤害别人，亦会伤害自己；既能将战火燃烧到他人土地之上，亦能引狼入室，而使自己成为强敌砧板上任人宰割的一块肉。

新王国时期之后，当古埃及文明无可避免地趋于衰落时，其地域环境的劣势即全面显现出来。于是，利比亚人越过利比亚沙漠从西边侵入[①]，亚述人、波斯人等自西奈半岛从东北边侵入，努比亚人自南边侵入[②]，古希腊人和古罗马人跨越地中海自北边侵入等。最终阿拉伯人自西奈半岛侵入，彻底抹杀了本已所剩无几的古埃及残余文明。

二、古西亚文明不断被“打扰”及其早夭的原因

先说最先发生文明的两河流域南部地区——即下游的巴比伦尼亚。这里地势低平，两河相距较近，适合利用两河之水种植农作物，发展农业生产，但一是处于干旱地带，必须较多地利用两河进行灌溉才行；二是两河上游雨雪量变化较大，极不稳定，在下游易于形成水灾，因此必须先修筑排水、灌溉设施才

① 早在新王国时期，利比亚人即不断对古埃及发动战争，并大量渗透进三角洲等地，这为以后利比亚舍易斯时期的到来埋下了伏笔。

② 新王国时期，古埃及人甚至将南部边界扩展到尼罗河第四瀑布以远，深入努比亚人境内。

能开发和利用这里的土地和在此定居下来——正因为修筑完备的排水、灌溉设施，才促成文明在此率先产生。但这样的地域环境显然无法对其文明提供强有力的保护，加之地域面积有限，即使出现统一政权也国力有限，尤其不能保持“永恒”强大，因此一旦周边有强敌兴起而其自身又处于衰落状态，建于巴比伦尼亚的古文明政权便一个个走向覆灭，以致统治时间最长的政权也不过400年左右而已。

再说两河流域北部地区，即上游的亚述地区。这里虽然河岸高起，两河相去甚远，且自然环境优良，气候四季分明，降水量较南部的下游地区稍多，尤其这一地区河流、小溪、水井密布，因此形成不需要进行人工灌溉的农业区——包括河谷地带和丘陵山坡地带等，但同样缺少地域环境保护的客观因素，使亚述地区一样易遭受外敌的入侵和征服。阿卡德人的阿卡德王国、苏美人的乌尔第三王朝、阿摩利人的古巴比伦王国、胡里安人的米坦尼王国等都曾征服过这里，后来其西面生活在今叙利亚一带的阿拉美亚人也曾入侵这里。直到周边强敌全都趋于衰落之后，长期生活在此地的亚述人才终于崛起并建立亚述帝国——最强大时其疆域包括全部两河流域、埃兰、叙利亚、巴勒斯坦以及古埃及北部，但也只强大了100余年，亚述帝国即告终结。此后，亚述地区先后沦陷于波斯帝国、马其顿亚历山大帝国、塞琉古王国、安息帝国、古罗马帝国、东罗马帝国、阿拉伯帝国等政权之手——而这些帝国的统治在此地也依旧不能持久。

相比起两河流域几乎一马平川、无险可守的地域环境，位于小亚细亚东部的赫梯可谓有险可依。其兴起于哈里斯河（今科泽尔河）中游一带，这里是一个四面多山的高原地区。借此相对优越的环境，赫梯曾进攻米坦尼王国，并致其衰落；还曾远征巴比伦，灭亡古巴比伦王国；与古埃及在叙利亚、巴勒斯坦长期争夺。但具有较有利地域环境的赫梯国家，同样因为地域空间有限而使其国力上升空间有限，因而不能保持“永恒”的强大，最后竟在海上民族入侵的打击下分裂而趋向消亡。

至于腓尼基、巴勒斯坦，还包括叙利亚，不仅都处于“四战之地”，而且地域面积都不大，又处于东西交通的要道之上，是有史以来最著名的兵家必争之地，致使这里的古文明始终强大不起来。加之，缺少团结统一的文化基因，政权林立，因而经常受到外来文明的征服。实际上，它们连自主独立都难，就更别说持之以恒地发展下去了。

伊朗高原是古西亚文明地区看上去最有利于文明发展的地域环境。伊朗高原面积约270万平方公里，海拔一般在900—1500米之间，虽不是很高，但周围被一系列雄伟的高山所包围，最高的山峰海拔5000多米，高原中央是辽阔的内陆盆地（平原）。这样的地域环境使得在很长时间里此地产生的各古文明——甚至在原始“军事民主制”时期，就能经常可以居高临下骚扰或毁灭周边其他文明，尤其紧邻的两河流域地区更是“深受其害”。而伊朗高原上产生的各古文明除来自本地其他古文明的威胁外，面对异域文明始终可以“高枕无忧”。不仅如此，向西，波斯帝国的远征军甚至远征至希腊半岛；向东南，雅利安人、波斯人冲入了南亚次大陆。

但问题是，伊朗高原周边这些也算“高耸入云”的高山并非是“密不透风”的，而只是相对封闭，上下高原不仅有多条通道可以穿山而过，而且交通非常便利——即使有的山谷极其狭窄。尤其大流士一世于公元前5世纪筑成由波斯波利斯[①]经苏萨直通两河流域和今土耳其一带的“波斯御道”（亦称“王室大道”）后，出入伊朗高原就更不是什么难事了[②]。马其顿亚历山大远征军，以及后来的阿拉伯军队，都没怎么大费周章即攻上伊朗高原，灭亡了这里的前后两个波斯政权，其“功劳”就有波斯御道的“份儿”——这条大道为它们的进军提供了不少便利。不仅如此，古希腊人和阿拉伯人甚至越过伊朗高原，将势力扩展至中亚和南亚次大陆的北部，由此更凸显出伊朗高原的交通枢纽地位，而非是地理的阻隔。

所以，古西亚涌现出的诸多文明政权，包括周边扩张到此的其他古文明政权，均不能在此地域环境中长久地保持强大和领先。一旦巅峰过去，内部不团

---

① 波斯波利斯位于今伊朗扎格罗斯山区的一盆地中，建于大流士时。希腊人称之为“波斯波利斯”，意思是“波斯之都”。波斯人称之为“塔赫特贾姆希德”，意即“贾姆希德御座”——贾姆希德是古代波斯神话中王的名字。

② 19世纪上半叶，亚述学之父、英国人亨利·罗林逊曾以东印度公司军队少校的身份赴波斯驻扎。他曾到巴基斯坦纳（时称比希斯顿村）研究大流士一世下令用波斯语、苏美尔语和苏萨方言3种语言镌刻在当地一陡峭双峰大山岩壁上的铭文，并成功破译了苏美尔文（亦称古巴比伦语、亚述语）。在这座山的山脚下，即是波斯御道所经之处。

结的隙缝立即扩大，外敌紧跟着就会入侵，然后该古文明政权迅即灭亡。这一定律不断被一个又一个的这里的古文明政权所“实践”。如强大的亚述帝国从极盛到灭亡不过五十几年，而第一个地跨欧、亚、非的波斯帝国从建立到灭亡也只有整整 220 年，等等。最终，这里所有的古文明政权、所有的帝国都成为历史的“匆匆过客”，永远退出了历史舞台。

三、次大陆最古老文明早夭及次大陆不断遭外族入侵的原因

首先，谈客观原因。

实际上，在古埃及、古西亚、古次大陆这“三大文明古国”的生存环境中，古次大陆文明发生、发展的地域环境是最为优越的。古埃及、古西亚文明都生长于“开放式”的地域环境中，而次大陆则是一面为山、三面环海的“封闭式”地域环境。

次大陆的北部是印度河—恒河平原——次大陆的核心区域，世界上最早的人类文明发祥地之一，次大陆历史上重大事变的主要“舞台”，其被呈三角形的山脉所包裹着：西北，自北向南分别是兴都库什山脉、苏莱曼山脉和吉尔特尔山脉（亦称基尔塔尔山脉）等；东北，为喜马拉雅山脉——印度河和恒河都发源于此；南边温德亚山脉——其北为北印度、南为南印度。

次大陆的南部——即南印度，是伸入印度洋的一个大半岛。其东面是印度洋属湾——孟加拉湾，西面是印度洋属海——阿拉伯海，南面是印度洋。半岛的中间是不太高耸的德干高原——自然条件较差，但沿海则是平原地区——气候良好，适宜农耕。

表面上看，这种一面为山、三面环海的地域环境将次大陆“包裹”得严严实实，尤其西北各山脉为伊朗高原的东缘、东北的喜马拉雅山脉则是青藏高原的西南缘，显得封闭性十足。但前已述，即使是高耸入云的喜马拉雅山脉上也有不少从青藏高原通往次大陆的山谷，而伊朗高原则更是自地中海、西亚通往南亚的交通枢纽，其东缘的这些山脉同样拥有众多的穿山峡谷。正是这些峡谷，打破了次大陆的地理封闭性。

从伊朗高原向东通往次大陆有两条最主要的天然通道：一条被后人称为“兴

都库什山道”，即经由位于阿姆河中游平原地带的今阿富汗昆都士（平均海拔391米）[①]向南，过今阿富汗巴格兰（平均海拔528米）[②]，穿兴都库什山脉主脊的萨朗山口（最高海拔3660米）——兴都库什山脉（平均海拔约5000米）在这里兀然中陷而形成一条平坦的通道，然后到今阿富汗首都喀布尔（平均海拔1800米），再向东经今阿富汗贾拉拉巴德（平均海拔590米）[③]，最后穿过著名的开伯尔山口（最高海拔1067米）[④]，就可从今巴基斯坦北部进入印度河平原北部——开伯尔山口东距今巴基斯坦白沙瓦（平均海拔284米）[⑤]仅16公里。历史上穿过该山口而进入次大陆的有雅利安人、波斯人、古希腊人、突厥人、蒙古人、阿富汗人等。

另一条最主要通道在“兴都库什山道”之南，可称“兴都库什山南缘道”，即经由今阿富汗赫拉特（平均海拔约920米）[⑥]，先沿兴都库什山脉西麓南行至今阿富汗法拉（平均海拔750米）[⑦]，再沿兴都库什山脉南麓向东南，经今阿富汗坎大哈（平均海拔1000米）[⑧]，然后行120公里，穿苏莱曼山脉与吉尔特尔山脉中部交接处的波伦山口（最高海拔4000米）[⑨]，即可从今巴基斯坦中南部进入印度河平原。这条道路相对平坦，几乎无险阻——其前半程在兴都库什山脉南缘与

① 昆都士为阿富汗北部城市，昆都士省首府，位于喷赤河左岸支流昆都士河谷中。

② 巴格兰为阿富汗北部城市，巴格兰省省会，位于兴都库什山脉北侧山谷中，傍昆都士河。

③ 贾拉拉巴德，一译贾拉勒阿巴德，阿富汗斯坦东部城市，为楠格哈尔省省会，在喀布尔以东130公里，傍喀布尔河。

④ 开伯尔山口在巴基斯坦与阿富汗之间，为兴都库什山脉最大和最重要的山口。这里冬不封山，终年可通行。通过山口穿行开伯尔山的道路，是历史上连接南亚次大陆与西亚、中亚的最重要通道。山口由发源于开伯尔山的两条小河的河谷组成，西北—东南走向，全长53公里，最窄处不超过600米，两侧山高60—90米。隘道最高点兰迪科塔尔堡垒，海拔1067米。山口具有战略重要性，经历过许多历史事件。

⑤ 白沙瓦为巴基斯坦西北边境省首府，历史上曾为贵霜帝国的首都。

⑥ 赫拉特为阿富汗第三大城市，赫拉特省省会，位于喀布尔西约600公里处、哈里河中游右岸。

⑦ 法拉为阿富汗西部城市，法拉省省会，位于法拉河绿洲中。

⑧ 坎大哈为阿富汗第二大城市，坎大哈省省会。位于勒齐斯坦沙漠东北端的绿洲上，是阿富汗南部主要商业中心和交通重镇。自古有道路向北可通喀布尔，向西经赫拉特可上伊朗高原，向东可通今巴基斯坦。

⑨ 波仑山口位于今巴基斯坦境内，西距阿富汗120公里。

勒齐斯坦沙漠[①]北缘之间，后半程在并不十分险峻的苏莱曼山脉和吉尔特尔山脉上。历史上穿过该山口而进入次大陆的有波斯人、阿富汗人和阿拉伯人等——亚历山大率领的古希腊远征军陆军则经由此山口而退出次大陆。除波伦山口外，苏莱曼山脉和吉尔特尔山脉上还有众多易于通行可由中亚抵达次大陆的山口。

由于绵延广大的兴都库什山脉、苏莱曼山脉、吉尔特尔山脉上洞开着众多“缺口”，因此使得古次大陆文明与中亚、西亚甚至与北非、地中海古文明都能相通，相互之间在很早的时候就发生了交通往来。而来自中亚、西亚甚至地中海的强族在向东扩张时，由于无法翻越高高的帕米尔高原和天山山脉，于是便很自然地走捷径南下前往早有耳闻的富庶的印度河流域。强敌一次一次地毫不费劲地侵入次大陆，造成古次大陆文明发展之艰难也就没有什么好奇怪的了。

其次，再谈主观原因，即次大陆各古文明政权为什么不派军驻守开伯尔山口等通山隘口，以阻止外族势力侵入？

第一，次大陆最古老文明，即印度河流域古文明（哈拉巴文化），自发生以后，在数百年发展历史中，未曾经历过外族大规模入侵，因而人们自然而然地便将主要精力都放在了文明建设上，而缺少整体的防护意识，更不会从战略高度看待开伯尔山口、波伦山口等山中通道对自己文明存亡的意义——也许到灭亡时都未能意识到。种种迹象表明，哈拉巴文化不是一个强有力的文明集团，虽然有政治、经济中心城市，如哈拉巴和摩亨佐·达罗，但没有强权政府的存在，各文明据点呈分散状，政治文明尚不发达，因此难得有全局观和战略观。

第二，以雅利安人为主而建立的重起的次大陆古文明，又长期处于分裂状态，因而同样缺少全区域政治整体意识。实际上，各政权的主要心思在于互相防范——眼前众多敌对政权的威胁都难以消除，从次大陆以外侵入进什么人来自然就不是他们所能有心关注的了。而且文明重心移至恒河流域后，距开伯尔等山口更加遥远，“各怀鬼胎”、各自为战的各个割据政权关注这几个山口更无意义。

第三，次大陆偶尔出现的几个强大政权，如孔雀王朝、莫卧儿帝国等，其西部疆域跨越兴都库什山脉等，这些山口位于帝国境内，因此更无派兵驻守以

① 勒齐斯坦沙漠位于阿富汗、巴基斯坦和伊朗之间。

阻遏交通的必要。同样，那些疆域横跨这里的占据北印度的诸割据政权，它们更关心的是这几个山口的通行问题，而不是驻防军队以卡住交通往来的问题。

另外，还有两个非常重要的客观原因：一是这里的山口众多，防不胜防；二是即使设立关隘，派兵驻守，但山谷两边的山脊并非险峻到让敌军无法绕到关隘背后的程度。

正是由于主观意识不到，能力更加不足，客观条件不允许，因此造成北印度西北和东北的众多山脉上的山谷、山口始终是“开放性”的，平时的贸易往来畅通无阻，而过几十年或上百年冲入一群张牙舞爪的外族军队在北印度横行一时的事情同样屡屡发生，禁绝不了。其实，对此次大陆上的古代居民早已习以为常，“坦然处之”了。

第九章 中华文明特征之四——团结统一

本章导读

团结统一之所以成为中华文明特征之一，是因为从历史上看，中华文明所具有的强大的民族凝聚力是世界上任何其他古文明甚至包括一些现代国家都无法比拟的。一部中华文明史其实就是一部中国各地区和各民族走向越来越团结统一的历史，就是中华民族团结统一的意识和理念不断强化以致成为民族灵魂之一部分的历史。时至今日，中华民族团结统一的意识和理念更为坚实、更为坚定，因之中国人对团结统一的追求是任何以中华民族为敌的势力所无法阻挡的，中华文明的团结统一局面则更是谁也破坏不了的。

决定中华民族必定产生团结统一的文化心理并形成文化传统，且最终团结统一起来的最根本的客观因素，是中华文明所处的地域环境实在是太独特了。它不仅决定中华文明自一产生就具有团结统一的趋势，而且决定中华民族一旦团结统一起来就不会再分裂——即使出现短时期的政治分裂，即所谓的“天下大势，合久必分，分久必合”，但在文化上不会出现分裂。这几乎就是中华文明的“独门绝技”，并不是谁想学就能学到手学到家的。

黄河中下游地区不仅是中国最早的农业垦区之一，而且农业垦区面积最大，人口最为众多，农耕经济持续发展时间最为悠久也最为成熟，无人能比；黄河中下游地区不仅是中国最早产生文明的地区之一，而且文明持续发展，未曾间断，并最长时间保持着领先地位，亦无人可比；黄河中下游地区不仅是最早产生小农经济的地方，而且小农经济的模式最为典型、发展的规模最为庞大，同样无人能及。因此，基于以上三点，黄河中下游地区文明——即中原文明，最渴望统一局面的实现与保持。

中华各区域的团结统一，以及中华各民族的团结统一，都有着一个长期的过程，都有着一个由局部发展到全部的过程，都有着一个逐渐化解各方矛盾的过程——此过程也是“上下五千多年”的。由于时间久长，更重要的是中原文明、汉族民众所具有的胸怀、善良、热情和包容，以及其长期具有的周边区域及其他民族所一直未能超越的文明高度，并由此而产生的难以抵挡的无穷魅力，因而在逐渐化解各方矛盾的同时，逐渐地将中华各区域、各民族团结统一在自己身边，最终在中华人民共和国的国旗之下实现世所罕见的团结统一。

各地区文明天然具有向中原地区聚拢的总的趋向，还因为除上述文明萌芽发生地区以外的其他地区，自然环境更不利于脆弱的文明萌芽成长，因而向中原地区聚拢应该是那个时代的不二选择。而中原地区各种天然的地域环境优势，不仅使得这里成为中华文明萌芽产生的“温床”之一，而且相比较而言还是最佳“温床”。不仅如此，从其保护文明萌芽的生长，使中华文明的萌芽最终得以茁壮成长来看，中原地区还是名副其实的文明萌芽的“保育箱”。当其他地区文明萌芽在其发生地消失而向中原地区聚拢后，中华文明的萌芽在中原地区这个“保育箱”里顺利地渡过了“危险期”，以致从此再无任何力量能够灭亡中原文明和中华文明。

秦汉以后中国各地区各民族的团结统一局面继续发展和扩大：三国时，公元 230 年，孙吴派兵船到达夷洲（今台湾），从此“开辟”了台湾同大陆之间的往来历史——其实早在距今六七千年的新石器时代，大陆与台湾就已有交通往来；隋朝时又派兵到流求（今台湾），进一步巩固台湾与大陆的关系；唐朝时，蒙古高原以北地区纳入中国版图，西部疆域则跨出葱岭（今帕米尔高原、喀喇昆仑山）以外；宋朝时，流求（今台湾）正式纳入中原政权的行政管辖；元朝时，西藏地区正式纳入中原政权的行政管辖；明清时，不仅巩固了中原政权与西藏的关系，而且彻底解决了中原政权与蒙古族活动地区的不和谐关系，还巩固了对新疆、台湾、东北等边疆地区的控制，今中华人民共和国各地区各民族的团结统一局面在彼时基本确定下来。

引 言

团结统一之所以成为中华文明特征之一，是因为从历史上看，中华文明所具有的强大的民族凝聚力是世界上任何其他古文明甚至包括一些现代国家都无法比拟的。一部中华文明史其实就是一部中国各地区和各民族走向越来越团结统一的历史，就是中华民族团结统一的意识和理念不断强化以致成为民族灵魂之一部分的历史。时至今日，中华民族团结统一的意识和理念更为坚实、更为坚定，因之中国人对团结统一的追求是任何以中华民族为敌的势力所无法阻挡的，中华文明的团结统一局面则更是谁也破坏不了的。

因此，本书将团结统一作为中华文明的第四个基本的宏观特征。同样，它亦成为中国人的民族自豪感、文化自信心和爱国主义思想的又一个基本出发点。

据说俄罗斯现任总统普京曾抱怨以列宁为首的布尔什维克早期革命家们，称由于他们采取加盟共和国体制和实行地方自治，从而导致苏维埃社会主义共和国联盟的解体，并使得俄罗斯不得不接受加盟共和国纷纷独立而去的结果；认为苏联这种体制是造成国家分裂的“核弹”“定时炸弹”。[①]

① 苏联由 15 个加盟共和国所组成，成立于 1922 年 12 月 30 日，1991 年 12 月 25 日解体。其 15 个加盟共和国分别是：俄罗斯、乌克兰、白俄罗斯、哈萨克斯坦、乌兹别克斯坦、吉尔吉斯斯坦、土库曼斯坦、塔吉克斯坦、阿塞拜疆、格鲁吉亚、亚美尼亚、立陶宛、爱沙尼亚、拉脱维亚和摩尔多瓦。但有些加盟共和国加入苏联并非是自愿的；有些加盟共和国的主体民族则在历史上曾与俄罗斯族对抗非常激烈，有些古老民族之间势不两立的矛盾甚至超过千年。而“二战”前及“二战”期间，苏联政府的一些做法又加剧了民族分裂情绪。如吞并波罗的海三国——立陶宛、爱沙尼亚、拉脱维亚，造成三国民众民族情感深受伤害以及民族行为的分裂，其一部分人投靠纳粹德国，一部分人则加入苏联红军，在战争中发生民族自相残杀的惨剧，并产生在强族暴力统治之下弱小民族难以自主自己命运的强烈不安和不满，其不良影响存在于整个苏联时期，直至苏联分崩离析。至今有些曾经的苏联加盟共和国对此仍耿耿于怀，视苏联和其“继承者”俄罗斯为寇仇。

殊不知，以列宁为首的布尔什维克早期革命家们之所以采取这样的体制来建立人类历史上第一个社会主义国家，除了当时的主客观现实原因外，还因其缺少或根本不具备像中华民族这样团结统一的文化基因和历史传统，因而是依据历史与现实实际情况而作出的“最佳”选择。其人数最多的民族——俄罗斯族甚至在苏联成立初期还与其他一些域内民族处于敌对状态。再向前追溯几百年，甚至两三千年前，苏联域内各个民族之间的矛盾更是极其深刻而错综复杂的。苏联时期，其国内民族矛盾不仅交织呈现在各个领域，难以化解，甚至都难以阐述清楚。即使在苏联最强盛时期，其领导人既无心也无力去改变这种用政治高压手段而结成的松散“民族联合式”国体。不仅如此，苏联政府还有着种种进一步伤害非俄罗斯族的政策，从而进一步激化了各地区、各民族的矛盾。所以苏联的分裂其实是意料之中的事情，其社会主义旗帜的“落地”与历史上及现实中民族关系的不和谐等因素都有着直接的关系。曾经在“二战”中站在同一条战壕中与德国法西斯“纳粹”殊死作战的俄罗斯人和乌克兰人竟从2022年开始“大打出手”，且至今看不到结束的迹象；而后者甚至得到昔日“敌人”的不断援助——前者则被许多昔日的“同盟”所抛弃。

决定中华民族必定产生团结统一的文化心理并形成文化传统，且最终团结统一起来的最根本的客观因素，是中华文明所处的地域环境实在是太独特了。它不仅决定中华文明自一产生就具有团结统一的趋势，而且决定中华民族一旦团结统一起来就不会再分裂——即使出现短时期的政治分裂，即所谓的“天下大势，合久必分，分久必合”，但在文化上不会出现分裂。这几乎就是中华文明的“独门绝技”，并不是谁想学就能学到手学到家的。

第一节　中华文明必然团结统一的地域环境因素

此“必然”是“文化必然”，即受地域环境影响而导致的中华文明必然团结统一的文化归宿。

一、中国地域地貌的总体特点决定中华文明必定团结统一

此地貌指中华文明生长的“一方水土”，即中国之总的地表形态。其特点有二：一是“四周相对封闭”；二是“内部没有不可逾越的天然限隔”。

（一）中国地域地貌总体特点之一：四周相对封闭

“相对封闭”是指，中国四周的地貌将陆地疆域隔离成一个可以独立的但并不与世隔绝的地理单元。这种地理态势既能很好地保护中华古文明的安全——这是第七章的主题之一，同时也造就出了中华文明的团结统一。这在世界古代文明国家或地区中几乎是绝无仅有的。

中国周边的地理态势为，东边是浩瀚无垠的大海。

中原文明虽然至晚在商周时期就已经拓展至海边，但大海对于古人来说就是一道天然屏障，无论对中国人还是对外国人都是如此。因此，尽管至晚在距今六七千年的新石器时代末期中国人就已经有能力出海[①]；尽管早在殷商时期中国人就已经有很强的航海能力……尽管到宋元时期中国的航海事业“天下第一”——造船技术、航海技术、海外贸易等均领先世界；尽管古代中国的航海事业到明朝初年发展到顶峰——郑和下西洋时（1405—1433 年）的庞大船队，既是古代世界最庞大的船队，也是最强大的海军——不过郑和所执行的是和平的任务，除了打击海盗以及遇袭反击外，郑和基本没有使用过武力，所以“三宝太监”的名声才能响彻东南亚——但是对于古代中国人而言，更多的还是“望洋兴叹”。中国人无论如何不能算作名副其实的“海洋民族”。大海将擅长农耕的中国人束缚在了陆地之上——擅长骑马的中国游牧民族更不会有强烈的征服海洋之心。也正因为如此，明、清两朝政府才会有实行闭关锁国政策的底气和“无畏的勇气”，不仅规定“片板不许入海”[②]，甚至下令沿海居民包括海岛居民

① 孙光圻：《中国航海历史的蒙昧时期 ——旧石器晚期至新石器时期（公元前 200 世纪—公元前 21 世纪》，《世界海运》2011 年第 1 期，第 51—54 页。

② 《明史 · 朱纨传》：“初，明祖定制，片板不许入海。”《清实录 · 顺治朝实录》：“兵部议覆，浙闽总督屯泰疏言，沿海省份，应立严禁。无许片帆入海，违者立置重典。从之。”

内迁五十里[①]，将中华古文明领先世界至少达上千年的航海领域的优势拱手让与了西方人，以致400多年后，当西方殖民主义者从海上攻入中国时，当政的晚清政府竟无还手之力。当然，这是后话了。

中国的北边是蒙古高原，属于温带、寒温带的干旱、半干旱地区。

蒙古高原虽然辽阔，但平均海拔只有1580米，并不是很高，这样对于保护中原文明而言就存在地理限隔不足的“缺陷”，难以阻止生活在这里的不时强大起来的游牧民族南下侵扰。于是自战国秦汉起，中原政权在靠近蒙古高原南部边缘地带（也即内蒙古高原的南部边缘地带）修筑了万里长城，这一修筑行为一直延续到明朝——期间，两宋因“没见过”长城而不用劳此心肺[②]，而游牧民族建立的辽、元、清等政权则根本不用“走这个脑子”。

自秦以后修筑长城以加强北边防务的朝代，主要有西汉、东汉、西晋、北魏、东魏、西魏、北齐、北周、隋朝、明朝等——2012年6月5日，国家文物局公布，历代长城（遗迹）总长度为21196.18公里。

在历史上，游牧民族一般不会修筑这条为阻挡游牧民族南下而筑造的长城——建立北魏、东魏、西魏、北齐、北周等政权的鲜卑族已经农耕化，故而也曾修筑长城。最有意思的是曾为游牧民族的女真人，在建立金朝后另外修筑了一条防御其他游牧民族的“金长城”（亦称“金界壕”），而且还基本没用上。

金朝的这条防御工事——“界壕”，修筑于1123—1208年，主要分布在今内蒙古自治区，还有一小部分在今俄罗斯和蒙古国境内。目前保留的残迹约5500公里。其重要地区的“界壕”由壕、墙、马面（伸出墙外又高出墙头的防守台基）、边堡、关城等五部分组成，但没有砖砌，也很少用石，主要是土垒、

---

① 屈大均《广东新语・地语》：“岁壬（康熙元年 ）寅二月，突有内迁人民之政令然满洲科尔坤、介山等两大人，亲行政令，令沿海之人民向内地迁徙五十里，以断绝接济台湾之患。而后麾兵折界，下令三日内尽夷其地，空其军民，弃赀携累，仓促奔逃，野处露栖。死亡载道者，以数十万计。”

② 北宋的北疆界在今北京市南与河北省交界处一带，主要在今河北省域内。这里几乎一马平川，极其不利于防守，于是北宋在此修筑了地下长城——交织分布在今北京市房山区南部到今河北省保定市雄县、固安县以及廊坊市霸州市、文安县、永清县等地的地道，估计总长度应有数百公里。由于北宋的统治远离长城一线，所以说北宋人“没见过”长城——只有过往的使者和客商以及北宋灭亡后徽、钦二帝等被俘人员曾穿行长城，算是“见过长城”。而南宋退守江南一隅，南宋人更是“难得一见”长城。

版筑。而其他很多地方其实就是挖一条壕沟，然后将沟里的土沿沟筑成土墙而已。

金朝修筑的这条“界壕”，据说是为了防御逐渐强大起来的蒙古人，但其实效较秦朝到明朝不断完善的从东部海边西通到今甘肃省敦煌市甚至更西的“万里长城”要差多了，或者说几乎就没有发挥什么防御作用。尤其那些修筑在一马平川平、人迹罕至的草原上的“界壕”，甚至自然风沙就能把许多地段给填平了。

“金界壕”完工20多年后的1234年，已经迁入中原地区基本变成农耕民族的女真人还是在游牧的蒙古人的打击下失去了自己的政权。在金朝灭亡的过程中，几乎看不到“金界壕”的任何积极作用。

其实，任何人防工程都不是不可逾越的，长城能发挥防御作用也只是在中原政权强大的时候。但“金界壕”的大费周章、劳民伤财以及毫无用处，却有着太多令人费解或不解之处。

中国的西边是一系列“高耸入云”山脉和高原。

最北是准噶尔西部诸山，在新疆境内天山以北，准噶尔盆地以西，大致呈东西走向，由许多相互并不连续的低山组成，海拔二三千米，是中国西部最矮的山地，但其地苦寒，自然条件恶劣，因此构成天然屏障自无太大问题；再向南则是天山山脉，平均海拔4000米，自新疆中部向西伸展到今中华人民共和国境外，屏蔽着新疆西北部；再向南即是帕米尔高原，为古代葱岭之一部，平均海拔4000米，屏蔽着新疆西部；再向东南是喀喇昆仑山，平均海拔6000米以上，是世界第二高山脉，山地垂直带明显，多雪峰和巨大冰川，气候高寒，人迹罕至，屏蔽着新疆西南部与青藏高原西部的连接处，超过8000米的山峰有5座，世界第二山峰乔戈里峰（8611米）即在此；再向东南则是世界上最高的山脉——喜马拉雅山脉，平均海拔6000米以上，屏蔽着西藏地区的西部和西南部，其中海拔7000米以上的山峰有50多座，8000米以上的高峰有4座，最高峰为“世界第一高峰”珠穆朗玛峰（8848.86米）；再向南是横断山脉。

横断山脉位于青藏高原东南部，与位于青藏高原中部的念青唐古拉山脉相接，通常为今四川、云南两省西部和西藏自治区东部南北向山脉的总称，海拔2000—6000米，是中国最长、最宽和最典型的南北向山系群体，因“横断”东西间交通，故名——据说，“横断山脉”这一名称源于清末江西贡生黄懋材，当时他受四川总督锡良的派遣从四川经云南到南亚次大陆考察“黑水”源流，因看到澜沧江、怒江间的山脉并行迤南，横阻断路，而给这一带山脉取了个形象的“横断山”名称。

横断山脉高耸入云的山脉与怒江、澜沧江、金沙江、雅砻江、大渡河等在很狭窄的地区相间、并行，江面狭窄，两岸陡峻，严重阻遏着东西交通往来。如位于云南省香格里拉市的金沙江虎跳峡自江面至山顶落差最高近 4000 米，属典型的 V 形深切峡谷，是世界著名大峡谷。

中国的南方是云贵高原和热带瘴疠之地。

云贵高原在第七章已介绍过。中国南方在古代被称为“瘴疠之地”。“瘴”指瘴气、瘴水等，即对人畜有害的空气和水泊等；“疠”指由疠气引起的瘟疫之类的流行性传染病等，与“瘴”密切相关。古时，今四川、云南、贵州、广西、广东、海南、福建等省、自治区的山林地区及低洼地带等由于气温高、降雨多、植被密、空气湿热，且流动不畅，因而动植物死亡腐败后极易产生毒素，或挥发在空气中，不易扩散；或污染水源，四处流淌，对人畜危害极大，甚至危及生命，形成“瘴疠之地”，令人恐惧、畏惧。瘴疠看似是无形的，但对外人而言危害极大——瘴疠其实还包括水土不服之病等，因而形成一道无形的天然屏障。

中华文明周边的这种地理态势，如果形象地比喻，应该就像是一个有着许多裂缝、缺口、破洞和豁口但还能看出轮廓的“脸盆”。

（二）中国地域地貌总体特点之二：内部没有不可逾越的天然限隔

中国境内主要山脉有南北走向的太行山，东西走向的秦岭、大巴山脉、南岭、武夷山脉、昆仑山脉、祁连山、天山山脉等，这些山脉均是可以翻越或穿越的。

中国境内最主要的河流是黄河和长江，它们也都是可以渡过或跨越的。黄河、长江早在传说中的五帝时代即已被我们的先民“征服”。而 1129 年完颜宗弼（兀术）率金兵渡长江攻打南宋，则是历史上北方游牧民族第一次跨过长江。这一军事行为表明所谓长江天堑连游牧民族的骑兵也阻挡不住。

另外即使“高耸入云”的青藏高原，以及云贵高原等，还有“蜀道之难，难于上青天”的四川地区等，也均与内地有道路相通。

用不太恰当的比喻，中国的地域环境不是“鸳鸯锅”那样的“火锅”，而是底部凹凸不平的“脸盆”——只是盆壁上有许多裂缝、缺口、破洞和豁口。

（三）中国地域地貌总体特点所导致的文化必然

中国“四周相对封闭”“内部没有不可逾越的天然限隔”这样的地域地貌总体特点导致的文化必然有二：其一，保护了中华古代文明免遭外敌毁灭——第七章已有述；其二，使得生活在中国境内的各个民族只有走向团结统一才能共存共荣，否则如同巴勒斯坦阿拉伯人与以色列犹太人那样，在一个地域单元中没完没了地冲突，最终只能是两败俱伤，谁也无法顺利地发展起来。

当然，仅此尚不能使中华文明实现团结统一。上述地理态势只是“规划”出了中华文明团结统一的趋向，而要实现则还需要以下两方面的地域环境因素以及相应的、一定程度的主观因素才行。

二、适合小农经济生存与发达的地域环境决定中华文明必定团结统一

中国的地域环境尤其适合以一夫一妻制家庭为生产单位的自给自足小农经济（男耕女织的自然经济）的生存与发展。换句话说，从世界范围看，再没有比中国更适合小农经济生存与发展的国家或地区了。

（一）中国适合农耕经济产生与发达的优越地域环境

农耕经济的发达，是小农经济产生与发达的前提和基础。中国地域环境适合农耕经济产生与发达的体现主要有三个方面：

首先，中国绝大部分地区处于中纬度的温带和亚热带，因而气候温和——中国没有寒带地区。最寒冷的地方在黑龙江、内蒙古和新疆的最北端，最低温度可达零下 50 度以下，但这些地方都不在主要的农业垦区范围之内。另外，赤道穿过中国南海的南部，未穿过中国陆地，因而陆地也没有特别炎热的地带。

其次，中国位于全球最大的大陆——亚欧大陆东部，东临全球最大的海

洋——太平洋，因而东部地区季风气候发达，夏季盛行东南风——季风即一年内大范围盛行风向随季节有显著变化的风。夏季东南季风从海洋上空带来丰沛的雨水，使得中国东部地区雨热同季，温度和水分配合良好，而东部地区正是中国农耕经济最发达地区。

最后，中国可耕地面积广大，遍布域内各地，主要有东北平原、华北平原、长江中下游平原、河套平原①、关中平原、成都平原、珠江三角洲等。②另外，河流众多，主要有辽河、海河、黄河、淮河、长江、钱塘江、珠江等，加上它们的无数支流，使得中国尤其东部地区水资源极为丰富。

（二）中国农耕经济及小农经济的产生与发达

中国这样优越的地域环境导致两个经济文化必然：其一是农耕经济较早产生并发展迅速；其二是小农经济必然产生并成为封建农耕经济中居绝对优势地位的经营形式。

中国农耕经济产生于约 1 万—1.2 万年前，到距今六七千年前的母系氏族公社繁荣时期已比较发达，如陕西西安半坡人广泛种植黍、粟，浙江余姚河姆渡人则大面积种植水稻。进入文明时代，无论是发生在西辽河平原（面积为 5.2 万平方公里）的红山文化（明），还是发生在华北平原（中国第二大平原，面积 31 多万平方公里）的中原文明，以及发生在钱塘江南北、太湖流域（面积 3.69 万平方公里，其中 2/3 是平原）的良渚文明，等等，农耕经济都是十分发达。

---

① 河套平原位于中国内蒙古自治区和宁夏回族自治区交界处，在“几”字形的黄河湾一带，为黄河沿岸的冲积平原，由东套平原和西套平原所组成。东套平原位于内蒙古域内，又分为前套和后套两个平原。前套平原位于包头市、呼和浩特市清水河县喇嘛湾镇之间，又称土默川平原；后套平原位于狼山、大青山以南的巴彦淖尔市巴彦高勒镇与西山咀农场之间，又称巴彦淖尔平原——有时“河套平原”仅指东套平原。西套平原位于宁夏域内，为贺兰山以东的青铜峡市至石嘴山市之间的平原，又称银川平原。河套平原面积约 2.5 万平方公里，是鄂尔多斯高原与贺兰山、狼山、大青山间的陷落地区，这里地势平坦、土质较好，又有黄河灌溉之利，因而自古即是重要的农业垦区，至今仍为宁夏与内蒙古两区重要农业区和商品粮基地。

② 截止到 2018 年，中国的耕地面积为近 143 万多平方公里，排世界第三位，仅次于美国和印度。中国耕地主要分布在东部季风区的平原和盆地地区，西部地区的耕地面积小且分布零星。今日中国用全球 7% 的耕地养活着全球近 20% 的人口，堪称奇迹。

当各地文明向中原聚拢后，中原文明更是利用天然的地域环境优势，推动农耕经济的进一步发展。直到西周时期，在农耕经济大发展的基础上，迎来了中国古代经济发展的第一个高峰。

在此基础上，春秋战国时期，随着生产力的提高——铁制农具和牛耕普遍用于农耕生产中，于是小农经济在中原地区“应运而生”，并在封建政府的扶植下迅速发展起来。

由于小农经济是春秋战国时代最先进的农耕经营方式，尤为重要的是，它是专制主义中央集权制的经济基础，因而得到一心要建立这一制度的战国法家的青睐——法家也终于为自己的学说找到了理论立足点。于是，首先经过商鞅变法的推动而使得小农经济推广于秦国，并牢固地扎下了根——秦统一的过程实际上就是小农经济推行到全国的过程。① 而后，再经秦与西汉政府的推动和扶植，使之迅速在全国“生根发芽”，成为封建农耕经济中居绝对优势地位的经营形式。之后，历代封建政府基本上都延续了秦汉时期的这一农业政策——商鞅变法确立的重农抑商基本国策也一直延续到明清时期。

（三）小农经济易于破产的基本特点决定其必然要求政治统一

小农经济易于破产的基本特点决定其必然要求政治统一，这是中国地域环境的优越性所导致的间接文化必然。

由于小农经济以一家一户为单位经营，分散而弱小，因而既经不起天灾、人祸的打击，也经不起其他经济成分的冲击，极易破产。这样，为了生存和发展，小农经济就必须“寻求突破”，以给自己“建立”一个强有力的“保护伞”。但天灾不可抗拒——直到今天人类对天灾的发生也不太会有更多的好办法，更别说是古代了。在这方面，小农经济没有也不可能有什么“作为”，只有“被动”地年年企盼风调雨顺，或者通过许多宗教活动，如设立一些老天爷、龙王爷、

① 商鞅变法实行的“废井田，开阡陌封疆”、奖励耕织、招徕三晋（韩、赵、魏 3 国）之民、对民有成年二子仍不分家者“倍其赋”“耕织致粟帛多者复其身”、重农抑商等政策，都是扶植、鼓励小农经济的举措。战国时其他诸侯国的变法改革由于都失败了，因而小农经济的发展远不如秦国。最终秦始皇之所以能统一中国，与秦国政府对小农经济的扶植而使得战略物资的供应始终稳定不绝不无关系。

土地爷什么的神灵等对它们顶礼膜拜，以达到天灾不发生的目的。

天灾虽不可避免，但人祸既然是人造成的，那么在一定程度上应该是可以避免的。最大的人祸应该就是战争。小农经济“要求”避免战争的“最好办法”就是各个农业垦区都统一起来，统一在一个政权的领导之下，这样就能在很大程度上消除战争爆发的基础。

当然，对于小农经济来说，苛政也是严重的人祸之一。“苛政猛于虎”，其也能造成小农经济的破产，对此小农经济已经“毫无办法”了。它的“最高政治诉求”就是在建立中央集权制的基础上进一步实行专制统治，即将权力全部集中在专制皇帝一个人手中。因为专制皇帝不会自己和自己打仗，这样它就能给小农经济提供最强有力的保护。不仅如此，专制皇权还能领导小农经济为创造辉煌灿烂的中华古代文明而奠定良好的经济基础。但同样地，专制皇权本身给小农经济带来的伤害、迫害甚至灭亡，小农经济就更加毫无办法，只能隐忍，以待所谓“明主”的再现。

由于小农经济具有人文的因素，因此上述已不完全是地域环境的客观因素而导致中华文明必定团结统一了，而是具有了一定的人的主观因素。但仅此仍不能完全实现中华文明的团结统一，还需要下述第三方面地域环境和主观因素才行。

三、黄河中下游地域环境的优越性决定中华文明必定团结统一

中华文明之所以必然统一，还因为有一个统一的核心力量存在，即由它去统一域内其他文明，域内其他文明则围绕着它，并愿意与其统一在一起。这个核心力量就是中原文明。中原文明发生、发展于黄河中下游地区，是这里的地域环境特点决定中原文明能够承担起这一责任。

（一）黄河中下游地区有利于农耕经济发展的优越性

黄河中下游地区主要位于中国东北部地区，主要由华北平原和黄土高原两大地理区域组成，在历史上包括今甘肃、宁夏、陕西、山西、内蒙古、河南、

河北、天津、山东、江苏、安徽等省、直辖市、自治区的全部或一部。①

黄河中下游地区适合农耕经济——也包括有利于小农经济发达的优越性主要体现在五个方面：

其一，气候温和，空气湿润。

据研究，距今10000年到8000年时，黄河中下游地区气候开始变暖，较今天温暖潮湿。到距今8000年到4000年时，即从中华文明萌芽发生到文明完全产生时期，黄河中下游地区为亚热带气候——中间曾有气候波动。亚热带与温带的分界线比现在的淮河—秦岭一线更为靠北，分界线东段到今山东北部，经今河南北部一直延伸到今陕西关中地区。到距今4000年时，气候虽然变干变凉，但黄河中下游地区仍然为亚热带气候。②

今日黄河中下游地区属典型的暖温带季风性气候，年平均温度应该低于古时候——今日黄河流域年平均气温在 -4℃—14℃之间，总的趋势是南高北低，东高西低。三门峡以下河南、山东两省境内达12℃—14℃，为全流域最高。③这一数据可以作为古代黄河中下游地区气温之参照。

其二，土地辽阔，可耕地面积广大。

华北平原、山西高原、关中平原、河套平原等都是适合农耕经济发展的地区。至今这些地区仍是中国北方重要的农业垦区。

其三，水源丰沛。

流经这里的主要河流除了黄河（中国第二长河流，全长5464公里，流域面积79.5万平方公里）之外，还有主要位于今河北省的海河（今华北地区最大水系，中国七大河流之一，全长1000多公里，流域面积31万多平方公里，占全

---

① 从今地理学讲，黄河上游与中游的分界点是内蒙古呼和浩特托克托县河口镇；中游与下游的分界点一说是河南省洛阳市孟津县，一说是河南省郑州市所辖荥阳市广武镇之桃花峪（中国三大阶梯地势二、三级交接点，山地与平原衔接处），还一说认为是河南省焦作市武陟县之嘉应观乡。今日黄河中下游流经地区只有内蒙古、陕西、山西、河南、山东5个省和自治区。但历史上黄河曾在华北平原上频繁改道，最北曾从今天津市入海，最南曾从今江苏省入海，因此所经地区还应包括今天津市、河北省、江苏省。另外，将河套平原所包含的甘肃、宁夏地区归入历史上的黄河中下游地区，可以避免因将同一地理单元切割开而导致历史失去完整性。

② 黄尚明：《新石器时代黄河流域的气候变迁》，《中原文化研究》2018年第5期，第14—21页。

③ 数据来自水利部黄河水利委员会官网。

国总面积的 3.3%），以及黄河的支流，如主要位于今陕西省的渭河（今黄河第一大支流，全长 800 多公里，流域面积 13 万多平方公里）、主要位于今山西省的汾河（今黄河第二大支流，全长 700 多公里，流域面积近 4 万平方公里）、主要位于今河南省的洛河（今黄河三门峡以下最大支流，全长 400 多公里，流域面积 1.2 万多平方公里）。另外，还有黄河支流的支流，如主要位于今陕西省的泾河（今渭河的第一大支流），等等。

其四，肥力尚可。

黄土高原属于风力沉积而形成的高原，富含丰富的氮、磷等矿物质，土壤比较肥沃。华北平原则主要是黄河携带黄土高原的黄土冲积而成，其土壤肥力虽比不上东北平原的黑土地，但也属于一片沃土，曾长期占据中国历史上第一等耕地的位置。

其五，土质疏松。

这一点尤为重要，是中国所有适合农耕的地区所无法与之比肩的。正是因为土质疏松，所以原始人——甚至进入文明时代以后的中华先民们，使用最原始的石器等作为农具就能开垦出来，并能取得比较不错的收获量，从而推动中原文明的产生与发展。

（二）黄河中下游地区有利于农耕经济发达的优越性所导致的文化必然

统一中国的推动力量及领导者必定是中原文明。

黄河中下游地区不仅是中国最早的农业垦区之一，而且农业垦区面积最大，人口最为众多，农耕经济持续发展时间最为悠久也最为成熟，无人能比；黄河中下游地区不仅是中国最早产生文明的地区之一，而且文明持续发展，未曾间断，并最长时间保持着领先地位，亦无人可比；黄河中下游地区不仅是最早产生小农经济的地方，而且小农经济的模式最为典型，发展的规模最为庞大，同样无人能及。因此，基于以上三点，黄河中下游地区文明——即中原文明，最渴望统一局面的实现与保持。

总之，因为地理环境因素和相应的主观因素，中华文明才能实现团结统一。由于中国所处的地域环境以及黄河中下游地区地域环境，是不以人的意志为转移的客观存在，农耕经济的产生、发达与小农经济的形成、发展和发达也具有一定的客观必然性。而小农经济是十分脆弱的自然经济，为了自己的生存与发展，它必然要求实现政治统一；加之，中原文明长期领先于周边各族各地区的发展，并不断带动和推动统一的实现，因此实现各地区、各民族的团结统一就成为中国历史发展的文化必然。

不过，再需要强调的是，历史是人创造的，人才是自己历史的主人。本节所谈之文化必然，是地域环境决定了中华文明必然团结统一发展的趋向——虽然也必然会涉及一些主观因素，而最终团结统一的实现离不开中国人的主观努力，尤其是什么时候实现和达到怎样的程度等，这些都是人“努力工作”的结果。而正是人为因素的存在，所以中华文明团结统一的实现其过程也是艰难曲折的。

总之，中华文明的团结统一，是经济的要求、政治的需要、人民的渴望、文明的向往、文化的必然，其乃中华文化的重要内涵——人民，指中华各民族的人民。

第二节　中华文明团结统一的体现

中华文明团结统一的最主要体现有二：一是中华各区域的团结统一；二是中华各民族的团结统一。

中华各区域的团结统一，以及中华各民族的团结统一，都有着一个长期的过程，都有着一个由局部发展到全部的过程，都有着一个逐渐化解各方矛盾的过程——此过程也是“上下五千多年”的。由于时间久长，更重要的是中原文明、汉族人民所具有的胸怀、善良、热情和包容，以及其长期具有的周边区域及其他民族所一直未能超越的文明高度，并由此而产生的难以抵挡的无穷魅力，因而在逐渐化解各方矛盾的同时，逐渐地将中华各区域、各民族团结统一在自己身边，最终在中华人民共和国的国旗之下实现世所罕见的团结统一。

一、文明萌芽阶段中华文明的团结统一——各地文明向中原聚拢

中华文明的团结统一是以中原文明为核心展开的，而且这一行为早在中华文明萌芽时期就已展开了。其表现为，与中原文明同时萌芽的“其他文明之星”，如位于今内蒙古东南部与辽宁省西部交界的红山文化（明），位于长江中下游地区今浙江省杭州市的良渚文明，以及位于长江上游地区今四川省广汉市的古蜀国三星堆文明，等等，后来在其发生地都消失了，唯有“中原文明之星”未曾“陨落”，不仅未曾陨落，而且还在吸纳各方文明精华之后，“一枝独大”地发展起来。[①]

为什么中原以外的其他文明萌芽后来都在当地消亡了，而中原文明却能持续发展下来呢?

这个问题的关键在于地域环境是否存在着不利于文明萌芽进一步生长的因素，即文明虽然可以在某一地域萌芽，但能否茁壮地成长则需要地域环境“集合”所有有利因素加以“助力”才行，否则只要存在些许致命因素，即使文明萌芽艰难生长达一两千年之久，最终仍不免被地域环境“剥夺”其茁壮成长的“机会”。毕竟最初的文明萌芽过于脆弱，必须仰仗地域环境的充分“呵护”才能生存下来。而中原以外的其他文明萌芽就十分“不幸”地遭遇了其地域环境的“致命伤害”——实际上，即使“熬过”了萌芽期，中原文明的最初生长也是极其艰难的。

以中原地区北方的红山文化（明）为例。其所处的地域环境在数千年前较之今日要温暖湿润一些，整体自然条件也不错，这是文明萌芽于此的地域环境基础。但此地存在“致命”的缺陷。首先，其中心区域孕育文明萌芽产生的3条主要河流，即西拉沐沦河、老哈河和大凌河都不尽完美。西拉沐沦河，也作西拉木伦河，是西辽河北源支流，蒙古语意为“黄色的河”，即“黄河”。之所以有此称，就是因为该河中下游河水含沙量大，洪水期、枯水期水量变化显著，容易发生水旱灾害。清朝时此河有锡刺木伦、失烈母林、什拉磨楞、什刺木兰、

① 从清朝宫廷中出现的供皇帝赏玩的良渚玉琮可知，良渚文明的一些成果的确是被中原文明所继承和吸收。

西拉木伦等称，都是“黄江”之意，可见河水含沙量之大。[①] 老哈河是西辽河南源支流，其干流上游河谷狭窄，两岸山地耸峙、水流湍急，而中游河水逐渐进入黄土丘陵区，因农业开发较早，植被覆盖率低，导致水土流失也十分严重。[②] 大凌河则因流域内植被较差，水土流失严重，洪峰涨跌迅速，也不是一条能令文明萌芽持续生长的河流。[③] 其次，西拉沐沦河和老哈河所流经的今内蒙古赤峰市地区，大凌河主要流经的今辽宁省朝阳市，由于所处纬度较高，今属北温带大陆性季风气候区，因而冬长夏短，降雨量少；又由于北部蒙古高原的干燥冷空气经常侵入，因而是典型的水资源匮乏地区和干燥干旱地区。

上述地域环境状况虽然是今日现状，但可以推演出几千年前红山文化（明）时期这里地域环境对于脆弱的文明萌芽之“不友好”表现。实际上，在学术界，有关导致红山文化（明）在经历上千年时间的发展后终于消亡的原因，一说与干旱有关，一说与土地沙漠化有关，一说与天气转冷有关，总之都与地域环境的突然变化有关。

再看位于中原地区南方的良渚文明，其主要分布在今太湖地区，南以钱塘江为界，西北至今江苏省常州市一带。这里自然资源不错，当年的气温、湿度应该大于现今，因而适合种植水稻等农作物，但其致命的“缺憾”即是经常遭遇洪涝灾害的侵袭。

实际上，为了防止洪涝，也为了引水溉田和解决城中居民的用水问题，良渚人在建城之前，特意先在附近山区修建了拥有 11 座水坝的水库——目前世界范围内发现的最早的超大型水利设施。为了在沼泽遍布的平原地区建造城池，良渚人又从别的地方挑来干土将地面填实垫高，然后才在此基础上建城——良

① 西拉沐沦河，历史上曾有饶乐水、潢水、吐护真水、辽水、大潦水、巨流河等称，主要位于今内蒙古赤峰市域内，与老哈河在内蒙古自治区翁牛特旗大兴乡海流图村汇合而成西辽河。今日该河的总落差达 1134 米，且集中在上中游地区，两岸群山环抱，被誉为“塞外小三峡”，水能资源丰富。

② 老哈河，西辽河南源，古时称乌候秦水，蒙古语称之为“老哈木伦”。“老哈”来自契丹语，是“铁”的意思。其与西拉沐沦河主要流经的内蒙古赤峰市是红山文化（明）中心区域的北部。

③ 大凌河是辽宁省西部地区最大的河流，北与老哈河相邻。其主要流域流经的辽宁省朝阳市是红山文化（明）中心区域的南部。

渚文明实际上就是在这两个浩大的建造工程中逐渐萌芽的。但在经历一千年后，良渚文明还是毁于洪涝灾害。

至于古蜀国三星堆文明的所在地，从最初“天府之国”之称并不指成都平原即可知道，在战国时期李冰父子领导修筑都江堰之前，这里的“天国”景象并不存在。那时候，由于长江的上游支流岷江流经的川北山区落差很大，达3000米左右，坡陡水急，挟带大量泥沙，但进入成都平原后，水流突然变缓，致使泥沙堆积，因而造成严重的水患。尤其成都平原的地形是西北高东南低，岷江则经平原的西南部流过，造成这里经常发生水涝灾害，而平原东北部则容易遭致干旱。古蜀国三星堆文明所在的今广汉市就位于成都平原的东北部，所以其消亡也许与干旱有关。

实际上，成都平原的东北部不仅经常会遭遇干旱的侵害，而且洪涝灾害也经常会“光顾”此地。因为，即使都江堰建成，但它解决的只是岷江的洪涝灾害问题，对于成都平原北部其他河流流域地区的洪涝灾害的削减作用其实并不明显。古蜀国三星堆文明所在的今广汉市位于长江另一条支流沱江的冲积扇上——三星堆文明遗址边上的鸭子河即沱江支流石亭江的支流，而沱江就是一条经常会发生洪涝灾害的河流。尤其这里属亚热带湿润气候区，夏季较热，暴雨多且经常会形成连降之势，导致洪水暴发。时至今日，成都平原局部地区的特大洪水仍时有爆发。① 所以三星堆文明毁于洪涝灾害的可能性也是极大的——在三星堆发现的大量青铜器被砸毁后置于祭祀坑中的现象，有可能就是在特大灾害面前人们的无奈之举。“三星堆人”将自己最喜好的物件如“金权杖”“神人像”“神人面罩”“摇钱树”等都献给了神，但依旧没能抵抗住自然灾害的侵袭，最终不得不离开了家园。

---

① 1981年7月9—14日，成都平原发生历史上罕见的大面积连续6天暴雨，雨区主要集中在嘉陵江干流中游、涪江中下游、沱江上中游以及岷江与渠江中游部分，造成山洪暴发，洪水泛滥，淹没房屋223.7万间，倒塌、冲毁房屋139万间，死亡888人，伤13010人，150万人无家可归，耕地被淹1300多万亩，受灾人口达1500多万人，直接经济损失约20亿元。历史上，成都平原一两条水系发生大洪水的时候较多，而岷江、沱江、嘉陵江水系同时发生大洪水的情况较少。与这次相类似的还有1840年、1870年洪水。可以想见，这样规模的水涝灾害，肯定不是萌芽状态的三星堆文明所能经受得了的。实际上，毁灭三星堆文明的洪涝灾害根本不需要达到这样的猛烈程度。

相比较而言，虽然中原地区也不是“尽善尽美”之地——实际上仅黄河的灾难在中华文明“上下五千多年”历史长河中就给中原人民造成无数苦难，但由于地域广大，纵深辽阔，回旋空间大，可生存地区众多，因而一旦遇有极端灾害，人们仅在域内迁徙即可躲避自然灾害的侵袭——这从神话传说夸父逐日、黄帝炎帝部族东走即可看出端倪。这样，再严重的自然灾害也达不到彻底灭亡中原文明萌芽的程度。实际上，中原地区自然环境的相对稳定性也许就比其他地区稍微好一点点而已，但就是这一点点的“毫厘”优势却造成差之千万里的不同结果。

除上述外，中华大地上其他地区文明萌芽最终向中原地区聚拢的发生，其实还存在着一种天然的总趋向。如位于中原地区北方的红山文化（明），其再向北则气候更加干冷，且森林广大，不适合从事农耕的古人类居住，更不利于当时生产力水平的农耕经济的发展，因此红山文化（明）天生即具有向南面更温暖更湿润、自然条件更稳定的中原地区发展的总趋向——实际上，红山文化（明）本身与中原地区的原始文化就有着千丝万缕的联系以及具有相互影响关系，且其南部其实已经抵达今河北省北部和北京市，距离中原地区仅一步之遥。

而良渚文明区域再向南则气候更加湿热，且沼泽遍布，亦不适合原始农耕经济的发展。尽管较之良渚文明更早的河姆渡文化（约前 5000—前 3300 年，因首先发现于浙江省余姚市而得名——当时为余姚县）即位于钱塘江以南，但与良渚文明区域距离并不太远。而河姆渡文化的“继承者”马家浜文化（约前 4750—前 3700 年，因首次发现于浙江省嘉兴市马家滨遗址而得名）又回到了钱塘江以北的事实，应该在一定程度亦能证明当时钱塘江再向南的地区并不适合当时生产力水平的原始农耕经济的发展。对这一带古文化、古文明萌芽成长的最大威胁还是来自频繁暴发的洪涝灾害。实际上，河姆渡文化的消失即与洪水泛滥有关，而马家浜文化及其“继承者”崧泽文化（约前 3900—前 3300 年，因首次发现于上海市青浦区崧泽村而得名，属太湖地区）的消失亦应该与洪水泛滥有关——崧泽文化的“后续者”即是良渚文明。

即使远离中原地区的古蜀国三星堆文明，其实与中原文明在很早的时候就存在文化交流关系。据《史记·周本纪》所载，殷商末年周武王伐纣时其所统联军中有来自今四川的蜀兵的身影。[①] 由此可知，至晚在殷商时期，今四川地区即已与中原地区有道路相通并有交往——尽管到唐朝时仍“蜀道之难，难于上青天”。这一点从四川省眉山市彭山区出土过殷商时期的遗物，以及此地与传说中殷大夫彭祖的关系密切，亦可证明。[②]

另外，各地区文明天然具有向中原地区聚拢的总的趋向，还因为除上述文明萌芽发生地区以外的其他地区，自然环境更不利于脆弱的文明萌芽成长，因而向中原地区聚拢应该是那个时代的不二“选择”。而中原地区各种天然的地域环境优势，不仅使得这里成为中华文明萌芽产生的“温床”之一，而且相比较而言还是最佳“温床”。不仅如此，从其保护文明萌芽的生长，使中华文明的萌芽最终得以茁壮成长来看，中原地区还是名副其实的文明萌芽的“保育箱”。当其他地区文明萌芽在其发生地消失而向中原地区聚拢后，中华文明的萌芽在中原地区这个“保育箱”里顺利地渡过了“危险期”，以致从此再无任何力量能够灭亡中原文明和中华文明。

二、文明成熟阶段中华各区域各民族的团结统一——从中原拓展至全境

从目前中华文明探源工程的成果看，中华文明萌芽阶段不仅有一个从其他地区向中原地区聚拢的过程，而且中原地区各文明萌芽亦有一个向核心区域聚拢的过程。这个核心区域最开始就是最狭义的中原，即今河南省洛阳市一带。

目前已发现的距今5000多年前具有中原文明萌芽性质的遗址，除了主要有位于河南省郑州市巩义市的双槐树遗址（约前3300年）和位于河南省郑州市惠济区的西山古城遗址（约前3300—2800年）外，还有位于河南省三门峡市灵

---

① 《史记·周本纪》：“二月甲子昧爽，武王朝至于商郊牧野，乃誓。武王左杖黄钺，右秉白旄，以麾。曰：‘远矣西土之人！’武王曰：‘嗟！我有国冢君，司徒、司马、司空，亚旅、师氏，千夫长、百夫长，及庸、蜀、羌、髳、微、纑、彭、濮人，称尔戈，比尔干，立尔矛，予其誓。’”此“蜀”，应指来自今四川的“友军”。

② （晋）干宝《搜神记》（卷一）：“彭祖者，殷时大夫也。姓名铿，帝颛顼之孙，陆终氏之中子。历夏而至商末，号七百岁。”另，据传说，彭山是中华寿星始祖彭祖的主要生栖地。彭祖为殷商之贤大夫，一直活到800岁，死后葬于彭山。

宝市的西坡遗址（约前 3000 年）[①] 以及位于山东省济南市章丘区的焦家遗址（约前 3000 年）[②] 等。目前已发现的距今 4000 多年前具有中原文明萌芽性质的遗址，主要即是前已提到过的位于陕西省榆林市所辖神木市的石峁遗址（约前 2300—前 2000 年）和山西省临汾市襄汾县的陶寺遗址（约前 2300—前 1900 年）等。这些文明萌芽最终都向夏文明聚拢。

目前已发现的属于夏文明的遗址，主要有位于河南省郑州市下辖登封市的王城岗遗址（约前 2200—前 2020 年）[③]、位于河南省新密市的新砦遗址（兴盛期约前 1850—前 1750 年）[④]、位于河南省洛阳市偃师区的二里头遗址（约前 1800—前 1500 年）[⑤] 和位于河南省郑州市所辖荥阳市大师姑遗址 [⑥] 等。它们都以二里头遗址为文明核心或聚拢地。

从神话传说亦可看出中原文明的聚拢过程。这一聚拢过程最后是通过战争来完成的——实际上中华文明的团结统一在很多时候都是通过战争来实现的。

---

① 西坡遗址位于灵宝市阳平镇西坡村西北，坐落于铸鼎原南部，北距黄河约 8 公里，南约 3—4 公里为秦岭。遗址的东、西两侧分别为沙河的支流夫夫河与灵湖河，海拔 456—475 米，总面积约 40 万平方米。其最著名的发现是占地 516 平方米、带回廊的特大型房基遗址，位列同时期房屋建造之首，是迄今中国史前最大的单体建筑，开创中国回廊式古典建筑的先河，堪称史前时期的“人民大会堂”。西坡遗址对探索中原地区文明起源的特性、进程、模式、动因等具有重大意义。另外，该遗址所在地区有不少有关黄帝的传说。

② 焦家遗址位于章丘区龙山街道办事处焦家村西约 800 米处，南距城子崖龙山文化遗址首先发现地仅 4 公里。该遗址的城外壕沟为近似椭圆形，壕沟内地域总面积超过 12 万多平方米。目前，该遗址被认定为距今 5000 年前后鲁北地区的中心聚落，是当之无愧的早期都邑。有学者认为这里是“最早的济南城”。

③ 王城岗遗址位于登封市告成镇八方村东侧的望城岗上，面积约 50 万平方米。有大城一座、小城两座，其中大城面积 34.8 万平方米，是同时期城址中面积最大的一座。王城岗大、小城与文献记载的“禹都阳城”和“鲧作城”有关，属于夏文明早期的重要遗址。

④ 新砦遗址位于新密市东 23 公里刘寨镇新砦村西部，面积约 100 万平方米。现已初步确定该遗址是一处设有外壕、城壕、内壕共三重防御设施，中心区建有大型城址。有学者认为，这里可能是历史记载中的“夏启之居”。

⑤ 二里头遗址位于偃师区翟镇镇二里头村南。该遗址是夏王朝中晚期都城遗址，更是一处史无前例的王朝都城遗址，是中华文明最早出现的文明核心与引领者。

⑥ 大师姑遗址位于荥阳市广武镇大师姑村和杨寨村南地。城址平面呈东西长、南北宽的扁长方形，总面积 51 万平方米，是二里头遗址之外迄今为止发现的唯一一座二里头文化时期城址。从大师姑城东距古代大湖——荥泽仅 7 公里，可以据黄河、邙山、荥泽三位一体的天险防守从东北方向而来的商族人看，它很可能是夏王朝设于东境的军事重镇。

五帝时代初，黄帝族和炎帝族都居住在今陕西省黄土高原上或黄土高原边缘。黄帝族的发祥地在今陕西省北部——石峁遗址与黄帝族有关的说法即源于此，后来其族向东迁徙：先沿北洛水南下到今陕西省渭南市大荔县，在大荔县朝邑镇东渡黄河，然后顺中条山和太行山边又向东走，到达太行山南的黄河之滨后再沿太行山东麓北上，最后定居在今河北省张家口市涿鹿县与今北京市延庆区交界一带。黄帝族的后裔主要是姬姓部落，所以今涿鹿县和延庆区一带曾有不少姬姓的方国部落，有的很早建立起政权而过渡到文明时代。在逐渐向东迁徙的过程中，黄帝族的经济模式也由游牧发展到从事农耕，开始驯养家畜，种植农作物。

炎帝族的发祥地在今陕西省宝鸡市岐山县东。他们向东发展的线路与黄帝族不同，路线偏南，大约先沿渭水东行，再顺黄河向东，过今河南省而进入今山东省境内。传说炎帝为姜姓，号神农氏，可能是由于这一族群最早从事农耕的缘故。在今山东省，炎帝族与早先迁居于此的九黎族发生了冲突。

九黎族的首领是蚩尤，他们是原来居住在东部的夷人部族，最初活动于今山东省南部，极盛时势力可能北达今山东省北部，西至今河南省东部，西南到今河南省南部，南达今安徽省中部，东到大海。当炎帝族东来的时候，在今山东省遭遇九黎族的“阻击”，双方发生长期的冲突，最终炎帝族战败，被迫逃往今涿鹿县、延庆区一带，投奔黄帝族。九黎族随后追来，炎帝族遂联合黄帝族对抗九黎族，双方发生了一次大的战争——涿鹿之战，结果蚩尤被杀。战败的九黎族一部分加入了炎、黄两族，还有一部分则南下到后来叫作荆楚的地方，与这里的土著——苗蛮集团混居在一起，于是后人也有认为蚩尤是南方苗蛮的祖先。

炎、黄两族在共同击败九黎族后不久，他们之间也发生了大的冲突，双方在坂泉（位于今河北省张家口市怀来县）发生多次战争，最后炎帝族被打败。这就是后来古书上所说的“坂泉之战”。从此这两个从今陕西省东来的部族便进一步结合在一起——包括九黎族的一部分，在中原地区定居下来，并以黄帝族而自居。

上述所引用的传说版本与前不同，并不妨碍传说中有关不同部族向中原文明聚拢的结论。实际上，涿鹿之战、坂泉之战所发生的具体地点和时间的前后都并不重要，重要的是黄帝族、炎帝族和九黎族的融合一定是历史上确实发生过的，这是传说时代中原文明产生的基础。

由黄帝族、炎帝族自黄土高原向中原地区迁徙并在此落地生根和发展起来，以及蚩尤的九黎族从东南亦来到中原地区寻求发展来看，中原地区的确是文明萌芽产生的最佳“温床”和文明萌芽成长的“保育箱”。

再以后，黄帝之族在长期发展中逐渐形成为“诸夏”，分布在以今河南、河北、山西三省交界一带为中心的黄河中下游的广大地区。在此过程中，尧舜禹时对三苗发动的长期战争也起到了巩固中原文明的促进作用——“伐三苗”战争的胜利，使得今陕西省南部与湖北省北部一带的汉水流域也被纳入华夏势力的范围里，扩大了中原文明的区域。①

夏王朝的建立是中原文明也即中华文明彻底走出“保育箱”而茁壮成长的开始——大禹治水的成功标志着“保育箱”使命的结束。从此，不仅自然的力量再无可能灭亡中原文明，而且随着中原文明区域的不断扩大，中华文明的生命力也越来越强。

夏王朝的势力范围基本在西起今河南省西部和山西省南部，东至今河南、河北、山东三省交界处，南接今湖北省，北入今河北省这一带，主要在黄河南北，向南则达长江流域。其统治中心在今河南省西部。

夏王朝统治期间，商族人和周族人对中原文明区域的扩展都有贡献。商族属于东夷族，周族则起源于今陕西省西部。

以契为首领的商族和以弃（后稷）为首领的周族，在舜的时候都曾参与大禹的治水活动②，并因此有功而受到过奖赏。契被舜封于商（今河南省商丘市

---

① 汉水，今称汉江，发源于秦岭南麓，流经陕西、湖北两省，在武汉市汇入长江。其流经的江汉平原乃中华文明重要的发祥地之一。早在距今6500—4000年时这里就曾产生过具有文明萌芽性质的文化，因最先发现于湖北省天门市石家河镇的石家河遗址，而被称为石家河文化。这里地处长江中游腹地、汉江平原北部与大洪山南麓结合处的山前地带，自然条件优越。该文化遗址面积8余平方公里，由40处遗址点组成，是长江中游地区发现面积最大、延续时间最长、等级最高的史前聚落遗址群，到距今4300年左右时达到鼎盛时期。该遗址是距今5000—4000年千余年间长江中游地区社会和文化发展的最高文明代表。

② 《史记·夏本纪》：“尧崩，帝舜问四岳曰：‘有能成美尧之事者使居官？’皆曰：‘伯禹为司空，可成美尧之功。’舜曰：‘嗟，然！’命禹：‘女平水土，维是勉之。’拜稽首，让于契、后稷、皋陶。舜曰：‘女其往视尔事矣。’……禹乃遂与益、后稷奉帝命，命诸侯百姓兴人徒以傅土，行山表木，定高山大川。禹伤先人父鲧功之不成受诛，乃劳身焦思，居外十三年，过家门不敢入。”由此可知，夏、商、周三个部族的历史是同样久远的。

南），并赐姓子[①]；弃则被舜封于邰（今陕西省咸阳市武功县），号曰后稷，别姓姬氏[②]——其实应该是他们本来就居住于此，现在只不过是获得正式名号而得到认可而已。

商族在夏王朝时基本属于"埋头发展"的一族，与夏朝统治者基本相安无事，因而其文明萌芽不断成长，且发展很快。到契的孙子相土时其势力即已向东达到今黄海边，其影响甚至可能远播海外。[③]

商族的"封地"，即今河南省商丘市，在夏王朝的东部。从商丘市再向东则是今安徽省和江苏省，古代属于东夷族活动的一个区域。商族的势力抵达此地区，拉近了这里与中原文明的关系，这应是商族人的一大贡献。再以后，到契的五世孙、相土的重孙冥时，由于他善于治水，即发展农田水利事业，所以商族的农业经济有所发展——这应是商族有别于东夷族的最大不同。到冥子王亥为首领时，商族的畜牧业和商业也都得到很大发展。最后，到夏王朝末代君主夏桀在位时，因不堪忍受夏的暴政，契的十三世孙商汤起兵夺权，推翻夏王朝统治而建立商王朝。

与商族相对稳定地发展相比较，周族则经历了比较坎坷的发展，但正是由于这段坎坷的经历使得其对中原文明区域的扩展功不可没。

周族的"封地"在夏王朝的西面，与夏王朝的统治中心更加远离一些——反映出的历史事实应该是周族的发展水平低于商族，因而比商族受到的重视程度自然要低一些，当然也与周族的势力相对弱小有关。

周族的发展之所以坎坷，原因是夏王朝初期，周族的首领、后稷之子不窋由于参与了反对夏王朝荒唐统治的斗争，但不幸失败，因而不得不率领族人向

① 《史记·殷本纪》："契长而佐禹治水有功。帝舜乃命契曰：'姓不亲，五品不训，汝为司徒而敬敷五教，五教在宽。'封于商，赐姓子氏。契兴于唐、虞、大禹之际，功业着于百姓，百姓以平。"

② 《史记·周本纪》："帝尧闻之，举弃为农师，天下得其利，有功。帝舜曰：'弃，黎民始饥，尔后稷播时百谷。'封弃于邰，号曰后稷，别姓姬氏。后稷之兴，在陶唐、虞、夏之际，皆有令德。"

③ 《诗经·商颂·长发》："相土烈烈，海外有截。"意思是相土威武强横，海外齐来归顺。诗句虽有夸张、夸大之意，但当时商族的势力及影响向东扩展到很远的地区当是可信的。实际上，商族的西面是夏王朝统治的核心地区，因此商族只能向东发展。

北逃到黄土高原上，来到荒凉的戎狄之间——今甘肃省庆阳市一带。为了生存，擅长农耕的周族人不得不将贫瘠且不完整的呈塬、梁、峁之状的黄土地开发成农田[①]，耕种农作物，并挖窑洞以安身——“不”，即“大”之意；“窋”，即“窑洞”。不窋之名，就是大窑洞之意，可见黄土高原上民众挖窑洞而居是从不窋开始的。

尤为重要的是，为了能在游牧的戎狄之间以自保，为了避免因内部分裂而遭致灭顶之灾，不窋向族人格外强调了立足农耕的以德礼为核心的各种人文规范，用以加强内部团结。而外敌的强大、生存环境的险恶，也迫使弱小的周族人深刻认识到确立德礼规范对于团结部众和生存下去的重要意义，因而格外重视德礼以及其得以确立的经济基础——农耕经济。正是靠着农耕经济和德礼为治这两个“法宝”，并作为“传家宝”，弱小的周族不仅得以生存下来，而且在游牧的戎狄之间顽强地保持着自己的文化风貌，没有被戎狄之俗所吞没。

正当周族人在黄土高原上通过体力的超强支出和坚定地确立精神追求以自保时，中原地区发生了“改天换地”的变化，商族人推翻了夏王朝，建立了商王朝。

继夏王朝而立的商王朝不仅占据了夏王朝的全部地盘，而且其势力范围远大于夏王朝。现而今在北起辽宁省朝阳市喀喇沁左翼蒙古族自治县、内蒙古赤峰市克什克腾旗，南到湖南省长沙市宁乡市、江西省九江市武宁县，东到山东省烟台市海阳市，西到陕西省汉中市城固县、四川省眉山市彭山区的广大区域内，都发现了大量殷商的遗迹和遗物，由此可看出当时商王朝的影响力。

商王朝的统治中心在今河南、河北、山东三省交界一带。历史记载，商王朝曾在这一带频繁迁都。前已述，曾为商王朝都城的地点有亳（今河南省商丘市北）、嚣（亦作“隞”，今河南省郑州市荥阳市北）、相（今河南省安阳市内黄县东南）、邢（今河北省邢台市）、庇（今山东省菏泽市郓城县北）、奄（今山东省济宁市曲阜市旧城东）、殷（今河南省安阳市北）等——盘庚迁殷后，商王朝不再迁都，所以殷成为商王朝后期的统治中心地区。

---

① 黄土高原地区因雨水的长期冲刷形成的四边陡、顶上平、面积较大的高地称“塬”，“塬地”则指塬上的耕地；长条状、中间鼓起的高地称“梁”，其长一般可达上千米、几公里或十几公里，宽几十米到几百米；呈孤立的黄土丘、浑圆状形如馒头状的称“峁”。

为了巩固边疆，商王朝经常对周边用兵，特别是武丁统治的五十几年间，对西北的土方①、鬼方②等族以及对南方的荆楚等取得了一系列的胜利，使得商王朝的疆域日益扩大。商王朝这种扩张行为一直到其灭亡。末代君主商纣王曾常年对东夷用兵。毛主席曾夸他说："其实纣王是个很有本事能文能武的人。他经营东南，把东夷和中原的统一巩固起来，在历史上是有功的。"而商纣王失国其实也与此有关，用毛主席的话说即是"纣王伐徐州之役，打了胜仗，但损失很大，俘虏太多，消化不了，周武王乘虚进攻，大批俘虏倒戈，结果商朝亡了国"。③

在商王朝统治时期，周族在很长时期内仍在黄土高原上苦苦地支撑着。到不窋之孙公刘时，周族人虽依靠德礼为治而达到精诚团结已经完全成为一种精神的力量，大大提高了周族的生存能力，但贫瘠的土地以及险恶的生存环境实在不利于周族的进一步发展。于是在夏王朝的威胁解除之后，公刘遂率领族人"回迁"到了豳（今陕西省彬州市东北）——此地即在当年不窋率族人北逃的线路上，这里仍属黄土高原。公刘率领族人在此定居下来，继续从事农耕。④

周族北逃及在黄土高原上开荒种地，将中原先进的农耕经济成分带上黄土高原，为此地归并入中原文明区域奠定了基础，此乃周族人对中原文明、中华文明的一大贡献。

周族人在豳一直居住到公刘的九世孙古公亶父时。在此期间，虽然周族的实力有了一定的积累，但荒凉的黄土高原不仅限制了周族的发展，而且也无法

---

① 土方，中国古代民族名，殷商时期活动于今山西省北部，武丁时曾与殷商有频繁接触。

② 鬼方，中国古代民族名，殷周时活动于今陕西省西北境，为殷周之强敌。武丁时曾与鬼方进行长期的战争，后来在周族的先人帮助下才阻止了鬼方的侵袭。西周时，鬼方仍经常侵扰周的边境。周以后不见于记载。

③ 毛泽东 1958 年 11 月在阅读斯大林《苏联社会主义经济问题》之后的谈话。一说为毛泽东 1958 年 10 月在第一次郑州会议上的讲话。

④ 关于西周建立前的周族世系，《史记·周本纪》所记似存在错误。《史记·夏本纪》载夏王朝从夏启到夏桀共传 16 王，《史记·殷本纪》载商族从契到商汤共传 14 代，商王朝从商汤到商纣王共传 30 王，而《史记·周本纪》载周族从后稷到周武王才传 16 代，这段时间是夏、商两王朝统治时期，前后得有 1000 年左右的时间，显然与历史不符。有学者认为，公刘迁豳应在盘庚迁殷前后——公刘到周武王共传 13 代，盘庚到商纣王共传 12 王。如此则公刘就不该为不窋之孙，而应是相差了许多代的后裔。

避免不被戎狄所威逼，于是古公亶父再率领族人南迁到了岐山下的周（今陕西省宝鸡市岐山县北）。这里地处关中平原的西部，北倚岐山，南临渭河，自然条件优越许多，于是周族人在此继续开垦荒地，发展农业和生产，终于逐渐强盛起来。尤为重要的是，长期在黄土高原生活时周族人身上不可能不沾染上的一些戎狄之俗终于褪去。从此，周族人对外宣称自己叫“周”，并以崭新的面貌出现在商王朝的西面。

到古公亶父之子季历时，周族人的“强大”终于“成功”地引起了商王朝的注意，于是商纣王的爷爷太丁（亦称文丁、大丁）杀了季历，后来商纣王又囚禁了季历的儿子昌（周文王），但周族的强大已不可阻挡。到周文王的儿子武王时，终于克商成功，建立西周。

西周时期，统治者通过分封制而控制住了远大于夏、商王朝时期的疆域——分封制是当时最先进的政治制度。西周的疆域北抵燕山，南达淮河，西起陇山，东到大海。而其影响力则更大，东北可达今东三省的肃慎之地和今朝鲜北部，西到今甘肃省，西南抵今四川省，向南则至两广地区，东南则达今福建和浙江两省。更重要的是，不仅中原文明的区域及影响力进一步扩展，而且西周强调德礼为治的政治统御手段及精神内涵也使得中原文明的文化层次更上了一个“台阶”，其人文吸引力也得到大幅度提升。

春秋时期，西周分封制的弊端愈发显现出来——实际上到西周中期分封制即已显现出“疲象”，于是政治上的整合、归并就成为无可避免的时代行为。一些大国“站了出来”，承担起整合中原文明的“重任”。如今山东省北部和河北省西南部的一些小国和莱夷①等少数民族地区为齐国统一，今河北省东北部的一些小国和令支②、孤竹③等少数民族地区为燕国吞并，今山西省境内和河北省、

---

① 莱夷，中国古代民族名。殷周时分布在今山东半岛东北部，从事农牧，已有丝织。鲁襄公六年（前567年）并于齐国。

② 令支，中国古代国家名。其地约在今河北省唐山市之滦州市、迁安市之间。公元前664年为齐桓公所灭。

③ 孤竹，古国名，墨胎氏，在今河北省秦皇岛市卢龙县南，存在于商周春秋时。伯夷、叔齐即商末西周初年孤竹君的两子。

河南省西部的一些小国和赤狄[①]、白狄[②]、长狄[③]和“伊洛之戎”[④]等少数民族地区为晋国兼并，今陕西省境内的少数民族地区分别为秦国、晋国所吞，江汉流域和江淮流域的少数民族地区分别为楚国、吴国和越国所统一。

战国时期，这种局部统一的状况不仅进一步发展，而且向中原地区以外扩展。如燕国先并山戎[⑤]之地，后又兼东胡[⑥]之地，从而把疆界向东北推进到今辽宁省及朝鲜半岛西北部；赵国在晋国的基础上，吞中山国及林胡[⑦]之地，把北部疆界推进到今内蒙古中部；秦国则攻占义渠[⑧]、冀戎[⑨]、邽戎[⑩]和巴、蜀之地，其疆界西抵今甘肃省的黄河边，南至四川省的长江边；楚国则东并越国——在此之前越国已灭吴国，南占洞庭和苍梧[⑪]，南部疆界直抵五岭外，西则收槃瓠

---

① 赤狄，中国古代民族名。春秋时狄人的一支。大体部分在今山西省长治市北，与晋人杂居。据说因穿赤色衣服而得名。公元前 6 世纪末，其中一部分并于晋国。

② 白狄，中国古代民族名。春秋时狄人的一支。原活动于今陕西省延安市到山西省晋中市之休介市之间，后东迁到今河北省境内。因穿白色衣服而得名。公元前 6 世纪末大部分并于晋国。

③ 长狄，中国古代民族名。春秋时狄人的一支。主要流动于西起今山西省临汾市、长治市，东到今山东省边境的山谷间，经常侵击周王室和鲁、卫、宋、齐、晋、郑诸国。曾灭亡温国。也能与诸国合作，曾参加平定齐国的内乱。

④ 伊洛之戎，中国古代民族名。西戎的一支。以居于伊水、洛水中上游一带（今河南省三门峡市卢氏县、洛阳市嵩县、洛阳市汝阳县等地）而得名。周襄王三年（前 649 年），趁周王室内讧之机，与其他戎人攻入周都洛邑。周简王元年（前 585 年），曾随晋国侵宋国，后为晋国所灭。

⑤ 山戎，中国古代民族名。春秋时分布在今河北省北部及北京市延庆区一带。公元前 7 世纪时颇强，侵郑、齐、燕等国。周惠王十四年（前 663 年），齐桓公曾应燕国之邀讨伐山戎，得胜而归。战国时，燕国尽占山戎之地。

⑥ 东胡，中国古代民族名。因居匈奴（胡）以东而得名。春秋战国时南邻燕国，后为燕将秦开所破，迁于今西辽河的上游老哈河、西拉木伦河流域。

⑦ 林胡，中国古代民族名。战国时分布在今山西省朔县北至内蒙古内。战国末为赵将李牧所败，归附于赵国。

⑧ 义渠，中国古代民族名。西戎之一。分布于今岐山、梁山、泾水、漆水之北到今甘肃省庆阳市及泾川一带。春秋时，势力强大，自称为王。地近秦国，与秦国时战时和。战国时，周赧王四十五年（前 270 年）为秦所并，于是秦国有陇西、北地、上郡 3 郡之地。

⑨ 冀戎，中国古代民族名。西周末期至春秋初期时的西戎之一支。活动在今甘肃省天水市甘谷县。周庄王九年（前 688 年），秦武公并其族，置冀县。

⑩ 邽戎，中国古代民族名。西戎的一支，发源于今的甘肃省天水市清水县。周庄王九年（前 688 年），秦武公并其族，置邽县，后改为上邽县。

⑪ 苍梧，古地名。为在今湖南省与广西壮族自治区交界一带，原濮人居住地，后并入楚国，置苍梧郡。

蛮[①]、廪君蛮[②]等地而有今湘西、黔东、鄂西及汉中之地。今山东省境内的大部分诸侯国都为齐国所并。

经春秋至战国，黄河中下游和长江中下游各国政治、经济、文化交往十分频繁，使得整个地区逐渐趋向统一。

秦国自商鞅变法以后，广泛确立起小农经济，并通过重农抑商、奖励军功等一系列政策的实施，迅速走上了统一东方六国的道路。到秦始皇时终于灭亡韩、赵、魏、楚、燕、齐，统一了中国。

接着秦朝又北逐匈奴，置朔方郡统辖今内蒙古中部地区；南降南越，置海南郡统辖今广东省，置桂林郡统辖今广西东部，置象郡统辖今越南北部山区和中部平原地区；还置辽东郡于今辽宁省，向东管辖鸭绿江入海口之南部地区——即今北朝鲜之一部；另外，还于西南夷地区设立官府。于是，北自蒙古戈壁大沙漠，东、南抵海，西达今甘肃省、四川省、云南省的广大地区尽入秦朝版图。秦朝是中国历史第一个统一的多民族的封建政权，为后世中国各地区各民族的团结统一奠定了坚实的基础。

西汉时期，尤其汉武帝、汉宣帝时，在恢复秦朝旧地的同时，河西走廊、西域三十六国地区（即今新疆）入于汉。另外，东北地区夫余盘踞的今松花江流域，以及其附庸肃慎盘踞的今乌苏里江流域和以东地区，北方匈奴盘踞的地区，西南羌族盘踞的今青海、西藏、甘肃南部和四川西北部地区等，都先后臣服于西汉。这为后来的中原王朝的基本疆域和民族关系的定型奠定了基础。

东汉时期，西南的哀牢夷各部先后归汉，东汉政府于其地置博南、哀牢两县——今云南省大理白族自治州永平县和保山市，将中原政权的西南疆界扩展至澜沧江、怒江以西。同时，居住在今四川甘孜和西藏昌都地区的白狼、槃木等百余部，都向汉称臣纳贡，从而加强了这些少数民族地区同中原地区的联系。

需要说明的是，从秦汉时起今朝鲜半岛北部、越南北部，以及缅甸北部、老挝北部等，都在中国政府的管辖之下。如西汉时，乐浪郡统辖朝鲜半岛北部；交趾郡、九真郡统辖今越南北部及东南地区，两郡一直设置到唐朝。对这些地

---

① 槃瓠蛮，中国古代民族名。又作盘瓠蛮。南蛮的一支，后亦作南蛮的别称。

② 廪君蛮，中国古代民族名，巴人的一支。居于今重庆市、四川省东部和湖北省西部地区。

区管辖面积的大小随中国政治的波动而变化。其中，有的地方到两晋时脱离中国政府的管辖；有的到唐朝时期，有的则到两宋时期才脱离中国。

秦汉以后中国各地区各民族的团结统一局面继续发展和扩大：三国时，公元 230 年，孙吴派兵船到达夷洲（今台湾），从此“开辟”了台湾同大陆之间的往来历史——其实早在距今六七千年的新石器时代，大陆与台湾就有交通往来[①]；隋朝时又派兵到流求（今台湾），进一步巩固台湾与大陆的关系；唐朝时，蒙古高原以北地区纳入中国版图，西部疆域则跨出葱岭（今帕米尔高原、喀喇昆仑山）以外；宋朝时，流求（今台湾）正式纳入中原政权的行政管辖；元朝时，西藏地区正式纳入中原政权的行政管辖；明清时，不仅巩固了中原政权与西藏的关系，而且彻底解决了中原政权与蒙古族活动地区的不和谐关系，还巩固了对新疆、台湾、东北等边疆地区的控制，今中华人民共和国各地区各民族的团结统一局面在彼时基本确定下来。

中华文明具有强大的化解各方、各民族矛盾的能力，这一能力非常重要，它是中华文明不仅团结统一而且和谐一致、充满脉脉人文温情的重要基础。说得通俗些，中华各地区、各民族是谁都舍不得谁离开、谁都不忍心看谁的日子过不下去的关系。看看苏联时期曾为“一国之民”的俄罗斯人与乌克兰人、亚美尼亚人与阿塞拜疆人等现如今势同水火的民族矛盾，再看看南斯拉夫时期曾为“一国之民”、现仍为“一国之民”的塞尔维亚族和阿尔巴尼亚族在历史上和今天现实中几乎不可调和的激烈矛盾冲突，就可以更加深有感触地认识到中华文明所具有的强大和谐力、凝聚力的伟大意义。

---

① 蔡保全:《“东山陆桥”与台湾最早人类》,《漳州师范学院学报》1997 年第 3 期，第 31—36 页。

第十章 中华文明特征之五
——人文浓郁（上）

本章导读

说中华文明具有人文浓郁的特征，或人文特征浓郁，是因为我们文化中的“宗教味儿”最为清淡，而人文主义色彩最为浓厚——此“人文主义”的含义与起于欧洲文艺复兴时期的人文主义、人道主义，以及与起于19世纪的欧洲以德国哲学家费尔巴哈为主要代表的人本主义等都不相同，它仅仅指的是中国社会的一种通俗的、常态化的人文表现。

每当上课讲到此话题时，笔者都会首先向学生提问：当有人对你说“你们中国人没有信仰”，或者说“咱们中国人没有信仰”时，你会怎样回答？

随后还会继续问第二个和第三个问题：人家提问中的“信仰”应该指的是宗教信仰。那你是否知道在世界范围内，中国人的宗教鬼神信仰曾经一点不逊色于谁？你是否知道，中国人相信起鬼神来能吓死人，是骇人听闻的，其虔诚劲儿几乎也是“世界第一”的？

最后还会问：谁说信仰只指宗教信仰呢？是不是你也应该搞清楚什么叫“信仰”，才能正确地、科学地回答人家的问题呢？

将最高主神的地位不约而同地“送给”天（或太阳），似乎与人类共同的“向上崇拜”的心理有关。似乎还没有哪种或哪个宗教鬼神信仰是“地老大，天老二”

的——即使有，应该也极其“小众”的。似乎神灵都是高高在上的，尤其是各宗教、各教派的“主神”们。

说中华文明具有浓郁的人文特征，说中国人没有宗教信仰，或者说中国人不信神，这些都是文化性的说法，即根据中国社会在这方面的主流表现而作出的宏观概描。其实并不是说中国人从来不迷信，从来不信神，也不是说中国历史上乃至现今没有宗教。实际上，在中国历史上，无论中原华夏族（汉族），还是周边所谓“四夷”（各少数民族），都曾广泛存在着宗教鬼神信仰。世界三大宗教都先后传入中国，直到今天仍信徒众多。另外，中国还有众多土生土长的宗教，其中最著名的应该是道教。所以，严格来讲，说“中国人没有宗教信仰”，甚至说“中国人没有信仰”，是不正确的，是不科学的。其实，讲这样话的人，若非不是有点别有用心，那就是真的不了解中国人宗教鬼神信仰的历史，以及大多数中国人“信神而又心中无神”的鬼神信仰特点。

实际上，对于自然崇拜的最高神——天神，中国人不仅用“天知，神知，我知，子知”来降低其唯一至上神的地位，而且那些干着见不得光之事的人还用“天知，地知，你知，我知”或“天高皇帝远”等来否定天神——包括地神——的存在意义。成语“无法无天”，同样道出了“天”对中国人的无奈甚至无用。

《礼记·表记》称：“殷人尊神，率民以事神，先鬼而后礼。”这是对殷商时期浓郁的宗教信仰文化之经典概括。从现有材料看，商族人对鬼神的信仰程度不仅超过在其之前建立夏王朝的夏族人和建立“古国时代”诸政权的各个族群，而且也远超在其之后曾统治中原的各个族群，以及从古至今的各少数民族。由此造成殷商王朝极其残暴不仁、令人发指的统治——盛行人祭和人殉，以及刑罚极其残酷。

殷商统治者占卜问神的事情五花八门，主要出土于河南省安阳市殷墟的刻有文字的殷商甲骨片即反映出这一事实。这些文字就是已被世人所熟知的甲骨文。由于绝大多数都与信仰的占卜有关，故亦称“甲骨卜辞”。这些甲骨虽然出土于殷商后期的都城所在地、西周初即已遭彻底破坏的殷墟，但其内容仍堪称是解读殷商历史与文化的一部“百科全书”——涉及政治、经济、军事、天文、气候、地理、医学、交通、建筑、祭祀等等各个方面，既有关于国家大事的，也有微不足道的“小事”；既有关涉“吉”事的，也有谈及“凶”事的。总之，遇到一切事物，想知道一切事情的未来发展，商族人都要举行隆重的仪式进行占卜问神。没有鬼神，商族人几乎寸步难行，或者说越来越寸步难行——也许殷商前期的占卜之术不似迁殷之后这样得到空前发展。据研究，殷商后期，“殷王及王妃、王子和大臣均参与占卜和祭祀”。

其实周族人也是非常迷信的，他们最重视的仍是天神和祖先神。但周族人不再把天当成自己的祖先，也不认为天是专属哪一族的神，他们认为只要在祭祀鬼神时有虔诚之心就够了，世间的事应该由人来做主。因此，周族人祭祀鬼神的仪式规模比商族人要小多了。

西周这一“敬天崇德保民”的新神学理论，实际上是将“皇天上帝”拉向了人间，拉近了“皇天上帝”与“德”“民”的距离，因而不仅为西周统治建立了牢固的理论基础，而且较之殷商的“天佑殷商”思想更具有欺骗性，更能够蛊惑人心，也更有利于西周奴隶主贵族的统治。当然，最重要的是，促成了中原文化从“神本”到“人本”的转型。从此，以中原文化为核心的中华文明逐步摆脱了神文化的束缚，而走上了一条与世界其他文明所不一样的“以人为本”的道路，迄今已有3000多年之久。

引　言

说中华文明具有人文浓郁的特征，或人文特征浓郁，是因为我们文化中的“宗教味儿”最为清淡，而人文主义色彩最为浓厚——此“人文主义”的含义与起于欧洲文艺复兴时期的人文主义[①]、人道主义[②]，以及与起于19世纪的欧洲以德国哲学家费尔巴哈为主要代表的人本主义[③]等都不相同，它仅仅指的是中国社会的一种通俗的、常态化的人文表现。因之，人文浓郁即成为本书所谈及的中华文明的第五个基本的宏观特征，并成为中国人的民族自豪感、文化自信心和爱国主义思想的又一个基本出发点。

2002年，笔者曾去澳门参加学术会议，一位来自香港的学者不无揶揄地说："全世界60亿人中只有15亿人没有宗教信仰，这15亿人中的绝大多数都在中国大陆。"当时中国大陆人口是12.8亿，世界人口是63亿。该香港学者说的情况应该基本属实，全世界不信仰宗教的人的确绝大多数都在中国大陆。由此不仅完全可以得出中华文明人文特征浓郁的结论，而且还可以说也是"世界第一"的。当然有些内涵还需要细说，才能把问题说更清楚些。至今世界人口超过80亿，中国大陆人口已接近或已达到14亿，但中国大陆没有宗教信仰之人口与全世界拥有宗教信仰人群的数字比例关系应该不会有太大变化。

为什么"宗教味儿"最"清淡"是中华文明特征呢?

这是因为，首先以唯物主义观点看，世上本无鬼神，鬼神都是人类自己制造出来、想象出来的；其次从人类历史发展看，只有在进入文明时代后，人类才越发热衷于造神，才越发讲求对鬼神膜拜的仪式、仪规的健全，以及将禁忌、信条、说教等文字化甚至法典化。而中国人最先"觉醒"，最先摆脱了神的束缚，因而显然应属于优秀的文化表现。

虽然，从目前人类文明发展的阶段看，从生产力和科学技术发展的水平上看，人类尚不能彻底摆脱宗教的影响，尤其不信鬼神的人在全人类中尚处于"弱

---

① 此"人文主义"是针对反对宗教教义和中古时期的经院哲学而提出，其提倡学术研究，主张思想自由和个性解放，肯定人是世界的中心。因此，作为资本主义萌芽时期的先进思想，它在历史上是发挥过积极作用的。但是，由于缺乏广泛的民主基础，因而这一思想有着很大的局限性。

② 此"人道主义"提倡关怀人、尊重人，以人为中心。法国资产阶级革命时期，将其具体化为"自由""平等""博爱"等口号。这一思想体系在资产阶级革命时期起过反封建的积极作用，但由于它并不是要惠及所有社会成员，因而存在很大的缺陷和欺骗性。

③ 此"人本主义"主张以人作为一切社会活动的出发点，把人放在第一位。在当时，这一哲学思想在反对唯心主义和宗教迷信方面起过一定的积极作用，但不足之处在于，由于脱离具体历史和社会阶级关系去理解人，把人仅仅看成生物学上的人，所以在解释社会历史现象时仍然陷于唯心主义。

势”，并且宗教还在一定程度上能够推动人类文明的进步，宗教文化中还有可取之处，如确立敬畏自然、保护自然的理念，提高环境保护意识，反对战争及否定某些“不良”武器的态度，等等，但是其消极影响和作用也是显而易见的。中国社会不仅受其消极影响最轻，而且在这方面的文化优秀成分所占比例最大。

第一节 关于“信仰”及中国人宗教鬼神迷信的文化特点

每当上课讲到此话题时，笔者都会首先向学生提问：当有人对你说“你们中国人没有信仰”，或者说“咱们中国人没有信仰”时，你会怎样回答？

随后还会继续问第二个和第三个问题：人家提问中的“信仰”应该指的是宗教信仰。那你是否知道在世界范围内，中国人的宗教鬼神信仰曾经一点不逊色于谁？你是否知道，中国人相信起鬼神来能吓死人，是骇人听闻的，其虔诚劲儿几乎也是“世界第一”的？

最后还会问：谁说信仰只指宗教信仰呢？是不是你也应该搞清楚什么叫“信仰”，才能正确地、科学地回答人家的问题呢？

一、关于“信仰”

据说古汉语中最初并无“信仰”一词，其源于佛教典籍，始于唐朝。一说出于《法苑珠林》：“生无信仰心，恒被他笑具。”[①]一说出于《华严经》：“一切仙人殊胜行，人天等类同信仰，如是难行苦行法，菩萨随应悉能作。”[②]

① 语出（唐）道世：《法苑珠林》九四《绮语》引《习报颂》。道世，俗姓韩，字玄恽，唐初高僧。

② 语出（唐）实叉难陀译：《华严经》十四。《华严经》为佛教经书，全名《大方广佛华严经》，又称《杂华经》，来自古印度。有三个译本：（东晋）佛陀跋陀罗译《六十华严》（60卷）；（唐）实叉难陀译《八十华严》（80卷）；（唐）般若译《四十华严》（40卷）。实叉难陀（652—710年），于阗（今新疆和田）人，佛教学人，唐武周时受邀来中原翻译佛经。

关于“信仰”一词的解读，中国国家级辞书有释为“对某种宗教，或对某种主义极度信服和尊重，并以之为行动的准则”①；有释为“对某人或某主张、主义、宗教极度相信和尊敬，拿来作为自己行动的榜样或指南”②；有释为“对某种主张、主义、宗教或某人极度相信和尊敬，拿来作为自己行动的指南或榜样”③；最简单的则释为“信服尊敬”④。可见信仰的对象并不单指宗教，还可以指人、主张、主义等——笔者认为，还应该包括“事儿”。

不过，对于“信仰某人”，笔者尚未找到合理的能说服自己的解读，总觉得有点别扭。是不是应该是指崇拜某人的思想、智慧、精神或行事的风格、原则、道德等，而简称为信仰人？但如果某人毫无作为，什么事情都没有做过，或不具有“超能力”，谁又会信仰他（她）们呢？对于人，似乎应该是“崇拜”或“迷信”。

有中国学者宣称，自己没有信仰，还宽宏大量地说不干涉别人的信仰，尊重别人的信仰。其实，作为人，尤其作为读书人，应该要有自己的生活态度和追求，而生活态度和追求中实际上就包含着信仰的成分。

关于“信仰”，《苏联哲学百科全书》的解读较为详细：

“盲目相信有超自然的世界（神、精灵、魔鬼，等等）的存在。这是一切宗教的特点。宗教认为，信仰不需要任何证明，因为它不是以经验材料或理性论据为基础，而是以神的启示和宗教教义为基础。信仰是同科学知识根本对立的。

……

事实上，马克思列宁主义哲学反对把信仰和宗教同科学和知识结合起来的任何企图。马克思主义认为科学知识的基本标准不是信仰，而是实践。社会斗争的实践证明了马克思列宁主义学说关于社会发展规律、关于资本主义必然被

---

① 辞海编辑委员会：《辞海》（1979 年版缩印本），上海辞书出版社 1980 年 8 月出版，第 247 页。

② 中国社会科学院语言研究所词典编辑室：《现代汉语词典》（第 5 版），商务印书馆 2005 年 6 月出版，第 1520 页。

③ 汉语大词典编辑委员会、汉语大词典编纂处：《汉语大词典》（第一卷），汉语大词典出版社 1990 年 12 月出版，第 1417 页。

④ 广东、广西、湖南、河南辞源修订组，商务印书馆编辑部：《辞源》（修订本，上册），商务印书馆 1983 年 12 月出版，第 211 页。

社会主义代替的原理的真理性。社会主义的历史性成就使劳动人民产生了对马克思主义理论的信任、对科学预见的正确性的由衷的信念、对共产主义胜利的信心。这种信心来自掌握自然规律和社会规律，来自科学的成就和人民群众历史实践的成就；马克思列宁主义的原则和理想的真正实现是要依靠人民群众的。相信真理、善和正义的理想一定胜利的由衷的信心和信念在社会运动史和阶级斗争史上起过很大的作用，是激发群众的热情和英勇精神的有力手段。相信共产主义一定胜利，相信自己事业是正义的，这就是社会主义社会人们的高度道德坚定性的源泉。在人们直接交往的范围内，相信人的高尚的道德品质，信任人，这是友谊、爱等崇高的道德感的基础。

这种信仰并不是基于对任何彼岸本原的向往，而是基于群众对自身力量的认识。因此，它是同宗教信仰根本对立的。高尔基说过，"对无产阶级来说，信仰和知识作为谬误和真理而相互敌对的时代已经过去了。无产阶级的信仰乃是人认识到自己理性力量的结果，这种信仰造就英雄，没有也决不会创造出神来（参阅《论文学》1953 年俄文版第 689 页）。"①

这一解读不仅认为"信仰"分为宗教信仰和马克思主义信仰，而且戳破了宗教也是科学的"迷彩气泡"。

二、关于宗教鬼神信仰的起源

第一章已述，从目前考古发现的情况看，有明确结论的原始宗教信仰行为产生于原始社会末期，这是人类像模像样的宗教鬼神信仰的开始——在此之前模模糊糊的原始宗教信仰应该有着数百万年的历程，只是今人无法证实罢了。

原始社会时期，由于生产力水平低下，人们对一切自然现象包括对人类自身的存在等，都无法作出科学的解释。如太阳是怎么回事，它为什么会发光发热，为什么会升起和落下，为什么有时让人燥热难忍，有时又冷若冰霜？白天与黑夜是怎么回事，为什么会有白昼与黑天的交替？月亮是怎么回事，为什么

① （苏联）Φ.В. 康斯坦丁诺夫主编：《苏联哲学百科全书》（第一卷），上海译文出版社 1984 年 10 月出版，第 344—345 页。

会有阴晴圆缺的变化，为什么白天经常看不到它？星星是怎么回事，为什么夜晚才能看到，为什么会眨眼？为什么会有季节的变化？为什么会刮风？为什么会下雨？为什么会有闪电？为什么会下雪、下冰雹？山川是怎么形成的？为什么会有沙漠、森林、草地、平原、湖泊、沼泽？为什么会发生火山、地震、山崩、地裂、洪水、干旱、瘟疫、虫灾、火灾等灾害？动物、植物都是怎么回事？为什么有的动物只吃肉、有的动物只吃草？农作物为什么会有丰收、歉收甚至颗粒无收？人是从哪里来的？女人为什么会生孩子？人为什么会生老病死？人为什么要吃东西？人死了以后会去哪里？等等。甚至上述名词概念也为原始人在很长时间中所不认知。于是，原始人便会很自然而然地认为是有着某些超自然的力量，即各种神灵在支配着这一切，因而对天地、日月、星辰、山川、风云、雷电、雨雪、动物、植物、生殖等产生虔诚的顶礼膜拜心理以及各种禁忌，原始宗教鬼神信仰就这样产生了。这种万物有灵的宗教鬼神信仰被称为自然崇拜（或称自然神崇拜）。以后，逐渐出现至上神崇拜，即在诸神中将天神（或太阳神）奉为最高主神，并使其成为其他众神的统领，具有最高权威，获得最高的祭祀、崇拜和信仰。

第五章已述，将最高主神的地位不约而同地“送给”天（或太阳），似乎与人类共同的“向上崇拜”的心理有关。似乎还没有哪种或哪个宗教鬼神信仰是“地老大，天老二”的——即使有，应该也极其“小众”的。似乎神灵都是高高在上的，尤其是各宗教、各教派的“主神”们。

至于“土地爷”，由于在《西游记》众神中的地位很低，以致成为中国人嘲笑的对象。在中国人心目中地位崇高的是“大地之母”，即“乾坤”中的“坤”，不过也是位在“乾”之下的。这从紫禁城中的乾清宫为皇帝所用——甚至皇帝死后的灵柩也先停放于此，坤宁宫则为皇后所居——清雍正始皇后住往别处，即可看出天与地的尊卑关系。

再以后，到原始社会最末期的父系氏族公社时，随着父系血缘的逐渐明确，人们可以认定自己的父辈祖先了——与此同时权力、财产、男尊女卑等意识、概念和理念等也逐渐形成，于是又出现了祖先崇拜（或称祖先神崇拜）。如中国许多族群对黄帝、炎帝、蚩尤、尧、舜、禹、后羿、后稷、契、皋陶、伯益等的崇拜。

进入文明时代后，在有些人群中产生将自然崇拜与祖先崇拜合二为一的天命神权观，在有些人群中则产生“无君无父”、否定“万物有灵”的具有人形或隐身人形的唯一至上神崇拜——当然，还有更多其他宗教鬼神信仰的表现形式。再以后则更加复杂，有些发展为有严密体系、有典籍可宗、有繁复组织架构以及各级领导者的宗教，但派系众多；有些则始终停留在体系若有若无、做法说法各异的粗糙的原始宗教鬼神崇拜状态，且数不胜数。但不管怎样，宗教鬼神信仰已经进入到人们的日常生活中，指导、规范着信仰者的所思所想、所作所为，有时甚至还具有激励作用。

三、中国人宗教鬼神信仰的文化特点——“信神而又心中无神”

说中华文明具有浓郁的人文特征，说中国人没有宗教信仰，或者说中国人不信神，这些都是文化性的说法，即根据中国社会在这方面的主流表现而作出的宏观概描。其实并不是说中国人从来不迷信、从来不信神，也不是说中国历史上乃至现今没有宗教。实际上，在中国历史上，无论中原华夏族（汉族），还是周边所谓“四夷”（各少数民族），都曾广泛存在着宗教鬼神信仰。世界三大宗教都先后传入中国，直到今天仍信徒众多。另外，中国还有众多土生土长的宗教，其中最著名的应该是道教。所以，严格来讲，说“中国人没有宗教信仰”，甚至说“中国人没有信仰”，是不正确的，是不科学的。其实，讲这样话的人，若非不是有点别有用心，那就是真的不了解中国人宗教鬼神信仰的历史，以及大多数中国人“信神而又心中无神”的鬼神信仰特点。

世界三大宗教中，佛教诞生于公元前6世纪的今尼泊尔（印度次大陆），西汉末传入中国，东汉初得到政府认可，并在今河南省洛阳市建成中国第一个佛寺——白马寺，到魏晋南北朝时兴盛起来，从此深入中国社会。基督教诞生于公元1世纪罗马帝国统治下的巴勒斯坦地区的犹太人团体，传入中国的最早的确切记载是公元635年（唐太宗贞观九年），时称“景教”。伊斯兰教于公元7世纪初兴起于阿拉伯半岛，7世纪中叶（唐朝初期）自西亚、中东传入中国，宋元以后有一定发展，并形成相对固定的信仰群体——自元朝以来中国史籍多用“回回”一词泛称伊斯兰教的信仰者。

中国土生土长的道教兴起于东汉，定型于魏晋南北朝。在此过程中，业已成熟的佛教“帮了不少忙”，道教吸收、借鉴、参考了佛教不少东西。对许多中国老百姓而言，二教之间模糊之处很多。如观音像前给人准备的跪垫上是“阴阳鱼”的图案，在道教寺院中却别有一宫供奉着观音像，等等，凡此种种，随处可见——其实也显现出中国人在宗教信仰，以及生活态度上的宽容大度和宽松心态。

关于中国社会宗教鬼神信仰的特点，可分历史与现实两方面来谈。同时，历史特点与现实特点又各存在两个方面：一方面是具体的表现；另一方面则是文化的表现。正是这两方面的综合表现，造就出中国人“信神而又心中无神”的文化特点。

首先，从历史上看，作为世界“四大文明古国”之一，中华文明产生时世界上还没有像模像样的宗教。前文已述，截至目前，据说迄今为止世界上最早的祭坛发现于中国，即 1996 年在浙江省嘉兴市南湖区大桥镇南河浜遗址发现的距今近 6000 年的人工祭坛——该祭坛即使不是世界范围内最早的，也应该是最早的之一。祭坛的出现说明当时中国人已经有了比较像模像样的宗教鬼神信仰了。实际上，新石器时代的祭坛在中国大地上已经发现有几十处之多，遍及辽河流域、黄河流域和长江流域等地。这是从具体表现而言，中国人与其他民族一样，是有宗教信仰的。

在中国封建时代，宗教神权始终屈居于皇权之下。例如，关于宋太祖赵匡胤在大相国寺遭遇的“见（现）在佛不拜过去佛”[①]传说，表面上看显现出宗教智人惯常的“非凡”智慧，但其实此事无论真假，都反映出宗教神权在中国专制皇权面前的无奈、恐惧和战栗，以及专制皇权凌驾于神权之上的傲慢和扬扬得意。当下中国人对此传说的津津乐道，更反映出对宗教神权的轻视，以及对专制皇权凌驾在宗教神权之上的习以为常。

而且，历代封建政府所设立的管理宗教事务的机构，其地位都不很高。如

---

① （宋）欧阳修《归田录》（卷一）：“太祖皇帝初幸相国寺，至佛像前烧香，问当拜与不拜，僧录赞宁奏曰：‘不拜。’问其何故，对曰：‘见在佛不拜过去佛。’赞宁者，颇知书，有口辩，其语虽类俳优，然适会上意，故微笑而颔之，遂以为定制。”一说，明太祖朱元璋在嵩山少林寺遭遇“见（现）在佛不拜过去佛”之恭维而流传后世。

北周、宋朝设左、右街道录院为掌管道教事务的中央机构，属鸿胪寺，后改属秘书省，用不恰当的比喻，不过是今日厅局级别的机构而已。明清时期，中央设道录司为掌管道教徒事务的最高机构，属礼部，仅为正六品；掌管有关佛教徒事务的中央最高机构为僧录司，亦为正六品，同样都是相当于今日厅局级别的单位。只有元朝中央设置的掌管全国佛教事务和藏族地区军事民政事务的宣政院为从一品，大致相当于今日的部级机构或稍高一点，但它还不是专门的宗教事务管理机构。如此的机构设置明显表现出的是“人在上，神在下”“神受人管”“神并无特殊地位”的人文政治格局。至于基督教，虽然早在唐朝时即传入中国，但发展始终不很顺利，甚至受到限制和阻碍。如“景教”传入唐朝后，虽过了 200 多年的“舒坦”日子，但到唐武宗时，公元 845 年（会昌五年），因朝廷下诏禁绝佛教而遭波及，以致很快在中原地区中断绝迹。后来天主教和聂斯托利派又于元朝时传入，通称“也里可温教”或“十字教”，但流传不广，元亡后又皆中断绝迹。再后来，明朝万历皇帝（神宗）时，1582 年（万历十年），天主教由耶稣会传教士、意大利人利玛窦（1552—1610 年）又一次传入。利玛窦，字西泰，从澳门入境，初在今广东省肇庆市传教，后又在其他地方传教，直到 1601 年（万历二十九年）才到北京。但直至客死于北京，他将天主教中国化的努力，如宣称中国古书上的“天”或“上帝”即是西方崇拜的“天主”，以及他本人脱掉教服改穿儒服，蓄须留发，自称“西儒”，并与徐光启等名臣、学者广泛结交等做法，并未使天主教在中国赢得更多的“市场”。清朝初期，出生于意大利米兰的天主教耶稣会修士郎世宁，奉命于 1715 年（康熙五十四年）抵华传教，历康、雍、乾三世，至 1766 年（乾隆三十一年）于 78 岁高龄卒于北京，但给清帝画了一辈子画的他，到死也未被允许传一句教。[①] 雍正时（1723—1735 年），俄国沙皇派东正教传教士进入中国，但影响更加有限。

实际上对于自然崇拜的最高神——天神，中国人不仅用“天知，神知，我

① 郎世宁（1688—1766 年），意大利人，擅绘画。1715 年，他以天主教耶稣会修道士身份来华，但未被允许传教，而是被任为宫廷画师。他在中国生活了 51 年，历康熙、雍正、乾隆三朝，留下大量作品，还曾参与圆明园西洋楼设计。作为修道士，郎世宁一直想传教，但不被允许，甚至遭训斥。他在中国的经历充分说明中国封建君主对基督教的排斥。

知，子知”[①] 来降低其唯一至上神的地位，而且那些干着见不得光之事的人还用“天知，地知，你知，我知”或“天高皇帝远”等来否定天神——包括地神——的存在意义。成语“无法无天”，同样道出了“天”对中国人的无奈甚至无用。

所以，从文化表现上谈，中国人是不信神的。

再从现实来看，一方面真正像“教民”那样虔诚地信仰宗教的人在中国总人口中所占比例只是少数。据中国国务院新闻办公室 2018 年 4 月 3 日发表的《中国保障宗教信仰自由的政策和实践》白皮书显示，中国信仰佛教、道教、伊斯兰教[②]、天主教[③]和基督教[④]等宗教的公民近两亿人。[⑤]2018 年年底中国的总人数是 13.9 亿多，这样宗教信众在中国总人口中占 14% 左右，因此肯定不能说中国人都是没有宗教信仰的，都是不迷信神的。

而另一方面，在十一二亿甚至更多的广大非信教的民众中，有不少人虽有着程度不同与宗教沾边的信仰情结，但他们的所谓宗教信仰不仅与信教民众相比不可同日而语，而且在很大程度上具有浓郁的人文主义情怀，即祈求神灵的目的是保佑自己，以及护佑自己家人或亲朋好友的生命、财产、健康、官运、学运、婚运、财运，甚至吃饱、穿暖——至少是不饿肚子、不赤身裸体，等等。在遍及中国大地的寺院道观中，烧香拜神、磕头祈福、算命求签以及写符、投

① 语出《后汉书·杨震传》：“大将军邓骘闻其贤而辟之，举茂才，四迁荆州刺史、东莱太守。当之郡，道经昌邑，故所举荆州茂才王密为昌邑令，谒见，至夜怀金十斤以遗震。震曰：‘故人知君，君不知故人，何也？’密曰：‘暮夜无知者。’震曰：‘天知，神知，我知，子知。何谓无知！’密愧而出。后转涿郡太守。性公廉，不受私谒。子孙常蔬食步行，故旧长者或欲令为开产业，震不肯，曰：‘使后世称为清白吏子孙，以此遗之，不亦厚乎！’”

② 中国信仰伊斯兰教的少数民族主要有：排名在少数民族人口数第二位的回族（人口近 1000 万），排名在少数民族人口数第四位的维吾尔族（人口近 1000 万），排名在少数民族人口数第十七位的哈萨克族（人口近 150 万），其他还有东乡、柯尔克孜、撒拉、塔吉克、乌孜别克、保安、塔塔尔等族，共 10 个民族。当然这些民族中并非人人信仰伊斯兰教，这也是事实。此外，汉族、蒙古族、藏族及傣族中也有部分人信仰真主安拉。白皮书显示，中国穆斯林的总数为 2000 多万，伊斯兰教教职人员 5.7 万余人。

③ 白皮书显示，截止到 2018 年 4 月 3 日，中国天主教信徒为 600 万，这一数字包括受天主教地下势力影响的教徒。天主教宗教教职人员约 0.8 万人。

④ 白皮书显示，截止到 2018 年 4 月 3 日，中国基督教（新教）信教人数为 3800 多万，宗教教职人员约 5.7 万人。

⑤ 白皮书称，佛教和道教信徒众多，但普通信徒没有严格的入教程序，人数难以精确统计。佛教教职人员约 22.2 万人，道教教职人员 4 万余人。

钱、摸吉利物、购买连心锁等以讨好运者数不胜数，尤其宗教节日时更是人流如织。许多寺院道观因此而香火旺盛，远近闻名，财源滚滚。在拜神求吉者中，有些人是慕名特意而来，有些人是所谓还愿复来，更多的人则是旅游于此顺便祈福。

这种“利己主义”“利人主义”“实用主义”[①]“为我主义”的而非献身为神、非以神为本的所谓“宗教情结”，不仅没有加重中国社会的宗教性，反而凸显了中国社会的人文性，只不过这种人文性包裹着一层所谓宗教鬼神信仰的外衣而已。尤其，当中国人的这种宗教鬼神信仰的情结被泛化后，即当人们很随意、很轻易地将自己热爱、喜爱、崇拜的历史人物、故去的领袖甚至文学人物等也转变成信仰对象时，这种对神并不十分尊重的人文氛围就更加凸显了出来。如自古而今将黄帝、炎帝、姜太公、老子、孔子、黄石公、张良、关羽、岳飞、诸葛亮、孙悟空、猪八戒、沙和尚、唐僧、李靖、武松甚至无名氏[②]等封神并顶礼膜拜。

这样，从文化表现上说，中国人的确是不信神或心中无神的。

因此，从总的情况看，中华文明是不受宗教鬼神信仰所束缚、控制或被强烈影响的，“非宗教性”或“人文浓郁”既是其突出的文化特点，也是中华文明的重要特征。

第二节　殷商时期以神为本的文化特征

中国不仅是世界上最早建立祭坛而将宗教鬼神信仰“规范化”的国家或地区（之一），而且在中原建立殷商王朝的商族人似乎是中国历史上乃至世界历史

① 此“实用主义”非为创始于美国的现代资产阶级哲学的那个派别。其“实用主义”的主要内容是，否认世界的物质性和真理的客观性，把客观存在和主观经验等同起来，认为有用的就是真理，思维只是应付环境解决疑难的工具。本书所称“实用主义”是指大多数中国人在宗教鬼神迷信中的务实态度，即只有在需要时才求助神灵，其他时候则相忘于脑后、“相忘于江湖”的有趣表现。

② 李汉鹏：《论先秦时期的贞人集团》，《东南文化》1993 年第 4 期，第 97 页。

上最为迷信的一个族群。

《礼记·表记》称："殷人尊神，率民以事神，先鬼而后礼。"这是对殷商时期浓郁的宗教信仰文化之经典概括。从现有材料看，商族人对鬼神的信仰程度不仅超过在其之前建立夏王朝的夏族人和建立"古国时代"诸政权的各个族群，而且也远超在其之后曾统治中原的各个族群，以及从古至今的各少数民族。由此造成殷商王朝极其残暴不仁、令人发指的统治——盛行人祭和人殉，以及刑罚极其残酷。

殷商时期超出其他历史时期，甚至在世界文明史中屈指可数得上的极为浓郁的宗教鬼神信仰氛围，体现在如下一些方面。

一、事无巨细都必须先占卜问神

商族人的宗教鬼神信仰与其他民族早期情形是一样的，即都是万物有灵和祖先崇拜的。不一样之处是，商族人——当然主要是殷商的统治集团，事无巨细都必须要先占卜问神，请神灵来为人间所有的事情做主，拿主意，不仅几乎天天占问，甚至一天几占，因此其文化显示出十足的神本性特征。商族人对各种神灵的信任程度，以及各种神灵"干预"商族人社会生活——实际上是商族人心甘情愿地敬请神灵进行干预——的广泛性和深入性，似乎是世界其他所有族群和民族所不及的。①

殷商统治者占卜问神的事情五花八门，主要出土于河南省安阳市殷墟的刻有文字的殷商甲骨片即反映出这一事实。② 这些文字就是已被世人所熟知的甲骨

① 参见李汉鹏：《论先秦时期的贞人集团》，《东南文化》1993 年第 4 期，第 98 页。

② 经研究和鉴定，甲是乌龟或海龟的甲壳，大多数是乌龟的，少数是海龟的；大多数是腹甲，少数是背甲。骨是牛的肩胛骨，也有极少数是牛的肋骨和其他动物的骨头，还有人的头盖骨。甲骨上的文字是用青铜刀刻上去的，有许多完整的龟腹甲上面还发现用毛笔写的字。可能是大字先用毛笔写好后再用刀刻，有许多大字的刻纹里还用朱砂涂成红色。甲骨在使用之前要经过多次加工整治，如锯开，刮削平整，在背面钻凿出有规律的椭圆形或圆形的浅坑等。占卜时，先用烧红的木炭或火条之类的东西在背面的浅坑处烧灼，这样在正面即出现裂纹，叫作"兆"。神职人员就根据"兆"来判断吉凶，然后将为什么占卜、占卜的结果以及以后应验的结果都刻在甲骨上。

文。由于绝大多数都与信仰的占卜有关，故亦称“甲骨卜辞”。[1] 这些甲骨虽然出土于殷商后期的都城所在地、西周初即已遭彻底破坏的殷墟，但其内容仍堪称是解读殷商历史与文化的一部“百科全书”——涉及政治、经济、军事、天文、气候、地理、医学、交通、建筑、祭祀等各个方面，既有关于国家大事的，也有微不足道的“小事”；既有关涉“吉”事的，也有谈及“凶”事的。总之，遇到一切事物，想知道一切事情的未来发展，商族人都要举行隆重的仪式进行占卜问神。没有鬼神，商族人几乎寸步难行，或者说越来越寸步难行——也许殷商前期的占卜之术不似迁殷之后这样得到空前发展。据研究，殷商后期，“殷王及王妃、王子和大臣均参与占卜和祭祀”[2]。

《尚书·洪范》据说是周朝的史官记录商末大臣箕子所述商朝政治文化的纲要，大体是可信的[3]，其中专门谈到了卜筮信仰在殷商政治生活中的核心地位。其文称：“汝（商王）则有大疑，谋及乃心，谋及卿士（高级贵族），谋及庶人，谋及卜筮。汝则从，龟从，筮从，卿士从，庶民从，是之谓大同，身其康强，子孙其逢，吉。汝则从，龟从，筮从，卿士逆，庶民逆，吉。卿士从，龟从，筮从，汝则逆，庶民逆，吉。庶民从，龟从，筮从，汝则逆，卿士逆，吉。汝则从，龟从，筮逆，卿士逆，庶民逆，作内（对内行动），吉；作外（对外行动），凶。龟、筮共违于人，用静（不行动），吉；用作（行动），凶。”

“卜”即根据龟甲被烧灼后的裂纹“兆”来预测吉凶，“筮”即用蓍草的排列预测凶吉。前者盛行于殷商时期，商亡以后衰落；后者在殷商之后曾广泛使用，但据《洪范》可知殷商时期也用此法，而且是主要的占卜方法之一。“龟从”即用龟甲占卜得到吉象而表示赞同，“筮从”即用蓍草占卜得到吉象而表示赞同，“筮逆”即得到凶象而表示反对。

由《洪范》可知，殷商时期凡遇大事，只要龟、筮的占卜结果是一致赞同，即使商王、卿士、庶人中有一种人反对，也算吉象，可以采取行动；若龟、筮的占卜结果是一致反对，即使商王、卿士、庶民都赞同，也不可行动；若龟与筮的占卜结果不一致，则只能对内采取行动，而不能对外采取行动。总之，

① 据称一条完整的殷商甲骨卜辞大体上由前辞、命辞、占辞、验辞 4 部分组成。

② 李汉鹏：《论先秦时期的贞人集团》，《东南文化》1993 年第 4 期，第 98 页。

③ 范文澜：《中国通史》（第一册），人民出版社 2008 年 5 月出版，第 58 页。

龟、筮的占卜结果大于商王的决定权，可见神的力量之大。由此更可知，操纵龟、筮占卜的神职人员——他们被称为巫、史、祝等，在甲骨文中常被称为“卜人”“贞人”和“占人”等，其实是殷商最高权力的真正持有者，有时甚至高于商王——至少殷商初期甚至前期当是如此。殷商初期，曾佐助商汤建立商朝的伊尹（名伊，一说名挚。尹是官名，相当于后世的丞相）曾将商汤的孙子、商王太甲流放。3 年后，太甲悔过，又被接回复位。① 作为“行政二把手”的伊尹能够将“行政一把手”的商王赶下王位，显然其利用了手里的神权。伊尹应该是当时最大的巫，是最大的祭司。以后，则由商王根据卜兆的形状判断吉凶，从而将最高神权全完抓在自己手里。②

商族人占卜问神的事情无所不包。如甲骨文中有武丁的王后妇好生女儿的记录、有商王一次狩猎共擒获 56 头鹿的记录，还有连续 8 天卜问晚上是否会有灾祸的记录，以及定期卜问 10 天之内是否有灾祸的记录，等等。在今人看来，殷商统治者占卜问神的最微不足道的一件事情，是某个商王仅仅因为耳鸣便举行了一次占卜问神活动，并为此一共杀死了 158 头羊 ③——这应该是为了显示占卜的虔诚和仪式的庄重。显然，在极度迷信的商族人看来，向神灵探求因果从来都不是“小事一桩”的，充分显示出“国之大事，在祀与戎”④ 理念——也显示出殷商畜牧业的发达。

殷商时期，在今北京市南部的房山区一带有一个古燕国——西周分封的燕国即是沿用了“燕”（在甲骨文和金文中写作“晏”“匽”“郾”等）这个古地名。它与殷商王朝有密切的联系，如甲骨文中常有“晏来”的卜辞。所谓“晏来”，即指古燕国使者或其他官方人士到商朝来。他们的到来不仅应该是“无害”的，而且还可以加强双方的“精诚团结”，显然是好事，但为此而进行占卜，且占卜

---

① 《史记·殷本纪》：“帝太甲既立三年，不明，暴虐，不遵汤法，乱德，于是伊尹放之于桐宫。”桐宫，位在今河北省临漳县境内。另一说：汤死后伊尹在辅佐汤之子卜丙（外丙）、仲壬两王之后自立，放逐太甲。7 年后，太甲潜回，将其杀死，夺回王位。因放逐期间知民疾苦，故太甲复位后励精图治，结果诸侯皆服，人民安宁——但此说与后世殷人仍祭祀伊尹不符。

② 巫称喜：《商代占卜权与信息传播研究》，《韩山师范学院学报》2101 年第 2 期，第 32—35 页。

③ 见郭沫若主编：《中国史稿》（第一册），人民出版社 1976 年 7 月出版，第 191 页。

④ 《左传·成公十三年》。

的基本目的是问吉凶，可见商族人信神不信人的信仰程度有多深。另外，甲骨文中还常有“妇妟”字样，意思是指嫁来殷商的古燕国之女——应该是公主之类的贵妇，说明古燕国与殷商还有互通婚姻的关系，这更是大好事，但每次商族人仍需要先占卜问神。还有，地处北方的古燕国产白马，因而经常进贡进献给殷商，这在甲骨文中也有记载，显然这等“好事”也同样得先占卜问凶吉。①

好在，据研究，殷商的占卜环节是可以人为控制的，因此可以得到统治者想要的结果。②但是，若人为干涉过多即说明商族人不信神了，这有悖于殷商“尊神，率民以事神，先鬼而后礼”的文化传统，因此殷商时期人为干涉占卜结果应该不会很广泛。直到晚期，殷商政治文化仍笼罩在浓郁的宗教鬼神信仰氛围之中。

二、频繁而隆重地祭祀众多鬼神

由于极度迷信，商族人不仅信仰的鬼神众多，如天神、地神、日神、月神、星辰神、云神、风神、雨神、雷神、电神、农神、山岳神、河神、四方神等，③还有先祖、先王、先妣、先臣等，而且祭祀十分频繁、隆重。

商族人信仰的最高自然神是天帝（或称“上帝”），而且他们深信天帝乃自己的祖先。这一信仰至少来自商族人的始祖——契的出生传说。相传，契为其母简狄吞玄鸟卵而生，此神话传说被司马迁“堂而皇之”地记载于《史记·殷本纪》中，称：“殷契，母曰简狄，有娀氏之女，为帝喾次妃。三人行浴，见玄鸟堕其卵，简狄取吞之，因孕生契。”——不过从司马迁在《史记》中的通篇态度来看，他未必相信这一灵异说法。对今天的历史唯物主义者来说，依此记载可知，在契之前商族人处于母系氏族公社阶段，因而人们只知其母而不知其父；从契开始商族人进入到父系氏族公社时期，因此契是商族的第一个父系祖先。但商族人不懂这一史观，于是他们便神话此事，世世代代唱诵着“天命玄鸟，

① 甲骨文中有卜辞：“贞，妟乎取白马氏。”所占问的就是古燕国将白马送来殷商之事。

② 巫称喜：《商代占卜权与信息传播研究》，《韩山师范学院学报》2101 年第 2 期，第 32—35 页。

③ 参见王浩：《商代人祭对象问题探论》，《文博》1988 年第 6 期，第 33—37 页。

降而生商”[①]的祭歌，心中充满着“天佑殷商”的自豪。

商族人对信仰的虔诚从祭祀时的用牲量也可以看出来。甲骨文中有商族人用牲“百牢”祭祀黄河的记录。百牢，即一百份“牢”。牢是古代祭祀时用的牺牲，一般牛、羊、豕各一曰“太牢”，羊、豕各一曰“少牢”——牢也指贵族宴享时食用的牲畜。在殷商时期，百牢应该是包括牛在内的数目为二三百只的牺牲，可见当时这种祭祀场面是非常壮观的，当然，也可见商族人信仰鬼神的虔诚之心。在商族人心目中，黄河具有与商汤同等的地位——甲骨文中也有商族人用 10 头牛祭祀商汤的记录，应该是不同的祭祀方法。

在甲骨文中可以看到商族人至少有 5 种祭祀方法，祭祀的时候还伴随着火的使用。据甲骨文，商朝晚期商王用翌、祭、燎等 5 种祭祀方法轮番且周而复始地祭祀先王、先妣——后世称为“周祭”，表明随着商王朝的统治越来越难以为继，统治者迫切希望先王、先妣能保佑他们。

商族人对祖先神的重视似乎超越对一般自然神的信仰。甲骨文中有商族人用 9 头牛对商汤七世祖王亥[②]施行燎祭，另有用 50 头牛、2 只羊、2 头猪祭祀王亥的记录；有用 50 头牛祭祀殷商王朝第 17 代王祖丁和先妣母庚的记录；有用百牛祭祀殷商王朝第 23 代王武丁的记录，等等。甚至，还有用牲达到上千头的祭祀活动。[③]

三、大量使用活人做牺牲祭祀鬼神

殷商时期，不仅频繁地祭祀鬼神，举行祭礼时以马、牛、象、猪、狗、羊、

---

① 见《诗经·商颂·玄鸟》。“玄”，黑色。“玄鸟”，黑色的鸟，一般认为是燕子。有学者认为，商族人可能是以燕子为图腾的部族。

② 王亥，甲骨文称高祖亥、高祖王亥。相传，从他开始商族人从事畜牧业。他放牧于黄河北岸，被有易族首领绵臣杀害，牛羊被夺去。后其子上甲微向河伯借兵，攻破有易，杀绵臣，为父报仇，夺回牛羊。从后世商族人对王亥的隆重祭祀来看，由他开始的畜牧业对商族的影响巨大，或者他还有其他重大贡献。其子上甲微，亦称殷侯微，商汤的六世祖，也为商族著名先祖。商王以天干（甲、乙、丙、丁、戊、己、庚、辛、壬、癸）为名即由他开始。甲骨文中凡合祭历代先祖先王，也多由他开始，称“自上报甲至于多后”。

③ 郭沫若主编：《中国史稿》（第一册），人民出版社 1976 年 7 月出版，第 191 页。

猴、狐、河狸等动物作为牺牲，而且用活人做牺牲来祭祀自己祖先和神灵。人祭的牺牲主要是战俘，也有相当数量的臣妾——臣，指在社会生活领域中被殷商统治者广泛役使的男性奴隶[①]；妾，指女性奴隶[②]。

殷商时期的人祭通常一次要杀掉数十人到数百人，甚至上千人[③]，令人发指。如甲骨文记载，一次祭祀先王的“多妣”，就用了“小臣卅、小妾卅”，即用男女奴隶共60人作为牺牲。祭祀河神的时候，还要专用一些女奴隶。人祭的方式是极其残酷的，多数以戈钩颈而死；有些“杀而施之”，即破腹陈尸；有些则是割取人头祭神。在殷墟曾出土过一些刻有文字的人头骨残片，如一片上刻有“夷方伯”等字，是夷人首领的头骨。[④]可见被征服的他族首领也会被作为人祭的牺牲。一说，1977年在周原发现的甲骨文中，记载了周文王被商纣王帝辛用作人祭的牺牲而被杀的事情，据说是被用于祭祀殷商的第四位君主太甲[⑤]。此说尚存在争议[⑥]，但殷商将他族首领用于祭祀当属事实。1984年在殷墟王陵区西北岗祭祀坑中出土一盛有一煮熟人头的青铜甗，1999年在殷墟刘家庄北地1046号墓也出土一内盛一煮熟的15岁东夷少女人头的青铜甗，据研究这是殷商一种重要的祭祀形式，而后者很有可能是被征服部族的公主。

在安阳市洹河以北的武官村北冈地上的殷墟王陵区（又因地处侯家庄西北之冈，故亦称“侯家庄殷商王陵区”）已发掘的两千多个殷商祭祀坑群中，出土了数千具用作牺牲的人与动物的遗骸，而这还只是部分祭祀坑。据研究，殷商人祭杀戮的对象主要就是羌人，甲骨文中有一次杀死羌人百人以上的记录——

① 据说“臣”字像一只竖立的眼睛，形象地表示奴隶对主人俯首屈从之义，因为人在低头向上看的时候，眼睛处于竖立的位置。见郭沫若主编：《中国史稿》（第一册），人民出版社1976年7月出版，第175页。

② 据说“妾”表示屈膝伺候主人的意思。见郭沫若主编：《中国史稿》（第一册），人民出版社1976年7月出版，第175页。

③ 郭沫若主编：《中国史稿》（第一册），人民出版社1976年7月出版，第177页。

④ 郭沫若主编：《中国史稿》（第一册），人民出版社1976年7月出版，第177—178页。

⑤ 王玉哲：《陕西周原所出土甲骨文的来源试探》，《社会科学战线》1982年第1期，第103页。

⑥ 一说是将周文王之名列于祭祀名册中，与记录在册的其他祭人、祭牲之名和数字一起献祭，而非真正的“实物献祭”。这种“精神献祭”既可节约人力、物力、财力，避免浪费、简化仪式、缩短祭时，且仍可以达到恐吓其他部族的目的，同时又不致将矛盾激化到不可调和的地步，但亦强烈反映出商族无视他族首领的地位，贱视他族的强势心理。

羌人应是殷商时期生活在殷商王朝边境一带势力较大且与殷商统治对立情绪很大的一个或若干族群。

另外，殷商在修筑宫殿等建筑时，在每一道重要工序开始前都要举行祭礼仪式，同时伴随着杀牲杀人。在位于安阳市洹河以南，隔河与王陵区相望的小屯村北地的殷墟商王宫殿基址群，就发现了这些祭礼仪式的痕迹，据研究应分为四种："第一种仪式叫奠基，即在基坑挖成后，未打夯之前，在基坑底下，再挖一个小坑，内埋一狗或一个小孩"，共发现"有七个举行奠基仪式，挖了十三个墓坑，用狗十五，用儿童四人"；"第二种仪式叫置础，当基址打到相当高的时候，在置础竖柱之先，又要挖破基址，埋葬狗、牛、羊三牲"，共发现"有三个举行置础仪式，挖了十九个坑，用狗九十八，牛四十，羊一七，又用二人"；"第三种仪式叫安门，安门时一般在大门的内外左右，埋葬人兽，以示保护之义"，共发现"有五个基址举行，挖了三十个坑，用狗四，用人五十"；"第四种仪式叫落成，即当建筑完成后，最后再在建筑物的前面，埋葬一些车马人兽，以庆祝成功"，共发现"有一个基址举行落成仪式，只在残存的部分，就挖了一二七个坑，用车五，马十五，羊十二，狗十，又用人五八五，如果把坑复原起来，可达八三三人"。上述 16 个宫殿基址（总共有 21 个），"凡奠基、置础、安门、落成四种典礼仪式，共挖坑一八九，用车五，马十五，牛四十，羊一一九，狗一二七，用人六四一，如果把坑复原，那就有八八九人了"。"这些被用作建筑仪式牺牲的奴隶，有单人葬，三人葬，五人葬，跪葬，倒葬，砍头葬，儿童葬几种。以俯身的居多，有的骨骸不全，有的缺少上肢，有的仅有左臂，有的右臂弯曲，有的左肘向外突出，有的双臂从肩部落下，有的膝骨折断，有的双手捆在背后，有的双手捆在胸前，种种迫害，无所不有。"①

在宫殿遗址的南面是商王举行祭祀的地方。"以中部大基址为中心，在上面举行着人头祭，牲畜祭及烧牲祭。"9 个基址（总共有 17 个），共"有二十五个坑，祭用六十二羊，七十四狗，又用九十七人。这些用作祭祀的奴隶，小孩是全躯的，成人是杀头的。杀头的人骨，俯身的，头与颈完全脱离，有时留有下颚，有时脊椎骨上还带有颚骨和颈骨。仰身的，头部仅被砍去上部，下部还连

---

① 均见胡厚宣：《中国奴隶社会的人殉和人祭》（上篇），《文物》1974 年第 7 期，第 79 页。

在颈上，被砍的地方，有的在鼻部，有的在眉际，刀砍的痕迹，还清楚可见。奴隶主贵族统治阶级的残暴，真可谓无所不用其极”。[①]

仅从上述对3000多年前那些被害奴隶遗骸遗骨的描述，就足以令人震恐、震惊，并让人心悸、心碎。实际上，在殷墟小屯村商王宫殿宗庙祭祀遗址，只1974年以前发掘所得的不完全统计，其“用人祭的多至七三八人，倘若把残墓复原，则将有九八六人之多”[②]。

人祭还有活埋的。在江苏省徐州市铜山县丘湾殷商遗址“发现一处葬地，甚为特殊。葬地范围75平方米，经过夯实，土质坚硬。中部竖立着四块大石，当中的一块最大，略像方柱体，南、北、西三方，各围着一块较小的大石。以这四块大石为中心，周围发现人骨二十具，人头骨二具，又狗骨十二架。人狗混杂，头向都对着大石，显然是对于中间大石的一种祭祀。人骨有男有女，有壮年，有青年，俯身屈膝，双手反绑在背后，头骨破碎，肢骨残缺，当是被迫用作祭祀牺牲而活埋的奴隶。考古工作者有的认为这是殷代晚期杀人祭社的遗迹”[③]。

有专家统计，有关人祭的殷商甲骨“共有一三五〇片，卜辞一九九二条”[④]，“总算起来，从盘庚迁殷到帝辛亡国，在这八世、十二王、二七三年（公元前1395—前1123年）的奴隶社会昌盛期间，共用人祭一三〇五二人，另外还有一一四五条卜辞未记人数，即都以一人计算，全部杀人祭祀，至少亦当用一四一九七人”[⑤]，而这肯定不是最完全的统计。殷商时期实际的人祭量一定会远远多于这个数字。

四、盛行用大量活人给死人殉葬

殷商时期，奴隶主贵族死后用活人殉葬，其目的一是用以显示死者生前的地位，二则是表示在阴界继续役使他人。从考古发掘来看，殷商殉葬用人有时

① 胡厚宣：《中国奴隶社会的人殉和人祭》（上篇），《文物》1974年第7期，第79页。
② 胡厚宣：《中国奴隶社会的人殉和人祭》（上篇），《文物》1974年第7期，第79页。
③ 胡厚宣：《中国奴隶社会的人殉和人祭》（上篇），《文物》1974年第7期，第80页。
④ 胡厚宣：《中国奴隶社会的人殉和人祭》（下篇），《文物》1974年第8期，第56页。
⑤ 胡厚宣：《中国奴隶社会的人殉和人祭》（下篇），《文物》1974年第8期，第57页。

多至千百人[①]。如在安阳市殷墟王陵区发现的9座商王大墓（若加上一座埋葬器物的所谓“假大墓”的话是10座），其中的1001号大墓，“墓底中心腰坑，殉一人一玉戈。四角各有两坑，每坑都殉一人一犬一铜戈。因墓坑已遭破坏，所以墓室旁侧，殉葬的只剩一人，墓室撑顶，殉葬的只剩十一人。四个墓道的夯土里，殉葬人骨全躯二具，无头肢体六十一具，人头骨七十三具。墓坑东侧，另有人殉二十二坑，每坑一、二、三、四、五、六、七人不等，共六十八人。这座大墓，虽然屡遭破坏，但是仍然发现了杀人殉葬的共达二二五人之多。如果按照大墓的结构复原起来，那么殉葬的奴隶，真要超过三四百人了。根据发掘现场的观察，当时杀殉的情况可能是：当墓坑墓道填土工作进行到一定程度的时候，奴隶们就双手背绑，一队一队地被牵到墓道来，面向墓坑，并肩东西成排跪下。刽子手从一头到另一头，顺序砍杀，人头落地，肢体向前扑倒，成为俯身，这样就为填土所埋。填土时每隔一两层，就这样地杀殉一些奴隶。这些奴隶，多数都未成年，还有年岁很小的，有的连天灵盖都还没有长满，就遭到杀殉，真是残忍至极”[②]。

其他各墓虽被破坏得更加严重，但都发现了人殉。如1002号大墓殉葬11具人头、1003号大墓殉葬1人和1具人头、1004号大墓殉葬1人和14具人头、1550号大墓殉葬5人和10具人头，等等。残存的殉葬者亦有几十人乃至上百人之多，估计总共可达数百人。他们多数是身首砍断，有的只有肢体，有的只有头颅，有的双手背缚，有的抱手拳腿，有的张口弯头，其悲惨之状令人心悸。在大墓东区还发现有附属小墓1242座，估计殉葬者将近2000人。[③]

另外，在武官村发现的一座大墓，虽几经盗掘，遭严重破坏，但所残留的殉人仍然不少。“计中心腰坑殉葬一人及一铜戈。二层台上东侧殉十七人，多为壮男；西侧殉二十四人，就其装饰品看来，或者多是女性。这些可能是墓主人的侍从和亲属，也可能是男奴和女奴。至于南北墓道，一般则殉葬车马。北墓道殉四狗十六匹马，又殉有蹲葬二人。南墓道未全开，就已开部分看来，亦有一狗六马，并殉有跪葬一人。墓道殉人，可能是马伕。墓坑夯土里，又殉葬人

---

① 范文澜：《中国通史》（第一册），人民出版社2008年5月出版，第62页。

② 胡厚宣：《中国奴隶社会的人殉和人祭》（上篇），《文物》1974年第7期，第76—77页。

③ 见胡厚宣：《中国奴隶社会的人殉和人祭》（上篇），《文物》1974年第7期，第77页。

头三十四具，则无疑当是奴隶。总计墓内殉葬，除狗马兽骨之外，人骨四十五具，人头三十四具，共殉七十九人。另外在大墓东南，有殉葬的排葬坑四排十七坑，共殉一五二人。大多都是俯身的无头肢体，除九人一坑，八人一坑，六人一坑之外，每坑都是十人。肢体骨架有的残留下颚骨一段，有的残留上下颚骨及牙齿，当是斩杀时所砍落。在排葬坑的南边，还有散葬坑九个，内有全躯人骨六具，无头肢体四十二具，人头骨二十二具，腿骨二双，脊椎骨二副，共七十四人。排列无序，散乱埋葬，也多是俯身的无头肢体，以及砍落的人头。这可能也是一种人祭。总之，这个大墓，虽然经过严重破坏，又曾经过火灾，但在墓室墓道，连同排散葬坑，人殉人祭，共达三〇五人”[①]。

在安阳市洹河以南的后冈发掘的一座殷商贵族大墓，虽也几经盗掘，但还是发现“墓室内有杀殉人头骨二十八具，有的还带着几节脊椎骨，有的已经没有了下颚，有的还带有血迹，可见这些殉葬的奴隶，是用刀砍下头来，带着淋淋的血迹，就被投进墓中。南墓道殉葬的奴隶，是无头肢体，用刀砍下，身首异处，掷入墓里，打在夯土之中。零乱的人骨，有一四八块，到底有多少奴隶，已不可知，估计总亦不下于几十人”[②]。

在后冈还发现属于殷商一般奴隶主阶层的墓葬 35 座，其中 12 座是殉人的，殉葬的人数在 30 人以上。另外，有 7 座因被盗扰，情况不明，不过从它们的形制较大来判断，很可能原来是有殉葬人的。各个墓的殉葬人数，最少的 1 人，最多的在 8 人以上，有 9 个是儿童。有 3 个是人头，还附有二、三节颈椎，显然是砍杀后只取头骨殉葬。[③]

仅据 1974 年前考古发掘关于殷商人祭人殉的统计，“商代人殉人祭有确数的共三六八四人，若再加上几个复原和不能确定的一些数字，那就将近四千人了”[④]。

---

① 见胡厚宣:《中国奴隶社会的人殉和人祭》(上篇),《文物》1974 年第 7 期，第 77 页。

② 见胡厚宣:《中国奴隶社会的人殉和人祭》(上篇),《文物》1974 年第 7 期，第 78 页。

③ 见中国科学院考古研究所安阳发掘队:《1971 年安阳后冈发掘简报》,《考古》1972 年第 3 期，第 19—20 页。

④ 胡厚宣:《中国奴隶社会的人殉和人祭》(上篇),《文物》1974 年第 7 期，第 80 页。

可以想见，每当商族人举行祭祀或丧葬活动时，这些场所就变成了悲声震天、怨声动地的大屠杀场。

商族人对鬼神的极度信仰终殷商一朝而不改。到末代国君商纣王[①]时，由于西边的周族人势力渐大，令殷商统治集团越发感到不安，但是，“王子比干谏，（纣）弗听。商容贤者，百姓爱之，纣废之。及西伯（周文王）伐饥国，灭之，纣之臣祖伊闻之而咎（恶）周，恐，奔告纣曰：‘天既讫我殷命，假人元龟（大龟、卜龟），无敢知吉，非先王不相（助）我后人，维王淫虐用自绝，故天弃我，不有安食，不虞知天性，不迪率典。今我民罔不欲丧，曰“天曷不降威，大命胡不至”？今王其奈何？’纣曰：‘我生不有命在天乎！’”[②]

从祖伊的话可知，当商纣王胡作非为、滥施淫威之时，殷商统治集团反复用长一尺二寸（古制）的大龟板庄严地卜问先王，但得到的都是凶兆。此结果由于有明显的“神随人愿”的痕迹，因此应该有人为操纵占卜的可能。但商纣王轻描淡写的一句“我生不有命在天乎？”表明，殷商王朝虽已统治600年左右的时间，但在极度信仰鬼神方面几乎毫无改变。

第三节　西周时期中原文化从神本向“人本”的转型

“人本”之所以打上引号，是因为周族人其实也是很迷信的，只是与商族人相比较而言逊色很多。

---

① 商纣王名辛。纣，乃其谥号。《谥法》：“残义损善曰纣。”谥号为古代帝王、贵族、大臣或其他有地位的人死后由政府加给的带有褒贬之意的称号，如文、武、景、厉、炀、平、献等，有褒谥（上谥、美谥）、平谥、恶谥（下谥）等之分。《史记·殷本纪》：“帝乙崩，子辛立，是为帝辛。天下谓之纣。”实际上，“纣”是建立西周王朝的周初统治集团给帝辛议定的恶谥。有人称“末代商王名纣，后人称为商纣”，是错误的。

② 《史记·殷本纪》。括号中的文字为笔者所加。

一、周族人对鬼神的信仰程度远逊于商族人

周族人是迷信的，因为他们不可能不迷信，他们对鬼神的信仰是符合历史发展规律的——来自原始社会末期，后来受到殷商的一些影响。周族人最重视的仍是天神和祖先神，但与商族人不同的是，周族人没有把天当成自己的祖先——因为商族人已经把天“占有”了。另外，由于殷商的灭亡，西周建立后，周族人也不认为天是专属哪一族的了。

周族人认为只要在祭祀鬼神时有虔诚之心就够了，世间的事应该由人来做主，因此他们祭祀鬼神的仪式规模比商族人要小多了。如据《尚书·召诰》载，西周初，周公东征平定“三监”（西周初分封在今河南省以监视“商遗民”的管叔、蔡叔、霍叔 3 人——都是周武王的弟弟）和纣王之子武庚（字禄父）叛乱后，营建东都洛邑时，只用两头牛（太牢）祭天，用牛、羊、豕（猪）各一头（太牢）祭地；再据《尚书·洛诰》载，成王在洛阳举行冬祭时，祭祀文王、武王仅各用 1 头红色牛（亦称“太牢”）。显然周族人祭祀鬼神的杀牲量远少于商族人——当然也可以知晓，西周的畜牧业远不如殷商发达。

另外，从西周时期人殉人祭的数量大为减少，也可知周族人对宗教鬼神信仰的程度大大下降了。

实际上，西周时期的“人殉人祭之风，同商代一样，还是在流行”[①]，这也应该是符合历史发展规律的。如早在 20 世纪初（清朝末年），在陕西省凤翔府宝鸡县斗鸡台（今陕西省宝鸡市金台区戴家湾村一带）出土的西周墓葬中就发现“殉葬骨架十人”[②]。20 世纪 50 年代，在陕西省西安市长安县（今长安区）沣西乡普渡村发现的 1 座西周墓葬中，“殉葬两个小孩，牙齿紧咬，下肢曲屈，两臂曲折在前”[③]；在客省庄及张家坡村两地发现的 9 座西周杀人殉葬墓中，“一墓

① 胡厚宣：《中国奴隶社会的人殉和人祭》（上篇），《文物》1974 年第 7 期，第 80 页。
② 胡厚宣：《中国奴隶社会的人殉和人祭》（上篇），《文物》1974 年第 7 期，第 81 页。
③ 胡厚宣：《中国奴隶社会的人殉和人祭》（上篇），《文物》1974 年第 7 期，第 81 页。

殉四人，一墓殉二人，七墓各殉一人，共有十三人殉葬"[①]；在张家坡发现的4座西周车马坑中，"每坑也各有一殉葬人，殉人或放在壁龛，或压在车厢下，或压在车轮下，或放在车厢的后边"[②]；在张家坡发现的6座"袋状灰坑"中有4座埋有人骨，共9具，9具人骨或缺头骨，或缺肢骨；或两手交叉，或单膝弯跪，或侧身躺卧，或两手前伸，从种种形式看，或者也是一种祭祀的牺牲。[③]

20世纪60年代，在张家坡村再发现的124座西周墓葬中，有13座殉人；5座车马坑中，1座殉人，共殉葬17人，殉人最多的1个墓中殉3人。[④]

20世纪80年代，在张家坡村又发现属于西周早中期之交的殉人墓葬4座，每墓1人，共殉4人。其中3座墓葬的殉人放在墓主人一侧的二层台上，分别为女性1人、13—16岁男性少年1人、45岁左右女性1人；1座墓葬的殉人在墓坑填土之中，两臂向上弯曲，系生殉。[⑤]另外，在张家坡村东的两座车马坑中分别殉有1名20岁左右男性青年和1名12岁左右男性少年。[⑥]

由于迄今为止尚未发现西周的王陵，因此对于西周时期的人殉人祭还不能全面了解。

二、周族人自古即有重民的传统

前文已述，周族人曾因反对夏王朝统治而不得不北走黄土高原，为了能使种群在戎狄等游牧族的包围中生存下来，而格外强调自己的血缘认同，并用"德"来提升这一认识，用"礼"来强化这一理念——当然，经济基础是务农，

---

① 胡厚宣:《中国奴隶社会的人殉和人祭》(上篇),《文物》1974年第7期，第81页。

② 胡厚宣:《中国奴隶社会的人殉和人祭》(上篇),《文物》1974年第7期，第81页。

③ 见中国科学院考古研究所:《沣西发掘报告——1955—1957年陕西长安县沣西乡考古发掘资料》，文物出版社1962年3月出版。

④ 中国社会科学院考古研究所丰镐工作队:《1967年长安张家坡西周墓葬的发掘》,《考古学报》1980年第4期，第459页。

⑤ 中国社会科学院考古研究所丰镐工作队:《1984—1985年沣西西周遗址、墓葬发掘报告》,《考古》1987年第1期，第19页。

⑥ 中国社会科学院考古研究所丰镐工作队:《1984—1985年沣西西周遗址、墓葬发掘报告》,《考古》1987年第1期，第30页。

如不发展农耕而使周族人转化为游牧民族则这一努力将付之东流。另外，由于周族人口少，因此也必须坚持能够维系自己种群的基本的精神原则，否则也早就被游牧族同化了。人口少的部族，身处险境，而不能维护好内部团结，则灭亡肯定是指日可待之事——如由于人口少，所以古犹太人（西伯来人）在世界范围内最早举起一神教“大旗”，以加强内部团结；也因为人口少，据说古犹太人曾进行全世界最早的全族人口普查。但周族人高举的是“德礼”之旗，并不完全借助对神的信仰来维系自己生存，这既是周族人的与众不同之处，也是中华文明早熟性的又一个体现。

正是因为长期的外部压力，以及内部的努力，久而久之，周族人即养成了重民的传统，这一传统到了周文王的爷爷古公亶父时更被发扬光大。

《史记·周本纪》载，古公亶父做首领时，“薰育戎狄攻之，欲得财物，予之。已复攻，欲得地与民。民皆怒，欲战”，但被古公亶父所阻止。他说：“有民立君，将以利之。今戎狄所为攻战，以吾地与民。民之在我，与其在彼，何异？民欲以我故战，杀人父子而君之，予不忍为！”

古公亶父这段话表明，人在他心中是占据第一位的。“杀敌一万，自损八千。”周族本来就人口少，战争的结果无论胜负都会死人，对人口少的周族而言即使战争获胜也得不偿失，“性价比”太低，因而古公亶父反对族人做无谓的牺牲。另外，作为首领，古公亶父不会没有长远战略考虑的。周人在公刘时迁居豳，至此已到了第9代首领了，此处的地力消耗得差不多了，也应该迁居新地，以获得更大的自然资源来发展自我。于是，古公亶父以“避战为由”，率领族人迁徙到岐山脚下的周原。由于这里更适合农耕，更适合周族彻底褪掉在戎狄地区长期生活而不可能不沾染上的一些戎狄之俗，同时古公亶父采取一系列人文措施，推动周族的文明发展。

三、灭亡殷商促使西周初统治者对传统神学进行反思

牧野之战使得殷商的统治迅速土崩瓦解，商族人甚至还来不及思考，就在朦朦胧胧中交出了政权。看着扬扬得意在自己地盘上举行着各种“稀奇古怪”

庆祝仪式的周族人[①]，已经群龙无首的商族人——周人称之为“商遗民”（亦称“殷遗民”），只能百思不得其解地木然地看着眼前发生的这一切。曾经被商族人鄙视甚至视同于与野蛮、落后的“戎狄之族”为伍的周族人，耀武扬威地“骑”在了商族人的头上。而力量仍很强大的商族人，不仅“老大”商纣王已死，而且连个在朝中说话有点号召力的大臣也都被商纣王搞没了，他们只能空有一身气力，但却根本组织不起来任何抵抗力量。一切都来得太快了，仅仅几天的工夫，江山就由“白”变“红”了——据说商族人尚白，而周族人尚红，即前者喜欢白色，因此白色是殷商的主色调；后者喜欢红色，因此红色是西周的主色调。

其实，对周人而言，同样一切也来得太快了，他们甚至都没仔细考虑过如何接管远比自己控制的地盘大了不知多少倍的殷商疆域。对于被自己打了个措手不及即失去了江山但人数多出自己数倍甚至更多倍的“商遗民”该如何处置，周人能想到的就是让商纣王的儿子武庚继续统领着，派“三监”就近监督着，周军主力则退回到自己的地盘上。后来的史实证明，这并不是一个好办法。

对于西周初年的统治者而言，最棘手的问题就是要在思想上建立起新的理论，以改变传统认知，好让人们诚心悦意地接受周人的统治，否则周族人多年的潜心努力以及牧野之战的胜利成果都将付之东流。实际上，牧野之战的“过于”顺利，给周族人造成了极大的担忧和潜在的威胁。

---

① 《史记·周本纪》记载了武王克商后周人举行的各种仪式，即“武王持大白旗以麾诸侯，诸侯毕拜武王，武王乃揖诸侯，诸侯毕从。武王至商国（朝歌），商国百姓咸待于郊。于是武王使群臣告语商百姓（贵族）曰：‘上天降休（吉祥）！’商人皆再拜稽首，武王亦答拜。遂入，至纣死所。武王自射之，三发而后下车，以轻剑击之，以黄钺斩纣头，县（悬）大白之旗。已而至纣之嬖妾二女，二女皆经自杀。武王又射三发，击以剑，斩以玄钺，县其头小白之旗。武王已乃出复军。其明日，除道，修社及商纣宫。及期，百夫荷罕旗以先驱。武王弟叔振铎奉陈常车，周公旦把大钺，毕公把小钺，以夹武王。散宜生、太颠、闳夭皆执剑以卫武王。既入，立于社南大卒之左，右毕从。毛叔郑奉明水，卫康叔封布兹，召公奭赞采（钱币），师尚父牵牲。尹佚筴祝曰：‘殷之末孙季纣，殄废先王明德，侮蔑神祇不祀，昏暴商邑百姓，其章显闻于天皇上帝。’于是武王再拜稽首，曰：‘膺更大命，革殷，受天明命。’武王又再拜稽首，乃出”。

（一）牧野之战周人获胜的偶然性及必然性

牧野之战①，周武王之所以能克商而获得胜利，是由于抓住了三个良好的战略契机：一是商军的主力正在江淮流域与东南夷方作战，因而其统治的中心地区兵力空虚；二是商纣王没有待在有着良好防御体系和亲族众多的殷都，而是跑到防卫体系较差且亲随部队很少的朝歌（今河南省鹤壁市淇县），在这里的离宫别馆中游玩享乐且忘乎所以；三是商纣王对周族人的强大不以为意，漫不经心，对于周文王“三分天下有其二”②的形势毫无警觉；甚至对周文王死后第二年，其子周武王在孟津（位于今河南省洛阳市孟津区南的黄河重要的古渡口）大会诸侯，举行灭商军事大演习，也无动于衷，更不做任何战备。

因此，面对周武王率领的以周军为主的联军所发动的“突然”进攻，商纣王在朝歌无兵所调，只好将大批奴隶和东南夷战俘临时武装起来，押往距朝歌70里的牧野（今河南省鹤壁市淇县西南），去抵挡周军。据《史记》记载，商军的人数有70万。③但这个数字应该是错误的。因为，一是以周族人为主的联军，人数最多只有六七万人而已——其主力是“戎车三百乘，虎贲三千人，甲士四万五千人”④，因此商纣王完全没有必要武装如此众多的奴隶和战俘上战场；二是就当时的生产力水平而言，即使能动员如此大的兵力，但作战时也难以指挥，难以做到步调一致，甚至适得其反；⑤三是朝歌仅是供商纣王游玩的离宫别馆，不可能汇集如此众多的奴隶和战俘，因为面对如此数量的奴隶和战俘，必须要有相应的镇压力量才行，而从商纣王必须临时武装奴隶和战俘去抵御周军

---

① 据《夏商周年表》，牧野之战发生于公元前1046年1月20日。此战周胜殷败的结果，是中原地区以神为本的殷商文化转型为西周“以人为本”的文化的开始。

② 《论语·泰伯》。

③ 《史记·殷本纪》：“帝纣闻武王来，亦发兵七十万人距武王。”

④ 《史记·周本纪》。

⑤ 据考古发现，在位于陕西省西安市骊山望峰上有一俯视秦始皇陵区的平台，平台上散落着一些建筑碎件。有专家估计，这里应该是指挥70万修建秦始皇陵的刑徒们起居、施工、休息、开饭等之所，所用指挥工具应该是鼓、号、锣、旗帜之类的东西。而殷商时指挥70万人作战，在战场上似应不具备修建秦始皇陵这样的条件，且殷商末年早于修秦始皇陵800年左右时间，生产力水平要更差一些，因此牧野之战殷商军队达70万人似为不可能。据甲骨文，殷商最大规模的军事集结为1.3万人。

来看，其布置在朝歌的亲随军队的兵力一定是很少的。

商纣王带来朝歌的亲随军队的兵力一定远少于六七万人。因为从文明发达程度上说，商族高于周族，所以在人数相等的情况下，其军队战斗力也应该高于周军——即使周军人数稍占优，也应该不是商军的对手。但从商纣王不得不临时武装奴隶和战俘来看，两军的兵力比一定是周军占有了绝对优势，这才使得商纣王迫不得已而出此下策。所以，商纣王亲随军队的兵力肯定不到六七万人，也许只有两三万或一两万人——即使商纣王的亲随军队有六七万人，但要押送超出自己 10 倍甚至更多倍的奴隶和战俘上战场充当炮灰，其危险性有多大恐怕连小孩子都能判断出来。也许根本不需要周军动手，这些拿到武器装备，人数超过商纣王亲随军队 10 倍甚至 10 倍以上的奴隶和战俘在朝歌就能把商纣王解决掉。

因此，有学者认为，商军迎击周军的人数在 17 万上下应该是符合历史事实的。17 万对六七万，兵力比为近 3：1，在冷兵器时代应该是一个有着绝对获胜机会的兵力比。而即使是 17 万人，其中的奴隶和战俘人数也应该数倍于商纣王的亲随军队，因此商纣王的亲随军队只能勉强监督和押送这些奴隶和战俘抵达战场，但两军刚一接触，这些无比痛恨殷商王朝和商纣王的奴隶和战俘们立即“前徒倒戈”，掉转矛头，引导周军杀向商纣王。周军与殷商奴隶、战俘军会集到一起的规模可能 10 倍于商纣王的亲随军队，因此其亲随军队根本无力控制局面，很快被击败。商纣王连夜逃回朝歌，周军尾随而至。商纣王见大势已去，只好登上鹿台自焚而死。

对于自己乘虚而攻，获得的克商胜利，周武王是再清楚不过的。他心里明白，即使商纣王死了，但殷商的实力依旧强大；商族人痛恨商纣王无道，但也不会愿意接受周人的统治，所以周族人在殷商地盘上刚刚建立的统治实际上是危机四伏的。

（二）西周建立后“成败未可知”的危机

商纣王的死，宣告了殷商王朝的灭亡和西周王朝的建立，但也给获得胜利的周武王带来了深深焦虑与担心，即强大的、受天保佑的殷商为什么会被弱小的周族灭亡？因为无论从文明发展的程度而言，从综合国力而言，从疆域的大小而言，还是从人口数字而言，周族人较之殷商来说，完全不在一个“重量级”上。实际上，仅从称呼上就可以看出殷商与周族人实力差距巨大：殷商经常自称为“大邑商”[①]“天邑商”[②]等，周人也称殷商为“大国殷”[③]“大邦殷”[④]“天邑商”[⑤]“大商”[⑥]等，周族人则自称是“小邦周”[⑦]“小国”[⑧]等——他们不过是殷商统治下的一个“小诸侯国”而已。但事实则是，“小邦周”灭亡了“大邦商”，推翻了“天邑商”的统治，让“不可能”变成了现实，这到底是什么原因？

周武王的忧虑不仅使得他在胜利后丝毫兴奋不起来，甚至夜不能寐。面对他最有才华的弟弟周公旦[⑨]的发问，周武王忧心忡忡地说：“维天不飨殷，自发（武王名发）未生于今六十年，麋鹿在牧（怪兽成群出现在远郊，喻谗佞小人得志在朝），蜚鸿满野（飞虫蔽田满野，喻忠臣贤士放迁于野）。天不享殷，乃今有成。维天建殷，其登名民三百六十夫，不显亦不宾灭，以至今。我未定天保，何暇寐！”意思是，上天不享用殷商的祭品而抛弃殷商，从我发（周武王名）没出生到现在已经60年了，因此让其天灾人祸接踵而至。上天不保佑殷商，才使我们取得了今天的成功。上天建立殷朝时，曾经任用有名之士360人（一说指有名可数的360族），虽然说不上政绩光著，但也不至于灭亡，才使殷商的统治维持至今。我还不知道上天是否能够保佑我们，哪里睡得着觉呢？可

---

① 甲骨卜辞中有“大邑商”。

② 甲骨卜辞中有“天邑商”。

③ 《尚书·周书·召诰》：“皇天上帝，改厥元子，兹大国殷之命。”意思是：皇天上帝改变了其长子（即殷商天子）的统治，而结束了大国殷的福命。

④ 《尚书·周书·召诰》：“天既遐终大邦殷之命。”意思是：天帝早就想结束大邦殷的福命。

⑤ 《尚书·周书·多士》：“肆予敢求尔于天邑商。”意思是：如今我（周公代表周成王的自称）敢于把你们（即“商遗民”）从天邑商迁徙到此（指成周，即今河南省洛阳市）。“天邑商”，即“大邑商”。

⑥ 《诗经·大雅·大明》：“保右尔名，燮罚大商。”意思是：上天保佑着你（周武王）并命令你（周武王），协和诸侯征伐强大的商。《大明》是周人称颂文王、武王因有德而受天护佑以及牧野获胜之事。

⑦ 《尚书·周书·大诰》：“天休于宁王，兴我小邦周。”意思是：上天嘉惠文王，振兴我小邦周。

⑧ 《尚书·周书·多士》：“非我小国敢弋殷命。”意思是：不是我们小小的周国敢于取代殷商的福命。

⑨ 周公，武王弟，姬姓，名旦，亦称叔旦，文王第四子，武王的二弟弟。因采邑在周（今陕西省宝鸡市岐山县北），称为周公。西周初年政治家、军事家，亦是中国古代著名政治家。

见，受宗教鬼神信仰的影响，西周初年的统治者们也是从“天保”“天佑”出发来考虑自己江山的长治久安的。但是，严峻的现实，以及不远的“殷鉴”[①]，都使得他们不能再坚持传统的、被殷商宣扬得已经“烂大街”的天命神权观，而是要作出新的解释，既避免重蹈殷商灭亡的覆辙，又为建立西周的统治找到“合理合法”的令人信服的理论依据。这项工作在西周初年有着强烈的急迫性和必要性。

因为，殷商虽然灭亡了，其统治被推翻了，但大量的“商遗民”的存在，对西周初年的统治构成了严重威胁。据保守地估计，“商遗民”比周族的人口应该至少多出6倍——最多可能是10倍甚至更多。“商遗民”不仅人数远多于周族，而且受传统“天命玄鸟，降而生商”“天佑殷商”等宗教鬼神信仰思想的支配，从思想深处并不认可周人的统治，一直蠢蠢欲动，随时有可能举行暴动。事实也的确如此。武王克商两年后去世[②]，其子成王甫即位，受西周之命管理“商遗民”的商纣王之子武庚，便利用西周内部的矛盾，勾结西周封在其周边以监视“商遗民”动向的管叔[③]、蔡叔[④]等起兵造反。结果，武王克商的牧野之战只进行了1天即结束，而为镇压武庚、管叔、蔡叔等的反叛，周公东征用了至少3年的时间[⑤]。因此，必须剔除“商遗民”头脑中的传统宗教信仰思想，必须告诫他们“天”已不再保佑商族，必须老老实实地接受周王朝的统治，这样才能防止人数众多的“商遗民”和其他被征服者的反抗，西周的统治才能长治久安。

---

① 《诗经·大雅·荡》：“殷鉴不远，在夏后之世。”

② 《史记集解》：“徐广曰：‘《封禅书》曰：“武王克殷二年，天下未宁而崩。”’”

③ 管叔，周武王的大弟弟，周公旦的哥哥，名鲜。武王灭商后，封其于管（今河南省郑州市），为监督以武庚为首的商遗民的“三监”之一。武王去世，成王年幼，周公旦摄政，他和蔡叔等不服，和武庚一起叛乱，被周公平定，被杀（一说自杀）。

④ 蔡叔，周武王的三弟弟，周公旦的弟弟，名度。武王灭商后，封其于蔡（今河南省驻马店市上蔡县西南），为监督以武庚为首的商遗民的“三监”之一。武王去世，成王年幼，周公旦摄政，他和管叔等不服，和武庚一起叛乱，被周公平定，被放逐。

⑤ 和武庚、管叔、蔡叔等起兵反叛的，还有东南地区忠于殷商王朝的残余势力，因此势力极大。但最后被周公平服，武庚亦被杀。“三监”之一的霍叔为周武王同母之弟（周武王的六弟弟），名处（一说名武），封于霍（今山西省霍州市西南），未参与反叛。《史记·周本纪》：“管、蔡畔周，周公讨之，三年而毕定。”其“三”，很有可能是“定数代不定数”，表示“多”的意思，也即周公东征平叛可能用时超过3年。

其次，必须加强和坚定周族人自己的统治信心。因为至此时商汤建立的商朝存在了600年，所以同样相信“天命”的周族人接受这一传统宗教鬼神信仰思想也是根深蒂固的。如果不能剔除周族人脑海中的这些深受殷商宗教信仰影响的想法，周族人对自己的统治必然信心不足，这样西周的统治同样不能长治久安。

第三，必须让周族人的同盟者安心与周族人结盟，共治天下。《史记·周本纪》载：周武王举行灭商大演习时，“诸侯不期而会盟津者八百诸侯”；在牧野之战前举行誓师大会时，周武王还具体地点到了一些同盟者的族名，他们是“庸、蜀、羌、髳、微、纑、彭、濮人”。这些同盟者在共同的敌人——殷商王朝和商纣王被推翻前，可以与周族人联合在一起，但当商纣王被逼自杀和殷商灭亡后，也即主要矛盾的另一方消失后，他们中的有些人与周族人的矛盾就会上升，且不一定会认可周族人成为统治者，这对西周人的统治也是不利的。西周统治者必须告诉这些人，“天”已保佑周族人，要求他们安心与周族人联合，以扩大西周的统治基础。

第四，西周初年的统治者还必须让那些观望者，即潜在的同盟者或反对者，也迅速转变观念，或与周族人结盟，或安心接受周族人的统治。如果这些人与人数众多的“商遗民”联合起来，西周的统治也一样像“坐在火山口一般”，难得有安宁的时候。实际上，周公东征时就曾遭到这些部族的激烈抵抗。

总之，“小邦周”灭亡“大邑商”带给西周初年的统治者不是如释重负的轻松感觉，不是以弱胜强的快感，而是一种沉重的政治压力，这种压力甚至比汉高祖刘邦所担忧的西汉初的统治“成败未可知”[①]还要大。因此，他们必须要在思想上消除殷商的旧影响，不仅要“合情合理”地解答人们对西周统治的质疑，而且还必须坚定人们对西周统治的认同。由于周武王的过早去世，因此这项任务就落在了以他最有才华的弟弟周公为首的西周初年的统治者身上。

（三）西周初“敬天崇德重民”新神学理论的构建

作为同样具有宗教鬼神信仰思想和“天命神权”观的西周初年以周公为首

① 《史记·高祖本纪》：“高祖还，见宫阙壮甚，怒，谓萧何曰：‘天下匈匈苦战数岁，成败未可知，是何治宫室过度也？’”

的统治者们而言，他们对传统“天佑殷商”神学观的否定，以及对“天佑西周”神学观的建立，也一定是自然而然地从“天命神权”出发的。

首先，由武王克商，殷商灭亡，周公等提出“天命靡常”① 的思想，即天命不是永恒不变的，是可以改变的。这一提法对于当时的人们来说，尤其对于“商遗民”而言，应该是振聋发聩的，也许令许多人闻言会震惊得目瞪口呆。因为殷商长久的信仰宣传，以及殷商王朝在现实中存在且文明昌盛的事实，已经使得人们完全相信“天”只是保佑殷商一族且不会改变的这一“真理”，而不会有任何质疑，甚至周族人也是深信不疑的。现在“天命靡常”的提出不啻为“平地响惊雷”，它不仅将传统的“天命神权”观彻底颠覆，而且也成为西周文化向人本化转型的理论基础。

随之，由天命是可以转移的，周公们进而提出“皇天无亲，惟德是辅”② 思想，即受人尊重的皇天上帝与任何人都不亲近，跟任何族都没有血缘关系，他只是辅助那个有德之人或崇德之族。这一思想的提出，一方面否定了商族人自称与“天”有血缘关系，“天”是他们的祖宗的传统宗教信仰观，将深陷此“泥潭”的“商遗民”拉出“苦海”，尤其击碎了他们“自欺欺人”的“美梦”，十分有利于彻底根除他们头脑中的“天命玄鸟，降而生商”的固有思维，而有利于西周的统治；另一方面又为周人建立自己统治确立了“合法”依据，因为举目四望，只有周族人最有德，最为“天下归心”，所以也“最应”和“最能”得到“天”的护佑。

据说，“德”字源于“得”字，二者最初同义。“得”（“德”）在殷商甲骨文中有两个释义：一是外出经商，将物品全部售出后，持币而归；再一是外出作战中抓到的俘虏，用弓弦绑缚其首，牵之以祭祀神明。而尤以后者为“德”之本义。③ 可见殷商之“德”，为具体的行为，尚不是一个抽象的观念形态。实际上殷商甲骨文“德”字是没有“心”这个字符的，是无“心”的“德”。

后世带“心”的“德”字，也即周人之“德”，是从殷商甲骨文无“心”之“德”的第二含义中发展而来的。与殷商总是将大批战俘用作牺牲不同，周族人将在

① 《诗经·大雅·文王》。亦称“天命不常”，如《尚书·周书·康诰》：“惟（天）命不于常。”
② 《尚书·周书·蔡仲之命》。
③ 参见武树臣：《中国法律思想史》，法律出版社 2004 年 7 月出版，第 74 页。

战争中抓回来的战俘大多作为奴隶使用，以占有他们的人身，剥削他们的劳动为主。在长期的奴役奴隶和剥削奴隶劳动的统治实践中，周族奴隶主贵族逐渐摸索出如下的统治经验，即如果能施与一些恩惠，让奴隶们“安心”接受统治和奴役，不再破坏工具、不再反抗、不再逃亡，才是一种真正的“得到”[①]——中国奴隶制时代的劳动工具仍基本是石器，石头工具不易制作，又很容易毁坏，且即使被奴隶故意毁坏也很难察觉或发觉，而工具一旦被毁坏掉，奴隶劳动必受影响，奴隶主贵族的收益也一定会受影响，因此令奴隶主贵族十分头疼；至于奴隶逃亡，奴隶起义，还会直接影响到奴隶主贵族统治的安危，威胁更大。这样，略微收买奴隶之“心”就成为必要，因而殷商不带“心”的“德”字就演变为周人带“心”的“德”字。

周人之“德”的关键部位就是“心”——“人心”，所以“皇天无亲，惟德是辅”的提出，其第三方面的积极意义就是将“天”与“德”联系在了一起，与“人心”联系在了一起，从而为西周文化从“天命神权”观出发而向人文化转型进一步铺平了道路。

周公们又由“皇天辅德”而提出“以德配天”[②]思想，即祭祀“天”的时候，只有以“德”作为“配享”（合祭、配祭）或“祔祭”（附祀、从祀），“天”才会保佑祭“天”者；无德或缺德之人祭“天”，无论显示出多么“虔诚”的样子也毫无用处，“天”也不会保佑他——商族人强调的是先祖、先王“克配上帝”[③]。“以德配天”思想既否定了殷商用活人祭祀的缺德无仁，以及用大量牲畜做牺牲的无谓浪费，又进一步解读了殷商之所以灭亡而周人之所以胜利的深刻原因，同时再进一步拉近了“天”与“德”的距离，在中国思想史上具有极大的积极意义。

进而，周公们又由“敬天必有德”提出“敬德保民”[④]思想，即明确提出“德”的最重要内涵是“保民”，将“敬德”与“保民”等量齐观。这一思想不仅从“德”引出了“民”，而且到这一层面已经几乎完全从的宗教信仰思想中摆脱出来，至

---

① 参见武树臣：《中国法律思想史》，法律出版社 2004 年 7 月出版，第 74 页。

② “以德配天”为后世学者据西周“德”的思想而总结之语。

③《诗经・大雅・文王》。

④ “敬德保民”为后世学者据西周“德”的思想而总结之语。

少从字面上已经看不到“天命神权”的影子了，这是中国式的人文主义，或西周式的人文主义。从此，“德”与“民”就成为中国政治思想中的两个不能分开的最重要的概念，一直到今天——也可以说是中华文化的两个“关键字”。

“保民”包括“安民”和“治民”两方面内涵，即一方面是让绝大多数“民”能安居乐业；另一方面对于少数违背统治者利益，扰乱社会秩序的“民”要施行制裁，但是必须要谨慎地实施刑罚。

因此，最后为巩固上述思想的人文主义精神，周公们又由“安民治民”的“保民”思想进而提出要“明德慎罚”[①]，即推行德教，慎用刑罚。这一思想将谨慎地施行刑罚引入到“德”的内涵之中，将“明德”（追求、提倡、推行德治）与“慎罚”等量齐观。周公们之所以“画蛇添足”般地提出这思想，而不是止于“保民”思想，其历史背景即是以商纣王为首的殷商王朝末期的国君们滥施酷刑，最终不仅严重威胁到殷商社会的稳定，搞得人人自危，甚至造成统治集团内部众叛亲离，分崩离析的恶果。这是殷商灭亡的重要原因之一，而且留给周族人太深刻的印象——周族人也是这一暴行的受害者之一，因此必须单独地强调提出，以避免西周统治重蹈殷商的覆辙。

前文已述，周文王的父亲季历即是被商纣王的爷爷太丁所杀；周文王曾遭到商纣王的关押；周文王长子、武王之兄伯邑考被纣王烹死。周文王还很有可能被商纣王列于祭祀殷商先王的牺牲名册之中，如若属实则对周族人来说就太恐怖了。这些周族人的首领、贵族，或为殷商立过大功勋，或有特殊勤劳，但殷商统治者下手时一点不留情面，丝毫没有怜悯之情，其残暴不仁可见一斑。

殷商的刑罚制度是非常残酷的。而且，由于将刑罚也赋予了宗教信仰色彩，即殷商统治者认为是“替天行罚”（简称“天罚”），因而使得刑罚更加残酷。

殷商的“常规”刑罚通称为“五刑”，据说是来自大禹时代的“禹刑”[②]。从规范角度来说一般包括 5 种刑罚，即大辟（pì）、宫刑、剕刑、劓刑、墨刑。

---

① 《尚书·周书·康诰》。

② 所谓“禹刑”，实际上是夏朝的开国君主启和以后的夏王陆续积累的习惯法和随时颁布的王命，后人统称为“禹刑”，是表达对禹的敬仰，也因为旧时认为禹是夏朝的开启者。由于历史资料缺乏，其内容已很难考证。

大辟，即死刑，这时期一般是腰斩之刑[①]。宫刑，亦称“腐刑”“阴刑”“蚕室刑”，指阉割男子生殖器官以及破坏女子生殖机能之刑——据说原指将犯罪女子幽闭在某个空间进行关押之刑。剕刑，亦称“膑刑”“刖刑”等，为砍掉脚、砍去小腿或挖去膝盖骨之刑——一说周代以前称膑，周代前期称刖，周代中期以后称剕；一说膑为挖去髌骨，刖为割掉脚筋，剕为断去足趾；秦时称“斩左右趾”，即砍掉左脚或右脚，此时以右为大，因此砍右脚之刑重于砍左脚。劓刑，即割去鼻子之刑。墨刑，亦称“黥”，即用锐器在面部刺字，然后染以黑色，令终身不掉，以示侮辱之刑。这“五刑”全是肉刑，后世又称“奴隶制五刑”，也叫“前五刑”，一直沿用至秦汉时期。[②]

《史记·殷本纪》和其他文献中还记载了一些殷商的“非常规”刑罚——“非常规”之所以打引号，是因其与“常规刑罚”之间界限并不分明，有些可能就是常规之刑。这些“非常规”刑罚有的也许只出现在商纣王时期，但其残酷性与殷商的刑罚精神是相一致的。

殷商“非常规”的死刑主要有：

1. 炮烙（旧读 páogé，后读 páoluò，亦写作“炮格”）之刑

相传是商纣王发明的一种死刑。[③]其行刑方式为：将铜柱（格）平放，两端架起，下烧炭火，将铜柱（格）烧红后，令有罪者赤脚在上行走，最终受刑

---

① 据《刑书释名》，周代的大辟可分为七等，即斩——用斧钺而实施的腰斩；杀——以刀刃而斩首，并弃市，即行刑于市，与众共弃之；搏——去衣而磔（分裂尸体后悬首张尸示众）；焚——以火烧杀；辜磔——焚裂尸体；踣——毙于市场；罄——缢于隐蔽场所。由此可窥见殷商大辟之一般。据说，中国历史上最后一位被腰斩者名俞鸿图，他在清雍正时曾任科举考试主考官，因泄题而被牵连。盛怒之下的雍正皇帝不仅决定恢复古老的腰斩之刑，而且钦定监斩者为俞鸿图的亲家郑士恒，由此可见专制主义的残暴无情之一斑。但此说未见正史记载。

② 秦汉之后，随着封建文明的进步，对“奴隶制五刑”提出越来越多的批评和否定。终于，到隋唐时期，新的“后五刑”定型，为笞、杖、徒、流、死，共 20 等（笞、杖、徒刑分别为各 5 等，流刑分 3 等，死刑分为 2 等），取消了肉刑制（但肉刑始终存在着，如明太祖朱元璋时曾滥施宫刑），一直沿用至清朝。后世也称为“封建五刑”。

③《史记·殷本纪》：“纣乃重刑辟，有炮格之法。”《史记集解》：“《列女传》曰：‘膏铜柱，下加之炭，令有罪者行焉，辄堕炭中，妲己笑，名曰炮格之刑。’”《史记索隐》：“邹诞生云：‘格，一音阁。’又云：‘见蚁布铜斗，足废而死，於是为铜格，炊炭其下，使罪人步其上’，与《列女传》少异。”

人因疼痛不支而落入火中被活活烧死之刑。据说商纣王发明这一刑罚，除了惩治“百姓怨望而诸侯有畔者”①外，还是为了让自己的宠妃妲己观刑而笑②。

2. 醢脯之刑

醢（hǎi），即把人剁成肉酱之刑；脯，即把人做成肉干之刑。《史记・殷本纪》载：“九侯有好（漂亮的）女，入之纣（献给商纣王）。九侯女不喜淫，纣怒，杀之，而醢九侯。鄂侯争之强（qiǎng，竭力），辨之疾，并脯鄂侯。”在非敌对战争的情形下，将两个其他部族的首领用最残酷的刑罚处死，可见殷商优越感之盛，以及从不将其他部族当成人看的心理之强，当然更显示出商纣王的残暴。商纣王还将自己的大臣梅伯（梅姓祖先）也施与了醢刑。③

3. 劓殄之刑

即夷家、灭族、族诛之刑，不使罪犯留有后代——或是夷家、灭族、族诛之刑的起源。盘庚迁殷时，曾遭到不少人的反对，为此盘庚多次下达命令，软硬兼施，告诫反对者，最后将“天帝”搬出来，并用劓殄之刑进行恐吓。他说：“予（我）迓（迎接上天）续乃（你们的）命于天，予岂威（威胁）汝，用奉畜（养活）汝众”“故有爽（不良）德，自上其罚汝，汝罔能迪（逃脱）”“乃有不吉不迪、颠越不恭、暂遇奸宄（各种不良行为），我乃劓殄灭之无遗育，无俾（使）易种于兹新邑”。④可见殷商统治者对自己的同族臣民也一样是充满杀气的，因此商纣王滥杀朝臣和异族首领、贵族也就没有什么好奇怪或认为是不道之举了。

4. 剖心之刑

即挖出心脏之刑。《史记・殷本纪》载：“纣愈淫乱不止。微子数谏不听，乃与大师、少师谋，遂去。比干曰：‘为人臣者，不得不以死争。’乃强谏纣。纣怒，曰：‘吾闻圣人心有七窍。’剖比干，观其心。”

---

① 《史记・殷本纪》。

② 《史记集解》：“《列女传》曰：‘膏铜柱，下加之炭，令有罪者行焉，辄堕炭中，妲己笑，名曰炮格之刑。’”

③ 《吕氏春秋・过理》：“（纣王）杀梅伯而遗文王其醢。”

④ 《尚书・商书・盘庚中》。《盘庚》（上、中、下）都是盘庚为避免水患，复兴殷商，而对臣民尤其反对迁都者的告诫。

微子，一说即是商纣王的亲哥哥[1]，连他都受不了自己亲弟弟的暴行而无奈逃亡了，可见殷商的统治以及商纣王的胡作非为已经是彻底不可救药了。微子还是孔子所认定的“殷有三仁焉”[2]之一。比干则是商纣王的叔父，也是孔子所认定的“殷有三仁焉”之一。商纣王将自己的叔父剖心，可见他已经丧心病狂到了何种地步。[3]“殷有三仁焉”之第三位是箕子，也是商纣王的叔父，由于惧怕受到商纣王的迫害，不得已而装疯，“佯狂为奴”[4]，但还是被商纣王囚禁了起来。

商纣王导致众叛亲离的暴行还有废掌礼乐之臣商荣[5]，以及迫使“太师疵、少师彊抱其乐器而犇（奔）周”[6]等。

5. 烹之刑

即以鼎镬煮杀人之刑。前述，商纣王曾将周文王的长子、周武王的哥哥伯邑考烹死。据（魏晋）皇甫谧的《帝王世纪》记载：“（纣）囚文王，文王之长子曰伯邑考质于殷，为纣御（驾驭马车），纣烹为羹，赐文王，曰：‘圣人当不食其子羹。’文王食之。纣曰：‘谁谓西伯圣者？食其子羹尚不知也！’”不仅烹死伯邑考，还令其父周文王食其子之肉羹，其残酷不仁到了极点。[7]

---

① 《史记索隐》：“微，国号。爵为子。启，名也。《孔子家语》云‘微’或作‘魏’，读从微音。邹本亦然也。”

② 《论语·微子》：“微子去之，箕子为之奴，比干谏而死。孔子曰：‘殷有三仁焉。’”

③ 《史记正义》：“《括地志云》：‘比干见微子去，箕子狂，乃叹曰：“主过不谏，非忠也。畏死不言，非勇也。过则谏，不用则死，忠之至也。”进谏不去者三日。纣问：“何以自持？”比干曰：“修善行仁，以义自持。”纣怒，曰：“吾闻圣人心有七窍，信诸？”遂杀比干，刳视其心也。’”

④ 《史记·殷本纪》。

⑤ 《史记索隐》：“皇甫谧云‘商容与殷人观周军之入’，则以为人名。郑玄云：‘商家典乐之官，知礼容，所以礼署称容台。’”

⑥ 《史记·周本纪》。

⑦ 今河南省安阳市商纣王曾关押过周文王的“羑里城”内有伯邑考之墓（俗称“吐儿冢”）。有学者认为，“羑里城”为殷商国家监狱所在地。据说在商纣王使者离开后，周文王将儿子的肉羹吐了出来，后人为纪念伯邑考而垒此冢。有学者认为，周文王食伯邑考肉羹乃古老的“食长子以利其弟”习俗——见刘洪涛：《文王食长子伯邑考事考——兼考瞽瞍欲杀舜事》，《殷都学刊》，2018年第1期，第34—39页；罗招武：《伯邑考之死探析》，《红河学院学报》，2018年第3期，第84—86页。但从《诗经·大雅·大明》的“长子维行，笃生武王”诗句来看，似乎又并非如此。该诗句的意思是：长子（伯邑考）有德但已亡故，（文王）德厚又生了武王。

6. 其他死刑

如刳剔之刑——刳（kū），零剐之刑；剔（tī），剥皮抽筋之刑。《尚书·周书·泰誓（上）》载周武王宣布的商纣王罪状，称："今商王受（纣王名）……焚炙忠良，刳剔孕妇。"另外，还有活埋、沉水、火焚等。

殷商"非常规"的其他刑罚有：

①流刑，即流放之刑。由前述，伊尹曾将太甲流放于桐宫可知，殷商还有流刑，且应为"常规之刑"。

②劳役刑。由《史记·殷本纪》所记胥靡刑人傅说（音悦）筑护界道之事可知[①]，殷商还有劳役刑，且也应为"常规之刑"。

③斫胫，即砍掉小腿。斫（zhuò），用刀斧砍。此刑或为商纣王一时兴起而施，因此尽管前"常规"的"五刑"中已有刖刑，但仍将其单列，以示商纣王之残暴。

据《尚书·泰誓（下）》载："（纣）斫朝涉之胫，剖贤人之心。"（西汉）《孔安国传》："（纣）冬月见朝涉水者，谓其胫耐寒，斩而视之。"即冬日清晨，商纣王看见人家涉水过河，便将人家抓来砍下小腿，看看为什么耐寒不怕冷。此举充分显示出商纣王的残暴和肆无忌惮。

④断手，即砍掉手掌之刑。据《韩非子·内储说》："殷之法，弃灰于公道者，断其手。"这是一条保护道路的法规，看来也应该是一种"常规"刑罚。

殷商对道路的建设非常重视，殷都城内的"马路"更是宽阔、平整——2000 年在安阳航校出土的殷商道路遗存即可证明。该道路遗存宽约 8.34 米，路面平整，为上下两车道，四条车辙印清晰、规整。另据新华社郑州（2022 年）11 月 4 日电，考古人员在安阳殷墟洹河北岸新发现一条大型东西向道路，最宽处达 14 米。该电引专家之语，称："该道路用鹅卵石、打碎较均匀的陶片及骨骼等混杂铺成，由于长期踩踏、碾压，路面坚硬，其上有多条车辙痕迹，十分清晰。"更重要的是，新发现的东西向大道，与此前在洹河北岸发现的一条东西向大道和一条南北向大道，共同构成了类似"街区"的布局形态。还有媒体用

---

① 《史记·殷本纪》："帝武丁即位，思复兴殷，而未得其佐。三年不言，政事决定于冢宰，以观国风。武丁夜梦得圣人，名曰说。以梦所见视群臣百吏，皆非也。于是乃使百工营求之野，得说于傅险中。是时说为胥靡，筑于傅险。见于武丁，武丁曰是也。得而与之语，果圣人，举以为相，殷国大治。故遂以傅险姓之，号曰傅说。"

《殷墟新发现——“大邑商”面貌愈发清晰》作为标题报道此事，凸显了道路建设在“大邑商”中的重要地位。所以，殷商统治者是绝对不允许民间破坏道路现象存在的。

正因殷商刑罚发达，几乎包括后世所有刑罚，因此后世有“刑名从商”[①]之说。也正因为殷商刑罚残酷，尤其商纣王的一系列无所顾忌的暴虐之举，最终不仅被其他大多数族群视为寇仇，而且也被自己的一些有识之士所抛弃。所以，西周初年的统治者必须将其作为统治失败的“反面教材”而加以重视，并列入最基本的统治思想中，用“明德慎罚”否定殷商尤其是商纣王的残暴刑罚。

上述思想理论从人间的现实，即周灭殷商而起；从“天命神权”观，即周人无法摆脱的历史局限出发，引出“德”与“民”，在宗教鬼神信仰思想中加入有利于西周统治的人文内涵，最终落实到具体的体现着“人性光辉”的统治方略。

西周这一“敬天崇德保民”的新神学理论，实际上是将“皇天上帝”拉向了人间，拉近了“皇天上帝”与“德”“民”的距离，因而不仅为西周统治建立了牢固的理论基础，而且较之殷商的“天佑殷商”思想更具有欺骗性，更能够蛊惑人心，也更有利于西周奴隶主贵族的统治。当然，最重要的是，促成了中原文化从“神本”到“人本”的转型。从此，以中原文化为核心的中华文明逐步摆脱了神文化的束缚，而走上了一条与世界其他文明所不一样的“以人为本”的道路，迄今已有3000多年之久。

---

① 《荀子·正名》。

第十一章 中华文明特征之五——人文浓郁（下）

本章导读

从世界范围来看，发源于中国中原地区的宗法制之表现是极为突出的。中原文明不仅用宗法制“抵御”了宗教鬼神信仰的“泛滥”，而且由于格外重视人与人之间的血缘关系、亲情关系，包括等级制关系等，从而使得中国社会成为人类文明史中“最有亲情味儿”“最有人情味儿”，或简单说是“最有人味儿”的“一隅”——当然这也是有利有弊的。而如此社会文化氛围的形成是从西周开始的，至少西周时期已经有了雏形。

与宗法制一样，西周的礼仪制度，即“周礼”，虽然也免不了与宗教鬼神信仰扯上关系，如多数学者认为，“礼”最初是一种祭祀的仪式；甲骨文“礼”字的写法，即将两块玉石放置在一个器皿里，供奉给天帝或祖先，既表示敬意又表示请求赐福保佑；《说文》也将“礼”字解释为“事神致福”的仪式，将其与宗教鬼神信仰相联系——可见源于祭祀的“礼”身上是有“宗教味儿”的，但一是到西周时期，“礼”身上的宗教鬼神信仰的气息清谈了许多；二是从整体而言，“礼”所规范的最主要的还是人与人之间的关系。正如《礼记·曲礼上》所称：“道德仁义，非礼不成；教训正俗，非礼不备；分争辨讼，非礼不决；君臣上下，父子兄弟，非礼不定；宦学事师，非礼不亲；班朝治军，涖（莅）官行法，非礼威严不行；祷祠祭祀，供给鬼神，非礼不诚不庄。”在“礼”所规范的总共 8 个方面中，与宗教鬼神信仰相关的只 1 个方面，人事与神事在“礼”之作用中是 7：1 的关系。而最后一方面“祷祠祭祀，供给鬼神，非礼不诚不庄”

之目的，其实还是为“人事”所服务的，因此这个比例应是“7 多”比“不到 1”。

不过，需要指出的是，西周时期社会生活的各个方面，如政治、经济、军事以及人们的日常交往等，虽均开始以人为中心，但天命神权思想依旧起重要作用，此乃西周文化人本性特征的实质——也是以后中国古代社会的文化特征之一。

春秋战国时期，中原文化特征的定型，在思想文化上主要体现在参与“百家争鸣”的诸子百家的理论中。先秦思想家们上至天文，下至地理，纵横八极的论说，以及他们的行为，大都充满着人文性的，几乎看不到“宗教鬼神”的影子。另外，先秦思想家们还几乎都表现出“执着己守，矢志不渝”的人文性格，终身坚持自己的思想主张和精神追求，即便造成自身的困窘，甚至带来杀身之祸，仍无怨无悔。

道家的“道”为世界万物乃至宇宙万物之根本：其先天地而生，无形无声；其独立存在，永不改变；其循环运动，永不停止；其乃绝对精神，听不见，看不到，摸不着；其自然无为，无目的、无意志，产生世界万物乃至宇宙万物，但并不主宰世界或宇宙。

老子是个神奇的老头——一说其活了 100 岁左右，拥有一颗具备超级抽象思维能力的好脑子，能将所见到的自然现象和社会现象等超级抽象地总结、提炼出来。这应与其生存时间长、社会实践经验丰富、熟读古籍并通晓历史，以及长期有意识地观察自然、社会，并习惯用理性思维进行深入思考有关。老子（《老子》）的许多至理名言不仅寓意深刻、含义广大、哲理深邃，而且历经两千多年至今不过时。

由于过于抽象和寓意深刻、含义广大、哲理深邃，因此后人欲深刻领悟老子的思想，就必须具备深厚的文化底蕴、丰富的自然知识及社会实践经验才行，若不具备这三个条件，则很难与老子的思想相沟通，很难理解老子。因之最能深入了解老子、领悟老子思想的是读书人，而且必须是有着丰富的阅历，以及遭受过所谓“挫折经历”“人生不顺”的知识分子。不仅如此，随着岁月的增长，年龄越大就越能在心灵上与老子相通，并越发深深地佩服这个神奇的老头早在两千多年前就道出了自己的心声。

实际上，后世在解读庄子时，若能取得一致的看法，则庄子也就不该被称为庄子了——对于老子的解读也是如此。后世解读老子和庄子时存在分歧，且分歧巨大，应该是对老子、庄子最大的尊重和敬仰。

庄子不仅生于贫困，羁于贫困，穷困一生，而且安于贫困、乐于贫困，甚至享受贫困、尊重贫困，因为贫困带给他自由的生活、批判的精神、想象的空间、无尽的乐趣以及真实的社会。当然，并不是所有人都会因贫困而达到这一境界，这需要通过读书、思考和实践而积淀深厚的人文底蕴才行。只有精神极为富足的人，才会像庄子那样享受贫穷的快乐，且还能“知鱼之乐”。

在中国历史上，乃至世界历史中，孔子都是决不可或缺的思想家。据说外国人对他佩服得五体投地，原因之一是孔子是一个内心极其“敞亮”的人，做人做事光明磊落、表里如一，不搞阴谋诡计。

法家以强调法治而著称，故而被称为“法家”。实际上他们所谈均为政治统治的方式和方法，因之被称为“政家”也许更为准确。同时也就意味着其思想理论中宗教鬼神信仰的东西必须少之又少才行——商鞅见秦孝公，第一次讲“帝道”；第二次讲“王道”，所谈都是“人事儿”，还惹得秦孝公大不满意，将“介绍人”骂得狗血喷头；若是讲“神事儿”，也许秦孝公杀人的心都会有；第三次见面商鞅给秦孝公讲“霸道”——“强国之术”，才抓住了秦孝公的心，并得到信用。

在诸子百家中，兵家有时不被提到。但春秋战国时代，由于战争频仍，因而是兵家最为活跃以及兵学理论最为发达时代。这从北宋时确定的“武学七书”中有 5 部来自这个时代即可知之，它们是《孙子兵法》《吴子》《司马法》《六韬》和《尉缭子》。其中《孙子兵法》在世界军事理论著作中占重要位置，是世界现存最古老、最杰出的兵书。几乎可以说，兵学理论是中华文化中一颗璀璨的明珠；其融军事理论、治国之要及哲学思想等为一体，在世界军事理论中独树一帜。

第一节　西周文化人本性特征的初显

西周建立后，统治者在构建“敬天崇德重民”新神学理论的同时，在制度设计上也突出“人本”以加强统治。其主要体现在两个方面：一是强调血缘亲缘关系，通过实行大规模的分封、联姻等以牢固宗法统治体系；二是强调等级性的礼仪，通过“周公制礼”等完善典章制度建设，并要求所有成员必须依礼行事，不得有任何僭越行为。由此，将西周社会层面的宗教鬼神信仰又进一步降低了“浓度”。

一、以血缘关系为基础的宗法制臻于“完备”

从世界范围来看，发源于中国中原地区的宗法制之表现是极为突出的。中原文明不仅用宗法制度“抵御”了宗教鬼神信仰的“泛滥”，而且由于格外重视人与人之间的血缘关系、亲情关系，包括等级制关系等，从而使得中国社会成为人类文明史中“最有亲情味儿”“最有人情味儿”，或简单说是“最有人味儿”的“一隅”——当然这也是有利有弊的，而如此社会文化氛围的形成是从西周开始的，至少西周时期已经有了雏形。

（一）宗法制解读

何为宗法制？简单来说，即以家族为中心，依血统远近，以区别亲疏的法则而建立起来的社会等级制度。[①] 从字面上看，在这一制度中是看不到“鬼神”的影子的。

① 关于宗法制的定义也有许多种，本书选择最简单的一个加以解析、解读。

“以家族为中心”是说，结成宗法综合体的成员都是有着“血浓于水”的血缘关系的亲属——有些成员则是通过婚姻关系而与家族其他成员之间构成亲属关系。“血统”指因生育关系而自然形成的亲属关系，如父母与子女之间、兄弟姐妹之间的关系等。“依血统远近”是说，宗法综合体中各亲属的血缘关系是有远近之分的，如从某个成员本身而论，有至亲、近亲、远亲的关系；以始祖或大家长作为“参照物”，则家族内部的各分支有亲族、旁系、远系等关系。“区别亲疏的法则”是说，亲属间的远近关系是由一种带有自然属性的准则来区别亲与疏的——即这种准则不是人为硬性规定的，而是一种近乎自然规律的客观存在，但被人们所认同。“社会等级制度”是宗法制的“关键词”，也是宗法制的实质之所在。本来人们依生育而形成的自然亲属关系只有长幼辈、同辈等关系，不存在人为的带有政治色彩的等级制关系，但宗法制引入了始祖或大家长作为“参照物”，因而便在亲属之间构成了人为的等级制度，并赋予这种等级制度以政治色彩，使辈分越高者，政治地位和社会地位就越高，反之则越低。因此，宗法制的实质，其实就是利用亲属之间的辈分关系、亲疏关系等而确立起来的社会等级制度。这种等级制度虽然有祖先的“神影”存在，并受祖先“神魂”的影响，但其最主要内涵则是人与人的关系——包括“在世子孙”与“驾鹤祖先”的关系。

宗法制至晚起源于原始社会氏族公社末期的父系家长制，即男子在氏族公社、家庭公社和一夫一妻制家庭中占支配地位的制度。早在母系氏族公社繁荣时期，由于生产力的提高，经济的发展，使得人口增加，因而家庭公社逐渐开始取代氏族公社的职能而成为社会的基本生产和生活单位。到父系氏族公社阶段，氏族公社与家庭公社的“两级制”格局更加固定。在父系家长制下，氏族公社和家庭公社首领通常由辈分较高的男性担任；氏族公社男性首领为大家长，管辖着氏族公社内的若干个家庭公社——氏族公社首领也是其中一个家庭公社的家长；每个家庭公社的男性家长管辖着由一个男性祖先繁衍下来的数代直系子孙和他们的妻子所组成的家庭公社，这样便形成了氏族公社和家庭公社“两级制”的氏族管理模式。以后，随着一夫一妻制家庭在家庭公社中的逐渐独立，于是又形成了“三级制”甚至“多级制”的氏族管理层级，并越来越具有政治色彩。进入到阶级社会后，统治者为了加强自己的统治，便赋予由大小首领、各级贵族、氏族平民所构成的“氏族等级制”以全新的政治功能，于是宗法等级制就形成了。

既然宗法制起源于原始社会的父系家长制，那么也就意味着这一制度曾普遍出现在世界上几乎所有民族的早期历史中。因为任何一个无外力干涉或打扰的民族，都必须经历原始社会，都会从母系氏族公社过渡到父系氏族公社，这是毫无疑问的。而只要经历原始社会、父系家长制就一定会存在程度不同的宗法制“基因”。然而，从全世界范围看，在进入文明时代后，只有中国中原地区和受其文明影响至深的周边地区的宗法制，其制度发展得最为完备、内容发展得最为细密，且历史最为悠久、影响最为深远——自西周“臻于完备”至今达3000多年之久，因而堪称世界文明史上的奇观。之所以会如此，是因为中国中原地区的宗法制具有与众不同的独特内涵——当然，从宏观而言，与中华文明自古而今一脉相承未曾中断也直接相关。

中国中原地区的宗法制，初步发展于夏商时期，“臻于完备”于西周时期，然后影响以后3000多年的中国社会，直至当代。所以，只有了解宗法制，才能读懂中国、中国人、中国文化，才能更加深刻体会中国社会“无宗教神性”特征的内涵。

（二）西周宗法制的主要内容

西周宗法制的主要内容有三，即嫡长子继承制、分封制和宗庙祭祀制度。

但需要知道的是，西周宗法制的“臻于完备”，只是“观念上的臻于完善”，不是“实际上或事实上的臻于完善”，也即其“宗法制的臻于完备”并不是历史上的真实存在。因为与西周其他许多制度、思想等一样，由于后世以儒家为主的思想家或学者们，将西周社会看成其心目中最理想的社会，因此不断对其进行“加工”“完善”甚至“美颜”“美化”——这一过程主要发生在自春秋战国到两汉时期，这样通过后世数百年的“主观努力”，将西周时不完善的东西，完善起来了；将西周时不完美的东西，完美起来了；将西周时仅具雏形的东西，令其成熟起来了；甚至西周时没有的东西，也给补充齐全了，所以今人在看西周历史，研究西周文化时，对于许多文献记载的东西很难确认是西周时期“原汁原味”的东西。

西周宗法制的许多内涵即是上述这种情况，因此西周宗法制一定不会有下述那样完备，后人只是从观念上认为西周宗法制即是如此——尽管有些能明显看出不是西周的东西。

下述西周宗法制的主要内容，有些其实是至晚到两汉时期才成熟、完善起来的。

1. 原则“牢不可破”的嫡长子继承制

嫡长子继承制是宗法制的政治基础。其原则是“立适以长不以贤，立子以贵不以长”①。“适”即是“嫡”，也即嫡妻、正妻、正室，王家称“王后”，皇家称“皇后”，老百姓习称“大老婆”，等等。这一原则强调的是“子以母贵”，即嫡妻所生的第一个儿子是为嫡长子，由他继承父亲的权位和财产。嫡妻所生的第二个儿子和以后诸子，以及庶妻所生的所有的儿子，均为庶子，原则上都无法取代嫡长子的地位。② 正由于有这一原则的存在，所以中国中原地区在奴隶制时代、封建制时代并一直到民国时期所盛行“一夫多妻制”，严格来说应该是“一夫一妻多妾制”。在法律上男子是不允许娶两个妻子的。对此，中国历史上第一部比较系统的封建成文法典——战国初魏国相李悝（前455—前395年）所制定的《法经》③ 中即明确规定：“夫有二妻则诛。”

嫡长子继承制形成于殷商末期。殷商的王位继承主要实行“父死子继”和“兄终弟及”两种制度，二者交互而用。据《史记·殷本纪》，在开国之君商汤之后的29位君主中，“父死子继”的共13位——若加上商汤太子太丁则为14位，“兄

---

① 《春秋公羊传·隐公元年》。

② 其实嫡长子继承制的原则非常复杂。据《春秋左氏传·襄公三十一年》：“太子死，有母弟则立之，无则立长。年钧（平均，一样）择贤，义钧则卜，古之道也。”据《春秋公羊传·隐公元年》何休注：“礼，嫡夫人无子，立右媵（陪嫡妻而嫁的庶妻）；右媵无子，立左媵；左媵无子，立嫡侄（陪嫁的妻之侄女）娣（陪嫁的妻之妹妹）；嫡侄娣无子，立右媵侄娣；右媵侄娣无子，立左媵侄娣。质家（崇尚朴实的朝代，如殷商）亲亲，先立娣；文家（崇尚礼仪的朝代，如西周）尊尊，先立侄。嫡子有孙而死，质家亲亲，先立弟；文家尊尊，先立孙。其双生（双胞胎）也，质家据见立先生（双胞胎中先出生的孩子），文家据本意立后生（双胞胎中后出生的孩子）。皆所以防爱争。”何休，东汉经学家，代表作有《春秋公羊传解诂》。其解说也许仅为一种整齐划一的理想状态，而非实际实施的制度，且更难说西周时即是如此。

③ 《法经》制成于约公元前407年（周威烈王十九年），由于是李悝在总结春秋末以来各诸侯国立法经验的基础上制作而成的，因此“夫有二妻则诛”等内容未必是战国初期才有的。《法经》分《盗法》《贼法》《囚（网）法》《捕法》《杂法》《具法》6篇，这一篇章体例及其许多内容成为秦汉以后历代封建法典的蓝本，李悝也因此被尊为“中国封建法典之祖”。《法经》是当时推行法治以加强统治的工具，具有历史的进步意义。可惜其原文早已失传，仅有片段在其他一些典籍中得以保留才流传下来。

终弟及”的共 12 位，二者基本持平；另类即位如“叔死侄继”等有 4 次，而明确为嫡长子继承王位的只有商纣王 1 人。不过，在商纣王之前的几代国君，即其父、祖、曾祖 3 人，都是“父死子继”的，显然在为嫡长子继承制的确定做最后的“铺垫”。

据《史记 · 殷本纪》，“帝乙长子曰微子启，启母贱，不得嗣。少子辛，辛母正后，辛为嗣”。由此而知，微子启与商纣王辛是异母兄弟，微子启为庶兄，商纣王辛为嫡长子，所以商纣王辛即位为王。而《史记索隐》则称：“依《吕氏春秋》，言母当生启时犹未正立，及生纣时始正为妃，故启大而庶，纣小而嫡。”由此则微子启与商纣王是同母兄弟，生启时其母为妃，而生纣王时其母为后，所以微子启为庶兄不能继承王位，商纣王为嫡长子有权继承王位。此说更体现出嫡长子继承制原则的“神圣而不可改变”。

其实，不管微子启与商纣王是同母兄弟还是异母兄弟，嫡长子继承制在殷商末年已经确立起来应该是历史事实，且这一原则已经明确树立起来了。

嫡长子继承制的“完善”是在西周时期——嫡长子亦称“世子”[①] 或“宗子”[②]。但据《史记 · 周本纪》载，武王崩，“太子诵代立，是为成王”；成王崩，“太子钊遂立，是为康王”；康王卒，“子昭王瑕立”；“昭王南巡狩不返，卒于江上”“立昭王子满，是为穆王”；穆王崩，“子共王繄扈立”；共王崩，“子懿王囏（jiān）立”；懿王崩，“共王弟辟方立，是为孝王”；孝王崩，“诸侯复立懿王太子燮，是为夷王”；夷王崩，“子厉王胡立”；厉王死，“太子静长于召公家，二相（召公、周公）乃共立之为王，是为宣王”；宣王崩，“子幽王宫湦立”。由此可知，西周12位君主中明确以太子身份即位为天子的只有4位，即成王诵、康王钊、夷王燮和宣王静。其中还有一位不是“父死子立即继”的，即在懿王囏与夷王燮父子之间，由于孝王辟方的“插入”，所以使得夷王燮隔了一任才继任了父亲懿王囏的王位——孝王辟是共王繄扈的弟弟，懿王囏的叔叔。

---

① 《春秋公羊传 · 僖公五年》：“世子，贵也。世子，犹世世子也。”（清）陈立《公羊义疏》：“《白虎通 · 爵》篇云：‘所以名之为世子何，言欲其世世不绝也……明当世世父位也。’”

② 《诗经 · 大雅 · 板》：“怀德维宁，宗子维城。无俾城坏，无独斯畏。”（汉）郑玄笺：“宗子，谓王之适子。”《礼记 · 大传》：“别子为祖，继别为宗。”（汉）郑玄注：“别子，谓公子若始来此国者，后世以为祖也。别字之后适也，族人尊之为大宗，是宗子也。”

《史记·周本纪》恰说明，西周嫡长子继承制的“完善”其实是精神原则的完善，以及这一精神原则的深入人心和牢不可破，并非是制度上“一丝不苟”的严格谨守。后世在施行这一制度是亦如此。

相比较而言，世界许多其他民族或文明政权，由于不实行严格的嫡长子继承制原则，因此其宗法制后来发展得就不如中国中原地区那么完善，甚至逐渐消失在历史长河之中。这也是中国中原的宗法制在世界范围内成为独树一帜的“奇葩”的重要原因之一——再强调一遍，中国中原地区嫡长子继承制的严格实施主要体现是在原则层面或精神层面的，在原则上或精神上是牢不可破且根深蒂固的，而并不完全体现在制度层面。但无论是原则、精神或制度，“有中国特色”的宗法制所规范的都是人与人的关系，“鬼神”几乎很难“插足”其间，这是明确无误的。

2.“家国同构”的分封制

分封制是宗法制的政治表现。西周初的大分封开始于周成王时，在周公东征之后。

历经武庚与“三监”叛乱后，西周统治者认为让“商遗民”自己管理自己而只派“三监”进行外围监视的统治模式过于简单，不保险，必须将“商遗民”打散，分散他们的力量，并按宗法制的模式建立起融血缘关系、政治关系和等级制关系于一体的、最适应周人“胃口”、最为周人所熟悉的新型政治架构进行有效统治才行。这套政治统治体系就是通过分封制而实现的。

在西周分封制之下，天子直辖的地区称“王畿”，即以首都镐京为中心的今陕西省渭河平原一带——后称“关中平原”“八百里秦川”，也是最初的“天府之国”所在地。据说有 1000 多平方里。

王畿以外的其他地区分封给诸侯。诸侯有大有小，大诸侯即是西周的地方“最高长官”。依血缘关系而论，诸侯分为两种：一种是同姓诸侯，另一种是异姓诸侯。

同姓诸侯即周天子的同姓亲属被封为诸侯国君者，最初共分封了 53 个——其中武王辈的 15 个、成王辈的 10 个。主要有：武王弟康叔[①]——受封于卫国

① 《史记·卫康叔世家》：“周公旦以成王命兴师伐殷，杀武庚禄父、管叔，放蔡叔，以武庚殷余民封康叔为卫君。”

（位在今河南省北部），建都朝歌；成王弟叔虞[①]——受封于唐国（后改称“晋国”，位在今山西省西南部），建都唐（今山西省临汾市翼城县西）；武王弟周公旦——受封于鲁国（位在今山东省西南部），建都曲阜（今山东省济宁市曲阜市），但因周公要留在朝中辅政，故遣其长子伯禽赴国，伯禽因而成为鲁国首任国君[②]；召公奭——受封于燕国（位在今北京市西南部），建都于今北京市房山区琉璃河镇董家林村一带，但因召公要留在朝中辅政[③]，故遣其长子克赴国，克因而成为燕国首任国君。其他还有：仲虞——古公亶父（周太王）次子仲雍之曾孙，受封于虞国（位在今山西省运城市平陆县北）；蔡仲（名胡）——武王弟叔度（蔡叔）之子，受封于蔡国（位在今河南省东南部），建都上蔡（今河南省驻马店市上蔡县西南）；叔振铎——武王弟，受封于曹国（位在今山东省西南部），建都陶丘（今山东省菏泽市定陶区西南）；叔郑——武王弟，受封于毛国（位在今陕西省宝鸡市岐山县、扶风县一带）；叔处——武王弟，受封于霍国（位在今山西省临汾市霍州市一带）；错叔绣（亦称叔绣）——武王弟，受封于滕国（位在今山东省滕州市西南）；虢仲——文王弟，受封于虢国（东虢，位在今河南省荥阳市东北）；虢虞——文王弟，受封于虢国（西虢，亦称“城虢”，位在为陕西省宝鸡市东），等等。

异姓诸侯主要有两类。第一类是功臣诸侯，即辅助或追随武王克商的有功之臣。如吕尚——姜姓，吕氏，名望，一说字子牙，故又称姜子牙；又因有太公之称，故俗称姜太公。因辅佐周文王、周武王两代国君，为克商贡献了很大

---

① 《史记·晋世家》：“成王与叔虞戏，削桐叶为珪以与叔虞，曰：‘以此封若。’史佚因请择日立叔虞。成王曰：‘吾与之戏耳。’史佚曰：‘天子无戏言。言则史书之，礼成之，乐歌之。’于是遂封叔虞于唐。唐在河、汾之东，方百里，故曰唐叔虞。”

② 《史记·鲁周公世家》：“周公佐武王，作牧誓。破殷，入商宫。已杀纣，周公把大钺，召公把小钺，以夹武王，衅社，告纣之罪于天，及殷民。释箕子之囚。封纣子武庚禄父，使管叔、蔡叔傅之，以续殷祀。遍封功臣同姓戚者。封周公旦于少昊之虚曲阜，是为鲁公。周公不就封，留佐武王……而使其子伯禽代就封于鲁。”《史记索隐》：“周公元子就封于鲁，次子留相王室，代为周公。”

③ 召公，亦作邵公、召康公，因采邑在召（今陕西省宝鸡市岐山县西南），故称召公或召伯，曾佐武王灭商。成王时任太保。《史记·燕召公世家》：“召公奭与周同姓，姓姬氏。周武王之灭纣，封召公于北燕。其在成王时，召王为三公：自陕以西，召公主之；自陕以东，周公主之。”

功劳，受封于齐国（位在今山东省北部），建都营丘（后称临淄，今山东省淄博市东北）。还有，曾随同武王克商而有功的庸人首领，受封于庸国（主要位于今湖北省西北部），建都上庸（今湖北省十堰市竹山县西南），等等。

第二类是所谓“古代先贤之后”。如微子启（一名开）——子姓（一说姓好），传为帝喾的后裔，殷太祖商汤的子孙，受封于宋国（位在今河南省东部和山东省、江苏省、安徽省间地），建都商丘（今河南省商丘市南）；胡公（名满）——妫姓，传为舜的后裔，受封于陈国（位在今河南省东部和安徽省西北部），建都宛丘（今河南省周口市淮阳区）；东楼公——姒姓，传为大禹的后裔，受封于杞国（位在今河南省东部），建都雍丘（今河南省开封市杞县）；熊绎——芈姓，传为颛顼后裔，受封于楚国（为在今湖北省中南部），建都丹阳（今湖北省宜昌市枝江市）——一说熊绎曾助武王灭商，若按此说则熊绎也应为功臣；文叔——姜姓，传为伯夷[①]之后，受封于许国（位在今河南省许昌市东）。还有一些诸侯国，其始封君名已失传，如薛国——位在今山东省滕州市南，任姓，始封君为传说中车的发明人奚仲的后裔；郐国——亦称“桧国”“会国”“侩国”，位在今河南省郑州市新密市东南，妘姓，始封君传为祝融（古代先贤，有多种说法）之后；蓟国——位在今北京市城区西南广安门一带，一说为姬姓——传为黄帝之后[②]，一说为祁姓——传为尧之后[③]，等等。

西周在宗法制基础上实行的分封制，体现出的是“家国同构”的政治架构。其表现为，周天子集政权、神权、族权于一身，在血统上为天下“大宗”，在政治上为全国“共主”，其王位由嫡长子继承——至少观念上如此，且原则上不动摇；周天子的一些庶子被分封到各地为诸侯（周天子的叔父、堂兄弟等有的也受封为侯，但为叙述简单而只以周天子直系亲属为例），周天子与诸侯在血统上是“大宗”与“小宗”的关系，在政治上是上下级关系。

诸侯为各国国君，依礼必须服从王命，还要定期朝贡述职，且有出军赋与

① 伯夷，殷商末孤竹君长子。墨胎式。初，孤竹君以次子叔齐为继承人，孤竹君死后，叔齐让位，伯夷不受，于是二人都投奔到周。后因反对周武王伐商，二人逃避到首阳山，不食周粟而死。孤竹国位在今河北省秦皇岛市卢龙县南。

② 《礼记・乐记》：“武王克殷返商，未及下车而封黄帝之后于蓟。”

③ 《史记・周本纪》：“武王褒封帝尧之后于蓟。”

服役的义务；在其封疆之内，诸侯世代掌握统治大权；其国君之位由嫡长子继承，其一些庶子分封在诸侯国内为卿大夫；诸侯在本国之内其血统为“大宗”，与卿大夫是“大宗”与“小宗”的关系，在政治上是上下级关系。

卿大夫为诸侯臣属，担任重要官职，辅助国君进行统治，依礼必须服从君命，对国君有纳贡赋与服役的义务；其封地称“采邑”，亦称“采地”“封邑”“食邑”等；其宗族与政权组织称“家”，在“家”内，卿大夫为一“家”之主，世代掌握所属都邑的军政大权；其卿大夫之位由嫡长子继承，其一些庶子分封为士；在“家”内，卿大夫的血统为“大宗”，与士是“大宗”与“小宗”的关系，在政治上是上下级关系。①

士是最低级的贵族，有的享受禄田的出产，有的以俸禄为生；其士之位由嫡长子继承，其庶子降为平民——所以有些平民跟贵族的关系是十分亲密的。这种密切关系应该也是公元前 841 年“国人暴动”的一个由头②。

如果用一棵大树来形容西周姬姓贵族的宗法血缘关系的话，则树干就是周天子的血统，从“周天子树干”上分出的树枝即是诸侯的血统，从“诸侯树枝”上分出的细一些的树枝就是卿大夫的血统，由“卿大夫树枝”上再分出的更细树枝就是士的血统。长在“士的树枝”上的树叶可以被看成与贵族血缘关系最近的“国人”。其中嫡长子继承制是这种“家国同构”统治架构的基本政治要素，其由祖上的血统所决定，是求“神”无门的。

上述周天子、诸侯、卿大夫、士之间，不仅是各为“大宗”和“小宗”的血缘关系，政治上的上下级关系，而且还形成“金字塔”形的等级制关系。其中周天子居于“塔顶”，士则位于“塔基”。但这种等级制关系不是仅仅只有 4 级。从简单来说，周天子自为 1 级，诸侯则有公、侯、伯、子、男共 5 级，卿大夫

① 一般情况，卿的地位较大夫高，掌握国政和统兵之权，卿的田邑也较大夫多。

② 国人暴动：周夷王死后，其子周厉王胡继位。为了改变朝廷的经济状况，周厉王任用荣夷公为卿士，实行“专利”政策，将山林湖泽改由天子直接控制，不准“国人”进入谋生。周都镐京的“国人”因不满周厉王的政策，怨声载道。周厉王又命令卫巫监谤，禁止“国人”谈论国事，违者杀戮。公元前 841 年，因不满周厉王的暴政，镐京的“国人”集结起来暴动，迫使周厉王带领亲信逃离镐京，沿渭水一直逃到彘（今山西省临汾市霍州市），并于公元前 828 年（共和十四年）病死于该地。周厉王逃走后，西周政权由共和伯摄行王事，号共和元年；一说由召公、周公共同行政，号“共和”行政，共 14 年。周厉王死后，始归政于周宣王。

则有上大夫（即卿）、中大夫、下大夫共3级，士则有上士、中士、下士共3级，因此加起来至少为十二级。[①]

如上述诸侯国中，虞国、东虢、西虢、宋国等为公爵国，卫国、晋国、鲁国、蔡国、滕国、齐国、陈国、杞国、薛国、蓟国等都是侯爵国，燕国、曹国、毛国、霍国、庸国等是伯爵国，楚国是子爵国，许国是男爵国——至少最初如此，以后有的有变化。爵位的高地决定了享受的礼是各不相同的。

实际上，西周分封制以及贵族的等级和他们之间的相互关系，远比上述要复杂得多。

西周姬姓贵族们天然即属于一个宗法共同体中的成员，那么异姓贵族如何加入进来？其实很简单，通过通婚即可实现。举例来说，若周天子将自己的姐妹嫁与异姓贵族，则生出的孩子就与周天子有了一定的共同血缘而形成舅甥关系，所以仅一代人就能把这个问题解决了。

西周规定姬姓男女百世（代）不得通婚。[②]这一方面是伦理上的考量，即"同姓不得相娶……重人伦也"[③]，"不娶同姓者，重人伦，防淫泆，耻与禽兽同也"[④]；二方面是生育上的考量，即"男女同姓，其生不藩"[⑤]，"同姓不昏（婚），恶不殖也"[⑥]；三方面则是政治上的考量，即"娶于异姓，所以附远厚别也"[⑦]，以

① 据《礼记·王制》，"王者之制禄爵，公、侯、伯、子、男，凡五等。诸侯之上大夫卿、下大夫、上士、中士、下士，凡五等"，则加周天子共为11级。有认为，西周时期诸侯不存在严格的公、侯、伯、子、男之爵位等级。因有诸侯既可称公，亦可称侯。如杞国是伯爵国，但亦称侯，甚至称子。《礼记》最初为西汉"礼仪学"专家戴圣所纂辑，故亦称《小待礼记》或《小戴记》，凡49篇，虽选编有先秦时期的礼学文献——还选编有秦汉时期礼学文献，但具有明显的后世加工的痕迹，许多制度至少在西周时没有其记载得那么完善。

② 《礼记·大传》："虽百世而婚姻不通者，周道然也。"

③ 《白虎通·姓名》。

④ 《白虎通·嫁娶》。

⑤ 《左传·僖公二十三年》。"蕃"，茂盛、昌盛。一说为"男女同姓，其生不殖"。

⑥ 《国语·晋语四·郑文公不礼重耳》。"恶"，惧怕、害怕；"殖"，繁殖。一说为"同姓不昏，惧不殖也"。

⑦ 《礼记·郊特牲》。"附远"，一说通过联姻与血缘关系远的异姓贵族建立姻亲关系；一说通过婚姻，使居住在远方的异姓贵族依附于西周，以加强姬姓统治族的统治基础。"厚别"。一说严格区分血缘，落实同姓不婚之制；一说通过婚姻，使异姓贵族感觉受到重视，因而诚心乐意地甘做姬姓统治族的附庸，以加强西周的统治基础。

及“娶妻避其同姓，畏乱灾也”[①]。

正是基于这三方面的考量——尤其是前两方面的考量，所以西周还规定，“取（娶）妻不取同姓，故买妾不知其姓则卜之”[②]，即为落实“同姓不婚”原则，即使买妾也不能例外，如分辨不清媵妾的姓氏血统，就需要用占卜的方式来确定，以堵住这方面的漏洞。在此虽有了宗教迷信的“身影”，但其服务的对象还是“人”——前已述，此乃中国人信神的特点之一。

3. 维护宗族团结的宗庙祭祀制度

宗庙祭祀制度是宗法制的族权体现。其目的主要有二：一是加强嫡长子的地位；二是团结宗族——其实加强嫡长子的地位也是维护宗族团结的重要手段。

“宗”，尊贵之意；“庙”，颜面之意，合起来就是“尊颜”之意。也即最初的祭祖——应该是原始社会末期的父系氏族公社阶段，是到祭祀场所即可以见到祖先的尊颜（或木像、石像，或干枯的头颅等），且应该是露天的，未必有遮风挡雨的建筑。以后宗庙则指摆放有祖先牌位（或神像，近代以后则有配放照片的）的房屋，亦称“宗祠”“祠堂”等。

在宗法制的前两项内容中，几乎看不到宗教鬼神信仰的影子，基本上反映的都是人与人之间的血缘关系、政治关系和等级制关系等。当然，在即位为天子，立太子，授封各级贵族，各级贵族获封等人文活动中一定都会举行祭祖祭天等仪式的，因而也会体现出一定的宗教鬼神信仰色彩，但其主要还是为人文关系的建立以及推动人文活动而服务的。相比较而言，宗庙祭祀制度中的宗教鬼神信仰氛围就更突出一些。但实际上，它也是为人文关系的良好建立，以及推动人文活动的开展而服务的。

宗庙祭祀制度如何加强嫡长子的地位呢？也很简单，宗法制规定只有嫡长子才能祭祀始祖及其直系祖先，庶子无权祭祀，只能跟着嫡长子祭祀，因此嫡长子在家族中地位就凸显了出来。至于加强宗族团结，则主要是让家族成员——主要是男性亲属，定期因祭祖而会聚在一起，定时交流情感，以免“远亲不如近邻”。

---

① 《国语・晋语四・重耳婚媾怀嬴》。

② 《礼记・曲礼上》。

按照周礼的规定，各级贵族祭祀祖先之数是不一样的。具体为：天子七庙，诸侯五庙，大夫三庙，士一庙。

所谓“天子七庙”，即周天子祭祀 7 个祖先，分别为始祖后稷、太祖文王、太宗武王，以及周天子的高祖、曾祖、祖父、祢（亡父）。前 3 祖为“百世（代）不迁（祧）之主”，即“永远”不迁动其牌位，以示尊崇和深深地怀念、感恩；后 4 祖合称“四亲”，须崩一迁（祧）一，即现任周天子崩，其嫡长子即位，要将其父的“高祖”迁出，称“祧”，也即高祖以上的远祖（亦称“远庙”）因世系与现任周天子疏远，而被迁出到另外的场所——祧庙，集中供奉，以保持天子七庙之数。[①]

所谓“诸侯五庙”，即诸侯只能祭祀 5 个祖先，分别为自己的始祖和自己的“四亲”。[②]

所谓“大夫三庙”，即卿大夫只许祭祀 3 位祖先，分别为自己的始祖、祖、祢。[③]

所谓“士一庙”，即士只能笼统祭祀自己的祖先神主，不再区分。[④]

至于庶人则无庙，即不能有专门的场所祭祀祖先，若想祭祀祖先只能在家中寝室[⑤]——一说祭于家门。

周成王时，鉴于周公对西周王朝的贡献，特许鲁国拥有其他诸侯所不能拥有的祭祀特权，于是“乃命鲁得郊，祭文王。鲁有天子礼乐者，以褒周公之德也”[⑥]。“郊”，亦称“郊祭”或“郊祀”，为祭祀天地之礼，是周代最为隆重的祭典，为天子之礼——天子在祭祀天帝时，附祭周族始祖后稷。成王不仅允许鲁国“得郊”，还允许“祭文王”，即设立文王之庙，这也是天子之礼，可见成王对周公

---

① 《礼记·王制》：“天子七庙，三昭、三穆，与大祖之庙而七。”据此则是天子有六亲庙。如有新崩天子祔庙，即将远六世祖之神位祧出，以下诸祖依次递迁。此显然不符合西周后稷、文王、武王均为“百代不祧之主”的实际，所以应是后世的制度，或在周代（含西周、东周）时这一制度即已有改变。

② 《礼记·王制》：“诸侯五庙，二昭、二穆，与大祖之庙而五。”

③ 《礼记·王制》：“大夫三庙，一昭、一穆，与大祖之庙而三。”

④ 《礼记·王制》：“士一庙。”

⑤ 《礼记·王制》：“庶人祭于寝。”

⑥ 《史记·鲁周公世家》。

的感激之情至深。这一“恩赏”后成为制度，使鲁国一直拥有这项特权，并使后来的孔子得以了解和获得这方知识而成就、完善了其儒学理论。[①]

宗庙祭祀制度中还有一项非常重要的也是“很中国”的内涵，即昭穆制。昭穆，即宗庙或宗庙中神主的排列次序，昭为父，穆为子。其制为：始祖居中，以下父子递为昭穆，始祖之左为昭，其右为穆。如西周的“天子七庙”，即始祖后稷居中，其左为太祖文王（昭），右为太宗武王（穆）；再左为现任周天子之高祖（昭），再右为其曾祖（穆）；再再左为现任周天子之祖（昭），再再右为其祢（穆）。

祭祀时子孙也按这一制度站位行礼。其中孙子的地位非常特殊，即“君子抱孙不抱子”[②]。意思是，举行宗庙祭祀仪式时，要由孙子扮作亡故祖父的形象以代替祖父之神而受祭，称为“尸”[③]。因为孙子与祖父均为“昭”，故此。如果孙子的年纪幼小，就要由他人抱着孙子充当“尸”。而子为“穆”，不可以充当祢之“尸”。这一制度看似具有浓郁的宗教鬼神信仰色彩，但实际上仍是充满“人文情怀”的。

位于今北京市西城区阜成门内大街、始建于明嘉靖时的历代帝王庙——清雍正时重建，其景德崇圣殿中一共供奉着从三皇五帝到明崇祯帝的古代帝王188位灵牌。其中周朝君主的灵牌摆放为，最上一层（排）：仅武王的神主牌位。下一层（排）：武王下左为成王（昭），下右为康王（穆）；成王左为昭王，康王右为穆王；昭王左为共王，穆王右为懿王；共王左为孝王，懿王右为夷王。再下一层（排）：成王正下为宣王，宣王右为平王——自平王始为东周天子。据说这是恢复原貌的排放状。但孝王、夷王的叔侄关系被摆放为昭穆关系——庙中明朝皇帝的灵牌摆放，明惠帝（建文帝）朱允炆与其亲叔明成祖朱棣也是昭穆关系。可见，不管后代子孙如何为前辈的非嫡长子即位进行解释和开脱——

---

① 《论语·八佾》：“子入太庙，每事问。”

② 《礼记·曲礼上》。

③ 在宗庙祭祀活动中，“尸”受到极大的尊重。《礼记·曲礼上》：“为君尸者，大夫、士见之，则下（下车）之。君知所以为尸者，则自下之。尸必式（在车上凭轼——即手抓住车轼而回礼），乘必以几（上车时用作垫脚的木几）。”为“尸”者必须矜持、庄重、肃穆，以致成为日常生活中的典范。如《礼记·曲礼上》称：“若夫坐如尸，立如齐（通‘斋’，斋戒时发自内心的恭恭敬敬的样子）。”

即使嘉靖皇帝（明世宗）将朱棣的庙号从太宗改为成祖，这种“昭穆尴尬”仍是无法回避的。

另外，西周诸王中无厉王、幽王灵牌。这是因为清康熙帝时确定，无道被杀之君、亡国之君等不能在庙中供奉祭祀，显然有贬讽之意，以及教育、警示后代之意。但庙中却供奉明崇祯帝（南明谥为明思，后改为毅宗；清谥为愍帝）牌位，则明显是清初统治者为了收买“明遗民”人心之举。

厉王、幽王无道被杀之君、亡国之君不能入历代帝王庙，一方面显示出历史人物即使不为生前细思，也该为身后多虑的“历史考量”，否则既对不起自己，也对不起子孙；或被后世嘲笑、讥讽，或为子孙诟病、批判，永世不得翻身；甚至被自己的同血缘子孙所耻所弃，另方面则显示出面对鬼神时“中国人的强大”：即使在宗教鬼神信仰的“圈子”里，中国皇帝的圣旨也是“说一不二”和“至高无上”的。“神主”的命运全凭帝王依据“人事”而确定，这是人文主义、人本主义的胜利。

（三）西周以后宗法制的发展演变

西周灭亡以后，由于“礼崩乐坏”，“完备”的西周宗法制，如分封制等遭到破坏，但宗法制观念由于传统习惯的强大力量而流传下来，其与残存的制度一道，在政治领域和社会层面继续影响着中原文明。再以后，经儒家等思想学派的宣扬、改造、补充和完善，较之西周宗法制更为完善的宗法制继续在中原大地盛行。而且，不仅以更强有力的力量规范着人们在各个领域中的生活，包括人们的思想，同时也深刻影响着进入中原地区的各个少数民族，以及中原文明区域周边的其他少数民族。

以“家国同构”为例。春秋战国以后，西周“家国同构”的分封制体制退出了历史舞台，但“家天下”的观念和体制保留了下来。因而在封建时代，每个朝代都继续是由一个统治家族——皇族进行统治的格局。像秦朝的嬴氏、汉朝的刘氏、晋朝的司马氏、隋朝的杨氏、唐朝的李氏、宋朝的赵氏、辽朝的耶律氏、金朝的完颜氏、元朝的孛儿只斤氏、明朝的朱氏、清朝的爱新觉罗氏等，都是这样的皇族。只要他们所建立的王朝不灭亡，其皇族就能一直统治下去。在皇族之下，是以各级贵族、官宦为首的大大小小的辅助统治的政治家族。

同时，嫡长子继承制也延续下来。与西周时期一样，在整个封建社会，嫡长子继承制的“严格实行”和“牢不可破”仍都只是体现在原则或精神层面的，而并非是完全体现在制度层面的。但由于这一理念深入人心，并形成强大的社会力量，所以那些以非嫡长子身份而即位为皇帝者，总会“心虚”地要用残暴的手段来铲除嫡长子的影响，甚至在肉体上消除嫡长子和其家人。做这种事情最著名、最突出的应该是隋炀帝杨广、唐太宗李世民和明成祖朱棣。其中，应该尤以明成祖朱棣最为残暴、最为夸张、最为劳心费神——甚至郑和下西洋也与此有关。[①] 这一制度也影响到立都于中原之外的少数民族政权。如辽太祖耶律阿保机死后，其次子耶律德光（辽太宗）即位，其嫡长子耶律倍由于受排挤而出奔后唐，后死于后唐。耶律德光死后，耶律倍嫡长子耶律阮（辽世宗）被部分军将、大臣拥立，险些酿成辽朝建立以来的最大政治内斗。另外，由于嫡长子继承制与蒙古族的“幼子继承制”发生矛盾冲突，因而曾造成元朝皇帝在即位问题上的“错乱”，一度导致宫廷政变频繁爆发。

宗庙祭祀制度也延续下来了，但“与时俱进”地发生了一些改变。如“天子七庙”之制变成了“九庙之制”，即祖庙五、亲庙四——据说始于王莽[②]。清朝则实行群庙制度，从顺治帝到光绪帝，一共 9 个皇帝，经过左议右议，一议再议，最终全部定为“百世不祧之主”。再加上努尔哈赤和皇太极，清朝太庙中一共供奉了 11 个帝、后——无末帝宣德帝溥仪和末代皇后婉容。由于人为的因素，如父子情深，兄弟情浓，“手心是肉，手背也是肉”等，清朝竟将“迁祧之

---

① 秦二世胡亥和清雍正帝胤禛二人虽也属以非嫡长子上位之著名者，且残暴表现也“可圈可点”。但被秦二世篡夺皇位的扶苏并未明确为秦始皇的嫡长子，《史记》仅“注明”为长子——秦始皇的皇后是谁至今不知，胡亥则被“注明”是秦始皇的少子，而且秦始皇也并未明确让扶苏即位为帝，只是让其从长城一线回来，“与丧（秦始皇灵柩）会咸阳而葬”（《史记·秦始皇本纪》）而已，所以秦二世姑且不算是夺嫡长子之位。至于雍正帝则应该是被其父康熙帝“钦点”的继任者，也不该算是篡位的。实际上胤禛的 3 位哥哥已经被其父“排除”掉，因而轮也该轮到老四胤禛即位为帝。胤禛在康熙帝死前已成“老大”，因此真正“争位”的应该是他的弟弟们。但是胤禛为帝后的所作所为，让其本该“顺理成章”的即位看上去像假的一样——至少令人怀疑，这都是其偏狭的性格和脾气秉性所造成的，这就赖不得别人了。雍正帝不仅对自己的弟弟们做得太过分了，甚至后来连助自己登基的有功之臣隆科多、年羹尧都给处死了，这虽仅是其为帝后“过犹不及”作为的一方面而已，但也充分体现出专制皇权的残暴性，并应了民间所称的“伴君如伴虎”之说。实际上，仅从其子乾隆帝即位之初就对叔叔们实行“平反”即可知，当年雍正帝的做法有多过分。

② 《汉书·王莽传下》：“取其材瓦，以起九庙。”

制”彻底废除了。

明朝嘉靖时在宗庙祭祀制度上还发生了一件大事，即朝廷诏令，允许民间联宗立庙以及在冬至之日祭祀始祖。[①] 在中国古代社会的很长时期里，官方都是不允许民间立庙祭祖的。[②] 至明朝中期，朝廷之所以打破这约束，实为封建社会发展到末期，以阶级矛盾为主的国内外各种矛盾尖锐化，搞得统治阶级焦头烂额，因此不得不企图借助民间家族的力量来维护其基层社会的稳定，尤其到清朝时期更是如此。从此普通百姓家族制的发展进入到繁盛期——实际上，在此之前，官宦之家的家庙宗祠制度也很不完善。清朝时，祠堂已在全国所有家族中普及，并成为族权的象征。与此同时，自汉唐宋以来“难成气候”的官宦家庙宗祠也规范和普及起来——不过，从总的情况看，南方宗族制度发达于北方。

昭穆制也一直流传下来了。这一制度后来也指帝王墓地葬位的左右次序。到清朝，雍正帝、乾隆帝还用此制“化解”心中的“小心思”“小纠结”。入关后，清顺治、康熙两皇帝均葬清东陵（位在今河北省唐山市遵化市），而雍正帝却执意要在别处修建自己的“万年吉地”，弃自己的祖、父于不顾，将自己孤零零地葬于200多公里以外的清西陵（位在今河北省保定市易县）。对此后世多有解读，看似各有各的道理，但雍正帝此举无论在伦理上、传统上、情感上还是在道理上等方面都是讲不通的——这也成为其将自己的合法即位为帝弄得像假的一样的又一个“实证”。授人以柄，也就拦不住别人瞎想乱猜测了——有猜测是其违背父愿，篡位为帝，因而不敢在地下面对乃父乃祖；还有猜测其虐待兄弟，残暴不仁，故也不敢在九泉之下面见皇考亡祖。如若其子乾隆帝想不出所谓的“昭穆相建”之制，自此以后实行东埋一个、西埋一个的所谓“大昭穆之制”（东陵

① （明）许重熙：《宪宗外史续编（上）》（卷二）“嘉靖十五年十一月”条：“诏天下臣民祭始祖。”［台北：伟文图书公司《清代禁毁丛刊（第一辑）》］；（明）朱国祯《皇明史概·皇明大政记》：“（嘉靖十五年）十一月，诏天下臣民得祀始祖。”［台北：文海出版社《元明史料丛编（第一辑）》］；《岭南冼氏宗谱·宗庙谱》：“明大礼议成，世宗思以尊亲之义广天下，采夏言议，令天下大姓皆得联宗建庙祀其始祖，于是宗祠遍天下。”（清宣统二年刻本）

② 司马光《文潞公家庙碑》：“先王之制，自天子至于官师皆有庙……（秦）尊君卑臣，于是天子之外，无敢营宗庙者。汉世公卿贵人多建祠堂于墓所。”

为昭，西陵为穆）[1]，害得子孙两头“跑”，雍正帝岂不是真的就会被孤零零地“抛弃”在“荒郊野外”了。这一点他难道不曾考虑过？实际上，即使乾隆帝再“聪颖”，以后的子孙也并未完全“执行”其所谓的“昭穆相建”之制。

依乾隆帝所定制度，其本人葬在东陵，与其祖康熙帝埋在一起。乾隆帝之子嘉庆帝还算孝顺，“听从”乃父的安排而“去”了西陵，陪伴其祖雍正帝——雍正帝已在此“孤葬”90年左右了。如此，嘉庆帝之子道光帝本该葬东陵，但其却追随其父嘉庆帝也“去”了西陵，这样刚到乾隆帝的孙子就又改变了“祖宗之制”。结果，搞得后面“方寸更乱”，本该去西陵的道光帝之子咸丰帝却“去”了东陵，而咸丰帝之子同治帝又与其父同葬东陵。这一“乱相”的始作俑者就是雍正帝。他自己心怀“小心思”，却让子孙“无所适从”，因此后世子孙的“任性”又有何怪？其实也应了一句话，即“规矩都是给老百姓制定的”，王家、皇家可以任意“胡为”，此也为专制制度的一大特点。当然最重要的体现还是，人能决定鬼神之事，帝王意志凌驾于鬼神之上，哪怕此“鬼神”乃其父祖、先祖之亡灵。[2]

随着中国古代社会的发展，宗法制也不断在发展和细化，同时逐渐从贵族官宦阶层渗透到民间，成为维系整个封建时代——包括民国时期——社会关系的基本纽带，并以强大无比的力量约束着人们。

宗法制在中国传统社会中的强大力量举两个例子即可知之。一个发生在袁世凯（1859—1916年）身上。袁世凯的生身母亲为其父庶妻，其母死后袁世凯欲将母亲归葬袁氏祖坟，与其父同穴，但为嫡兄所阻。袁世凯嫡兄的身份近乎普通百姓，但面对他的阻拦，身为直隶总督兼北洋大臣的袁世凯竟毫无办法，即使百般哀求，陪同送葬的大小官员也出面说情，但均无济于事，最终袁世凯只能将其母安葬别处。宗法制的“威力”可见一斑。还有一例发生在谭延闿（1880—1930年）身上。谭母也为其父小妾，出殡时族人竟不许灵柩出正门，而要求走偏门。身为湖南省长兼署督军的谭延闿不得已爬到母亲棺材上大喊自

---

① 为了平衡东陵和西陵的关系，1796年（嘉庆元年）太上皇乾隆帝谕令，以后各帝陵按昭穆次序在东、西两陵分建。

② 最终，由于雍正等清帝的“任性”，形成了东陵埋顺治（孝陵）、康熙（景陵）、乾隆（裕陵）、咸丰（定陵）、同治（惠陵）6帝，西陵埋雍正（泰陵）、嘉庆（昌陵）、道光（慕陵）、光绪（崇陵）4帝的格局。

己已死，族人才不情愿地让开道路，让灵柩从正门抬出。宗法制的“威力”又可见一斑。

二、维护人与人等级制关系的礼仪制度的严格施行

与宗法制一样，西周的礼仪制度，即“周礼”，虽然也免不了与宗教鬼神信仰扯上关系。如多数学者认为，“礼”最初是一种祭祀的仪式；甲骨文“礼”字的写法，即将两块玉石放置在一个器皿里，供奉给天帝或祖先，既表示敬意又表示请求赐福保佑；①《说文》也将“礼”字解释为“事神致福”的仪式，将其与宗教鬼神信仰相联系——可见源于祭祀的“礼”身上是有“宗教味儿”的②，但一是到西周时期，“礼”身上的宗教鬼神信仰的气息清谈了许多；二是从整体而言，“礼”所规范的最主要的还是人与人之间的关系。正如《礼记 · 曲礼上》所称：“道德仁义，非礼不成；教训正俗，非礼不备；分争辨讼，非礼不决；君臣上下，父子兄弟，非礼不定；宦学事师，非礼不亲；班朝治军，涖（莅）官行法，非礼威严不行；祷祠祭祀，供给鬼神，非礼不诚不庄。”在“礼”所规范的总共 8 个方面中，与宗教鬼神信仰相关的只 1 个方面，人事与神事在“礼”之作用中是 7 : 1 的关系。而最后一方面“祷祠祭祀，供给鬼神，非礼不诚不庄”之目的，其实还是为“人事”所服务的，因此这个比例应是“7 多”比“不到 1”。

（一）维护人与人等级制关系的周礼简述

所谓“周礼”，即是西周时期约束所有社会成员行为规范的准则，包括政治、经济、军事、法律制度以及社会交往规则、家内礼节等各个方面，其表现形式是仪。

周礼的数目十分庞杂。《礼记 · 礼器》有“经礼三百，曲礼三千”之说，《礼记 · 中庸》则有“礼仪三百，威仪三千”之说。实际上，直到今天，人们都

① 此为王国维等学者对甲骨文“礼”字的解读。

② 有学者认为“礼”的起源应该是多元的，原始的生产、生活中的“礼仪”“禁忌”“规范”等，都可能是“礼”的起源。但笔者认为，这一切若不沾染上一些原始“宗教鬼神迷信”的气息，恐怕也是说不过去的。

无法统计出周礼到底有多少之数。

周礼的基本构成除源于古礼，即原始社会末期以来形成的各种礼仪，包括夏商时期初步成形的奴隶制礼仪外，主要是来自周族自己的传统礼仪，以及为适应统治需要而新补之礼。孔子曾说过："殷因于夏礼，所损益，可知也；周因于殷礼，所损益，可知也。"①

据史载，周礼为周公所制，故称"周公制礼"②。实际上，应该主要是在周公的主持下，西周初年统治阶层的"专家们"，以周族原有习惯法为基础，吸收夏商以来所通行的维护奴隶主贵族利益的各种行为规范，特别是将其中的礼仪制度加以全面整理，厘定补充，使之系统化、规范化、完整化，而形成的一整套典章制度和礼节仪式等。

这套典章礼仪制度，由于是西周维护社会政治秩序，巩固宗法等级制度，调整人与人之间各种社会关系，以及权力义务的规范与准则的总和，因此礼在西周居于"根本法"的地位，被奉为"国之干"③"国之纪"④"政之舆"⑤和"王之大经"⑥。

不过，今日所见周礼有不少是春秋战国到两汉时期加工、补充和完善的，并非完全是西周时期的。

（二）周礼施行的原则和主旨

周礼施行的基本原则是"礼不下庶人"⑦，即"礼"的制作是为了维护奴隶主贵族的利益，以及保护他们所享有的特权，如朝觐、车乘、宴会、饮食、乐舞、祭庙、婚丧嫁娶等，平民和奴隶都是不得享受的。"礼"的主要作用也主要是调整统治阶级奴隶主贵族内部秩序的行为规范。

---

① 《礼记·为政》。

② （西汉）伏胜《尚书大传·康诰》："周公居摄三年，制礼作乐。"还称："周公摄政，一年救乱，二年克殷，三年践奄，四年建侯卫，五年营成周，六年制礼作乐，七年致政成王。"

③ 《左传·襄公三十年》："礼，国之干也。杀有礼（守礼之人），祸莫大焉！"

④ 《国语·晋语四·卫文公不礼重耳》："夫礼，国之纪（纲纪）也。"

⑤ 《左传·襄公二十一年》："会朝（诸侯相会），礼之经（规范）也；礼，政之舆（车）也；政，身之守也。怠礼失政，失政不立，是以乱也。"

⑥ 《左传·昭公十五年》："礼，王之大经（大纲，重要规范）也。"

⑦ 《礼记·曲礼上》。

但是，并非“礼”对庶人就没有约束力。一方面，不能由庶民享受的“礼”本身就是一种约束；另一方面，“礼”也对庶民作出了一些具体的规定，即庶民自有庶民之“礼”。如前述庶民祭祀仅限于家内寝室或家门的规定。还有，庶民送礼仅限于家鸭，以及“周道如砥，其直如矢；君子所履，小人所视”①，即西周宽阔平坦笔直的道路，只供奴隶主贵族使用，庶民只能眼巴巴地看着，不得上路行走，等等。

尽管周礼的内容很复杂，种类很繁多，但其主旨其实也只有一条，即贯彻“亲亲”“尊尊”原则，以别贵贱和序尊贵。

“亲亲”，即“亲其亲者”，指家族内部的成员都必须亲爱自己的亲属，尤其卑亲属必须亲爱尊亲属，血缘越亲就要越亲爱。因此儿子必须孝顺父亲，即所谓“亲亲父为首”。“亲亲”的基本要求是父慈、子孝、兄爱、弟敬、夫和、妻柔，核心是孝，其目的在于维护家族内部的等级关系。

“尊尊”，即“尊其尊者”，指地位低的人必须遵从地位高的人，尤其对于地位越高的人就要更加遵从。因此必须尊重和绝对服从最高统治者——君主，即所谓“尊尊君为首”；除尊君外，还要敬（官）长。“尊尊”的核心是忠，其目的在于维护整个国家的等级关系。

“亲亲”与“尊尊”关系密切，其中“亲亲”是“尊尊”的基础，坚持“亲亲”是为了更好地“尊尊”；“尊尊”则是“亲亲”的终极目的。显然，由周礼施行的原则和主旨中能够感受到的都是严格的人与人的等级制关系，完全是“人本主义”的，宗教鬼神信仰的内涵是完全看不到的。

（三）周礼的类型及婚礼中的人文性体现

在古代典籍中，周礼一般分为“五礼”之说、“六礼”之说和“九礼”之说等 3 种类型。

所谓“五礼”，即吉礼（祭天地鬼神之礼）、嘉礼（饮宴婚冠庆贺之礼）、宾礼（诸侯朝见周天子，诸侯之间的聘问和会盟之礼）、军礼（田猎、征战之礼）、凶礼（吊丧恤灾之礼）。②

---

① 《诗经·小雅·大东》。

② 《周礼·春官伯宗·大伯宗》。

所谓“六礼”，即冠礼（男子20岁举行的表示已经成人的加冠之礼，天子、诸侯可提前至12岁）[1]、昏（婚）礼[2]、丧礼、祭礼、乡礼（地方敬老尊老之礼）[3]、相见礼（贵族相见时的各种礼仪）。[4]

所谓“九礼”，即冠礼、婚礼、朝礼（诸侯觐见周天子之礼）、聘礼（诸侯派卿大夫觐见周天子之礼）、丧礼、祭礼、宾主礼（做客和待客之礼）、乡饮酒礼（地方尊重人才之礼）[5]、军旅礼（军中之礼）。[6]

吉礼、丧礼、祭礼等虽都有明显的宗教鬼神信仰的“影子”，但它们所规范的人与神的关系是以人为主的，并不以神为主。

在宗法等级制度与政权组织紧密结合的统治原则下，西周奴隶主贵族非常重视婚礼，将其当成扩大家族势力，以及传宗接代以维系“家天下”统治的重要工具。正如《礼记·昏义》所称：“昏（婚）礼者，将合二姓之好，上以事宗庙，而下以继后世也，故君子重之。”因此要求各级贵族必须严格按照婚礼的六个程序娶亲。这六个程序亦称“六礼”，分别为：

“纳采”，即男家请媒氏（掌管男女婚姻的机构）到女家提亲，女家答应后，男家备礼向女家求婚，以雁为礼；

“问名”，即男家请媒氏问女子生母情况及女子芳名、生辰等，以便男家卜于宗庙，请求祖先昭示相合的凶吉——这是“婚礼”中唯一带有“宗教味儿”的程序；

“纳吉”，即卜得吉兆后，男家备礼通知女家正式订婚；

“纳征”，也称“纳币”，即男家派人送聘礼给女家，并准备结婚事宜；

---

① 《礼记·曲礼上》：“二十曰弱，冠。”“男子二十，冠而字（男子出生，父母起名，及冠，由宾起字）。”（汉）郑玄注：“承认矣，敬其名。”

② 西周结婚的法定年龄，男20—30岁，女15—20岁。

③ 《礼记·王制》：“耆老皆朝于庠（学校），元日（挑选好日子）习（演习）射（乡射礼）上功，习乡（乡饮酒礼）上齿（年长者），大司徒帅（率领）国之俊士与执事（参加乡礼）焉。”（汉）郑玄注：“乡礼，春秋射国，蜡而饮酒养老。”

④ 《礼记·王制》。

⑤ 乡饮酒礼，亦称“乡饮酒”“乡歈（同‘饮’）礼”。周代乡学3年业成大比（考察、考核），考其德行道艺优异者，推荐于诸侯。将行之时，由乡大夫设酒宴以宾礼相待。历代沿用，后亦指地方官按时在儒学举行的一种敬老仪式。

⑥ 《大戴礼记·本命》。

“请期”，即男家确定吉日为婚期，备礼告女家，以求得同意；

“亲迎”，即新郎奉父母之命亲自去女家迎接新娘，回来举行结婚仪式。

“六礼”告成，婚姻才算成立——以后，婚礼仅为婚姻的初步成立。不同时代，不同地区后来又新添其他“程序”，如 3 个月后新婚男女到男家祖庙祭拜，婚姻才算最终成立等。

由于西周婚姻往往是两个家族之间的经济交易和政治结合的行为，而不是结婚的男女双方当事人本人的事情，因而无自主、平等甚至幸福可言。周礼要求婚姻的成立，必须首先要有“父母之命”[①]，即男女结合必须听命于父母，严禁婚姻自主，私相授受，正如《诗经·齐风·南山》所唱：“取（娶）妻如之何，必告父母。”其次，要有“媒妁之言”[②]，即必须要有婚姻的撮合者——媒人的周旋（一说：“媒”，指男方的媒人；“妁”，指女方的媒人），甚至“男女非有行媒，不相知名”[③]，正如《诗经·齐风·南山》所唱：“取（娶）妻如之何，匪媒不得。”第三，也是最为重要的一点，即必须要有经济上的交易行为，男方必须向女方输送彩礼，甚至直接体现为钱币的输送，否则男女“非受币，不交不亲”[④]。最后，还必须报“掌万民之判（合半为婚）”的“媒氏”备案。[⑤]

从上述西周婚姻成立的前提和要件可知，西周的婚姻不仅是包办婚姻，而且还是买卖婚姻。其中，除“纳吉”外，“婚姻六礼”程序基本上都是人间“自娱自乐”的事情，几乎与神无关。

西周这套原属于贵族享受的“婚礼”，在西周灭亡以后也逐渐“沦落”民间，并影响至今——当然，“纳吉”等程序现在几乎见不到了。

西周时期，青年男女自由恋爱会遭受到来自家庭、家族和社会的巨大压力。如《诗经·郑风·将仲子》即表达出一个自由恋爱的多情女子的无奈心声：“岂敢爱之，畏我父母……岂敢爱之，畏我诸兄……岂敢爱之，畏人之多言。”表面上看，该女子用消极的态度将相恋男子“拒之门外”，但实际上她是用“爱的回

① 《孟子·滕文公下》。

② 《孟子·滕文公下》。

③ 《礼记·曲礼上》。

④ 《礼记·曲礼上》。

⑤ 《周礼·地官司徒·媒氏》。

避”来保护他们的情感。诗歌中流露出的其实满满的都是对相恋男子深深的爱意，以及对“无情”甚至“吃人”社会的鞭挞。可以想见，这首诗歌同样也反映出那个时代多情男子的无奈心境！面对“不待父母之命、媒妁之言，钻穴隙相窥，逾墙相从，则父母国人皆贱之”① 的强大社会压力，极少数遭遇自由恋爱“女神”光顾的青年男女，除了只能借助诗歌哭诉自己苦闷、失落、彷徨的情感外，他们还能怎么办呢？不过，也正因为如此，他们在“无情”时代饱含深情地对纯真爱情的讴歌才具有了穿透时空的艺术感染力。② 这一歌唱跨越3000多年而指刺令人的心田，并引起强烈的共鸣。有意思的是，即使在心情如此糟糕的情形下，他们却从未想到向“神灵”祈祷，祈求“神灵”的帮助来实现自己“爱的梦想”和“爱的追求”。其实，并不是想不到，而是根本就没往那个方面想。

（四）周礼的等级性及违礼的“人罚”为上

周礼是为了维护宗法等级制度而制定的，因此其本身必然具有强烈而鲜明的等级性色彩。除了前述宗庙祭祀制度等以外，还如“列鼎制度”（或称“升鼎制度”）的等级性体现为“天子九鼎、诸侯七鼎、大夫五鼎、士三鼎”③。“田土之礼”的等级性体现为“天子之田方千里，公侯方百里，伯七十里，子男五十

① 《孟子·滕文公下》。

② 从《周礼》《诗经》等典籍可知，西周时期为了人口增殖，在男女恋爱上其实并不是“毫无人情”的。如《周礼·地官·媒氏》：“中春之月，令会男女。于是时也，奔者不禁。”意思是，每年仲春二月是国家法令规定的男女结婚时节，此时如果有女子私自与男子结合也不加禁止。这样的制度是否是西周时期的虽存在疑问，但其雏形产生在西周时期当无问题，因为西周时期一直面临着人口增殖不快的难题，所以存在认可这一风俗的“时代情理”。另外，关于“奔者”，有认为是男女私奔。实际上《诗经》中有不少描写男女自由恋爱的诗歌，如《召南·野有死麕》描写青年男女在郊外相亲相爱之情；《邶风·静女》描写一个青年男子秘密约会情人的心情以及对两人自由恋爱的美好回忆（一说是讽刺卫宣公强纳儿媳）；《王风·采葛》描述一个青年男子对自己情人的无尽思念（一说描述的是朋友之间的想念）；《郑风·褰裳》描写一个青年女子对自己情人的爱慕之切；《郑风·野有蔓草》描写一对男女情人不期而遇的喜悦；《郑风·溱洧》则描写众多男女在水边的春秋之乐，等等。虽然有些诗歌是春秋时期的作品，但其情理与西周应是一脉相连的。

③ 《春秋公羊传·桓公二年》何休注。天子九鼎分别盛装牛肉、羊肉、乳猪、鱼肉、干肉、牲肚、猪肉、鲜鱼、鲜干肉，另配以八鼎，分别盛装各种粮食作物。诸侯则六簋，大夫为四簋，士用二簋。从目前考古发掘情况看，这套“鼎簋之制”基本上是春秋战国时期的，但雏形在西周时期应该是没有问题的。其他周礼也同此理。

里”[①]。“正乐县（悬）之位”的等级性体现为，天子享受的乐器组合为四架（编钟编磬）四面（称“宫县”），诸侯为三架三面——缺南面（称“轩县”）[②]，大夫为两架两面——缺南、北面（称“判县”），士为一架一面——只东面（称“特县”）。“赏舞之礼”的等级性体现为，天子八佾、诸侯六佾、大夫四佾、士二佾。“置军之礼”的等级性体现为天子六军（军 1 万—1.25 万人）、大国三军、次国二军、小国一军[③]。“亡称之礼”的等级性体现为“天子死曰崩，诸侯曰薨，大夫曰卒，士曰不禄，庶人曰死”[④]。“殡葬之礼”的等级性体现为“天子七日而殡，七月而葬；诸侯五日而殡，五月而葬；大夫、士、庶人三日而殡，三月而葬”[⑤]。“祭祀之礼”的等级性体现为“天子祭天地，诸侯祭社稷，大夫祭五祀”[⑥]。“穿戴之礼”的等级性体现为，贵族穿丝织品，庶人穿麻织品；贵族戴冠，庶人戴头巾，等等。

西周时期最高的“礼”应该是“礼乐征伐自天子出”[⑦]，否则就是严重违礼。违礼，就必将受到刑的惩处，即“出于礼，入于刑；礼之所去，刑之所取”[⑧]。最大的违礼行为应该是“不敬”“不孝”“不从”和“衅乱”，即“山川神祇有不举（祭祀）者为不敬，不敬者，君削以地；宗庙有不顺者为不孝，不孝者，君绌（罢黜）以爵；变礼易乐者为不从，不从者，君流（流放）；革制度衣服者为衅（制

---

① 《礼记・王制》。另外，还规定：“不能五十里者，不合（朝会）于天子，附属于诸侯，曰附庸。天子之三公之田视（比照）公侯，天子之卿视伯，天子之大夫视子男，天子之元士（上士）视附庸。”

② 出土于湖北省随州市曾侯乙墓的编钟为两面、编磬为一面，共三面，合于周礼。

③ 前称今所谓之“周礼”，其实许多内容都是后世加工完善的，其军制亦如此。实际上，西周天子直辖的常驻京畿镐京的王室军队即有 6 支军队，称“西六师”，每师按标准计为 2500 人。另外，常驻洛邑的王室军队还有 8 支军队，称“成周八师”。

④ 《礼记・曲礼下》。

⑤ 《礼记・王制》。

⑥ 《礼记・王制》。“五祀”，指祭祀五种的神祇，有多种说法。有称天子也行此祀，与大夫无别。

⑦ 《论语・季氏》：“孔子曰：‘天下有道，则礼乐征伐自天子出；天下无道，则礼乐征伐自诸侯出。自诸侯出，盖十世希不失矣；自大夫出，五世希不失矣；陪臣（家臣）执国命，三世希不失矣。天下有道，则政不在大夫；天下有道，则庶人不议。’”可见儒家认为对违礼者最大的惩罚是来自历史的否定。

⑧ 《论衡・谢短》。

造祸乱），衅者，君讨”①。而最大的惩罚则是来自周天子的军事讨伐，即“大刑用甲兵”②。

虽然“不敬”之罪的“山川神祇有不举”与“不孝”之罪的“宗庙有不顺”两行为具有一定的“宗教味儿”，但从“君削以地”“君绌以爵”“君流”“君讨”及“大刑用甲兵”可知，对违礼者的最高惩罚只是来自周天子或诸侯国君，而不是所谓的“天谴”“天罚”，其维护的只是作为天下“大宗”和“共主”的周天子，以及国之“大宗”和掌握封疆内最高统治权的诸侯国君的权力和地位，其“人本性”和“人文性”仍全面碾压“宗教性”。由于违礼后的惩罚与“鬼神”无关，所以违礼者心中担忧和恐惧的也只是来自人间的惩罚，其侥幸的心思也仍是“天知，地知，你知，我知”，不会有“天在看”“上帝会知道”的考虑。因此当时的违礼现象一定是层出不穷的，尤其是“天高皇帝远”的地区。实际上，自西周中期开始，“礼崩乐坏”就越来越严重了，而不是到了“礼乐征伐自诸侯出”的春秋时代才出现的。

西周时期的文化转型意义是非凡的。由于以血缘关系为基础的宗法制的“完备”，以及为维护宗法等级制而制定和实施的严密、严格的仪礼制度，使得西周文化具有较之夏商文化而言极为浓郁的人文特征，从而逐渐扭转了中原地区自夏商以来笃信神灵、以神为本的文化传统。这既促成了中原文化从神本到人本的转型，也为中原文化人本特征的最终形成奠定了坚实的基础。从此中原文化在很大程度上摆脱了宗教鬼神信仰的影响和束缚，进而引导着中国文化走上了非宗教的道路。中国文化的“无神性”特征几乎成为世界文明发展史中独树一帜的奇葩。

不过，需要指出的是，西周时期社会生活的各个方面如政治、经济、军事以及人们的日常交往等，虽均开始以人为中心，但天命神权思想依旧起重要

---

① 《礼记·王制》。

② 《国语·鲁语上·臧文仲说僖公请免卫成公》：“大刑用甲兵，其次用斧钺；中刑用刀锯，其次用钻凿；薄刑用鞭扑，以威民也。故大者陈之原野，小者致之市朝。”即最大的惩罚是来自天子的军事征讨，其结果就像“周公东征”胜利后武庚禄父和管叔被杀，蔡叔被放逐一样。“大者陈之原野”，指罪恶极大者即使贵为贵族，被处以死刑后，其尸体也要被丢弃在原野之上，以示与人类决绝。“小者致之市朝”，指非罪恶极大者被处以死刑后，大夫以上的贵族陈尸于朝堂之上，士以下者陈尸于街市中，通过增加对死者的羞辱进一步以儆效尤。

作用，此乃西周文化人本性特征的实质——也是以后中国古代社会的文化特征之一。

第二节 春秋战国时期中原文化特征的定型

春秋战国时期，从公元前770年周平王东迁洛邑（今河南省洛阳市）到公元前221年秦始皇统一六国止，共550年的时间，是中国社会的大变革时代。这一时期，在社会形态上，中国社会从奴隶制时代向封建制时代转变，并且逐渐确立起封建制度；在政治上，各诸侯国通过顺应历史潮流发展的变法活动，纷纷建立起专制政权，实行集权统治；在军事上，各诸侯国间通过规模越来越大的战争实行国土兼并，并在腥风血雨中逐步走向统一；在经济上，生产力大幅度提高，小农经济初步发展，经济繁荣，尤其私商十分活跃，人口增殖；在思想上，以道、儒、墨、法为主的各种学术理论得以创立并活跃发展，形成中国古代历史上仅见的“百家争鸣”现象。在这种社会背景下，中原文化进入到一个后世两千多年封建社会——包括半殖民地半封建社会，再未现的辉煌时代。同时，中原文化在前一时期西周“人本性”文化初步发展的基础上，更加成熟、更加理性、更加关注人本身以及人类社会。至此，中原文化的特征终于定型。

春秋战国时期，中原文化特征的定型，在思想文化上主要体现在参与“百家争鸣”的诸子百家的理论中。先秦思想家们“上至天文，下至地理，纵横八极”的论说，以及他们的行为，大都充满着人文性的，几乎看不到“宗教鬼神”的影子。另外，先秦思想家们还几乎都表现出“执着己守，矢志不渝”的人文性格，终身坚持自己的思想主张和精神追求，即便造成自身的困窘，甚至带来杀身之祸，仍无怨无悔。

一、先秦道家的人文宗旨及对后世的影响

“道家”之称始于司马迁之父司马谈的“论六家之要指”[①]中，也即到西汉中期始有“道家”之称。

成熟的道家思想始于春秋末的老子，其最为核心的概念是“道”，其次是“德”，故后世称其创始的学派为“道德家”，其学说结构是以“道论”为理论基础，以“德论”为处世的根本方法。

道家的“道”为世界万物乃至宇宙万物之根本：其先天地而生，无形无声；其独立存在，永不改变；其循环运动，永不停止；其乃绝对精神，听不见，看不到，摸不着；其自然无为，无目的、无意志，产生世界万物乃至宇宙万物，但并不主宰世界或宇宙。

“道”亦称为“大”。[②]这样的东西，看似神乎其神，甚至具备一些宗教主神的“超能力”，如产生世界万物乃至宇宙万物，以及无处不在无时不在等，但是不是很难将其与宗教鬼神信仰中的“神们”相联系？甚至所有宗教诸神也应为其所创，也得俯首帖耳“遵命”于“道”，毕竟“无形”经常胜过“有形”，反之则少见，此乃人间常识——文化即有无形的成分，且大量存在，因此经常能“刻骨铭心”，并难以改变。

纵观古今，对道家最早的至为经典的评说也来自司马谈。其“论六家之要指”称：“道家使人精神专一，动合无形，赡足（满足）万物。其为术也，因阴阳之大顺，采儒墨之善，撮名法之要，与时迁移，应物变化。立俗施事，无所不宜。指约（道理简明）而易操，事少而功多。”[③]还称：“至于大道之要，去健羡（刚强与贪欲），绌（去除）聪明（有聪明才智之人），释此而任术。夫神（精神）大用则竭，形（身体、肉体）大劳则敝。形神骚动，欲与天地长久，非所闻也。”[④]最后总结称：“道家无为，又曰无不为。其实易行，其辞难知。其术以虚无为本，

① 见《史记·太史公自序》。“六家”，即阴阳、儒、墨、名、法、道德（道）6家学派。

② 《老子·二十五章》。

③ 《史记·太史公自序》。

④ 《史记·太史公自序》。

以因循为用，无成势，无常形，故能究万物之情；不为物先，不为物后，故能为万物主；有法无法，因时为业；有度无度，因物兴舍。故曰‘圣人不朽（一说为“巧”），时变是守’。虚者，道之常也；因者，君之纲也；群臣并至，使各自明也。其实中其声者谓之端，实不中其声者谓之窾（通‘款’，空）。窾言不听，奸乃不生，贤不肖自分，白黑乃形。在所欲用耳，何事不成！乃合大道，混混冥冥，光耀天下，复反无名。凡人所生者神也，所托者形也。神大用则竭，形大劳则敝，形神离则死。死者不可复生，离者不可复合，故圣人重之。由是观之，神者生之本也，形者生之具也；不先定其神形，而曰‘我有以治天下’，何由哉！”①

由上可知，司马谈对道家的推崇可谓溢于言表，不仅将道家置于阴阳、儒、墨、名、法5家之上，而且极尽夸赞之辞。但即使将道家“夸上了天”，即使称道家“能究万物之情”“能为万物主”，却看不到道家与“神事”的半点关系。实际上，尽管道家思想“虚而又虚”“玄而又玄”，但其纵论的其实都是“人事”兴衰成败之奥义，其“无为”或“无不为”其实都是要在天地之间留下“人为”的“痕迹”。

（一）老子及《老子》的主要“人事”之论

道家的创始人老子是我国伟大的哲学家和思想家。他出生于楚国苦县（今河南省周口市鹿邑县）厉乡曲仁里，成年后曾做过东周的“守藏室之史”，即管理藏书的官员，因此熟知历史。一说其即老聃，姓李名耳，字伯阳——古时“老”和“李”同音；“聃”和“耳”同义。一说老子即太史儋，或老莱子。后来，由于“厌世”，或为“避世”，老子隐居起来——也许是为了找个清静的地方捋一捋自己一生的思考，否则后世也许就见不到《老子》了。

老子是个神奇的老头——一说其活了100岁左右，拥有一颗具备超级抽象思维能力的好脑子，能将所见到的自然现象和社会现象等超级抽象地总结、提炼出来。这应与其生存时间长、社会实践经验丰富、熟读古籍并通晓历史，以及长期有意识地观察自然、社会，并习惯用理性思维进行深入思考有关。老子

---

① 《史记·太史公自序》。

(《老子》)的许多至理名言不仅寓意深刻，含义广大，哲理深邃，而且历经两千多年至今不过时。例如，除前已引的“道可道，非常道；名可名，非常名”外，还有“常无欲，以观其妙；常有欲，以观其缴(表面现象)”[①]；“玄(探索奥妙)之又玄，众妙(万物奥妙)之门”[②]，等等。不过，由于过于抽象和寓意深刻，含义广大，哲理深邃，因此后人欲深刻领悟老子的思想，就必须具备深厚的文化底蕴，丰富的自然知识及社会实践经验才行，若不具备这三个条件，则很难与老子的思想相沟通，很难理解老子。因之最能深入了解老子、领悟老子思想的应该是读书人，而且必须是有着丰富的阅历，以及遭受过所谓“挫折经历”“人生不顺”的知识分子。不仅如此，随着岁月的增长，年龄越大就越能在心灵上与老子相通，并越发深深地佩服这个神奇的老头早在两千多年前就道出了自己的心声。

早在两千多年以前老子就把中国的思想文化提高到至今许多中外学者都难以企及的抽象高度。在世界文化名人圈里，老子也是数得着的古代代表人物，其思想保留在《老子》一书中。《老子》亦称《道德经》——据说还可称《德道经》，是世界文化之林中的瑰宝之瑰宝。[③]

老子及《老子》的“人事”之论主要有：

1. 为人之论

如“上善若水。水善利万物而不争，处众人之所恶，故几(接近)于道。居善地，心善渊，与善仁，言善信，政善治，事善能，动善时。夫唯不争，故无尤(灾难)”[④]；“持而盈(完美)之，不如其已(停止)；揣(锤锻)而锐之，不可长保。金玉满堂，莫之能守；富贵而骄，自遗其咎。功遂身退，天之道也”[⑤]；“企(踮脚)者不立(站不稳)，跨(跨步)者不行(走不远)；自见(自我表现)者不明，自是(自以为是)者不彰；自伐(夸耀)者无功，自矜(骄傲)

① 《老子·一章》。意思是：人若能保持长期的清静无欲，就可以观察到宇宙万物内在的奥妙之处；如果多欲多求，则只能看到事物的表面现象。

② 《老子·一章》。意思是：人若能不断探索奥妙，就可以找到通向万物奥妙的大门。

③ 《老子》，亦称《道德经》或《德道经》，共约5000字，博大精深，寓意广大，世所罕见，乃中华优秀传统文化的著名典籍之一。但《老子》一书是否为老子所作，历来存在争论。

④ 《老子·九章》。

⑤ 《老子·九章》。

者不长。其在道也，曰余食赘行（形体），物或恶（厌恶）之，故有道者不处（使用）”[①]，等等。

2. 为政之论

如“绝（摒弃）圣弃智，民利百倍；绝仁去义，民复孝慈；绝巧弃利，盗贼无有……见素（行为单纯）抱朴（心怀淳朴），少私寡欲，绝学无忧（思考）”[②]；“我无为而民自化，我好静而民自正，我无事而民自富，我无欲而民自朴”[③]；“其政闷闷（糊涂），其民淳淳（忠厚）。其政察察（清明），其民缺缺（狡诈）”[④]；“治大国若烹小鲜（小鱼）”[⑤]；“小国寡民。使有什伯之器（包括兵器在内的各种器具）而不用；使民重死而不远徙。虽有舟舆，无所乘之；虽有甲兵，无所陈之。使民复结绳而用之。甘其食，美其服，安其居，乐其俗。邻国相望，鸡犬之声相闻，民至老死，不相往来”[⑥]，等等。

3. 反战之论

如“以道佐人主者，不以兵强天下。其事好还（报应）：师之所处，荆棘生焉；大军之后，必有凶年”[⑦]；“夫唯兵者，不祥之器，物或恶（厌恶）之，故有道者不处”[⑧]；“兵者，不祥之器，非君子之器。不得已而用之，恬淡（淡漠）为上”[⑨]，等等。而“胜而不美（赞美）。而美之者，是乐杀人。夫乐杀人者，则不可得志于天下矣”[⑩]则反映出老子的“反战之论”不仅带有强烈的和平主义色彩，而且还具有朴素的人道主义精神。

4. 辩证之论

即老子通过对自然、社会和人本身的长期、细致地观察，而总结出的以辩证关系而存在的自然现象和人文现象。如“有无相生，难易相成，长短相形（一

① 《老子·二十四章》。
② 《老子·十九章》。
③ 《老子·五十七章》。
④ 《老子·五十八章》。
⑤ 《老子·六十章》。
⑥ 《老子·八十章》。
⑦ 《老子·三十章》。
⑧ 《老子·三十一章》。
⑨ 《老子·三十一章》。
⑩ 《老子·三十一章》。

说为'较'），高下相倾（依赖），声音相和，前后相随”[①]；“明道若昧，进道若退，夷（平坦）道若纇（不顺畅），上德若谷（空虚），大白若辱（黑色），广德若不足，建德若偷（不厚道），质真若渝（反复变化），大方无隅（棱角），大器晚成。大音希声，大象无形”[②]；“祸兮，福之所倚；福兮，祸之所伏”[③]，等等。

老子也提到过鬼神，其“鬼神之论”如“以道莅（统治）天下，其鬼不神（灵验）；非其鬼不神，其神不伤人；非其神不伤人，圣人亦不伤人。夫两不相伤，故德交归（都归于民众）焉”[④]。将“鬼神”与“圣人”并提，且与“德”“民”并论，无论如何也不会使人产生宗教般的顶礼膜拜思想。

也许“故道大（有规律），天大，地大，王（治理天下）亦大。域中有四大，而王居其一。人法地，地法天，天法道，道法自然”[⑤]中的“天地”可以被看成“神祇”，但它们中蕴含的规律最终还是为了“人事”而服务的。

（二）庄子及《庄子》的主要“人事”之论

春秋战国时期道家的另一著名代表庄子（约前 369—前 286 年）的思想同样也是充满着人文主义精神的。

庄子，名周，字子休，战国中期宋国蒙（今河南省商丘市东北）人，楚庄王后裔，年轻时曾做过蒙这个地方的漆园吏，后辞职归家。他一生家境贫穷，但不为所动。其思想主要保留在《庄子》中。[⑥]

与《老子》的哲理诗文不同，《庄子》用寓言和对话来表达深邃的思想，用浪漫、丰富的想象力和美妙、自然的文笔将看似枯燥的哲学道理浸润在文学、历史之中，使阅读者有如沐浴春风之感，据说有“哲学中的文学，文学中的哲学”之美誉。笔者觉得还应再加上“哲学中的历史，历史中的哲学”之赞誉，也许会更加全面和实事求是些。因为若非精通历史，庄子和《庄子》也不可能

---

① 《老子·二章》。

② 《老子·四十一章》。

③ 《老子·五十八章》。

④ 《老子·六十章》。

⑤ 《老子·二十五章》。

⑥ 据《汉书》记载，《庄子》原来有 53 篇。但现只剩 33 篇，分内篇 7 篇、外篇 15 篇、杂篇 11 篇。一般认为，内篇为庄子所著，外、杂篇为其门人汇编和补添的——有人认为是托人伪作的。

受后世“追捧”2000多年——当然老子也是个文学高手，语言大师，且同样熟知历史。其实，先秦许多思想家都是文史哲的“通才”。

与老子的“道”相比较，庄子之“道”更抽象，在主观上更加膨胀，甚至陷于不可知论——这应与庄子更加“厌世”有关。但无论是寓言，还是人与人、动物与动物的对话，《庄子》所讲的道理仍都是“为人之道”。如其寓言“庄周梦蝶”[①]寓意人是否真的能认识到“真实”的存在这一哲学命题；“庖丁解牛”[②]寓意人必须顺应自然规律，并通过长期实践，做事才能游刃有余和熟能生巧；“秦失号聃”[③]寓意人应该安时处顺，不应因生死而使情感有乐哀之起伏；“东施效颦”[④]寓意人贵有自知之明，不切合自己实际而盲目效仿他人或被耻笑，或遭社会排斥——用今天的网络语言好像叫“社死”；“望洋兴叹”[⑤]寓意人必须认识到“天外有天，山外有山”，不要自以为是，不要做“井底之蛙”；“邯郸学步”[⑥]

① 《庄子·内篇·齐物论》：“昔者庄周梦为蝴蝶，栩栩然蝴蝶也，自喻适志与，不知周也。俄然觉，则蘧蘧然周也。不知周之梦为蝴蝶与，蝴蝶之梦为周与？周与蝴蝶，则必有分矣。此之谓物化。”

② 《庄子·内篇·养生主》：“庖丁为文惠君解牛，手之所触，肩之所倚，足之所履，膝之所踦，砉然响然，奏刀騞然，莫不中音，合于《桑林》之舞，乃中《经首》之会。文惠君曰：‘嘻！善哉！技盖至此乎？’庖丁释刀对曰：‘臣之所好者道也，进乎技矣。始臣之解牛之时，所见无非牛者；三年之后，未尝见全牛也。方今之时，臣以神遇而不以目视，官知止而神欲行。依乎天理，批大郤，导大窾，因其固然，技经肯綮之未尝，而况大軱乎？良庖岁更刀，割也；族庖月更刀，折也。今臣之刀十九年矣，所解数千牛矣，而刀刃若新发于硎。彼节者有间，而刀刃者无厚；以无厚入有间，恢恢乎其于游刃必有余地矣！是以十九年而刀刃若新发于硎。虽然，每至于族，吾见其难为，怵然为戒，视为止，行为迟，动刀甚微，謋然已解，如土委地。提刀而立，为之四顾，为之踌躇满志，善刀而藏之。’文惠君曰：‘善哉！吾闻庖丁之言，得养生焉。’”

③ 《庄子·内篇·养生主》：“老聃死，秦失吊之，三号而出。弟子曰：‘非夫子之友邪？’曰：‘然。’‘然则吊焉若此，可乎？’曰：‘然。始也吾以为其人也，而今非也。向吾入而吊焉，有老者哭之，如哭其子；少者哭之，如哭其母。彼其所以会之，必有不蕲（祈求）言而言，不蕲哭而哭者。是遁天倍情，忘其所受，古者谓之遁天之刑。适来（出生来到世上），夫子时也；适去，夫子顺也。安时而处顺，哀乐不能入也，古者谓是帝（上天）之县解（解脱束缚）。’”

④ 《庄子·外篇·天运》：“西施病心而矉（通‘颦’，皱眉）其里，其里之丑人见而美之，归亦捧心而矉其里。其里之富人见之，坚闭门而不出；贫人见之，挈（带领）妻子而去走。”

⑤ 《庄子·外篇·秋水》：“秋水时至，百川灌河，泾流之大，两涘渚崖之间不辩牛马。于是焉河伯欣然自喜，以天下之美为尽在己。顺流而东行，至于北海，东面而视，不见水端。于是焉河伯始旋其面目，望洋向若而叹曰：‘野语有之曰“闻道百以为莫己若者”，我之谓也。’”

⑥ 《庄子·外篇·秋水》：“夫寿陵余子之学行于邯郸，未得国能，又失其故行矣，直匍匐而归耳。”

寓意人必须要有自我意识，失去了自我将无法在社会立足；“曳尾于涂”[①]寓意人不该求显贵，图虚名，而应该安逸于普通人的生活，即使穷困潦倒也应在所不辞；“知鱼之乐”[②]寓意人之乐可以推及他物之身，自己乐才知世界亦乐；“鼓盆而歌”[③]寓意人应该对生死抱有乐观的态度，因为生与死都是客观规律所致，非人力所能左右；“鲁王养鸟”[④]寓意人做事必须首先认清事物的本质，不要以己之思滥施于他人之身，否则适得其反；“匠石运斧”[⑤]寓意高人的才能只有在遇到“棋逢对手”的时候才能淋漓尽致地发挥出来，这与钟子期死而俞伯牙摔琴绝弦谢“知音”同理——实际上《庄子》此寓言表达的也是与其常游的惠子（名施）死后的庄子心境；“猴子逞能”[⑥]寓意人只有去骄矜，清浮躁才能平安一生，并能赢得他人的尊重；“随珠弹雀”[⑦]寓意人不该做得不偿失、“性价比”严重不

---

① 《庄子·外篇·秋水》：“庄子钓于濮水，楚王使大夫二人往先焉，曰：‘愿以境内累（劳累）矣！’庄子持竿不顾，曰：‘吾闻楚有神龟，死已三千岁矣，王以巾笥（竹匣）而藏之庙堂之上。此龟者，宁其死为留骨而贵乎？宁其生而曳尾于涂（泥）中乎？’二大夫曰：‘宁生而曳尾涂中。’庄子曰：‘往矣！吾将曳尾于涂中。’”

② 《庄子·外篇·秋水》：“庄子与惠子游于濠（濠水）梁（桥）之上，庄子曰：‘鯈鱼出游从容，是鱼之乐也。’惠子曰：‘子非鱼，安知鱼之乐？’庄子曰：‘子非我，安知我不知鱼之乐？’惠子曰：‘我非子，固不知子矣；子固非鱼也，子之不知鱼之乐，全矣。’庄子曰：‘请循其本，子曰“汝安知鱼乐”云者，既已知吾知之而问我，我知之濠上也。’”

③ 《庄子·外篇·至乐》：“庄子妻死，惠子吊之，庄子则方箕踞鼓盆而歌。惠子曰：‘与人居，长子老身，死不哭亦足矣，又鼓盆而歌，不亦甚乎！’庄子曰：‘不然。是其始死也，我独何能无概然！察其始而本无生，非徒无生也而本无形，非徒无形也而本无气。杂乎芒芴（恍恍惚惚）之间，变而有气，气变而有形，形变而有生，今又变而之死，是相与为春秋冬夏四时行也。人且偃然寝于巨室（天地之间），而我噭噭然随而哭之，自以为不通乎命，故止也。’”

④ 《庄子·外篇·至乐》：“昔者海鸟止于鲁郊，鲁侯御而觞之于庙，奏《九韶》以为乐，具太牢以为膳。鸟乃眩视忧悲，不敢食一脔，不敢饮一杯，三日而死。此以己养养鸟也，非以鸟养养鸟也。”

⑤ 《庄子·杂篇·徐无鬼》：“郢人垩慢其鼻端若蝇翼，使匠石斫之。匠石运斤成风，听而斫之，尽垩而鼻不伤，郢人立不失容。宋元君闻之，召匠匠石曰：‘尝试为寡人为之。’匠石曰：‘臣则尝能斫之。虽然，臣之质死久矣。’”

⑥ 《庄子·杂篇·徐无鬼》：“吴王浮于江，登乎狙（猴子）之山。众狙见之，恂然弃而逃，逃于深蓁（荆棘）。有一狙焉；委蛇攫搔，见巧乎王。王射之，敏给搏捷矢。王命相者趋射，狙执死。王顾谓其友颜不疑曰：‘之狙也。伐其巧，恃其便以敖予，以至此殛也。戒之哉！嗟呼！无以汝色骄人哉！’”

⑦ 《庄子·杂篇·让王》：“今且有人于此，以随侯之珠（传说中的宝珠），弹千仞之雀，世必笑之。是何也？则其所用者重，而所要者轻也。”

相符的事情；“屠龙之技”[①]寓意人应该学习真才实用的技艺，而不该华而不实，虚度光阴，等等。

《庄子》的寓言许多都是社会现实和人心所思的真实反映。因此，尽管对于《庄子》寓言的寓意有着多种不同的解读，但它们所寓意的都是“人事”而没有“神事”应该是毫无争议的。

在《庄子》的对话“者”中，除了燧人、伏羲、神农、黄帝、尧、舜、禹、彭祖、许由、傅说、古公亶父、伯夷、老子、孔子、颜回、子贡、惠子等传说中、历史中及当时现实中的人物外，还有北海若（海神明）、东海之鳖、蜩（蝉）、鷽鸠（斑鸠）、河伯、夔（传说像龙但仅一足的动物）、蚿（马蚿、马陆，一种节肢动物，多足）、蛇、风、鸱（猫头鹰）、坎井之蛙等许多神灵和动物。虽然后者被拟人化、神话化了，但它们所言同样都是“人间之事”“人生哲理”等——“望洋兴叹”就是河伯与北海若的对话内容。在《庄子》中没有“宗教神明们”之间的对话。

《庄子》中也谈及“天”，有《天地》《天道》《天运》等篇。但其“天地之论”称：“天地虽大，其化均也；万物虽多，其治一也；人卒虽众，其主君也。君原于德而成于天（自然规律），故曰：玄古之君天下，无为也，天德而已矣。以道观言，而天下之君正；以道观分，而君臣之义明；以道观能，而天下之官治；以道泛观，而万物之应备。故通于天地者，德也；行于万物者，道也；上治人者，事也；能有所艺者，技也。技兼于事，事兼于义，义兼于德，德兼于道，道兼于天，故曰：古之畜天下者，无欲而天下足，无为而万物化，渊静而百姓定。《记》曰：‘通于一而万事毕，无心得而鬼神服。’”[②]显然《庄子》的“天地”是为人间君主的“无为”“无欲”“渊静”而服务的，即使将“无为”上升到“天德”的崇高境界，但其仍是“人间之治”。虽然最后一句提到了“鬼神”，但“鬼神”也要服从于人的“无心于有所得”的境界。心中之“道”能降鬼伏神，这是人文主义的胜利。而这一“荣誉”不独属于“庄子们”，应该由所有中国人“共享”，是中国文化的重要内涵。

---

① 《庄子·杂篇·列御寇》：“朱泙漫学屠龙于支离益，单（通“殚”，耗尽）千金之家，三年技成而无所用其巧。”

② 《庄子·外篇·天地》。

其“天道之论”称：“天道运而无所积，故万物成；帝道运而无所积，故天下归；圣道运而无所积，故海内服。明于天，通于圣，六通四辟于帝王之德者，其自为也，昧然无不静者矣……夫虚静恬淡寂漠无为者，天地之平而道德之至，故帝王圣人休焉。”①此“天道”显然指大自然运动的规律，不具宗教神性。

其“天运之论”称：“‘天其运乎？地其处乎？日月其争于所乎？孰主张是？孰维纲是？孰居无事推而行是？意者其有机缄而不得已邪？意者其运转而不能自止邪？云者为雨乎？雨者为云乎？孰隆施是？孰居无事淫乐而劝是？风起北方，一西一东？有上彷徨，孰嘘吸是？孰居无事而披拂是？敢问何故？’巫咸祒曰：‘来！吾语女。天有六极五常，帝王顺之则治，逆之则凶。九洛之事，治成德备，监照下土，天下戴之，此谓上皇。’”②此“天运”即指各种“无心运行而自行运动”的自然现象，不过是对“道”的进一步阐述而已。其实，《天运》与《天地》《天道》内容差不多，仍是主要讨论“无为而治”的。

庄子的主要思想还有“逍遥之论”，即追求“日出而作，日入而息，逍遥于天地之间，而心意自得”③之境界，这一追求可以说在《逍遥游》中表达的最为真切——实际上庄子将追求绝对精神自由作为自己一生之所愿；其“齐物之论”不仅“齐物我，齐是非，齐大小，齐生死，齐贵贱”④，甚至升华到“天地与我并生，万物与我为一”⑤的境界。这一切同样都掩饰不住庄子思想的人文特质。

由于老子和庄子都几乎生活在社会基层，因此作为思想家的他们在观察世界时更加仔细、更加客观、更加“贴地气”，即使均为唯心主义者，但由于“用心”且极度“用心”，因此在中国哲学史上二人具有开创者的地位，其地位不可替代。他们的“道”亦成为中华文化中不可或缺的概念和理论。

（三）先秦道家人文作为的特点及其思想对后世的影响

春秋战国时期道家人文作为的主要特点是“宁守贫贱，蓬累不驾”。如《史

① 《庄子·外篇·天道》。
② 《庄子·外篇·天运》。
③ 《庄子·杂篇·让王》。
④ 《庄子·内篇·齐物论》。
⑤ 《庄子·内篇·齐物论》。

记·老子韩非子列传》载："孔子适周，将问礼于老子。老子曰：'子所言者，其人与骨皆已朽矣，独其言在耳。且君子得其时则驾（驾车从政），不得其时则蓬累（掩面互相扶持）而行。吾闻之，"良贾深藏若虚（隐其宝货，不令人见），君子盛德容貌若愚"。去子之骄气与多欲，态色（踌躇满志的神态）与淫（多余的）志，是皆无益于子之身。吾所以告子，若是而已。'"老子对孔子说的话，应该就是他后来隐居的思想基础。而孔子虽然从老子那里没有得到"礼"的回答，但寥寥数语已使人文底蕴深厚且阅人无数的孔子对老子佩服得五体投地。于是，"孔子去，谓弟子曰：'鸟，吾知其能飞；鱼，吾知其能游；兽，吾知其能走。走者可以为罔（用网捕捉），游者可以为纶（用线钓），飞者可以为矰（用带引绳的短箭射）。至于龙，吾不能知，其乘风云而上天。吾今日见老子，其犹龙邪！'"[①] 可见，虽然孔子做不到老子那样的"蓬累而行"，但并不妨碍他将老子"夸上了天"。孔子对老子的尊重，也显示出其为"圣人"的高贵品德。

关于穷困潦倒的庄子拒绝出任楚国官职之事，在寓言"曳尾于涂"中已有表达。类似的故事在《史记·老子韩非子列传》再次提到，其称："楚威王闻庄周贤，使使厚币迎之，许以为相。庄周笑谓楚使者曰：'千金，重利；卿相，尊位也。子独不见郊祭之牺牛乎？养食之数岁，衣以文绣，以入大庙。当是之时，虽欲为孤豚（小猪），岂可得乎？子亟去，无污我。我宁游戏污渎（浅浅的小水沟）之中自快，无为有国者所羁，终身不仕，以快吾志焉。'"其意思与"曳尾于涂"差不多。庄子不仅生于贫困，羁于贫困，而且安于贫困、乐于贫困，甚至享受贫困、尊重贫困，因为贫困带给他自由的生活、批判的精神、想象的空间、无尽的乐趣以及真实的社会。当然，并不是所有人都会因贫困而达到这一境界，这需要通过读书、思考和实践而积淀深厚的人文底蕴才行。只有精神极为富足的人，才会像庄子那样享受贫穷的快乐，且还能"知鱼之乐"。

春秋战国时期，由于社会发生巨变，"礼崩乐坏"，所以站在奴隶主旧贵族立场上持道家思想或接近道家思想的失意者、思想者为数不少。孔子在周游列国时经常能遇到这样的人。但有意思的是，他们或旁敲侧击地说上几句"冷言冷语"，或对孔子的学生直言不讳，但很少有与孔子直接对话的。

① 《史记·老子韩非子列传》。

如《论语·微子》记，“楚狂接舆（迎着车。一说为人名）歌而过孔子，曰：‘凤兮凤兮！何德之衰？往者不可谏（挽回），来者犹可追（改变）。已而已而！今之从政者殆（危险）而！’孔子下（车），欲与之言。趋（快走）而辟（通“避”）之，不得与之言。”孔子听出这是个对时局有深刻想法的人，于是出于热爱学习的“本能”，孔子急忙下车想与其交谈，但对方已扬长而去。

《论语·微子》又记，“长沮、桀溺耦而耕，孔子过之，使子路问津（渡口）焉。长沮曰：‘夫执舆者为谁？’子路曰：‘为孔丘。’曰：‘是鲁孔丘与？’曰：‘是也。’曰：‘是知津矣。’问于桀溺。桀溺曰：‘子为谁？’曰：‘为仲由。’曰：‘是鲁孔丘之徒与？’对曰：‘然。’曰：‘滔滔者（犯有滔天罪行的人）天下皆是也，而谁以易（改变）之？且而，与其从（跟随）辟人（犯滔滔罪行的人）之士也，岂若从辟世之士哉？’耰（覆盖种子）而不辍。子路行以告。夫子怃然曰：‘鸟兽不可与同群，吾非斯人之徒（世上的这些人）而谁与（打交道）？天下有道，丘不与易（改变现实）也。’”可见这些“隐君子们”的确对当时的现实寒透了心，不仅自己追求“避世”，而且也不愿别人“入世”“救世”。

《论语·微子》还记，“子路从而后，遇丈人，以杖荷蓧（锄草的工具）。子路问曰：‘子见夫子乎？’丈人曰：‘四体不勤，五谷不分，孰为夫子？’植其杖而芸（锄草）。子路拱而立。止子路宿，杀鸡为黍而食之。见其二子焉。明日，子路行以告。子曰：‘隐者也。’使子路反见之。至，则行矣。”此“丈人”虽未有“隐世”之言，但能讥讽孔子，显然其思想认识、社会见解不在孔子之下。

从接舆、长沮、桀溺、丈人的身份看，他们与老子、庄子一样，都处于社会基层；从他们的言论看，都对社会现实极度不满，因而言语中对“同一条战壕里的战友”孔子毫不客气。而这只不过是才到了春秋末年，距离庄子所处的战国中期还有 200 年左右的时间呢！所以“后来的”庄子比他们更为“厌世”，更要“避世”，当然也更加“用心”去琢磨宇宙、天地和人间世界，因此在更加唯心主义的同时，也“灿烂”了哲学。

不过，从这些人的言行中可以知道，道家的“避世”并不是要找个“山洞”什么的在里面“面壁苦思”，而是“大隐”于社会，继续吃五谷杂粮，与社会密切接触，继续了解社会、观察社会和批评社会，这从他们熟知孔子的一切并对孔子所进行的批评即可知之——此“他们”不包括“晚辈”的庄子，因为一是他与孔子非同时代人，故而对孔子的了解属于“后知后觉”；二是庄子似乎对孔子的批评、讽刺并不多，至少没有他的“前辈们”那么尖刻。

前已述，道家思想影响最深的是后世的读书人、知识分子。道家学说的宗旨之一其实是告诉人们，当社会秩序解体或出现严重动乱时，应该如何回避；当面对社会诸多不公平现象时，应该如何体面、宁静、乐观地超脱或解脱。具体分析而言，前者具有很大的消极成分，而后者虽也具有一定的消极成分但同时又具有相当的积极因素。例如，对于个人而言，若能总是成功，固然是好事，但实际上人的一生总会遇到许多“沟沟坎坎”，其中有些“沟”有些“坎”就是跨越不过去的，甚至一生都跨越不过去。这样当面临不成功甚至所谓的“失败”时，人应该怎样继续活得更好。这其实是所有人都会遇到的问题。

当遇到这样的问题时，道家的精神追求或许能帮上忙。但无论“大隐”“小隐”或“躲进小楼成一统”①，一般的中国人，尤其真正的读书人，是不会求助于鬼神的。只求助自己的“心”，这乃是中国人、中国知识分子的最佳选择，也是中国社会“无宗教神性”的突出体现。

二、先秦儒家的人文宗旨及对后世的影响

关于对儒家的评说，还是引司马谈的论断，即其“论六家之要指”所称：“儒者博而寡要，劳而少功，是以其事难尽从；然其序君臣父子之礼，列夫妇长幼之别，不可易也。”②又称：“儒者则不然，以为人主天下之仪表也，主倡而臣和，主先而臣随。如此则主劳而臣逸。”③最后称：“夫儒者以‘六艺’为法。‘六艺’经传以千万数，累世不能通其学，当年不能究其礼，故曰‘博而寡要，劳而少功’。若夫列君臣父子之礼，序夫妇长幼之别，虽百家弗能易也。”④

的确，儒家主要论及的是君臣、父子、夫妇、长幼等人与人之“礼”，虽然在其热衷的宗庙祭祀方面有与鬼神沾边的理论，且不否定鬼神，但由于主张“远

① 鲁迅：《自嘲》。
② 《史记·太史公自序》。
③ 《史记·太史公自序》。
④ 《史记·太史公自序》。

之”，并反对祈祷和淫祀等，因此在其主流学说中几乎是看不到宗教鬼神信仰“影子”的。如：“子曰：‘务民之义，敬鬼神而远之，可谓知（智）也。’”[①] 再如“子不语怪、力、乱、神”[②]，等等。另外，儒家也相信“天命”，如“子罕言利（利益），与（赞成）命（天命）与仁”[③]；“子曰：‘君子有三畏：畏天命，畏大人，畏圣人之言。小人不知天命而不畏也，狎（不尊重）大人（贵族官宦），侮圣人之言。’”[④] 不过，若将“天命”按人群分为“畏”与“不畏”，则其所谓的神圣性也就所剩无几了。

实际上，先秦儒家构建了丰富的“人”学理论，并为后世中国文化确定了人文内涵的主体。

（一）孔子的主要“人事”之论

孔子（前 551—前 479 年），字仲尼，春秋末鲁国人，儒家的创始者。年轻时孔子曾做过委吏（会计）、乘田（管牲畜之小吏），所以后来，“太宰问于子贡曰：‘夫子圣者与？何其多能也？’子贡曰：‘固天纵之将圣，又多能也。’子闻之，曰：‘太宰知我乎？吾少也贱，多能鄙事（低贱的工作）。君子多乎哉？不多也！’”[⑤] 孔子也说过：“吾不试（当官），故艺（会做许多低贱的工作）。”[⑥] 中年时，孔子先后担任过鲁国中都宰、司空、司寇等职，但只干了 3 年即遭排挤。于是孔子无奈地离开鲁国，率领学生走上周游列国之路，到处宣扬自己的主张，但处处碰壁。晚年时孔子回到鲁国，从事整理《诗》《书》《春秋》等古籍和继续开办私学教授学生之业。孔子发展了私学之风，据说他有弟子三千人，其中“身通六艺”者七十二贤人——“六艺”即礼、乐、射、御、书、数等技艺。其思想保留在《论语》等书中。

孔子的远祖应该追溯到宋国的始封君微子启，再往前则可追溯到商汤。因

---

① 《论语·雍也》。
② 《论语·述而》。即孔子从不谈论怪异、暴力、变乱、鬼神之事。
③ 《论语·子罕》。
④ 《论语·季氏》。
⑤ 《论语·子罕》。
⑥ 《论语·子罕》。

此孔子自认为身上流淌有“圣人”的血液，这是其虽与老子等道家学者同属奴隶主旧贵族阶级“阵营”，但却要“积极入世”“积极救世”的思想基础之一。正因为孔子背负着这种“历史使命感”，才使得其在当时即使四处碰壁，但终不悔改，并积极、健康、阳光地活跃于当世。

孔子的近祖原为宋国贵族。其所姓“孔”，来自孔父嘉。孔父嘉乃宋襄公第五代孙。依宗法制，“五代亲尽，别为公族”①。于是孔父嘉须另立一支族，其名为嘉，字孔父，此支族因以“孔”为氏，一直传至于今——“五代亲尽，别为公族”乃贵族之“礼”，后已沦为平民的孔氏家族无须别立分支，故都沿用“孔”为姓。

孔父嘉为孔子的六世祖。到孔父嘉的孙子防叔，即孔子的三世祖时，因受宋国权臣迫害，孔氏家族举族出奔鲁国，从此孔氏成为鲁国人②。再两代而到孔子的父亲叔梁纥。叔梁纥已基本上失去了贵族的身份（一说叔梁纥之父即已失去贵族身份），他先娶施氏为妻，生了9个女儿；还娶有一妾，生1子，名孟皮，但脚有残疾。于是，后来又求婚于颜氏之家——亦为鲁国没落贵族。颜氏有3女，将小女17岁的颜徵嫁与叔梁纥。由于当时叔梁纥年已五六十岁，与颜徵在年龄上差距过大，他俩的婚姻不合礼仪的规定，所以被称为“野合”。孔子3岁时，叔梁纥死。17岁时，其母颜徵在也去世，但此时孔子已经成为一个很励志的青年。

孔子对自己的评价是，“吾十有五而志于学，三十而立，四十而不惑，五十而知天命，六十而耳顺，七十而从心所欲，不逾矩”③。还有，“叶公问孔子于子路，子路不对。子曰：‘女（汝）奚不（为何不）曰，其为人也，发愤忘食，乐以忘忧，不知老之将至云尔！’”④可见孔子还是一个很励志的老头。

这样的家谱及孔子的自识都是属于人文范畴的。不管后世统治者为了自己的统治需要如何神化孔子，拔高孔子，甚至将儒家与佛教、道教并提——自唐

① 《史记·孔子世家》《索引》。

② 据《史记·孔子世家》《索引》引《孔子家语》。一说率领家族奔鲁的是孔子的第五世祖木金父——孔父嘉之子（《后汉书·孔融传》《集解》引服虔注曰）。

③ 《论语·为政》。

④ 《论语·述而》。

朝起儒、释、道“三教”并行于中国社会，但在中国人眼里孔子从来都是人，也没有人认为儒家思想具有宗教神学般的地位。倒是佛教和道教吸收了儒学的一些基本理念，如尊君主，倡孝道等——佛教虽有剃发、出家等“不孝”之举，但仍向俗家弟子和普通信众提倡孝顺父母。①

孔子的“人事”之论主要有：

1. 为仁之论

如：“樊迟问仁。子曰：‘爱人。’问知（智），子曰：‘知人。’”②“颜渊问仁。子曰：‘克己复礼为仁。’”③“仲弓问仁。子曰：‘出门如见大宾，使民如承大祭。己所不欲，勿施于人。在邦无怨，在家无怨。’”④“司马牛问仁。子曰：‘仁者其言也讱（语言迟钝，不随便说话）。’”⑤“子贡问为仁，子曰：‘工欲善其事，必先利其器。居是邦也，事其大夫之贤者，友其士之仁者。’”⑥“子张问仁于孔子。孔子曰：‘能行五者于天下，为仁矣。’请问之。曰：‘恭（庄重）、宽（宽怀）、信（诚信）、敏（勤勉）、惠（施恩）。恭则不侮，宽则得众，信则人任焉，敏则有功（效率），惠则足以使人。’”⑦“樊迟问仁。子曰：‘居处恭，执事敬，与人忠。虽之夷狄，不可弃也。’”⑧还有，“子贡曰：‘如有博施于民而能济众，何如？可谓仁乎？’子曰：‘何事于仁，必也圣乎！尧舜其犹病诸！夫仁者，己欲立而立人，己欲达而达人。能近取譬（以自身作比方，推己及人），可谓仁之方（方法）

① 笔者游览湖南长沙岳麓山时，岳麓寺正举行对普通信众的说法演讲，并通过高音喇叭对周边广播。其内容有大量孝顺父母、亲爱兄弟姐妹的说教。其实，尊君主、倡孝道是佛教立足中国社会的基本要件。同时，这也可以解释通，为什么基督教等西方宗教在历史上不能长期立足中国社会的原因。

② 《论语·颜渊》。樊迟，名须，少贫穷，孔子认为其天资浅，理解力差。

③ 《论语·颜渊》。颜渊，名回，字子渊，为人谦和，勤奋好学，领悟能力高，为孔子最喜爱的弟子。

④ 《论语·颜渊》。仲弓，名冉雍，性宽宏大度，有政治才干，孔子认为其“可使南面”，即可以做卿大夫（古时，天子、诸侯在朝堂上坐北朝南，卿大夫们则位在南面，故称）。

⑤ 《论语·颜渊》。司马牛，名耕，一名犁，性多言而躁。

⑥ 《论语·卫灵公》。子贡，名端木赐，擅经商，为人大气，有外交之才，敬佩孔子，对孔子评价最高。

⑦ 《论语·阳货》。子张，姓颛孙，名师，出身微贱，才高意广，但秉性乖僻、偏激。

⑧ 《论语·子路》。

也已。'"[①] 以及，"仁者先难而后获，可谓仁矣"[②]；"巧言令色，鲜矣仁"[③]；"刚、毅、木（质朴）、讷近仁"[④]；"子曰：'当仁不让于师（老师）。'"[⑤]，等等。

"仁"是孔子思想的核心。据说在《论语》中，"仁"出现过 109 次——《论语》共有 1.6 万字。

2. 君子之论

如"人不知而不愠，不亦君子乎？"[⑥]；"君子不重则不威，学则不固。主忠信。无友不如己者。过则勿惮改"[⑦]；"君子食无求饱，居无求安，敏于事而慎于言，就有道而正焉，可谓好学也已"[⑧]；"君子无所争，必也射乎！揖让而升，下而饮，其争也君子"[⑨]；"君子无终食之间违仁，造次必于是，颠沛必于是"[⑩]；"君子欲讷于言，而敏于行"[⑪]；"质胜文则野，文胜质则史。文质彬彬，然后君子"[⑫]，等等。

"君子"亦为《论语》中的"关键词"，据说出现过 107 次。

3. 小人之论

如"君子周而不比，小人比而不周"[⑬]；"君子怀德，小人怀土；君子怀刑，小人怀惠"[⑭]；"君子喻于义，小人喻于利"[⑮]，等等。

与"君子"相对的"小人"，据说在《论语》中出现过 24 次。

4. 德礼之论

如"道（导）之以政，齐之以刑，民免而无耻（不知羞耻）；道之以德，

---

① 《论语·雍也》。
② 《论语·雍也》。
③ 《论语·学而》。
④ 《论语·子路》。
⑤ 《论语·卫灵公》。
⑥ 《论语·学而》。
⑦ 《论语·学而》。
⑧ 《论语·学而》。
⑨ 《论语·八佾》。
⑩ 《论语·里仁》。
⑪ 《论语·里仁》。
⑫ 《论语·雍也》。
⑬ 《论语·为政》。
⑭ 《论语·里仁》。
⑮ 《论语·里仁》。

齐之以礼，有耻且格（达到德礼要求的标准）”[1]，等等。

5. 为政之论

如“节用而爱人，使民以时”[2]，等等。

6. 育人之论

如“有教无类（族类）”[3]，因材施教，等等。实际上，前述孔子对学生“问仁”的不同回答，就是其因材施教理念的实践。

在孔子的学生中，子贡对他的评价最为“高大上”。如：“叔孙武叔语大夫于朝曰：‘子贡贤于仲尼。’子服景伯以告子贡。子贡曰：‘譬之宫墙，赐（子贡名）之墙也及肩，窥见室家之好。夫子之墙数仞，不得其门而入，不见宗庙之美，百官（宫舍）之富。得其门者或寡矣！’”[4] 再如：“叔孙武叔毁仲尼。子贡曰：‘无以为也！仲尼不可毁也。他人之贤者，丘陵也，犹可逾也；仲尼，日月也，无得而逾焉。人虽欲自绝，其何伤于日月乎？多（徒然）见其不知量（自不量力）也。’”[5] 作为当时著名大商人的子贡对孔子有如此的评价和认识，也彰显了其自身的学识和思想的高度——前几年有“大学教授”用低俗的语言侮辱孔子及其父母，实则如两千年前子贡所云“多见其不知量也”。

在中国历史上，乃至世界历史中，孔子都是决不可或缺的思想家。据说外国人对他佩服得五体投地，原因之一是孔子是一个内心极其“敞亮”的人，做人做事光明磊落，表里如一，不搞阴谋诡计。

（二）孟子的主要“人事”之论

孟子（前372—前289年），名轲，字子舆，为战国中期邹国（今山东省济宁市邹城市）人，受业于孔子的孙子子思的门人，是先秦时期儒家思想的第二位著名代表人物，其思想保留在《孟子》中。宋元时期始，孟子被官方尊为“亚圣”——在此之前享有“亚圣”头衔的是颜回。孔子则早在西汉末即被官方尊为“至

---

① 《论语・为政》。
② 《论语・学而》。
③ 《论语・卫灵公》。
④ 《论语・子张》。
⑤ 《论语・子张》。

圣”——只是“始作俑者”是篡汉和改制失败的王莽，这多少有点让孔子“栽面”（面子上不好看）。孟子与庄子是同时代人，大庄子 3 岁。

孟子的“人事”之论主要有：

1. 仁政论

如“齐人有言曰：‘虽有智慧，不如乘势；虽有镃基（两种农具），不如待时。’今时则易然也。夏后、殷、周之盛，地未有过千里者也，而齐有其地矣；鸡鸣狗吠相闻，而达乎四境，而齐有其民矣。地不改辟（扩张）矣，民不改聚（增加）矣，行仁政而王（统治），莫之能御也。且王者之不作，未有疏于此时者也；民之憔悴于虐政，未有甚于此时者也。饥者易为食，渴者易为饮。孔子曰：‘德之流行，速于置邮而传命。’当今之时，万乘之国行仁政，民之悦之，犹解倒悬也。故事半古之人，功必倍之，惟此时为然”①，等等。

孟子继承了孔子“仁”的思想，并发展为“仁政”思想。据说《孟子》中“仁”出现过 157 次——《孟子》共有 3.5 万字。

2. 道义论

如“君仁，莫不仁；君义，莫不义；君正，莫不正”②；“谨庠序之教，申之以孝悌之义，颁白者不负戴于道路矣”③；“治于人者食人，治人者食于人，天下之通义也”④。

孟子十分看重“义”，认为“义”乃人在生活中应遵循的内化于心的一种行为标准和道德规定，因此“义”在《孟子》中成为位居“仁”之后的第二个“关键词”，据说出现了 108 次——在《论语》中“义”出现 24 次。

3. 民贵君轻论

如“民为贵，社稷次之，君为轻”⑤——简称“民贵君轻”，“君之视臣如草（土）芥，则臣视君如寇仇”⑥，等等。为这两句话，1700 多年后，明太祖朱元璋

① 《孟子・公孙丑上》。
② 《孟子・离娄上》。
③ 《孟子・梁惠王上》。
④ 《孟子・滕文公上》。
⑤ 《孟子・尽心下》。
⑥ 《孟子・离娄下》。

曾一怒之下诏令“罢孟子配享”[①]，并下令删修《孟子》，只许发行《孟子节文》[②]。可见专制君主难以领会孟子的苦心，尤其经历从苦难的“贵”到至尊的“轻”的朱元璋更难以理解这其中的“贵”与“轻”的关系。

4. 尚贤之论

如“尊贤使能，俊杰在位，则天下之士皆悦，而愿立于其朝矣”[③]；“仁则荣，不仁则辱。今恶辱而居不仁，是犹恶湿而居下也。如恶之，莫如贵德而尊士，贤者在位，能者在职；国家闲暇（安定），及是时，明其政刑。虽大国，必畏之矣”[④]，等等。

5. 法先王论

如“今有仁心仁闻而民不被其泽，不可法于后世者，不行先王之道也。故曰，徒善不足以为政，徒法不能以自行。《诗》云：‘不愆（犯错）不忘，率由旧章。’遵先王之法而过（有过错）者，未之有也”[⑤]，等等。

6. 性善论

如“恻隐之心，人皆有之；羞恶之心，人皆有之；恭敬之心，人皆有之；是非之心，人皆有之。恻隐之心，仁也；羞恶之心，义也；恭敬之心，礼也；是非之心，智也。仁、义、礼、智，非由外铄（熔化）我也，我固有之也，弗思（深思）耳矣”[⑥]；“恻隐之心，仁之端也；羞恶之心，义之端也；辞让之心，礼之端也；是非之心，智之端也。人之有是四端也，犹其有四体也。有是四端而自谓不能者，自贼者也；谓其君不能者，贼其君者也。凡有四端于我者，知皆扩而充之矣，若人之始然，泉之始达。苟能充之，足以保四海；苟不充之，不足以事父母”[⑦]，等等。

---

① 《明史·礼志四》。
② 《明史·钱唐传》。
③ 《孟子·公孙丑上》。
④ 《孟子·公孙丑上》。
⑤ 《孟子·离娄上》。
⑥ 《孟子·告子上》。
⑦ 《孟子·公孙丑上》。

7. 大丈夫论

如“富贵不能淫，贫贱不能移，威武不能屈，此之谓大丈夫”[①]。

8. 励志论

如“天降大任于是人也，必先苦其心志，劳其筋骨，饿其体肤，空乏其身”[②]。

9. 不嗜杀论

如：“孟子见梁襄王。出，语人曰：‘望之不似人君，就之而不见所畏焉。卒然问曰：‘天下恶乎定？’吾对曰：‘定于一（统一）。’‘孰能一之？’对曰：‘不嗜杀人者能一之。’‘孰能与（追随）之？’对曰：‘天下莫不与也。王知夫苗乎？七八月之间旱，则苗槁矣。天油然作云，沛然下雨，则苗浡然兴之矣。其如是，孰能御之？今夫天下之人牧，未有不嗜杀人者也。如有不嗜杀人者，则天下之民皆引领而望之矣！诚如是也，民归之，犹水之就下，沛然谁能御（抵挡）之？’”[③]

孟子也经常谈到“天”。据说在《孟子》中，“天”共出现 82 次。据研究，其“天”主要有五层含义，即自然之天，主宰之天，民意之天，命运之天和义理之天。尽管“天”在孟子思想中地位很高，但其实也都是为“人事”所服务的，其中“民意之天”为孟子民本思想的重要内容，“义理之天”则是孟子性善论的理论基础。

（三）荀子的主要“人事”之论

荀子（约前 313—约前 230 年），名况，战国末赵国人，是先秦时期儒家思想的第三位著名代表，时人尊之而号为“卿”。汉朝时为避汉宣帝刘询之讳，改称其为孙卿——汉宣帝为汉武帝之孙。荀子曾游学于齐国，在当时著名的稷下之学[④]三为祭酒，即多次作为辩论的主持人——只有大学问的人才有资格做祭

① 《孟子·滕文公下》。

② 《孟子·告子下》。

③ 《孟子·梁惠王上》。

④ 稷下之学为战国时齐国设于其都城临淄稷门外的“公学”，号为“中国第一所大学”。始于齐桓公，中经威王，兴盛于宣王时，至秦灭齐而止。孟子、荀子都曾在此讲学。

酒。其思想保留在《荀子》中。

荀子的“人事”之论主要有：

1. 法后王论

即社会是不断前进的，一代胜过一代，如秦国“威，强乎汤武；广，大乎舜禹”[①]，因此要取法于今王。如“纵观圣王之迹，则于其粲然者矣，后王是也。彼后王者，天下之君也，舍后王而道上古，譬之是犹舍己之君而事人之君也”[②]；“不知法后王而一（统一）制度，不知隆（尊崇）礼义而杀（轻视）《诗》《书》……是俗儒者也；法后王，一制度，隆（尊崇）礼义而杀《诗》《书》……是雅儒者也；法后王，统礼义，一制度，以浅持博，以今持古，以一持万……是大儒者也”[③]；“王者之制，道（治国原则）不过三代（夏、商、周三代），法（法度的实行）不贰（违背）后王。道过三代谓之荡（荒谬），法贰后王谓之不雅（正当）”[④]，等等。

2. 礼治之论

如“天地者，生之始（根本）也；礼义者，治之始也；君子者，礼义之始也。为（实施）之，贯（贯彻）之，积重之，致好（完美）之者，君子之始也”[⑤]；“礼者，人道之极也。然而不法礼，不足（实行）礼，谓之无方（不走正道）之民；法礼，足礼，谓之有方之士。礼之中焉能思索，谓之能虑；礼之中焉能勿易（改变），谓之能固。能虑、能固，加好（更加完善）者焉，斯圣人矣”[⑥]；“礼者，政之挽（引导）也；为政不以礼，政不行矣”[⑦]；“礼者，人之所履（施行）也，失所履，必颠蹶（跌倒）陷溺。所失微而其为乱大者，礼也”[⑧]；“礼之于正国家也，如权衡之于轻重也，如绳墨之于曲直也。故人无礼不生，事无礼不成，

① 《荀子·强国》。
② 《荀子·非相》。
③ 《荀子·儒效》。
④ 《荀子·王制》。
⑤ 《荀子·王制》。
⑥ 《荀子·礼论》。
⑦ 《荀子·大略》。
⑧ 《荀子·大略》。

国家无礼不宁”[①]，等等。

与孔子、孟子不一样之处在于，荀子赋予“礼”以“法”的内容，如“故《书》者，政事之纪（记载）；《诗》者，中声（心声）之所止；《礼》者，法之大分（前提），群类（法度）之纲纪（纲要）也。故学至乎礼而止矣，夫是之谓道德之极”[②]；“听政之大分（纲要）：以善至者待之以礼，以不善至者待之以刑。两者分别，则贤不肖不杂，是非不乱。贤不肖不杂则英杰至，是非不乱则国家治。若是，名声日闻，天下愿，令行禁止，王者之事毕矣”[③]；“王者之人，饰（约束）动（自己的行为）以礼义，听断（处理决断）以类（法令法规）”[④]，等等。不过，与法家不同的是，荀子是先“礼”而后“法”，将“礼”当成“法”的前提条件，也是“法”的纲领，所以荀子的“立足”主要还是在儒家一方。但正因为其强调“法”的重要意义，因此他的两个学生李斯、韩非后来发展了他的这部分思想，不仅成为战国末法家思想的著名代表人物，而且韩非还是法家思想的集大成者。

3. 制天之论

即“制（掌握）天命而用之”[⑤]。这应是荀子思想中最为闪光之处。荀子发展了先秦唯物主义思想，认为“天”不具有宗教神秘性，不会因政治的好坏而转移，因此“天行有常，不为尧存，不为桀亡，应之以治则吉，应之以乱则凶。强本而节用，则天不能贫；养备而动时，则天不能病；修道而不贰，则天不能祸”[⑥]。《荀子》的《天论》篇，无论提及的“天职”“天功”“天情”“天官”“天君”“天养”“天政”，还是“明于天人之分，则可谓至人矣”以及“错人（放弃人的努力）而思天，则失万物之情”，等等，都是在论述人必须“应天而为”“应天而治”的道理。其所谓的“天”，其实指的是自然、自然规律，与宗教鬼神信仰的“天”完全不是一回事。

荀子“制天命而用之”的可贵之处还在于，当全世界都沉浸在宗教鬼神信仰之中时，甚至包括儒家思想家在内的许多中国人对“天命神权”或深信不疑，

① 《荀子·大略》。
② 《荀子·劝学》。
③ 《荀子·王制》。
④ 《荀子·王制》。
⑤ 《荀子·天论》。
⑥ 《荀子·天论》。

或略有疑虑时，荀子却高高举起了“应天而为”的大旗。他认识到人可以利用“天命”即自然规律而规划好自己的生活。

（四）先秦儒家人文作为的特点及其思想对后世的影响

春秋战国时期儒家人文作为的主要特点是“知道不行，追易为之”，即明知自己所追求的以“德仁”为核心的治国真谛——“道”无法在当世施行，但也一定要努力去改变这个世界，“是知其不可为而为之”[①]。所以，孔子曾坚定地说：“如有用我者，吾其为东（在东方）周（实现周礼）乎！”[②] 前述孔子所称“鸟兽不可与同群，吾非斯人之徒而谁与？天下有道，丘不与易也”，同样可以看到孔子坚定的意志。

而孔子弟子子路阐述得更为明确。他说：“不仕，无义（道义）！长幼之节，不可废也，君臣之义，如之何其废之？欲洁其身，而乱大伦。君子之仕也，行其义也。道之不行，已知之矣。”[③] “孔子们”这种为理想和信念而奋不顾身的精神应该是值得“点赞”的。

表面看孟子的“仁政”思想似乎较孔子的思想更接地气些，且孟子周游列国的境遇似乎也较孔子强许多，但其学说在当时也是行不通的，因此也是“道既通，游事齐宣王，宣王不能用。适梁，梁惠王不果所言，则见以为迂远而阔于事情。当是之时，秦用商君，富国彊兵；楚、魏用吴起，战胜弱敌；齐威王、宣王用孙子、田忌之徒，而诸侯东面朝齐。天下方务于合从连衡，以攻伐为贤，而孟轲乃述唐、虞、三代之德，是以所如者不合。退而与万章之徒序诗书，述仲尼之意，作孟子七篇。其后有驺子之属”[④]。从孟子终其一生努力的结果看，其实也是“知其不可为而为之”的。

荀子的思想中由于具有“法”的内容，在一定程度上符合当时政治实践的需要，但对当世而言还是空谈的东西多了些。因此，他虽去过秦国，曾夸赞秦

① 《论语·宪问》：“子路宿于石门。晨门曰：‘奚自？’子路曰：‘自孔氏。’曰：‘是知其不可为而为之者与？’”连看守城门的低级“公务员”都知道孔子的政治追求无望，可见当时应是“世人皆知”此事了。

② 《论语·阳货》。

③ 《论语·微子》。

④ 《史记·孟子荀卿列传》。

国的政治成就，但其理论仍不被秦国统治者（秦昭王）所重视。最后，荀子只好去了楚国，被楚国的相春申君任命为兰陵令（兰陵，今山东省临沂市兰陵县），但春申君被刺而死后，荀子的官职也随即遭罢免。

先秦儒家学说之所以不受当世统治者的“待见”，是因其宗旨是想通过“德化”人心，构建德礼为治的等级制的和谐社会，让人们服从依礼而建的社会等级秩序，同时要求人们要积极面对人生，投身社会，所以提出“修身，齐家，治国，平天下”[①]的逻辑次序。先秦儒学这套理论虽含义极其深刻，在当代仍具有积极意义，但其更适合“和平年代”，而不适合“战争时期”，因此儒家虽为“显学”[②]，但不能得意于当时的统治者。

在先秦思想学派中，儒家思想对后世影响最大。但相比起先秦儒学积极、阳刚的表现和精神气质而言，后世儒学由于自西汉开始被加入了越来越多荒谬、颓废甚至腐朽的内涵，因而消极作用也越来越突出。20世纪初“打倒孔家店”的提出，就是因为彼时的儒学因腐朽而影响了新兴的“民主”与“科学”在中国的推广，影响了中国社会的更新与进步，更影响中国的政治革命和社会革命。

当然，儒学中的优秀成分还是占主流的。如儒学教人做人、做事和立足社会的许多理念在当今被赋予新的内涵，进行新的解读后，其道德和实践作用还是极具现实意义的。

三、先秦墨家的人文宗旨及对后世的影响

墨家是先秦学派中非常重要的一家，但其对后世的影响不如道、儒两家大，且长期被“埋没”。这与其为小手工业者的思想代表不无关系——小手工业者在中国传统社会中始终处于“寄人篱下”的地位，始终在封建制度的淫威之下苟

① 《大学·引言》：“古之欲明（弘扬）明德（善德）于天下者，先治其国。欲治其国，先齐其家。欲齐其家者，先修其身。欲修其身者，先正其心。欲正其心者，先诚其意。欲诚其意者，先致其知。致知（认识高深）在格物（穷究事理）。物格而后知至，知至而后意诚，意诚而后心正，心正而后修身，身修而后齐家，家齐而后国治，国治而后天下平。”这一至晚产生于战国时期既具有道德功效，又具有政治功效；既有助于个人发展，也有利于社会发展的理论逻辑，无法不令人赞叹中华优秀传统文化的博大精深。

② 《韩非子·显学》。

且残喘，因而先秦墨家似乎是诸子百家中最为“迷信”的也与此有关。

墨家的一些思想主张虽也充满了“理想主义”味道，但由于来自社会下层，符合普通民众的要求，符合社会的发展，因而超越了那个时代——甚至超越整个封建时代。实际上，墨家的迷信也是为其人文主义的思想主张而服务的。

关于墨家，司马谈的论断为：“墨者俭（主张节俭）而难遵（遵照实行），是以其事不可遍循（跟随学习）；然其彊本（发展人口，增加劳动力）节用，不可废也”；“墨者亦尚（推崇）尧舜道，言其德行曰：‘堂高三尺，土阶三等，茅茨（以茅草铺屋顶）不翦（剪），采椽不刮（刮削修饰）。食土（用土烧制的）簋（盛粮食的器皿），啜土刑（盛羹的器皿），粝粱（粗糙之意）之食，藜藿（野菜之类）之羹。夏日葛衣，冬日鹿裘。’其送死，桐棺三寸，举音不尽其哀。教丧礼，必以此为万民之率。使天下法若此，则尊卑无别也。夫世异时移，事业不必同，故曰‘俭而难遵’。要曰彊本节用，则人给家足之道也。此墨子之所长，虽百长弗能废也”。

司马谈点出的墨家思想几个特征，一主张节俭，提倡艰苦生活；二主张发展人口，增加劳动力；三不要浪费人力；四主张薄葬；五统治者难以遵照实行。显然这些都与“神事”无关。

墨家的创始人墨子（约前 468—前 376 年），名翟，为春秋战国之际人，一说是宋国人，一说为鲁国人。其初时曾学过儒，但由于出生小生产者，经济力量有限，因而不满儒学烦琐而又需要很多花费的“礼”，于是另立新说，创立墨家学说，并成为儒家的主要反对派。其思想主要保留在《墨子》中。

（一）墨子和《墨子》的主要“人事”之论

1. 兼爱论

如“若使天下兼相爱，国与国不相攻，家与家不相乱，盗贼无有，君臣父子皆能孝慈，若此则天下治”[①]；“兼相爱，交相利”[②]；“有力者疾以助人，有财者勉以分人，有道者劝以教人”[③]，等等。

① 《墨子·兼爱上》。

② 《墨子·兼爱中》。

③ 《墨子·尚贤下》。

“兼爱”即“兼相爱”，就是要求人们要普遍互爱；“交相利”即要求人们要互相兴利。“兼相爱”是墨子思想的根本，其他——除“交相利”和下述的“尚贤”“尚同”“非攻”外，墨子还提出“节用”“节葬”等主要理论——都是从“兼相爱”衍生出来的。

2. 尚贤论

如“子墨子言曰：‘今者王公大人为政于国家者，皆欲国家之富，人民之众，刑政之治。然而不得富而得贫，不得众而得寡，不得治而得乱，则是本失其所欲，得其所恶，是其故何也？’子墨子言曰：‘是以王公大人为政于国家者，不能以尚贤事能为政也。’是故国有贤良之士众，则国家之治厚，贤良之士寡，则国家之治薄。故大人之务，将（应当）在于众贤而已”[1]，“是故子墨子言曰：‘得意，贤士不可不举；不得意，贤士不可不举，尚欲祖述尧、舜、禹汤之道，将不可以不尚贤。’夫尚贤者，政之本也”，等等，这都是在讲明“尚贤”的积极意义。再如“故古者圣王甚尊尚贤而任使能，不党父兄，不偏贵富，不嬖颜色，贤者举而上之，富而贵之，以为官长；不肖者抑而废之，贫而贱之，以为徒役”[2]，这是告诉当权者该如何“尚贤”。至于“为贤之道将奈何？曰：有力者疾以助人，有财者勉以分人，有道者劝以教人”[3]，这是告诉“贤者”应该怎样为之。而“故古者圣王之为政，列德（给有德者安排职位）而尚贤，虽在农与工肆（各行各业）之人，有能则举之，高予之爵，重予之禄，任之以事，断予之令”[4]，以及“故官无常贵而民无终贱，有能则举之，无能则下之”[5]，等等，则有“请求”当权者让墨家人士上位的意思。实际上，墨家确实有人进入到统治阶层而担任官职的，但从墨家的出生和主张看，人数当不会多。

3. 尚同论

如“子墨子言曰：古者民始生，未有刑政之时，盖其语‘人异义’。是以一人则一义，二人则二义，十人则十义。其人兹众，其所谓义者亦兹众。是以人

---

① 《墨子・尚贤上》。
② 《墨子・尚贤中》。
③ 《墨子・尚贤下》。
④ 《墨子・尚贤上》。
⑤ 《墨子・尚贤上》。

是其义，以非人之义，故交相非也。是以内者父子兄弟作怨恶，离散不能相和合。天下之百姓皆以水火毒药相亏害，至有余力不能以相劳，腐朽余财不以相分，隐匿良道不以相教，天下之乱，若禽兽然”[①]。这是说明“不尚同”的危害。而“是故子墨子言曰‘古者圣王为五刑，请（确实）以治其民。譬若丝缕之有纪，网罟之有纲，所以连收（约束、处罚）天下之百姓不尚同其上（上级、上司）者也’”。这是讲明“不尚同”要受刑罚惩处。至于“国君治其国，而国既已治矣，有（又）率其国之万民，以尚同乎天子，曰：‘凡国之万民，上同乎天子，而不敢下比。天子之所是，必亦是之；天子之所非，必亦非之。去而不善言，学天子之善言；去而不善行，学天子之善行。’天子者，固天下之仁人也，举天下之万民以法天子，夫天下何说而不治哉。察天子之所以治天下者，何故之以也？曰：唯以其能一同天下之义，是以天下治”；“故古者圣人之所以济事成功，垂名于后世者，无他故异物焉，曰：唯能以尚同为政者也”；“故古者圣人之所以济事成功，垂名于后世者，无他故异物焉，曰：唯能以尚同为政者也”[②]。这是说明“尚同”的积极意义。

墨子的“尚同”即是“向上服从”或“服从上级”的意思，但“上级”也不能胡来，“上级”的德行和能力要成为“下级”的榜样和学习的楷模。显然，就当时的政治现状而言，这又是墨子理想主义的天真想法之一，并有着讨好统治者的味道，但这是人文主义的理想。

4. 非攻论

如“天之意，不欲大国之攻小国，大家之乱小家也。强之暴寡，诈之谋愚，贵之傲贱，此天之所不欲也”[③]，等等。

墨子不仅提出“非攻”理论，而且身体力行积极阻止战争的爆发。其最著名的“止战”行为，是有一次他在齐国听说楚国要攻打宋国，便立即派大弟子禽滑厘率 300 多学生，携带守城器械，到宋都商丘帮助防守，自己则日夜兼程十天十夜赶到楚都。经过一番唇枪舌剑，并在攻防演练中击败当时有名的“木匠”公输班（鲁班）后，墨子最终成功劝说楚王放弃了这次军事行动。“止楚攻

① 《墨子・尚同上》。
② 《墨子・尚同中》。
③ 《墨子・天志中》。

宋”是墨子“非攻”思想的一次成功的实践。

从表面看，在先秦思想家中墨子是最为“迷信”的，张口闭口都是“天”，不仅把“天”当成万物的主宰，而且主张“法天”，即向“天”学习，模仿“天”的作为。如“然则奚以为治法（治国之法度）而可？故曰：‘莫若法天。’天之行（德行），广而无私，其施厚而不德（以德自居），其明久而不衰，故圣王法之。既以天为法，动作有为，必度（揣度）于天。天之所欲则为之，天所不欲则止”[①]。而且，《墨子》中有《天志》（上中下）3 篇，“天志”即“天的意志”，显然墨子将“天”神话了。除前引“天之意，不欲大国之攻小国，大家之乱小家也……”外，还如“故天子者，天下之穷贵（极端高贵）也，天下之穷富也。故于富且贵者，当天意而不可不顺。顺天意者，兼相爱、交相利，必得赏；反天意者，别相恶、交相贼，必得罚”[②]；“顺天意者，义政也；反天意者，力（暴力）政也”[③]；“我有天志，譬若轮人（制造车轮的人）之有规，匠人之有矩”[④]；“天子为善，天能赏之；天子为暴，天能罚之”[⑤]；“天之志者，义之经也”[⑥]，等等。其他篇章中还有“今天下无大小国，皆天之邑（属国）也；人物幼长贵贱，皆天之臣也”[⑦]；“天子之百姓皆上同于天子，而不上同于天，则灾犹未去也。今若天飘风苦雨，溱溱（常常）而至者，此天之所以罚百姓之不上同于天者也”[⑧]。这是用“天”来威吓人们必须“尚同”，等等。尽管如此，但实际上经墨子改造过的“天”还是为其“兼相爱”等理论而服务的，并不具有宗教鬼神信仰的味道。

墨子之所以在先秦思想家中表现得“最为迷信”，是由于其从业“鄙事”，身份低贱，且他与弟子们的一系列作为又与统治阶层的需要格格不入，等等，因此非到生死存亡的紧急关头，墨家说话是无人肯听的。于是，墨子只好利用人们头脑中的“天命神权”思想，不断将“天”搬出来，恐吓、威胁或胁迫当

① 《墨子·法仪》。
② 《墨子·天志上》。
③ 《墨子·天志上》。
④ 《墨子·天志上》。
⑤ 《墨子·天志中》。
⑥ 《墨子·天志下》。
⑦ 《墨子·法仪》。
⑧ 《墨子·尚同上》。

权者，以加重自己的话语权，希望他们能够采纳自己的学说进行所谓长治久安的统治。显然，墨子的“天”是为“人事”服务的，并不是宗教意义的“天”。

不仅如此，《墨子》中还有《明鬼》一篇。“明鬼”，意即辨明鬼神的存在，认清鬼神具有扬善惩恶的赏罚能力。如：“是故子墨子言曰：‘虽有深溪博林、幽涧无人之所，施行不可以不董（谨慎），见有鬼神视之。’”“古者圣王必以鬼神为其务，鬼神厚（祭祀丰厚）矣。又恐后世子孙不能知也，故书之竹帛，传遗后世子孙。”“是故子墨子曰：‘尝若鬼神之能赏贤如罚暴也，盖本施之国家，施之万民，实所以治国家利万民之道也。’”“故鬼神之明，不可为幽间广泽，山林深谷，鬼神之明必知之。鬼神之罚，不可为富贵众强，勇力强武，坚甲利兵，鬼神之罚必胜之。”由此可以看出，墨家认为鬼神是存在，因此毫无疑问其具有鬼神迷信思想。但是，墨家提出希望人人相信鬼神可以施福降灾，从而以此为约束力来整顿社会糟糕的秩序，一方面还是“神为人服务”的逻辑，充满了人文主义的精神；另一方面企图通过后者来使人们相信鬼神的存在，其本身就是“勉为其难”，甚至是难以“自圆其说”的。另外，从《墨子·明鬼》“今执无鬼者曰：鬼神者，固无有”可知，当时有很多人并不信鬼神的存在，否则《墨子》也不会“没事找事”地给自己的学说找个对立面、反对派而反复提及了。

（二）先秦墨家人文作为的特点及墨家思想对后世的影响

春秋战国时期的墨家，其人文作为的主要特点是“兼爱兴利，摩顶放踵”。

在先秦思想学派中，墨家的文化性格也许是最为执着的。他们“短褐之衣，藜藿（líhuò，野菜之类）之羹，朝得之，则夕弗得”[①]，执着地过着勤俭清贫的生活，以自苦励志。《孟子》评价说：“墨子兼爱，摩顶放踵（从头到脚都受了伤），利天下为之。”[②]《庄子》称之为：“墨者，以裘褐（粗糙衣服）为衣，以跂蹻（qíjuē，草木鞋）为服，日夜不休，以自苦为极。”[③]后世班固则称：“孔席不暖，墨突（烟囱）不黔（黑）。”[④]将孔子周游列国奔走四方与墨子到处游说不得休闲并提。另外，

① 《墨子·鲁问》。

② 《孟子·尽心上》。

③ 《庄子·天下》。

④ 班固：《答宾戏》。

在“止楚攻宋”的奔走中也可以深刻感受到墨家的执着——当然也体现出墨家的智慧。

由于经常被忽视，总是不得志，加之地位低下者众多，缺少安全感，于是促成了墨家的“精诚团结”。他们结成为一个纪律严密的学术团体——其凝聚力超过任何一个其他学派。成员自称“墨者”，首领则称“钜子”[①]——墨翟可能是第一代钜子。钜子由上代指定，代代相传，拥有至高无上的权威。墨家规定有成员到各国为官必须推行墨家主张，所得俸禄亦须向团体奉献，若钜子召其回归则必须弃官复命，否则将受到团体的严惩。墨家制定了严格的“墨子之法”，称“杀人者死，伤人者刑”。墨家自设的法律甚至严于国法。据《吕氏春秋》记载，墨家钜子腹䵍（tūn）居秦时，其子杀人，秦惠王赦免其罪，但腹䵍执意要将自己的儿子处死。[②]其执著劲头甚至不惧惹怒专制王权而给本团体带来灭顶之灾。

又由于不被社会上层所接纳，且处在社会底层，难免不受欺辱、伤害，于是墨家学说中逐渐产生出用暴力讨回公道的思想，并付诸实践。《淮南子·泰族训》称：“墨子服役者百八十人，皆可使赴火蹈刃，死不还踵。”可见这是一群不好惹甚至令人感到恐惧的“愣头青”。

墨家学派在当时从者甚众，与儒家并称为“显学”[③]。墨子死后墨家发展为三派，后来又合为两支。其中一支重视认识论、逻辑学，其思想成为中国哲学史上最早建立在唯物主义基础上最有体系的逻辑理论，在世界逻辑学史中也占据着一席之地，被称为“墨辩”——这一支还注重几何、光学、力学等自然科学的研究。还有一支则主要发展了墨家学说中主张用暴力讨回公道的思想，以除暴安良、劫富济贫、建立公道社会为己任，其主张后来成为侠客或游侠的基本理念。

墨家学说的宗旨主要有二：一是告诫统治者必须考虑小民利益；二是当公道难以实现时主张用强力讨回。而后者显然不是统治者所喜爱的，因而在西汉时，尤其汉武帝时，在遭到严厉的打压之后，从此墨家几乎在中国社会中销声匿迹了。但其一些基本主张却还在时不时地闪现着，例如历代农民起义，从陈

① 《吕氏春秋·去私》

② 《吕氏春秋·去私》。

③ 《韩非子·显学》：“世之显学，儒墨也。儒之所至，孔丘也；墨之所至，墨翟也。”

胜吴广起义到太平天国起义，基本上都是靠宗教思想发动的，且行为也都带有除暴安良、劫富济贫的色彩。

四、先秦时期其他学派特征

先秦诸子学派被统称为“百家”①，泛指学派之众多。除上述道家、儒家、墨家外，还主要有法家、阴阳家、名家、农家、杂家、纵横家、小说家等，另外还应该有兵家。

（一）法家的主要主张及作为

法家在战国时期十分“强势”，如禁止在其“地盘”上办私学传授各家学说，以推行愚民政策，甚至连法家最为推崇的法律也不许开办学校进行传授，而是“以吏为师”②，即若遇到疑难法律问题只能向官府中专设的“法吏”进行咨询。

司马谈对法家的评价是“法家严而少恩，然其正君臣上下之分，不可改矣”③。还称，“法家不别亲疏，不殊贵贱，一断于法，则亲亲尊尊之恩绝矣。可以行一时之计，而不可长用也，故曰‘严而少恩’。若尊主卑臣，明分职不得相逾越，虽百家弗能改也”④。一针见血地指出了法家学说的要旨，其中最重要的就是“不近人情”。

法家以强调法治而著称，故而被称为“法家”。实际上他们所谈均为政治统治的方式和方法，因之被称为“政家”也许更为准确。同时也就意味着其思想理论中宗教鬼神信仰的东西必须少之又少才行——商鞅见秦孝公，第一次讲“帝道”；第二次讲“王道”，所谈都是“人事儿”，还惹得秦孝公大不满意，将“介绍人”骂得狗血喷头。若是讲“神事儿”，也许秦孝公杀人的心都会有；第三次见面商鞅给秦孝公讲“霸道”——“强国之术”，才抓住了秦孝公的心，并得到

① 《荀子·解蔽》：“今诸侯异政，百家异说，则必或是或非，或治或乱。”

② 《韩非子·五蠹》。

③ 《史记·太史公自序》。

④ 《史记·太史公自序》。

信用。[①]

法家是新型地主阶级的思想代表，因而是当时各家学派中的先进思想，符合当时的时代要求。法家主张建立专制主义中央集权制，并用严刑峻法逼使人们就范，强令人们拥戴和服从封建专制君主的统治，以及投身农业生产和积极参与兼并战争。法家主张用刀与剑、血与火的战争方式结束战乱，完成统一，最符合当时社会发展的实际，也最符合当权者的政治需求，因而有些思想代表被任命担任“一人之下，万人之上”的官职，推行政治、经济、法制等各个领域的变法改革，以实现自己的学术抱负——有些法家代表人物还精通军事，故而法家是当时最接地气的“实干家”。战国时期法家著名的思想代表有李悝、吴起、慎到、商鞅、申不害、韩非和李斯等。

李悝（前 455—前 395 年）前已有述。一说其又名李克。他制作了中国封建时代第一部法典《法经》。当时他作为魏国的相，辅助魏文侯（？—前 396 年，前 445—前 396 年在位）变法。魏国是战国七雄中第一个变法的，因此成为战国初期的强国之一，曾西取秦国的河西之地（今黄河与北洛水之间地区），向北越过赵国攻灭中山国（中山国第一次被灭亡）。李悝最主要的政治思想是“王者之政，莫急于盗贼”[②]。显然，无论是“王者之政”，还是“镇压盗贼”，都是人间自己的事，与神无关——“盗”，偷东西破坏统治者财产安全的人；“贼”，手持兵器抢劫并威胁统治者生命安全的人。古今“盗”与“贼”，意思正相反。在封建时代，“贼”经常指起义的农民或农民起义军。

① 《史记·商君列传》：“公孙鞅闻秦孝公下令国中求贤者，将修缪公之业，东复侵地，乃遂西入秦，因孝公宠臣景监以求见孝公。孝公既见卫鞅，语事良久，孝公时时睡，弗听。罢而孝公怒景监曰：‘子之客，妄人耳，安足用邪！’景监以让（责备）卫鞅。卫鞅曰：‘吾说（游说）公以帝道，其志不开悟矣。’后五日，复求见鞅。鞅复见孝公，益愈，然而未中旨。罢而孝公复让景监，景监亦让鞅。鞅曰：‘吾说公以王道而未入也。请复见鞅。’鞅复见孝公，孝公善之而未用也。罢而去。孝公谓景监曰：‘汝客善，可与语矣。’鞅曰：‘吾说公以霸道，其意欲用之矣。诚复见我，我知之矣。’卫鞅复见孝公。公与语，不自知厀（膝）之前于席也。语数日不厌。景监曰：‘子何以中吾君？吾君之欢甚也。’鞅曰：‘吾说君以帝王之道比三代，而君曰：“久远，吾不能待。且贤君者，各及其身显名天下，安能邑邑（忧郁不快状）待数十百年以成帝王乎？”故吾以强国之术说君，君大说（高兴）之耳。然亦难以比德于殷周矣。’”

② 《晋书·刑法志》：“（李）悝撰次诸国法，著《法经》。以为王者之政，莫急于盗贼，故其律始行于《盗》《贼》。”《法经》第一篇为《盗法》，第二篇为《贼法》。

与李悝相比，吴起（？—前 381 年）多了军事方面的才干。[①] 吴起是战国时期著名的军事家，擅长用兵，最初在鲁国为将，后来到魏国任官，屡立战功，被魏文侯任命为西河守，镇守魏国刚刚从秦国手里夺来的河西之地。但魏文侯死后，吴起遭人“设计”，不受新君魏武侯（前 399—前 371 年在位）的“待见”——魏国变法基本止于魏武侯时，于是吴起逃奔楚国，初为宛（今河南省安阳市）守，不久被提拔为令尹（相当于中原各国的相），辅佐楚悼王（前 401—前 381 年在位）实行变法。他力主施行“内修文德，外治武备”[②]，“将均楚国之爵而平其禄，损其有余而继其不足，厉甲兵以时争于天下”[③] 等政策，促进了楚国的富强。在吴起主政期间，楚国曾北胜魏国，南收扬越[④]，取得苍梧（今广西壮族自治区西北角）等。

与李悝变法一样，吴起在政治上的最重要变法之一，就是取消一些旧贵族的政治、经济利益。但由于楚国立国久长，贵族势力盘根错节，强大难屈，加之变法丝毫不借助“鬼神之力”，因而吴起“硬生生”地得罪于许多楚国旧贵族，最终在楚悼王的葬礼上他死于那些“愤人”之手——被几十个贵族用箭射死。[⑤] 吴起死后，新即位的楚悼王之子楚肃王（前 380—前 370 年在位）废止了其变法的许多措施，于是楚国只能“坐等”秦国的统一了。

商鞅（约前 390—前 338 年），原名公孙鞅（公孙氏，名鞅）。战国中期卫国人，故亦称卫鞅[⑥]。商鞅初投奔魏国相公叔痤，为其家臣。公叔痤死后，商鞅不被魏国重用，于是西入秦国，在秦孝公（前 381—前 338 年，前 361—前 338

---

① 吴起曾师从曾子，但后来因其母死而不归守孝，被曾子断绝了师生关系。

② 《吴子·图国》。

③ 《说苑·指武》。

④ 扬越，亦称“扬粤”。战国至魏晋时对越人的一种泛称。因曾广泛散布于古扬州而得名。古扬州的范围相当于淮河以南、长江流域及岭南地区。

⑤ 《史记·孙子吴起列传》：“故楚之贵戚尽欲害吴起。及悼王死，宗室大臣作乱而攻吴起，吴起走之王尸而伏之。击起之徒因射刺吴起，并中悼王。悼王既葬，太子（楚肃王）立，乃使令尹尽诛射吴起而并中王尸者。坐射起而夷宗死者七十余家。”

⑥ 卫国虽在春秋中期即已走向没落，但战国时代却“人才辈出”。商鞅、吴起都是卫国人。战国末大商人、后为秦国相的吕不韦也是卫国人。卫国本为西周初年的大国，建都朝歌。公元前 660 年被翟人击败，后靠齐国的帮助，迁都到楚丘（今河南省安阳市滑县），从此成为小国。后又迁都到帝丘（今河南省濮阳市）。公元前 254 年为魏国所灭，成为魏国的附庸。再后来秦国将其迁到野王（今河南省沁阳市），作为秦国的附庸。公元前 209 年，当秦朝之时，因无后而终。

年在位）的支持下两次变法，奠定了秦国富强的基础，后官至大良造，为秦国的最高官职，掌握军政大权。商鞅也有军事才能，曾率军攻魏，获得大胜，并因战功被封于商（今陕西省商洛市商州区）15 邑，号“商君”，因称商鞅。其思想主要保存在《商君书》中。

商鞅的主要思想理论：一是“农战”，即主张大力发展农业生产，施行重农抑商政策，让最多数量的劳动力参与务农，国家则采取奖励耕织的措施，让农民多产粮食，以支持军队在前方打胜仗，最终完成统一天下的大业；二是“明法”，即公开法律，用最通俗易懂的文字书写法律条文，使不识字的人也能听懂，并使法律深入人心，政府必须依法办事，即“行法令，明白易知，为置法官吏之师，以道（导）之知，万民皆知所避，避祸就福，而皆以自治也”①；三是“壹刑”，即刑无等级，强调“自卿相将军以至大夫庶人，有不从王令、犯国禁、乱上制者，罪死不赦。有功于前，有败于后，不为损刑；有善于前，有过于后，不为亏法。忠臣孝子有过，必以其数断”②；四是“重刑”，即轻罪重刑，强调“禁奸止过，莫若重刑”③，其目的是“以刑去刑，刑去事成”④。

商鞅变法是战国七雄中最为彻底的，这也就意味着商鞅得罪于人也是最多的。商鞅曾毫不留情地将太子驷（后来的秦惠王）的傅公子虔和其师公孙贾处刑，原因是太子犯法，其傅、师有失教之责。商鞅颁布新法后，秦人最初很不适应，曾有上千人反对新法，但在商鞅的高压之下，后来其中的一些人又改口说新法好，结果被商鞅认定为是“乱化之民”，将他们全部迁徙到边城。⑤据说商鞅还曾下令将 700 多名触犯新法者在渭水边处死。⑥由于得罪人很多，尤其得罪了太子驷，因而支持商鞅变法的秦孝公一死，新即位的秦惠王（前 356—前 311 年，前 337—前 311 年在位，亦称秦惠文王）立即将商鞅处死，并灭其族。

---

① 《商君书·定分》。

② 《商君书·赏刑》。

③ 《商君书·赏刑》

④ 《商君书·勒令》。

⑤ 见《史记·商君列传》。

⑥ 《史记集解》：“（刘向）《新序》论曰：‘……今卫鞅内刻刀锯之刑，外深铁钺之诛，步过六尺者有罚，弃灰于道者被刑，一日临渭而论囚七百余人，渭水尽赤，号哭之声动于天地，畜怨积仇比于丘山……’”《资治通鉴·周纪·显王三十一年》：“初，商君相秦，用法严酷，尝临渭沦囚，渭水尽赤，为相十年，人多怨之。”

韩非（约前 280—前 233 年），战国末韩国人，出身韩国贵族，曾与李斯同为荀子的学生，学问比李斯做得好。但韩非说话口吃，这在那个靠伶牙俐齿、三寸不烂之舌纵横天下的年代，是无法求得一官半职的。因此学成之后，韩非只好回到韩国。由于看不惯韩国君臣的颓废作为，便经常上书提意见，但不被见用，于是干脆埋头著书立说。其思想保存在《韩非子》中。

韩非最主要的思想理论是君主必须实行独裁，并将“法”“术”“势”三者相结合进行统治。“法”，即法治，主要来源于商鞅，主要内容是明法令、设刑赏、奖耕战等；“术”，即权术，主要来源于申不害①，主要内容是君主必须暗藏权术于心，并与公开施行的“法”相配合，以驾驭臣下；“势”，即威势，主要来源于慎到②，主要内容是君主必须建立至高无上的赫赫威势，令君臣时时感到不寒而栗，更不敢冒犯，由此推动“法”的施行。

由于广纳前人思想精华，因而韩非成为战国法家之集大成者。战国法家在韩非的思想理论中发展到顶峰，为专制皇权的最终确立奠定了坚实的思想理论基础，同时也必为专制君主所喜爱。因此当秦王政（后来的秦始皇）在秦国读到不知谁带给他的韩非的书后，不由脱口而出：“嗟乎，寡人得见此人与之游，死不恨矣！”③要知道，秦始皇是怕死的，是不想死的，否则也不会让方士们满世界给他遍寻长生不死药了，但他却能以“死”为誓希望与韩非当面交流，可见韩非讲的话已经被秦王政赞同到骨头里去了——不过从秦王政的“誓言”可以看出，他似乎觉得韩非是古人。

李斯告诉秦王政，韩非不是古人，现在韩国。于是秦王政立即派军攻打韩国，索要韩非。韩国国君正不喜欢韩非，索性顺水推舟，让韩非以出使秦国的名义，将其送给秦王政。但韩非来到秦国后由于心系韩国，再加上说话口吃，因而不被秦王政所信用。这样就给“已悔断肠子”的李斯等人置韩非于死地提供了机会。最终在李斯等人的蛊惑下，秦王政下令将韩非关入牢中，李斯乘机毒杀韩非（一说韩非于狱中自杀）——李斯时任廷尉，掌管监狱。

---

① 申不害（约前 385—前 337 年），亦称申子，郑国京邑（今河南省荥阳市东南京襄城）人。曾任韩国相，主持变法改革，使韩国一度无人敢欺。

② 慎到（约前 395—前 315 年），被尊称为慎子，战国赵国邯郸（今河北省邯郸市）人，是一位精通道家理论的法家代表人物。曾长期在稷下讲学，是稷下学宫中最具影响的学者之一。

③《史记·老子韩非子列传》。

韩非思想理论的再一重要方面即是强调暴力制恶，轻罪重刑，如提出“所谓重刑者，奸之所利者细，而上之所加者大也。民不以小利蒙大罪，故奸必止者也”[①]；“重一刑之罪而止境内之邪”[②]，等等。韩非还提出愚民钳口，以法为教的思想，如“明主之国，无书简之文，以法为教；无先王之语，以吏为师”[③]；“禁奸之法，太上禁其心，其次禁其言，其次禁其事”[④]，等等。

法家学说的主要宗旨有二：一是告诉君主必须集权，并用严刑酷法维护其统治秩序和驱使臣民就范；二是告诉臣民必须无条件服从君主的暴力统治。

法家的主要特点是“宁死其事，不改初衷”，即法家代表人物几乎都“不得好死”。如李悝据说自杀而亡（一说善终），吴起死于箭雨之下，商鞅则被车裂而死，韩非亡于秦国监狱——仅申不害和慎到是善终的，而后者能活到 80 岁左右应该与其潜心钻研道家道德之术有关。

先秦最后一位法家代表人物是李斯（？—前 208 年），后官至秦朝左丞相。秦始皇死后，他参与沙丘之变，助秦二世胡亥阴谋上台。但公元前 208 年被秦二世、赵高以谋反罪杀害，且死前被“具五刑”，即曾遭各种刑罚的折磨，最后也被灭族。[⑤]李斯之死可以说为先秦战国法家的历史使命画上了一个句号。

法家人物的这一结局与他们眼中只有君主而无他人有关。他们追求的最主要政治目标就是将所有的权力集中在君主手中，而无视其他臣民的利益和存在，因此法家的人际关系都不佳，一旦失宠即遭别人诋毁。如吴起初在鲁国为将时就因被人进谗言而不得不奔魏[⑥]；魏文侯及贤相李悝、田文死后，吴起又受

① 《韩非子·六反》。

② 《韩非子·六反》。

③ 《韩非子·五蠹》。

④ 《韩非子·说疑》。

⑤ 《史记·李斯列传》：“二世二年七月，具斯五刑，论腰斩咸阳市。”

⑥ 《史记·孙子吴起列传》：“齐人攻鲁，鲁欲将吴起，吴起取（娶）齐女为妻，而鲁疑之。吴起于是欲就名，遂杀其妻，以明不与齐也。鲁卒以为将。将而攻齐，大破之。鲁人或恶吴起曰：‘起之为人，猜忍人也。其少时，家累千金，游仕不遂，遂破其家，乡党笑之，吴起杀其谤己者三十余人，而东出卫郭门。’与其母诀，啮臂而盟曰：‘起不为卿相，不复入卫。’遂事曾子。‘居顷之，其母死，起终不归。曾子薄之，而与起绝。起乃之鲁，学兵法以事鲁君。鲁君疑之，起杀妻以求将。夫鲁小国，而有战胜之名，则诸侯图鲁矣。且鲁、卫，兄弟之国也，而君用起，则是弃卫。’鲁君疑之，谢吴起。”

人离间而不得不再奔楚[①]，直至最后被杀于楚国。商鞅自卫国来到魏国后不受重用，后去秦国虽成就了自己，青史留名，但秦孝公死后，被人诬陷谋反，结果被杀。[②]韩非空有一肚子学问，最后竟死于自己的同窗李斯之手。而李斯几乎被秦始皇信用的一辈子，但最终却是被诬告谋反而遭杀害。[③]

其实，法家是不会造君主反的，因为这与他们的思想理念和政治追求相悖。若法家有这样的想法，是会让他们精神分裂的。死于“他人之手”，也是他们命中注定的归宿。

从战国末的荀子开始，儒、法逐渐合流，到西汉中期法家所推崇的严刑开始被进行儒家化的改造——其中大儒董仲舒（前179—前104年）贡献了很大力量。于是，在法律及刑罚被“人情化”“柔情化”的同时，“以法为教”也逐渐远离了中国古代社会。至唐朝的《唐律疏议》，这一改造终于基本完成，故清人编纂的《四库全书总目提要》称之为“一准乎礼”[④]。从此“法内情”“法外情”就成为中国传统法律文化挥之不去的“人文情怀”——也由于“法自君出”而非出于神，因此法律是可以由君主随意改变而“注入”人情的。

（二）兵家的兵学思想

在诸子百家中，兵家有时不被提到。但春秋战国时代，由于战争频仍，因

---

① 《史记·孙子吴起列传》：“公叔为相，尚魏公主，而害吴起。公叔之仆曰：‘起易去也。’公叔曰：‘奈何？’其仆曰：‘吴起为人节廉而自喜名也。’君因先与武侯言曰：‘夫吴起贤人也，而侯之国小，又与强秦壤界，臣窃恐起之无留心也。’武侯即曰：‘奈何？’君因谓武侯曰：‘试延以公主，起有留心则必受之。无留心则必辞矣。以此卜之。’‘君因召吴起而与归，即令公主怒而轻君。吴起见公主之贱君也，则必辞。’于是吴起见公主之贱魏相，果辞魏武侯。武侯疑之而弗信也。吴起惧得罪，遂去，即之楚。”

② 《史记·商君列传》：“后五月而秦孝公卒，太子立。公子虔之徒告商君欲反，发吏捕商君。商君亡至关下，欲舍客舍。客人不知其是商君也，曰：‘商君之法，舍人无验者坐之。’商君喟然叹曰：‘嗟乎，为法之敝一至此哉！’去之魏。魏人怨其欺公子卬而破魏师，弗受。商君欲之他国。魏人曰：‘商君，秦之贼。秦强而贼入魏，弗归，不可。’遂内秦。商君既复入秦，走商邑，与其徒属发邑兵北出击郑。秦发兵攻商君，杀之于郑黾池。秦惠王车裂商君以徇，曰：‘莫如商鞅反者！’遂灭商君之家。”

③ 《史记·李斯列传》：“于是二世乃使高案丞相狱，治罪，责斯与子由谋反状，皆收捕宗族宾客。赵高治斯，榜掠千余，不胜痛，自诬服。”

④ 纪昀总纂《钦定四库全书总目提要·唐律疏议解》：“唐律一准乎礼，以为出入，得古今之平。”所谓“一准乎礼”，意思是《唐律疏议》是完全按照儒家所倡导的礼治思想而制定的。

而是兵家最为活跃以及兵学理论最为发达时代。这从北宋时确定的“武学七书”中有 5 部来自这个时代即可知之，它们是《孙子兵法》《吴子》《司马法》《六韬》和《尉缭子》[①]。其中《孙子兵法》在世界军事理论著作中占重要的位置，是世界现存最古老、最杰出的兵书。几乎可以说，兵学理论是中华文化中一颗璀璨的明珠。其融军事理论、治国之要及哲学思想等为一体，在世界军事理论中独树一帜。

《孙子兵法》，亦称《孙子》《吴孙子兵法》《孙武兵法》等，为春秋末孙武所作。孙武，字长卿，齐国人，曾被吴王阖闾任为将，率吴军攻破楚国。《孙子兵法》总结了春秋末期及以前的战争经验，揭示出一系列带有普遍性的军事规律，如“攻其无备，出其不意”[②]；“知己知彼，百战不殆”[③]；“致人而不致于人”[④]；“兵无常势，水无常形，能因敌变化而取胜者，谓之神”[⑤]，等等，不仅包含着朴素的唯物论和辩证法，而且形成系统的军事理论体系，历来被称为“兵经”，备受国内外推崇。孙武本人则被尊为中国兵学文化的鼻祖和军事哲学理论的奠基人。[⑥]

《吴子》，亦称《吴子》《吴起》等。吴起在中国古代兵家中的地位仅次于孙武。其兵法对于道、义、谋、要，以及论将、治兵和统御等，都有独到精辟的论述。如“夫道者所以返本复始，义者所以行事立功，谋者所以远害就利，要者所以保业守成”[⑦]；“将总文武，兵兼刚柔”[⑧]；“将之所麾，莫不从移；将之所指，莫不前死”[⑨]；“进有重赏，退有重刑，行之以信。审能达此，胜之主也”[⑩]；

---

① 《武经七书》是北宋神宗元丰年间（1078—1084 年）由朝廷明令颁布的中国古代第一部军事教科丛书，除《孙子兵法》《吴子兵法》《司马法》《六韬》和《魏缭子》外，还有《黄石公三略》和《唐太宗李卫公问对》。它集中了中国古代军事著作的精华，不仅是中华军事理论殿堂中的瑰宝，也是世界军事理论殿堂中的瑰宝。

② 《孙子兵法·始计》。

③ 《孙子兵法·谋攻》。

④ 《孙子兵法·虚实》。

⑤ 《孙子兵法·虚实》。意思是，调动敌人而不要被敌人所调动。

⑥ 张文儒：《中国兵学文化》，北京大学出版社 1997 年 3 月出版，第 1 页。

⑦ 《吴子兵法·图国》。

⑧ 《吴子兵法·论将》。

⑨ 《吴子兵法·论将》。

⑩ 《吴子兵法·治兵》。

“与之（士兵）安，与之乐。其众可合而不可离，可用而不可疲，投之所往，天下莫当，名曰父子之兵”[①]，等等。

《司马法》，亦称《司马穰苴兵法》《司马兵法》等。司马穰苴，田氏，名穰苴，春秋末齐国大夫，深通兵法。齐景公（前547—前490年在位）时，他曾率齐军击退晋燕联军，收复失地，并于出军之前斩杀故意迟到的景公宠臣、监军庄贾，威震三军，后被尊为大司马，故称司马穰苴。战国时，齐威王（前356—前320年在位）命人整理古司马兵法，将其兵法收附其中，即今所见《司马法》。因而《司马法》包含两部分内容：一部分是春秋前期，也包括夏、商、周三代时期的兵学理论；另一部分为司马穰苴的兵法。其书提出的道义为上、轻重相节等思想至为重要。如“战道：不违时，不历民病，所以爱吾民也；不加丧（趁敌国有丧事时发动进攻），不因凶（在敌国遇到灾难时趁机进攻），所以爱夫其民也”[②]等。再如“凡战，以轻（轻兵）行轻（刚刚进入敌国境内）则危，以重（重兵）行重（深入敌国境内）则无功，以轻行重则败，以重行轻则战（决战）。故战相为轻重”[③]——这是用兵的轻重相节；“长兵以卫，短兵以守。太长则难犯，太短则不及。太轻则锐，锐则易乱；太重则钝，钝则不济”[④]——这是兵器的轻重相节，等等。

《六韬》，旧称为姜子牙所作，经后人考证，内容实际上大多是战国晚期至秦汉之间事。其核心思想是“道”，如“故道在不可见，事在不可闻，胜在不可知”[⑤]；“五行之道，天地自然。六甲之分，玄妙如之神”[⑥]等。并对君道、将道、兵道、战道等做了较为全面的阐述。显然这些思想受道家影响很深。《六韬》还提出了文伐（谋略作战）十二条方法，并是最早记述参谋机构组成和人员职责的兵书。

《尉缭子》，为尉缭所作。尉缭，姓失传，名缭，战国末期魏国大梁（今河南省开封市）人，后入秦游说，被秦王政任为国尉，因称尉缭。他帮助秦王策划，

① 《吴子兵法·治兵》。
② 《司马法·仁本》。
③ 《司马法·严位》。
④ 《司马法·天子之义》。
⑤ 《六韬·发启》。
⑥ 《六韬·五音》。

主张用金钱收买六国权臣，打乱其部署，以统一中国。但由于对秦王政的为君之道不满，尉缭曾打算逃离秦国，因被发觉而未成。他是历史上第一个描绘出秦王政（秦始皇）相貌的人。[①]

《尉缭子》非常强调战争与国家现行政策的相互关系，如“不暴甲而胜者，主（国君）胜也；陈而胜者，将（将领）胜也”[②]等。其中也包含着《孙子兵法》最先提出的“不战而屈人之兵”[③]的最高境界的战争观。这一理论乃中华文化中的精华之精华。

由于战争的务实性，因此兵家不可能具有太浓郁的“鬼神之气”。以《吴子兵法》为例，由于吴起多次带兵作战，据称“诸侯大战七十六，全胜六十四”[④]，因而其兵书具有非常突出的实用色彩。《六韬》则有“古之善战者，非能战于天上，非能战于地下；其成与败，皆由神势（由决策者神化莫测的计谋所造成的兵势）”等强调“人为”重要意义的思想。《尉缭子》更对“天命”进行了否定，提出“天官时日，不若人事”[⑤]；“将者，上不制于天，下不制于地，中不制于人”[⑥]；“天时不如地利，地利不如人和。古之圣人，仅人事而已”[⑦]；“苍苍之天，莫知其极。帝王之君，谁为法则？往世不可及，来世不可待，求己者也”[⑧]，等等。这些思想竟然出现于两千多年前，其超前性真令人叹为观止。

另外，中国兵学理论的特点之一是并不局限于军事领域，还往往从更开

① 《史记·秦始皇本纪》：“大梁人尉缭来，说秦王曰：‘以秦之强，诸侯譬如郡县之君，臣但恐诸侯合从（纵），翕而出不意，此乃智伯、夫差、湣王之所以亡也。原（愿）大王毋爱财物，赂其豪臣，以乱其谋，不过亡三十万金，则诸侯可尽。’秦王从其计，见尉缭亢礼，衣服食饮与缭同。缭曰：‘秦王为人，蜂准（高鼻梁），长目（双目狭长），挚（鸷）鸟（凶猛的鹰）膺（胸），豺声，少恩而虎狼心，居约易出人下，得志亦轻食人。我布衣，然见我常身自下我。诚使秦王得志于天下，天下皆为虏矣。不可与久游。’乃亡去。秦王觉，固止，以为秦国尉，卒用其计策。而李斯用事。”

② 《尉缭子·兵谈》。

③ 《孙子兵法·谋攻》：“是故百战百胜，非善之善者；不战而屈人之兵，善之善者也。故上兵（最好的用兵方法）伐谋（以谋略取胜），其次伐交（外交），其次伐兵，其下攻城。攻城之法，为不得已……故善用兵者，屈人之兵，而非战也；拔人之城，而非攻也；毁人之国，而非久也。必以全（考略周全的谋略）争于天下，故兵不顿（疲惫、受挫）而利可全，此谋攻之法也。”

④ 《吴子兵法·图国》。

⑤ 《尉缭子·天官》。

⑥ 《尉缭子·兵谈》。

⑦ 《尉缭子·武议》。

⑧ 《尉缭子·兵令》。

阔的政治、经济角度来思考治国安邦之大事。如孙武提出："兵者，国之大事，死生之地，存亡之道，不可不察也。"[①] 吴起指出："若行不合道，举不合义，而处大居贵，患必及之"[②]；"夫安国家之道，先戒（戒备）为宝"[③]。《司马法》也称："古者，以仁为本，以义（正义）治为正。正不获意则权（权变）。权出于战，不出于中人"[④]；"古者，国容不入军，军容不入国"[⑤]。《六韬》则称："（君主）驭民如父母之爱子，如兄之爱弟，见其饥寒则为之忧，见其劳苦则为之悲"[⑥]；在论述政治与战争关系时提出："全胜不斗，大兵无创。"[⑦] 同样继承了"不战而屈人之兵"的"兵经"精神。

而《尉缭子》提出的"兵者，以武为植，以文为种。武为表，文为里。能审此二者，知胜败矣"[⑧] 思想被认为是中国最早对军事与政治关系作出的理论概括——《魏缭子》应该是《武学七书》中政治色彩最为浓厚的兵书。它还提出："兵胜于朝廷"[⑨]；"夫土广而任则国富，民众而治则国治。富治者，车不发轫，甲不出暴，而威制天下"[⑩]；"量吾境内之民，无伍莫能正矣。经制十万之众，而王必能使之衣吾衣，食吾食。战不胜守不固者，非吾民之罪，内自致也"[⑪]；"安民怀远，外无天下之难，内无暴乱之事"[⑫]，等等。有些思想应能成为今天建设文化强国的理论指导。

春秋战国时期还有一著名的兵家代表人物——孙膑。他是孙武的后代，史失其名，战国中期齐国阿（今山东省聊城市阳谷县东北）人，曾被其同窗庞涓讹骗至魏国，被处以膑刑，故称孙膑。孙膑在历经许多苦难后，终于被齐国使

---

① 《孙子兵法·始计》。
② 《吴子兵法·图国》。
③ 《吴子兵法·料敌》。
④ 《司马法·仁本》。
⑤ 《司马法·天子之义》。
⑥ 《六韬·国务》。
⑦ 《六韬·发启》。意思是，取得全胜而不经过战斗，以大军临敌而没有伤亡，
⑧ 《尉缭子·兵令》。
⑨ 《尉缭子·兵谈》。意思是，军事上的胜利取决于国家良好的政治制度和经济政策。
⑩ 《尉缭子·兵谈》。
⑪ 《尉缭子·制谈》。
⑫ 《尉缭子·治本》。

者秘密载到齐国，被齐威王任为军师，协助齐将田忌主战事，先后经桂陵之战、马陵之战两败魏军，并杀魏军主将庞涓。其著有《孙膑兵法》——曾失传2000年，直到1972年在山东省临沂市银雀山汉墓中出土，才重见于今。

《孙膑兵法》把“道”看作战争的客观规律，如“先知胜不胜之谓知道”①。“兵道”的思想也是中国兵学理论的一大特色——实际上先秦诸子各家各派都有自己的“兵道”，都赋予“道”以自己学说的内涵。《孙膑兵法》还发展了孙武“我专而敌分”②的理论，提出以寡胜众、以弱胜强的办法；主张以进攻为主的战略，根据不同的地形，创造有利的进攻形势，重视对城邑的进攻和对阵法的运用，等等。

如果加上《孙膑兵法》，则先秦著名的兵书就有6部了，可见这一时期兵学理论的发达。

（三）其他学派

阴阳家，亦称阴阳五行学派，战国时期提倡阴阳五行说的一个学派。“阴阳”指宇宙中贯通物质和人事的两大对立面。司马谈在“论六家之要旨”中称：“尝窃观阴阳之术，大祥（过分讲求祥瑞灾异）而众忌讳，使人拘而多所畏；然其序四时之大顺，不可失也。”③还称：“夫阴阳四时、八位（八卦位，即八方）、十二度（黄道上以若干星官为标志的十二个区域）、二十四节各有教令，顺之者昌，逆之者不死则亡，未必然也，故曰‘使人拘而多畏’。夫春生夏长秋收冬藏，此天道之大经（纲要）也，弗顺则无以为天下纲纪，故曰‘四时之大顺，不可失也’。”④看似阴阳家有点“鬼神之气”，迷信的内涵不少，但实质上还是一套“人学理论”。

阴阳家最著名的思想代表是邹衍（约前305—前240年），一称驺衍，被尊称为邹子，战国末期齐国人，曾游学稷下学宫，还曾去过魏、燕、赵等国，受到诸侯的“尊礼”。他最著名的学说即是提出“五德终始”说（亦称“五德转

① 《孙膑兵法·陈忌问垒》。
② 《孙子兵法·虚实》。
③ 《史记·太史公自序》。
④ 《史记·太史公自序》。

移”说），称社会历史的变动发展和王朝的兴衰更替，是按五行之德而转移的，也即按土德（尚黄）、木德（尚青）、金德（尚白）、火德（尚红）、水德（尚黑）相克顺序循环往复，用以附会虞土、夏木、殷金、周火四朝历史演变。此理论虽属荒谬，迷信色彩浓郁，但由于其附会的虞朝、夏朝、商朝、周朝中，至少商朝人尚白色与周朝人尚红色的确是历史的真实，因此对当时的人而言具有很大的可信度和迷惑性。尤其此理论在当时预见代替周朝的一定是以水德而立的尚黑的朝代，还具有一定的历史进步意义。其断定周朝的必然灭亡，使得各大诸侯国可以放开手脚为建立新王朝而努力，这显然是具有人文主义的积极因素的。秦始皇即以这套理论而建立的秦王朝。秦统一后，“始皇推终始五德之传，以为周得火德，秦代周德，从所不胜（周之火德不能胜秦之水德）。方今水德之始，改年始，朝贺皆自十月朔（初一）。衣服旄旌节旗皆上（尚）黑。数以六为纪，符、法冠皆六寸，而舆六尺，六尺为步，乘六马。更名河曰德水，以为水德之始。刚毅戾深，事皆决于法，刻削毋仁恩和义，然后合五德之数。于是急法，久者不赦”①。可见秦始皇赋予这套理论以更丰富的内涵，不仅以水德立国，崇尚黑颜色，还据此将朝贺改为十月初一，以十月为岁首（周朝以十一月为正月，秦朝以十月为正月）；数字以六为基本单元；改（黄）河之名而为“德水”；甚至采用严刑峻法统治也与此有关②。

名家是战国时辩论名实关系的学派，一称辩者，又称刑名家。司马谈在“论六家之要旨”中称：“名家使人俭（应为‘检’，拘于名分、礼数）而善失真。然其正名实，不可不察也。”③还称：“名家苛察缴绕（纠缠琐碎，不识大体），使人不得反其意（回复固有的真情），专决于名而失人情，故曰‘使人俭而善失真’。若夫控名责实，参伍不失，此不可不察也。”④同样对名家既有批评，也有中肯的认同。

名家以惠施、公孙龙等为代表，着重讨论“名”（概念）与“实”（事实）关系问题，主张循名责实，严格名位礼数之所宜。其著名的辩题有：惠施的“合

① 《史记·秦始皇本纪》。
② 《史记索隐》：“水主阴，阴刑杀，故急法刻削，以合无德之数。”
③ 《史记·太史公自序》。
④ 《史记·太史公自序》。

同异”说，即认为一切事物都是相同的，其同一性是绝对的，而差异性则是相对的，异合于同之中；公孙龙的“离坚白”说，即认为人用眼看石只识其白，不识其坚，用手摸石则只觉其坚，不觉其白，故只有白石、坚石，没有坚白石；还有公孙龙的“白马非马”说，即认为白马是白马，马是马，但白马不是马。这一学派虽有诡辩之嫌，但对古代逻辑的发展有一定贡献。尤为重要的是，他们从不讨论“人与神”或“神与神”的关系问题，也无辨别“神之名”与“神之实”之论。

农家是战国时注重农业生产的学术派别，代表人物是许行，其思想反映出古代社会中农民的一些理想，如“君民并耕”①“市贾不贰”②等。农家还总结了一些农业生产的技术经验，因而也是一个“实干务实”的学派。

杂家为战国时兼收诸子思想的综合学派，代表作是吕不韦门客编纂的《吕氏春秋》——以儒、道思想为主，兼及名、法、墨、农及阴阳家言。该书为当时秦国统一天下和治理国家提供了思想武器，显然不可能“谈玄”“弄鬼”，必须脚踏实地才行。《吕氏春秋》中的《上农》《任地》《辩土》《审时》4篇还保存了先秦农学的片段，是研究先秦农家的重要资料；在其议论中还印证许多古史旧闻和有关天文、历数、音律等方面的知识，这些都是实打实的“人间之识”。

纵横家乃战国时从事政治外交活动的谋士，主要人物是苏秦、张仪。苏秦为东周洛阳（今河南省洛阳市东）人，主张六国合纵（南与北合为纵③）以抗秦国。他曾挂六国相印，并主导过赵、楚、魏、韩、燕五国攻秦，但以失败告终。其本人因在主张合纵的同时，还替燕国行“弱齐”的计谋，后被发现，被齐王车裂而死。张仪（？—前310年）为魏国人，曾任秦相，封信武君，主张秦、齐两国连横（西与东合为横④），并游说各国服从秦国。从他们的主张及活动可

---

① 《孟子·滕文公上》：“有为神农之言者许行……其徒数十人，皆衣褐，捆屦、织席以为食……陈相见孟子，道许行之言曰：‘……贤者（统治者）与民并耕而食，饔（早餐）飧（晚餐）而治……’”“饔飧而治”，意为君主自己动手做饭并治理国政。

② 《孟子·滕文公上》：“从许子之道，则市贾不贰，国中无伪。虽使五尺之童适市，莫之或欺，布帛长短同，则贾相若。”“市贾不贰”，意即市场上的同类商品的价格完全一致，其反映出农民对商人欺诈的无奈。

③ 《淮南子·览冥训》高诱注。

④ 《淮南子·览冥训》高诱注。

以看出，都是“人间之事”，与神无关。

小说家为采集民间传说议论，借以考察民情风俗，并上报官府加以收藏整理的一个学派。他们记录的街谈巷语或道听途说之辞，难免会有神奇鬼怪之事，但他们的工作显然是为了丰富人的精神生活，而不是服务于鬼神。

总之，正由于春秋战国时期诸子百家学派实实在在的人文表现及人文思想，不仅最终使中原文化人本性特征彻底定型下来，而且也使得这一时期成为中华文明的“轴心时代”[①]——亦称“元典时代”。

最后要说的是，由于受篇幅所限，本书仅论述了中华文明五个最基本的宏观特征。除此之外，中国文明特征还有“兼收并蓄，有容乃大”“创新创造，自强不息”和“和平友好，拥抱世界”，等等，它们也属于中华文化的优良表现。这些内容将在笔者的其他著述中再一一阐述。

---

① “轴心时代”一词为德国学者雅斯贝尔斯（1883—1969 年）最先提出。他在其《历史的起源与目标》（1949 年出版）一书中称：公元前 800—前 200 年之间，尤其是公元前 600—前 300 年间，是人类文明的“轴心时代”（发生于北纬 25—35 度区间）。这个时代是人类文明精神的重大突破时期。各文明都涌现出了伟大的精神导师，如古希腊的苏格拉底、柏拉图、亚里士多德，以色列的犹太教先知们，古印度的释迦牟尼，中国的孔子、老子等。这些伟大的精神导师们所提出的思想原则，不仅塑造了不同的文化传统，而且一直影响着人类的生活。轴心时代所产生的文化一直延续到今天，每当人类社会面临危机或新的飞跃的时候，我们总是回过头去，看看轴心时代的先哲们是怎么说的。更为重要的是，虽然中国、印度、中东和希腊之间阻隔着千山万水，但它们在轴心时代的文化却有很多相通的地方。如都发生了“终极关怀的觉醒”，即开始用理智的方法、道德的方式来面对这个世界，同时也产生了宗教。它们是对原始文化的超越和突破，而超越和突破的不同类型决定了今天西方、中东、印度、中国不同的文化形态。那些没有实现超越突破的古代文明，如古巴比伦、古埃及，虽规模宏大，但难以摆脱灭绝的命运，最终成为“文化的化石”。笔者要补充的是，这时期中国没有产生宗教，不仅没有产生宗教，而且还“抑制”了传统宗教迷信的泛滥，使中原文明走上了一条与众不同的“人文主义的康庄大道”，一直到今天。

后 记

本书的出版首先要感谢笔者的小老弟魏闽，他不仅是一位成功商业人士，而且具有像孔子学生子贡一样的思想境界。他虽出身工科，但人文底蕴不薄，因此在对我校的科研、体育等多有赞助的同时，还赞助了我校的“弱项”或“短板”——人文领域。没有他的鼓励和支持，本书也许就半途而废了。作为工科出身的商界成功人士，他的眼光超越了不少在高校任职的领导。

作为文化学者，笔者更喜欢专注于做自己认准的事情：认真教书，以对得起自己的良心；按自己的“节奏”和专长作出有益社会的研究成果，尤其应该做别人不曾做过的事，说别人不曾说过的话——当然是站在前人的肩膀上并秉持科学的态度，以对得起父母所赋予的生命，以及对得起从小学、中学到大学的老师们的培养，为社会作出微薄贡献。所以，无论开设课程如“中国历史文化概论”“中国法律文化概论”“中国交通文化概论”和“中华优秀传统文化”等，还是出版专著如《中国历史文化概论》《中国法律文化概论》以及本书等，都具有笔者自己的独到见解。

笔者认为，无论做什么事情，兴趣与喜好应该是第一位的。深爱着某件事情或某项事业，只要是选择正确，只要有利于社会发展、文明进步，就该“奋不顾身”地去做，去追求，而不管遇到怎样的困苦或遭遇怎样的所谓“窘境”。因此，历史上才会有“昔西伯拘羑里，演《周易》；孔子戹陈蔡，作《春秋》；屈原放逐，著《离骚》；左丘失明，厥有《国语》；孙子膑脚，而论兵法；不韦迁蜀，世传《吕览》；韩非囚秦，《说难》《孤愤》”[①]；才会有司马子长虽“幽于缧绁”[②]，仍成“史家之绝唱，无韵之《离骚》”之《太史公书》；才会有曹梦阮虽贫病交加，仍撰《石头记》而不辍，至卒乃终之志。

笔者曾在我校（北京交通大学）已故前校长召开的一次“走群众路线”的座谈会上讲：“人文学科的优秀成果，基本上都是‘单打独斗’的结果，都是创造者兴趣、爱好及责任感之所致的结果，而不全是通过申请科研课题，依靠所谓团队的力量而作出的。”并列举司马迁和《史记》、曹雪芹（名霑，字梦阮）和《红楼梦》以及莫言和他的小说如《红高粱家族》等加以说明。还说：“真正的学问其实有的时候就是一句话、一个观点、一个看法而已，甚至是一个字、一个词。”

笔者在课堂上告诉学生，人在年轻时应该学孔子的精神，积极“入世”“救世”，努力奋进；但到了一定年龄时就应该兼学老子，将“入世”“救世”与所谓“避世”“出世”有机地结合起来，活出自我。尤其遇到所谓“挫折”时，要能使自己超脱出来，继续健康、快乐地活出“人样儿”，这样你才能提升自己，升华自我。毛泽东说：“世上无难事，只要肯登攀！”[③]其“登攀”之意包含有精神的攀登。而有时精神的力量更强大无比，更不可战胜。

本书的出版还要感谢笔者的同事陈朝昀老师。她一直是笔者的忠实“拥趸”，也是北京交大为数不多的知道笔者是干什么的人。她与笔者秉持一样的教育理念，一直支持、鼓励笔者早日将此书完成，希望为北京交大的人文教育“添砖加瓦”。她与笔者一样，也属北京交大之“唯一”——她是唯一教授电影文化艺术课程的教师。

有鉴于人文教育对大学生尤其是理工科大学生的积极意义，笔者每学期开课的第一讲都要反复给学生讲明：首先，人文知识的许多内容是可以自学的，因此大家一定要多看书，多学习，但必须在教师或专家的指导下学习，否则读

---

① 《史记·太史公自序》。

② 《史记·太史公自序》。

③ 毛泽东《水调歌头·重上井冈山》：“久有凌云志，重上井冈山。千里来寻故地，旧貌变新颜。到处莺歌燕舞，更有潺潺流水，高路入云端。过了黄洋界，险处不须看。风雷动，旌旗奋，是人寰。三十八年过去，弹指一挥间。可上九天揽月，可下五洋捉鳖，谈笑凯歌还。世上无难事，只要肯登攀。”

书多也有可能会把自己“读歪”了。例如，希特勒在少年时期曾读过不少书，结果后来成为发动“二战”的元凶之一，成为人间恶魔，至少有600万犹太人因他而“横死”；秦朝的李斯虽为政治家、文学家、思想家，但其低俗的“耗子哲学”生存理念[①]，最终使他出于自己的私利，背叛了秦始皇，也使自己乃至其家族遭到灭顶之灾，被秦二世满门抄斩，因此也是“书都白读了”的“范例”。其次，必须在大量涉猎、学习文史哲等人文知识的同时，努力提高自己的人文修养，提升自己的文化档次，成为有内涵、有底蕴、有胸怀、有高度、有境界、有志气、有精神、有骨气、有灵魂、有眼光的人，不要成为善恶不分、美丑不辨之人。

人文教育对大学生而言不可或缺，无论是他们在校学习期间，还是将来走向社会之后，小到对其个人的工作、学习、恋爱、婚姻、家庭以及教育子女等，大到对中国社会、中华文明、世界文明的健康发展等，都有着积极的意义。最重要的是，他们中有些人将是引领人类文明可持续发展的世界级人才，因此人文底蕴更不可或缺。

对笔者而言，既然选择了历史学这个专业，选择了教师这个职业；既然研究了文化，有志成为一名文化学者，那么就该为推动人文教育走正确的发展道路而付出努力。

实际上，笔者1981年报考北京师范大学历史系乃由家父所定。家父的专业是俄语，且身在北京大学哲学系，但喜好文史。而由家父决定的所报北京师范大学历史系，竟为第三大志愿的第二小志愿——第一大志愿是北京大学中文系、历史系，第二大志愿是中国人民大学历史系、中文系，第三大志愿是北京师范大学中文系、历史系，第四大志愿是北京师范学院（现首都师范大学）历史系、中文系。若不愿离开北京，欲学文科，当年只有这4所重点大学可报，第五大志愿只好空缺。记忆不错的话，北师大历史系81级的90个人中，录取第三大志愿的为8人，而笔者还是其中的第二小志愿。若在今天，简直不可想象！

笔者1985年毕业分配到北京财贸学院（现首都经贸大学）任教也是家父力

① 《史记·李斯列传》：“李斯者，楚上蔡人也。年少时，为郡小吏，见吏舍厕中鼠食不洁，近人犬，数惊恐之。斯入仓，观仓中鼠，食积粟，居大庑之下，不见人犬之忧。于是李斯乃叹曰：‘人之贤不肖譬如鼠矣，在所自处耳！’”

主之择——由于曾在历史系学生会任学生干部，因此毕业分配享受一定自主选择的照顾，这是当时主管学生工作的系党总支副书记所承诺的。北京财贸学院在笔者 1981 年高考报名志愿表中位列普通大学的第五位，也即第十个大志愿（最后一个大志愿），不想 4 年后竟根据自己的要求而被分配到这里工作。人生有的时候真的就是“命”了！笔者在北京财贸学院任教 10 年。刚报到时，学校提出作为候选干部来培养，因为据说是这批新职工中唯一的正式中共党员，又是所谓名牌大学毕业，但此事被家父叫停。其实笔者在任学生干部时就已有自知之明：这辈子不适合当官——现在叫公务员了。

笔者在北京财贸学院的最大收获，就是有幸结识了史仲文先生。他是自学成才并成为文化大家的典范。当时他任经济研究所副所长，是笔者的领导。他认为笔者毕业于名牌大学，不应仅以教书为业，还应对社会作出更大贡献，于是便将笔者拉入其创作团队，写作、编撰、出版了许多著述。笔者的文化认识也是他给启蒙的。他比笔者整大一轮，都属兔，自称为大哥，但笔者还是老老实实地从口头和心里尊称他为“老师”。

最后：

感谢家父母！他们早已故去。感谢的内容不必赘言。

感谢北京师范大学，尤其是历史系——现在叫历史学院了！许多教过笔者的老师也已去世。

对老师的感激应该以自己的成就为礼。而且，不仅应感谢大学老师，还得感激中学、小学的老师，甚至幼儿园的老师。

笔者在北师大历史系就读时，系主任是白寿彝先生，副系主任是何兹全先生。教过笔者的有唐赞功、顾诚、郭晓凌、黄安年等老师。

笔者在北大附中就读时的班主任有项旭武（初二）、彭现平（初二）、黄晓芙（初三、高一）、高玉琴（高二）等老师。当年，高中一年级末，由于笔者理科成绩不佳而转文科班时，学校教务长不同意转文科重点班，黄老师说：“他是理科重点班，当然应该转文科重点班！”一句话，“拯救”了笔者、“拯救”了本书，也应算是“蝴蝶效应”吧。

笔者在北大附小就读时的班主任有高国芳（二年级）、徐淑惠（三、四年级）、陈素梅（五年级）、高民（“戴帽初一”）等老师。高国芳老师“巨漂亮”，陈素梅老师“巨时髦”。另外，体育老师林国生曾救过笔者一命。三年级上体育课学游泳，笔者第一次下水，不识水性，差点儿沉底。危急时刻，林老师一把将笔者拎出水面，背到水池边。此举更应该是“拯救”了笔者。

感谢北京财贸学院和北京交通大学！他们是笔者的“衣食父母”，正是他们的接收，才使得笔者不致流落街头。

感谢笔者曾经的学生张建刚。当他听说本书的出版需要经费支持时，当即汇来钱款，而他只是个工薪阶层。在被拒绝后，他又亲自从兰州赶来，把现金塞在笔者的手里。教出这样的学生，也应该是作为教师的荣耀了。

与许多教师追求“桃李满天下”不一样，笔者只追求能培养出一个合格的学生就不枉此生此业。实际上，除了张建刚以外，笔者还教出了另一个不错的学生。她 30 多岁时已任副局（厅）级领导职务，并评上了正高职称，还曾是其单位最年轻的女性局级领导。教出这两位学生，此生足矣！

感谢笔者担任“队长”之职的“交大羽毛球二队”。这是一个主要由北交大精英并吸纳外单位精英人士所组成的“温馨”团队，人数有四五十。大家来自不同专业和领域：专业有计算机、运输、土建、经济、金融、思政、法律、机械、数学、美术、体育、历史、医学等；身份有教师、干部、司机、职员、老总、医生、工程师、世界冠军等；单位有学校、国企、私企等；籍贯有东三省、北京、河北、山东、江苏、福建、四川、安徽、湖北、湖南、陕西、山西、江西、内蒙古、贵州、浙江等。大家每周三四次“相聚”在体育馆，每次三五个小时。在一起时间最长的“队友”已经有近 30 年交情了。作为来自“五湖四海”的“文化载体”，大家的脾气秉性、思想意识、言谈举止等各异，但都心地善良、为人厚道，彼此相处和谐。在与他们长期、广泛、密切、深入的接触中，笔者加深了对文化的理解和认识。

感谢北京交通大学马克思主义学院，在笔者行将退休之际，仍不吝拨款资助本书的出版。

感谢帮助本书顺利完成的笔者的学生田甜、牛凯晨、李天昊、杜海玮！他（她）们帮助查阅资料、下载材料、购买图书、通读书稿、做相关调研，等等，随叫随到，有时甚至为了迁就笔者的作息时间而忙到深夜。

其中杜海玮出生在新加坡，在新加坡当过兵，现就读于我校计算机学院。

其人文意识浓郁，是一个持“走遍”北京、“吃遍”北京、“游遍”北京的理念，真正来北京求学的大学生，且专业课成绩也非常好，现又作为交换生赴德国达姆施塔特工业大学学习半年。非京籍的大学生若都能像他这样就没白来北京求学、就没白来“首善之都”深造自己，同时“人文修养的自我社会培养”这一课也基本上能自学成才了。

2023 年 10 月

完稿于北京交通大学马克思主义学院 2206 室

附　录

笔者历年教学、科研成果总汇

1990 年

编写中国革命史小丛书之《井冈山革命根据地》（2.8 万字），新华出版社 1990 年 9 月出版。

1991 年

1. 参与撰写《当代中国百科大辞典》（312 万字），撰稿 5.6 万字。档案出版社 1991 年 6 月出版。

2. 编写中国革命史小丛书之《董必武》（3.4 万字），新华出版社 1991 年 7 月出版。

1993 年

1. 参与编纂《世界著名思想家文库》（500 万字，上、下册），任全书编委，并编录 18 万字。中国国际广播出版社 1993 年 5 月出版。

2. 参与编纂《世界文化精华分类大辞典》（500 万字，上、下册），任全书编委，并编录 15 万字。中国国际广播出版社 1993 年 5 月出版。

3. 参与编纂《文白对照全译〈续《资治通鉴》〉》（670 万字，上、下册），任全书编委。中国国际广播出版社 1993 年 7 月出版。

4. 参与编纂《古今中外伟人智者名言精粹》（500 万字，10 册），任全书编委。中国国际广播出版社 1993 年 11 月出版。

1994 年

1. 参与编撰《中国商业文化大辞典》（400 万字，上、下册），任全书编委及《中国商业文化制度》（100 万字）两副主编之一，并撰稿 15 万字。中国发展出版社 1994 年 1 月出版。

2. 参与编撰《百卷本〈中国全史〉》（1550 万字），任全书编委及秦汉断代分卷（155 万字）三主编之一。人民出版社 1994 年 4 月出版。

3. 著《中国秦汉军事史》（15.5 万字），人民出版社 1994 年 4 月出版。

4. 参与著《中国隋唐经济史》（15.5 万字），第二作者（总 3 作者），撰 9 万字，人民出版社 1994 年 4 月出版。

1995 年

1. 参与编撰《二十四史掌故辞典》（194 万字，上、下册），任全书编委及《元史》《明史》部分三主编之一，并撰稿 20 万字。中国发展出版社 1995 年 1 月出版。

2. 参与编撰《新编中国秦汉史》（148 万字，上、下册），任三主编之一。人民出版社 1995 年 9 月出版。

3. 参与校点《通典》（220 万字，上、中、下册），校点 7 万字。岳麓书社 1995 年 11 月出版。

4. 撰《先秦时期的酒政》文，载中国商业文化研究会学报《商业文化》1995 年第三期（总第 4 期），第 55—57 页。

1996 年

1. 参与编纂《百卷本〈世界全史〉》（1500 万字），任全书编委及《近代前期世界史》（1500 千字）三主编之一、《近代中期世界史》（150 万字）二主编之一。中国国际广播出版社 1996 年 9 月出版。

2. 撰《〈黄石公三略〉战略思想初探》文，载黑龙江大学学报《求是学刊》1996 年第四期（总第 113 期），第 102—103 页。

3. 撰《秦汉时期的酒政》文，载中国商业文化研究会学报《商业文化》1996 年第一期（总第 8 期），第 55—56 页。

4. 撰《魏晋南北朝时期的酒政》文，载中国商业文化研究会学报《商业文化》1996 年第四期（总第 11 期），第 56—59 页。

5. 撰《为大学生开设“中国文化概论”课的几点想法》文，载北方交通大学《交大学生工作》1996 年第二期。

6. 撰《加强高等院校语文课教学　为21世纪培养合格人才——兼谈大学生“母语”水平低之我见》文，载《交大学生工作》1996年第四期。

1997年

参与译注《中国近代名人思想录》（140.1万字。3册），译注20万字。中国物资出版社1997年11月出版。

1998年

参与编纂《中国文化大辞海》（1300万字。5卷本），任全书编委及第四卷本《中国文化制度辞典》（260万字）四主编之一，并撰稿20万字。中国国际广播出版社1998年1月出版。

1999年

1. 参与撰写哲学社会科学“六五”期间国家重点项目《中国通史》（1400万字。总12卷），著第十一卷《近代前期》（575万字。上、下册）丙编典志部分第二章《手工业》，撰稿1.3万字。上海人民出版社1999年3月出版，第386—409页。

2. 参与编纂《中华经典藏书》（1640万字，16卷册），任《史学经典》（第12—16卷/册，500万字）部分两主编之一及审读者之一，并点注100万字。北京出版社1999年6月出版。

3. 撰《试论“文化素质教育”在创新人才培养中的地位与作用》文，载北方交通大学《高等教育研究》1999年第3期（总第47期）——北京地区普通高等工科院校教学研究协作组’99年会专辑（1），第53—56页。

2000年

1. 著历代帝王政治智慧丛书之《走出咸阳城：秦始皇治国谋略》（13.3万字），华夏出版社2000年2月出版。

2. 参与撰写《中国二十世纪纪事本末》（575万字，5册）之第五册《附卷·人物》（115万字），撰稿6万字。山东人民出版社2000年3月出版。

3. 参与编纂《中国文言小说百部经典》（1000万字，40册），任全书编委。北京出版社2000年3月出版。

4. 被北方交通大学教务处授予《中国法制史》课程“优秀主讲教师”称号。

2001 年

1. 编著《老大兵法书系》(152 万字，总 4 册)之《刘邦成霸业的知人韬略》(38 万字)，时代文艺出版社 2001 年 12 月出版。

2. 被北方交通大学教务处授予《中国法律文化概论》课程“优秀主讲教师”称号。

2002 年

1. 著《中国历史文化概论》(21.6 万字)，北方交通大学出版社 2002 年 2 月出版。

2. 参与编著《无穷的魅力——大学校园文化》(18.5 万字)，撰第一章至第三章(穿越时空的演变——校园文化的古往今来；从感性到理性的认知——校园文化的理论内涵；建设先进的文化——校园文化的正面引导)，撰写 4 万字。北方交通大学出版社 2002 年 6 月出版。

3. 撰《从〈史记·李将军列传〉看“李广难封”》文，载《洛阳师范学院学报》2002 年第 4 期(第 21 卷第 4 期，总第 89 期)，第 80—81 页。

4. 撰《加强大学生文化素质教育，切实落实“三个代表”精神》文，载《“三个代表”思想研究》，内蒙古人民出版社 2002 年 1 月出版，第 197—201 页。

2003 年

1. 参与完成北方交通大学科技基金资助项目“理工科大学文学艺术素质教育的研究与实践”。

2. 撰《关于大学生文化素质教育与国际接轨问题的思考》文，载《当代教育》(半月刊)2003 年 9 月第 18 期，第 14—15 页。

3. 撰《构建科学的大学生文化素质教育课程体系》文，载《教育理论研究与实践》2003 年第 11 期(总第 14 期)，2003 年 11 月出版，第 3—4 页。

2004 年

参与撰《试论工科院校大学生文化素质教育课程的设置》文，第 1 作者(总 3 作者)，载《北京交通大学学报》(社会科学版)2004 第 3 期(第 3 卷第 3 期，总第 9 期)，2004 年 9 月 30 日出版，第 61—66 页。

2005 年

主持完成北京交通大学重点建设项目、本科教学重点课程建设项目“大学生文化素质教育课程改革与建设研究”课题（签约日期 2002 年 9 月 30 日，计划 2004 年 10 月完成，实际 2005 年 12 月完成），总资金 5 万元。

2006 年

1. 参与编撰《中国古代女子全书》（230 万字。8 册），选编、注译第七册《女儿医》（28.8 万字），为四选编、注译者之一，注译 7.2 万字；选编、注译第八册《女儿刑》（28.8 万字），为三选编、注译者之一，注译 9.6 万字。远方出版社 2006 年 2 月出版。

2. 参与编纂《中国艺术史》（198.6 万字。总 10 卷册），任全书编委。河北人民出版社 2006 年 5 月出版。

3. 著《中国艺术史 · 建筑雕塑卷》（125.9 万字）之《民国建筑雕塑史》（5.2 万字），河北人民出版社 2006 年 5 月出版。

4. 选目、标点《中国艺术史 · 戏曲卷》（186.1 万字）之《附录：古人论戏曲》（36.6 万字），为二选目、标点者之一，标点 7.7 万字。河北人民出版社 2006 年 5 月出版。

5. 著《中国历史文化概论》（修订版）（38 万字），清华大学出版社、北京大学出版社 2006 年 6 月出版——2009 年被中共山东省德州市齐河县委指定为全县领导干部读书活动 30 本推荐书目之一。

6. 撰《关于理工院校大学生文化素质教育的几点建议》文，载《国际视野中的高等教育管理》（48 万字），广西师范大学出版社 2006 年 10 月出版，第 249—253 页。

7. 主持完成北京交通大学科技基金项目“建设创新型国家与和谐社会背景下的高校文化素质教育研究”，总资金 0.5 万元。

2007 年

1. 撰《目前大学生文化素质教育存在的问题研究》文，载《现代教育理论与实践指导全书》（150 万字），现代教育出版社 2007 年 7 月出版，第 129—132 页——获中国教育学会《中国教育学刊》举办的“中国教育实践与研究论坛”征文比赛大奖赛一等奖。

2. 参与完成北京市哲学社会科学“十五”规划重点项目、北京市哲学社会科学交通发展研究基地项目“北京交通史研究”课题（2005 年 12 月—2007 年

8月），总资金8万元，排名第二位（总11人）。

3. 参与撰《"北京人"揭开中国交通史第一页》文，第一作者（总2作者），载2007中国交通高层论坛论文集，第82—84页。

4. 参与完成教育部教改项目"工科大学生文化素质教育培养模式创新实验区"（国家级人才培养模式创新试验区建设，1999—2007年）——2008年1月获北京交通大学嘉奖。

2008年

1. 参与撰《论大学生创业教育》文，第二作者（总2作者），载《北京交通大学学报》（社会科学版）2008年第1期（第7卷第1期，总第23期），2008年1月5日出版，第95—99页。

2. 参与撰《论我国研究生导师与学生新型和谐师生关系的构建》文，第二作者（总2作者），载《商业文化》2008年第三期，2008年3月31日出版，第178—179页。

3. 参与编著《北京交通史》（47.7万字），为四编著者之一，并任上编《北京古代交通研究》主编，撰第一章《魏晋以前的北京交通》（5万字）。清华大学出版社、北京交通大学出版社2008年5月出版——2010年获"北京市第十一届哲学社会科学优秀成果奖二等奖"（2010年10月颁发）。

4. 参与撰《浅谈我国国有企业道德风险及防范》文，第二作者（总2作者），载《今日财富》2008年第七期，2008年7月30日出版，第251—252页。

5. 参与编著《解读中华》（89.4万字），为第二编《中国百件大事》二编著者之一。华文出版社2008年6月出版。

6. 参与编撰《衣食住行话文明丛书》（87万字，4卷本），任全书编委，北京工业大学出版社2008年9月出版。

7. 著《衣食住行话文明——交通卷》（20万字），北京工业大学出版社2008年9月出版——2009年被陕西省交通厅指定为全省交通系统"读好书、爱本职、献交通"读书活动15本推荐书目之一。

8. 参与完成北京交通大学"课堂教学与文化、实践活动紧密结合的工科大学生文化素质教育培养模式"教学研究项目，排名第二位（总5人）——获2008年北京市教育教学成果奖（高等教育）二等奖（2009年5月颁发）。

9. 参与完成北京交通大学“工科大学生文化素质教育培养模式的探索与改革”教学研究项目，排名第二位（总 5 人）——获 2008 年北京交通大学教学成果一等奖（2008 年 10 月 20 日颁发）。

2009 年

1. 撰《那个叫皇帝连连吃惊的大臣——兼谈唐朝“贞观之治”的谏议制》文，载全国人大常委会机关刊物《中国人大》（半月刊）2009 年第 2 期（总第 230 期），1 月 25 日出版，第 50—51 页。

2. 参与撰《北宋庶子告母的意外结局》文，第二作者（总 2 作者），载全国人大常委会机关刊物《中国人大》（半月刊）2009 年第 3 期（总第 231 期），2 月 10 日出版，第 50—51 页。

3. 撰《朱元璋重典治贪》文，载全国人大常委会机关刊物《中国人大》（半月刊）2009 年第 9 期（总第 237 期），5 月 10 日出版，第 48 页。

4. 撰《“中国历史文化概论”课程设计及教学实效性研究》文，载《研究型大学建设本科教学改革的研究与实践——北京交通大学本科教学改革论文集（2008 年）》（200.9 万字，上、下册），北京交通大学出版社 2009 年 6 月出版，第 478—483 页。

5. 参与撰《古代官俸今鉴》文，第一作者（总 2 作者），载全国人大常委会机关刊物《中国人大》（半月刊）2009 年第 17 期（总第 245 期），9 月 10 日出版，第 50 页。

2010 年

1. 参与撰《宋教仁之死与袁世凯逼选》，第二作者（总 2 作者），载全国人大常委会机关刊物《中国人大》（半月刊）2010 年第 11 期（总第 263 期），6 月 10 日出版，第 47—48 页。

2. 撰《清末立宪团体的“竹篮打水”式奋斗》文，载全国人大常委会机关刊物《中国人大》（半月刊）2010 年第 13 期（总第 265 期），7 月 10 日出版，第 49—50 页。

3. 参与撰《清末“预备立宪”的尾声——皇族内阁出笼》文，第二作者（总 2 作者），载全国人大常委会机关刊物《中国人大》（半月刊）2010 年第 20 期（总第 272 期），10 月 25 日出版，第 49—50 页。

2011 年

再版《百卷本〈中国全史〉》（修订本）之《中国秦汉军事史》（唯一作者）、《中国隋唐经济史》（第二作者。总 3 作者），中国书籍出版社 2011 年 10 月出版。

2013 年

著《中国法律文化概论》（40.5 万字），清华大学出版社、北京交通大学出版社 2013 年 7 月出版。

2014 年

主持完成北京市教工委项目“中国传统文化与大学生心理素质教育”课题（2012—2014 年），总资金 0.5 万元。

2022 年

1. 再版《民国雕塑史》（11.5 万字），上海科学技术文献出版社 2022 年 1 月出版。

2. 参与编撰《中国学术论著精品丛刊》（50 种），任全书编委、秘书长。中国书籍出版社 2022 年 1 月出版（第一批）。

2023 年

1. 修订《中国历史文化概论》（第 3 次修订本），清华大学出版社、北京交通大学出版社 2023 年 7 月出版（第 19 次印刷）。

2. 参与完成北京市社会科学界联合会、北京市哲学社会科学规划办公室联合委托项目、北京市社会科学理论著作出版基金重点资助项目、北京市哲学社会科学规划办公室特别委托项目“图说北京交通史”课题（2012—2023 年），总资金 50 万，排名第二位（共 25 人）。